品读中国历史　汲取无穷智慧

图解

中华上下五千年

宛华／主编

中国华侨出版社
北京

图书在版编目（CIP）数据

图解中华上下五千年/宛华主编. —北京：中国华侨出版社，2016.9（2020.2重印）
ISBN 978-7-5113-6324-4

Ⅰ. ①图… Ⅱ. ①宛… Ⅲ. ①中国历史—通俗读物Ⅳ. ①K209

中国版本图书馆CIP数据核字（2016）第223839号

图解中华上下五千年

主　　编：宛　华
责任编辑：张　玉
封面设计：韩立强
文字编辑：朱立春
美术编辑：刘欣梅
经　　销：新华书店
开　　本：720mm×1020mm　1/16　印张：29　字数：920千字
印　　刷：鑫海达（天津）印务有限公司
版　　次：2016年11月第1版　2020年2月第6次印刷
书　　号：ISBN 978-7-5113-6324-4
定　　价：68.00元

中国华侨出版社　北京市朝阳区西坝河东里77号楼底商5号　邮编：100028
法律顾问：陈鹰律师事务所
发 行 部：（010）58815874　　传　　真：（010）58815857
网　　址：www.oveaschin.com　　E-mail：oveaschin@sina.com

前言

从古老文明的第一声号子，到武昌起义的第一声炮火，中国历史经历了五千年漫长而耐人寻味的过程，其间既有繁荣辉煌，也有曲折艰难，过去的历史的积累，铸成了今天灿烂的现代文明。通过学习和了解中国历史，人们可以从王朝的兴衰演变中体会生存的智慧，从叱咤风云的历史人物经历中感悟人生真谛。

博古通今一直是中国人的追求，因为历史蕴含着经验与真知，无论是王朝帝国的兴衰成败、历史人物的功过是非，还是重大事件的曲折内幕、伟大创新背后的艰辛……这些过往的历史无不折射出做人与做事的道理。学习历史，了解历史，小到个人，是修身齐家，充实自己头脑、得到人生启迪的需要；大到国家，是在世界民族之林立于不败之地的前提。

但中华历史源远流长，发生的事件、出现的人物错综复杂、头绪繁多，普通读者很难找到入门捷径。历史知识的普及对历史读物的通俗性和趣味性提出了很高的要求，而从目前有关中国历史的研究和出版状况来看，却并不乐观，过于深奥、抽象的专业史学论著常使普通读者读起来味同嚼蜡，而打着戏说、歪说旗号的文字又经常使之轻浮。如何使历史从神圣的殿堂走入民间？如何能使读者在轻松愉悦中欣赏历史、了解历史？本书在这方面做了努力。

为了帮助读者在较短时间内了解中国历史的进程，丰富知识储备，我们精心编撰了这部《图解中华上下五千年》。本书以时间为序，选取了五千年间的重大事件、风云人物、辉煌成就、灿烂文化等内容，力求在真实性、趣味性和启迪性等方面达到一个新的高度，并通过科学的体例与创新的版式，多方位、新视角、多层面地阐释中国历史。全书分为华夏源头、中原争霸、九州一统、离析与交融、乾坤变幻、王朝更迭六大篇章，精彩扼要地讲述了中国历史演进的基本脉络和文明的发展历程，为读者讲述想知道的、需要知道的、应该知道的历史知识，帮助读者从宏观上把握中国历史，进而掌握人类历史发展的内在规律。

同时，书中还设置了“中国大事记”“世界大事记”“相关链接”等多个知识板块。其中，“中国大事记”以编年形式介绍中国历史大事，便于读者系统掌握分散的历史信息；“世界大事记”与“中国大事记”相呼应，系统介绍中国历史发展过程中相应时间的世界大事；“相关链接”简要介绍与文字内容相关的政治、经济、文化、科技等多个领域的知识，反映社会发展历程。所有这些内容，或纵向深入，或横向延展，都以方便读者了解中国历史为出发点。

本书还精心选配了数百幅内容涵盖面广、表现形式丰富的图片，包括出土文物、历史遗迹、战争示意图、名人画像等，与文字内容互为补充与诠释，使读者仿佛置身于一座真实立体的历史博物馆，更加直观地了解中国历史。简洁精要的文字，配以多元化的图像，打造出一个立体直观的阅读空间，使读者获得图与文赋予的双重享受。

在这里，我们用通俗流畅的语言来解读重大的历史事件、鲜活的历史人物、丰富的多元文化，把厚重的五千年历史通过简洁明了的形式表达出来。阅读本书，读者可以在轻松愉悦中了解中国历史发展进程，增长知识和胆略，提高历史修养，进而更好地把握现在，展望未来。

目录

·华夏源头·

盘古开天地……2
钻木取火……3
黄帝战蚩尤……3
尧舜禅让……5
大禹治水……5
涂山之会……6
后羿夺权……10
贤臣伊尹……11
鸣条之战……12
盘庚迁都……13
武丁盛世……16
甲骨文……17
姜太公钓鱼……18
牧野之战……19
周公辅政……20
周厉王毁国……21
宣王中兴……22
烽火戏诸侯……24

·中原争霸·

春秋初霸郑庄公……26
齐桓公称霸……27
曹刿论战……28
假仁假义……29
重耳流亡……31
退避三舍……32
弦高退秦军……33
崤山之战……34
秦霸西戎……35
智慧的老子……37
一鸣惊人……39
晏婴辅政……39
楚庄王争霸……41
弭兵之会……42
子产铸刑书……44
孙子兵法……45
伍子胥复仇……47
先师孔丘……48
第一部诗歌总集……49
卧薪尝胆……51
木匠师傅鲁班……52
墨子破云梯……53
三家分晋……54
李悝变法……55
西门豹治邺……56
名将吴起……58
南门立木……59
孙膑的谋略……60
苏秦合纵……61
张仪连横……65
胡服骑射……66
狡兔三窟……67
乐毅伐齐……68

田单复国……69
屈原投江……70
完璧归赵……72
将相和……73
远交近攻……74
纸上谈兵……75
毛遂自荐……76
李牧却匈奴……77
韩非谏秦王……79
窃符救赵……80
《尔雅》与生物分类……81
兴建都江堰……82
荆轲刺秦王……83

·九州一统·

天下归一统……86
千古第一帝……87
沙丘阴谋……90
陈胜吴广起义……91
刘邦和项羽……92
巨鹿大战……93
约法三章……94
鸿门宴……95
楚汉之争……97
四面楚歌……98
《大风歌》……99
白登被围……100
韩信忍辱……101
白马之盟……103
谋士张良……104
萧规曹随……105
周勃夺军……107
文景之治……108
缇萦救父……109
将门虎子……111
晁错削藩……112
罢黜百家，独尊儒术……113
推恩令……115
飞将军李广……116
神勇两将军……117
河西之战……118
漠北之战……120
张骞出使西域……121
苏武牧羊……123
赵过创代田法……124
巫蛊之祸……125
轮台之诏……127
司马迁写《史记》……128
汉朝柱石霍光……129
昭宣中兴……131
昭君出塞……136
王莽篡位……137
绿林赤眉起义……138
昆阳大战……139
光武中兴……140
强项令董宣……141
马援经略边疆……142

汉明帝求佛…………………………………… 144
思想家王充…………………………………… 145
投笔从戎……………………………………… 146
张衡制造地动仪……………………………… 147
蔡伦造纸……………………………………… 148
窦氏灭族……………………………………… 149
宦官当政……………………………………… 151
党锢之祸……………………………………… 152
黄巾起义……………………………………… 154
董卓之乱……………………………………… 155

·离析与交融·

袁绍拥兵自立………………………………… 158
奸雄曹孟德…………………………………… 158
王允除董卓…………………………………… 159
迁都许城……………………………………… 160
煮酒论英雄…………………………………… 161
官渡之战……………………………………… 162
孙策入主江东………………………………… 164
三顾茅庐……………………………………… 165
赤壁之战……………………………………… 166
刘备入川……………………………………… 167
水淹七军……………………………………… 168
七步成诗……………………………………… 169
火烧连营……………………………………… 170
七擒孟获……………………………………… 171
马谡失街亭…………………………………… 172
秋风五丈原…………………………………… 174
司马懿夺权…………………………………… 175
司马昭之心…………………………………… 176
邓艾智出阴平道……………………………… 177
乐不思蜀……………………………………… 178
羊祜蓄志灭东吴……………………………… 179
“竹林七贤”………………………………… 180
皇甫谧浪子回头……………………………… 181
石崇斗富……………………………………… 183
周处除“三害”……………………………… 184
白痴皇帝……………………………………… 185
八王之乱……………………………………… 186
李特起义……………………………………… 187
刘渊反晋……………………………………… 188
王马共天下…………………………………… 189
石勒读汉书…………………………………… 190
暴君石虎……………………………………… 191
祖逖中流击楫………………………………… 192
陶侃搬砖……………………………………… 193
“书圣”王羲之……………………………… 194
桓温北伐……………………………………… 195
扪虱谈天下…………………………………… 196
苻坚一意孤行………………………………… 197
谢安东山再起………………………………… 198
淝水之战……………………………………… 200
陶潜归隐……………………………………… 201
刘裕灭后秦…………………………………… 202
刘裕成帝业…………………………………… 203
拓跋珪建北魏………………………………… 204
檀道济唱筹量沙……………………………… 206
高允讲实话…………………………………… 208
祖冲之创新历………………………………… 209
孝文帝改革…………………………………… 209
梁武帝出家…………………………………… 213
河阴之变……………………………………… 213

侯景反复无常……215
北周武帝灭齐……216
郦道元与水结缘……217
陈后主亡国……219

·乾坤变幻·

开皇之治……222
赵绰依法办事……223
隋炀帝三下江都……224
兴修大运河……225
瓦岗起义……227
江都宫变……228
李渊起兵……230
虎牢之战……231
玄武门之变……232
以人为镜……233
李靖夜袭阴山……235
玄奘取经……236
文成公主入藏……237
王勃大器早成……238
女皇武则天……240
名相狄仁杰……241
姚崇灭蝗……242
口蜜腹剑……246
李白傲权贵……247
“画圣”吴道子……248
安禄山叛乱……252
马嵬驿兵变……254
草人借箭……255

李泌归山……256
安宁天下郭子仪……257
中兴名将李光弼……258
“诗圣”杜甫……259
颜真卿就义……261
李愬雪夜入蔡州……262
永贞革新……263
刘禹锡游玄都观……264
“诗杰”白居易……266
韩愈直谏……267
甘露之变……268
朋党之争……270
黄巢起义……271
朱温篡唐……272
李存勖灭后梁……273
“海龙王”钱镠……275
伶人做官……276
契丹建立……277
儿皇帝石敬瑭……278
周世宗斥冯道……280
董源画江南……281

王朝更迭

黄袍加身……284
杯酒释兵权……284
李后主亡国……285
赵普受贿……286
幽州之战……290
杨家将……291
王小波起义……292
寇准抗辽……293
元昊建西夏……295
三川口与好水川……296
宋夏议和……297
范仲淹推行新政……299
欧阳修改革文风……300
铁面包拯……301

王安石变法…… 302
沈括出使…… 303
毕昇发明活字…… 304
光照千古的苏颂…… 306
司马光写《资治通鉴》…… 307
文豪苏轼…… 308
《清明上河图》…… 310
花石纲…… 311
宋江、方腊起义…… 312
阿骨打建金…… 314
金军灭辽…… 315
李纲抗金…… 316
靖康之辱…… 317
宗泽卫京…… 319
韩世忠阻击金兵…… 320
激战和尚原…… 321
岳家军大败兀术…… 322
钟相杨幺起义…… 323
“莫须有”罪名…… 324
李清照词香满袖…… 325
卢沟桥…… 327
海陵王完颜亮…… 328
书生退敌…… 330
陆游绝唱…… 331
“英雄之词”…… 332
白石道人…… 333
“界画大师”李嵩…… 334
庆元党禁…… 335
理学大家朱熹…… 337
开禧北伐…… 338
一代天骄成吉思汗…… 339
贾似道卖宋求荣…… 340
襄阳守卫战…… 341
文天祥抗元…… 343
张世杰死守厓山…… 344
蒙古帝国西征…… 345
元世祖治国…… 349
天文学家郭守敬…… 350

马可·波罗来中国…… 351
关汉卿与《窦娥冤》…… 352
皇位纷争…… 354
《西厢记》…… 355
国事家事两不忘…… 357
红巾军起义…… 358
和尚皇帝…… 360
鄱阳湖大战…… 361
胡惟庸之案…… 362
燕王进南京…… 363
修建北京城…… 364
郑和下西洋…… 366
《三国演义》…… 367
《水浒传》…… 368
土木之变…… 370
于谦守京城…… 371
夺门之变…… 372
荒唐天子明武宗…… 374
大儒王阳明…… 375
江南第一风流才子…… 377
杨一清除内患…… 378
杨继盛冒死劾严嵩…… 380
海瑞罢官…… 381
戚继光抗倭…… 382
吴承恩著书…… 383

《金瓶梅》…… 384
挑灯闲看《牡丹亭》…… 386
“三言二拍”…… 387
李时珍论药…… 389
朱载堉发明十二平均律…… 390
张居正改革赋役…… 392
明末三案…… 393
权奸魏忠贤…… 394
东林党议…… 395
左光斗入狱…… 397
努尔哈赤建后金…… 398
萨尔浒之战…… 399
徐光启研究西学…… 400
袁崇焕大战宁远…… 401
皇太极用反间计…… 402
徐霞客探险…… 403
闯王李自成…… 404
崇祯帝自缢…… 408
冲冠一怒为红颜…… 409
史可法死守扬州…… 410
夏完淳怒斥洪承畴…… 411
隆武覆灭…… 412
孝子黄宗羲…… 414
博古通今王夫之…… 415
郑成功收复台湾…… 416
李定国转战西南…… 417
《桃花扇》…… 420
康熙帝削藩…… 422
雅克萨的胜利…… 423
三征噶尔丹…… 424
雍正帝即位…… 426
文字狱…… 427
乾隆帝禁书修书…… 428
《聊斋志异》…… 429
曹雪芹写《红楼梦》…… 431
大贪官和珅…… 432
质朴率真郑板桥…… 433
民族英雄林则徐…… 434
鸦片战争…… 435
太平天国…… 437
翼王大渡河败亡…… 438
“中兴”名臣曾国藩…… 439
火烧圆明园…… 440
慈禧夺权…… 442
中法战争…… 442
甲午战争…… 444
黄海海战…… 446
戊戌变法…… 447
慈禧太后西逃…… 448
末代皇帝…… 449
武昌起义…… 451

华夏源头

中华文明源远流长，早在百万年前，就有早期人类生活在这片土地上，可以说，中国是人类起源的中心之一。在经历了传说中的三皇五帝之后，中华大地上产生了国家，进入了新的社会阶段。夏、商、周三代交替，逐步完善了官制，农业、手工业有所发展，其中，青铜器的铸造更达到了较高的水平。

公元前4300～前2500年

中国大事记：
大汶口文化中晚期，处于父系氏族公社时期。

盘古开天地

按照传统说法，从传说中的黄帝直至今天，中华民族的文明史大致近于五千年，一般称为“上下五千年”。

在这五千年的历史里，发生了许多感人的故事。

据说，远古的天地不过是混混沌沌的一团气，里面没有光，没有声音。在这团气中，出了一个盘古氏，用大斧把这一团混沌劈了开来。轻的气往上浮，就成了天；重的气往下沉，就成了地。

以后，盘古氏每天长高一丈，天和地之间的距离每天也增长一丈。这样过了一万八千年，天就升得很高，地也变得极厚，盘古氏当然也成了顶天立地的巨人。盘古氏死后，他身体的各个部分化解成太阳、月亮、星星、高山、河流、草木，等等。这便是盘古开天辟地的神话。

神话毕竟是神话。那么，人类历史究竟应该从哪儿说起呢？在科学比较发达的今天，我们已经知道，人类最早的祖先是一种从古猿转变而来的猿人，这种认识可以从地下发掘出来的化石得到证明。

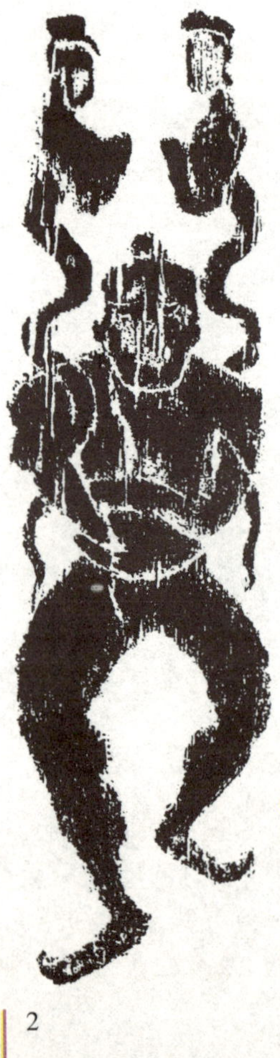

◎盘古开天辟地画像砖
图左为伏羲，右为女娲。他们以人首蛇身的形式出现。伏羲被称作阳帝，女娲被称为阴帝。这构成了一幅完整的中国始祖神话图。

从我国科学工作者在祖国各地先后发掘出的猿人遗骨和遗物的化石中可以看出，我国境内早期的原始人，有距今170万年的云南元谋人。另外，还有80万年前的陕西蓝田人、四五十万年前的北京人。

古时候，猿人的力气比不上凶猛的野兽，但是他们和其他动物根本不同的地方，就是能够制造和使用工具。这种工具十分简单，一件是木棒，一件是石头。中国猿人就是用这种最原始的工具同大自然作艰苦的斗争的。他们用它来采集果子，挖植物的根茎吃。他们还用木棒、石器同野兽作斗争，猎取食物，谋取生存。

几十万年过去了，猿人在同大自然的斗争中进化了。我们从遗迹中发现，在北京周口店龙骨山的山顶洞穴里活动的原始人，已经和现代人没有区别。我们把他们称为“山顶洞人”。

山顶洞人的劳动工具同以前使用的工具相比，在质量上有很大提高。他们不但能够把石头打制成石斧、石锤，而且还把野兽的骨头磨制成骨针。人们用那一枚枚小小的骨针，把兽皮缝成衣服，用它们来保暖御寒。

山顶洞人过着群居生活，但他们的群居生活已经按照血统关系固定下来，彼此之间都有血缘关系。每个成员都是共同祖先生下来的，于是产生了原始人群。后来，又逐渐演变为氏族公社。

·伏羲·

传说伏羲是人首蛇身，与其妹女娲成婚，生儿育女，成为人类的始祖。又相传他是古代东夷部落的杰出首领。伏羲根据天地间阴阳变化之理，创制八卦，即以八种简单却寓意深刻的符号来概括天地之间的万事万物。此外，他还模仿自然界中的蜘蛛结网而制成网罟，教民捕鱼打猎。

约公元前3500～前3100年

世界大事记：
古埃及进入奴隶社会，州（诺姆）出现。

钻木取火

在我国古代，有许多关于原始人群到氏族公社初期人类生活进化的传说。这种传说大多是古人根据远古时代的原始人生活情景进行的一种想象。

原始人的工具很粗糙，所以就难以抵御周围猛兽随时可能对他们造成的伤害。后来，他们看到鸟儿在树上做窝，可以防止野兽爬上去。原始人就学着鸟儿的样子，在树上造起小屋，这样就安全得多了。后人把这称为“构木为巢”（巢，就是鸟窝）。传说这种做法是一个名叫“有巢氏”的人传授给人们的。

最早的原始人，不知道怎样利用火，不仅生吃植物果实，就是捕到的野兽，也连毛带血地吃了。后来，人们在不断的实践中发明了火（在周口店的北京人遗址中，已发现用火的痕迹，说明那时候已经知道利用火）。

其实自然界中，火的现象早就有了。火山爆发，会喷出火；打雷闪电的时候，树林里也会起火。起初，原始人看到火时，不会利用，反而非常害怕。后来偶尔拾到被火烧死的野兽，拿来一尝，味道挺香。渐渐地，人们学会用火烧东西吃，并且想法子保存火种，使它常年不灭。

很久以后，人们把坚硬而尖锐的木头，往另一块硬木头上使劲地钻，钻出火星来；也有的把燧石敲敲打打，敲出火来。至此，人们学会了人工取火（从考古材料发现，山顶洞人已经懂得人工取火）。传说这种做法是一个名叫燧人氏的人发明的。

又过了很长时间，人们又用绳子结成网，用网去捕猎，还发明了弓箭，这比用木棒、石器打猎又有了很大进步。使用弓箭，不仅可以射杀地上的走兽，就连天空中的飞鸟，水里的游鱼，也可以捕捉到。捕捉到的动物，如果吃不完，人们并不急于将它们杀死，而是将其养起来。这种结网、打猎、养牲口的技能，都是人们在劳动中日积月累起来的。传说中，这些事的发明人是伏羲氏，或者叫庖牺氏（庖是厨房，牺是祭祀用的纯色牲畜）。

⊙神农采药图

经过了漫长的渔猎时期，人类的文明又有了新的进步。人们发现撒在地上的野谷子，到了第二年，会生出苗来，一到秋天，又结出了更多的谷子。于是，人们就自觉地栽种起来。后来，人们用木头制造了一种用于耕地的农具，叫作耒耜（一种带把的木锹）。他们用耒耜耕地，种植五谷，获得了可以吃的粮食。传说中把这些发明种庄稼的人叫“神农氏”。

从构木为巢，钻木取火，一直到渔猎、畜牧，发展农业，充分反映了原始社会生产力发展的进程。

黄帝战蚩尤

大约在4000多年以前，在我国黄河、长江流域一带生活着许多部落。传说以黄帝为首领的部落，最早住在今陕西北部的姬水附近，后来沿着洛水南下，东渡黄河，在河北涿鹿附近定居下来，开始发展畜牧业和农业。

与黄帝同期的另一个部落首领叫作炎帝，当他带领部落向东发展的时候，碰到一个极其凶恶的九黎族的首领蚩尤。传说蚩尤有81个兄弟，全是猛兽的身体，铜头铁额，凶猛无比。他会铸刀造戟，还经常带着他的部落，到处侵扰，

约4000多年前

中国大事记：
传说中的黄帝、尧、舜、禹时期。

⊙黄帝战蚩尤图

闹得周围部落不得安宁。炎帝部落定居山东后，经常受到蚩尤的侵扰，炎帝几次起兵抵抗，但不是蚩尤的对手，被打得一败涂地。

炎帝战败后，带领他的部落逃到涿鹿，请求黄帝帮助复仇。黄帝早就想除掉蚩尤这个祸害，就与炎帝联合在一起，并联络其他一些部落，召集人马，在涿鹿郊外与蚩尤展开了一场殊死决战。

关于这场殊死决战有许多神话传说。据说，黄帝平时驯养了熊、罴、貔、貅、虎等野兽，打仗时，就带着这些猛兽冲锋陷阵。蚩尤的兵士虽然凶猛，但遇到黄帝率领的联合军队，加上异常凶猛的野兽，也招架不住，丢盔弃甲，纷纷败逃。炎黄联军乘势追杀，忽然狂风骤起，昏天黑地，电闪雷鸣，暴雨滂沱。原来是蚩尤请来了“风伯雨师”前来助战，企图阻止炎黄联军的追击。黄帝也不甘示弱，请来天女，驱散了风雨，天气顿时晴朗，黄帝终于彻底打败了蚩尤。

各个部落看到黄帝打败了蚩尤，为大家除了害，都很高兴。黄帝以自己的智慧和战功受到大伙的尊敬和拥戴，威望越来越高。后来，炎帝族也与黄帝族发生了矛盾，黄帝在阪泉一带打败了炎帝。从此，黄帝成为中原地区部落联盟的首领。

传说中，黄帝还是一个大发明家，他不仅发明了在地面上建房屋，还发明了造车、造船和制作衣裳，等等。这当然不会是他一个人发明的，黄帝只不过是个带头人罢了。传说他的妻子嫘祖亲自参加劳动，也有一些发明，养蚕缫丝就是她的功劳。最初人们不知道蚕的作用，那时候只有野生的蚕，嫘祖就教妇女养蚕、缫丝、织帛。打那以后就有了丝和帛。

黄帝为创造远古时代的文明，立下了汗马功劳，在后代人的心目中占有极其重要的地位，所以人们都尊黄帝为中华民族的始祖，自己是黄帝的子孙。因为炎帝族和黄帝族原来是近亲，后来融合在一起，所以我们常常把自己称为炎黄子孙。

·嫘祖·

黄帝元妃嫘祖，是有史籍记载的中华民族伟大的母亲，又称“先蚕娘娘”。相传她经常带领妇女上山剥树皮、织麻网，她们还把男人们猎获来的各种野兽的皮毛剥下来，进行加工。就这样，各部落的大小首领逐渐都穿上了衣服和鞋，戴上了帽子。

有一天，嫘祖在一片桑树林里发现满树结着白色的小果，观察了好几天，才弄清这种白色的小果是一种虫子口吐细丝绕织而成的。她把此事报告给黄帝，并要求黄帝下令保护本国山上所有的桑树林。

从此，在嫘祖的倡导下，人们开始了栽桑养蚕。后世人为了纪念嫘祖这一功绩，就将她尊称为“先蚕娘娘”。

约公元前2613～前2498年

世界大事记：
古埃及第四王朝时期，开始兴建金字塔。

尧舜禅让

传说在黄帝之后，出了三个很有名的部落联盟首领，名叫尧、舜和禹。他们原来都是一个部落的，先后被推选为该部落联盟的首领。

起初，尧领导部落生产生活，后来，尧年纪大了，想找一个继承他职位的人。有一次，他召集四方部落首领来商议，到会的人一致推荐舜。

尧听说舜这个人挺好，便让大家详细说说舜的事迹。

大家便把了解到的情况说给尧听：舜有个糊涂透顶的父亲，人们叫他瞽叟（就是瞎老头儿的意思）。舜的生母死得早，后母心肠很坏。后母生的弟弟名叫象，极其傲慢，而瞽叟却很宠他。生活在这样一个家庭里的舜，待他的父母、弟弟都很好。因此，大家认为舜是个德行好的人。

尧听了挺高兴，便把自己两个女儿娥皇、女英嫁给舜。为了考察舜，又替舜筑了粮仓，分给他很多牛羊。舜的后母和弟弟见了，非常妒忌，便和瞽叟一起用计想暗害舜。

有一次，瞽叟叫舜修补粮仓的仓顶。当舜沿梯子爬上仓顶时，瞽叟就在下面放了一把火，想把舜烧死。舜在仓顶上一见起火，想找梯子下来，却发现梯子已经被人拿走了。幸好舜随身带着两顶遮太阳用的笠帽。他双手拿着笠帽，像鸟一样张开翅膀跳下来。笠帽随风飘荡，舜安然无恙地落在地上。

瞽叟和象不甘心失败，他们又叫舜去淘井。舜跳下井去后，瞽叟和象就在上面向井里扔石头，想把舜埋在井里面。但是舜下井后，在井边挖出一个通道，从通道中钻了出来，又安全地回家了。

从此以后，瞽叟和象不敢再暗害舜了。舜还是像过去一样和和气气对待他的父母和弟弟。

尧听了大家的介绍后，又对舜进行了一番考察，认为舜确实是个众望所归的人，就把首领的位子让给了舜。这种让位方式，历史上称为“禅让”。

舜担任首领后，又俭朴，又勤劳，跟老百姓一起参加劳动，大家都信任他。过了几年，尧死了，舜想把部落联盟首领的位子让给尧的儿子丹朱，但是遭到众人的一致反对。舜才正式成为了部落联盟的首领。

⊙壁画艺术中宁静的尧舜时代

大禹治水

在尧担任首领期间，黄河流域经常发生水灾，良田沃土，房屋牲畜，都被淹没。这时居住在崇地的一个名叫鲧的部落首领，奉了尧的命令去治理洪水。鲧用了将近九年的时间治理洪水，不仅没有制服洪水，反而使洪水闹得更大、更凶了。鲧只知道筑造堤坝挡住洪水，却不知道疏通河道，后来，堤坝被洪水冲垮了，灾情便越来越严重。

帝尧时期

中国大事记：
尧命羲和观测天象，制定历法，以366日为一年。

⊙夏禹王像
禹，传说中夏朝的第一个王，鲧之子。因禹治水有功，舜让位于他。在他死后，子启即位，从此开始了王位的世袭制度。

舜接替尧担任部落联盟首领后，发现鲧的工作失职，便杀了鲧，并让鲧的儿子大禹去治理洪水。

大禹吸取了他父亲的教训，采取了疏导的办法，带领百姓开渠排水，疏通江河，兴修水利，灌溉农田。

传说在大禹治水的十三年当中，他曾经有三次路过自己的家门而不入。他一直想着老百姓仍在遭受洪水的祸害，庄稼被淹，房子被毁，于是，三次经过家门都顾不上进去探望家人。经过多年的努力，大禹终于治理好了水患，把洪水引到大海里去，为社会的安定、繁荣、发展起到了积极的推动作用。

舜年老以后，也像尧一样，开始物色部落联盟首领。大禹因为治水有功，就被舜选定为自己的继承人。因此，在舜死后，大禹便继任了部落联盟的首领。在他的治理下，部落和平，九州安定。后来，大禹命人铸造了象征九州和平的九鼎。这时，随着生产力的发展，社会产品出现了剩余，那些氏族、部落的首领们利用自己的权力，将剩余产品据为己有，以公有制形式存在的氏族公社开始瓦解。

大禹死后，被大禹选定的继承人东夷首领伯益拒不接受。后来禹所在的夏部落的贵族便拥戴禹的儿子启为部落联盟首领。启建立了中国历史上第一个奴隶制国家——夏朝，从此开创了子继父位的世袭制度。

涂山之会

因为大禹治水有功，得到了人民的拥护，受封于夏地，所以他的部落称为夏。舜晚年的时候，召集各部落的首领，让他们推荐部落联盟首领的继承人，大家一致推荐禹，所以舜就告祭于天，立禹为自己的继承人。后来舜去南方巡游，到苍梧山下（今湖南宁远南部）时不幸病死，葬于附近的九嶷山。

大禹在阳城（今河南登封）即位，成为部落联盟的首领，定都阳城，后又迁到安邑（今山西夏县西北）。

当时南方有三苗部落，它们不断向北发展，成为华夏族的严重威胁。尧和舜都曾经率领军队与三苗作战。尧在丹水（今陕西、河南、湖北境内的丹江）打败三苗，迫使三苗求和。舜为讨伐三苗，一面积极发展生产，一面巩固部落联盟内部团结，训练士卒。经过三年准备，舜亲征三苗，一直打到今洞庭湖一带，大败三苗。但三苗的实力还很强大，时时想复仇。

到了禹时，三苗地区发生大地震，禹决定乘机进攻三苗。出征前，禹隆重地祭祀了上天和祖先，祈求保佑。他在誓师动员时说："三苗不敬鬼神，滥用刑罚，违背天意作乱，上天现在号令我们对它进行讨伐。"战斗十分激烈，不分胜负。突然，战场上雷电交加，三苗领袖被乱箭射死，三苗军大乱，溃不成军，禹趁机率军反攻，三苗军大败。从此，三苗部落衰落下去，开始向禹进贡，表示臣服。禹按照舜的政策，改变三苗部落的风俗习惯，三苗逐渐与华夏族融为一体。

公元前2371～前2230年

世界大事记：
古代西亚两河流域阿卡德王国时期。

征服三苗之后，禹又率兵征伐曹、魏、屈、骜、有扈等不服从号令的部落，也取得了胜利，并使他们与华夏族融合。

当时西北有个以共工为首的部落，共工人面蛇身，吞食五谷禽兽，为害一方。共工死后，他的大臣相繇继续作恶。相繇是九首蛇身怪物，他呕吐的秽物会变成臭气熏天的沼泽地，人民、野兽都不敢在附近居住。大禹率军征讨相繇，为民除害。相繇被杀后，他的血流成了湖泊，腥臭无比。他的污血流经过的地方，寸草不生。禹多次挖土填埋，但湖泊犹如无底深潭，始终无法填平。天神见到这种情况，施法镇住邪气，使湖泊变得清澈，不毛之地变得草木茂盛。从此，天下平定。

禹非常关心人民的疾苦。每当看到穷人衣不遮体、食不果腹，被迫卖儿卖女时，禹总是拿出衣服、粮食救济他们；见罪人在野外服刑，禹总是哭着问他们犯罪的原因。禹常常反省自己行政的得失，并以尧、舜为楷模。

为了请贤能的人来帮助自己治理天下，禹四处寻找寻访，先后到过东边鸟谷青丘之乡的黑齿国，南边交趾，九阳山的羽人裸民之国，西边到过三危国和一臂国，北边到过人正国、犬戎国、夸父国、禺强国。

后来禹为了加强自己的权威，经常巡游天下，大会诸侯。涂山大会就是禹以天子身份号令四方的一次重要会议。禹到达涂山（又名当涂山，今安徽蚌埠附近）后，命令华夏、四夷各部落的首领在指定时间内到涂山集会。部落首领们纷纷赶来，络绎不绝，他们都手执玉帛前去朝见禹。

⊙大禹陵

为了表示自己受命于天，禹举行了隆重的祭天祀土仪式，让乐队演奏夏族的音乐，

·中华民族起源的多元性·

中华民族祖先发源于中华大地的不同地区，繁衍生息于各自的地域，创造了与其自然环境相适应的文化。新石器时代文化遗址在中国各地皆有发现，据不完全统计有7000余处，形成各具特点的区域性文化类型。其中黄河流域的仰韶文化、龙山文化所发现的遗址最多，资料最为丰富，并对邻近地区的其他文化类型都产生了很大影响。反映了黄河流域的人类发展处于领先地位，并更进一步证明中华民族起源的多元性。

考古学的发现和研究成果，与先秦文献记载的中华民族祖先远古传说相吻合。关于燧人氏、有巢氏的传说，当是中华民族祖先在旧石器时代懂得使用火并发明钻木取火与巢居的反映；关于伏羲氏的传说，当是中华民族祖先从事渔猎活动的映照；关于神农氏的传说，当是中华民族祖先在新石器时代已经从事农业生产的有力佐证；而关于太昊、少昊、炎帝、黄帝、蚩尤、女娲等传说，正表明新石器时代黄河流域以及长江流域有众多的不同的部落集团；先秦文献记载的黄帝部落联盟首领尧、舜、禹禅让的佳话，正是中国进入阶级社会的前奏，由野蛮迈入文明的先声。

华夏第一都到底在哪里?

中华民族有悠久的历史，从早期的人类到原始氏族社会，这片土地上有过我们祖先的身影。随着生产力水平的提高，社会不断进步，尧、舜、禹三代之后，禹的儿子启废除统治权禅让的传统，夺权成立父子相承的国家——夏。“夏”也便成为我国历史上第一个国家政权，我们今天对于夏代的了解相当贫乏，只有少数文献中一些零星的记载。由于商都殷墟的发现，对商王朝的文明状况，我们有了较清楚的了解，而此前的夏代却仍是一片空白，几乎都要让人淡忘这个曾统治华夏几个世纪之久的王朝。如果能找到夏朝的国都遗址，我们就不会对夏代如此迷茫，但作为华夏第一都的夏都到底在哪里，长期以来一直是困扰历史学家的难题。

⊙青铜爵　二里头文化

高20厘米、尾长26厘米，河南省偃师市二里头出土。这是二里头文化中最具代表性的青铜器，造型细巧，素面而无纹饰。

有人说是位于山西省运城市的夏县，据称，因我国奴隶社会第一个王朝夏朝在此建都而得名，号称“华夏第一都”。其历史悠久，为中华民族的发祥地之一。相传是嫘祖养蚕、大禹建都的地方，素有“禹都”之称。不过至今还没有在夏县找到有说服力的文化遗址。

有人说应该是在今许昌西部的禹州。禹州市是中华民族发祥地之一，大禹因治水有功曾在此受封“夏伯”。禹的儿子启继位后，于钧台大宴天下诸侯，建立了中国历史上第一个奴隶制国家——夏朝，亦被称为华夏第一都。夏都是在禹州吗?目前仍不得而知。

1959年夏，中国科学院考古研究所组织了一支考古队，开始了探寻夏都的田野考察。从传说中夏人活动的中心地区豫西开始，在拨开重重迷雾后，考古队将目光锁定在河南偃师二里头，集中对其进行考古发掘。以此为标志，中国考古学界开始进入了有目的、有计划地探索夏文化的时期。

早期奴隶制夏王朝的存在无可非议，但由于文献和考古资料的缺乏，夏代的文化面貌始终无法确认。20世纪60年代末，考古工作者在河南省偃师县二里头村发现了一些古文化遗址，出土陶器十分特殊，介于龙山文化与商代之间，引起了学术界的极大兴趣。二里头村，位于偃师县西南9千米的洛河南岸。古文化遗址包括二里头、圪当头、四角楼、寨后和辛庄5个村，面积375万平方米。1957年发现后，1959年开始进行发掘和研究工作，先后发掘面积达1万平方米。文化遗物的特征介于龙山文化晚期和商文化早期之间，尚属首次重要发现，命名其为“二里头文化”。这处遗址的最下层被确认为夏文化，出土有铜刀，为我国发现最早的青铜器。其上层为商代文化，发现有大型宫殿基址，面积达1万平方米。遗址中出土了大批工艺精良的铜器与玉器，应为夏商时期的都邑遗址，在考古学上占有极重要的地位，对了解和研究夏商文化的历史有很大意义。

经过几十年的研究，可以确认二里头遗址是一座早期王城。但这座都城是属于商代的还是夏代却还不清楚。2003年，考古人员又在现已发现的中国最早都城遗址“二里头遗址”中找到了两座大型宫殿建筑。其中一座，呈缺了一个角的长方形，东西长为110米左右、南北宽100米，东北部折进一角。整个庭院范围都是建造在高于地面半米的夯筑平台上。庭院四周为走廊，除西廊是外有墙、内有走廊外，其余三面中间都是墙，内外皆有走廊，说明在庭院北、东、南三面可能还会有相邻的庭院。这座宫殿的样式，后代有许多建筑都沿用。新的宫殿建筑群的发现又吸引了人们的目光，无论从其规模，还是样式都是皇宫大院的建筑。

⊙二里头遗址7号基址与宫城南墙

这两座宫殿遗址的特殊性和意义，不完全在于认定它们是王宫，更重要的是它们的位置。早先考查知道二里头遗址所处的社会，很可能是处于夏商两代分界的时期，其上层是商文化遗留，其下层为夏文化遗留。而这两座宫殿初步考定是处于夏文化层，那岂不是说，我们可以确定这是夏代的都城了吗？有位考古专家激动地说，“这意味着人们几乎可以从中触摸到中国第一个王朝的脉动了”。

然而事实上，二里头遗址是不是夏都并未得到公认，首先就此遗址本身的时期争论仍在继续，有人说属于夏文化晚期，有人说属于商文化早期，更为普遍的说法是“界于夏商之间”。历史学家冷静地说，“二里头遗址本身还存在着许多未解之谜，作为都城的二里头，它的内涵布局及其演变过程、它的文化面貌及其社会生活与组织结构、它的族属国别以及人地关系等诸多课题，目前还只是粗线条的把握”。

约公元前21～前17世纪

中国大事记：
二里头文化繁荣时期，二里头文化与我国历史记载中的夏朝时间基本相吻合。

命士兵手持兵器表演舞蹈，颂扬自己的功德，向诸侯显示军威，到会的各部落首领无不表示臣服。禹将那些没有封号的部落首领封为诸侯方伯，命令他们每年必须进贡物品。为了纪念这次盛会，禹把各部落首领进贡的铜铸成九个大鼎，鼎上铸有各地的山川、道路、鸟兽、草木的图案，象征他统治下的九州，作为镇国之宝。涂山大会是禹力图统一天下的一次尝试。东夷部落首领防风氏由于迟到，被禹杀死（一说是在会稽大会上所杀）。在涂山之会上，禹展现了高超的政治才能，使各个诸侯心悦诚服，增强了他们对夏的向心力。涂山之会为夏废除禅让制，走向世袭制铺平了道路。

禹在位45年，死后葬于会稽山。他的儿子启杀死各部落首领推荐的部落联盟首领继承人伯益，打破禅让制，开创世袭制，建立了中国历史上第一个王朝——夏朝。

后羿夺权

夏启成为国王以后，有一个叫有扈氏的部落不服他的管制，起兵反抗。于是，启和有扈氏的部落之间爆发了一场战争。最后，启把有扈氏打败了，把抓来的俘虏罚做奴隶。其他部落看到这种情形，就再也没有人反抗了。

夏启死后，他的儿子太康做了君主。太康是个不管政事、昏庸无能的人。他只有一个爱好，那就是打猎。有一次，太康带着随从到洛水南岸去打猎。他越打越起劲，一去竟然一百天没回家。

这时，在黄河下游的夷族，部落首领名叫后羿，他看到太康出去打猎，觉得这是个夺取夏王权力的机会，就亲自带兵把守住洛水北岸。等到太康带着一大批猎得的野兽兴高采烈地归来时，发现洛水北岸排满后羿的军队，拦住他的归路。无奈之下，太康只好流亡在洛水南面。当时后羿还不敢自立为王，另立太康的兄弟仲康当夏王，而他自己却操纵了国家的权力。

⊙后羿射日图

后羿的射箭技能非常出众，他射出的箭百发百中。有一个关于后羿的神话，说古时候天空中有十个太阳，把地面烤得像焦炭似的，致使庄稼颗粒无收。大家请后羿想法子，后羿搭弓射箭，"嗖嗖"地几下，将天空中的九个太阳射了下来，只留下一个太阳。从此，地面上气候适宜，不再闹干旱了。

后羿原本是仲康的助手。仲康死后，他赶走了仲康的儿子相，夺了夏朝的王位。他仗着射箭的本领高超，也作威作福起来。后羿和太康一样，整天打猎，把国家政事交给他的亲信寒浞处理。寒浞瞒着后羿，笼络人心。有一天，后羿打猎回来，寒浞暗地里派人把他杀死了。

·《夏小正》·

《夏小正》是中国现存最早的历书。《夏小正》中所用的月份是"夏历"的月份，把一年分为12个月，对每个月的物候、气象、天文、农事、田猎以及相关的农事活动都有比较具体的记载。

因为《夏小正》中所记载的历法是与农业生产的季节变化密切相关的，为农民安排各个季节的农事提供了重要依据，所以人们就把夏历也叫作"农历"（俗称阴历），现在我们每年过的春节，就是夏历年的第一天。

约公元前2500～前1500年

世界大事记：
古印度哈拉帕文化时期。

后羿一死，寒浞便夺了王位，他担心夏族再跟他争夺王位，便杀死了被后羿赶走的相。那时候，相的妻子已经怀了孕，为了保住自己和胎儿的命，相的妻子迫不得已，从墙洞里爬了出去，逃到娘家有仍氏部落，后来生下了儿子少康。

少康长大以后，给外祖家饲养牲口。寒浞又派人抓他，他就逃到舜的后代有虞氏的部落里。

少康从小在艰难的环境中锻炼成长，学会了许多本领。他从有虞氏的部落中招收人马，逐渐有了自己的队伍；后来，又依靠一批忠于夏朝的大臣、部落的支持，少康终于打败了寒浞，把王位夺了回来。

夏朝从太康到少康，中间大约有一百年的时间，在这段时间里，国家一直处于混战状态。少康执政后，国力才逐渐恢复。历史上称作"少康中兴"。

少康虽然消灭了寒浞，可是夷族和夏朝之间的斗争仍在继续。夷族人中出了很多好射手，他们的弓箭技艺十分精湛。后来少康的儿子帝杼即位，发明了一种可以避箭的护身衣，叫作"甲"，靠这种护身衣，夏终于战胜了夷族，夏的势力范围又扩大了。

贤臣伊尹

伊尹，出生于伊水流域（今河南洛阳附近），在他很小的时候，就被卖到了有莘国（今开封陈留一带）做奴隶。

有一回，商汤的左相仲虺去给夏桀送贡品，途中在有莘国停留了几天。无意中，他发现送饭菜的奴隶伊尹才智出众，交谈之下，发现伊尹是个贤人。

回国后，仲虺就向商汤举荐了伊尹。求贤若渴的商汤，立即派了一名使臣带着聘礼，到有莘国去请伊尹。使臣到了有莘国后，明察暗访，费了很大劲儿，才在野外的一间小茅草屋里找到了伊尹。使臣上下打量了一番这个又黑又矮、蓬头垢面的伊尹，实在看不出这个人有什么出众之处，不由得显出一副傲慢无礼的神情来，他对伊尹说道："你就是伊尹吧，你的运气来了，我们商王想见你，赶快收拾东西跟我走吧！"伊尹被使臣傲慢无礼的言行激怒了，立即以一种凛然不可侵犯的态度，从容地回答说："我伊尹虽然贫寒，但我有田种，有饭吃，过得像尧舜一样痛快，为什么要去见你们商王呢？"商国的使臣讨了个没趣儿，只好垂头丧气地回商国了。

有莘国的国君听说商汤派使臣来请伊尹，他怕伊尹被商国请回去对自己不利，就找了个借口把伊尹抓了起来。后来仲虺亲自来请时，伊尹已失去了人身自由。

⊙伊尹像

仲虺回商国后，把伊尹面临的处境向商汤汇报了一遍，商汤十分失望。后来，仲虺想出了一个主意，便对商汤建议向有莘国求婚，让伊尹作为陪嫁奴隶，和有莘国的女儿一起到商国来。这样，不仅可以请来伊尹，而且可以使有莘国免除疑虑。商汤表示赞同，马上派人到有莘国去求婚。使臣到了有莘国，向有莘国求婚，有莘国的国君答应了商汤的要求，于是伊尹作为陪嫁奴隶来到了商国。

伊尹来到了商国后，经过交谈，商汤感到伊尹果然是个了不起的人才，于是就任命伊尹为商国右相，和仲虺共同处理各种国事。就这样，

约公元前1600年

中国大事记：
汤伐夏桀，战于鸣条，夏朝灭亡。

伊尹由一个奴隶一跃成为商国的宰相。

在伊尹的辅助下，商国的势力更加强大，最后终于灭掉了摇摇欲坠的夏王朝，建立了商朝。

商汤死后，伊尹成为商国的重要辅臣。商汤原来有三个儿子，大儿子太丁死得早，于是汤死后，伊尹扶持商汤二儿子外丙继位做了商王，但是外丙不久也死了，于是伊尹又立他的弟弟中壬为王。过了不久，中壬又死了，伊尹只好立商汤的长孙太甲为王。

太甲从小生长在帝王之家，过着无忧无虑的生活，因此他即位后，政务民事从不过问，整天只知寻欢作乐。

伊尹一再教导太甲要勤政爱民，不能耽于游乐，但太甲根本听不进去。伊尹看到太甲执迷不悟，心想：太甲这样放纵下去说不定将来会成为夏桀一样的人。由于劝诫毫无结果，伊尹就和其他大臣商议后，把太甲软禁在汤墓附近的相宫（今河南偃师县西南），让他静心思过。

三年的时间过去了，看到太甲稚气脱尽，行为简朴，与三年前相比判若两人，伊尹非常高兴，便亲自携带商王的冠冕衣服到相宫，迎接太甲返回亳都再登王位，把国政交还太甲。

鸣条之战

约在公元前 18 世纪，商汤正式兴师伐夏。战前商汤誓师，列举了夏桀荒废朝政、破坏生产、不体恤人民、滥施淫威的一系列罪行，表明自己欲救民于水火，替天行道。

商汤精选良车 70 乘、“敢死”队 6000 名整装待发，并召集不堪忍受夏桀奴役的诸侯会盟于有仍，讨论并部署灭夏战略。

夏桀急调九夷部落军队编入夏朝军队以迎战商汤。汤见夏桀仍有一定号召力，威势尚存，便采纳伊尹谋略，修书假意臣服，以为缓兵之计。后来汤再次宣讨暴桀，而此时，原本听命于桀的九夷军哗变，有缗氏阵前倒戈，桀只得纠集起王室直属军队抵御商军。当时，夏桀夜梦“两日相斗，西方日胜，东方日不胜”，这被居夏从事间谍活动的伊尹得悉并反馈给汤。汤命令大军进行战略转移，从“东方”行军，迂回到夏都以西，由西向东攻击。这一战术能出其不意，攻其不备；而另一方面则是利用了夏桀对“西方日胜”的心理恐惧，弱化夏军心理防线。

商汤命军队由西向夏都突袭夏军，夏桀仓皇应战，出城拒汤。商王和夏主就在鸣条展开了一场势均力敌的厮杀。夏桀指责商汤目无君王，罪不可赦；而商汤反责夏桀荼毒生灵，已没有权威再号令四方。深受夏桀压榨的夏朝民众也坚定地站在了商汤一边，商军助威声、民众斥责声令曾“唯我独尊，无视天下”的桀心有余悸，再加上脑海中不断浮现的“西方日胜”，夏桀胆战心惊，拨马败走。但见商王大手一挥，商军以排山倒海之势冲向夏军，夏王室主力军队一溃千里，向东南方向败退。商相伊尹早已料到有这一着，战前他已安排商军盟友在夏都东南严阵以待，及时伏击败逃的夏军。夏桀再遭重创，逃奔到南巢（今安徽寿县南），不久病死，夏朝灭亡。

鸣条之战以夏桀军队彻底失败、商汤军队大胜而宣告结束。

⊙征射手甲骨文

商代征战的形式是每乘战车上有一名弓箭手。征集 300 名弓箭手出征，说明出征战车已达 300 乘。

约公元前2040～前1786年

世界大事记：
古埃及中王国时期（第十一、十二王朝）。

盘庚迁都

商汤建立商朝时，将国都定在亳（今河南商丘）。后来300年当中，前后5次搬迁都城。其原因是多方面的，有王族内部经常争夺王位，发生内乱的缘故；还有黄河下游常常闹水灾的缘故。有一次洪水泛滥，把都城全淹了，商朝就不得不迁都。

从商汤开始，王位传到盘庚时，已传了20个王。盘庚是个很有才干的君主，为了改变当时社会不安定的局面，他决心再一次迁都。

可是，迁都的想法遭到大多数贵族的反对，他们贪图安逸，都不愿意搬迁。还有一些有势力的贵族煽动平民起来反对，一时间闹得满城风雨。

在强大的反对势力面前，盘庚丝毫没有动摇迁都的决心。他把反对迁都的贵族找来，耐心地劝说他们："迁都是为了我们国家的安定。你们要理解我的苦心，不要产生无谓的惊慌。我的主意已定，不容更改。"

盘庚坚持迁都的主张终于挫败了反对势力，他带着平民和奴隶，渡过黄河，搬迁到殷（今河南安阳小屯村）。在那里整顿商朝的政治，使衰落的商朝重新兴旺起来，以后200多年，一直没有迁都。所以商朝又称作殷商。

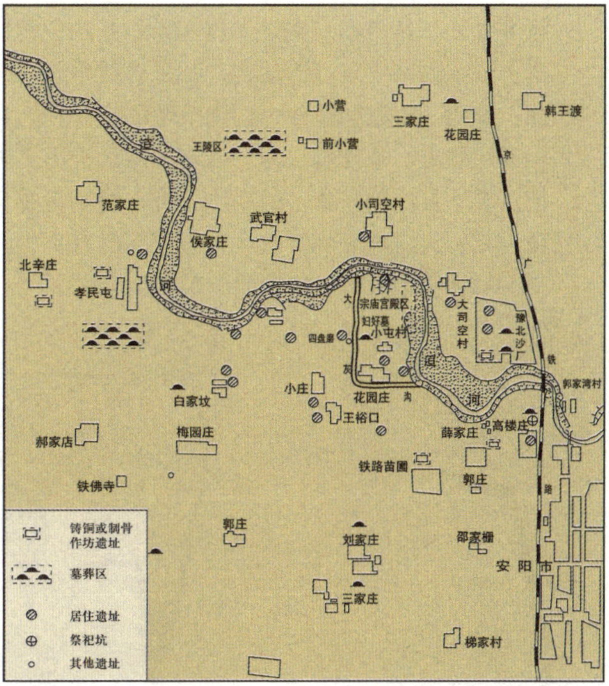

⊙ 安阳殷墟遗址分布示意图

通过多年的调查与发掘，殷墟的范围和布局已大体清楚。洹河南岸的小屯村东北地为商代宫殿、宗庙区，周围分布有手工业作坊，居民区及平民墓地；北岸分布有大面积的王陵区。殷墟周围可能是贫民的居所。

从那以后，又经过3000多年的漫长岁月，商朝的国都就变为废墟。到了近代，人们在殷地旧址上发掘出大量古代的遗物，因为那里曾经是商朝国都的遗址，就把那里命名为"殷墟"。

从殷墟发掘出来的遗物中，有龟甲（就是龟壳）和兽骨十多万片，上面都刻着很难辨认的

·殷墟·

殷墟是在河南安阳西北郊小屯村一带发现的商朝后半期的文化遗址。该地在商朝时称为殷，从盘庚迁殷到纣亡国，共经历了8代12王，273年的时间。中国历史上又称商朝为"殷代""殷商"和"殷朝"。商朝被周武王灭亡之后，殷都被废弃，逐渐荒凉，以致变成废墟，年长日久被埋在地下，后来人们叫它为"殷墟"。从1928年起，这里先后发掘出大量青铜器、玉器、陶器和甲骨（10万多片），还发掘出许多墓葬和宫室遗址。

商朝青铜器纹饰

商代青铜器工艺精湛，造型丰富，当时流行饕餮纹（或称兽面纹）、云雷纹、夔纹、龙纹、虎纹、向纹、鹿纹、牛头纹、凤纹、蝉纹、人面纹等纹饰，通常在云雷纹上再加浮雕式的主题纹样。这些纹饰所表征的动物，都是当时祭天、祭神、祭祖、祭鬼的仪式中沟通天地的媒介、人神相通的使者，象征着权力。青铜艺术的狞厉之美便主要来自铸刻于其上的动物纹饰，特别是那长睛大耳、大口獠牙的饕餮纹，当代美学家称之为“一种神秘的威力和狞厉的美”。

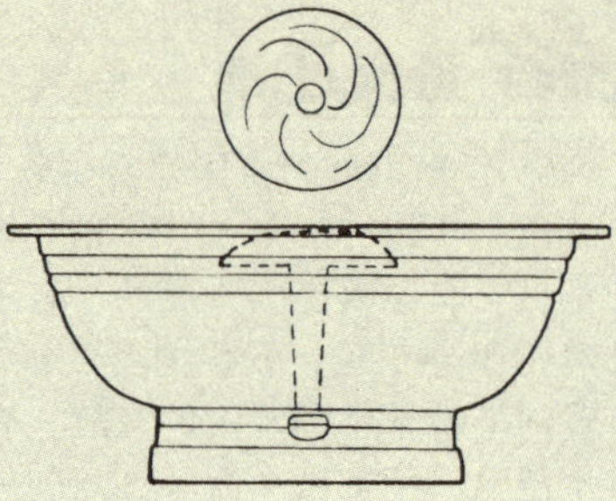

郑州向阳食品厂出土的涡纹中柱盂

偃师二里头出土的素面铜铃

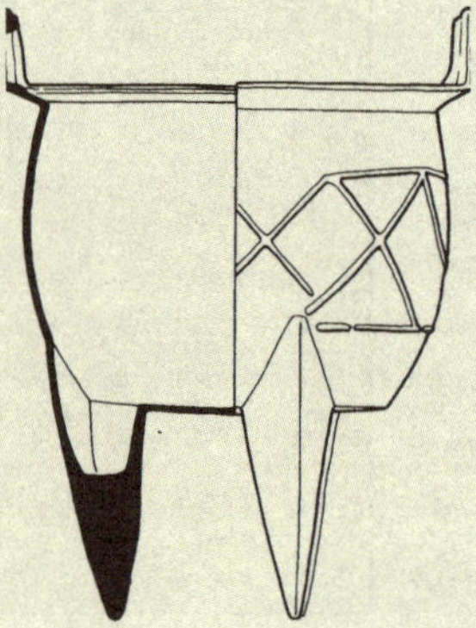

偃师二里头出土的网格纹鼎

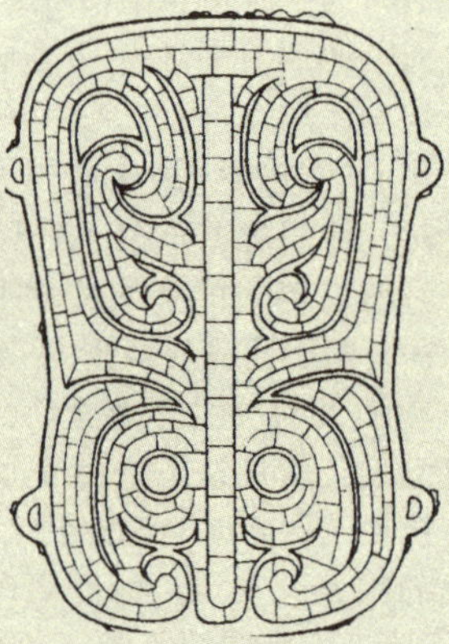

偃师二里头出土的兽面纹铜牌饰

郑州杨庄出土的人字纹鼎

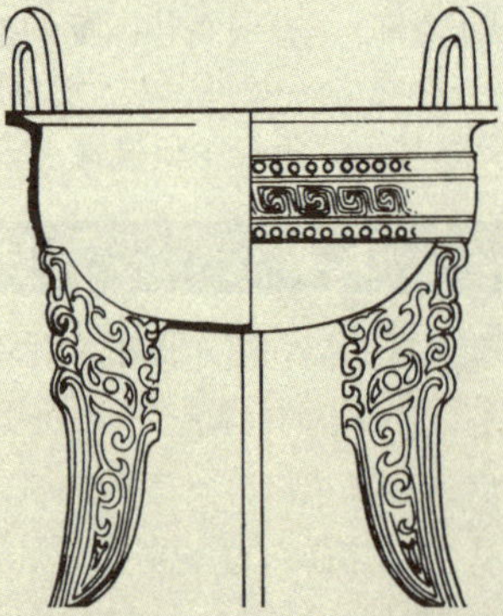

郑州向阳食品厂出土的云雷纹扁足鼎

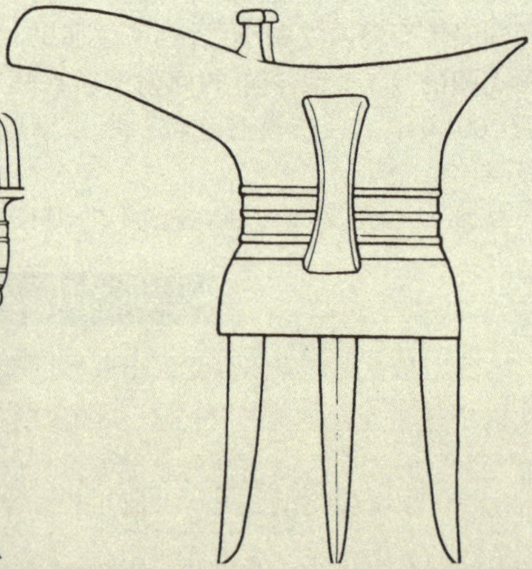

郑州铭功路出土的弦纹爵

商朝青铜器的演变

早期青铜器

器壁	较薄
花纹结构	较简单
线条 / 纹饰	线条粗笨，只有单层，纹饰以饕餮、云雷、龙、夔、虎、人体为主
特色	直接仿自同类的陶器制作，例如，鼎的足根做锥状，与陶器相近
铜器外貌变化	早期鼎、甗、鬲的足根均呈锥状，爵则多为平底，爵柱多在流（类似茶壶嘴）之上或口上紧靠流折处，斝多呈裤足分裆式 器形更加复杂，增加鋬手，斝或爵的柱加高加大 纹饰更富立体感，不仅扉棱发达，而且兽面纹和云雷纹都更加粗犷，线条厚重，有凸起的感觉

鼎

簋

觚

爵

斝

晚期青铜器

器壁	较厚重
花纹结构	较复杂
线条 / 纹饰	器身有两三层线纹，开始流行蝉纹及鸟纹饰，一般以云雷纹配衬纹饰
特色	自创形式，不拘于陶器形制，例如，鼎的足部做柱形，晚期更出现兽形
铜器外貌变化	晚期鼎、甗等腹部变浅，爵腹加深，柱移至口中近折处，觚体变细，圆底斝比较盛行，晚期出现如裤裆相连的柱足分裆斝

鼎

簋

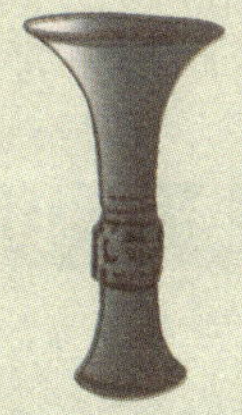

觚

爵

斝

主要用途

鼎：煮食具；簋：食具；觚：盛酒器；爵：饮酒器；斝：盛酒器

其中鼎与簋是最有代表性的礼器

约公元前14世纪

中国大事记：
盘庚即位，迁都于殷，商朝中兴。

文字。经过考古学家的研究，才把这些文字弄明白。当时，商朝的统治阶级很迷信鬼神。他们在祭祀、打猎、出征时，都要用龟甲和兽骨来占卜吉凶。占卜之后，就把当时发生的情况和占卜的结果用文字刻在龟甲、兽骨上。现在，我们把这种刻在龟甲、兽骨上的文字叫作“甲骨文”。我们今天使用的汉字就是从甲骨文演变过来的。

在殷墟上发掘出的遗物中，还发现了大量的种类繁多的青铜器皿、兵器，工艺制作都很精巧。有一个叫作“后母戊”的大方鼎，重量为 875 公斤，高 130 多厘米，上面还刻着富丽堂皇的花纹。从这件青铜器上可以看出，在殷商时期，冶铜的技术和艺术水平都是很高的。

武丁盛世

武丁是商王小乙之子，商朝的第 23 位国王（约公元前 1250 年 ~ 前 1192 年在位），是上古的一位名王，在位达 59 年之久。他在位时期，任用贤臣良将，在国内推行有利于经济发展和社会安定的措施，对外讨伐那些不听号令或侵犯商朝利益的部落，把商朝推向鼎盛，史称“武丁中兴”。

相传武丁少年时，父亲不让他留在王宫中，而是让他隐瞒身份去民间游历。武丁来到民间后，与平民一起生活、劳动，了解了人民的疾苦和劳作的艰辛，广泛地接触了社会生活。他还拜有名的贤人甘盘为师，学习治理国家的本领。一次，在一个建筑工地上，武丁遇见了一个叫傅说的奴隶，他们两个人一边筑墙一边交谈。虽然傅说其貌不扬，但他知识丰富，说话幽默风趣，对国家大事有很精辟的见解，对王室进行直言不讳的抨击，武丁越听越佩服，心想：“我即位后一定任命他为宰相，好好治理国家。”后来，傅说知道了武丁的真实身份，怕别人说他巴结权贵，就躲了起来，不愿再见武丁。武丁四处寻找，但都没有找到。

后来武丁即位，三年内没有说一句话。每天上朝，只听大臣们的议论，从来不发表意见，大臣们一个个既纳闷又害怕。一天上朝时，武丁竟然睡着了，还发出轻微的鼾声。大臣们生怕吵醒了大王的美梦，都不再说话了，大殿上顿时鸦雀无声。过了一会儿，武丁长长地伸了个懒腰，揉了揉眼睛对大臣们说：“刚才先王汤托梦给我，告诉我天帝派了一个圣人来辅佐本王。这个人有点驼背，身穿粗麻布衣，胳膊上拴着绳索，好像是个囚犯。”随后，武丁让画师按他的描述把圣人的像画了下来，命群臣四处寻访梦中的圣人。结果大臣们在虞、虢交界一个叫傅岩的地方找到了一个和画像很像的奴隶，便将他带到朝中。武丁一看之下大喜，这个人果然是傅说。便对众人说：“他就是天帝派来辅佐我的梦中的圣人。”并马上任命傅说为宰相。原来武丁三年不说话，其实是在用心观察，看

·青铜器与后母戊大方鼎·

青铜是铜和锡的合金，它的冶铸始于夏朝，发展于商代，完善于西周春秋。这种合金颜色发青，故将用它制成的器物叫青铜器。夏、商、周三代的青铜器有两类：一类是兵器和生产工具；另一类是以青铜器制成的各种礼器。

后母戊鼎是至今出土的最大的青铜器。1939年在河南安阳武官村出土。该鼎呈长方形，有四足，通高133厘米，长110厘米，重量达875公斤。鼎腹内有铭文“后母戊”三字，说明是商王为祭祀其母戊而作。在3000多年前的商代要铸造这样的庞然大物确非易事，它充分反映了商代铸造业的高度发达。

公元前1595年

世界大事记：
赫梯灭亡古巴比伦王国。

看哪位大臣是忠臣、哪位大臣是奸臣，以便摆脱奸臣的左右，选拔有用的人才。

傅说当上宰相后，开始整饬朝政。傅说首先劝说武丁节约，祭祀时减少供品，为群臣和百姓做好榜样。后来，武丁又任用贤臣祖己和老师甘盘。在这些贤人的辅佐下，武丁励精图治，商朝逐渐强大起来。

在武丁即位以前，商朝曾经多次发生王位之争，史称“九世之乱”，结果导致国力大衰，原先归附商朝的较大的部落和方国，纷纷摆脱商朝的统治，甚至出兵攻打商朝，掠夺商朝的庄稼、牲畜和人口。尤其是西北地区以羌族为主体的西戎，对商朝的西部边境构成了严重威胁。而那些小的部落和方国时而归顺，时而反叛，经常以种种借口拒绝向商朝进贡物品，甚至起兵反抗。

为了恢复商朝昔日的荣光，武丁开始四处征伐。

武丁首先将矛头对准了商朝周边的小部落和方国。武丁身先士卒，驾驶战车，率领车兵和步兵，一举征服了40多个部落方国，使商朝的统治基础得以稳固。

随后，武丁开始征讨商朝最大的敌人——以羌族为主体的西戎部落。武丁和他的妻子妇好率领全国的精锐军队，在西北征战多年，终于打败了西戎部落。有的部落被消灭，商人在他们的土地上建立城邑；有的部落战败投降，沦为奴隶；有的战败逃往更西更北的偏远地区。

随后，武丁又进攻南方的荆楚。南方江河纵横，湖泊众多，山势险要，道路难行。武丁不畏艰险，率军逢山开路，遇水搭桥，深入敌境，取得重大胜利，征服了很多部落。

据甲骨文记载，在一次战役中，武丁令妇好和另一位大将配合，先在西边埋伏好，武丁从东边进攻敌人，把西戎人赶进妇好的包围圈，然后围而歼之。这是我国军事史上最早的关于事先埋伏、围歼敌人的文字记录。

武丁经过多年的征战，大大拓展了商朝的疆域和势力范围，促进了中原地区和周边各少数民族的交流，使商朝成为北到大漠、南逾江淮、西起甘肃、东至大海，包含众多部族的泱泱大国。

甲骨文

大殿中灯火通明，商王武丁和大臣们都紧张地看着卜官（负责占卜的官员）用小刀在一片龟腹甲的背面上钻洞。当快钻透时，卜官放下小刀，起身来到卜坛。卜坛上早已燃起了熊熊烈火，卜官把龟甲放到火里烘灼，口中念念有词：“上天保佑我大商，降罪于西戎。我大商必能取胜……”过了一会儿，龟甲发出了轻微的噼啪声，卜官把龟甲取了出来。这时龟甲的正面出现了几道裂纹。卜官仔细观察纹路的走向。突然，卜官高声对武丁说：“恭喜大王，卜兆大吉。”武丁大喜，说道：“太好了，上天保佑我们大商，这次征伐西戎，我军必胜！”随后，卜官用小刀把商王武丁和自己的名字、占卜的时间、内容刻在龟甲上，保存起来。商王武丁率领大军远征西戎，打败了商朝的劲敌，商朝进入了鼎盛时期。

后来商纣王昏庸无道，周武王率领诸侯讨

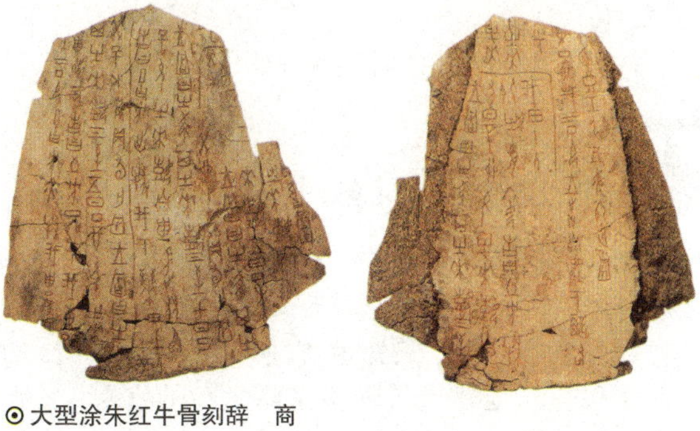

⊙ **大型涂朱红牛骨刻辞　商**
商朝的甲骨文是占卜时刻在龟甲或者兽骨上的象形文字，也称卜辞。河南安阳殷墟有大量出土。

约公元前12世纪

中国大事记：
商朝进入青铜器全盛时代。

伐暴君，在牧野之战中大败商军，商纣王自焚而死，商朝灭亡，商朝的国都殷（今河南安阳）也逐渐变为废墟。

清朝末年的一个夏天，天干地燥。河南安阳洹河南岸小屯村里，有一个叫李成的剃头匠，身上生了许多疥疮，又疼又痒，如果用手抓，更是难受。李成没钱医治，愁眉苦脸的不知该怎么办好。他看到人们在耕地时刨出了很多白片片，农民不知道这是什么东西，就随手扔掉了。李成捡起来用力一捏，这些白片片竟然被捏成了粉末，他把这些粉末撒到自己身上生疮的地方，想用它来止止痒。这些粉末一撒到疮上，很快就起了作用，竟然不痒了。他身上的疥疮很快好了。李成非常高兴，他跑到田间地头把乡亲们扔掉的白片片收集起来，卖给城里的中药铺。他告诉中药铺的掌柜，这东西是药材，能治疗疥疮。药铺掌柜开始并不相信，后来，他查了查《本草纲目》，才知道这就是中药里的龙骨（上古爬虫类动物的化石）。

不久，乡亲们都知道这种白片片是药材，能卖钱，纷纷去地里挖掘，然后送到城里的中药铺。龙骨这种药材用量也不大，很快中药铺就不想收了，就挑毛病说："凡有刻画的龙骨一律不收。"李成等人就用刀子刮掉龙骨上的刻画，再卖给药店。时间长了，药店真的一块也不收了。后来，李成在庙会上摆了个摊，专卖刀枪跌打药，一边卖，一边吆喝："刀枪跌打药！龙骨神药，生肌止痒，一包就好！"原来他把龙骨捣成了细粉，包成小包。

河南安阳在宋代的时候就开始出土青铜器，各地古董商经常来这里收购古董，再把这些东西带到北京等大城市，高价卖给那些名门世家、文人墨客。一天，一位名叫范维卿的古董商来到安阳收购古董，无意中收购了几片龙骨，带到了北京。

1899年秋，北京一位叫王懿荣的官员得了疟疾病，吃了很多药，都不见效。一位老中医给他开了个药方，上面有一味叫龙骨的药。王懿荣觉得奇怪，怎么还有叫龙骨的药呢？不久他的朋友范维卿来探望他，送给了他几片龙骨。王懿荣发现这些龙骨上的刻画好像和字很像，难道这是古人的字吗？王懿荣陷入了苦思冥想之中。突然，王懿荣发现一片龙骨上的刻画很像"雨"字，再看看其他的刻画，有的像"日"字，有的像"月"字，有的像"山"字。王懿荣欣喜若狂，冲出屋子对家人高喊："我发现古人的字了！我发现古人的字了！"他让家人立即把全京城中药铺的龙骨全部买来。王懿荣查阅了大量的史料典籍，在《周礼·春官》《史记·龟策列传》中找到了上古之人占卜的资料，而这些龙骨就是占卜用的龟板！这些在地下沉睡了3000多年的中国最古的文字终于被发现了。因为这些文字都刻在龟甲或兽骨（主要是牛肩胛骨）上，所以后世的学者们把它称为"甲骨文"。

商代的统治者迷信鬼神，做什么事都要占卜，向鬼神询问吉凶，并将占卜的内容、日期和结果等刻在上面，所以甲骨文字又叫卜辞。甲骨文的内容涉及政治、经济、军事、气候、风俗等许多方面，为研究远古时期的中华文明提供了丰富的历史资料。

姜太公钓鱼

盘庚死后，又传了十一个王，最后王位传给了纣。

纣和夏桀一样，只知道贪图享乐，根本不管政事民生。他建造了许多富丽堂皇的宫殿，还在别都朝歌（今河南淇县）造了一个"鹿台"，把搜刮来的金银珍宝储藏在里面；他又造了一个极大的叫作"钜桥"的金库，把剥削来的粮食囤积起来。他把成吨的酒倒在池里，把成堆的肉挂得像树林一样，叫作肉林酒池。他和宠姬妲己过着穷奢极欲的生活。纣王还用各种残酷的刑罚来镇压背叛他的诸侯和反对他的百姓，有一种刑罚是把人抓起来放在烧红的铜柱上烤

公元前1504～前1450年

世界大事记：
古埃及法老图特摩斯三世在位。

死。这叫作“炮烙”。

纣的凶残暴虐，加速了商朝的灭亡。而在西部的周部落一天天兴盛起来。

周本是一个古老的部落。夏朝末年，这个部落活动在陕西、甘肃一带。后来，为了躲避戎、狄等游牧部落的侵扰，周部落的首领古公亶父率领周人迁移到岐山（今陕西岐山县东北）下的平原，并在那里定居下来。

周部落首领传至古公亶父的孙子姬昌（后来称为周文王）的时候，部落已经很强大了。

周部落强大起来，对商朝构成了很大的威胁。于是，纣王派人把周文王抓来，关在叫羑里（在今河南汤阴县一带）的地方。周部落的贵族把许多美女、骏马和珍宝，献给纣王，又给纣王的亲信大臣送了许多礼物，才把姬昌赎了回来。周文王见纣王昏庸残暴，民心失尽，就决定讨伐商朝。但是，他身边缺少一个有军事才能的人来帮助他带兵打仗。他便开始留心物色这样的人才。

有一天，周文王带着他的儿子和兵士到渭水北岸去打猎。在渭水边，一个老头儿在河岸上坐着钓鱼。大队人马过去，那个老头儿丝毫不为所动，还是安安静静钓他的鱼。文王看了很惊奇，就下了车，走到老头身边，跟他交谈起来。

经过一番谈话，知道他叫姜尚（又叫吕尚，“吕”是他祖先的封地），是一个精通兵法布阵的高人，于是，周文王恳请姜尚同他一起回宫。

因为文王的祖父曾经盼望得到一位帮助周族兴盛起来的人，而姜尚正是这样的人，所以后来人们叫他太公望；在民间传说中，又称他为姜太公。

太公望做了周文王的助手后，一面发展生产，一面训练兵马。周族的势力越来越大。没过几年，周族逐渐占领了商朝统治下的大部分地区，归附文王的部落也越来越多了。

⊙周文王访贤版画

但是，正当周文王打算征伐纣王的时候，却害了一场病死了。

·周文王·

周文王，中国商代末年西方诸侯之长。姬姓，名昌（约公元前1152～前1056年）。周太王之孙，季历之子。商纣时为西伯，即西部诸侯（方国）之长。亦称西伯昌。相传西伯在位50年，已为翦商大业做好充分准备，但未及出师便先期死去。周人谥西伯为文王。其次子姬发继位，是为周武王。他敬老慈少，礼贤下士，因不满商纣王暴政，被拘于羑里（今河南汤阴一带）。归周后，发展生产，训练军队，势力日益扩大，灭掉周围几个小国，三分天下有其二，为周武王灭商奠定了基础。

牧野之战

周文王死后，他儿子姬发继承了王位，就是周武王。周武王拜太公望为师，让他的兄弟周公旦、召公奭做太公望的助手，继续整顿政治，训练兵士，准备讨伐商纣王。

这时，纣的暴政已经达到了极点。商朝的贵族王子比干和箕子、微子十分担忧，苦苦地

公元前1046年

中国大事记：
周武王率军伐商，在牧野之战中大败商军，灭亡商朝。

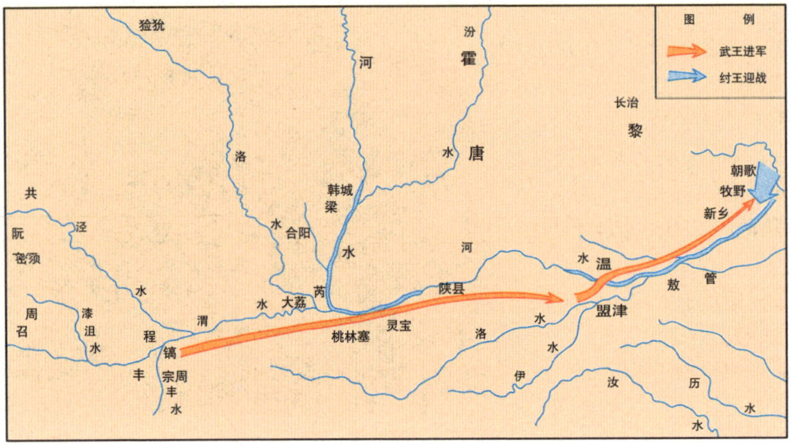

⊙ 牧野之战示意图

劝说他改邪归正。纣不但不听，反而将比干杀了，还残忍地叫人剖开比干的胸膛，挖出他的心，说要看看比干的心长什么样。迫于无奈，箕子装疯卖傻总算免了一死，被罚作奴隶，囚禁起来。微子看见商朝已经没有希望，便离开了别都朝歌。

在公元前 11 世纪，周武王得知纣已经到了众叛亲离的地步，认为时机已经成熟，请精通兵法的太公望做元帅，领 5 万精兵，渡过黄河东进。八百诸侯在盟津会师。周武王在盟津举行誓师大会，历数了纣昏庸无道、残害人民的罪状，鼓励大家同心讨伐纣王。

一天，在周武王进军时，有两个老人挡住了军队的去路，要见武王。原来，这两人是孤竹国（在今河北卢龙）国王的儿子，哥哥叫伯夷，弟弟叫叔齐。

孤竹国王钟爱叔齐，想把王位传给他。伯夷得知父王的心意后，便主动离开了孤竹国，叔齐也不愿接受王位，也躲了起来。他们两人在周文王在世的时候，一起投奔周国，并定居下来。他俩听到武王要去讨伐纣王，就赶来阻止，并说这是大逆不道的行为。

太公望知道这两人是一对书呆子，吩咐左右将士不要为难他们，把他们拉走就是了。后来这两个人就躲到首阳山（在今山西永济西南）上，后来饿死在首阳山。

周武王的讨纣大军士气旺盛，一路上所向披靡，很快就打到距朝歌仅有 70 里的牧野（今河南淇县西南）。

纣得知后，慌忙拼凑了 70 万人马，由他亲自率领，跑到牧野迎战。他以为，凭他 70 万人马，打败 5 万人马还不是轻而易举的事吗？

可是，那 70 万商军有一大半是由奴隶和从东夷抓来的俘虏组成的。他们平日受尽纣的压迫和虐待，对纣早就恨之入骨了，谁也不想为纣卖命。在牧野战场上，当周军勇猛地冲进商军队伍的时候，他们就掉转矛头，纷纷倒戈，配合周军一起攻打商军。70 万商军，一下子就土崩瓦解了。太公望指挥周军，趁势一直追击到商都朝歌。

逃回朝歌后，商纣王看到大势已去，就于当夜躲进鹿台，烧了一把火，跳到火堆里自焚了。

周武王灭了商朝后，把国都从丰搬到镐京（今陕西西安市西），建立了周王朝。

周公辅政

周武王建立周王朝后仅仅两年就生病死了。他的儿子姬诵即位，就是周成王。那时，周成王只有 13 岁，不能处理政务。于是由武王的弟弟周公旦辅助成王掌管国家大事，行使天子的职权。历史上，通常不直接称呼周公旦的名字，只称周公。

约公元前1379～前1362年

世界大事记：
古埃及埃赫那吞实行宗教改革。

周公尽心尽力辅佐成王，管理政事，但还是遭到他的弟弟管叔、蔡叔的猜忌，他们造谣说周公有野心，想篡夺王位。

这时，纣王的儿子武庚不满足于周朝封给他的殷侯地位，想重新恢复殷商的王位。武庚一听说周朝内部动荡不安，就和管叔、蔡叔串通起来，联合了一批殷商的旧贵族，还煽动东夷中几个部落，起兵叛乱。

武庚和管叔等人制造的谣言，很快传到镐京，一时谣言四起，连召公听了也怀疑起来。成王年小，更分不清事实真伪，所以对这位辅佐他的叔父也不太信任了。

周公内心很痛苦，他首先向召公推心置腹地表明心意，告诉召公，他决没有野心，让召公顾全大局，不要听信谣言。他这番诚恳的话感动了召公，消除了大家对周公的误会。周公在调和了内部的矛盾之后，毅然调动大军，亲自东征武庚。

这时候，东方有几个部落都与武庚串通一气，蠢蠢欲动。周公授权给太公望：各国诸侯，有不服周朝的，都由太公望征讨。这样，由太公望控制东方，周公自己全力讨伐武庚。

周公花了三年时间，终于平定了武庚的叛乱，杀了武庚。周公平定了叛乱，把管叔革了职，将蔡叔充军。管叔觉得自己没有脸面去见他的哥哥和侄儿，便上吊自杀了。

周公东征结束时，抓获了一大批商朝的贵族。因为他们反抗周朝，所以叫他们“顽民”。

⊙周公像

周公觉得让这批人留在原来的地方容易滋生事端；同时，又觉得镐京远离东部的广大中原地区，控制起来很不方便，他就在东面新建一座都城，叫作洛邑（今河南洛阳市），把殷朝的“顽民”都迁到那里，派兵监视他们。

这样一来，周朝就有了两座都城。西都是镐京，又叫宗周；东部是洛邑，又叫成周。

周公辅佐成王执政了七年，不仅加强了周王朝的统治地位，而且还为周朝制定了一套典章制度。到周成王满20岁的时候，周公把政权交还给成王。

周成王死后，他的儿子康王即位，这段时间前后约五十多年，是周朝强盛和统一的时期，这就是历史上所说的“成康之治”。

周厉王毁国

在成王、康王之后，周朝逐渐加重了对平民和奴隶的统治与剥削，刑罚也变得严酷起来。

周厉王是周王朝第十代国君，是个十分残暴的君主，他即位后，对人民的压迫更加严酷了。

周国形成以后，渐渐破坏了原始部落公有制的土地制度。周朝初年，周天子又分封了70多个诸侯国，把土地山林赏赐给各级贵族，国人可以进山采集果实、砍柴、打猎，在江河湖泊捕鱼。人们利用这些收入来填补生活上的不足。

到了周厉王做国君，他宠信一个名叫荣夷公的大臣，荣夷公唆使他改变了原有制度，把原来公有的山林江河湖泊和贵族占有的山林土地收为国有，不准国人使用。荣夷公派兵在道路上设关立卡，盘查来往行人，不许人们上山打猎、下水捕鱼，把人们采集来的果实、山珍

公元前9世纪

中国大事记：
周厉王实行“专利”，引起国人不满。

·周昭王南征·

周昭王名瑕，是周康王的儿子。昭王十六年（约公元前980年），他亲率大军南征荆楚，取得了胜利。昭王十九年（约公元前977年），昭王再次南征楚国，结果全军覆没，昭王也死于汉水之滨。因南征的失败，周王朝的力量已无力控制南方，到周穆王时只好在南方建立防线，派师戍守。

统统没收。他们还勒索财物，虐待人民。这样一来，上至贵族、大臣，下至平民百姓，都毫无例外地蒙受了经济损失。周厉王的暴虐措施，激起国人的强烈不满。

周厉王在政治上独断专行，无论事情大小，都事必躬亲。为了防止人们的反抗，镇压人们的暴乱，周厉王施行残酷的刑法，导致国人怨声载道。

后来，大臣召公虎进宫奏报厉王，外面的百姓对朝政不满，到处都在议论国事，并劝说厉王尽早改变做法，免得出乱子。周厉王不仅不听劝说，反而下了一道命令，禁止国人批评朝政。此后，还杀了一批国人，这样一来，国人都不敢大声说话，就连在街上打招呼也只能用眼光示意。

这样到了第四个年头，也就是公元前841年，人们终于忍受不了周厉王的残暴，举行了一次大规模的暴动，史称“国人暴动”。参加暴动的人有平民，也有贵族，开始仅几十人，后来迅速发展到几万人，整个镐京成了沸腾的海洋。国人拿起武器、农具，像洪水一样向王宫冲去。王宫卫士看到愤怒的人群，吓得纷纷躲避起来。周厉王顾不得体面，慌里慌张带了一批人逃命。他一直逃到彘地才停了下来，总算保住了一条命。

国人冲进王宫烧毁了宫殿，搜遍了各个角落也没有找到周厉王，听说他的儿子静躲在召公虎家里，于是又围住召公虎家。召公虎无法控制住人们愤怒的情绪，出于无奈，只好将自己的儿子冒充静交给人们处死，这样才平息了这场规模巨大的暴动。

周厉王被赶下台后，朝廷里没有国王，国内人民拥戴大臣周公和召公主持国政，替天行使职权，历史上称为“共和行政”。从共和元年，即公元前841年起，中国历史才有了确切的纪年。周厉王从这一年一直到共和十四年，一直待在彘地没敢回来，最后死在那里。

这次起义动摇了周王朝的统治。在起义者的打击下，周室王权大大削弱了，诸侯对王室的离心倾向越来越大。后来周厉王的儿子静即位，就是周宣王。此后，周王室虽然表面上仍维系着从前的制度，实际上已经外强中干，周王朝正走向分崩离析，渐渐衰落。

宣王中兴

周宣王，姓姬，名静（一作靖），周厉王之子，周朝第十一位王，公元前828~前781年在位。

周厉王昏庸无道，国人举行暴动，周厉王逃到彘（今山西霍县），姬静躲在大臣召公的家里。国人知道后，包围了召公家，要他交出太子。召公极力劝说国人饶恕太子，国人不听，强行闯入召公家里进行搜捕。召公说：“先前我多次劝谏周厉王要施仁政，周厉王不听，以至于造成了今天这样的灾祸。如果现在太子被人杀了，周厉王会认为我记仇，所以要报复他。作为一个忠臣怎么能这样呢？”召公急忙赶到内室，让他自己的儿子与太子对换服装，忍痛将儿子交给了国人。国人都没有见过太子，分不出是真是假，看见召公的儿子的衣服很华丽，以为是真太子，就一哄而上将假太子打死后离去。姬静就冒充召公的儿子隐藏了下来。

周厉王逃跑后，西周朝廷没有人主持国政。

公元前10世纪~前612年

世界大事记：
西亚新亚述帝国时期，铁器出现并广泛应用。

大臣和诸侯们经过商议，推举了德高望重的大臣召公和周公共同主持国政，历史上称为“周召共和”。共和元年即公元前841年，中国历史就是从这一年开始有了明确而且连续不断的纪年。

共和十四年（公元前828年），周厉王病死在彘。一直躲藏在召公家的太子姬静已经长大成人，召公、周公利用迷信平息了国人的愤怒，拥立姬静为周王，就是周宣王。

周宣王即位后，吸取他父亲周厉王的教训，决心效仿文王、武王、成王、康王，重用召公、周公、尹吉甫等贤臣，整顿朝政，振兴周朝。在他的励精图治和贤臣们的精心辅佐下，国家逐步恢复了往日的繁荣景象，诸侯们又纷纷来朝见周王了。

刚开始的时候，周宣王在召公和周公等大臣的辅佐下，废寝忘食、殚精竭虑地治理国家。可是时间一长，他就有些懈怠了。

周宣王的王后姜后，是一个既聪明又贤惠的女人。她看到周宣王天天早睡晚起，不想去上朝，心急如焚，心想：“要是这种情况继续下去的话，不仅不能振兴周朝，还可能重蹈周厉王的覆辙，这可怎么办啊？”于是，她决定向周宣王进谏。

姜后脱下王后的衣服，摘下头上身上的金银饰品，然后穿上罪人的衣服，把自己关进监狱，命令宫女去禀告周宣王。宫女来到周宣王的寝室，告诉周宣王姜后的情况。正睡得迷迷糊糊的周宣王一听，立即从床上跳起来，急忙穿上衣服，来到监狱，看到自罚为囚犯的王后关在监狱里，周宣王急忙问怎么回事。

姜后跪下哭着说：“臣妾的品德太差，致使大王迷恋上我，害得大王上朝经常迟到，给大臣、诸侯和百姓们留下了大王好色失德的印象。大王好色，必然会穷奢极欲、酒池肉林，导致社会动荡，国家灭亡。当年夏桀王迷恋妹喜，商纣王迷恋妲己，结果导致百姓怨恨、诸侯离心，落得个身死国灭的下场。如果说现在我们国家存在潜在的动乱，那么动乱的根源就是我，是我让大王沉迷女色荒废朝政。”周宣王听了，大受感动，非常羞愧，连忙把姜后扶起来，给她穿上王后的衣服，把她接回王宫。

从此以后，周宣王每天早晨准时上朝，勤于政事，不敢有丝毫倦怠。在大臣们的辅佐下，周朝逐渐恢复了过去的强盛。

周宣王非常重视黎民百姓的疾苦。有一年大旱，田里颗粒无收，周宣王亲自登上祭坛，向上天祈祷，希望上天把灾害降临在自己身上作为惩罚来拯救黎民百姓。

周朝四周的少数民族趁着周朝衰落不断侵扰。当周朝复兴后，周宣王命召公及卿士南仲、大师皇父、大司马程伯休父等率军讨伐，沿淮水东进，淮夷纷纷降服，向周朝进贡物品；派秦庄公兄弟五人和尹吉甫征伐猃狁（即西戎），大获全胜，迫使猃狁向西北退走。周宣王还命方叔率军征伐楚国，也获得了胜利。从此周朝天下太平，人民安居乐业。

在周朝的君王中，周宣王是仅次于周武王的明君，他在位期间，励精图治，使周朝复兴，史称“宣王中兴”。

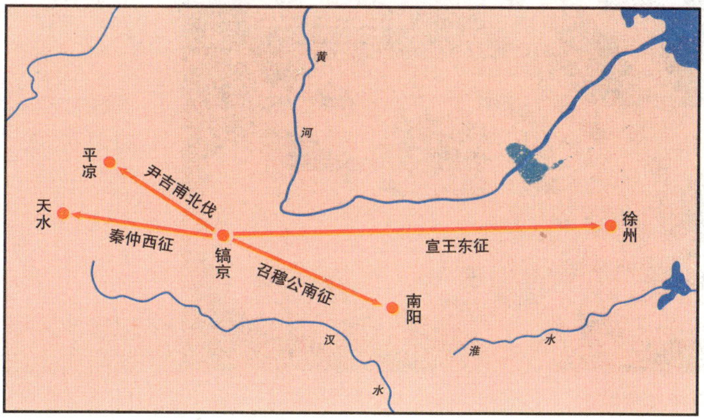

⊙周宣王武功示意图

周朝建立常备军后，武装力量大增。周宣王期间，北伐猃狁，南征荆蛮，西伐西戎，东平淮夷，四方归顺，天下太平。

公元前841年

中国大事记：

国人暴动，厉王出奔，召公、周公二相行政，号曰“共和”，自此，中国历史始有准确年代。

烽火戏诸侯

周宣王在公元前781年死了，太子宫湦即位，这就是周幽王。周幽王又是一个昏君，只知吃喝玩乐，不理政事。

周幽王不仅残暴昏庸，而且耽迷女色。他整日派人四处寻找美女。有一个叫褒珦的大臣，劝谏幽王节制享受，幽王不仅不听，反而把褒珦判了罪。

后来，褒家人将褒姒进献给周幽王。周幽王一见褒姒貌若天仙，马上就把褒珦释放了。从此，幽王整天与褒姒在后宫饮酒作乐，将朝政抛在脑后。

然而，幽王虽然宠爱褒姒，但褒姒性格内向，不喜笑颜，任凭幽王想尽一切办法来讨她欢心，褒姒都不笑。

有一天，幽王忽然心血来潮，让人在宫外贴一个布告：有谁能逗王妃娘娘笑一次，就赏他一千两金子。

⊙ **烽火戏诸侯**

荒淫昏庸的周幽王为博得爱妃一笑，不惜假借烽火之名欺骗属国国君，使他们对其失去信任，最后亡国，可谓荒唐可笑又教训深刻。

奸臣虢石父得知后，马上向幽王献计，用“烽火戏诸侯”的玩笑来博取褒姒一笑。烽火是古代军情危急时的报警信号，周王朝在骊山上建有二十多座烽火台，每隔几里便有一座，专门用来防备西戎的进攻。一旦西戎来犯，烽火台上的烽火会像接力棒一样点燃，一个地点一个地点传下去，附近的诸侯远远见了就会发兵来救援。

第二天，幽王兴致勃勃地携爱妃褒姒上了骊山，他们白天在骊山吃喝玩乐，到了晚上，让士兵把烽火台的烽火点了起来。附近的诸侯一见黑烟滚滚的烽火狼烟，以为西戎兵打来了，立即率兵来援。赶到时，却不见西戎兵的影子，只听见山上丝竹管弦之声。这时虢石父从山上下来说，大家辛苦了，这里没有什么事，大王和王妃放烟火不过想取个乐，你们回去吧！

诸侯们从老远跑来，却被幽王耍乐一番，一个个气得肺都要炸了，掉转马头就走。褒姒在山上，借着火光看到诸侯们气愤、狼狈的样子，真的笑了一下。幽王瞧见了她这一笑，不由得心花怒放，马上赏给虢石父一千两金子。

幽王自宠幸褒姒以后，被她迷得神魂颠倒。竟然废掉太子宜臼，改立褒姒生的儿子伯服为太子。

后来，西戎兵来犯，幽王下令点起烽火求援，结果各路诸侯对上次的羞辱记忆犹新，加上对幽王昏庸乱政的不满，连一个救兵也没有派。

西戎兵很快攻破周都镐京，把逃到骊山脚下的幽王和伯服杀了，又把美貌的褒姒抢走了。

幽王死后，申侯、鲁侯和许文公在申国立原来的太子姬宜臼为王，这就是周平王。平王后来回到镐京，看到镐京已被犬戎人破坏得面目全非，只好于公元前770年，东迁至洛邑。历史上把周朝定都镐京的时期，称为西周；迁都洛邑之后，称为东周。

中原争霸

春秋时期，中国社会各个领域都发生了极大的变化，周朝赖以立国的分封制逐渐瓦解，各个国家相互征伐、兼并。到了战国时期，几个强大的诸侯国相继实行变法，封建生产关系逐渐确立，其中，秦国从中脱颖而出，最终吞并六国，实现了统一大业。

公元前771年

中国大事记：
申侯与缯、西夷犬戎攻周幽王，杀之于骊山，西周亡。

春秋初霸郑庄公

周平王东迁以后，东周的统治区域日渐缩小，东到荥阳，南至汝水，西临潼关，北达沁水，只有方圆六七百里。周天子名义上是天下的共主，实际上不过是个大的诸侯国而已。

郑庄公（公元前757～前701年），名叫姬寤生。他的祖父郑桓公是周厉王的小儿子，为辅佐周王室的卿士。相传郑庄公出生时，是倒着出生的，母亲姜氏非常痛苦，所以非常不喜欢他。后来他的弟弟姬段出生后，姜氏想让郑庄公的父亲郑武公废掉他，改立姬段为太子，但郑武公没有同意。郑武公死后，郑庄公即位。姜氏还不死心，向郑庄公要求把京这个地方封给姬段，郑庄公答应了。大臣们认为京是个要地，不能随便封给人，纷纷表示反对。郑庄公说："这是母亲的要求，有什么办法呢？"所以就把京封给了姬段。

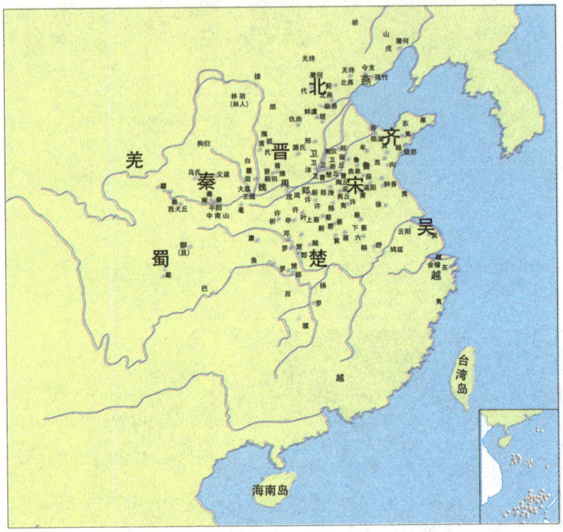

⊙春秋列国简图

姬段到了京后，横征暴敛，不断扩充军队，训练士卒，准备谋反。他还违反规定，大肆扩建京的规模。大臣们纷纷向郑庄公汇报，郑庄公只是笑了笑，说："多行不义必自毙。"姬段觉得自己准备充分了，决定起兵谋反，母亲姜氏做内应。但他们的一举一动早就被郑庄公所掌握，姬段刚起兵，郑庄公就率军进攻姬段，打他个措手不及，姬段被迫自杀。郑庄公平息了内乱，安定了郑国。

郑国地处中原的富庶地区，国力比较强盛，当时北方的晋国忙于内斗，西方秦国正在与西戎作战，东方的齐国与鲁国也连年交兵，南方的楚国刚刚兴起，势力还没有扩展到北方。郑庄公抓住机会，利用郑国的强大和身为卿士的有利条件，不断地进攻周边的小国，扩大自己的领土。

郑庄公首先交好齐、鲁两国，使宋国陷入孤立，然后假借周桓王的名义，自称得到周桓王的命令，讨伐宋国。宋国的国君宋殇公在交战中被杀，宋军大败。宋国被迫臣服于郑国，割让了大片的土地。此后郑庄公又发动了十余

·分封制·

西周王室把疆域土地分封给同姓宗族或异姓功臣、姻亲，建立诸侯国。西周诸侯在自己的封国内，把大部分土地分封给属下的卿大夫作为"采邑"，卿大夫再把"采邑"的土地分封给属下的士作为"食地"。这就是西周的分封制。这一制度自周建立之始就开始施行，但是大规模的分封是在武王克商以后和周公摄政期间。相传周初先后分封了71国，姬姓独占53个，其中鲁、卫、晋、齐、燕等诸侯国最为重要。经过分封，西周的疆域比商代大有拓展，各方诸侯都以周天子为天下之主，形成了"封建亲戚，以藩屏周"的统治格局，在此基础上形成的王权相对前朝更为集中，这对巩固统治起到了积极的作用。

公元前9世纪中叶

世界大事记：
乌拉图尔王国建立。

次对外战争，在诸侯中威望大增，许多小诸侯国都听从郑庄公的号令。

随着郑国的强大，郑庄公对周天子的态度也越来越傲慢。周桓王很生气，为了削弱郑庄公的势力，免去了他的卿士职位，让别的诸侯代替。郑庄公毫不示弱，派兵占领了周朝的一些土地，抢收周朝的庄稼，并拒绝去朝见周桓王。周桓王和郑庄公的关系恶化，矛盾日趋尖锐。

周桓王为维护王室尊严，亲率王师联合陈、蔡和卫国的军队进攻郑国。郑庄公忍无可忍，率军在繻葛（今河南长葛北）迎战。

周桓王将联军分为左、中、右三军。周左军由卿士周公指挥，配有陈军；周右军由卿士虢公指挥，配有蔡军和卫军；而周中军主力则有周桓王亲自指挥。

交战前，郑国的大夫公子元对周王联军做了一番分析。他对郑庄公说：“陈国现在正在内乱，陈军肯定军心不稳，无心作战。我们如果首先集中力量打击周左军，那么陈军一定会迅速溃败。蔡军和卫军战斗力一向不强，在我们的进攻下，肯定也会迅速崩溃。在击溃周军薄弱的左右两翼后，我们再集中力量进攻周军的中军，一定能大获全胜。”郑庄公采纳了公子元的建议。战斗打响后，郑军齐声呐喊，杀入敌阵。陈、蔡、卫三军本来就没有斗志，再看郑军犹如出山猛虎，吓得扔掉兵器，抱头鼠窜。郑军在击溃周军的左右两翼后，开始夹击周中军。周桓王势单力薄，兵微将寡，被郑军杀得人仰马翻，大败而逃。郑国大将祝聃率兵追杀，看到周桓王正乘着一辆车狂奔。祝聃立即弯弓搭箭，瞄准周王，“嗖”的射出一箭，正中周桓王左肩。周桓王惨叫一声，跑得更快了。祝聃见射中周桓王，心中大喜，正要再射，却被郑庄公拦住了。祝聃问为什么，郑庄公说：“周桓王毕竟是天下的共主，你射死了他，全天下的人都会怪罪我们的，这对我们郑国可不利啊。”大夫祭仲说：“主公高明啊。现在我们已经教训了周王，让他知道了我们的厉害。请允许我代表您去慰问慰问他，给他个台阶下。”郑庄公觉得有理，就派祭仲带了很多礼物前去周军大营慰问。

繻葛之战后，诸侯国再也不把周天子放在眼里，诸侯争霸的时代开始了。

齐桓公称霸

周王朝迁都到洛邑以后的东周，分为“春秋”和“战国”两个时期。春秋时期，周王室几经衰落后，周天子名义上是各国共同的君主，而实际上，他的地位只等同于一个中等国的诸侯。一些比较强大的诸侯国家经常使用武力兼并小国，大国之间也互相征伐，争夺土地。强盛的大国诸侯，可以号令其他诸侯，成为诸侯国的霸主。

⊙管仲像

春秋时期第一个称霸的是齐国（都城临淄，在今山东淄博）。齐国原是姜尚的封地。

公元前686年，齐国发生了内乱。在这次内乱中，国君齐襄公死于非命。襄公有两个兄弟，一个是公子纠，当时在鲁国（都城在今山东曲阜）；一个是公子小白，当时在莒国（都城在今山东莒县）。两个人身边都有辅佐的能人，辅佐公子纠的叫管仲，辅佐公子小白的叫鲍叔牙。两个公子听到齐襄公被杀的消息，都准备回齐国争夺君位。

公元前750年

中国大事记：
秦文公伐戎，戎败，文公收其民。

·世卿世禄制·

卿是古代高级官吏的称呼。世卿就是天子或诸侯国君之下的贵族，世世代代、父死子继，连任卿这样的高官。禄是官吏所得的享受财物。世禄就是官吏们世世代代、父死子继，享有所封的土地及其赋税收入。世卿世禄是周代统治者为笼络亲属、功臣，使他们世代享有特权而实施的制度。西周有许多大贵族世世代代担任卿的高官，世世代代享有周王分封的禄田，这叫世卿世禄制。如西周初年辅佐周王的周公、召公，其子孙长期在朝廷辅佐周王，为王朝卿士。不过，世袭官职或继承其祖、父的采邑与爵位，均需履行一定的手续，要得到周王或其上级的重新册封。

鲁国国君庄公决定亲自把公子纠送回齐国。管仲对鲁庄公说："公子小白在莒国，离齐国很近。万一回到齐国去，事情就不好办了。让我先带一支人马在路上截住他。"

正如管仲所预料的那样，公子小白在莒国的护送下眼看快要赶到齐国了，管仲在路上截住了他。管仲拉弓搭箭，向小白射去。小白中箭倒在车里。

管仲以为小白死了，就不慌不忙地护送公子纠向齐国奔去。可是，管仲却不知他射中的不过是公子小白衣带的钩子，公子小白大叫倒下，原来是假装的。等到公子纠和管仲进入齐国国境，小白和鲍叔牙早已赶到了国都临淄，小白自然做了齐国国君，这就是齐桓公。

齐桓公即位以后，为报一箭之仇，立即发兵攻打鲁国，并且逼迫鲁庄公杀掉公子纠，把管仲送回齐国治罪。鲁庄公无可奈何，只好照办。

管仲被关在囚车里押送到了齐国。鲍叔牙立即向齐桓公推荐管仲，说他是个很有才干的人，可以帮助齐桓公干一番大事业。

齐桓公也是个豁达大度的人，听了鲍叔牙的话，不仅没有治管仲的罪，还任命管仲为相，让他管理国政。

管仲为相后，协助齐桓公整顿朝政，开发资源，大开铁矿，提高耕种技术，又大规模采用海水煮盐，鼓励老百姓入海捕鱼。后来，离海比较远的诸侯国都依靠齐国供应食盐和海产。海产可以不买，可盐是人们非吃不可的。因此齐国的综合实力大大提高了。

公元前681年，齐桓公奉周王之命，通知各国诸侯到齐国西南边境上的北杏（今山东东阿县北）开会。

这时候，齐桓公在诸侯中的威望并不高。通知发出以后，只有宋、陈、蔡、邾四个国家来了。还有几个接到通知的诸侯国，像鲁、卫、曹、郑（都城在今河南新郑）等国，采取观望的态度，没有来。

在这次会议上，大家公推齐桓公当盟主，并且订立了盟约。

曹刿论战

公元前684年，也就是齐桓公即位的第二年，齐桓公又派兵攻打鲁国。鲁庄公对一再欺负他们的齐国，忍无可忍，决心跟齐国决一死战。

齐国的行径，也激起鲁国百姓的愤慨。有个鲁国人曹刿去见鲁庄公，要求参加抗齐的战争。鲁庄公高兴地接见了曹刿，并向他问策。

曹刿见到鲁庄公后，就自己心中的疑虑询问了庄公，他问鲁庄公："请问主公凭什么去抵抗齐军？"

鲁庄公说："衣食之类养生的东西，我不敢独自享用，一定把它们分给别人。"

曹刿回答说："小恩小惠不能遍及众人，百姓是不会听从您的。"

鲁庄公说："猪、牛、羊等祭品，玉和丝织品，我不敢虚报夸大，一定对神说实话。"

曹刿回答说："小的信用不能取得神灵的信

公元前626～前539年

世界大事记：
古代两河流域新巴比伦王国时期。

任，神是不会保佑您的。”

最后，鲁庄公想了一下，说：“每逢百姓打官司的时候，我虽然不能把每件事都查得很清楚，但是都会尽最大努力处理得合情合理。”

曹刿这才点头说：“我看凭这件得民心的事，可以和齐国拼上一场。”

而后曹刿请求跟鲁庄公一起到战场上去，看见曹刿胸有成竹的样子，鲁庄公同意了他的请求。于是两个人坐在一辆兵车上，带领人马出发了。

两军在长勺（今山东莱芜东北）列开阵势。齐军凭借人多势众，最先擂响了战鼓，发动进攻。鲁庄公准备马上让士兵反击，曹刿连忙阻止道：“等一下，还不到时候呢！”

这时齐军的第二通战鼓又擂响了，曹刿还是叫鲁庄公按兵不动。鲁军将士看到齐军张牙舞爪的样子，个个摩拳擦掌，焦急地等待着主帅的命令。

齐军主帅看鲁军站在那里不动，又下令擂响第三通鼓，鲁军还是按兵不动。齐军兵士以为鲁军胆怯怕战，耀武扬威地向鲁军冲杀过来。

曹刿这才对鲁庄公说：“现在可以下令反攻了。”

鲁军阵地上擂响了进军鼓，兵士顿时士气高涨，像猛虎下山般扑了过去。齐军兵士面对勇猛的鲁军，没有丝毫的心理准备。一会儿就招架不住鲁军的攻势，一齐溃败下来。

鲁军反攻胜利后，鲁庄公对曹刿镇静自若的指挥，暗暗佩服，可心里想不明白这个仗是

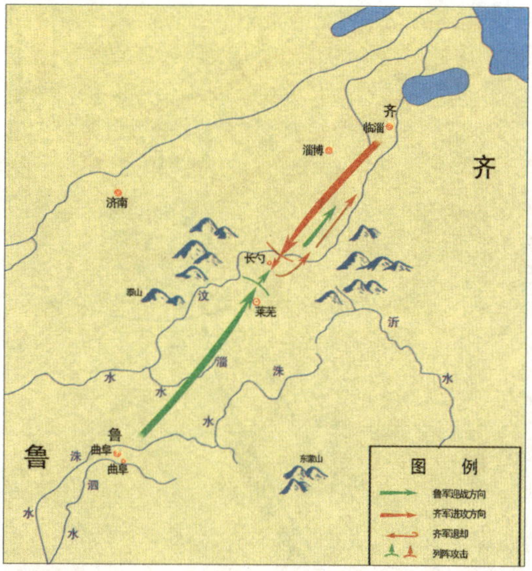

⊙长勺之战示意图

怎么打胜的。回到宫里后，他先向曹刿慰问了几句，接着说道：“齐军头回击鼓，你为什么不让我出击？”

曹刿说：“打仗这件事，全凭士气。对方擂第一通鼓的时候，士气最足；第二通鼓，气就松了一些，到第三通鼓，气已经泄了。对方泄气的时候，我们的兵士却鼓足士气，这时我们擂鼓出击哪有不打赢的道理？”

鲁庄公这才明白过来，称赞曹刿的见解高明。在曹刿指挥下，鲁军击退了齐军，鲁国也稳定下来。

假仁假义

齐桓公死后，他的五个儿子开始抢夺君王的位子，齐国爆发了内乱，齐国的霸主地位刹那间烟消云散了。

齐国内乱时，公子昭走投无路，就想起父亲嘱咐的话：大难之时请宋襄公帮助。于是公子昭逃往宋国。

宋襄公见齐国发生内乱，就想起齐桓公当初称霸诸侯时，何等显赫，现在乘其内乱，正是树立自己威信的大好时机。于是宋襄公号召各国诸侯出兵一起送公子昭回国当国王，把竖刁、易牙这些乱臣贼子杀死，将公子无诡赶下台来。

宋襄公的号召力不大，只有三个小国出兵跟他攻打齐国，公子昭被拥立为齐孝公。

本来齐国是诸侯的盟主，如今齐孝公依靠宋国的帮助，才得到了君位。所以，齐孝公对宋国感恩戴德，这样一来，无形当中提高了宋

公元前722年

中国大事记：

史书《春秋》记事从本年开始。

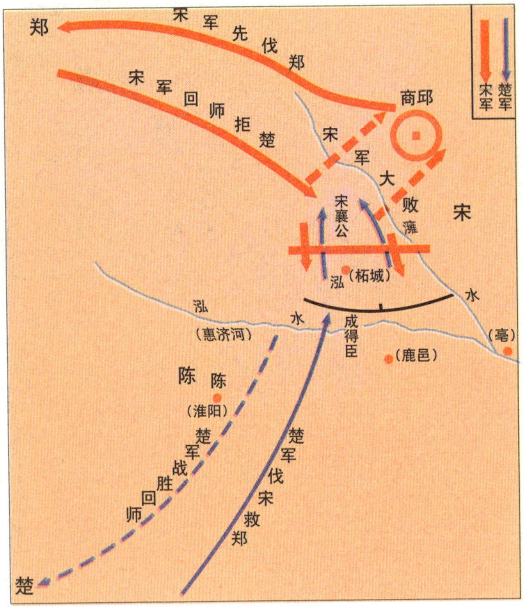

◉宋楚之战示意图

国的地位，宋襄公也真的萌生起做霸主的想法来了。但一想到上次扶立齐孝公，只来了三个小国，几个中原大国都不理睬他，便决定先教训几个小国，以挽回面子。他处罚了滕国国君婴齐，便邀曹、邾、鄫等国结盟，借口鄫国国君迟到，就叫邾国人把他抓起来杀了祭祀社神。

公元前638年，宋襄公出兵攻打郑国。郑国向楚国求救。楚成王没有直接去救郑国，而是派兵攻打宋国。

宋襄公得知本国告急后，立即撤军归国。宋军与楚军隔泓水对峙。

过了几天，公子目夷看到楚军准备渡河，连忙对宋襄公说："兵贵神速，此时乘敌军没有渡完河的时候，发起进攻，一定能战胜他们。"宋襄公摇头说道："宋是讲仁义的国家，怎么能趁人家渡河时与人开仗呢？那样岂不是太不仁义了吗？"说着说着，楚军已经全部渡过泓水，正在列队摆阵。公子目夷又对宋襄公说："楚军已经过了泓水，趁他们阵脚未稳，赶快杀将过去，楚军一定战败，此时不动手，恐怕就来不及了。"宋襄公不高兴地对目夷说："这怎么行？你太不讲仁义了。人家队伍没排好，怎么能乘人之危呢？"

一会儿的工夫，楚国兵马已经排好阵势，接着擂响了战鼓，楚军如排山倒海般杀向宋军，宋军哪里抵挡得了，纷纷败下阵来。宋襄公见状，跳上一辆战车仗剑指挥。一阵乱箭射来，腿上中箭负伤。公子目夷等几员战将见状，拼命厮杀冲开一条血路，杀出重围，才没让宋襄公当楚国的俘虏。

宋襄公率残兵败将回到国都商丘。宋国百姓议论纷纷，都埋怨他不该和楚国交战，更不该采取那种打法，这些话传到宋襄公那里，他还不服气，气愤地说："君子要讲仁义。不能在对方有危险的时候攻击他们，不能碰到受伤的人再去伤害他，不能捕捉头发花白的老兵作俘虏。"目夷气愤地说道："打仗就是为了打败敌人。如果在敌人面前讲仁义，就不要打仗；如果碰到老兵不抓，就只有当别人的俘虏了。"

宋襄公志大才疏，又好大喜功，刚愎自用，最终自取失败。宋襄公因箭伤很重，过了一年就死了。

·礼崩乐坏·

春秋时期，随着宗族政治的日趋解体，传统的礼乐制度也难以继续维持，出现了"礼崩乐坏"的局面。在各国的政治斗争中，以下犯上的夺权事件层出不穷，不遵循旧有礼制的现象也经常发生。一些从诸侯手中夺取了政权的卿大夫，不仅僭用诸侯之礼，甚至也僭用天子的礼制。有鉴于此，孔子继周公之后对于礼乐制度进行了再次加工和改造，努力要将社会重新纳入礼乐的规范，但是他的理想并没有实现。历史进入战国时代后，社会变革的加速使传统的礼乐制度被彻底破坏。各国纷纷进行变法运动，法律制度普遍建立，从而取代了礼乐的地位，成为维护新的政治秩序的工具。此时残存的礼乐，已经流于形式，名存实亡了。

公元前605～前562年

世界大事记：

新巴比伦国王尼布甲尼撒二世在位，修建空中花园，灭犹太国，将犹太人掳往巴比伦。

重耳流亡

重耳是晋献公的儿子，晋献公宠爱一个妃子骊姬，想把骊姬生的儿子奚齐立为太子。后来晋献公年纪大了，想到嗣立的问题，便狠了狠心，将原来的太子申生杀了。申生一死，晋献公的另外两个儿子重耳和夷吾都感到性命难保，便都逃到别的诸侯国避难去了。

晋献公死后，夷吾回国夺取了君位。夷吾感到留着重耳是个祸患，便想除掉重耳，重耳不得不到处逃难。重耳在晋国时很有声望，一批有才能的大臣都愿意辅佐他。

重耳在狄国一住就是十二年，后来有人行刺他，只好逃往卫国。卫国国君看他时运不济，不肯接待他。

重耳一班人一路流亡到齐国。那时齐桓公在位，待他不错，送给重耳不少车马和房子，还把本族一个姑娘嫁给他。重耳觉得在齐国挺舒适，便不再想回国的事，可是跟随的人都思念晋国。于是，众人商量了个办法，把重耳带出了齐国。

后来，重耳又到了宋国。正赶上宋襄公生病，他手下的臣子对重耳的随从狐偃说：“宋襄公是非常器重公子的，但是我们实在没有能力帮助你们回晋国去。”

狐偃明白宋国的意思，便与重耳等人离开宋国，又到了楚国。楚成王把重耳当作贵宾，还用招待诸侯的礼节招待他。由此，重耳十分尊敬楚成王。两个人渐渐成了朋友。

有一次，楚成王邀请重耳到王宫去，在宴会上开玩笑说：“公子要是将来回到晋国当上国君，那么会怎样报答我呢？”

重耳说：“我愿意和贵国永远友好。如果两国交兵打仗，在两军相遇时，我一定退避三舍。”等宴会结束，楚国大将成得臣对楚王说：“重耳言谈没有分寸，我看他是个忘恩负义的人。不如趁早杀掉他，免得以后吃他的亏。”

楚成王对成得臣的意见不置可否，正好秦穆公派人来接重耳，成王就让重耳到秦国（都城雍，在今陕西凤翔东南）去了。

当初秦穆公帮助重耳的异母兄弟夷吾回晋国当了国君。没想到夷吾做了晋国国君以后，不仅不感恩戴德，还和秦国发生了战争。夷吾死后，他的儿子又同秦国发生事端。于是，秦穆公决定帮助重耳回国。

公元前636年，秦国的大军护送重耳渡过黄河，收复了晋国，从此流亡了十九年的重耳回到晋国当上了国君。这就是晋文公。

⊙晋文公复国图卷　南宋　李唐

公元前685年

中国大事记：

齐桓公即位，以管仲为相，齐国实力大增，成为霸主。

退避三舍

晋文公即位以后，治理内政，发展经济，晋国又渐渐强盛起来。

这时候，逃往郑国的周朝天子周襄王派人到晋国讨救兵。原来周襄王有个异母兄弟叫太叔带，联合了一些大臣，向狄国借兵，夺取了周襄王的王位。

晋文公马上发兵攻打狄人，狄人大败，晋文公又杀了太叔带和拥护他的一帮人，护送天子重返京城。

过了两年，宋襄公的儿子宋成公又来向晋国求救，说楚国派大将成得臣率领楚、陈、蔡、郑、许五国兵马攻打宋国。大臣们都同意出兵救援宋国，扶助有困难的国家，以建立霸业。

晋文公知道，要拥有中原霸主的地位，就得打败楚国。他便组建了三路大军，浩浩荡荡地去救援宋国。

公元前632年，晋军先后攻克了归附楚国的曹国和卫国，俘虏了两国国君。

楚成王并没有同晋文公交战，听到晋国出兵，立刻下令派大将成得臣退兵。

成得臣先派人要求晋军释放卫、曹两国国君。晋文公却暗地通知这两国国君，答应恢复他们的君位，条件是他们先跟楚国断交。曹、卫两国真的按晋文公的意思做了。

成得臣本想救这两个国家，不料这两个国家不讲道义倒先来跟楚国绝交，气得他率领全军直奔晋军大营。

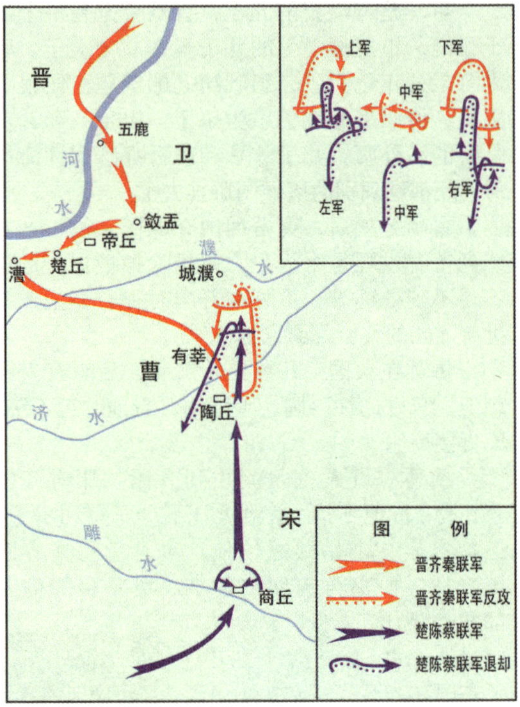

⊙晋楚城濮之战示意图

楚军一进军，晋文公立刻命令往后撤。这种做法让许多晋军将领费解。狐偃解释说，当初楚王曾经帮助过主公，主公在楚王面前许过愿：万一两国交战，晋国会退避三舍。今天后撤，就是为了信守这个诺言啊。

晋军向后撤了九十里（一舍为三十里），才

·《周易》·

《周易》也叫《易经》，从战国时代起，就被看作中国古代儒家学派的经典著作之一，后来被列为儒家经典之首。“周易”的“周”指周代，“易”是变化的意思，按照古书记载，易有“三易”——《连山》《归藏》《周易》。春秋时代，《周易》作为占筮书流行，不断有人对它进行解释和研究，其中包括孔子。到战国时，便出现了《易传》七种十篇，称为“十翼”。后来《易传》被编入《易经》，就成了我们今天所见到的《周易》。《周易》虽是一部占筮之书，但也含有一种朴素的辩证法思想。

公元前550年

世界大事记：
波斯国王居鲁士灭亡米底。

停下来，在城濮（今山东鄄城西南）布置好了阵势。

楚国一些将领见晋军后撤，想停止追击。可是成得臣不肯作罢，一口气追到城濮，跟晋军对峙起来。

大战刚一展开，晋国的将领便用两面大旗，指挥队伍向后败退。他们还在战车后面拖着树枝，使地下扬起一阵阵的尘土。

成得臣一向骄傲自大，看到晋军十分慌乱。便不顾一切地指挥军队直追上去。晋军早就设好了埋伏。晋军的中军精锐，猛冲过来，把成得臣的军队一分为二。原来假装败退的晋军又回过头来，前后夹击，把楚军杀得一败涂地。

晋文公连忙下令，吩咐将士们不要追杀，把楚军赶跑就是了。成得臣带着残将败兵向后败退，自己觉得没法向楚成王交代，就在半路上自杀了。

晋国打败楚国的消息传到周都洛邑，周襄王和大臣都认为晋文公立了大功。晋文公趁机约了各国诸侯开了个大会，订立了盟约。这样，晋文公就成为中原霸主。

弦高退秦军

晋文公打败了楚国后，联合诸侯订立盟约，连归附楚国的陈、蔡、郑三国也与晋国成了盟约国。但是，跟晋国订了盟约的郑国，又暗地里跟楚国结了盟。

晋文公知道了这件事，非常生气，打算再次去征伐郑国，还与秦国约定，一起攻打郑国。

秦穆公一心想向东扩张自己的势力范围，就亲自带着兵马到了郑国边界。晋国的兵马在西边驻扎，秦国的兵马在东边驻扎，两军声势十分浩大。郑国的国君忙派辩士烛之武去劝说秦穆公退兵。

秦穆公衡量了一下利害关系，答应跟郑国单独讲和，自己带领兵马回国了。临走之前，派了三个将军带了两千人马，替郑国守卫北门。

晋国眼看秦军走了，非常生气，有的将领便提议追打秦兵。

晋文公不同意攻打秦军，众人便想办法把郑国又拉到晋国一边，随后也撤兵回去了。

后来，秦国得知郑国又与晋国订立合约，但又没有什么办法，只好忍耐下来。

过了两年，晋文公病死，他的儿子襄公继承王位。有人对秦穆公说道：“晋文公刚死去，还没举行丧礼。趁这个机会攻打郑国，晋国决不会去援救郑国。”

留在郑国的将军也派人对秦穆公说：郑国北门的防守由我们掌管，要是秘密派兵来偷袭，一定大功告成。

秦穆公派百里奚的儿子孟明视为大将，蹇叔的两个儿子西乞术、白乙丙为副将，率领三百辆兵车，悄悄地前往郑国偷袭。

第二年二月，秦国的大军刚刚进入滑国地界（在今河南省），便有人自称是郑国派来的使

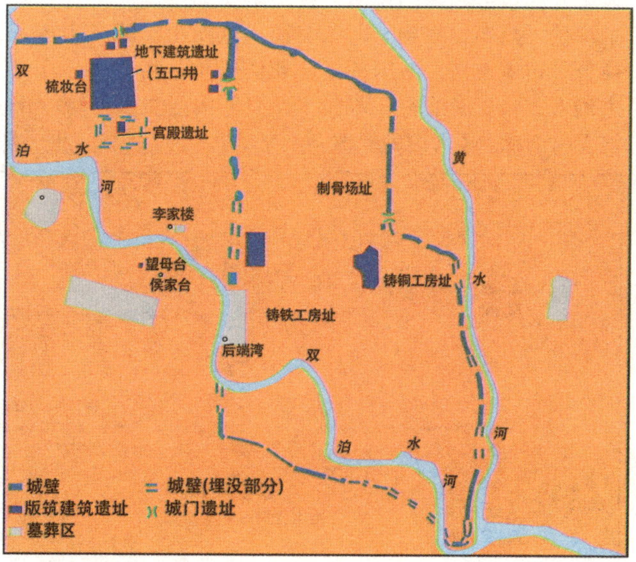

⊙郑都城示意图

公元前684年

中国大事记：
齐鲁长勺之战，齐师败。

虎形灶　春秋
行军作战时使用的炊具。

臣，求见秦国主将。

“使臣”说道：“我叫弦高。我们的国君听说你们要到郑国来，特地派我在这里等候三位将军，并让我送上一份微薄的礼物，慰劳贵军将士。”随后，他献上四张熟牛皮和十二头肥牛。

孟明视原来打算趁郑国毫无准备的时候，进行突然袭击。现在看来郑国使臣老远地跑来犒劳军队，这说明郑国早已有了准备，要偷袭已经不可能了。便收下了弦高送给他们的礼物，对弦高说：“我们并不是到贵国去的，你们不必多虑。”

弦高走后，孟明视对众人说道：“看来郑国已经得知了消息，做好了准备，偷袭没有成功的希望，我们还是回国吧。”随后，秦灭掉滑国，回国了。

其实，郑国根本就不知道秦国要去偷袭的事，孟明视上了弦高的当。弦高是个牛贩子，他赶了牛到洛邑去做买卖，正好碰到秦军。弦高得知了秦军的用意后，已经来不及向郑国报告，于是他急中生智，冒充郑国使臣骗了孟明视。

崤山之战

秦国军队偷袭郑国的消息，晋国那边早就知道了。晋国的大将先轸劝说晋襄公不要错过这次打击秦国的机会。于是，晋襄公亲自率领大军开到地势险要的崤山，晋军早在那里设下了埋伏，只等秦军到来。孟明视一进崤山，就被晋军包围起来。秦国的士卒死伤惨重，活下来的人，包括孟明视、西乞术、白乙丙三员大将在内全都成了晋国的俘虏。

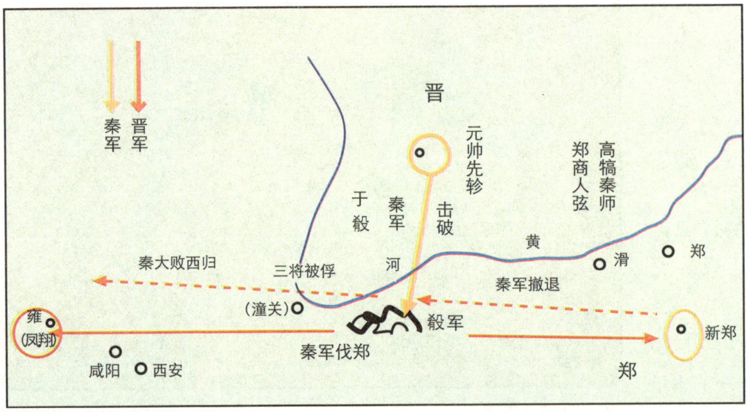

秦晋崤之战示意图

晋襄公的母亲文嬴原是秦国人，不愿同秦国结仇，她对得胜回朝的襄公说：“秦国和晋国原是亲戚，一向友好。如果把孟明视这些人杀了，恐怕两国的冤仇越结越深，还是把他们放了，让秦君自己去处置他们吧。”

晋襄公觉得母亲说得有道理，就把孟明视等人释放了。

孟明视等三人快到秦国的时候，秦穆公听到全军覆没，便穿了素服，亲自到城外去迎接他们。

孟明视等人跪在地上请罪。秦穆公说：“责任在于我，没有听你们父亲的劝告，害得你们兵败受辱，我不怪你们。再说，也不能因为一个人犯了一点小过失，就抹杀他的大功啊！”

孟明视等人感激涕零，从这以后，他们认真

约公元前540～前470年

世界大事记：
古希腊哲学家赫拉克利特在世，提出自发辩证法思想。

训练军队，一心一意要报仇雪耻。

公元前625年，孟明视要求秦穆公发兵攻打晋国，去报崤山的仇，秦穆公同意了。孟明视等三员大将率领四百辆兵车打到晋国。晋襄公早有防备，又一次打败了孟明视。

这一来，秦国就有人说孟明视是无能之辈。附近的小国和西戎一看秦国连打败仗，纷纷脱离秦国的管制。

又过了一年，也就是崤山之战后的第三年。孟明视做好一切准备，在国内挑选精兵强将，拨发了五百辆兵车。秦穆公还拿出大量的粮食和财帛，安顿好将士的家属。将士们斗志旺盛，浩浩荡荡地出发了。

秦军渡黄河的时候，孟明视对将士说："咱们这回出征，只能成功，不能失败，我想把船烧了，大家看行不行？"大伙说："烧吧！打胜了会有船的。打败了，就不回来了。"孟明视的兵士们士气高涨，憋了几年的仇恨全在这时候迸发出来。没过几天，秦军就夺回了上次丢失的两个城，接着又攻下了晋国的几座城池。

面对秦国的凌厉攻势，晋国上下惊慌失措。晋襄公跟大臣商量以后，命令只许守城，不许跟秦国人交兵。

看到晋国人龟缩在城里不敢出来，秦穆公率领大军到崤山，收拾起三年前死亡将士的尸骨，掩埋在山坡上，并带领孟明视等将士祭奠了一番，才班师回国。

·春秋无义战·

春秋时期，周王室已经开始衰弱，一些较大的诸侯国开始争霸称雄。这时，齐桓公便乘机提出"尊王攘夷"的口号，经过多年征战，最终成为春秋时期的第一个霸主。齐桓公死后，齐国渐趋衰落，随着晋国的强大，晋文公成为春秋的第二个霸主。楚庄王继位后，北上与中原各国争雄，于公元前597年灭郑，成为春秋第三个霸主。后来，吴王夫差在战胜越国、齐国、晋国后，终于称霸中原。之后越王勾践卧薪尝胆，终于灭掉了吴国，成为春秋最后一个霸主。春秋时代展开的大国争霸战争，其最终目的是代替周室并夺取其对各国的号令及索贡权，实际是兼并掠夺战争另一种形式的发展。这就是所谓的"春秋无义战"。

秦霸西戎

秦人是远古嬴姓部族的一支，游牧于黄河下游地区。西周王朝建立后不久，秦人参加了反对周朝的叛乱。叛乱平定后，秦人被强制迁到西方的黄土高原。

周穆王喜欢巡游天下，向西巡游时秦人先祖造父曾为周穆王驾车，因此被周穆王封于赵城（今山西省洪洞县故赵城）。秦人另一先祖非子为周孝王养马有功，周孝王把秦地封给他，这也是秦人得名于秦的原因，从此秦成为周朝的一个附庸小国。周厉王时，西戎进攻秦人。周宣王封秦人首领秦仲为大夫，征讨西戎，不料秦仲战败被杀。周宣王又派秦仲的5个儿子带兵7000去征伐西戎，大败西戎，秦仲的长子庄公被封为西垂大夫。

周幽王昏庸无道，烽火戏诸侯，后来甚至废掉太子宜臼，改立伯服为太子。申国国君申侯是太子宜臼的舅舅，他勾结西戎进攻西周的首都镐京（今陕西西安）。周幽王点燃烽火向诸侯求援，但没有一个人来救。西戎杀死了周幽王和伯服，将王室财宝洗劫一空，放火焚毁了镐京，西周灭亡。太子宜臼为了报仇雪恨，秘密来到秦人居住地，请求秦襄公发兵救援。秦襄公派精锐骑兵昼夜兼程，将西戎杀得大败。

周幽王死后，太子宜臼即位，就是周平王。

公元前632年

中国大事记：

晋国联合齐、宋、秦之师破楚师于城濮，晋文公盟诸侯于践土。

⊙该画取材于汉代刘向所著《神仙传》，相传春秋时秦穆公之女弄玉擅长吹箫，又与同样擅吹箫的仙人萧史喜结连理。秦穆公于都城外筑高台，弄玉夫妻吹箫，箫声婉转，引来凤凰，后二人乘龙凤升天而去。故后人称此地为凤城。本图即描绘秦穆公之女吹箫，凤凰起舞的场景。

周平王为躲避西戎，迁都到洛邑（今洛阳），东周从此开始。在周平王东迁时，秦襄公派兵护送，周平王就把陕西岐山以西的地方封给秦襄公。后来秦襄公打败西戎，被封为诸侯，由此秦人正式建国。秦襄公和秦文公乘机收服了没有随周平王东迁的周朝的遗民，实力大增。公元前762年，秦文公迁都到关中平原的雍（今陕西凤翔）。经过几代人的励精图治，到秦穆公时，秦国成为一个强大的诸侯国。

中原霸主晋文公死后，秦穆公觉得自己称霸的机会到了，就派大将孟明视等人率军进攻晋国的同姓之国郑国，挑战晋国的霸主地位。不料郑国早有防备，秦军只好西返。回师途中，在崤山遭到晋军的伏击，全军覆没。秦穆公东进计划受挫，只好向西发展，攻打西戎。

当时在秦国的西北（今陕甘宁）一带，生活着许多西戎部落，如陇山以西有昆戎、绵诸、翟部落，泾河以北有义渠、乌氏、朐衍部落，洛川有大荔部落，渭南有陆浑部落。他们生产落后，过着游牧生活。西戎常常侵扰秦国的边疆地区，掠夺粮食、牲畜、人口，给秦人造成很大的损失。秦穆公在攻打西戎时，采取了先强后弱、各个击破的正确方针。

西戎诸部落中较强的是绵诸戎（在今甘肃天水市东）和义渠戎（在今甘肃宁县北）。其中，绵诸戎和秦国接壤。绵诸王听说秦穆公贤能，派使者由余出使秦国。秦穆公隆重接待由余，带他参观了秦国金碧辉煌的宫殿和丰裕的积储，并向他了解西戎的地理、兵力。秦穆公采用内史廖的计策，扣留了由余。同时，秦穆公给绵诸王送去几个歌女。绵诸王整日观赏秦国的音乐舞蹈，饮酒享乐，不理政事，国内大批牛马死亡，人民饥寒交迫，他也不闻不问。等到绵诸国内政事一塌糊涂，秦穆公才放由余回国。绵诸王沉迷于酒色之中，根本不听由余的劝谏。后来在秦人的规劝下，由余终于归顺秦国。秦穆公以宾客之礼接待由余，和他一起讨论统一西戎的策略。秦穆公以由余为向导，派军以迅雷不及掩耳之势，进攻绵诸戎，俘虏了醉醺醺的绵诸王。义渠部落军事力量强大，曾多次打败秦军。为防御义渠的侵犯，秦国在北部边境修筑长城。但义渠的侵犯并未因此停止，秦国与义渠之间进行了长达百余年的战争。直到秦昭王时，秦国宣太后诱杀义渠王于甘泉宫，秦国才彻底击败义渠，将义渠精壮3万人全部迁到秦国内地，罚做奴隶，另将义渠老幼妇孺全部驱赶到阴山以北的大沙漠。

秦国灭掉西戎20余国，征服了大大小小100多个部落，开疆扩土1000里，控制了今天甘肃、宁夏等大片土地，史称“并国十二，开地千里，遂霸西戎”，周襄王送给秦穆公金鼓，以示祝贺。秦国国界东到黄河，南至秦岭，西抵狄道（今甘肃临洮），北达朐衍戎（今宁夏盐池），秦穆公成为继齐桓公、宋襄公、晋文公之后的春秋又一位霸主。

秦国在雍建都近300年，但由于地处西陲，经济文化落后，被齐、晋等中原国家所轻视，

约公元前525～前456年

世界大事记：

古希腊剧作家埃斯库罗斯在世。传世之作有《被缚的普罗米修斯》《波斯人》等。

一直到战国初期，秦国一直是一个比较弱小的国家，经常被魏国打败。这种情况直到公元前361年商鞅变法，实行奖励耕战的政策才开始改变。

智慧的老子

老子曾做过周朝“守藏室之史”，就是管理“藏室”的史官。老子一向只注意研究学问，不在意个人得失荣辱，虽然学识渊博，却一直过着默默无闻的生活。公元前516年，在周王室内部的权力争斗中，贵族王子朝失败，带着所有典籍逃走。老子再无“藏室”可管，于是骑着青牛，离开东周来到函谷关。在镇守函谷关的周大夫尹喜的盛情邀请下，他写成了共有5000字的《老子》上、下两篇。写完书后，老子重新骑上青牛，出函谷关，从此不知去向。

《老子》以“道，可道，非常道”开篇，提出了一个最高的哲学概念“道”，老子哲学就是由“道”推演出来的，他也因此成为道家的始祖。

老子把天、地、人等宇宙万物连贯成为一个整体，突破了古代哲学以政治和伦理为轴心的局限。老子认为“道”是先于天地生成的，是天地万物之源，宇宙间的一切，包括人在内都是天地万物的一部分，“人法地，地法天，天法道，道法自然”。老子这种思想实际上就是中国古代最早的一种“天人合一”思想，这一思想为后来的庄子所继承和发展。这种“天人合一”的整体观念，对中国古代的各个领域都产生了深远的影响。

老子思想中最大的闪光点是他的朴素的辩证法思想。老子观察到宇宙间的万事万物都存在着互相矛盾的两个对立面，“有无相生，难易相成，长短相形”，世间万物有阴阳、刚柔、强弱、兴废等分别。他还发现对立的事物能够向其相反的方向转化，如：“物壮则老”，“兵强则灭”，“木强则折”，“祸兮福之所倚，福兮祸之所伏”。为了防止物极必反，导致衰落，老子主张“去甚去奢去泰”，就是要去掉那些极端的、过分的举动，始终保持着像“道”那样冲虚而不盈满的状态。

老子的朴素辩证法思想表现在军事战略方面就是“善为士者不武，善战者不怒，善胜敌者不与”，同时还要注意“将欲弱之，必固强之”，“将欲夺之，必固与之”。他还提出了以柔弱胜刚强的指导思想，比如，天下没有比水更柔弱的东西，但以水攻坚，没有攻不下的，以此来说明柔弱能胜刚强。

老子的“道”的本性是自然的，他提出了天道自然的观念。他认为天地的运行是自然而然、不假外力的。人也应该和万物一样，是自然的，人生必须消除主观和外在的干涉，使其自然发展。

在自然人性论的基础上，老子提出了“无为而治”的政治论。老子把人民的饥荒、贫困

⊙老子骑牛图　明　陈洪绶　绢本

公元前594年

中国大事记：
鲁国实行“初税亩”，标志井田制开始瓦解。

看作是多欲的统治者横征暴敛的结果。人民起来为“盗”，轻生冒死，其责任完全在于统治者。老子主张用“天之道”来取代“人之道”，“损有余以补不足”，这样就能够解决社会所存在的一切弊端。

老子提倡的“无为”而治，是对统治阶级的“有为”进行的揭露和抨击。老子提倡这种“无为”之治的目标是建立一个“小国寡民”的社会，也就是“使民复结绳而用之，甘其食，美其服，安其居，乐其俗。邻国相望，鸡犬之声相闻，民至老死不相往来”。

千百年来，老子的思想深刻地影响着中国的哲学、伦理道德、政治、文化，甚至是中国人的思维，他的思想为战国时代的庄子等人所继承，形成了道家学派。《老子》也被奉为道教的三大经典之一，尊称《道德经》。老子还受到西方的推崇，《老子》的英译本多达40多种。

·老子的思想对后世的影响·

《老子》对中国乃至世界的影响是无与伦比的。它对中国传统文化有着巨大的影响，对中国思想史有不可替代的作用。在中国几千年的历史里，每个朝代在其鼎盛时期，无一例外地采用“内用黄老，外示儒术”的治国理念，即内在的、起领导作用的是中国传统文化中的道家理想。

《老子》的影响不仅时间久、历史长，而且领域广、方面多。在宗教上，它是道教的开山之作；在修身方面，“功成身退”是文人入世的信条;在军事方面，“以柔克刚”成为军事家奉行的准则；在管理方面，老子的“以人为本”是日本企业最基本的信条；在艺术方面，“道法自然”成为书法家、绘画家、诗人遵循的理念；在文学方面，《老子》精警凝练，处处闪烁着哲人的智慧，妙语巧喻、格言警句比比皆是，蕴含着丰富的人生哲理。

老子的影响是极为深远的，可以说没有老子，中国乃至世界文化史将是不完整的。

《老子》一书共81章，上篇称为《道经》，下篇称为《德经》，总称《道德经》。无论在中国的哲学、政治、军事、管理、宗教、文学、伦理等诸多领域，此书都可称得上经典名作。它的主要内容有三个方面：

第一，宇宙。《老子》在第一章开宗明义说：“道，可道，非常道；名，可名，非常名。无，名天地之始；有，名万物之母。”老子心目中的宇宙就是“道”，道无所不在，周行不止；道是万物的根本；道是视之不见、听之不闻、搏之不得的无形物。他的这一思想，冲破天帝造众生的神论观点，在中国哲学史和文化史上都是一个首创。

第二，人生。老子的人生观有两个基本点：一是贵身自养，摄生修行；二是柔弱不争，致虚守静。前者在第十三章有精彩的论述：“贵以身为天下，若可寄天下；爱以身为天下，若可托天下。”既然身体能与天下并重，那么怎样贵身爱身呢？老子认为，首先应摈除五色、五音、五味这些物欲享乐，然后注意摄生，见朴抱素，加强个人修养。后者是老子反复强调的处理人际关系的原则，体现了一种以退为进、以静制动的人生哲学。

第三，政治。老子最著名的政治主张就是“无为”，这是他认为的治理天下的最高原则。他倡导顺应民心，符合天道，处无为之事，行不言之教，“治大国，若烹小鲜”，消除一己之心，使民众安居乐业，实现无为而治，达到“小国寡民”的理想境界。

此外，《老子》还有许多战争论述，深合兵家之要，是很多军事家奉行的准则。

《老子》的影响不仅在中国，在世界上，它也备受关注和推崇，形成了“老子热”。《老子》被译成多种文字，海外发行量居中国传统文化经典之首，堪与《圣经》比肩。他的思想影响了诸如托尔斯泰、奥尼尔、爱因斯坦等世界级的文学家、思想家和科学家。

约公元前509年

世界大事记：
古罗马王政时代结束，共和时代开始。

一鸣惊人

秦国打败晋国，报了崤山之仇后，一连十几年两国相安无事。这期间，南方的楚国却一天比一天强大起来。

公元前613年，楚庄王熊旅继位，当了国君。当年楚庄王还不满20岁，掌握楚国大权的是他的两个老师——斗克和公子燮。年轻的楚庄王根本不把国家大事放在心上，一切事务全由斗克和公子燮两人决断。在他即位的前三年时间里，白天打猎，晚上饮酒作乐，并下了一道命令：谁要是敢来劝谏，就处死谁。

三年过去后，楚庄王毫无悔改之意，仍然日夜歌舞欢宴不止。此时的朝廷政事，混乱不堪，公子燮和公子仪便乘机发动叛乱。幸好朝廷中有庐戢与叔麇两位忠臣，他们当机立断平定了叛乱。但此时，楚国的周边国家陈、郑、宋等小国都依附了晋国。按照楚国的国势，已经危若垒卵了。

一天，大臣成公贾实在看不下去了，他请求面见楚庄王。在富丽堂皇的宫殿里，钟鼓丝竹之声绕梁不绝，楚庄王的面前几案上摆满美酒佳肴，楚庄王正在一面饮酒，一面欣赏美女们翩翩起舞。庄王一见成公贾便问道：“你有什么事？”成公贾故作惊慌的样子答道：“我是来出谜语为大王助兴的。”楚庄王听说他要出谜语，觉得挺有趣，就微笑地说：“好吧，你说说看吧！”成公贾于是清清喉咙说道：“南山上有一只大鸟，三年里站在大树上不飞不动也不叫，这是只什么鸟？”楚庄王沉思了一会儿，说：“这是一只与众不同的鸟。这种鸟三年不飞，一飞冲天；三年不鸣，一鸣惊人。你的意思我明白了，你下去吧！”

成公贾以为楚庄王已幡然醒悟，朝政会有新的变化，就兴冲冲地告诉了好友大臣苏从，两人眼巴巴地等待。可是，楚庄王照旧宴饮享乐。

苏从见楚庄王依旧没有变化，便冒死直谏楚庄王，疾言厉色地说：“大王身为楚国国君，继位三年，只知寻欢作乐，长此以往，难道是要做桀纣那样的人吗？”楚庄王听罢勃然大怒，抽出佩剑指着苏从的心窝说：“你不知我下的禁令吗？”苏从面无惧色，从容不迫地说：“我知道，但是楚国政事已不可收拾，活着也没什么意思，请大王赐臣下一死！”说罢延颈怒目而视，正气凛凛。楚庄王也用眼珠子紧瞪着苏从。突然，他将宝剑插入剑鞘，上前紧走几步，双手紧紧抱住苏从的双肩，激动地说：“你才是我要寻找的国家栋梁呀！”

楚庄王立刻下令罢去乐师鼓手、歌伎舞女。然后与苏从相对而坐，促膝谈心。

苏从此时才知道，原来楚庄王因为当时朝政十分复杂，权臣乱政，依附者甚多，忠奸难辨，才故意装糊涂。这样做就是要让奸臣充分暴露，让忠肝义胆的贤臣挺身而出，然后做他的助手，整顿内政。

第二天，楚庄王上朝，召集文武百官，当众宣布一些重大人事任命，振乾立纲。楚国从此蒸蒸日上。

晏婴辅政

晏婴（约公元前585～前500年），后人尊称他为晏子。齐国夷维（今山东高密）人，春秋时期著名的政治家。

春秋时期，各国之间的兼并战争非常激烈。一次，晋国想攻打齐国。为了刺探齐国的虚实，晋平公派大夫范昭出使齐国，齐景公摆下盛宴款待范昭。范昭喝得醉醺醺的，对齐王说：“请让我用您的杯子喝一杯酒！”齐王吩咐旁边的侍臣：“用我的杯子给客人倒一杯酒。”范昭接过酒杯，一饮而尽。坐在旁边的晏婴立刻对侍

公元前536年

中国大事记：
郑国子产铸刑书。

⊙晏婴像

臣说："马上把那个杯子扔掉！"按照当时的礼节，君和臣是不能共用一个杯子的，如果大臣用了君王的杯子，就是极大的不敬。但范昭却故意这样做，想看看齐国君臣的反应，结果被晏婴识破了他的心机。

范昭回国后，对晋平公说："现在还不是进攻齐国的时候。齐国有晏婴这样的贤臣辅佐，

·《晏子春秋》·

《晏子春秋》是记叙春秋时代著名政治家、思想家晏婴言行的一部书。《晏子春秋》共8卷，包括内篇6卷（谏上下、向上下、杂上下），外篇2卷，计215章，全部由短篇故事组成。全书通过一个个生动活泼的故事，塑造了主人公晏婴和众多陪衬者的形象。这些故事虽不能完全作信史看待，但多数是有一定根据的，可与《左传》《国语》《吕氏春秋》等书相互印证，作为反映春秋后期齐国社会历史风貌的史料。这部书从侧面记叙了晏婴的言行和政治活动，突出反映了他的政治主张和思想品格。

我们一定不会取胜。"晋平公听了以后，就放弃了进攻齐国的计划。

齐景公手下有三个勇士：田开疆、古冶子和公孙接。这三人结拜为兄弟，仗着立过大功，在齐国飞扬跋扈，胡作非为。晏婴决定设计除掉他们。

一次，鲁国国君鲁昭公和大夫叔孙到了齐国，齐景公设宴招待，晏婴和田开疆等三人在一旁陪坐。齐景公对鲁昭公说："我的桃园里种了一棵成寿金桃树，结了几个桃子，请您品尝品尝。"晏婴一听，自告奋勇前去摘桃。过了一会儿，晏婴端着盛着桃子的盘子走了上来，盘子里放着六个又大又香的桃子。晏婴对齐景公说："我只摘了六个熟的桃子，别的还没熟，请您和贵客尝尝。"鲁昭公和齐景公各吃了一个桃子。齐景公说："这桃子十分难得，叔孙和晏婴两位大夫都是贤臣，应当各吃一个。"两人赶紧拜谢，各自吃了一个桃子。

晏婴对齐景公说："盘子里只剩下两个桃子了，不如让这三位勇士说说自己的功劳，看谁的功劳大，就把桃子赏给他。"齐景公点头同意。

公孙接第一个站起来说："当年我跟主公去打猎，赤手空拳打死了一只老虎，救了主公一命，这功劳大不大？"晏婴说："功劳很大。"给了他一个桃子。古冶子说："杀个老虎算什么？当年黄河里一个巨鼋（一种大龟）咬住了主公的马，是我跳进黄河里杀了它，救了主公一命，该不该吃个桃子？"晏婴也给了他一个桃子。

田开疆说："我领兵打仗，为齐国开疆扩土，功劳大不大？"晏婴说："田将军功劳很大，可是已经没有桃子了，怎么办啊？"田开疆气愤地说："我立了那么大的功劳，居然连一个桃子都吃不到，我还有什么脸面活在世上？"说完拔剑自杀了。公孙接大吃一惊，说道："我的功劳没有田将军大，却吃了一个桃子，我也没有脸面活在世上了！"说完也自杀了。古冶子一看，说："我们三人是结拜兄弟，他们死了，我活着还有什么意思？"也拔剑自尽了。从此以后，齐国太平了很多。

约公元前500～前449年

世界大事记：
希波战争，古希腊城邦反抗波斯帝国侵略。

一次，齐景公派晏婴出使楚国，当时楚国强大，齐国弱小，楚王得知晏婴身材矮小，决定戏弄一下他。晏婴来到楚国的都城城下，楚王对他说："你们齐国没人了吗？"晏婴说："我们齐国首都临淄就有百万人口，大街上人们挥汗如雨，怎么说能没人了呢？"楚王说："那齐王为什么派你这个矮子来出使我国？"晏婴说："我们齐国有个规矩：有才能、高大英俊的人出使大国，没有才能、矮小丑陋的人出使小国。"楚王没有讨到便宜，就指着城门旁边的一个洞说："请进城吧！"晏婴哈哈大笑："我要出使的是人国，这是狗洞！只有出使狗国的人才从这里进！"楚王无奈，只好请他从大门进去。

楚王设宴招待晏婴，这时几个武士押着一个罪犯从旁边经过。楚王问："那个人犯了什么罪？他是哪国人？"武士回答说："他犯了盗窃罪，是齐国人。"楚王扭头问晏婴："你们齐国人都是小偷吗？"晏婴说："淮河以南有一种橘树，结出的橘子又大又甜，但如果把它移植到淮河以北，就会结出又苦又涩的枳子，只是水土的原因啊。齐国人在齐国能安居乐业，到了楚国却成了小偷，一定是受到了楚国水土风俗的影响！"出使楚国期间，机智的晏婴有力地回击了楚王的挑衅，维护了自己和齐国的尊严。

楚庄王争霸

楚国经过整顿军队发展生产，出现了富国强兵的新局面，楚庄王认为与中原诸侯争霸的时机成熟了。

公元前606年，楚国讨伐陆浑的戎族，这是邻近东周的小国。得胜之后，楚庄王令大军在洛邑近郊举行一次盛大的阅兵式。一时间，洛邑周围旌旗蔽日，枪矛如林，鼓声号声震天动地。这一来可把那个挂名的周天子吓坏了，他摸不清楚庄王打的是什么主意，慌忙派殿前大臣王孙满前去打探消息。

王孙满见楚庄王后，代表周天子对楚庄王及楚军表示慰问，并送上了犒劳的礼物。

楚庄王和王孙满交谈了一会儿后，楚庄王问起周王宫里藏着的九鼎的大小重量情况。王孙满听话听音，心中对楚庄王此番阅兵用意也已明白大半了。原来九鼎是用九州贡铜铸成，

⊙楚灭诸国示意图

公元前534年

中国大事记：
陈国发生公室之乱，楚灵王趁机灭陈。

它既代表了九州，又象征着国家权力。夏、商、周三代都将它视为国宝，尤其周朝周公制礼，宝鼎又被视为象征天子尊严的宝器，旁人是不能过问的，现在楚庄王居然问起九鼎，表明了他有夺取周天子权力的野心。王孙满是个善辩的人，面对楚庄王大逆不道的言行，他说："治理天下的人，主要靠德服人，不是靠鼎的作用。过去大禹有德，远方部落进贡山川珍奇，禹以美金铸鼎，周身饰鬼神和万物图案，护佑小民防祸备荒。后来，夏桀无德，鼎移至殷人之手；纣王暴虐，鼎归于周。由此可见，朝政清明，鼎虽轻不移；朝政昏乱，鼎虽重但必迁。至于九鼎的大小轻重，别人是不应当过问的。"

楚庄王听了王孙满的话，知道自己还没有灭掉周朝的能力，也就带兵回去了。

公元前598年，陈国发生内乱，楚国出兵征服了陈国，然后又迫使郑国归附。后来，郑国又派人前往晋国，表示愿意服从。楚庄王得知这一消息，勃然大怒，于第二年亲率楚军进攻郑国。

楚军很快到了郑国新郑城下。郑襄公命兵士深沟高垒，坚守不出，又派人前往晋国求救。楚国日夜攻城，三个月后，由于晋兵久久未至，楚军最后攻陷新郑。

来救援郑国的晋军主将是荀林父，他听说新郑已被攻克，便下令班师回朝。副将先縠不听命令，偷偷率部分人马渡河追击楚军。荀林父见军队有分裂的危险，他控制不了先縠率领的兵马，于是横了横心，就下令三军渡河，与楚军主力决战。

楚庄王下令对晋军发起进攻，并亲自擂起战鼓助威。楚军将士如排山倒海般冲向晋军。由于晋军将领意见不一致，不能统一指挥，一下就被击溃了。晋军战败，渡黄河时，自相践踏落水淹死的不计其数。晋军受了这次挫折，元气大伤。

公元前593年，楚庄王又使宋国降服。这样一来，楚庄王就问鼎成功，成了春秋五霸之一。

楚庄王也真不愧把自己说成是一只一鸣惊人的大鹏鸟。

弭兵之会

从春秋中期开始，周王室中衰，诸侯并起，其中以晋国和楚国最强大。晋、楚两国为了争夺霸权，连年征战，给广大人民带来无穷无尽的灾难。尤其当时夹在两国中间的很多小国，比如宋国，经常成为两大强国的战场，更是苦不堪言。这些小国归顺楚国就会遭到晋国的进攻，归顺晋国就会遭到楚国的进攻，只能在两大强国的夹缝中忍辱偷生。公元前595～前594年，楚庄王率军队围宋国商丘达九个月，宋国人民粮食断绝，只好把自己的孩子与别人的孩子交换当食物，用人骨当柴火。经过长期的战争，晋楚两国也损失巨大，而且两国都面临着新的敌人。晋国对依附它的小国强取豪夺，引起了它们的强烈不满。晋国与西边的秦国结盟，不料秦国很快背盟，联合少数民族白狄攻打晋国。楚国爆发了一系列的内乱，楚国的叛臣巫臣跑到东边的吴国，教吴国人兵车作战。吴国很快强大起来，对楚国构成了严重的威胁。吴军不断骚扰楚国，害得楚军疲于奔命，损失了很多人力物力。在这种情况下，晋国和楚国都有停战的意思，在激烈争夺的同时，又在互相试探，释放俘虏，派使臣互访，谋求媾和。

⊙青铜马形饰　春秋

为了使自己免遭战乱之苦，宋国不遗余力地倡导"弭兵"运动，弭兵就是停止战争的意思。这得到了广大渴望和平、停止战争的小国国君

约公元前6世纪

世界大事记：

古希腊寓言家伊索活动时期，后人编有《伊索寓言》传世。

和百姓的支持。宋国大夫华元得知晋、楚两国释放俘虏、使者互访的情况后，就主动从中斡旋，以促成晋、楚结盟。华元与晋国的正卿栾书、楚国令尹（宰相）子重的私人关系都很好，他不辞辛苦奔波于晋、楚两国之间，促成两国停战。

鲁成公十二年（公元前579年），在华元的积极斡旋下，晋国上军师士燮与楚公子罢、许偃在宋国的西门之外会盟，并达成了协议，这就是第一次弭兵之会，也称“宋西门之盟”或华元弭兵。盟约规定互不侵犯。不久，晋厉公和楚公子罢会盟于赤棘，宋西门之盟一时得到了贯彻执行。但两国都没有诚意，盟约缔结四年后，两国爆发了鄢陵之战，宋西门之盟宣告失败。

鄢陵之战后，两国的内部矛盾日趋激化。晋国士大夫的实力越来越强，已经开始威胁到国君的地位。秦国一向与楚国交好，敌视晋国，在晋楚争霸中经常派兵援助楚国。晋国一直希望与秦修好，但秦国毫不领情。终于，晋国忍无可忍，率兵攻打秦国。晋国与东面齐国的关系也不好，因为齐国经常攻打依附晋国的小国鲁国。晋国虽然派兵打败了齐国，迫使它求和，但并没有解除齐国的威胁。

楚国的情况更加不妙。鄢陵之战以楚国失败而告终，从此开始走下坡路，在与晋国的争霸中处于下风。楚国的统治阶级日益腐败，骄奢淫逸，国内的各种社会矛盾日益尖锐。公族与士族之间，士族与士族之间争权夺利，互相倾轧，造成一些士族逃到晋国和其他国家，为别国效力。西面的吴国逐渐强大，楚国虽然在对吴国的战争中取得了一些胜利，但始终消除不了吴国的威胁。在这种情况下，两国又开始谋求媾和。

宋国的大夫向戌与晋国执政大夫赵文子、楚国令尹子木是好朋友，他趁机来往于两国之间，进行斡旋，谋划议和。晋、楚两国正求之不得，都很爽快地表示答应。另外两个强国齐国和秦国也表示答应。

鲁襄公二十七年（公元前546年）十月，晋国大夫赵文子、楚令尹子木与宋平公、滕国、邾国三国国君，以及齐、秦、鲁、卫、陈、蔡、郑、曹和许14国的大夫会盟于宋国国都商丘的蒙门（东北门）。晋、楚两国达成盟约，盟约规定晋国的盟国要向楚国进贡，楚国的盟国要向晋国进贡，奉晋、楚为共同霸主；秦国和齐国也是大国，秦国不向晋国进贡，齐国也不向楚国进贡。邾国和滕国分别是齐国和宋国的属国，所以不参加会盟。

在歃盟时，晋、楚两国争相争当盟主，都抢先歃血，争执不下。晋国大夫叔向劝赵文子说：

·卿大夫·

卿大夫最初是西周时期分封制度下的一个分封级别。在西周的分封制中，天子分封土地给诸侯治理，诸侯再将自己的土地分成小块交给卿大夫治理，卿大夫下面还有士，卿大夫在自己的领地内具有世袭统治权，同时效忠于诸侯。东周时期，在诸侯王脱离周天子控制崛起的同时，卿大夫阶层也开始崛起，许多诸侯国也出现卿大夫控制诸侯国政治的现象。比如孔子时期的鲁国朝政便是在季氏三家卿大夫的把持之下，甚至一些卿大夫干脆弑君自立。秦统一六国之后，由于分封制已经被郡县制所取代，卿大夫这个封建领主也便不再存在。“卿大夫”这个词分为“卿”和“大夫”，均是官职名称。“卿”是仅次于“公”的官职级别，秦汉朝廷“三公”之下设“九卿”，如大理寺卿、太常寺少卿等。清常以三品至五品卿作为官爵虚衔。另外，“卿”还被皇帝用作对大臣的爱称，乃至皇帝直接称大臣为“爱卿”。而“大夫”也是古代高级官员的称呼，秦汉之际的中央要职中便有御史大夫、谏议大夫等官职。

公元前514年

中国大事记：
吴王阖闾召伍员为行人（外交官），与其共谋国事。

“我们晋国应当发扬我们的仁德，不必争先了。”于是晋国才让楚国先歃血。这就是第二次弭兵之会，也称“宋蒙门之盟”或“向戌弭兵”。

第二次弭兵之会后，晋国忙于内斗，楚国受制于吴国，所以结盟后，晋、楚40多年没有再发生战争。

子产铸刑书

子产（公元前580～前522年），姓公孙，名侨，字子产，号成子，春秋时期郑国（国都在今河南新郑）著名政治家，是郑国国君郑穆公的孙子，贵族子国之子。

子产从小就勤奋好问，博学多闻，被人们称为“博物君子”。青年时期就显露出政治上的远见卓识。

一次，子产的父亲大司马子国率兵攻打蔡国，大获全胜。郑国人非常高兴，纷纷称赞子国，只有子产忧心忡忡。子国问他怎么回事，子产说：“咱们郑国是个小国，小国应该致力于内政，而不是热衷于侵略他国，打仗对小国来说是最危险的。蔡国是楚国的属国，楚国一定会替它报仇，我们肯定无法战胜楚国，到那时只好向楚国投降。但我们是晋国的属国，向楚国投降就会得罪晋国，晋国一定会兴师问罪。郑国处于晋国和楚国的夹缝中，处境将是十分艰难的。”子国生气地说：“你一个小孩子懂什么，国家大事有正卿做主，不许胡说八道。”

果然，过了不久，楚国就以为蔡国报仇为名进攻郑国。郑国无力抵抗，只好投降。郑国国君郑简公怕晋国怪罪，就急忙派人前往晋国进行解释。晋国国君晋悼公生气地说：“你们郑国是晋国的属国，怎么能向楚国投降呢？”随后，晋国也出兵向郑国兴师问罪，郑国国君只好求和。晋军刚撤走，楚军又来问罪。就这样，晋国和楚国你来我往，郑国连续几年不得安生。

⊙郑伯盘　春秋

后来郑国爆发政变，子产的父亲子国被杀，郑简公被囚禁。子产沉着应对，率领家兵救出郑简公，平息了叛乱，被任命为正卿。

郑国地处南北交通要冲，社会交往频繁，商业发达，人与人之间容易引起争端。当时的法律是不公开的，裁决权掌握在少数旧贵族的手里，郑国的一些旧贵族就利用手中的权力肆意压榨商人和迫害反对他们的人。子产的上一任就是因为进行改革，触犯了他们的利益，结果被杀。但子产没有被吓倒，为了使郑国富国强兵，子产继续推行改革。

子产宣布废除井田制，承认土地私有，丈量全国的土地，划分田地疆界，编制田亩，兴修水利，挖掘渠道，按亩收税，又把农民按什伍进行编制，这样就限制了旧贵族肆意兼并土地和掠夺农民，这可能是中国最早的土地制度改革。子产还规定那些立下战功的农民可以担任甲士（战车上的武士，以前只允许贵族子弟担任），甲士在平时担任小官吏，使普通民众也有希望成为统治阶级的一员。子产对那些生活简朴、遵纪守法的贵族予以嘉奖，而对那些飞扬跋扈、奢侈浪费的贵族则严厉惩罚，这样就使得那些贵族不敢再为所欲为了。

为了使改革做到有法可依，子产把郑国的法律——《刑书》重新修订，《刑书》原先写在竹木简上，后来子产把它铸在大铜鼎上，史称“铸刑书”，摆在王宫的门口，任人民观看。人民争相观看，了解了国家的法律，那些旧贵族再也不能肆意欺压和愚弄百姓了，从而使国家由礼治变为法治。子产的铸刑书是中国历史上第一次公开公布的法律，比古罗马的“十二铜表法”

公元前431～前404年

世界大事记：
伯罗奔尼撒战争，这场战争结束了雅典的黄金时代。

早一个世纪。当时郑国还出现了中国第一位“律师”——邓析。

他还广开言路，允许人民议论国政，并从中汲取有利于国家建设的意见和建议。有个人向子产建议禁止人民议论国政，子产说：“为什么要禁止呢？让人民议论执政者的得失有什么不好？人民认为好的，我可以继续；认为不好的，我就要立即改正。他们都是我的老师啊！以前周厉王禁止人民议论朝政，使国人侧目以视，结果爆发了国人暴动，将周厉王赶出了国都，我们要引以为戒啊！”

改革一开始遭到了旧贵族的强烈反对，有人说改革使当权者失去了权力，国家将会陷入混乱，甚至导致亡国，还有人率领家兵攻打子产。子产对那些反对改革的人坚决镇压，终于为改革扫清了障碍。子产改革，保障了社会公平，使社会稳定，经济发达，农民的生产积极性大大提高，粮食产量也增加了很多，当初反对改革的贵族得到了好处，转而拥护起改革来。其他国家看到后，也纷纷效仿。

·鲁国“初税亩”·

春秋时期，鲁国在宣公十五年（公元前594年）实行的按亩征税的田赋制度，是承认私有土地合法化的开始。

春秋时期，由于牛耕和铁农具的普及和应用，农业生产力提高，大量的荒地被开垦后，隐瞒在私人手中，成为私有财产；同时贵族之间通过转让、互相劫夺、赏赐等途径转化的私有土地也急剧增加。实行“初税亩”田赋制度之前，鲁国实行按井田征收田赋的制度，私田不向国家纳税，因此国家财政收入占全部农业产量的比重不断下降。鲁国实行初税亩，即履亩而税，按田亩征税，不分公田、私田，凡占有土地者均按土地面积纳税，税率为产量的10%。初税亩的实行增加了财政收入，适应和促进了新生的封建土地所有关系。

孙子兵法

孙武，字长卿，孙子是人们对他的尊称。春秋时期齐国乐安（今山东惠民，一说博兴）人，我国古代伟大的军事家和军事谋略家，中国军事谋略的奠基人。

孙武的祖先妫满，被周天子封为陈国国君（陈国在今河南东部和安徽一部分，建都宛丘，今河南淮阳）。后来由于陈国发生内乱，孙武的远祖妫完携家人逃到齐国。齐桓公很赏识妫完，让他当了大官。妫完在齐国定居以后，改妫为田。孙武家世世代代为大将，为齐国立下了赫赫战功。后来因为孙武的祖父立下了战功，齐王将乐安封给他，并赐姓孙。孙武从小就受到家庭环境的影响，非常喜欢兵法，渴望将来能登坛拜将，沙场点兵，施展自己的才华，干出一番惊天动地的大事业。可惜当时齐国内

⊙孙五（武）子演阵教美人战　版画
图中孙武着道士装束，举旗于城上教宫女演习战术，吴王坐于对面的台上，俯视两队演武的阵容。

公元前479年

中国大事记：

孔子去世，孔子是我国古代著名思想家、教育家，为儒家学派创始人。

·《孙子兵法》的出土·

自从曹操之后，由于长期的战乱，《孙子兵法》就失传了。直到1972年，在山东临沂市东南的银雀山的汉墓，出土了大量写有《孙子兵法》的竹简，《孙子兵法》得以再见天日。《孙子兵法》是世界上最早的一部兵书。

乱不止，几个大家族争权夺利。孙武厌恶内斗，就举家迁到了南方的吴国，一边继续潜心研究兵法，一边寻求发展机会。不久，孙武结识了从楚国逃到吴国的伍子胥，两人谈得十分投机，很快成为好朋友。

公元前 515 年，吴国的公子光在伍子胥的帮助下，刺杀了吴王僚，然后自立为王，就是吴王阖闾。阖闾即位后，求贤若渴，非常希望吴国能强大起来，摆脱楚国的控制，然后称霸中原。伍子胥向他推荐了好友孙武。孙武将自己写的十三篇兵法献给吴王阖闾，吴王阖闾读

⊙孙武塑像

完后，大加赞赏，对孙武说："你的兵书我已经读过了，受益匪浅。但不知道实行起来如何，你能不能操练一下，让我见识见识。"孙武回答说："可以。"吴王故意刁难他说："宫女可以吗？"孙武回答说："可以。"

于是吴王下令将 180 名宫女召到宫后的练兵场，让孙武去训练。孙武把 180 名宫女分为左、右两队，任命吴王最为宠爱的两位妃子为左、右队长，让她们带领宫女由孙武进行训练。

孙武站在指挥台上，大声对宫女们说："你们都要以鼓声为准，前后左右要服从我的命令，明白吗？"宫女们都以为这是个游戏，嘻嘻哈哈地乱成一团，根本不听号令。孙武非常生气，下令将吴王的两位宠妃斩首示众，以儆效尤。吴王大惊失色，连忙说："我已经知道你的才华了，请你手下留情！"孙武严肃地说："一支军队没有纪律怎么行呢？士兵不遵守纪律，长官就应该受到惩罚！来人，将两名队长斩首！"斩杀了那两个宠妃，孙武又重新任命两个队长。宫女们吓得大气不敢出，她们在孙武的指挥下，起立、下蹲、前进、后退，有板有眼的，像正规军一样。吴王立刻封孙武为大将，让他去训练吴军。

经过几年的训练，吴军的战斗力大大增强。吴王、孙武和伍子胥开始率领吴军进攻楚国。孙武指挥吴国 3 万军队进攻楚国 20 万大军，五战五捷，势如破竹。吴军长趋直入，攻占了楚国都城郢，楚王仓皇逃跑。后来吴王阖闾的儿子夫差即位后，听信奸臣的谗言，杀害了伍子胥。孙武心灰意冷，躲到深山隐居，一心一意地整理兵书去了。

孙武所著《孙子兵法》分为 13 篇：计篇、作战篇、谋攻篇、形篇、势篇、虚实篇、军争篇、九变篇、行军篇、地形篇、九地篇、火攻篇和用间篇，共 6000 多字，内容恢宏精辟，深刻揭示了战争规律，全面总结了春秋时期各国的战争经验。在中国和世界军事史上，孙武最早揭示了"知彼知己，百战不殆""先胜而后求战""致人而不致于人"等指导战争的普遍规律，总结

约公元前460～前370年

世界大事记：
古希腊哲学家德谟克利特在世，提出“原子论”学说和人们认识事物的“影像说”。

出了“攻其无备，出其不意”“我专而敌分”“避实而击虚”等一系列科学的作战指导原则。《孙子兵法》是中华民族古代文化的瑰宝，被公认为古代最伟大的军事著作，被誉为“东方兵学圣典”，备受古今中外各界人士，尤其是军事家的推崇。

伍子胥复仇

楚庄王死后，他的孙子楚平王即位。

公元前522年，楚平王要废掉太子建。这时候，太子建和他的老师伍奢镇守在城父（在河南襄城西）。楚平王怕伍奢反对他这么做，就先把伍奢关进监狱。

楚平王派人去杀太子建的同时，逼迫伍奢给他的两个儿子伍尚和伍子胥写信，叫他们回来，以便斩草除根。伍尚回到郢都（今湖北江陵西北）后，就跟父亲伍奢一起，被楚平王杀害。太子建事先得到消息，便带着儿子公子胜逃往宋国。

伍奢的另一个儿子伍子胥，也逃离了楚国，他在宋国找到了太子建。不久，宋国发生了内乱，伍子胥又带着太子建、公子胜逃到郑国，他们请求郑国出兵攻打楚国。郑国国君郑定公没有同意。

太子建情急之中，竟勾结郑国的一些大臣想夺郑定公的权，结果被郑定公杀了。伍子胥带着公子胜从郑国逃了出来，投奔吴国（都城在今江苏苏州）。

楚平王为了捉拿伍子胥，叫人画了伍子胥的像，挂在楚国各地的城门口，并用重金悬赏。

伍子胥和公子胜逃出郑国后，怕被楚国人发现，白天躲藏起来，到了晚上才赶路，到了吴楚两国交界的昭关（在今安徽含山县北）时，关上的官吏盘查得很严。传说伍子胥为了过关而忧虑不安，一夜之间，头发都愁白了。幸亏遇到了一个好心人东皋公，他同情伍子胥等人的遭遇，把他们接到自己家里。东皋公有个朋友，长得有点像伍子胥。东皋公让他冒充伍子胥蒙骗关上的官吏。守关的逮住了假伍子胥，而真伍子胥因为头发全白了，面貌也变了，守关的人没认出来，伍子胥因此混出了关。

⊙伍子胥像

伍子胥到了吴国，吴国公子光正在谋划夺取王位。伍子胥帮助公子光杀了吴王僚，公子光登上了王位，这就是吴王阖闾。

吴王阖闾即位之后，封伍子胥为大夫，帮助自己处理内政大事；吴王手下还有一位将军孙武，是个精通兵法的大军事家。吴王依靠伍子胥和孙武，整顿兵马，先后兼并了临近几个小国。

公元前506年，在伍子胥的一再请求下，吴王阖闾拜孙武为大将，伍子胥为副将，亲自率领大军，向楚国进军。吴军所向披靡，攻无不克，战无不胜，楚国的军队一路兵败，吴军乘胜一直打到郢都。

⊙伍子胥画像镜

那时，楚平王已经死去，他的儿子楚昭王在吴军到来之前就跑了。伍子胥对楚平王恨之入

公元前473年

中国大事记：
越王勾践灭吴，后会齐、晋诸侯于徐州，成为诸侯霸主。

骨，刨了他的坟，还把平王的尸首挖出来狠狠地鞭打了一顿。

吴军占领楚国郢都。楚国人申包胥逃往秦国求救兵，秦哀公没有答应。申包胥在秦国宫门外赖着不走，日夜痛哭，一连哭了七天七夜。秦哀公终于被感动了，派兵救楚国，并击败吴军。

先师孔丘

吴国在伍子胥、孙武的治理下，成为强国。齐国的齐景公继承国君之位后，重用大臣晏婴，改革朝政，国家也日渐兴盛。

公元前500年，齐国发现鲁国渐强，便想了一个计策，假装要与鲁国媾和，齐景公约定要与鲁定公在夹谷相会。于是，鲁定公决定让鲁国的司寇孔子一同前去。

孔子名丘，字仲尼，是鲁国陬邑（今山东曲阜）人，春秋末年的思想家、政治家和教育家，同时也是儒家学派的创始人。孔子的祖先是殷商王室的后裔。孔子父亲孔纥做过陬邑的大夫，是一员武将。孔纥在孔子3岁时去世，他随母亲颜氏和其兄孟皮搬到曲阜住下来。由于父亲早逝，家中贫困，孔子只好瞒着母亲，辍学在叔孙氏家放牛。叔孙氏家有许多藏书，孔子经常借来阅读，成了知识渊博的人，孔子的名声也渐渐传开了。

⊙ 孔子像

20岁时，他的妻子为他生了一个儿子，鲁昭公闻信，派人送来鲤鱼，表示祝贺。昭公赐鱼之事，使孔子在曲阜声名鹊起。随后季平子根据孔子的业绩，擢升他为管理人口的司职吏。孔子上任以后，施行了五条措施，鲁国人奔走相告，外邦人陆续迁入，鲁国人口剧增。孔子不到30岁，就已经掌握了“六艺”，也就是礼节、音乐、射箭、驾车、书写、计算。此外，还掌握了以《诗》《书》《礼》《乐》《易》《春秋》为代表的各种文献资料，真正是才高八斗、学富五车了。这样一来，许多人都愿意拜他为师，他便办了一些私塾，收了许多学生提出有教无类的教育方针。

⊙ 孔子讲学图　清

此图表现了春秋时期孔子在杏坛讲学的情景。图中孔子端坐讲授，弟子们在周围恭敬地聆听。作品因是宫廷绘画，所以特别讲求用色和整体结构。

孔子在34岁时，赴洛阳会见道家学派的创始人老聃。这一次会见，使孔子学到了周朝的礼乐及文物制度。孔子对老子的道家思想佩服得五体投地，称他为云中之龙。公元前513年，鲁国发生“三桓”之乱，鲁国掌权的三家大夫——季孙氏、孟孙氏、叔孙氏把鲁昭公轰下了台。这时，孔子也在鲁国待不下去了，只好来到齐国。这一次，齐景公待他很客气，

约公元前431～约前352年

世界大事记：
古希腊历史学家色诺芬在世，著有历史军事著作《长征记》。

还向孔子询问了治国的道理，孔子提出了“正名”的主张，即所谓“君君、臣臣、父父、子子”，也就是说，君、臣、父、子都应当名副其实，各自都按等级名分的要求行事。齐国宰相晏婴认为孔子学说不过是书生之见罢了，并非齐国的当务之急。齐景公听从晏婴的话，决定不用孔子。这样，孔子便离开齐国，又回到鲁国教书，跟他学习的人越来越多。

到了公元前501年，鲁定公任命孔子做了中都宰，后来又提升为司空、司寇。这时，齐国要与鲁国假意会盟的事引起了孔子的注意。他建议鲁定公防备齐国的阴谋，多带一些大将和兵马前去。在夹谷会盟上，孔子发挥了重要作用，使鲁国在外交上取得了胜利。鲁定公被胜利冲昏了头脑，以为天下太平了，便不过问政事，整天吃喝玩乐。孔子想劝说他，但他总是躲着孔子。无奈之下，孔子便离开了鲁国。

孔子先后到过卫国、曹国、宋国、郑国、陈国、蔡国、楚国。这期间，孔子曾经在陈、蔡之间受困，七天没吃上饭，但孔子依旧不改其初衷，坚持讲诵弦歌，表现了他乐观豁达的人生态度。

公元前484年，孔子又回到了鲁国。鲁哀公季康子和大臣们多次向孔子问政，但最终还是没有起用孔子。此后的5年里，孔子专心从事文献整理和教育事业，删《诗》《书》，定《礼》《乐》，修《春秋》，授徒多达三千多人，其中，道德高尚精于六艺的就有七十二贤人。

公元前479年，孔子去世。孔子死后，为后代留下了丰富的思想文化遗产。孔子强调仁，这是充满人道主义的光辉思想，也是春秋时期社会动荡不安的客观反映。经孔子编著整理保存下来的诸如《春秋》《尚书》《诗经》等书籍，对后世的学术思想影响极大。

第一部诗歌总集

《诗经》是我国第一部诗歌总集，本来叫《诗》，汉代儒者奉为经典，乃称《诗经》。

《诗经》共收入西周初期（公元前11世纪）至春秋中叶（公元前6世纪）五百余年间的诗歌305篇，另6篇有目无诗。按照音乐的不同，作品分为风、雅、颂三大类。在这个按音乐关系划分的诗歌世界里，展现了久远的年代里，我们的祖先关于政治风波、春耕秋获、男女情爱的悲欢哀乐。

“饥者歌其食，劳者歌其事”，“风”又称为“国风”，是《诗经》的精华所在。共160篇，包括周南、召南、邶、鄘、卫、王、郑、桧、齐、魏、唐、秦、豳、陈、曹15个国家和地区的乐歌。这些作品主要来自民间，不少是当时人民的口头创作，因此比较直接地反映了下层民众的思想、感情和愿望，诗歌中对黑暗世道的怨恨十分强烈，对不公正现实的讽刺也非常尖锐，具有彻底的批判精神。如《魏风·硕鼠》中，诗人把奴隶主直呼为“贪而畏人”的大老鼠；在《鄘风·相鼠》中，诗人痛骂统治阶级的无耻淫乱；在《魏风·伐檀》中，诗人辛辣地讽刺剥削者无偿占有劳动成果的

·《春秋》·

《春秋》是中国现存最早的一部编年体史书，为儒家的重要经典之一。全书记载了起于鲁隐公元年（公元前722年），讫于鲁哀公十四年（公元前481年），共计242年的历史。该书体例为比事、属辞。所谓比事，一是按年、月、日顺序，把所有史事排列下来；二是讲求史事详略取舍。所谓属辞，即强调用词要达意。凡所录之事，在用词上要有差别，以表达不同的意义。一部《春秋》仅用1.8万字表述，简练确切，没有浮词，对后世史家撰写史书，曾产生过巨大影响。

公元前472年

中国大事记：

齐国派兵侵晋，智襄子大败齐师。

⊙豳风　清　吴求

豳风图册表现的是《诗经·国风》中产生时间最早的诗的内容，一些章节与周公有关。“豳”原是周人的祖先公刘的居住地，由于周人对农业极为重视，所以豳诗多与农桑稼穑有关。本图描述农历八月，枣子已熟，农人打枣、拾枣、剥枣的情景。

贪婪。从《卫风·氓》里弃妇的哀伤，到《王风·君子于役》里思妇的忧愁；从《郑风·风雨》爱情的缠绵，到《鄘风·柏舟》誓言的坚贞，《诗经》为我们真实地展现了那个年代人们的感情生活。不管是展现爱情、婚姻的悲剧，还是表达怀念和思慕，抑或是描绘幽会的甜蜜，莫不生动活泼，感人肺腑。

《诗经》的第一篇《周南·关雎》，就是一曲火热的情歌：

关关雎鸠，在河之洲。窈窕淑女，君子好逑。
参差荇菜，左右流之。窈窕淑女，寤寐求之。
求之不得，寤寐思服。悠哉悠哉，辗转反侧。
参差荇菜，左右采之。窈窕淑女，琴瑟友之。
参差荇菜，左右芼之。窈窕淑女，钟鼓乐之。

诗人以河洲上雌雄和鸣的雎鸠起兴，写一个男子对一个采荇菜的美丽姑娘的单恋。此篇尽管被后世的学者硬加上了“纲纪”与“王教”的帽子，但这热烈而坦率的恋曲，却在千年后依然感动无数为爱情献身的人。

“雅”是指周王朝直接统治地区的音乐，共105篇，分为大雅、小雅，多数是朝廷官吏和公卿大夫的作品，但也有大量针砭时弊、怨世忧时的作品。如《小雅·巷伯》痛骂了朝廷中的奸佞小人，《小雅·十月之交》通过自然灾异而警告了当权者，《大雅·荡》则以商朝的覆灭给最高统治者周王敲响了警钟。这些诗篇对社会现实的揭露，对于政治的关注，都启迪了后代文学的现实批判精神。

“颂”是贵族在宗庙中祭祀鬼神和赞美祖先、统治者功德的乐曲，共40篇，分为周颂、鲁颂和商颂。其中周颂是周王室的宗庙祭祀诗，除了单纯歌颂祖先功德外，还有一部分于春夏之际向神祈求丰年或秋冬之际酬谢神的乐歌，从中可以看到西周初期农业生产的情况。如《丰年》中唱道：“丰年多黍多稌，亦有高廪，万亿及秭。为酒为醴，烝畀祖妣。以洽百礼，降福孔皆。”而《噫嘻》则描绘了大规模耕作的情形：“噫嘻成王，既昭假尔。率时农夫，播厥百谷。骏发尔私，终三十里。亦服尔耕，十千维耦。”

总之，《诗经》从多方面表现了那个时代丰富多彩的现实生活，反映了各阶层人民的喜怒哀乐。不管是个人的失意忧伤之情、军中的厌战思乡之情，还是男女之间的甜美恋情，都以“乐而不淫，哀而不伤”为抒情基调，显得节制而婉转，总体上形成了委婉曲折、细致隽永的特点，深刻地影响了中国诗歌以含蓄为美的审美精神。

约公元前5世纪

世界大事记：
古希腊雅典建成卫城。

卧薪尝胆

晋国打了败仗，霸业开始衰落。楚国渐渐强盛起来。此后，晋、楚争霸，各不相让。后来，经宋国调停才罢兵讲和。

在中原局势渐趋平静的时候，南方的吴越争霸开始了。吴国的国君阖闾，依靠伍子胥、孙武等人的辅佐，在柏举之战中打败了楚国，但就在吴军攻入郢都的时候，越国军队向吴国发起了进攻，从而拉开了吴、越争霸的序幕。

吴王阖闾得知越国攻吴的消息，立即从前线回师攻打越国。公元前496年，越王允常病死，其子勾践继位。吴王阖闾趁越国刚刚遭到丧事，发兵攻打越国，两军在檇李展开大战。结果，吴军大败，阖闾中箭受了重伤。阖闾临死前，对儿子夫差说："千万不要忘记越国的仇恨。"

夫差即位后，发誓一定要打败勾践，为父亲报仇。他任命伍子胥为相国，伯嚭为太宰，励精图治，准备攻打越国。

过了两年，勾践探知夫差昼夜练兵，就想先发制人。吴王夫差率兵迎战，双方大战于夫椒。结果，越军大败，勾践战败逃到会稽山上，被吴国追兵围困起来。

勾践以为局面已临近最后关头，准备杀妻与吴王决一死战。他手下有两个很有才能的人，一个叫文种，一个叫范蠡。他们认为一味蛮干，只有死路一条，不如先贿赂吴国权臣伯嚭，以求生路。于是他们暗中派人把一批越女和奇珍送给他，托他在夫差面前说好话。伯嚭果然接受礼物，在夫差面前劝说一番。

夫差不顾伍子胥的反对，答应了越国的求和条件，但要勾践到吴国去赎罪。

勾践把国家大事托付给文种后，就带着夫人与大夫范蠡去了吴国。夫差派人在其父阖闾墓旁筑了一个石屋，将勾践夫妇、君臣赶进屋中，换上囚衣，去做喂马的苦役。夫差每次坐车出去，叫勾践牵马，叫范蠡伏在地上当上马凳。

⊙范蠡像

这样过了两年，勾践在吴国吃尽了苦头。文种又给伯嚭送去珍宝美女，请他在夫差面前进言放回勾践。夫差对伯嚭一向唯命是听，又觉得勾践这两年的表现的确是真心归顺了他，也就微笑点头了。

勾践回到越国后，发誓要报仇雪耻。他号召全国上下艰苦奋斗。他自己身穿粗布衣服，不吃肉食，住在简陋的屋子里，把席子撤去，用柴草做褥子；在吃饭的地方悬挂一个苦胆，每逢吃饭的时候，先尝一尝苦胆，然后大喊一声：

⊙吴越战争示意图

公元前461年

中国大事记：
秦国沿黄河修筑防御壕沟。

“勾践，你忘记会稽的耻辱了吗？”他不断激励自己，振作精神。这就是“卧薪尝胆”故事的由来。

面对越强吴弱的发展态势，伍子胥忧心如焚，他对夫差说：“我听说勾践卧薪尝胆与百姓同甘共苦。”夫差不仅不听，反而疏远了伍子胥。又过了两年，夫差带兵进攻齐国，得胜而归。文武官员全说恭维话，只有伍子胥在夫差面前批评说：“这次进攻齐国，只能算是一次小胜利。如果越国不灭，才是心腹大患。”吴王夫差大怒，赐伍子胥一把宝剑，令他自杀了。

不久，勾践留下文种处理朝政，自己与范蠡率精兵五万袭击吴国，打败吴国守军，杀了吴国太子。

公元前473年，勾践再次进攻吴国，把夫差包围在姑苏山上。

随后，越军消灭了吴军。勾践封给夫差一块地方——甬东，在会稽东边的一个海岛。夫差痛悔自己相信伯嚭之言，而忠言却听不进去，于是他以布蒙面，伏剑自杀了。勾践以国王的礼节埋葬了夫差，又诛杀了伯嚭。

吴越战争是春秋时期的尾声。到了公元前475年，进入战国时期。我国封建社会开始了。

木匠师傅鲁班

鲁班的父亲是一位老木匠。受父亲的影响，鲁班小时候活泼好动，喜欢摆弄父亲的斧、锛。他还用它们把圆木头砍成方条，把粗的木头劈成薄板。10岁的时候，小鲁班便会使用所有的木工工具。他一天到晚闲不住，自己做了很多小木柜、小板凳、小车等，摆列得到处都是。

随着年龄的增长，鲁班逐渐成长为一名优秀的木匠。他不仅做出了很多精美实用的家具，建造了众多富丽堂皇的住宅，还热衷于发明、改进木工用的工具。相传，锯就是由鲁班发明的。有一年，鲁班奉王命建造一座规模宏大的宫殿。建造这座宫殿需要很多木料，鲁班吩咐徒弟们上山砍伐树木。由于当时还没有锯，徒弟们都是用斧头伐木，效率非常低。他们起早贪黑地忙活，累得精疲力竭，进展却很慢，眼看工程期限越来越近。

鲁班急得像热锅上的蚂蚁。他决定亲自上山察看砍伐树木的情况。山路崎岖不平，杂草丛生。他无意中抓了一把路旁的一种野草，不小心将手划破了。鲁班很纳闷，一根小草怎么能把长满老茧的手划破？于是，他摘下一片叶子来细心观察，发现叶子两边布满了小细齿，用手轻轻一摸，这些细齿非常锋利。他这才明白，手就是被细齿划破的。正在思忖这个问题时，鲁班又看到一只蝗虫正啃吃草叶，只见它的两颗大板牙一开一合，很快就吃下一大片叶子。出于好奇，他顺手抓住那只蝗虫，仔细观察它的牙齿，发现大板牙两侧同样排列着许多小细齿，蝗虫正是靠细齿来咬断草叶的。

⊙《鲁班经匠家经》营造家具图

这两件事使鲁班大受启发。他想，如果把伐木工具的刃口做成齿状，不是同样会很锋利吗？说干就干，他用大毛竹做成几条带小齿的竹片，然后在小树上做试验。结果，几下子就把树皮拉破了，再拉几下，树干上就划出一道深沟。鲁班高兴之余，发现竹片质地比较软，强度不够，拉了一会儿，有的齿断了，有的变钝了，需要更换新竹片。这显然不能适应大量砍伐树木的需要。看来，竹片不宜作为制作齿的材料，必须找一种硬度、强度较高的材料才行。

鲁班左思右想，试验了多种材料，觉得铁片比较适宜。他找到几位铁匠，让他们制造了

公元前384～前322年

世界大事记：
古希腊哲学家亚里士多德在世，他创立逍遥学派，首开逻辑学、政治学和生物学等学科研究。

·鲁班的发明·

鲁班除了发明锯和石磨之外，还有许多发明创造。他曾发明了一系列木工用具，如刨子（刨光木料的工具）、钻（打孔的器具）、铲、凿子、墨斗（木工画线的用具）和曲尺等，以及弹墨线时用的小弯钩——“班母”，刨木料时顶住木料的卡口——“班妻”。他制造过一种攻城用的云梯。鲁班还对古代的锁进行了改进，把锁的机关设在里面，只有通过特定的钥匙才能打开，安全性和实用性大大增强。据记载，鲁班曾用竹子做成一只木鸟。它能借助风力飞上高空，三天三夜不落地。这在当时引起很大震动。

一些带有小齿的铁条，然后拿到山上实践。鲁班和徒弟各拉一端，在一棵树干上拉了起来，一来一往，一会儿就把树干割断了，既快又省力。鲁班就这样发明了锯。

他到别人家做木工活的时候，发现人们用一种叫作“杵臼”的碾米工具舂米，这种装置比较费时费力。鲁班决心解决这道难题。他反复观察杵臼的工作原理，认为它的主要弊端在于：它是上下运动，操作时需要抬高手臂，向下用力，时间长了肯定会腰酸胳膊痛。另外，操作这种装置，必须细致，还得把握方向和分寸，故只能由人来做。

针对这两个弊端，鲁班开始考虑解决办法，同时经常深入老百姓的日常生活，询问他们的看法和要求。经过几个月的刻苦努力，鲁班终于发明了一种更为简单，且省时省力的碾米工具。

鲁班在很多方面取得成就，很大程度上得益于刻苦钻研、勇往直前的精神。有一次，他雕刻一只凤凰。还没有雕成时，有人讥笑他，说：“你刻的凤凰脑袋不像脑袋，身体不像身体。”鲁班听了很生气，但没有发作，而是继续认真工作。他决心用事实反击他人的讽刺。于是，他更加努力学习、刻苦钻研，最后终于将凤凰刻成。这只凤凰栩栩如生，神采飞扬，赢得了大家的交口称赞。曾经讥笑鲁班的人也为他的高超技艺所折服。

在兵器方面，鲁班曾为楚国发明攻城的“云梯”和水战用的钩强。这里还有一个很有趣的故事，根据《墨子·公输篇》记载，鲁班为楚国造了攻城机械，墨子赶去与他斗法，终于制止了一场战争。后来，鲁班就不再造兵器了，而是潜心于造福人类的发明。

无论是在典籍记载还是在民间传说中，鲁班都是一个勤奋多产的发明家。他不停地发明新的工具，改进旧的工具。他的发明创造大大改善了人民的生活，也提高了劳动效率，为我国早期的土木建筑发展做出了杰出的贡献。他对人类贡献非常之大，连欧美一些建筑家们也认为，在世界古代建筑史上，鲁班是一位罕见的大师。

墨子破云梯

战国初期，楚国的国君楚惠王为了恢复楚国的霸权地位，他整顿了军队，准备进攻宋国。

楚惠王手下有一个很有本领的工匠叫公输般。因为公输般是鲁国人，所以后来人们称他鲁班。公输般使用斧子非常灵巧，技艺高超，无人能比，谁要想跟他比一比使用斧子的本领，人们就会说他不自量力。后来有个成语，叫作“班门弄斧”，说的就是这个意思。

公输般被任命为楚国的大夫。公输般到楚国后，替楚惠王设计了一种攻城的工具，比楼车还要高，看上去，高得能够触到云彩，所以叫云梯。

楚惠王一面叫公输般抓紧制造云梯，一面准备向宋国进攻。楚国想进攻宋国的事，引起

公元前453年

中国大事记：
晋国赵、韩、魏三家共灭智氏，三分其领地。

⊙《墨子》书影
清光绪湖北崇文书局刻本。总计53篇，大多为墨翟的弟子及其后世门人对墨翟言行的记述。

了许多人的反对，其中有一个叫墨子的人。

墨子，名翟，是墨家学派的创始人，他听到楚国要利用云梯去攻打宋国，就赶快跑到楚国去，跑得脚底都起了泡。

一直奔走了十天十夜，墨子终于到了楚国的都城郢都。他先去劝说公输般不要帮助楚惠王攻打宋国。并要求公输般带他去见楚惠王，墨子很诚恳地对楚惠王说："楚国有方圆五千里广大土地，物产丰富，而宋国土地不过五百里，土地并不好，物产也少，大王有了华贵的车马，还要去偷人家的破车，这是何苦呢？扔了自己的绣花绸袍，去偷人家一件旧短褂子，这又是为什么呢？"

楚惠王听墨子说得有道理，但还是没有动摇攻打宋国的决心，在一旁的公输般认为用云梯攻城必能获胜。

墨子直截了当地说："你进攻不会占到什么便宜，你能攻，我能守。"

他从身上解下系着的皮带，围在地下当作城墙，又拿几块小木板当作攻城的工具，叫公输般来演习一下，比一比本领。

公输般采用一种方法攻城，墨子就用一种方法守城。

公输般采用了九套攻法，把攻城的方法都使完了，墨子守城的高招一一将其破解了。

后来，墨子对楚惠王进行了一番劝说，楚惠王听了墨子的一番话，又亲自看到墨子守城的本领，知道要打胜宋国没有希望，只好放弃了进攻宋国的打算。这样，墨子通过自己的智慧，阻止了一场战争。

三家分晋

春秋末期，各诸侯国家经常发生战争，使生产遭到破坏，各国财政贫乏，中原大国晋国也日渐衰落。这时，晋国国君的权力也旁落了。

晋的权力由栾、解、赵、魏、韩、智六家大夫把持，他们又以自己的地盘和武装，争权夺利，互相攻战。后来只剩韩、赵、魏、智四家。四家中智伯瑶势力最大，野心也最大。智伯瑶打算下一步侵占韩、赵、魏三家的土地，于是把赵襄子、魏桓子、韩康子三大夫请到家中，设宴款待。席间智伯瑶对三家大夫说："晋文公时，晋国是中原霸主，后来霸主地位被吴、越夺去了。为了重振晋国雄风，我主张每家献出一百里土地和相应的户口交国君掌管。"韩康子害怕智伯瑶的势力，首先表示赞同，愿把韩家土地和一万家户口交给国家；魏桓子心里不愿

⊙智君子鉴　春秋

意，但也不得不表态，也把百里土地和九千家户口交给智家，智伯瑶见赵襄子一言不发，便用言语威胁他。赵襄子性格耿直，看智伯瑶贪婪的样子，非常气愤，便说："土地是祖宗遗产，要送给别人，我实在不敢做主。"智伯瑶听罢立刻翻脸，智、赵两家在席上争吵不休，赵襄子一甩袖子走了。智伯瑶立刻决定讨伐，并亲自带兵马为中军，让韩为右军，魏为左军，三军

公元前451～前450年

世界大事记：
古罗马颁布《十二铜表法》，为古罗马第一部成文法典。

直奔赵城。赵襄子寡不敌众，边战边退，退到晋阳（今山西太原）闭关固守。整整打了两年的仗，智军就是攻不下赵城。

智伯瑶无计可施，十分恼火。一天，智伯瑶绕赵城察看地形时，看到晋阳城东北有晋水河，水势湍急，受到启发。智伯瑶便命令士兵筑坝蓄水，想把晋阳全城淹没。

大水淹进晋阳城以后，赵襄子焦虑不安，愁眉不展，就与谋士张孟谈探讨对策。赵说："目前百姓情绪稳定，只是水势若再往上涨，全城就难保了，这可怎么办呢？"张孟谈分析说："攻城不如攻心。我看韩、魏把土地割让给智家，并不是心甘情愿的，我们何不派人游说，把韩、魏争取过来，请他们帮我们一起对付霸道的智伯瑶。"赵襄子同意这主意，就派张孟谈连夜出城，直奔韩、魏两营。韩、魏二大夫正担忧自己的前途，经张孟一说，都赞同合力对付智伯瑶。

第二天深夜，智伯瑶在营帐里睡得正香，突然听见一阵喊杀声。他连忙披衣察看，发觉床下到处是水，以为大堤决口的水是从晋阳城漫过来，心理还挺高兴。但出帐一看，兵营里一片汪洋，士兵被突如其来的大水，弄得惊慌失措，乱作一团。智伯瑶惊魂未定，转瞬间，三家军兵分由韩、赵、魏大夫带领，撑着木筏，从四面八方冲杀过来，打得智家军措手不及，被砍死的和淹死在水里的不计其数，智伯瑶也死于乱刀之下。

韩、赵、魏全歼了智家后，并乘势瓜分了晋国土地。公元前403年，三家派使者上邑去见周天子，要求晋封他们为诸侯。周天子见木已成舟，也就顺水推舟送个人情，正式晋封韩康子、赵襄子、魏桓子三人为诸侯。

从此以后，韩、赵、魏都成为中原大国，与秦、楚、燕、齐四个大国并称为"战国七雄"。

·赵氏孤儿·

公元前583年，因奸臣诬陷赵同、赵括造反作乱，晋国诛杀赵同、赵括，将赵氏全族杀戮，并四处搜捕赵氏遗孤赵武。赵家门客程婴与公孙杵臼定计，以程子假冒赵武替死，从而救出赵武。程婴将其抚养成人，最终平反昭雪，报了冤仇，赵武当上了大夫，赵氏势力重新恢复。

李悝变法

李悝（约公元前450～前390年），又称李克，战国时期魏国人，著名政治家、思想家，法家的始祖。据说他是孔子弟子子夏的学生。

春秋末年，赵、魏、韩三家分晋后，魏国定都安邑（今山西夏县），占据今山西西南部的黄河以东地区，这里地势险要、土地肥沃、经济发达。魏国国君魏文侯励精图治，招纳人才，魏国逐渐强盛起来。

魏文侯四十年（公元前406年），魏军攻灭了中山国（在今河北中部一带），魏文侯派太子击前去治理，并把中山国的灵寿封给攻灭中山国的大将乐羊，同时派李悝为中山相。在三人的治理下，中山的局势逐渐稳定。

后来魏文侯又任李悝为上地（今陕西北部黄河以西一带）守（守在当时既是地方最高行政长官，又是地方最高军事将领）。上地孤悬在黄河以西，周围都是秦国的地盘。李悝到任后，秦军向上地发起进攻，结果李悝被打败。但他毫不气馁，秦军退走后，他组织上地人民一面发展生产，一面加强军事训练。为了增强当地的军事实力，李悝规定，以后老百姓如果出现什么矛盾纠纷，就比赛射箭，谁射得远、射得准，就判谁赢。这样一来，上地的男女老少，纷纷练起了射箭。后来秦军再次侵犯上地，李悝率军迎战，上地的人民也纷纷拿起弓箭反抗，秦军大败而走，从此再也不敢侵犯上地。李悝乘胜追击，占领了很多秦国的领土，建了15座城。

李悝在治理中山和上地中显露出他不凡的

公元前445年

中国大事记：

魏文侯即位。他在位期间，任用李悝在魏国实行变法。

⊙金器　战国前期

战国时代，随着铁制工具的应用和普及，金银器的制作工艺有了很大提高。由于当时的黄金极为稀少，所以只有上层社会才有条件使用。

才华，被魏文侯所赏识，所以就任他为相国。魏文侯问李悝："怎样才能治理好国家呢？"李悝说："要想治理好国家，必须使老百姓有饭吃，给有功劳的人赏赐，做到言而有信和赏罚分明。"魏文侯说："这些我都做到了，但老百姓为什么还不满意呢？"李悝说："这是因为国家有很多寄生虫啊！我认为应该剥夺那些世袭贵族的俸禄和特权。贵族立功可以给予高官厚禄，但他们的儿子倚仗父亲的功劳出门乘着马车，穿着名贵的皮衣，整日欣赏歌舞，无所事事，所以老百姓才不满意。您应该剥夺这些贵族的俸禄，把它用来赏赐那些有本事的人。"魏文侯觉得有理，连连点头，任用他为相国。

李悝当上相国后，开始进行大刀阔斧的变法。第一，他废除官爵世袭制，重用有才能有功劳的人。以前的官爵是世袭制，父亲的官爵由儿子继承，也不管儿子有没有才能和功劳。李悝把废除世袭制作为变法的第一项内容，而且"有功必赏，有罪必罚"。这就沉重地打击了旧贵族势力，许多人才纷纷前来。

第二，充分发挥土地的效用。他首先废除了"井田制"，鼓励人民垦荒种田，扩大土地面积。耕地面积扩大了，粮食产量自然也就提高了，农业得到了大发展。他提倡在一块土地上种植各种粮食作物，并要求农民在住宅四围种植桑树，充分利用空闲土地扩大农民的副业生产，还规定增产者赏，减产者罚。李悝对魏文侯说，方圆百里之内，有土地九万顷，除去山林、河流、城镇所占的面积，还有六百万亩土地。如果精耕细作，每亩可多收粮食三斗（即三十六斤），六百万亩就可以增加粮食产量一百八十万石；如果耕作不力，就会减产一百八十万石。他还对魏文侯说，建造华丽的建筑，既耗费民力，又耽误农事，这就损害了农业生产；农业生产受到了损害，就会产生饥荒。因此要千方百计为农业发展生产提供便利条件。

第三，李悝主张实行法治。他收集了各国的法律，编成了中国历史上第一部完整的封建法典——《法经》，分为盗法、贼法、囚法、捕法、杂法、具法六篇，以此来维护社会秩序。

第四，李悝还提出国家应实行平籴法。平籴就是国家在丰收年大量买进农民的粮食，歉收年再把粮食以平价卖给农民，以保证农民不会因饥饿而逃亡。

魏国在经过李悝变法后，迅速发展起来，成为战国初期最强大的国家。而李悝本人也被奉为法家的鼻祖，此后的商鞅变法、吴起变法，无不受到他的影响。

西门豹治邺

西门豹，生卒年月不详，战国初期魏国著名的政治家。

公元前422年，魏国国君魏文侯任命西门豹为邺（治在今河北邯郸临漳县邺镇）令。

西门豹来到邺地后，发现这里人烟稀少、土地荒芜、百业萧条，就把当地有名望的老人召集到一起，询问情况。

老人们都说："这都是让河伯娶亲给闹的呀。"

西门豹奇怪地问："什么河伯娶亲啊？"

公元前432年

世界大事记：
古希腊建成帕提农神庙，由雕刻家菲迪亚斯装饰设计。

老人们说："河伯是漳河（邺地的一条河）的河神，巫婆说河伯每年都要娶一个媳妇，要是不给他娶媳妇，漳河就会发大水，把农田、村子全淹了。所以本地的三老（古代掌管地方教化的乡官）、廷掾（古代辅佐县令的官吏）每年都要向老百姓额外征税，搜刮的钱多达数百万，只拿出其中的二三十万给河伯娶媳妇，剩下来的钱就和巫婆共同私分，结果弄得老百姓苦不堪言。"

西门豹问："那新娘子是哪里来的？"

老人们回答："每年快到河伯娶亲的时候，三老、廷掾和巫婆就会四处巡视，见到哪户人家的女儿长得漂亮，就说这个姑娘该做河伯的媳妇，然后不由分说立即放下聘礼就把人带走。有钱的人家花点钱就没事了，没钱人家的女儿只好让人带走。他们先给姑娘沐浴，穿新缝制的丝绸衣服，然后住在河边盖的房子里，房子外面挂上大红帐子，让姑娘住在里面每天吃斋，静心养性。他们还宰牛造酒准备饭食，弄得好像真的跟出嫁女儿一样。到了河伯娶媳的那天，他们在漳河边放一张苇席，装点得和出嫁女儿的床帐枕席一样，然后再把姑娘打扮一番，让她坐在苇席上，放到河里，顺水漂走。苇席开始还在水上飘着，漂几十里就沉下去了，巫婆说是让河伯接走了，然后就举行仪式庆祝。所以有女儿的人家都逃到外地去了，这里的人口也就越来越少，地方也变得越来越穷。"

西门豹问："河伯娶亲以后就不发大水了吗？"

老人们说："也发。但巫婆说要是河伯不娶亲，洪水发得更大。"

西门豹沉思了一会儿，忽然笑着说："这么说来河伯还挺灵验的。好吧，今年到河伯娶亲的时候，我亲自去看看。"

到了河伯娶亲的那天，漳河两岸站满了人。西门豹带领十几个卫士真的来了，三老、廷掾等地方官、豪绅和巫婆急忙跑过来迎接，巫婆已经70多岁了，后面还跟着几个穿红戴绿的女徒弟。西门豹说："把新娘子带过来让我看看漂不漂亮！"巫婆的女徒弟把新娘从帐子里面扶出来，来到西门豹面前。

西门豹看了看这个哭哭啼啼的新娘子，皱着眉头说："长得这么丑，河伯怎么能满意呢？麻烦巫婆你去跟河伯说一声，告诉他我们再重新选一个，过几天再送去。"说完手一挥，两个卫士走到巫婆前面，不由分说架起她，"扑通"一声就扔到河里。巫婆在水里挣扎了几下就沉到河里了。

过了一会儿，西门豹叹了一口气，说："年纪大了就是不中用，这么长时间还不回来。来人，把巫婆的徒弟送到河伯那里去催一催。"两个卫士又架起巫婆的一个徒弟，扔到了河里。就

⊙豹纹瓦当　战国

·《甘石星经》·

战国时齐国的天文学家甘德写了一本《天文星占》，魏国的天文学家石申写了一本《天文》，后人将他们的著作合二为一，称作《甘石星经》。这是中国历史上最早的一部天文学著作。

这部书中记载了许多重要的天文学成就：天文学家已经掌握了月亮和月食的关系，日食肯定发生在每月初一或每月的最后一天；书中还记载了木星有卫星，这比意大利人用望远镜观察到木星有卫星早将近2000年；书中保留了中国历史上最早的星表，把测量出来的许多恒星的位置坐标和其他的会集起来。星表中记载了二十八星宿和一些恒星，一共有120多颗星的赤道坐标，这个星表比欧洲最早的星表要早200年左右。

公元前403年

中国大事记：
周威烈王命赵、韩、魏列为诸侯。

这样，一连把巫婆的三个徒弟都扔到了河里。

又过了一会儿，西门豹说："巫婆和她的徒弟是女人，不中用，去了这么多人这么长时间没有一个回来的。还是麻烦三老你去跟河伯说一说吧！"三老又是磕头又是求饶，可卫士们根本不理他那一套，架起他就扔到河里了。

等了一会儿，西门豹扭头看了看迁掾和豪绅们，说："还是不行啊，你们谁去催一催？"迁掾和豪绅们都吓得面如土色，跪在地上不停地磕头，把头都磕破了，鲜血直流，嘴里还不住地求饶。西门豹说："看来河伯是把他们留在那里了。你们都起来吧。"

西门豹高声对漳河两岸所有人说："河伯娶亲是骗钱害人的把戏！如果今后谁再敢提这件事，就把谁扔到漳河里去见河伯！"从此以后，邺地再也没有发生过河伯娶亲的闹剧。

后来，西门豹发动百姓修建堤坝，疏通河道，漳河再也没有发过大水，还开凿了12条渠道，引漳河水灌溉农田，粮食年年丰收，人民安居乐业。

名将吴起

吴起（约公元前440～前381年），战国初期卫国左氏（今山东曹县北）人。吴起家境富裕，他周游列国，整日舞枪弄棒，同乡的人都讥笑他不务正业。吴起非常愤怒，杀死了嘲笑他的30多人，然后咬掉手臂上的一块肉，和母亲告别，发誓说："要是不当上大官，我绝不回家！"吴起从东城门跑到了鲁国，拜孔子的得意门生曾参（一说是曾参的孙子曾申）为师，学习儒术，日夜苦读，渐渐地学有所成。一次，齐国大夫田居出使鲁国，遇见了吴起，交谈之后，田居非常赏识他，就把女儿嫁给他为妻。

过了不久，吴起听到母亲去世的消息，本想回去奔丧，但忽然又想起了誓言。吴起只仰天长啸了三声，就立刻擦掉眼泪，继续埋头苦读。吴起的老师曾参以孝道闻名当世，看到吴起如此不孝，认为他的品德很差，就立即把他赶出门。

当时天下各国之间的兼并战争愈演愈烈，吴起看到这种情况，就放弃儒术，学习兵法。经过三年的刻苦学习，终于学成，鲁国国君任命他为大将。

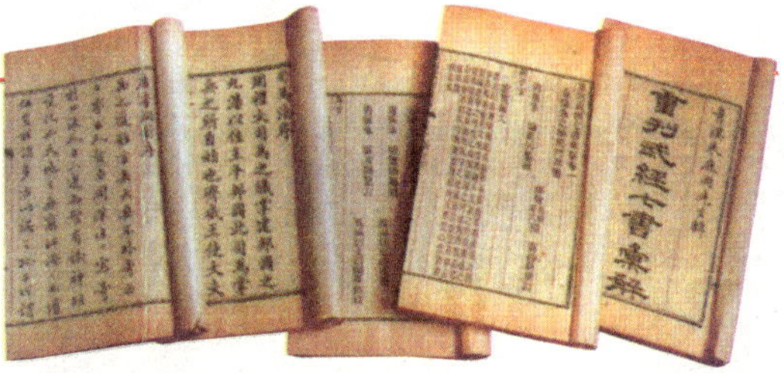

⊙《武经七书》

北宋神宗时健全了武学制度，每年招收武生，练习兵法，演练武艺，三年后考试，按等第授官。1078～1085年，朝廷颁布《武经七书》作为武学和武举的统一教材，这在军事学术史上是一个创举。作为第一套军事教科书，它包括《孙子》《吴子》《司马法》《六韬》《尉缭子》《三略》和《唐太宗李卫公问对》。

一次，齐国进攻鲁国。鲁国国君想任命吴起为大将，但吴起的妻子是齐国人，因此迟疑不决。吴起知道后，回家杀了妻子，然后把妻

·《吴子》·

《吴子》，中国古代著名兵书之一。题名作者吴起为战国时卫国左氏人，曾师事左丘明的弟子曾申。他初为鲁将，后为魏将，因率兵击秦并参加攻取中山之战，被荐为西河郡守。魏武侯时，吴起甚有声名，后受大臣王错排挤，去魏入楚。楚悼王任吴起为令尹进行变法，楚因而强盛一时。悼王既死（公元前381年），宗室大臣作乱，吴起被攻杀于治丧之所。吴起是先秦时代著名的政治家和军事家，他的兵书在战国和西汉时十分流行。

公元前341～前270年

世界大事记：
古希腊哲学家伊壁鸠鲁在世，创立伊壁鸠鲁学派。

子的头颅献给鲁国国君，表示自己和齐国已经没有任何关系了，史称“杀妻求将”。鲁国国君大惊失色，只好任命吴起为鲁军统帅，率军与齐军作战。

吴起治军严谨，与士卒同甘共苦，士兵们都愿意听从他的命令。吴起率军来到前线，没有立即同齐军作战，而是把精锐士卒都隐藏起来，只让那些老弱病残来回巡逻。吴起又派人到齐军军营去谈判，齐军果然中计，以为鲁军不堪一击，根本不敢和齐军打仗，就放松了戒备。吴起看到这种情况，率领精锐士卒乘机进攻，齐军毫无防备，一触即溃，大半被杀。吴起得以凯旋。

鲁国人厌恶吴起的为人，看到他取得了胜利，就开始诽谤他，说他不孝顺，母亲死了都不回去奔丧，为了当官把老婆都杀了，品德实在是太差了。鲁国只是个小国，现在却战胜了齐国，那么各大诸侯国就会谋划灭亡鲁国，而且鲁国和卫国本来是兄弟之国，现在鲁国重用吴起，就是抛弃卫国。鲁国国君听到后就辞退了吴起。

吴起听说魏国魏文侯很贤明，正在求贤，就前去投奔。魏文侯问大夫李悝：“吴起这个人怎么样啊？”李悝说：“吴起既贪财又好色，但是非常会用兵，即使司马穰苴（春秋时期齐国名将）在世也不如他。”于是魏文侯便任命吴起为将，率军攻打秦国。吴起率军大败秦军，攻取秦国河西地区（今黄河与北洛河南段之间的地区）的临晋（今陕西大荔东）、元里（今澄城南）两座城池。第二年，吴起又攻占了秦国至郑（今华县），筑洛阴（今大荔南）、合阳（今合阳东南），将秦国的河西地区全部占领。魏文侯非常高兴，在那里设置了西河郡，并任命吴起为西河郡守，吴起任西河郡守达27年之久。在此期间，吴起率军与各诸侯国大战76次，获胜64次，曾率5万军队打败了50万秦军，占领了大片土地，使魏国成为战国初期第一强国。魏文侯死后，魏国的大臣嫉妒吴起的功劳，在魏国新国君面前造谣诽谤他，吴起只好逃到楚国。

楚国国君楚悼王早就听说吴起很有才能，所以吴起一到楚国就被任命为楚相。吴起变法图强，建议裁汰那些不必要的官员，疏远那些王室的远支，把节省下来的财物奖励士卒，楚王欣然接受，楚国国力蒸蒸日上，但吴起也由此遭到了楚国贵族的怨恨。吴起率领楚军南面征服了百越，北面兼并了陈国和蔡国，遏制了赵、魏、韩三国的扩张，西面打退了秦国的进攻，楚国强盛一时，各诸侯国都非常害怕楚国。

后来楚悼王病死，楚国反对变法的贵族立即拿起弓箭射杀吴起，吴起知道自己必死无疑，就趴在楚悼王的尸体上。当时楚国的法律规定，凡是侮辱楚王尸体的，灭三族。但楚国贵族已经顾不了那么多了，结果吴起被乱箭射死，可是箭也射到了楚王的尸体上。太子即位后，将那些射杀吴起和射中楚王尸体的贵族全部诛杀，有70多个贵族因此被灭族。

南门立木

在战国七雄当中，秦国的政治、经济、文化各方面落后于中原各诸侯国。

公元前361年，秦国的新君即位，这就是秦孝公。他下决心发奋图强，把秦国治理成强国，他第一件事做的就是搜罗人才。卫国的贵族公孙鞅（就是后来的商鞅），在卫国的时候，国君不重用他。听说秦国在招收人才，便来到秦国，托人把自己引荐给了秦孝公。

⊙商鞅像

公元前391年

中国大事记：
齐国田和迁齐康公于海上，田氏遂有齐国。

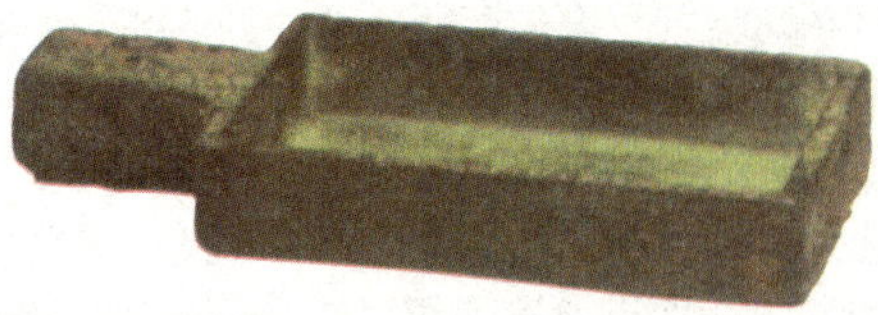

⊙ **商鞅方升　战国**
战国时代商业经济有了初步的发展，但是由于各国独自为政，商业领域最关键的商品流通手段——度、量、衡和货币，标准不一，兑换混乱，制约了经济的发展。

商鞅对秦孝公说：“一个国家要富强，必须发展农业，奖励将士；治理国家，必须有赏有罚，赏罚分明，朝廷就会树立起威信，一切改革也就容易施行了。”

商鞅的一席话非常符合秦孝公的心意。可是秦国的一些贵族和大臣却竭力反对。

过了两年，秦孝公控制了朝廷，稳定了君位，就拜商鞅为左庶长（秦国的官名），并把改革制度的事全权给予商鞅。

于是，商鞅起草了一个改革的法令，但是担心老百姓不信任他，不遵守新法令。他便想了个法子，叫人在都城的南门竖了一根三丈高的木头，下命令说：“谁能把这根木头扛到北门去，就赏这个人十两金子。”

不一会儿工夫，南门口围了一大堆人，大伙儿你瞧我、我瞧你，就是没有一个人上前扛木头。

商鞅知道老百姓不相信他的命令，就把赏金又加了四十两。可是，赏金越高，看热闹的人越觉得不近情理，仍旧没人去扛。

正在大伙儿犹豫不定的时候，从人群中跑出来一个人，那人说：“我来试试。”边说边扛起木头就走，一直扛到北门。

商鞅立刻派人赏给扛木头的那个人五十两金子。

这件事立即传播开了，一下子轰动了秦国。从此，老姓都知道左庶长的命令不含糊。

商鞅看到他的法子得到了预期的效果，就把他起草的新法令公布了出去。

从商鞅变法以后，秦国的农业产量增加了，军事力量也强大了。不久，秦国进攻魏国，从河西打到河东，最后攻下了魏国的都城。

公元前350年，商鞅又推行第二次改革。这次改革遭到了许多贵族、大臣的反对。有一次，秦国的太子犯了法。商鞅对秦孝公说：“国家的法令人人都要遵守。如果当官的人不去遵守，老百姓就不信任朝廷了。太子犯法，应当惩罚他的师傅。”

后来，商鞅治了太子的两个师傅公子虔和公孙贾的罪，一个割掉了鼻子，一个在脸上刺上字。这样一来，那些贵族、大臣都不敢触犯新法了。

又过了十年，秦国越来越富强。

孙膑的谋略

公元前353年，赵国攻卫，迫使卫国臣服，这引起了魏的不安。魏惠王要夺回自己的盟国，便和宋组成联军包围了赵都邯郸并大举攻城。鉴于局势危急，赵向盟友齐国救援。

齐威王采纳段干朋的建议积极筹划救赵。由于魏军主力攻赵，后方空虚，以前吃过魏国大亏的楚国趁机派大将景舍攻魏；秦国也发兵攻打魏东少梁、安邑；魏三面受敌，处境困难。但围赵魏军主将庞涓一心破赵，不为他局所动，继续强攻邯郸，赵国再次向齐告急。齐威王见魏、赵两国相持一年，已呈疲态，认为出兵与魏师决战的时机已经成熟，遂任田忌为主将，孙膑做军师，率齐军主力救赵。

田忌血气方刚，欲直奔邯郸与魏军主力厮杀以解赵围；孙膑深谋远虑，认为不妥，他提出“批亢捣虚”“疾走大梁”的策略，并解析这样可以避实击虚，不必付出惨重代价即可解邯郸之围。田忌认为此策妙极，于是统率齐军主力向魏都大梁挺进。魏国此时已成四面受敌，更可怕的是齐国人击向了魏的心脏，庞涓无奈，以少数兵力控制千辛万苦刚刚攻克的邯郸，自己率魏军主力撤出赵国，回救大梁。这时，孙

公元前334～前324年

世界大事记：
亚历山大大帝率军东征波斯、中亚和印度，为世界古代史上著名的军事远征。

膑已安排齐军在桂陵潜伏，庞涓率军行至这里即遭到已等待多时的齐军突然截击。魏军在攻邯郸时已消耗很大兵力，再加上日夜兼程的行军，疲惫不堪，于是大败而溃；与此同时，邯郸也被赵军夺回。

魏国毕竟实力雄厚。桂陵遭重创10年后，元气又基本恢复，这时它把矛头指向韩国。韩国招架不住，遣使向齐国求助；齐威王召集群臣商议，齐相邹忌认为救韩劳民伤财，还是不救为好；而一向好与邹忌唱反调的大将田忌则主张救韩。威王问孙膑意下如何，孙膑主张“深结韩亲而承魏弊”，即向韩承诺必定相救，使韩竭力抗魏。待韩、魏格斗多时均人困马乏之际再出兵助韩。威王欣然采纳。

尽管韩国得到齐国援助承诺，拼命对魏作战，但李悝变法后得到改革的魏军相当有战斗力；韩军五战五败，再次向齐告急。齐威王认为时机已到，即任田忌、田婴为正副将，孙膑仍做军师，发兵救韩。魏国眼见胜利在望，又是齐国趁机来作梗，于是把矛头由韩转向齐。魏惠王待攻韩魏军撤回后，即命太子申为上将军，庞涓为将，率10万魏军扑向齐军，准备教训齐国。

面对气势汹汹而来的魏军，齐国军师孙膑镇定自若，成竹在胸。他对田忌说：魏军精悍善战，一向蔑视我军，这次一定求战心切而轻骑冒进；我们可以示形惑敌，诱敌深入，伺机反攻，一举歼灭他。田忌赞成并制定了作战方案。

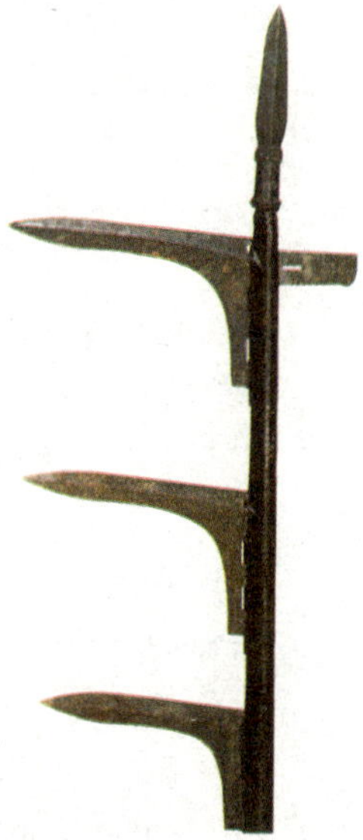
⊙长杆三戈戟头部　战国早期

一切都在孙膑的算计之中。两军一接触，齐军就佯败后撤。为了诱敌追击，孙膑施展“减灶”招数。第一天挖了10万人的灶，第二天减为5万灶,第三天又减为3万，造成齐军不堪魏军紧追而大量逃亡的假象。庞涓追击齐军3天，发现灶一天天减少，便认为齐军军心涣散，已逃亡过半，于是率轻装精锐急进，日夜兼程赶到了马陵。马陵地险路窄，孙膑早看中此地形而命齐军埋伏于此，见魏军到，田忌一声令下，齐军万箭齐发，魏军不及防范，死伤无数，溃不成军。庞涓羞愧自杀，魏军前后被歼10余万。

此战打击了魏国的军事实力，使得齐国威震诸侯，成为东方强国。同时，围魏救赵指导了后世战争发展，避敌锐气、以劣胜优的宝贵军事思想成为后世军事理论的重要组成部分。

苏秦合纵

苏秦，字季子，生卒年不详，东周洛阳（今河南洛阳）人，排行第五，他的哥哥苏代、苏厉、苏辟、苏鹤，都是当时著名的纵横家。当时，正值战国中期，各国彼此攻伐争斗，很多纵横家纷纷游说诸侯，献计献策，以言辞博取功名利禄。苏秦对此非常羡慕，加上兄长的影响，从小便立志献身此道。他独自前往齐国颍川阳城（今河南登封），拜一代纵横大师鬼谷先生为师，学习纵横之术。

学成之后，苏秦踌躇满志，前往秦国游说秦王。苏秦对秦惠王说：“秦国沃野千里，人口众多，实力强大，应该实行连横，东出函谷关，兼并六国，统一天下。”但当时秦国国力有限，还没有足够的实力，所以秦惠王拒绝了他的建议。苏秦在秦国待了一年多，上书十余次，但始终没有被秦所用。苏秦盘缠用尽，只好灰溜溜地回家了。

回到家，他的妻子埋头织布，不理睬他，嫂子不给他做饭，父母也不和他说话。苏秦大受刺激，开始发愤读书。为了争取一切时间读

绚丽多彩的战国漆画

漆器在中国有很长时间的历史，距今7000多年的浙江余姚河姆渡人就已经使用漆器了。到春秋战国时期，漆器工艺发展到更高的水平，取得了杰出的艺术成就。尤其是彩画纹饰更加精美，并出现了情节性的漆画作品。迄今为止，已在40多个城市的80多个地点发现了漆器，河南、湖南、湖北3省为最多。漆器的品种很多，有饮食器、日常用器、乐器、兵器、文具、丧葬用具、交通用具等。

漆画大体分为两类，一是日常用品漆器上的图画，大多描绘的是现实生活或神话传说、装饰图案等；二是漆棺画，多描绘带有巫术内容的形象。这些漆画，以朱、黑两色为主调，间有黄、蓝、绿、白、金、褐等色，色彩斑斓，对比强烈，变化多样。加之漆本身具有的油光闪亮的特点，漆画显得富丽堂皇。

⊙战国鸳鸯形漆盒

湖北随州擂鼓墩曾侯乙墓的发掘，为人们打开了一座战国漆器的宝库。比较具代表性的有漆衣箱、彩漆棺和彩漆鸳鸯盒等。从漆衣箱的箱盖上，人们可以看到后羿射日的神话传说画面。而鸳鸯盒腹部两侧，也分别绘制了两幅表现乐舞活动的漆画，即《击鼓图》和《撞钟图》。

《撞钟图》画面呈长方形，黑底朱绘，图中画有两只长颈鸟形怪兽，张嘴衔吞横梁，上面悬挂大小不同的两座钟。这两只鸟兽是对称的，作为支柱，以保证横梁的稳定性；鸟兽脚腹间也架有横梁，上面悬挂编钟。乐师则头戴鸟形面具，双手握持长木棒，做撞钟的样子，姿态优雅自如。

整个画面给人一种强烈的动感：撞钟的木棒被画成

⊙车马人物出行漆奁　战国晚期　直径28厘米　高10.4厘米　包山2号墓出土

此奁直壁、平底。盖头中部饰有四方龙凤图案，外圈为龙凤二方连续图案。器身饰有变形凤鸟二方连续图案。出土时，奁内盛有花椒、两面铜镜、一件涂粉饰和二件骨笄。

⊙彩绘龙凤纹漆棺　战国晚期　长184厘米　宽46厘米　高46厘米　包山2号墓

这是战国时期楚国一位卿大夫的内棺，外还有两重棺木。通体以红、黄二色漆及金银粉饰共9个单元的龙凤纹样，每单元绘4龙4凤，色彩鲜明。龙为一首双身，凤则展翅卷尾压于龙上。龙凤是楚人最喜欢的纹样。

弧形，似乎是由于撞击用力过猛而使其弯曲；乐师背向编钟侧身挥棒的动作，准确地表现了乐师回击编钟的动态形象；被撞击的小钟位于悬带的偏右部位，横梁与悬带间构成不等边三角形，也表现出钟被撞击后前后摆动的状态。《撞钟图》略带夸张变形的意味，起到了装饰美化漆盒的艺术效果。

《击鼓图》也呈长方形，以黑色为底，用红色描绘出两人化装后击鼓起舞的场面。漆画中间画有一尊鼓，站在鼓右的是乐师，头戴高冠，手舞鼓槌，左右轮番击鼓。站在鼓左的是舞师，身佩长剑，饰有飘带，屈脚转体，举臂扬袖作歌舞状，姿态轻盈婀娜。乐师侧目注视着舞师，两人相互呼应与配合，把人们带入“展诗兮会舞，应律兮合节”的境界。

这幅画用笔简练，写意性强，富有装饰性。在形象描绘方面，大胆舍弃了细部刻画和周边环境的表现，而着力于人物动态特征的描绘，艺术语言简练生动。

曾侯乙的彩漆内棺上，描绘的则是方相氏率领神兽执戈驱疫的傩仪图。方相氏头戴铜制的熊头假面具，率领着载魂升天的鸾凤、长生不老的无启、头顶生角人面蛇身的土伯、形状如鹤正在啖蛇的秃鹫、朱雀与白虎等“山川神灵”，执戈扬盾，驱逐瘟疫。这些形象可能都是墓主灵魂的保护神。这幅漆画带有浓厚的巫术色彩。

公元前356年

中国大事记：
秦孝公任用商鞅，实行变法。

◎苏秦归家　妻不下机

书，苏秦准备了一把锥子，困的时候就拿起来刺自己的大腿，这就是锥刺股的故事。苏秦日夜刻苦攻读《阴符》《揣情》《摩意》等书，仔细研究了各国的政治、军事、经济、山川地理。经过一年的努力，苏秦终于做到了“天下大势，如在掌中”。

公元前334年，苏秦再次辞别亲人，开始到秦以外的六国兜售其“合纵”主张。当时天下各国中齐、楚、燕、韩、赵、魏、秦最强大，而七国之中秦国最强。苏秦经过反复思考，初步形成了一个促成六国结盟以共同对抗秦国的战略思想，即“合纵”。

苏秦先来到最北面的燕国，对燕王说：“燕国之所以没有受到秦国的进攻，完全是因为燕国南边的赵国是燕国的屏障。如果秦国如果想攻打燕国，则必须过赵国这一关；而赵国如果想攻打燕国，则没有任何阻碍。所以，大王如果想让燕国平安无事，就应该和赵国结盟，这样就不怕秦国了！”

燕王听后觉得十分有理，就为苏秦备好车马，给了他大量的金银珠宝，让他到赵国去游说赵王，促成联盟。

苏秦来到赵国，对赵王说：“现在六国中赵国最强大，所以秦国最嫉恨赵国。但是，秦国为什么不敢进攻赵国呢？那是因为秦国害怕韩、魏两国乘机发起攻击，断秦军的退路和切断补给线。但是如果秦国进攻韩、魏两国，两国肯定抵挡不住秦国的进攻，必然会投降秦国。秦国没有了后顾之忧，就一定会进攻赵国！”

赵王一听，急忙问苏秦：“那你说赵国该怎么办呢？”

苏秦说：“臣研究了天下的地图，六国的土地是秦国的五倍，兵力是秦国的十倍。如果六国联合起来进攻秦国,秦国必败。大王如果和韩、魏、齐、楚、燕五国结盟，联合起来，共同抵抗秦国，那么秦国肯定会吓得龟缩在函谷关（今河南灵宝北）内不出的。”

赵王觉得苏秦说得十分有理，就赏给苏秦100辆马车、1000镒黄金、100双白玉璧和1000匹锦绸，让他游说各国，联合抗秦。

苏秦来到韩国，对韩王说：“韩国土地方圆900余里，士卒数十万，天下精良的兵器都是韩国出产的。韩国士卒英勇善战，能以一当百，天下没有哪国能比。韩国如果向秦国称臣，秦国必然会让韩国割让土地，今年给了它，明年它还会来要。韩国的土地有限，但秦国的贪欲是无限的。那样的话，韩国早晚会亡国的！大王不如和赵国联盟，共同抵御秦国。”韩王欣然接受。

接着苏秦又说服了魏国和齐国，最后来到

·百家争鸣·

百家争鸣是指春秋（公元前770～前476年）战国（公元前475～前221年）时期知识分子中不同学派的涌现及各流派争芳斗艳的局面。《汉书·艺文志》将战国主要思想学派分为十家——儒、墨、道、法、阴阳、名、纵横、杂、兵、小说。西汉人刘歆在《七略·诸子略》中将小说家去掉，称为“九流”。“十家九流”就是从这里来的。百家争鸣反映了当时社会激烈和复杂的政治斗争，主要是新兴地主阶级和没落奴隶主之间的阶级斗争。这个时期的文化思想，奠定了整个封建时代文化的基础，对中国古代文化有着非常深刻的影响。

约公元前269～前232年

世界大事记：
古印度摩揭陀王国孔雀王朝阿育王统治时期，孔雀王朝进入鼎盛时期。

最南面的楚国。

苏秦劝楚王说："楚国是天下疆域最大的国家，土地方圆6000余里，士卒百万、战车千辆，粮食可以支撑十年，这可是称霸天下的资本啊。六国中秦国最害怕的就是楚国。如果大王和其他五国结盟，就会孤立秦国，楚国就会称霸天下。"楚王欣然答应。

公元前333年，六国共同推举苏秦为合纵联盟的纵约长，同时担任六国的相国，身佩六国相印。六国在赵国的洹水"歃血为盟"，苏秦手捧盛满牛血的铜盘请六国君王歃血，拜告了天地和六国的祖宗，写了六份盟约，共同抵抗秦国。

合纵之后，秦国十多年不敢进犯六国。

张仪连横

秦国经过改革，国力日渐增强。面对势力不断扩张的秦国，其他六国都感到恐慌。为了抵抗秦国，有人建议六国采取联合抗秦的策略。这种策略叫作"合纵"。另有一些人站在秦国一边，拉拢各国与秦国合作，打击其他国家，这种策略叫作"连横"。在主张"连横"的政客当中，要数张仪最有名望。

张仪是魏国人，他早年和苏秦同在鬼谷子先生门下求学。

张仪学完课业之后，告别了老师和同学，到各诸侯国去进行游说。

张仪历经千辛万苦到了秦国。这时，秦孝公已经死了，他的儿子秦惠王即了位，张仪凭借他的口才，果然得到秦惠王的信任，当上了秦国的相国。这时候，六国正在组织合纵。

在六国当中，要数齐、楚两国最强大。张仪认为要实行"连横"，必须拆散齐国和楚国的联盟，他向秦惠文王献了个计策，他假装辞去秦国相位，带着厚礼，以游说者的身份投奔楚国。

楚怀王对张仪在秦的显赫地位早有耳闻。张仪一到楚国，楚王就盛情款待了他。

楚王对张仪说："您来我们这个偏僻落后的国家，有什么指教吗？"

张仪接过话茬说："大王如果能听我的意见，首先同齐国断交，不再同它往来，我能把秦国商、於一带的六百里土地献给贵国；让秦王的女儿嫁给大王做妻妾。秦、楚两国之间娶妇嫁女，结为亲戚，永远和好。这样，削弱了北边齐国的力量，西边得到秦国的好处，我看没有比这更好的主意了。"楚王喜出望外，赞成张仪的主张，一群溜须拍马的大臣都向楚王祝贺。

楚国把相印交给张仪，宣布与齐国解除盟约，并派使臣随张仪接收商、於之地。

张仪出使楚国的目的达到了，他一回到秦国便假装从马上掉下来伤了脚，一连三个月都不理楚国使臣。后来，齐国见楚国不讲信义，便与秦国联合了。张仪见计划实现了，便把楚国使者打发走。楚国使者再一次向张仪索要土地时，张仪耍赖不承认有这回事了。

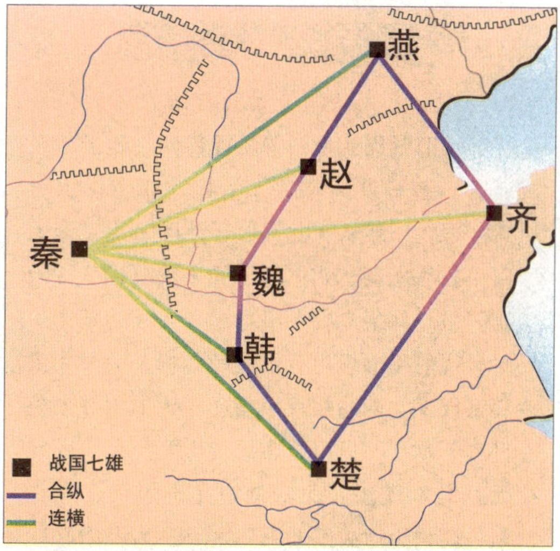

⊙ 合纵连横示意图

战国末年，各国都展开积极外交，以争取盟友、削弱敌国。"合纵"即合众弱攻一强，攻击对象或秦或齐，以秦为主。"连横"指事一强而攻众弱，主要以秦国为中心。"合纵""连横"为秦强众弱格局下所出现的政治局面。

公元前334年

中国大事记：
田婴成为齐相，田婴为孟尝君田文之父。

使者回来一报告，气得楚怀王直翻白眼，发动10万大军攻打秦国。秦惠王也发兵10万人迎战，齐国也赶来助战。楚国一败涂地，十万人马只剩下两三万，商於六百里地没到手不说，还被秦国夺去了汉中六百里地。

后来，张仪又放心大胆地去韩国、齐国、赵国、燕国等国逐一地推行他的连横策略。最后，六国的合纵彻底瓦解了。

胡服骑射

北方的赵国看到秦国恃强凌弱的做法，知道只有发愤图强，才能国泰民安。赵国的国君武灵王，是个很有远见的国君，面对周边的诸侯国日益强大，便考虑着赵国的发展前途。

有一天，赵武灵王对他的臣子楼缓说："咱们国家东边有齐国、中山（古国名），北边有燕国、东胡，西边秦国、韩国和楼烦（古部落名），我们如果不强大起来，随时都会遭受灭顶之灾。要发愤图强，就必须改革一番。我觉得咱们穿的长袍大褂，干活打仗都不方便。相比之下，胡人（泛指北方的少数民族）的短衣窄袖，倒是很灵活。我打算效仿胡人的风俗，把我们的服装改一改，你看怎么样？"

⊙ 赵武灵王胡服骑射复原图

楼缓一听，连声说好，他说："咱们效仿胡人的穿着，也能学习他们打仗的本领啦！"

赵武灵王说："对啊！咱们打仗全靠步兵，或者用马拉车，这样不如骑马灵活机动。我们学胡人的穿着，就是要学胡人那样骑马射箭。"

这个想法一传开去，就遭到许多大臣的反对。

但是，赵武灵王的决心很坚定，非实行改革不可。他知道要推行这种改革方案，必须排除内部的阻力。他首先去找他的叔叔公子成，跟公子成反复地讲穿胡服、学骑射的好处。公子成最终被说服了，越武灵王立即赏给公子成一套胡服。

大臣们一见最保守的公子成也穿起胡服来了，便都不再提反对意见，都跟着改了。

·《六韬》·

《六韬》又称《太公六韬》《太公兵法》，旧题周初太公望（即吕尚、姜子牙）所著，普遍认为是后人依托，作者已不可考。现在一般认为此书成于战国时代。全书以太公与文王、武王对话的方式编成。《六韬》是一部集先秦军事思想之大成的著作，对后代的军事思想有很大的影响，被誉为是兵家权谋类的始祖。司马迁《史记·齐太公世家》称："后世之言兵及周之阴权。皆宗太公为本谋。"北宋神宗元丰年间，《六韬》被列为"武经七书"之一，为武学必读之书。《六韬》在16世纪传入日本，18世纪传入欧洲，现今已翻译成日、法、朝、越、英、俄等多种文字。

公元前287～前212年

世界大事记：
古希腊数学家、物理学家阿基米德在世，著《论量圆》，为古希腊数学的顶峰。

赵武灵王看到条件已经成熟，就发布了一道改革服装的命令。不久，赵国人不分贫富贵贱，都穿上了胡服。一开始，人们还觉得有点不习惯，后来觉得穿了胡服实在方便灵活得多。

赵武灵王接着又号令国人学习骑马射箭。不到一年，训练了一支强大的骑兵队伍。公元前305年，赵武灵王亲自率领骑兵打败了附近的中山，又收服了东胡和附近几个部落。到了实行胡服骑射以后的第七年，中山、林胡、楼烦都被收服了，赵国的土地扩大了许多。

赵武灵王经常带兵外出打仗，把国内的事务交给儿子处理。公元前299年，他把国君的位子传给了他的儿子，就是赵惠文王。武灵王自己改称叫主父（意思是国君的父亲）。

狡兔三窟

孟尝君名叫田文，是齐国的贵族，他与信陵君、平原君、春申君合称四公子。这四位公子都有养士之好，凡是投奔他们门下的人，都被留下来供养着。据说，各家都有数千食客，尤其是孟尝君养士的声名最大。

孟尝君有个门客叫冯谖，齐国人，家里穷得几乎无法生存，只好托人转求孟尝君，愿意在门下当一名门客。

孟尝君手下的门客，以为冯谖没有什么本领，都瞧不起他，尽给他吃粗茶淡饭。有一天，午饭后，冯谖背靠大厅的圆柱上，有节奏地敲击长剑，高声唱起歌来："长剑归去吧，这里没有鱼吃。"孟尝君听到禀报后，说："给他鱼吃，把他安排在食客当中。"一天，冯谖从街上回来后，又靠在圆柱上唱起来："长剑回去吧，在这里出门没车坐呀！"孟尝君听到禀报后说："给冯谖的待遇要跟所有食客同等，他出门时，要给他备车。"过了不久，冯谖又唱道："长剑回归吧，在这儿无法奉养老人。"恰巧孟尝君亲自听到歌的内容，就吩咐每天三餐派人给冯谖的母亲送去食品。从此，再也听不到冯谖击剑高歌了。

一天，孟尝君派冯谖到薛邑去收租债。临别时，冯谖问："收完后，需要买些什么回来吗？"孟尝君说："你看我家里缺什么，就买什么吧！"

冯谖到薛邑后，就叫当地官吏马上召集所有欠债户，来验对票据凭证。待欠债的百姓到齐，票据也验对完毕，冯谖即假托奉孟尝君的决定，宣布所有应收的债款，统统赏赐给大家。说罢当众把所有票据用火烧了，老百姓万分感激孟尝君。

⊙孟尝君像

冯谖第二天见到孟尝君。孟尝君见他回来得这么快，很惊讶地问："债都收回来了？"冯谖答："收了。"孟尝君又问："买什么回来了？"冯谖答："遵您的吩咐，看您家缺什么买什么。我看，您家里只缺少'义'，所以替您买了'义'回来。"孟尝君一时还没有品出话的意思。冯谖解释道："我自作主张，擅称是您的命令，宣布把债全部免了，把票据全都烧了。百姓感动得高呼不忘您的恩德。这就是我替您买回来的'义'呀！"孟尝君听后很不高兴。

一年后，齐王革了孟尝君的职位。孟尝君无奈之下，只好回到封地薛邑去安家。薛邑的百姓得知这个消息，个个扶老携幼，倾城而出，站在离城百里的路边，等候迎接孟尝君。孟尝君看到这番情景，十分感动，他回头看着冯谖说：

公元前279年

中国大事记：
齐将田单复国，齐王封田单为安平君。

◎酒具盒　战国中期

"今天见到先生买回的'义'了。"冯谖趁机说："狡兔有三窟，所以才能保全性命。如今，薛邑才算一窟，还不能高枕无忧。请允许我再给您营筑另两个窟。"孟尝君点头赞许。

后来冯谖去梁国对梁惠王说："齐国把大臣孟尝君放逐国外，而他是个非常有才德的人。哪个诸侯国任用他，哪个国家就会强盛起来。"梁惠王觉得很有道理，便决定请孟尝君为相。梁惠王派遣使者带100辆车子、黄金千斤前往薛邑聘请孟尝君。

齐王听到消息后，大为震惊。他懊悔自己当初太冒失了，马上派太子的老师带上千斤黄金和花纹精美的华贵车子，以及齐王自己佩带的宝剑，作为馈赠孟尝君的礼物，并写了谢罪书。孟尝君答应回朝任相，并按照冯谖的策略提出请齐王把先王传下来的祭祖器分给薛邑一些，在薛邑建一座宗庙。齐王马上答应了。此后，孟尝君当了几十年的齐国宰相，一直顺顺当当，没有受到任何祸患和危害。这是"狡兔三窟"起的大作用啊！

乐毅伐齐

齐湣王在位期间，骄横霸道，常常欺负弱小的国家。这样一来，许多诸侯国对他都不满，特别是燕国。

燕国也是战国七雄之一，在燕王哙做国君时，用子之为丞相，后来，燕王哙听信了坏人的主意，把国君的位子让给了子之，结果把国家搞得混乱不堪。齐国趁机进攻燕国，燕国差点被灭掉。燕王哙死后，燕昭王即位，他恨透了齐国，总想报仇雪恨，但自知国小地僻，力量对比悬殊，于是他礼贤下士，希望招揽人才。有人对燕昭王说，老臣郭隗有见识，请他帮助招贤纳士准错不了。燕昭王与郭隗一交谈，果然觉得郭隗很有才能，便为他造了一座精美的住宅，还拜郭隗做老师。各国有才能的人听说燕昭王真心实意地招募人才，便纷纷来到燕国。乐毅以魏昭王使节的身份来到燕国，燕王用宾客之礼接待他，被乐毅婉言谢绝，并在昭王面前声声称臣。燕昭王高兴地任他为亚卿，经过考察，

◎几何纹长柄豆　战国
此豆风格特异，极为少见，是研究燕国文化和青铜工艺的重要实物资料。

·战国铁兵器·

在春秋时期，很少使用铁兵器。但到了战国时期，铁兵器的使用已经非常普遍了。据文献记载，战国时期的铁兵器种类很多，有铁剑、铁甲、铁杖、铁锥等。

在现在已出土的上千件先秦铁器中，绝大部分是战国中晚期的，其中铁兵器占大多数，有矛、戟、剑、刀、镞、匕首、甲胄等。1965年，河北省易县燕下都44号墓出土了铁矛19件、铁戟12件、铁剑15件和铁刀、匕首、胄等。

公元前280～前272年

世界大事记：
罗马与伊庇鲁斯国王皮洛士之间发生皮洛士战争。

发现他非常有才能，便把国家大事交给他处理。

经过几年的努力，燕国国力日盛，燕昭王看到齐国潜在的危机逐渐暴露，便与乐毅商讨如何征伐齐国。乐毅认为齐国地广人多，单靠燕国的力量不容易取胜，建议联合其他国家一同攻齐。燕昭王赞成乐毅的意见，派乐毅去赵国联络，派其他使者联合楚、魏两国，还叫赵国去说服秦国共同出兵。诸侯各国深受过齐王骄矜暴戾之害，都愿意跟燕国讨伐齐国。

乐毅等回来禀报燕昭王，燕昭王见时机成熟，便任命乐毅为上将军，统领全国军队。与此同时，赵惠文王也把相国的印交给了乐毅，授给他全权。公元前284年，乐毅统领赵、魏、秦、韩、燕五国的军队进攻齐国，在济水西侧首战告捷。随后，乐毅率领燕军，乘胜追击齐军，一鼓作气，攻到齐国都城临淄。齐王逃出都城临淄，最后逃出莒城。乐毅出兵半年，前后攻下70多个齐国的城邑，都划归为燕国的郡县。当时只剩下莒城和即墨尚未攻破。

田单复国

田单家是齐国王室的远支。齐湣王时，田单在齐都临淄担任管理街市贸易与治安的小官。他善于学习，喜读兵法，对军事很有研究。

燕将乐毅率领燕、赵、魏、韩、秦五国联军攻打齐国，在济水以西大败齐军的主力，兵锋直逼临淄。田单逃到临淄附近的小城安平（在今山东临淄东北）。燕军攻占临淄后，紧接着又进攻安平，齐人惊慌失措，纷纷携带财物逃跑。田单命族人把露在车轮外面的车轴锯断，并用铁皮把车轮包起来。在逃跑的时候，由于道路狭窄，车辆互相撞击，许多车由于车轴过长而被撞坏，很多人被燕军俘虏。只有田单和他的族人因为车轴短而且包有铁皮，逃到了齐国东部的大城即墨（今山东即墨北）。燕军很快占领了齐国绝大部分城邑，只剩下莒和即墨两城没有攻破。

齐湣王逃到了莒（今山东莒县）。这时楚王为了夺回以前被齐国占领的土地，派大将淖齿以援齐为名，率领楚军进入齐国。齐湣王幻想依靠楚国的力量复国，就任命淖齿为相，结果被淖齿杀死，楚国夺回了被齐国占领的淮北之地。后来，齐国大臣王孙贾等杀死淖齿，拥立齐湣王之子为王，即齐襄王。乐毅率军进攻莒，企图灭亡齐国，昼夜猛攻。齐襄王号召民众坚守莒城，抵抗燕军，保卫齐国。燕军久攻

⊙玉透雕双龙佩　战国晚期

不下，乐毅改变了战略部署，留下一部分兵力继续攻打莒，自己则率兵去攻打即墨。即墨的守将率军出城迎战，结果战败被杀。即墨人推举在逃跑中显示出聪明才智的田单为即墨守将，田单欣然受命，担任起了领导即墨军民抗燕的重任。

即墨是齐国一座较大的城池，地处富庶的胶东地区，土地肥沃，物产丰富，人口众多，即墨城的城墙坚固，还有部分军队。田单领导即墨军民构筑城防工事，加固城墙，深挖护城河，收容了7000残兵，并把自己的族人也编入军队，参加守城。他还拿出自己的家产犒赏士卒，与他们同甘共苦。即墨军民深受感动，士气高昂，决心誓死保卫即墨城。从此，即墨和莒成为抵抗燕军的两大坚固堡垒。燕军攻打了一年多，始终没能攻克即墨。乐毅令燕军后撤9里扎营，然后对城中的军民展开了攻心战，声称只要城中军民前来投降，一律优待，有困难的一定帮助。

约公元前278年

中国大事记：
秦取郢都，屈原以死殉志。

⊙ 变形蟠龙纹敦　战国燕器

双方一直相持了三年多。

公元前279年，燕昭王死，燕惠王即位。燕惠王在做太子的时候就和乐毅不和，这次两座城池乐毅3年都没有攻克，燕惠王对他更加不满。田单见有机可乘，就派间谍到燕国散布谣言，说即墨和莒其实很容易被攻克，之所以没有攻克，是乐毅想做齐王，只是齐人尚未全部归附，所以缓攻两城，等待时机。燕惠王听了以后，立即命骑劫代替乐毅，并召乐毅回国。乐毅见燕惠王这么不信任自己，害怕回燕国后有杀身之祸，就投奔了赵国。

骑劫是一个骄傲狂妄、有勇无谋的人，他一到齐国，就下令对即墨强攻。由于即墨军民的顽强抵抗，燕军没能攻克即墨。

田单派人到燕军军营中散布谣言，说只要把齐军俘虏的鼻子割掉，押到城下震慑守城的齐军，他们就会投降。骑劫果然令人把齐军俘虏的鼻子割掉，然后押到城下，守城的齐军士兵无不义愤填膺。田单又派人去散布谣言，说只要挖了即墨人城外的祖坟，即墨人就会投降了。骑劫再次中计，派燕军挖了即墨人的祖坟。即墨人肝胆欲裂，对燕军的暴行恨之入骨，纷纷要求与燕军决一死战。

田单拿出2000两黄金，派即墨城中的豪绅偷偷出城，送给燕军将领，说："即墨不久就投降了，希望燕军入城后不要掠虏我们族人和妻妾，让我们能和往常一样生活。"燕军将领满口答应。田单把精锐士卒都隐藏起来，只派一些老弱病残到城墙上巡逻，骑劫看后以为齐军精锐已经死伤殆尽。这时，田单又派人来投降，燕军听说即墨要投降，都欢呼万岁，戒备从此松懈下来。

田单命人在千余头牛的牛角上绑上尖刀，身上披上着五彩龙纹的外衣，牛尾绑上浸过油脂的苇草，在城墙上挖了十几个洞，又组织了5000人的敢死队，扮成鬼神模样。当天夜里，田单命人点燃牛尾的苇草，千余头火牛怒吼着从城洞中冲出，直奔燕军军营，敢死队随后杀出。城中的老弱病残登上城头，敲锣打鼓，大声呼喊。

燕军从睡梦中惊醒，仓皇逃跑，死伤无数，骑劫也在混乱中被杀。田单乘胜进军，齐国各地的军民纷纷响应，很快将燕军赶出齐国。田单复国后，把齐襄王从莒接回临淄，齐襄王任田单为相国，封于安平邑，号安平君。

田单在任齐相期间，无重大建树。后赵国割济东3城57邑给齐国，求田单为将，田单入赵任将军。公元前265年，他率赵军攻燕，夺取3城，又攻韩。次年，田单为赵相。田单最后的结局却无人知道。

屈原投江

楚国被秦国打败后，楚怀王又想重新和齐国联合。这时，秦昭襄王继承了王位，他很客气地写信给楚怀王，请他到武关（今陕西丹凤县东南）相会，当面订立友好盟约。

楚国大夫屈原劝楚怀王不要去，他说："秦国一定会设下圈套等着我们上当呢。"

公元前234～前149年

世界大事记：

罗马共和时期农学家加图在世，著《农业志》，为现存最早的罗马农书。

正如屈原预料的那样，楚怀王刚进入秦国的武关，立刻被秦国预先埋伏下的人马截断了后路。在会见时，秦昭襄王逼迫楚怀王把黔中的土地割让给秦国，楚怀王拒绝了。秦襄王下令把楚怀王押到咸阳软禁起来，并派人通知楚国让他们拿土地来赎人。

楚国的大臣们听到国君被押，非常气愤，拒绝了秦国的无理要求，并立太子为国君，这个国君就是楚顷襄王。

楚怀王在秦国被关一年多，吃尽苦头，后来病死在秦国。

楚国人为楚怀王被害死心里很气愤，大夫屈原更是怒不可遏，他劝楚顷襄王搜罗人才，远离小人，鼓励将士，操练兵马，为国家和怀王报仇雪耻。

可是他的劝告却招来了令尹子兰和靳尚等人的仇视。他们抓住一切机会在顷襄王面前诬陷屈原。

楚顷襄王听信谗言，把屈原革了职，放逐到湘南去。

屈原到了湘南以后，经常在汨罗江（在今湖南省东北部）一带徘徊，吟诵着伤感的诗歌。

有一天，屈原在汨罗江边遇见一位打鱼的渔父。渔父对屈原说："您不是楚国的大夫吗？怎么会落到这种田地呢？"

屈原说："我落到这个地步，是因为许多人都是肮脏的，只有我是干净的；许多人都喝醉了，只有我还醒着。"

屈原不愿意屈辱地活着，到了公元前278年五月初五那天，他抱着一块大石头，跳到汨罗江里自杀了。

附近的百姓，得到消息，都划着小船去救他。人们在汨罗江上打捞了许久，也没有找到屈原的尸体。

那位渔父很难受，他对着江面，把筒子里的米撒到江里表达他对屈原的哀思。

在第二年五月初五的这一天，当地的百姓想起这是屈原投江一周年的日子，又划船到汨罗江中，把竹筒子盛了米撒到水里去祭祀他。后来，人们把盛米饭的竹筒子改为粽子，划小船改为赛龙船。这种纪念屈原的活动渐渐成为一种风俗。人们把每年农历五月初五称为端午节。

屈原生前写下了许多优秀的诗篇，其中最有名的是《离骚》。他在这篇诗歌里，痛斥卖国的小人，表达了他忧国忧民的心情，对楚国的一草一木，都寄托了无限的深情。

⊙饮酒读《离骚》图　明　陈洪绶

《离骚》历来为忧愤之士所爱，图为一位士人坐于兽皮褥上正饮酒读《离骚》，一副激愤而又无可奈何之状，大有击碎唾壶一展悲吟之意。

公元前277年

中国大事记：

秦国蜀守张若攻楚，取巫郡及江南地。

完璧归赵

赵惠文王在位时，得到了楚国丢失的和氏璧。这时，强大的秦国曾几次派兵攻打赵国。因赵国大将廉颇英勇善战，秦国占不到丝毫便宜。

公元前 283 年，秦昭襄王得知赵国得到了和氏璧，便派使者对赵惠文王说："秦国愿意用十五座城池换取和氏璧。"

赵王和大将军廉颇等大臣商议对策。他们考虑到，如果把和氏璧给了秦国，秦国不守信，只会白白地被骗；要是不给，秦国会借口攻打赵国。他们讨论了许久也没想出一点办法。后来决定先找个使者去秦国周旋，但又没有理想的人选。这时，有人推荐蔺相如。

秦昭襄王听说赵国使臣来到，立即在别宫接见了蔺相如，蔺相如捧着和氏璧恭敬地献给秦王，秦王高兴地接过观赏。随后，递给左右大臣们传看，又传给姬妾和侍人们赏玩，大臣们祝贺秦王得到稀世珍宝。蔺相如在朝堂上等了半天，发觉秦王没有换城的诚意。可是和氏璧已落到别人手中，怎么才能拿回来呢？蔺相如急中生智地对秦昭王说："这玉璧确实好，但还有个小毛病，让我指给大家看。"秦王信以为真，叫手下把璧交给蔺相如，相如捧璧退了几步，身子靠着殿柱，怒气冲冲而理直气壮地说："当初大王派使者送国书，愿意以十五城换这块玉璧，赵国大臣都认为大王在骗人。我却认为普通百姓交朋友都讲信用，何况秦国是泱泱大国。赵国诚心实意派我把璧送来，大王却态度傲慢，在一般殿堂接见我，显然是没有诚意换璧。现在请按诺言以城换璧。如果大王逼迫我，我就把我的脑袋和这块璧一起撞碎在柱子上。"说完蔺相如抱着玉璧用愤怒的目光斜视着柱子，做出要去撞的样子。秦王唯恐砸碎了玉璧，赶紧劝他不要这样做，并连连表示歉意。他马上命令大臣把地图拿来，指着那换璧的十五座城给蔺相如看，蔺相如知道秦王又在使用欺骗手段，也将计就计。他对秦昭王说："和氏璧是无价之宝，在我把它带来之前，我国举行隆重仪式，斋戒五天。大王也要斋戒五天，我才敢献上和氏璧。"

秦王想，反正你也跑不了，就答应斋戒五日，蔺相如回到住处，叫自己的随从化装成百姓的模样，把璧藏在怀中，从小路偷偷地回国去了。

五天后，秦王在朝廷备了九宾大礼接见赵使蔺相如，蔺相如对秦王说："秦国自穆公以来的二十多个君主，没有一个是讲信用的。我实在怕被骗上当，所以派人把璧先送回赵国了。"秦昭襄王听到这里，大发雷霆，气呼呼地对蔺相如说："我今天举行这么大的仪式，你竟敢把和氏璧送回去。来呀！把他绑起来。"蔺相如不慌不忙地说："请大王别发怒。天下诸侯都知道秦国是强国，赵国是弱国，只有强国欺负弱国，从来没有弱国欺负强国的

⊙完璧归赵画像石

公元前3世纪

世界大事记：
埃及托勒密王朝建成亚历山大图书馆，为当时外国图书收藏抄写中心。

道理。如果大王真心想要和氏璧的话，请先交十五座城给赵国。弱国是不敢背信弃义而得罪大王的。如果杀了我，天下人也就看透您的用心，都知道秦国不是讲信誉的国家。望你们认真地想一下吧！”秦王与大臣们被说得哑口无言。秦王只得在正殿上以欢送赵国特使的礼节把蔺相如送回去。

蔺相如因完璧归赵，为赵国立了大功，赵惠文王提拔他为上大夫。秦昭襄王本来也没打算以城换璧，后来再没提过这件事。

将相和

秦昭襄王一心想要制服赵国，接连入侵赵国国境，而公元前279年，又突然表示愿与赵国和好，约请赵惠文王渑池相会。赵惠文王担心秦国又在耍花招不想去。廉颇、蔺相如都认为不去会被人瞧不起。最后赵惠文王决定冒一次险，他叫蔺相如随行，让廉颇率领精兵守候在赵国边界，准备抵御秦兵进犯赵国。

到了渑池相会这天，秦昭襄王大摆酒席款待赵惠文王。席间，秦王假装醉意让赵王为他鼓瑟助兴，赵惠文王不好推辞，勉强地演奏了一段。秦王马上吩咐史官，把这件事记录下来。蔺相如见秦昭襄王有意侮辱国君，立即走到秦王跟前，也请秦昭襄王演奏一段曲子。遭到秦王拒绝后，蔺相如进逼两步，献上陶盆。目光盯着秦昭襄王说：“大王未免太欺负人了。如果您不敲盆，在五步之内，我的血将溅到大王身上。”秦王不得已也敲了陶盆，相如马上让赵国史官记录下：某年某月某日，秦王为赵国击缶。随后，秦大臣又提出无礼要求，让赵国拿出十五城给秦王献礼。蔺相如也说：“请秦国把都城咸阳给赵国献礼。”席间，秦国不能占到一点便宜，而且赵国边境也早有防备，秦国就不敢轻举妄动了。

回到赵国后，赵惠文王对蔺相如的勇敢机智大加赞赏，拜他为上卿，地位在廉颇之上。大将军廉颇很不满意，私下里对自己的门客说：“蔺相如有什么本领，职位反比我高。就凭一张嘴，能说会道那叫什么本事。我南征北伐，攻下多少城池，立过多少次大功，日后见面一定要给他点颜色看看。”这话传到相如耳里，蔺相如便尽量避开廉颇，并且装病不去上朝。

有一天，蔺相如坐车上朝，在路上看见廉颇的车马迎面而来，赶紧叫车夫把车躲进小弄堂里，给廉颇让道。蔺相如的属下有点看不过去，责怪蔺相如不该那么怕廉颇。蔺相如笑着问他们：“你们说，廉颇将军厉害，还是秦王厉害？”手下人都说秦王厉害。蔺相如又说：“秦王我都不怕，我会怕廉颇吗？今天秦国不敢入侵我国，是因为有我和廉颇在，一旦我们不和，就会削

⊙廉颇像

·《战国策》·

《战国策》是战国时期有关各国游说之士的计策、谋略及言论的汇编。最初书名纷繁，有《国策》《事语》《长书》《国事》《短长》等不同称呼。西汉末年，刘向汇集了33篇合订为一书，取名《战国策》。

公元前260年

中国大事记：
赵括败于长平，秦赵长平之战结束。

弱内部力量，秦国就会乘机入侵。所以我不与廉颇争高低，为的是国家稳定。”后来，蔺相如的话传到廉颇耳里。廉颇仔细一想，觉得是自己的错。于是，他赤裸上身反绑双手，背插荆条，去蔺相如府上请罪。他见了蔺相如低头说道：“我私心太重，只顾论功争权，幸亏您以大局为重！我实在是没脸来见您，请处罚我吧！”蔺相如连忙搀起廉颇，说：“咱们两人都是赵国的大臣，您能理解我，我已经万分感激了，何必给我赔礼呢！”

从这以后，他们互相谅解，成了生死与共的朋友，赵国也更加强盛了。

远交近攻

赵国因为将相和睦，使秦国不敢侵犯。秦国便把矛头指向其他国家。到了公元前270年，秦国又派兵攻打远离秦国的齐国。

正在这时，有人向秦昭襄王推荐一个人，他叫范雎。

范雎是魏国人，才高八斗，能言善辩，但家境贫寒，在魏国大夫须贾府里当门客。

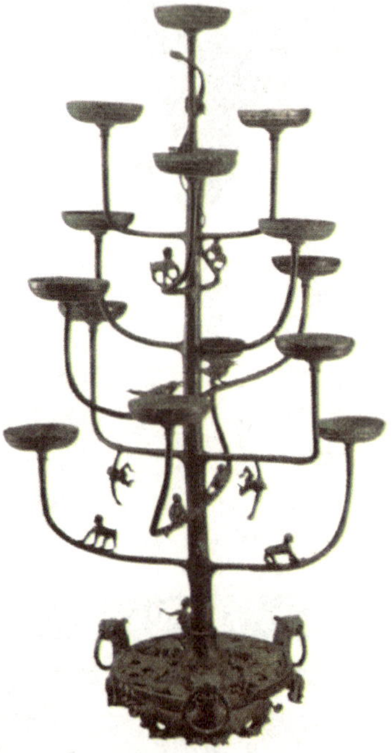

⊙十五枝连盏灯　战国中期

灯的底座为透雕三只夔龙，在蟠曲飞腾中巧妙地将外圈与中间柱座连接在一起。下方以三只双身虎承托底座，虎口各衔一圆环。灯枝上为短尾长臂的猿猴形象。另雕一家奴于灯座边上，右手抛食，做戏猴的动作。

有一回，魏昭王要与齐国结盟，派遣须贾出使齐国。须贾带着范雎一起去了。齐襄王听说范雎很有才能，便想与他交好，特意叫手下人赏赐给范雎很多黄金以及佳肴美酒。范雎想到自己只是随员身份，不配接受这份厚礼，再三不肯接受，有人把这件事告诉了须贾。

几天后，须贾率随员回到魏国，向魏国的相国公子魏齐告发。魏齐立即派人把范雎抓起来，严刑拷问，几次把范雎打得昏死过去，牙齿打掉了，肋骨也打折了，浑身上下皮开肉绽。范雎只好直挺挺地一动不动，假装已经被活活打死。魏齐以为范雎死了，叫人把范雎用破席卷起来扔到厕所里，天黑后，范雎才从席子里爬出来。

郑国的郑安平与范雎有很深的交往，他钦佩范雎是个难得的人才，暗地里把范雎救下来，连夜帮他逃出虎口，改名张禄。

后来，秦昭襄王派使臣王稽访求贤士，郑安平扮作士兵模样服侍王稽，找机会向王稽推荐了张禄。经过交谈，王稽觉得张禄的确是个难得的大才，便设法把张禄带到秦都咸阳。

秦王非常恭敬地请范雎进宫，虚心求教。范雎分析了各国的情况，主张对于远离秦国的国家，要采取联合的策略；对于邻近秦国的国家，采取进攻的策略。如果攻打遥远的国家，即使打胜了，也不好管理。而攻占了邻近的国家，那么这个国家的土地，都是自己的了。秦昭襄王听后大加赞赏，立刻拜范雎为客卿。过了几年，正式拜他为秦国宰相。秦王振兴朝政后，准备攻打魏国。

公元前218～前201年

世界大事记：
第二次布匿战争发生，罗马称霸西部地中海。

魏王听说秦国要发兵攻魏，忙派须贾出使秦国求和。范雎听说须贾来到秦国，便扮作贫寒落魄的样子，前往馆舍见须贾。须贾见到范雎还活着，吓了一跳，问道：“你还活着呀，你现在在干什么？”范雎答：“我就在这儿给人家干杂活。”须贾看到范雎的可怜相，就让人取了一件锦袍送给范雎。须贾顺便问道：“听说秦国宰相张禄很得秦王的赞赏，我很想见见他，不知有没有人能给我引见！”范雎笑了笑说：“我家主人同张相国很有交情，我倒愿意替须大人说句话。”须贾说：“那太好了。”

到了第二天，范雎带须贾到了相府门口，范雎让须贾在门口等候，自己一直走进相府内，门卫们不加盘问还肃然施礼，须贾都一一看在眼里觉得有些不对劲儿，便忍不住向守门人打听：“我今天特来拜会你家主人，不知你家主人在不在家？”守门人告诉他：“刚才陪你一起来的就是我家主人，秦国宰相张大人。”须贾一听吓得目瞪口呆。一会儿听到里面传唤：“相爷叫须贾进去。”须贾慌忙匍匐在地爬着进入大厅，见到高堂上坐的丞相正是范雎，便连连磕头说：“须贾罪该万死，请相国饶恕小人的罪过吧！”范雎愤怒地痛斥须贾一番。接着又说：“昨天你送我一件锦袍，念你还有一点良心，饶你一命。今天交你一个任务，回去替我告诉魏王，把魏齐脑袋送来。不然的话，我要发兵直取魏都大梁。”须贾狼狈地退出相府，赶紧回国把范雎的话告诉了魏王，魏齐知道在魏国会成为牺牲品，再也无法待下去了，他偷偷地逃到赵国去，躲在平原君门下避难。

后来，秦国答应了魏国的求和条件，按照范雎的远交近攻计策，向邻近的韩国发动进攻。

纸上谈兵

公元前262年，秦昭襄王派大将白起向韩国进攻，切断了上党郡（治所在今山西长治）和韩都的联系。在形势危急的情况下，上党的韩军将领打发使者去赵国请降。赵孝成王（赵惠文王的儿子）派军队接收了上党。过了两年，秦国又派王龁带兵把上党团团围住。

赵孝成王得知消息，连忙派廉颇率领20多万大军去援救上党。他们到长平（今山西高平西北）时，听说上党已经落入秦军之手。

王龁转而进军长平。廉颇连忙叫兵士们修筑堡垒，坚守阵地准备作长期抵抗的打算。

王龁无计可施，只好派人回报秦昭襄王。

秦昭襄王请范雎出主意。范雎说：“要打败赵国，必须把廉颇调开。”范雎沉思了一会儿，想出了一条计策。

过了几天，赵孝成王听到左右纷纷议论，说：“秦国就是怕让年轻有为的赵括带兵；廉颇老了

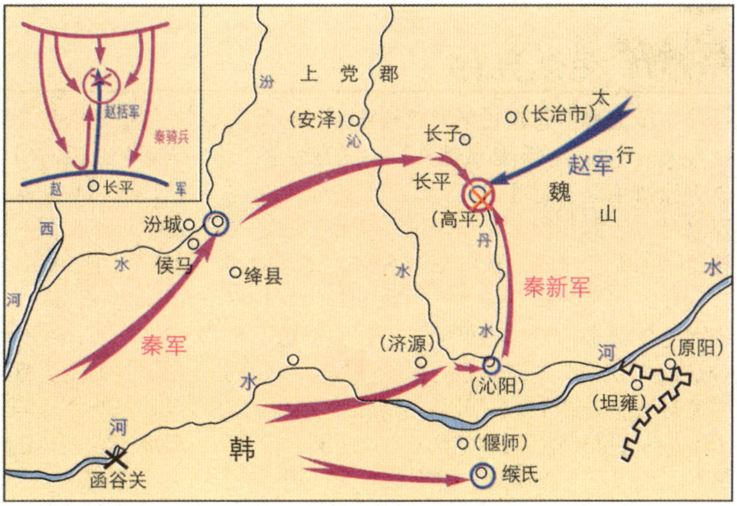

⊙长平之战示意图

公元前258年

中国大事记：

平原君使楚，门客毛遂自荐跟随，取得外交胜利。

·《国语》·

《国语》，杂记西周、春秋时，周、鲁、齐、晋、郑、楚、吴、越八国人物与事迹，以及言论的国别史。亦称《春秋外传》。旧说为春秋末鲁人左丘明所作，与《左传》同为解说《春秋》经的姐妹篇。近代学者研究证实，春秋时有称为瞽的盲史官，专门记诵、讲述古今历史。瞽讲述的史事被后人笔录成书，称为《语》，按国别区分即为《周语》《鲁语》等，总称为《国语》。西晋时曾在魏襄王墓中发现大量写在竹简上的古书，其中有《国语》三篇言楚、晋事，说明战国时该书已流行于世。今本《国语》大约就是这些残存记录的总集。

不中用了，眼看就快投降啦！”

他们所说的赵括，是赵国名将赵奢的儿子。赵括自幼爱学兵法，谈起用兵之道，口若悬河，自以为天下无敌，不把任何人放在眼里。

赵王听信了左右的议论，叫人把赵括找来，问他能不能打败秦军。赵括说：“秦国的大将白起比较难对付。但是王龁没有什么了不起的，不过是廉颇的对手。要是换上我，打败他轻而易举。”

赵王听了很高兴，就拜赵括为大将，去接替廉颇，这个决定遭到了蔺相如的反对，可是赵王听不进蔺相如的劝告。

赵括的母亲也给赵王上了一道奏章，不赞成赵王派她儿子去换廉颇。赵王把她召了来，问她什么原因。赵母说：“他父亲临终时再三嘱咐我说，赵括这孩子把用兵打仗看作儿戏似的，派不上用场。将来大王不用他还好，如果用他为大将的话，只怕赵军断送在他手里。所以我请求大王千万别让他当大将。”

赵王说：“你不要管了，我已经决定了。”

赵括替换廉颇的消息传到秦国，范雎知道自己的反间计成功，就秘密派白起代替王龁为上将军，去指挥秦军。白起一到长平，布置好埋伏，故意打了几个败仗。赵括不知是计，带兵拼命追击秦军。白起把赵军引到预先埋伏好的地区，把赵括的兵马围在当中，赵括无计可施，他想带兵向外突围，被秦军乱箭射死。

40万赵军，全部葬送在纸上谈兵的主帅赵括手里。

毛遂自荐

秦国大将白起在长平大败赵军后，挥师长驱直入，包围了赵国都城邯郸。情况万分危急，赵王派遣平原君赵胜出使楚国，请求援兵。平原君是赵国的相国，又是楚王的叔叔。平原君接受了使命后，决定选拔二十名文武全才的宾客同他一起去楚国。平原君在数千名门客中仔细挑选，选来选去只选出十九人，再也选不出合适的人选了。正在为难之时，门客毛遂走到平原君面前自我推荐。平原君感到陌生，忙问：“你在我这里几年了？”毛遂答：“三年了。”平原君对他没有一点印象，便笑着说：“一个真正有才能的人，立在世上正像一把锥子放在袋子里，锐利的锥尖很快就会露出来。你已经来三年了，我没有听说周围的人夸奖过你，因此还是请你留在家里吧！”毛遂从容不迫地说：“我这把锥子要是早就放进口袋里它就不是只露一点尖角了，而是整个锥子都露出来了。我今天请您把我放进口袋里。”平原君频频点头，表示赞许，同意毛遂跟大家一起前往楚国。

他们到了楚国，平原君反复对楚王说联合抗秦的好处和不联合抗秦的弊端，谈判进行得十分艰难，楚王任凭平原君怎么说，就是不同意出兵。

毛遂见谈判没有丝毫进展，便几步跨上台阶，高声喊道：“合纵不合纵，三言两语就可以

公元前3世纪

世界大事记：
古印度孔雀王朝时期的阿育王狮子柱头建成。

⊙ 毛遂自荐图

说清楚了，怎么从早晨说到现在，还决定不下来，这是为什么？”

楚王听了这样盛气凌人的话，不高兴地问平原君：“这个人是干什么的？”

平原君答：“这是我的门客毛遂。”

楚王一听是门客，便大声呵斥道：“我在跟你主人谈判，没你的事，赶快给我走开。”

毛遂紧握宝剑凑近楚王跟前说：“大王竟然呵斥我，是依仗楚国军队多吧？现在大王与我只有十步的距离。大王此刻的性命就握在我的手里，你兵再多，也帮不上忙。听说从前商汤只有七十里地，后来做了天下之王，周文王土地也不多，诸侯都服从他的调遣，难道他们都依仗军队吗？不是！他们只是发挥他们在诸侯中的威望和把握有利的形势。现在楚国有五千里土地，百万雄兵，本来可以做霸主了，您自己也以为楚国强大，没有一个国家可以相比。但是白起只领几万兵力，就把楚国打败，还烧毁了楚王祖先的坟墓，这应是楚国百年不忘的家仇国恨。连我们赵国人都感到可恨，大王却一点也不感羞惭。联合抗秦，不仅为了赵国，更是为了楚国。您还呵斥什么？”

楚王连连点头赞同。就这样，楚王代表楚国，平原君代表赵国，在楚王殿上签订了联合抗秦的盟约。

楚国按盟约派兵日夜兼程赶到邯郸，救援赵国。

李牧却匈奴

李牧（？～公元前229年），战国时期赵国人，杰出的军事家。

战国时期，北方匈奴部落逐渐强大起来，经常南下进入赵国、秦国和燕国的北部边境烧杀抢掠，成为三国的大患。三国纷纷修建长城进行抵御。赵国的赵孝成王即位后，派大将李牧率军驻守在代郡（今河北蔚县）和雁门（今山西代县北）一带，抵御匈奴入侵。

李牧到任后，采取了一系列的措施，如调整官吏，任命有才干的人，使当地的机构更适合战备；将地方的财政收入充作军费，每天杀猪宰羊，让士兵们吃肉，改善他们的生活，增强他们的体质；加强军队的军事训练，每天让士兵们骑马射箭，提高了军队战斗力；增加和完善烽火等报警、通讯联络设施，提高信息的传输速度；派出大批情报人员，深入匈奴境内，以便及时掌握匈奴的动态。针对以往赵军与匈奴的作战败多胜少的情况。李牧改变过去匈奴来犯就立即出兵迎击的策略，规定一旦发现匈奴军队来犯，全军要立即把财物、牲畜转移到城里，全军退入城中，坚壁清野，避免作战。如果谁敢擅自出战，斩首示众。后来匈奴骑兵来犯的时候，赵军严密的警报系统发挥威力，赵军迅速收拾财物，赶着牲畜退回城中，坚壁

公元前257年

中国大事记：
信陵君窃符救赵。

⊙身穿胡服、头戴胡帽的匈奴骑士

清野，进行固守，不敢擅自出战。匈奴骑兵由于没有攻城的器具，无法攻城，又抢不到什么牲畜粮食，每次都空手而归，赵国的损失极少。赵国的人员、物资上没有多少损失，保存了实力，为以后的反击奠定了物质基础。

但李牧的措施，被匈奴认为是胆小怕战，很瞧不起他，连赵军将士也认为自己的统帅李牧是个胆小鬼。这个情况传到赵王那里后，赵王派使者前往边境严厉斥责了李牧，但李牧置之不理，依旧我行我素。赵王很生气，另选将军代替李牧驻守。新到任的将领在一年多时间里，每当匈奴来犯时，都派赵军出城交战。由于赵军是分散戍守，战时仓促集结出战，在与机动性很强的匈奴骑兵的交战中，屡次失败，伤亡很大。边境地带变成了战场，一片荒凉。老百姓无法种地、放牧，只好纷纷逃亡。赵王只好再命李牧出任原职。李牧说自己生病了，闭门不出。赵王无可奈何，只好承认了自己的错误，李牧说："如果用我，要使用以前的我的方法。大王也不能干涉。"赵王只好同意。

李牧到了边境后，还是按照以前的方法行事。几年下来，匈奴没有抢走多少财物，赵国的实力逐渐恢复。又经过几年的经营、训练，赵军战斗力大为提高，士兵们每天好吃好喝，军饷丰厚，求战愿望日益强烈，都纷纷向李牧表示愿意与匈奴决一死战。而匈奴则依旧认为李牧怯战，更加轻视李牧。李牧认为歼灭匈奴的时机已经成熟，便着手进行战斗准备，选拔精兵强将，组建一支由战车 1300 辆，骑兵 1.3 万人，步兵 5 万人，弓箭手 10 万人，总兵力约 20 万人的由各兵种组成的大军，日夜操练，加强各兵种之间的配合。

李牧派人让人们满山遍野地放牧牛羊，以引诱匈奴。匈奴人看到后，立即派一小部分骑兵来抢牲口。李牧假装失败逃走，故意丢弃大量的牛羊，让匈奴抢掠。匈奴单于得到赵军失败逃跑的消息后，亲率骑兵 10 万人深入赵境，准备大肆抢掠。

李牧见时机已到，立即派大军出击，迎战匈奴。开始赵军采取守势，以车阵从正面迎战，利用庞大的战车阻碍和迟滞匈奴骑兵的前进，再派以弓箭手向匈奴人不停地射箭，赵军的骑兵和精锐步兵则在战车后方按兵不动。当匈奴骑兵的攻势受挫后，李牧乘机派骑兵从两翼夹击匈奴，发动钳形攻势，随后步兵紧紧跟上，将匈奴团团包围。经过激烈的战斗，匈奴单于仅率少量部队突围逃走，10 万匈奴骑兵全部被

·战国服饰·

战国时期，由于连年战争，各种礼仪逐渐废除，战国七雄齐、楚、燕、韩、赵、魏、秦各诸侯国的服饰相应地发生了一些变化。从近年湖南长沙出土的战国楚墓中所见彩绘木俑，可以看到当时很有代表性的服饰特点。所谓"绕衿谓裙"就是指这种沿宽边的下身缠绕而成的肥大衣服。其缠绕是将前襟向后身围裹的式样，反映了古人设计思想的灵活巧妙，即采取横线与斜线的空间互补，获得静中有动和动中有静的装饰效果。制衣用料轻薄，为防止薄衣缠身，采用平挺的锦类织物镶边，边上再饰云纹图案,这即是"衣作绣,锦为沿",将实用与审美巧妙地结合,充分体现了古人的智慧与聪敏。

公元前215～前204年

世界大事记：
第一次马其顿战争。

歼。李牧在歼灭匈奴主力后，又乘胜追击，攻灭檐褴（在今河北蔚县北），击破东胡（在今内蒙古东部）、迫降林胡（在今山西北部），声威大振。在此后的10多年里，匈奴再也不敢接近赵国边境了。赵国得到了长期的和平，可以腾出手来与中原各国进行争霸了。

韩非谏秦王

韩非（公元前280～前233年），战国末期韩国人，出身贵族，著名的思想家、法家代表人物，先秦法家思想的集大成者。韩非非常喜欢法家学说，日夜苦读申不害、商鞅等人的著作，希望有一天自己也能像他们一样建功立业，使韩国强大起来，不再受秦国的欺凌。后来他和李斯拜荀子为师，学问更加突飞猛进。韩非有些口吃，所以不善于言辞，但他文章写得非常精彩，连李斯也自叹不如。

韩非学成以后，看到韩国政治腐败，日益衰落，不断受到秦国的进攻，一再割地受辱。于是他多次上书给韩王安，希望韩国能够修明法度以富国强兵，但不为韩王安所采纳。韩非只好退而著书立说，写成《孤愤》《五蠹》《内外储》《说林》《说难》等55篇、十余万字的书。

当时韩国与秦国接壤，经常受到秦国的侵扰。韩国为了转移秦国的注意力，派了一个叫郑国的水利专家前去秦国，极力劝说秦王兴修水利。因为兴修水利要耗费巨大的人力物力，秦国如果兴修水利，势必无暇东顾，韩国将得以苟延残喘。但是过了不久，秦王政发现了这个阴谋，大怒，要杀掉郑国。郑国不慌不忙地对秦王说："大王，兴修水利固然会消耗秦国的人力物力，但水利工程修成后将会使秦国获利巨大啊。大王只不过是推迟了几年灭亡韩国而已。"秦王政一听，觉得他说得有道理，就继续让他兴修水利。秦军在搜查郑国的住处时，发现了几本韩非的书，献给了秦王政。

秦王政读了以后，大为感慨，说："唉！我要是能见到这本书的作者，能和他交谈，就算是死也不会感到遗憾！"秦国的丞相李斯笑了笑说："大王要见韩非，容易得很。"秦王政惊讶地问："你认识他？"李斯笑着说："何止认识，我们还是同学。"秦王政大喜，急切地问："他是哪国人？现在什么地方？"李斯回答说："他是韩国贵族，现在在韩国。"秦王政笑着说："那真是太好了！你去把他请来！"李斯说："大王，如果我们直接去请韩非，那么就会引起韩王的怀疑，韩国将会认为韩非是个人才而重用他，对我们秦国就不利了。"秦王政问："那你说该怎么办？"李斯走到秦王政身边，在秦王政的耳边小声说了几句话，秦王政听完大笑，说："哈哈哈哈！妙计！妙计！"

⊙韩非像

公元前234年里的一天，秦国的30万大军向韩国发起了进攻，接连攻破了韩国好几座城池，韩国君臣惊慌失措。韩王安把大臣们召集到大殿之上，议论了半天也不知道怎么惹了秦国，大殿上一片唉声叹气的声音。这时朝官忽报秦国使者到了，韩王安慌忙起身相迎。

秦国使者开门见山地说："秦国与韩国世代友好，要使秦军退兵也不难，只要贵国的一人到秦国去一趟。"韩王安急忙说："究竟是敝国什么人得罪了秦王？寡人一定要把他捆起来送到秦国谢罪。"使者说："请问贵国的韩非在

公元前257年

中国大事记：
秦立公子异人为太子。

哪里？”

韩王与大臣们面面相觑，都很吃惊，不知道韩非怎么得罪秦国了。韩王急忙命令朝官去找赋闲在家著书立说的韩非，韩非一听韩王召见自己，非常高兴，急忙和朝官来到大殿。到了大殿见了秦国使者后，韩非才明白，真正想见自己的不是韩王，而是秦王。几天后，韩非作为韩国的使者奔赴咸阳，30万秦军也班师回国。韩王安终于松了一口气。

秦王政听说韩非到了，非常高兴，召集百官上殿，举行了盛大的仪式欢迎韩非，晚上又举行宴会款待。宴会后，秦王政和韩非对席而坐，深入讨论了治国之道。韩非向秦王政结结巴巴地阐述了自己的政治主张，韩非的精辟见解令秦王政听得如痴如醉，大加赞赏，有一种相见恨晚的感觉，决定重用韩非。

秦王政要重用韩非，却遭到了李斯的嫉妒。李斯害怕韩非受到重用后会取自己而代之，于是就向秦王政进谗言，说：“韩非是韩国贵族，绝不可能忠于秦国的。与其用他，冒着被背叛的危险，不如送他回国。但如果放他回国，无异于纵虎归山，不如现在杀了他以绝后患。”秦王听了下令将韩非投入监狱。李斯见阴谋得逞，就派人毒死了韩非。

窃符救赵

楚国派兵救赵的同时，魏国也同意出兵救援赵国。魏国领兵的大将是晋鄙。

秦昭襄王得知魏、楚两国发兵的消息，亲自前往邯郸督战。他派人对魏安王说：“秦国早晚会把邯郸打下来。谁敢来救邯郸，等我灭了赵国，就攻打谁。”魏安王害怕了，连忙派人去追晋鄙，叫他停止前进，按兵不动。

赵孝成王见魏军驻扎在邺城，不来救援，十分着急，他叫平原君给魏国公子信陵君魏无忌写信求救。平原君的夫人是信陵君的姐姐，两家是亲戚关系。

信陵君接到信，一再央求魏安王命令晋鄙进兵，无论信陵君怎么说，魏王也不答应。信陵君没有办法，对门客说：“大王不愿意进兵，我决定自己去赵国，与秦军拼个死活。”

他手下的很多门客都愿意跟信陵君一起去。

信陵君有个他最尊敬的朋友，叫作侯嬴。临行前信陵君去跟侯嬴告别，侯嬴说：“你们这样去救赵国，像把一块肥肉扔到饿虎嘴边。”

侯嬴接着说：“听说国家的兵符藏在大王的卧室里，只有如姬能把它拿到手。当初如姬的父亲被人害死，是公子叫门客找到那仇人，替如姬报了仇。为了这件事，如姬非常感激公子。如果公子请如姬帮忙，让她把兵符盗出来，如姬一定会答应。公子拿到了兵符，就能接管晋鄙的兵权，然后带兵救援赵国。这比空手去送死不是强多了吗？”

⊙金虎符　战国

信陵君马上派人去求如姬，如姬一口答应了。当天午夜，如姬趁魏王睡觉的时候，把兵符盗了出来，交给一个心腹，送给了信陵君。

侯嬴见信陵君拿到了兵符，又对信陵君说：“将在外，君命有所不受。万一晋鄙接到兵符，不肯交出兵权您打算怎么办？”信陵君皱着眉头答不出来。

侯嬴说：“我已经替公子想好了。我有个朋友叫朱亥，是魏国数一数二的大力士，公子可以把他带去。要是晋鄙能痛痛快快地把兵权交出来最好；要是他推三阻四，就让朱亥来收拾他。”

信陵君带人到了邺城，假传魏王的命令，

公元前3世纪

世界大事记：
希腊殖民者在中亚建立巴克特里亚王国。

要晋鄙交出兵权。晋鄙验过兵符，仍旧有点怀疑，不愿意交出兵权。这时站在信陵君身后的朱亥大喝一声："你不听大王的命令，是想造反吗？"

朱亥边说边从袖子里拿出一个四十斤重的大铁锥，向晋鄙的脑袋上砸过去，结果了晋鄙的性命。

当下，信陵君选出8万精兵，由他亲自指挥，向秦国的兵营冲杀。秦将王龁没防备魏国的军队会突然进攻，慌忙抵抗。

这时，邯郸城里的平原君见魏国救兵赶到，也带着赵国的军队杀出来。两边夹攻，打得秦军一败涂地。

《尔雅》与生物分类

《尔雅》是我国古代的一部百科词典。在汉代，儿童识字之后，就要读《尔雅》，来认识鸟兽草木虫鱼，增长知识。

从字面上看，"尔"就是正的意思；"雅"是"雅言"，即某一时代官方规定的规范语言。"尔雅"就是接近、符合雅言，即以雅正之言解释古语词、方言词等，使之近于规范。

《尔雅》是我国最早的一部解释词义的专著，也是第一部按照词义系统和事物分类来编著的词典。

关于《尔雅》的作者和成书年代，历来说法不一。《尔雅》最早著录于《汉书·艺文志》，但是没有记载作者姓名。有人认为是西周初年周公旦所作，也有人认为是孔子及其门人编写；后人大都认为是秦汉时成书，经过不断增益，到了西汉才被整理加工成今日规模。分析原因，《尔雅》的成书上限不会早于战国，因书中引用资料均来自战国时的《楚辞》《庄子》《吕氏春秋》等书；下限亦不会晚于西汉初年，因为汉文帝已设置了《尔雅》博士。

《尔雅》全书共收词语4300多个，分为2091个条目。这些条目按照类别又分释诂、释言、释训、释亲、释宫、释器、释乐、释天、释地、释丘、释山、释水、释草、释木、释虫、释鱼、释鸟、释兽、释畜19篇。前3篇所解释的是一般语词，相当于语文词典，较抽象；后16篇根据事物分类来解释事物名称，相当于百科名词词典，比较具体；尤其是后6篇，完全是讲生物的，包含了我国古代早期丰富的生物学知识。

《尔雅》把生物分为动物和植物两大类，又把植物分为草、木两类，动物分为虫、鱼、鸟、兽四类。其中动物分类里面：虫包括大部分无脊椎动物，鱼包括鱼类、两栖类、爬行类等低级脊椎动物及鲸、虾、蟹、贝类等，鸟是鸟类，兽是哺乳动物。这个分类，比起18世纪近代分类学奠基人瑞典植物学家林奈的天纲系统，只少了两栖和蠕虫两个纲，却比他早了1800多年。在世界生物分类学史上，《尔雅》是最早的生物分类学方面的著作。

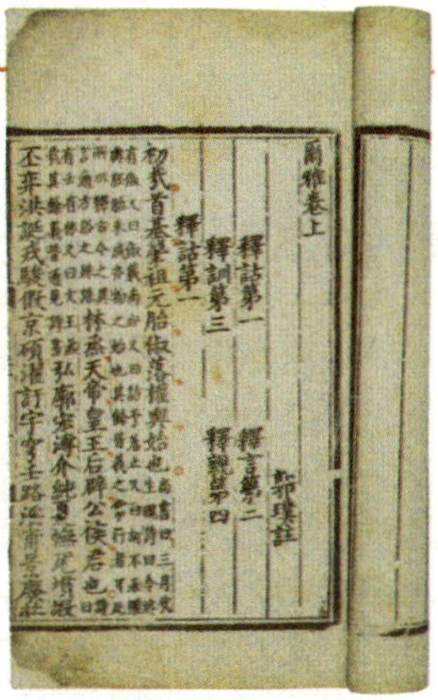
爾雅卷上
郭璞註
釋詁第一　釋言第二
釋訓第三　釋親第四

⊙《尔雅》书影

《尔雅》所记载的生物分类和动、植物的

·名家·

名家也称辩者、察士或刑名家。名家代表人物为惠施与公孙龙。名家有两大派，一派是以惠施为首的合同异派，该派认为事物不论性质上的同异，都可在大同的基础上，不计小异而混合于一。另一派是以公孙龙为代表的离坚白派，该派认为事物的概念可以脱离事物本身而独立，有著名的"白马非马"辩。名家的学术活动，极大地促进了中国逻辑学的发展。

约公元前256～前251年

中国大事记：
李冰担任秦国蜀郡守。

解释，成为人们研究我国古代动植物的重要书籍。晋代郭璞对《尔雅》的研究，在生物学史上占有很重要的地位，他将《尔雅》视作研究动、植物的入门书。他在《尔雅注》序言中讲道："若乃可以博物不惑，多识于鸟兽草木之名，莫近于《尔雅》也。"他研究和注释《尔雅》达18年之久，书中引经据典，解释各种动、植物在当时的正名和别名，并对许多动、植物的形态以及生态特征作了具体的描述。因为郭璞的研究和注释，《尔雅》所包含的分类思想不仅得以保存和继续，而且更加彰显出来。

在郭璞的带动影响之下，宋元以至明清，研究《尔雅》者层出不穷，仅清代研究《尔雅》的著作就不下20种。其中与生物学关系密切的有罗愿的《尔雅翼》和陆佃的《埤雅》。《尔雅翼》共30卷，全部讲生物，分为释草、释木、释鸟、释兽、释虫、释鱼等部分。

《尔雅》对生物分类以及动植物的研究，成为中国传统生物学的重要组成部分，也成为研究我国古生物的重要参考文献。

兴建都江堰

李冰是中国战国时期杰出的水利工程学家，都江堰的设计者和兴建的组织者。大约在秦昭襄王五十一年（公元前256年），李冰被任命为蜀郡守。他到任以后，看到当地严重的自然灾情，就着手开始进行大规模的治水工作，设计并组织兴建了都江堰。整个工程是由分水堰、飞沙堰和宝瓶口三个主要工程组成的，规模宏大，地点适宜，布局合理，同时有防洪、灌溉、航行三种作用，充分体现了李冰和劳动人民的智慧，在世界水利工程史上也是罕见的奇迹。

李冰和他的儿子二郎首先对岷江两岸的地势进行了实地考察，仔细地记录了水情。根据具体情况，制定了治理岷江的合理方案，开始了都江堰工程。他先是在岷江的上游打开了一个20米宽的口子，叫它"宝瓶口"，形状就好像是大石堆，这就是后人称作的"离堆"。在江心，采取了构筑分水堰的办法，把江水分做两支，强迫其中的一支流进宝瓶口。为了实现在江心

⊙ 都江堰（鸟瞰图）
都江堰是世界上现存最悠久的无坝引水工程，发源于大雪山的岷江沿着四川盆地倾斜的地势，冲积成都平原，都江堰使成都平原南部免除洪涝之苦，北部旱地得以灌溉，并获舟楫之利。历经2000多年，至今仍发挥着作用。

约公元前247~前183或前182年

世界大事记：
迦太基统帅汉尼拔在世。

的建筑，他另辟新路，吩咐竹工们编成长三丈、宽二尺的大竹笼，装满鹅卵石，然后一个一个地沉入江底，终于战胜了急流的江水，筑成了分水大堤。这样，岷江汹涌而来的江水被分成东西两股。西面的叫作外江，是岷江的正流；东面的一股叫作内江，是灌溉渠系的总干渠。渠道的头上就是宝瓶口，在经过这个地方的时候再分成许多河道，组成一个纵横交错的扇形水网，灌溉成都平原的千里农田。灌溉面积达 20 多万公顷（300 多万亩）。飞沙堰高度适中，具有分洪和减少宝瓶口泥沙的功用。从此以后，岷江水开始为民所用。以后，他又多次对都江堰进行改进，彻底保证了都江堰对水患的遏制作用。

李冰在治水的过程中，排除了种种迷信的阻挠，坚决用科学的方法来治理水患，而且他还成功地解决了秦王的亲戚华阳侯的嫉妒，以及制造的一系列谣言和中伤事件，及时地处理了工程当中的问题和紧急状况。但是华阳侯的险恶用心还是让李冰受到了革职的处罚。温柔贤淑的李夫人甘当人质，为李冰赢得了宝贵的治水机会，工程才取得了最后成功。百姓们对李冰感恩戴德，但李夫人却病死在咸阳。以后，他又多次对都江堰进行改进，保证了都江堰对水患的遏制作用。

除了都江堰，李冰在蜀郡还兴建了许多有益于民的水利工程，他在成都市建了 7 座桥，修了石犀溪，对沫水（又名青衣水）进行了治理。他组织百姓开凿河心中的山岩，整理水道，便利了航行。李冰还对管江、汶井江、洛水进行过疏导，又引水到资中一带灌溉稻田。李冰还在蜀郡修筑桥梁，在广都主持开凿了盐井，为开发成都平原，发展农业生产做出了重大贡献。

成都平原能够如此富饶，被人们称为“天府”乐土，从根本上说，是李冰创建都江堰的结果。所以《史记》说，都江堰建成，使成都平原“水旱从人，不知饥馑，时无荒年，天下谓之‘天府’也”。

李冰作为第一个治理都江堰的人，筚路蓝缕，功不可没，千百年来一直受到四川人民的崇敬，被尊称为“川主”，在许多地方修有“川主祠”，来表达对他的怀念。

荆轲刺秦王

尉缭得到重用后，用计拆散了燕国和赵国的联盟，秦国趁机攻占了燕国的几座城池。

燕国的太子丹原来留在秦国当人质，他见秦王政有兼并列国的野心，又夺去了燕国的土地，便设法逃回了燕国。太子丹回国后，寻找能刺杀秦王政的人。

太子丹物色了一个很有本领的勇士，名叫荆轲。他把荆轲奉为上宾，把自己的车马给荆轲坐，让荆轲一起享用自己的饭食、衣服。

公元前 230 年，秦国灭韩国。两年后，秦国大将王翦攻占了赵国都城邯郸，向燕国进军。

燕太子丹十分着急，就去找荆轲，商议如何刺杀秦王。

荆轲说：“要挨近秦王身边，必须先让他相信我们是去向他求和的。听说秦王早就想得到燕国的土地督亢（今河北涿州一带），还有流亡在燕国的秦国将军樊於期，秦王正在悬赏抓他。我要是能拿着樊将军的头和督亢的地图去进献，

·“六经”·

“六经”是儒家学派的6种主要典籍，也有称它为六艺的，它们是：《诗》《书》《礼》《乐》《易》《春秋》。这6种典籍都与孔子有直接或间接的关系，其中，《诗》《书》都是经孔子整理、编订的；《礼》后来分为三部，《三礼》都成于孔门弟子；《乐》已亡佚，但《礼记》中的《乐记》得其精髓；《易》是孔子喜欢的书，并曾为之作《传》；《春秋》是孔子据鲁史而编撰的。

公元前227年

中国大事记：

燕太子丹派荆轲行刺秦王，失败。

⊙易水送别图　清　吴历

荆轲是战国时燕国太子丹手下的勇士。秦灭韩、赵之后，又向燕国进军，荆轲便携樊於期的人头及地图前去刺杀秦王，后终因寡不敌众而惨死。荆轲去秦国之前，便抱着必死的决心，于易水江边把酒临风，高渐离击筑，荆轲高吟："风萧萧兮易水寒，壮士一去兮不复还！"吟罢上车而去，头也不回。此图即绘荆轲上车离去的情景。

秦王一定会接见我。这样，我就可以下手了。"

太子丹说："把督亢的地图带去没有问题，但是樊将军受秦国迫害来投奔我，我怎么忍心伤害他呢？"

荆轲知道太子丹不忍心杀樊於期，就私下去找樊於期，跟樊於期说："我决定去行刺，怕的就是见不到秦王的面。现在秦王正在悬赏捉拿你，如果我能够带着你的头颅给他送去，他一定会接见的。"

樊於期二话没说，他拔出宝剑，刎颈自杀了。

荆轲临行前，太子丹交给他一把锋利的匕首，这是一把用毒药煮炼过的匕首，只要被它刺出一滴血，就会立刻气绝身亡。太子丹又派了个年仅13岁的勇士秦舞阳，做荆轲的助手。

荆轲到了咸阳。秦王政一听燕国派使者送来了樊於期的头颅和督亢的地图，十分高兴，就传令在咸阳宫接见荆轲。

到了秦国的朝堂上，荆轲从秦舞阳手里接过地图，捧着装了樊於期头颅的木匣上去，献给秦王政。秦王政打开木匣，里面果然装着樊於期的头颅。秦王政又叫荆轲把地图拿来。荆轲把一卷地图慢慢打开，到地图全都打开时，荆轲事先卷在地图里的那把浸过毒的匕首就露了出来。

秦王政见了，惊呼。荆轲连忙抓起匕首，左手拉住秦王政的袖子，右手里的匕首向秦王政的胸口刺去。

秦王政使劲挣断了那只袖子，便往外跑。荆轲拿着匕首追了上来，秦王政一见跑不了，就绕着朝堂上的大铜柱子跑。荆轲紧紧地在后面追，两个人在柱子的周围转起圈来。

过了一会儿，有个伺候秦王政的医官，急中生智，把手里的药袋向荆轲扔了过去。荆轲一闪身的工夫，秦王政往前一步，拔出宝剑，砍断了荆轲的左腿。

这时候，侍从的武士一拥而上，杀死了荆轲。台阶下的勇士秦舞阳，也死在了武士们的刀下。

⊙荆轲刺秦王

九州一统

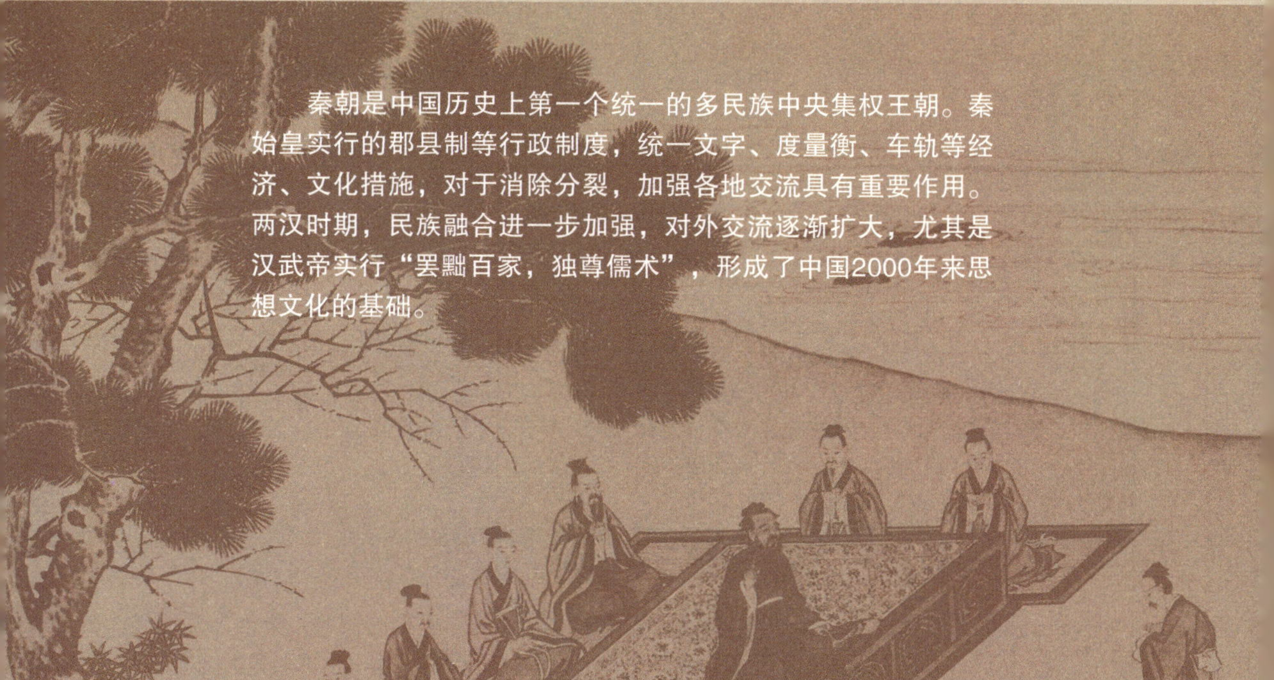

秦朝是中国历史上第一个统一的多民族中央集权王朝。秦始皇实行的郡县制等行政制度，统一文字、度量衡、车轨等经济、文化措施，对于消除分裂，加强各地交流具有重要作用。两汉时期，民族融合进一步加强，对外交流逐渐扩大，尤其是汉武帝实行“罢黜百家，独尊儒术”，形成了中国2000年来思想文化的基础。

公元前225年

中国大事记：

秦派王贲攻魏，灭亡魏国。

天下归一统

公元前238年，秦王嬴政扫平吕不韦、嫪毐势力，开始亲政。他任李斯、尉缭分别为丞相和军师，周密制定出了统一中国的战略步骤，继续远交近攻，分化瓦解六国合纵的同时攻灭韩、赵、魏以及楚、燕、齐，各个击破，统一全国。

韩、魏是六国合纵之脊，秦王要拔掉这两颗妨碍吞食的龅牙，但牙龈是赵国，因此要先削弱赵这三晋最强国。公元前236年，秦王乘赵东攻燕、国内空虚之际发兵大举攻赵。赵国多出名将，继赵奢、廉颇之后，李牧在危难关头脱颖而出。尽管秦军凭借顽强的战斗力和先进的打法给了赵军沉重打击，但李牧几乎凭一己之力阻挡了秦军的迅猛攻势，使其不得前进。秦王灭赵未逞转而攻韩，公元前231年，韩国重镇南阳陷落。朝廷震动，韩向赵求救，但赵勉强能自保，哪有能力救韩，只好眼睁睁地看着韩地逐一失守。

公元前230年，秦王派内史滕率军东进，攻占韩国都城阳翟，俘虏韩王安，在韩设置颍川郡，韩国灭亡。

唇亡齿寒，秦王下一个要翦掉的对手就是赵国了。灭韩这年，赵发生地震和旱灾，经济损失巨大。公元前229年，秦王派名将王翦、杨端和兵分两路大举攻赵；主力王翦军由上党出井陉，杨端和由河内进攻赵都邯郸。赵派大将李牧迎敌，王翦与李牧是当时最优秀的两位军事将领，双方互有胜负，相持不下。秦王施反间计，收买赵王宠臣郭开诬告李牧谋反，赵王听信谗言，要撤换李牧。李牧以国家危在旦夕、不宜临阵换将为由拒命，结果惨遭杀害，副将司马尚也被换下，赵军士气顿挫，军心涣散，失去了与秦军僵持的能力，终致溃退。公元前228年，王翦向赵国发起总攻，不久攻克邯郸，赵王迁被俘，公子嘉率亲族逃入代郡，赵国基本灭亡。

灭赵同时，秦已兵临燕境。燕国自知无力抵抗，太子丹于是孤注一掷，重金雇勇士荆轲，公元前227年遣其入秦刺杀秦王，结果刺杀未遂，秦王大怒并以此为借口，派王翦、辛胜攻打燕国，在易水以西大败燕军，歼灭其主力。公元前226年十月，王翦攻陷燕都蓟（今北京市），燕王喜率残部逃往辽东，燕国灭亡。

伐燕同时，秦王命王翦之子王贲率军南下攻楚，攻下十余座城。公

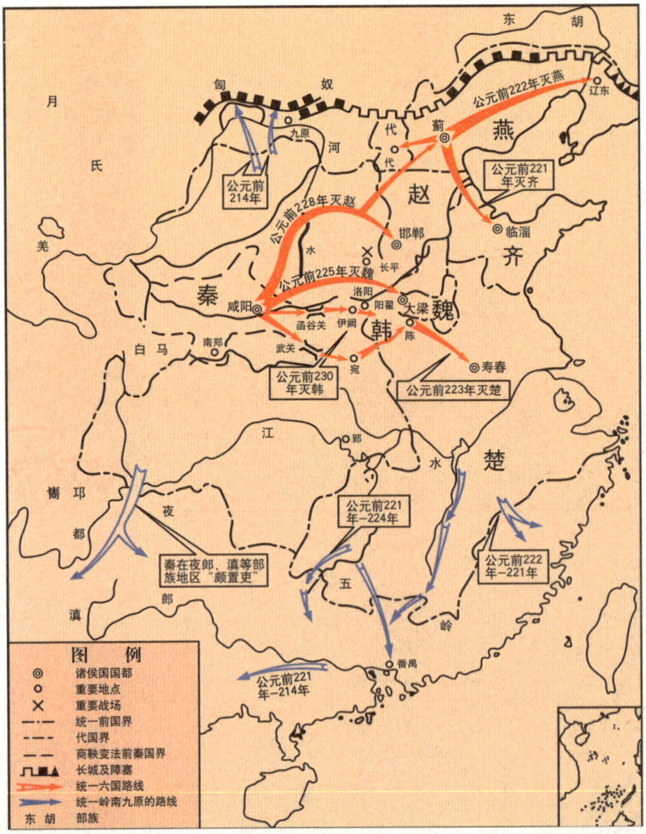

⊙秦统一形势示意图

公元前244～前222年

世界大事记：
斯巴达国王亚基斯四世和克莱奥梅涅斯三世进行改革。

元前225年王贲以胜楚之师回军攻魏，迅速包围魏都大梁（今河南开封）。此时中原诸侯只剩一魏，孤立无援，困守大梁；魏王眼见形势一天比一天危急，却一筹莫展。王贲引黄河、鸿沟水灌城，魏人不堪承受，守城力乏，秦军旋即攻破大梁，魏王假遭擒杀，魏国灭亡。中原北方大部分地区已为秦有。

灭魏同时秦已策划伐楚。秦王问诸将灭楚需多少兵力，青年将领李信说需20万，而老将王翦则认为非60万不可。秦王以为王翦年老怯战，否定了他的意见，而派李信、蒙恬领兵20万攻楚。公元前225年秦军南下伐楚，楚将项燕率军抵抗，初时秦军进展顺利，在平舆和寝击败楚军，进抵城父。但楚国毕竟地大兵多，项燕在城父集结数十万楚军发起反击，大败秦军，李信败逃回国。秦王方知王翦估兵不虚，屈尊亲自登门向王翦赔礼，命他征楚。

公元前224年，王翦率60万秦军攻楚，楚集中全部兵力迎战。秦军在陈遭遇楚军，王翦即令秦军坚守不战，违令者斩。项燕见王翦按兵不动，即遣将到秦军阵前挑战，但无论楚军百般叫骂，王翦就是不出来与之交战。项燕于是引军东归，但正当楚军撤退时，王翦一声令下，挥师追击。60万秦兵排山倒海杀向楚军，在蕲大破楚军，楚帅项燕被杀。公元前223年，楚都郢沦陷，楚王负刍被俘，秦在楚地设置郢郡，楚国灭亡。

·“重农抑商”思想·

“重农抑商”是贯穿中国整个封建专制时代的重要思想政策，它萌发于春秋，成熟于战国，延及以后历代，它是中央专制集权政治的配套措施。其“重农”之农，包括小农及以小农为基础的农业经济，目的是稳定国家兵源、财源（赋税）与社会经济基础；其“抑商”之商，指的是商品经济与资本市场，在抑制商人资本对破产小农的盘剥、兼并的表层下，包含有防止政权对立面或异己力量出现的根本目的。

公元前222年，王贲率军歼灭辽东燕军，俘燕王喜；回师途中攻打代郡，俘赵代王嘉，燕、赵彻底灭亡。王贲乘势由燕地南下，直逼齐国，齐王忙在河西集结军队，驻守防御。公元前221年，王贲率秦军避开西线齐军主力，迂回到齐北，从北面南下直插齐国都城临淄（今山东淄博市）；齐因长期“事秦谨”，“不修攻战之备”，在秦军大兵压境、虎视眈眈的形势下，齐军未做任何有效抵抗，齐王建便出城投降，齐国灭亡。

从公元前230年灭韩至此，秦用十年时间兼并了东方六国，结束了春秋、战国长达550年之久的割据局面，建立起统一的多民族的专制主义中央集权的封建国家——秦朝。

千古第一帝

秦王政吞并了六国，统一了中国。他觉得自己的功绩比以往的圣贤大多了，就连古代传说中的三皇五帝也不在话下。于是，他决定用一个比“王”更尊贵的称号美化自己。后来，他决定采用“皇帝”的称号，因为是中国第一个皇帝，就自称是始皇帝。

全国统一了，该怎样来治理这样大的一个国家呢？他决定废除分封的办法，改用郡县制，把全国分为36个郡，郡下面再设县。

在秦始皇统一中原之前，各国都采用自己的制度。拿交通来说，各地车辆的规格就不一样，因此车道也有宽有窄。国家统一了，车辆行走在不同的道上很不方便。秦始皇统一中原后，便规定车辆上两个轮子间的距离一律改为六尺，使车轮的轨道相同。这样，全国各地车辆往来就方便了。这叫作“车同轨”。

此外，各诸侯国的文字也不统一。一样的文字，有好几种书写方法。全国统一后，采用了

秦始皇陵铜车马

秦始皇陵铜车马于1980年12月出土于陕西临潼秦始皇陵西侧通往地宫的甬道中。同时出土的共有两乘，按照发现的顺序，被编为一号和二号铜车马，分别是安车和立车。这两乘车都是四马单辕，前后纵向排列。一号车应为古代的“高车”，车上配备有弓弩、箭头、盾牌，驾车者带有官帽，这说明此车是用来保护后面二号车的安全的。

铜车马仿照真车、真马、真人制作，尺寸约为真车、真马、真人的二分之一。高车由3400个零部件组装而成。车长317厘米，高106厘米。铜马身长120厘米，高65~67厘米。重量也各不相同，最轻的为177千克，最重的为212.9千克。车、马、人总重量达1243千克。主体为青铜铸造而成。车的金银装饰品共计1720件，总重达7千克。其制作工艺之高超、造型艺术之逼真，令人赞叹不已。如伞状车盖厚4毫米，车窗仅厚1毫米，还有许多透气孔。马璎珞用细如发丝的青铜丝铸成，直径仅有0.1毫米。马的项圈是由42节金和42节银焊接起来的，考古学家们只有借助放大镜才能看到这两种熔点不同的金属的焊接痕迹。马的笼头用一根金管、一根银管，采用子母扣连接的形式制成，笼头上有根销子，拔下销子就可将笼头完整地取下来。据初步研究，制作铜车马采用了铸、焊、铆、镶、

⊙秦始皇帝陵铜车马一号车

嵌、錾、刻等多种工艺手段。

二号车叫“安车”，分为前御室和后乘室，两室之间隔以车墙。赶车的人坐在前御室，主人坐在后乘室。车上有椭圆形伞状车盖。此车通体施以白色为底色的彩绘，二号车配有1500余件金银构件和饰物，显得华丽富贵。它可能是供秦始皇灵魂出游时乘坐的。二号车已被修复，在这件作品中，车马结构完整，挽具齐全，装饰物和一些小型构件由金银制成。铜车结构十分精密，镂雕成菱形花纹格的车窗启闭自如，金属鞍辔上雕有精美的花纹装饰，辔绳婉转灵活。整个车通体彩绘，工艺精湛，气魄恢宏。车上的驭手神情专注，显得老成持重。他戴冠佩剑，衣纹稠叠，十分富有质感。面部被敷以白色，但唇与双颊是粉红色的，白色的领子上还绘有朱红色的菱形花纹。四匹铜马都被处理成白色，装饰着大量金银构件，造型基本相同，又在统一中进行了变化。

铜车马是高度写真的作品，制作精细、准确，比例严格。铜车马是由6000多个复杂零件组合在一起的两个大型复合体，充分体现了秦代冶铸工艺和机械加工达到青铜铸造历史上前所未有的高超水平。铜车马是我国时代最早、驾具最全、级别最高、制作最精的青铜器，也是世界考古发现的最大青铜器。它的出土，对研究中国古代车马制度、雕刻艺术和冶炼技术等，都具有极其重要的历史价值。

⊙**重装铠甲驭手**

驭手站立驾驶，目标显著，所以穿的铠甲与众不同，是非常严密的“全蔽式”铠甲，除了防护身体外，连脖子和手臂都有防护。

⊙**秦始皇帝陵铜马车二号车**

公元前221年

中国大事记：

战国时期结束，秦王嬴政建立起中国封建社会历史上第一个统一王朝——秦朝。

·“皇帝”的由来·

君王称为“皇帝”是从秦始皇开始的。在此之前，中国古代的最高统治者称“王”，如周文王、周武王等。春秋战国时期，王室渐衰，一些国力强大的诸侯国的国君也自称为王，如秦王、楚王、齐王等。

秦王嬴政统一天下后，自认为这是自古未有的功业，如果不改变“王”的称号，“无以称成功，传后世”。于是，让李斯等人议改称号。他们和众人商议后报告秦王说：“上古，有天皇、地皇、泰皇，泰皇最贵，可改‘王’为‘泰皇’。”秦王反复考虑，认为自己“德高三皇，功高五帝”，决定兼采“帝”号，称为“皇帝”。从此以后，“皇帝”的称号便为历代君主所袭用。

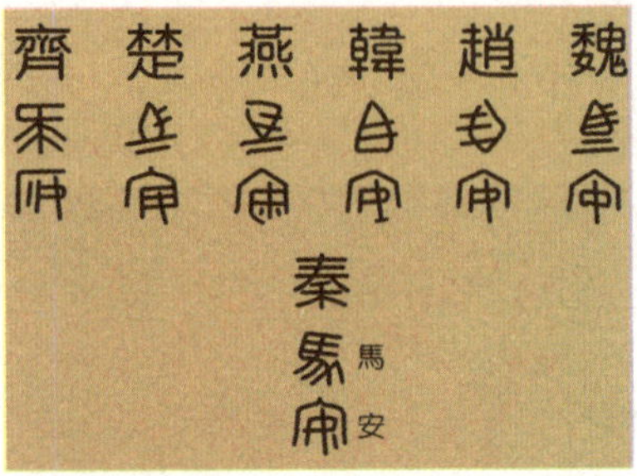

⊙秦统一文字示意表

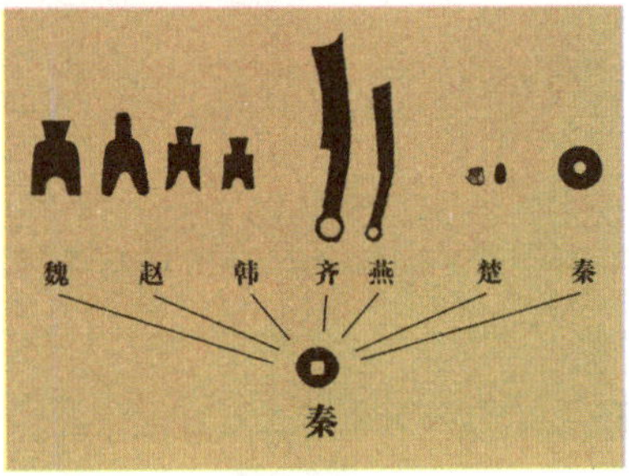

⊙秦统一六国货币简图

比较方便的书写方法，规定了统一的文字。这样，有力地促进了各地的文化交流。这叫作“书同文”。

后来，又规定了全国统一的度、量、衡制度。这样，各地的买卖交换也就没有困难了。

为了防御北方匈奴的入侵，秦始皇又征发民，把原来燕、赵、秦三国北方的城墙连在一起。这样，从西面的临洮（今甘肃岷县）到东面的辽东（今辽宁阳西北），连成一条万里长城。后来，这座举世闻名的古建筑，一直作为我们中华民族古老文明的象征。

这时候，已经做了丞相的李斯向秦始皇建议，为了国家的稳定，要限制百姓的言行。

秦始皇采纳了李斯的主张，立刻下了一道命令：除了医药、种树等书籍以外，所有私藏的《诗》《书》、百家言论的书籍，都要交出来烧掉；谁要是再私下谈论这方面的书，判死罪；谁要是拿古代的制度来批评现在的制度，满门抄斩。

第二年，有两个方士卢生、侯生，在背后议论秦始皇的不是。秦始皇得知这个情况后，大为恼火，派人去抓他们，他们早已逃跑了。再一查，发现咸阳也有一些儒生一起议论过他。秦始皇把那些儒生抓来严刑拷问。儒生经不起拷打，又东一个西一个地供出一大批人来。秦始皇下令，把那些犯禁严重的400多个儒生活埋，其余犯禁的流放到边境去做苦役。这就是历史上的“焚书坑儒”事件。

沙丘阴谋

公元前210年，秦始皇外出巡视。一行人到了会稽郡后，又折向北去了琅琊（今山东胶南市）。他们从冬季出发，一直到夏天才往回返。回来的路上，秦始皇感到身体不舒服，走到平原津（今山东平原县南）时病倒了。随从的医官给他看病、进药，都没有效果。

公元前221～前179年

世界大事记：
马其顿国王腓力五世在位。

到了沙丘（今河北广宗县西）的时候，秦始皇病情严重，他觉得自己快死了，就吩咐赵高说：“快给扶苏写信，叫他赶快回咸阳去。万一我不行了，叫他主办丧事。”

信还没来得及交给使者送出，秦始皇就死掉了。

丞相李斯跟赵高商量说：“这里离咸阳太远，还需要几天时间才能赶回去，万一皇上去世的消息传了开去，引起混乱就麻烦了；不如暂时保密，不要发丧，赶回咸阳再说。”

他们把秦始皇的尸体安放在车里，关上车门，放下窗帷子，外面的人什么也看不见。随从的人除了秦始皇的小儿子胡亥，以及李斯、赵高和五六个内侍外，别的大臣对秦始皇死去的事，一概不知。车队照常向咸阳进发，每到一地方，文武百官都照常在车外奏事。

李斯催促赵高赶快派人给秦始皇的长子扶苏送信，让他赶回咸阳。当时，扶苏在北方和蒙恬一起镇守边疆，赵高跟蒙恬一家有冤仇。他偷偷地跟胡亥商量，准备假传秦始皇的遗嘱，杀害扶苏，让胡亥继承皇位。胡亥一听，让他当皇帝，当然求之不得。

赵高知道要干这样的事，必须说服李斯才能办到。

经过赵高一通诱骗，李斯动心了，他担心让扶苏继承皇位以后，保不住自己的相位，就和赵高、胡亥合谋，假造了一份诏书，说扶苏在外不能立功，反而怨恨父皇；又说将军蒙恬和扶苏同谋，让他们一起自杀，把兵权交给副将王离。

扶苏接到这封假诏书，就准备自杀。蒙恬怀疑这封诏书有假，让扶苏向秦始皇当面申诉。扶苏是个老实人，说：“既然父皇要我死，还有什么好申诉的。”就这样自杀了。

赵高和李斯急急忙忙往咸阳赶。那时，正是夏天，天气很炎热，尸体很快就腐烂了，车子里散发出一股股臭味，不得不堆上许多烂鱼来遮人耳目。

到了咸阳，他们才宣布秦始皇死去的消息，并且假传秦始皇的遗诏，由胡亥继承皇位。这就是秦二世。

陈胜吴广起义

胡亥夺取皇位的这一年，即公元前 209 年七月，爆发了我国历史上第一次大规模的农民起义，领导这次起义的人是陈胜、吴广。

陈胜又叫陈涉，是阳城（今河南登封东南）人。吴广又叫吴叔，是阳夏（今河南省太康县）人。

陈胜对自己的苦难遭遇一直愤愤不平，可更不幸的事情又落在了他的身上。他和吴广以及其他的穷苦农民，一共 900 多人，被秦二世征发去渔阳驻防。

那时候正赶上雨季，他们走到蕲县大泽乡（今安徽省宿县西南）的时候下起了大雨。大泽乡靠近淮河的支流浍河，地势低洼，大水淹没了道路，没法走了。他们只好停下来，等天晴了再走，按照秦朝的律法，叫你什么时候到达什

⊙阿房宫图卷
秦始皇及秦二世滥用民力，营建宫殿，使得民众困苦，起兵反抗。

公元前209年

中国大事记：
陈胜、吴广起义于蕲县大泽乡。

·隶书·

秦始皇在“书同文”的过程中，命令李斯创立小篆后，也采纳了程邈整理的隶书。由于作为官方文字的小篆书写速度较慢，而隶书化圆转为方折，提高了书写效率。郭沫若用“秦始皇改革文字的更大功绩，是在采用了隶书”来评价其重要性。隶书基本是由篆书演化来的，主要将篆书圆转的笔画改为方折，书写速度更快，在木简上用漆写字很难画出圆转的笔画。

么地方，你就得按时到达，误了日期，就要杀头。陈胜、吴广计算了一下，估计无论如何也不能按期到达渔阳，这样，他们已经犯下死罪了。

陈胜、吴广一起商量办法。陈胜说：“如今要是逃走，抓回来是死；起来造反，夺天下大不了也是死。这样下去等死，还不如拼出一条生路呢！”

吴广认为陈胜说得有道理，便决定跟着陈胜干一场。当时的人们很迷信，想要号召众人起来造反，除了假借扶苏等人的名义外，还得采用装神弄鬼一类的办法，取得众人的信任。他们为此想出了办法。

第二天，伙夫上街买鱼回来，剖开一条鲤鱼的时候，在鱼肚子里发现一块绸子，绸子上用朱砂写着“陈胜王”三个字。这件事一下子就传开了，众人都认为这是老天爷的旨意，原来陈胜是个真命天子呀！

过了几天，陈胜和吴广带领着一大帮人，趁押送他们的军官喝醉了酒，故意去要求释放他们回家。军官一听，又急又气，先抽打了吴广几鞭子，接着又拔出剑来要杀吴广。这时大伙儿一拥而上，陈胜乘机杀死了军官。

陈胜、吴广杀死了军官，大伙儿都感到出了一口恶气。看到大伙儿都很齐心，陈胜、吴广就决定立即起义。他们派人上山砍伐树木、竹竿作为武器。然后，用泥土垒个平台，作为起义誓师的地方。还做了一面大旗，旗上绣上了一个大大的“楚”字。

陈胜、吴广在大泽乡起义的消息很快传开，附近穷苦的老百姓扛着锄头、铁耙、扁担，纷纷赶来加入起义军，起义军一下子壮大了起来，并且很快地占领了陈县。陈胜在陈县称了王，国号“张楚”。

陈胜称王后，派周文去攻打咸阳。周文虽懂点军事，作战也勇敢，但最终还是寡不敌众，被秦军打败，被迫自杀了。吴广率领队伍去进攻荥阳，没想到，被自己的部下田臧假借陈胜的命令杀害了，最后只剩下了陈胜。陈胜称王后骄奢虚荣，六亲不认，以致众叛亲离，在秦军强大的攻势面前，只好向东南退却。不料想，最后死于他的马夫庄贾之手。

刘邦和项羽

陈胜、吴广起义以后，各地的百姓纷纷响应。农民起义像一阵风暴，很快就席卷了大半个中国。

在南方会稽郡有一支强大的起义队伍，领导这支队伍的首领是项梁和他的侄儿项羽。项梁是楚国大将项燕的儿子，秦国大将王翦攻灭楚国的时候，项燕兵败自杀，项梁一直想重建楚国。他的侄儿项羽身材魁梧，力大无比，跟项梁学了不少本领。

项梁本是下相（今江苏宿迁西南）人，因为跟人结了仇，躲避到会稽郡吴中来，项梁能文能武，吴中的年轻人都很佩服他，把他当老大哥看待。项梁教这些年轻人学兵法，练本领。这时，他们听说陈胜起义，觉得是个建功立业的好机会，就杀了会稽郡守，占领了会稽郡。不到几天，就拉起了一支 8000 人组成的队伍。因为这支队伍里都是当地的青年，所以称为“子弟兵”。

项梁、项羽带着 8000 子弟兵渡过长江，攻

约公元前200～前118年

世界大事记：
古希腊历史学家波利比奥斯在世。

克了广陵（郡名，治所在今江苏扬州市），接着又渡过淮河，向北进军。一路上又有各地方的起义队伍来投奔项梁。

第二年，刘邦带着一支100多人的队伍，来投靠项梁。

刘邦是沛县（今江苏沛县）人，在秦朝做过亭长（秦朝十里是一亭，亭长是管理十里以内的小官）。有一次，上司要他押送一批民夫到骊山做苦工，在去往骊山的山路上，每天总有几个民夫跑掉，刘邦想管也管不了。这样下去，到了骊山，刘邦也交不了差。

有一天，他把民夫们叫到一起，对大家说："你们到骊山去做苦工，累不死也得被打死；就算不死，也不知道哪年哪月才能返回家乡。我现在放你们走，大家各自去找活路吧！"

民们非常感激刘邦，当时就有几十个民愿意跟着他走。刘邦就带着这些人逃到芒砀山躲了起来。

沛县县里的文书萧何和监狱官曹参知道刘邦是个好汉，都愿意与他交好，他们之间来往不断。

⊙秦末农民战争示意图

等到陈胜打下了陈县，萧何和沛县城里的百姓杀了县官，并让人到芒砀山把刘邦接了回来，请他当了沛县的首领，大家称他"沛公"。不久，张良也投到了刘邦麾下。

项梁见刘邦也是一个人才，就拨给他人马。从此，刘邦成了项梁的部下。

这时各地起义军的领导权都落在旧六国贵族手里，彼此争夺地盘，互相攻打。秦国的大将章邯、李由，想趁机把起义军各个击破。

面对这种形势，项梁在薛城开始整顿起义队伍。为了增强号召力，项梁听了谋士范增的建议，立楚怀王的孙子为楚王。因为楚国人对当年楚怀王受骗死在秦国一直愤愤不平，所以大家把他的孙子仍称为楚怀王。

巨鹿大战

项梁整顿了起义军后，打败了秦朝大将章邯。项羽、刘邦带领另一支队伍，杀了秦将李由。不久，章邯重新补充了兵力，趁项梁不备，发动了猛烈的进攻。项梁死在了乱军之中，项羽、刘邦也只好退守彭城了。

章邯打败项梁，认为楚军已经元气大伤，就暂时放弃攻击楚军，带领秦军北上进攻赵国（这个赵国不是赵国时代的赵国，而是新建立起来的一个政权），很快就攻下了赵国都城邯郸，赵王歇逃到巨鹿（今河北平乡西南），坚守不出。

公元前206年

中国大事记：
刘邦至灞上，秦王子婴降，秦亡。

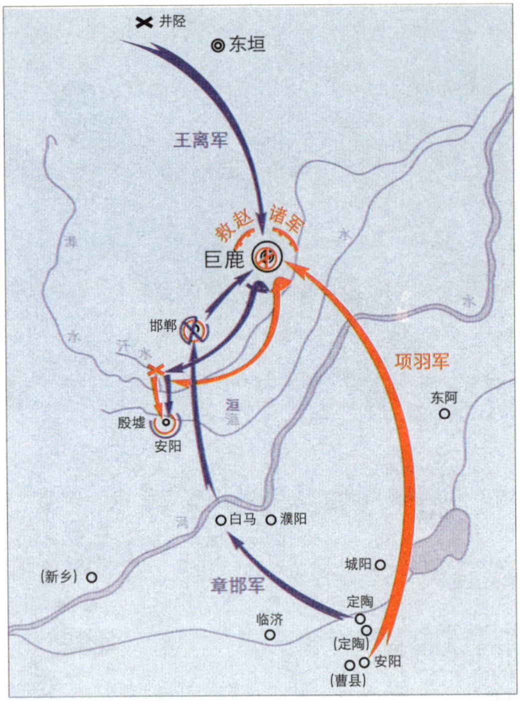

巨鹿之战示意图

章邯派秦将王离包围巨鹿，自己率大军驻扎在巨鹿南面的棘原，为了给王离军运送粮草，他在棘原和巨鹿之间修筑了一条粮道。

赵王歇一面守城，一面派人向楚怀王求救。当时，楚怀王正在筹划进攻咸阳。见赵国来求援，就派刘邦打咸阳，另派宋义为上将军，项羽为副将，带领20万大军到巨鹿解救赵国。

宋义带领的军队到了安阳（今河南安阳东南），听说秦军气势很盛，就命令楚军停止进军，等秦军和赵军打上一阵，让秦军消耗一下实力，再去进攻。

宋义按兵不动，在安阳一停就是四十六天，这下可急坏了项羽。

项羽对宋义说："现在军营里粮食不多了，但是上将军却按兵不动，自己喝酒作乐，这样对得起国家和兵士吗？"宋义不但不听，还下了道命令：军中如有不服从指挥的，立即斩首。

第二天，项羽趁朝会的时候，拔出剑来把宋义杀了。

将士们大多是项梁的老部下，宋义在军中本来威望就不高，大伙见项羽把他杀了，都表示愿意听项羽指挥。

项羽杀了宋义以后，立刻派部将英布、蒲将军率领2万人做先锋，渡过漳水，切断秦军运粮的通道，把章邯和王离的军队分开了。然后，项羽率领主力渡河。

过了河，项羽命令将士，每人带三天的干粮，把军队里做饭的锅砸掉，把渡河的船凿沉（文言叫作"破釜沉舟"，釜就是锅子），然后，对将士说："咱们这次打仗，没有回头路可走，三天之内，一定要打败秦兵。"

项羽的决心和勇气，极大地鼓舞了将士们的士气。楚军把王离的军队包围起来，个个士气振奋，越打越勇。经过九次激烈战斗，活捉了王离，其他秦兵死的死、逃的逃，包围巨鹿的秦军一下子就瓦解了。

约法三章

秦将章邯在棘原眼看王离全军覆没，但干着急支援不上。他上了一份奏章，把前线的消息告知朝廷，请求救兵。二世和赵高不但不发救兵，还要治章邯的罪。章邯怕赵高害他，只好率领部下20万人马，向项羽投降了。那时候，赵高害死了李斯后，秦朝的大权完全操纵在他手里。他知道大臣中有人不服他。有一天，他牵着一只鹿到朝堂上，当着大臣的面对二世说："我得到了一匹名贵的马，特来献给陛下。"

二世虽然糊涂，但是鹿是马还是能分清的。他笑着说："丞相开什么玩笑，这明明是头鹿，怎么说是马呢？"

赵高绷着脸说："怎么不是马？让大家说是鹿是马。"

公元前171~前168年

世界大事记：
第三次马其顿战争发生，罗马征服马其顿。

⊙ **泗水亭**
此亭在今江苏省沛县，据《沛县志》记载，汉高祖刘邦曾做过泗水亭长。

不少人懂得赵高的用意，就附和着说："真是匹好马呀！"只有少数大臣说是鹿。几天之后，那几个说是鹿的大臣，都被赵高找借口治了罪。

从那以后，宫内宫外的官员没有不害怕赵高的，再没有人敢在二世面前说赵高的不是了。

公元前206年，刘邦的人马攻占了武关（今陕西丹凤县东南），离咸阳不远了。二世惊慌失措，连忙叫赵高发兵去抵抗。赵高知道再也混不下去了，就派心腹把二世弄死了。赵高杀了二世，对大臣们说："现在六国都已复国了，秦国再挂个皇帝的空名也没有什么意思，应该像以前那样称王。我看可以立二世的侄儿子婴为秦王。"这些大臣不敢反对，只好同意。

子婴知道赵高害死了二世，想自立为王，只是怕大臣们反对，才假意立他为王。子婴和他的两个儿子商量好对付赵高的计策。到即位那天，子婴推说有病不去，赵高只好亲自去催子婴，子婴命手下人把赵高杀了。

子婴杀了赵高，派了5万兵马固守武关（今陕西商县西北）。刘邦采用了张良的计策，派兵在武关附近的山头插上无数的旗子，迷惑秦兵；另派将军周勃带领全部人马绕到武关东南，从侧面打进去，杀死了守将，消灭了这支秦军。

刘邦的军队开进武关，到了灞上（今陕西西安市东）。秦王子婴一看大势已去，便带着秦朝的大臣投降了。

刘邦进了咸阳，召集了附近各县的父老，对他们说："你们被秦朝残酷的法令害苦了。今天，我跟诸位父老约定三条法令：第一，杀人的偿命；第二，打伤人的治罪；第三，偷盗的治罪。除了这三条，其他秦国的法律、禁令，一律废除。父老百姓可以安居乐业了。"

百姓听到了刘邦的约法三章，高兴得不得了，都争先恐后地来慰劳刘邦的将士。从那时起，刘邦的军队给关中的百姓留下了良好的印象，人们都希望刘邦能留在关中做王。

·小篆·

小篆是在秦始皇统一中国后，推行"书同文，车同轨"，统一度量衡的政策，由丞相李斯负责，在秦国原来使用的大篆籀文的基础上，进行简化，取消其他六国的异体字，创制的统一文字汉字书写形式。小篆一直流行到西汉末年，才逐渐被隶书所取代。但由于其字体优美，始终被书法家所青睐。又因为其笔画复杂，形式奇古，而且可以随意添加曲折，印章刻制上，尤其是需要防伪的官方印章，一直采用篆书，直到封建王朝覆灭，近代新防伪技术出现。《康熙字典》上对所有的字还注有小篆写法。

鸿门宴

项羽在巨鹿大战中打败了王离，收降了章邯，而后率领40万大军开到函谷关，看见关口有兵把守着，不准项羽的军队进关。项羽得知是刘邦的将士守着关口，肺都要气炸了，命令将士猛攻函谷关。关口很快被打开，项羽军队长驱直入，直到了新丰、鸿门（今陕西临潼东

公元前206年

中国大事记：

项羽自立为西楚霸王，封刘邦为汉王，楚汉战争爆发。

·中国的县制起源·

中国的县制最早可追溯到春秋时期，广泛应用于战国时期，至秦始皇时作为定制全面推行。春秋初期，秦、晋、楚等国已开始在边地设县，后逐渐在内地推行，其长官可以世袭，这有别于以后的县制。春秋中期以后，设县的国家增多，有的在内地也设置了县，县开始成为地方行政组织。春秋末期，有的国家又在边远地区设置了郡。这时的郡，虽然面积比县大，但是由于偏僻荒凉，地广人稀，行政建制却比县低。战国时，郡所辖的地区逐渐繁荣，人口增多，于是在郡的下面分设了县，逐渐形成了郡统辖县的两级地方行政组织。至此，郡县制开始形成。秦统一六国后，把全国分为三十六郡，郡下辖若干县，县分大小，万户以上的县长官称县令，不满万户的县长官称县长。郡县由于直属中央，不受诸侯王控制，因而避免了春秋以来诸侯纷争的局面，有效抑制了地方割据，为以后历代沿用。

北）才驻扎下来。这里离刘邦军队驻扎地灞上只有40里路，项羽决定第二天攻打刘邦。

项羽的叔父项伯和刘邦的谋士张良是好朋友，他怕打起仗来张良会送命，就连夜赶到刘邦军营告知张良，叫张良赶快逃命。

张良把项伯的话告诉了刘邦。刘邦一听慌了神，连叫："这可怎么办，怎么办呢？"张良说："你先叫项伯帮帮忙，叫他在项王面前给求求情。"

刘邦急忙叫张良把项伯请来，摆上酒席，热情招待。为了结交项伯，刘邦提出两人结为儿女亲家。项伯答应了，并对刘邦说："明天一大早，你要亲自来给项王赔礼。"

第二天一大早，刘邦就带领张良、樊哙和100多人赶到鸿门，拜见项羽。刘邦装作十分热情地说："我和将军一起攻打秦朝，您在黄河的北面作战，我在黄河的南面作战。没想到我能先打进关中，攻破咸阳，今天有机会和将军见面，真是件令人高兴的事。听说有些小人在您面前挑拨我和您的关系，请将军千万别听信这些话。"项羽是个直性人，见刘邦这样可怜兮兮，怒气很快就烟消云散了。项羽叫人摆上酒席，举杯劝刘邦喝个痛快，态度越来越和气。

酒席上，范增一再给项羽使眼色，并多次举起胸前佩挂的玉瑗作暗示，要项羽下决心杀掉刘邦。项羽默不作声，好像没看见一样。

范增着急了，找个借口走出营门。他把项羽的堂兄弟项庄找来，交代他说："项王心肠太软，你到席上敬酒，然后舞剑助兴，趁机杀了刘邦。"项伯见项庄在宴席前不怀好意地舞起剑来，害怕刚结的亲家刘邦吃亏，也拔出宝剑说："一个人舞剑没有两个人来劲。"就用身子护着刘邦，与项庄对舞起来，项庄没机会对刘邦下手。

⊙鸿门宴壁画

公元前149～前146年

世界大事记：

第三次布匿战争发生，罗马军队毁迦太基城，征服迦太基。

张良见形势危急，找个机会溜了出去，对樊哙说："宴会上项庄拔剑起舞，总想对沛公下毒手。"樊哙听了急得大喊："我去同他们拼了！"他带上宝剑和盾牌赶到帐前，把几个阻拦的卫兵撞倒，怒目圆睁地冲了进去。

项羽看到冲进一个怒容满面的人，急忙按住剑把，喝问道："你是什么人？"张良急忙上前解释说："他是沛公的车夫樊哙，一定是肚子饿了。"项羽用赞叹的口气说:"好一个壮士！快赏给他一斗酒，一只猪腿。"项羽看了樊哙一会儿，越发觉得这人豪壮，说："壮士，还能喝酒吗！"樊哙粗声说："我死都不怕，还怕喝酒吗！当初，楚怀王跟大家有约：谁先打败秦军攻破咸阳，谁就做王。如今沛公先打进咸阳，他没拿一点东西，只是封了库房把军队驻在灞上，等到大王您的到来。如此劳苦功高的人，大王不但没给他奖赏，反而听信小人的挑拨，想去杀害他，这不是跟秦王没区别了吗？大王这种做法未免太不近情理了！"项羽一时答不上话来，招呼樊哙坐下。樊哙就挨着张良坐下了。

刘邦镇定了一会儿，假装要上厕所，樊哙和张良也跟着出去了。刘邦想趁早溜回军营，又怕没有告辞失了礼数。樊哙说："干大事业的人不拘泥于小礼节。如今我们好比任人宰割的鱼肉，性命都难保了还讲什么礼数！"

刘邦走后，张良在外面等了好一会儿，估计刘邦已经到达军营了，才进去对项羽道歉说："沛公酒量小，今天喝多了，不能当面来向大王辞别。他嘱咐我奉上白璧一双敬献给大王；玉杯两只送给亚父。"项羽接过白璧，放在席位上，范增气得把玉杯扔在地上，又用宝剑劈碎，叹着气说:"唉，真是没用的人，不值得让我操心！将来争夺项王天下的人，一定是刘邦。等着瞧吧，将来咱们这些人都会成为刘邦的俘虏！"

鸿门宴拉开了楚汉战争的序幕。

楚汉之争

刘邦听从萧何的建议，拜韩信为大将，执掌兵权，准备攻打汉中。萧何整顿后方，训练人马。

公元前206年，汉王和韩信率领汉军进攻汉中。

战争开始后，由于关中的老百姓对"约法三章"的汉军本来就有好感，所以，汉军每到一处，士兵、百姓都不愿抵抗。不到三个月的时间，刘邦就消灭了秦国降将章邯的兵力，牢牢地控制了关中地区。项羽得知刘邦攻占了整个汉中，准备率兵来打。但是西面齐国的田荣也起来反抗项羽，把项羽所封的齐王赶下台，自立为王，项羽只好扔了刘邦这一头带兵去镇压田荣。

刘邦趁项羽和齐国相持不下的时候，率军东进，攻下了西楚的都城彭城。项羽赶紧往回撤兵。双方在睢水展开了一场大战。战斗一开始，双方谁也不知道对方有多少人，只打得昏天黑地，尸横遍野。到最后，汉军战败，刘邦的父亲太公和妻子吕氏也被楚军俘虏了。

刘邦一方面领着残兵败将，退到荥阳成皋一带，严密布防。另一方面派韩信带领兵马向北收服了魏国、燕国和赵国的地盘，又派陈平用重金挑拨项羽和范增的关系。项羽本来疑心很重，听信了谣言，真的怀疑起范增来。范增一气之下告老还乡，又气又伤心的他死在了路上。范增一死，项羽身边少了一位得力的谋士，汉军的压力也减轻了。刘邦又叫彭越在后方截断楚军的运粮道，这样就有效地控制了楚军。楚汉双方这样对峙了两年多。

公元前203年，项羽决定自己带兵去攻打彭越。临走时，他再三叮嘱成皋守将曹咎，无论如何也要坚守城池不许出战。刘邦见项羽一走就向曹咎挑战。曹咎说什么也不战。后来刘邦叫士兵整天隔着汜水辱骂楚军。曹咎受不了刘邦士兵的辱骂，渡江作战被刘邦打得大败。

公元前202年

中国大事记：
刘邦称帝，是为汉高祖刘邦，建立汉朝。

曹咎觉得没脸见项羽，就抹脖子自杀了。

项羽听说成皋被汉军占领，曹咎自杀，急忙赶回来，楚汉两军在广武（今河南荥阳市东北）又对峙起来。

正当刘邦想和项羽决一死战的时候，项羽派使者给刘邦传话说："现在天下不安定，都是由于你我两人相持不下造成的，你敢不敢与我比试高低，别让老百姓受连累了。"刘邦也叫使者回话说："我愿意比文斗智。"刘邦和项羽各自出阵来，刘邦为了叫项羽在楚、汉军面前威风扫地，便历数项羽有"十大罪状"。

项羽听刘邦述说自己的"十大罪状"，忍无可忍，也不回答，回头做了个暗示。钟离昧带领弓箭手一阵乱箭齐发，刘邦刚要回头，胸口已经中了一箭，他忍住疼痛，故意弯下身，大叫道："不好，贼兵射到我的脚趾了。"众将士急忙把他扶到营里，叫医官医治。张良怕军心动摇，便劝刘邦勉强起来，坐在车上巡视军营。

项羽见刘邦没死，还能巡视军营，而楚军粮草已供应不上，感到进退两难。

刘邦重伤在身，见双方相持不下，也非常着急。这时，洛阳人侯公从中调和了一下，双方定下协议，楚汉双方以荥阳东南的鸿沟为界，鸿沟以东属楚，鸿沟以西属汉，双方各守疆土，互不侵犯，停止攻战。协议达成后，项羽把太公和吕氏也放了。

四面楚歌

楚汉议和还不到两个月，刘邦便组织了韩信、彭越、英布三路大军会合一处，在韩信的统率下，追击项羽。

公元前202年，项羽被汉军围困在垓下（今安徽灵璧县东南），韩信在垓下的周围布置了十面埋伏。项羽的人马少，粮食也快吃光了。他想带领人马冲杀出去，但是汉军和各路诸侯的人马里三层外三层，项羽打退一批，又来一批；杀出一层，还有一层，项羽没法突围出去，只好回到垓下大营，吩咐将士小心防守。

这天夜里，项羽在营帐里愁眉不展。他身边有个宠爱的美人名叫虞姬，看见他闷闷不乐，便陪伴他喝酒解愁。

到了午夜，一阵阵西风吹来，风声里还夹着歌声。项羽仔细一听，歌声是从汉营里传出来的，唱的都是楚人的歌曲，唱的人还挺多。

⊙霸王别姬　年画
这是杨柳青年画中表现项羽兵败、痛别虞姬的场面，可见"霸王别姬"的故事在民间流传之广。

项羽听四面都是楚歌声，失神地说："完了！恐怕刘邦已经打下西楚了！汉营里没有那么多的楚人呀。"

项羽愁绪满怀，忍不住唱起一曲悲凉的歌来：

力拔山兮气盖世，
时不利兮骓不逝。
骓不逝兮可奈何，
虞兮虞兮奈若何？

项羽唱着唱着，禁不住流下了眼泪。旁边的虞姬和侍从也都伤心地哭了起来。

公元前168年

世界大事记：
马其顿军在皮德纳战役中遭惨败，罗马灭马其顿。

当天夜里，项羽跨上乌骓马，带了800个子弟兵冲出汉营，马不停蹄地往前跑去。天亮后，汉军才发现项羽已经突围出去，连忙派了5000骑兵紧紧追赶。项羽一路奔跑，后来他渡过淮河时，跟着他的只剩下100多人了。

但后面的追兵又围上来了。项羽对跟随他的士兵们说："我从起兵到现在有八年了，经历过七十多次战斗，从来没有失败过，才当上了天下霸王。今天在这里被围，这是天要叫我灭亡，并不是我打不过他们啊！"

项羽说罢又几次冲出重围，一直到了乌江（在今安徽和县东北）边。此时，他的身边只剩下二十几个人了。恰巧乌江的亭长有一条小船停在岸边。亭长劝项羽马上渡江，说："江东虽然小，可还有一千多里土地，几十万人口。大王过了江，还可以在那边称王。"

项羽苦笑了一下说："我当年在会稽郡起兵时，带了8000子弟渡江。到今天他们没有一个能回去。我一个人回到江东，即便是江东父老同情我，立我为王，我也没脸见他们呀。"

项羽说完跳下马来，把乌骓马送给了亭长，兵士们也跳下马。他们的手里都拿着短刀，跟追上来的汉兵展开肉搏战。他们杀了几百名汉兵，楚兵也一个个倒下。项羽受了十几处创伤，最后在乌江边拔剑自杀了。

·函谷关·

函谷关西据高原，东临绝涧，南接秦岭，北塞黄河，是中国建置最早的雄关要塞之一，因关在谷中，深险如函，故称函谷关。始建于春秋战国之际，是东去洛阳、西达长安的咽喉，素有"天开函谷壮关中，万谷惊尘向北空""双峰高耸大河旁，自古函谷一战场"之说，自古为兵家必争之地。周赧王三年（公元前312年），楚怀王举六国之师伐秦，秦依函谷天险，使六国军队"伏尸百万，流血漂橹"。秦王政六年（公元前241年），楚、赵、卫等五国军队犯秦，"至函谷，皆败走"。"刘邦守关拒项羽"，都是在这里进行的。函谷关不仅是一处军事重地，而且是古代中原腹地与西北地区文化、经济交流的要点。

《大风歌》

刘邦打败了项羽，建立了一个比秦朝更强大的汉王朝。公元前202年，汉王刘邦正式做了皇帝，这就是汉高祖。汉高祖定都洛阳，后来迁都到长安（今陕西西安）。

汉高祖即位后，不得不封曾在楚汉战争中立下大功的大将为王。这些诸侯王有的虽不是旧六国贵族，但也都想割据一方土地，不听朝廷的指挥。在被封为王的人中要数楚王韩信、梁王彭越、淮南王英布功劳最大、兵力也最强。

在汉高祖即位的第二年，有人告发韩信想谋反。汉高祖问大臣该怎么办，许多人主张发兵灭了韩信。只有陈平反对。

后来，汉高祖采用了陈平的计策，假装到云梦泽巡视，命令受封的王侯到陈地见面。韩信接到命令，只得前去。到了陈地，汉高祖就叫武士把韩信绑了起来，押回长安。

"汉并天下"瓦当　西汉
为汉高祖初建天下时所造，汉武帝时修建的建章宫遗址中，也曾出现过这种瓦当。

汉高祖捉住韩信后，想治他罪。后来，有

公元前198年

中国大事记：

汉高祖以“家人子”为公主，嫁给单于，与匈奴和亲。

人劝汉高祖看在韩信过去功劳的份上，从宽处治。汉高祖打消了对韩信治罪的想法。但还是取消了他的楚王的封号，改封为淮阴侯。

过了几年，将军陈豨造反，自称代王，一下子攻占了二十多座城池。

汉高祖让淮阴侯韩信和梁王彭越同去讨伐陈豨。可是两个人都说身体不好，不肯带兵打仗。汉高祖只好亲自率兵讨伐。

汉高祖离开长安后，有人向吕后告发说，韩信和陈豨是同谋，他们计划里应外合，一同造反。吕后跟丞相萧何商量了一个计策，故意传出消息，说陈豨已经被高祖抓住了，请大臣们进宫祝贺。韩信不知是计，一进宫门，就被预先埋伏好的武士杀了。

三个月后，汉高祖攻灭了陈豨，回到洛阳，彭越的手下告发彭越谋反。汉高祖派人抓住彭越后，就把彭越处死了。

淮南王英布听说韩信、彭越都被杀了，干脆也起兵反叛了。

英布一出兵就打了几个胜仗，占领了荆楚一带的土地。汉高祖得知消息后，又亲自带兵征伐。

两军一对阵，汉高祖就指挥大军猛击英布。英布命手下兵士弓箭齐发，汉高祖没留意，当胸中了一箭。他忍住疼痛，继续进攻。英布大败，在逃跑的路上被人杀了。

汉高祖平定了英布叛乱后，在凯旋的路上，回故乡沛县住了几天。他邀集了故乡的父老子弟和以前的熟人，举行了一次宴会。

他在与父老乡亲团聚畅饮当中，想起过去自己战胜项羽的经历，又想到以后要治理好国家，可真不容易。想到这里，汉高祖感慨万千，情不自禁地唱道：

大风起兮云飞扬，
威加海内兮归故乡，
安得猛士兮守四方。

白登被围

就在汉高祖刘邦同西楚霸王项羽在中原展开大战的时候，北方的匈奴也趁乱一步步向南打过来。

汉高祖做了皇帝后，匈奴的冒顿单于（单于是匈奴王）带领了40万人马向汉朝攻来，并包围了韩王信（原韩国贵族，和韩信是两个人）的封地马邑（今山西朔县）。韩王信抵挡不了，便向冒顿求和。汉高祖得知这个消息，派使者责备韩王信。韩王信害怕汉高祖治他的罪，就投降了匈奴。

冒顿占领了马邑，又继续向南进攻。汉高祖亲自带兵赶到晋阳，和匈奴对峙。

这是公元前200年的冬天，寒风刺骨，天气特别冷。中原的士兵没碰到过这样冷的天气，冻得受不了，战斗力明显减弱。但是，汉朝的军队和匈奴兵一交战，匈奴兵就败走。一连打了几回，匈奴兵都败下阵去。后来，听说冒顿单于逃到代谷（今山西代县西北）。

⊙匈奴武士像

汉高祖进晋阳后，派出兵士侦察，回来的人都说冒顿的部下全是一些老弱残兵，连他们

公元前167年

世界大事记：
希伯来人进行反塞琉古王国的马加比起义。

的马都是瘦得皮包骨头。如果趁势打过去，准能打赢。

汉高祖担心这些兵士的侦察不可靠，又派刘敬到匈奴营地看看虚实。

刘敬回来说：“我们看到的匈奴的确都是些老弱残兵，但我认为冒顿一定把精兵埋伏起来了，陛下千万不能上他们的当。”

汉高祖听罢大怒，说：“你胆敢胡说八道，是想阻拦我进军吗？”说完，命令士兵把刘敬关押起来。

汉高祖率领一队人马刚到平城（今山西大同市东北），就被四下里涌出的匈奴兵包围起来。这些匈奴兵个个身强体壮，原来的老弱残兵全不见了。汉高祖在部下的掩护下，拼命杀出一条血路，退到平城东北面的白登山。

冒顿单于的40万精兵，把汉高祖围困在白登山。周围的汉军无法救援，汉高祖的一部分人马在白登，整整被围困了七天，脱不了身。

后来，高祖身边的谋士陈平打发了一个使者带着黄金、珠宝去见冒顿的阏氏（匈奴的王后），请他在单于面前说些好话。阏氏一见汉朝使者给她送来这么多贵重礼物，心里挺高兴。

当天晚上，阏氏对冒顿说：“我们即使占领了汉朝的地方，也没法长期住下来。再说，也会有人来救汉朝皇帝的。咱们不如早点撤兵回去吧！”

冒顿听了阏氏的话，第二天一清早，就下令将包围圈闪开一个缺口，放汉兵出去。

经过这一次险情，汉高祖知道汉朝没有力量再去征服匈奴，只好回到长安。以后，匈奴一直侵犯北方，使汉高祖大伤脑筋。他问刘敬该怎么办，刘敬说：“最好采用‘和亲’的办法，大家讲和，结为亲戚，彼此可以安安稳稳地过日子。”

汉高祖同意了刘敬的建议，派刘敬到匈奴去说亲，冒顿当即同意了。汉高祖挑了一个宫女所生的少女，假称作大公主，送到匈奴去，冒顿把她立为阏氏。

从那时候起，汉朝开始采用“和亲”的政策，跟匈奴的关系暂时缓和了下来。

·修筑长城·

为了防御匈奴人南下，从公元前214年起，秦始皇下令在原秦、赵、燕三国长城的基础上，修建起新的万里长城。秦长城西起临洮，东至辽东，花费了十余年时间，耗费了无数人力物力。长城是当时世界上最巨大的防御工程，对保障内地人民的生产和生活起到了重要作用。

韩信忍辱

韩信小时候，父母双亡，家中很穷，常常吃不饱穿不暖。他实在没有办法就跟远房的哥嫂住在一起，靠他们施舍的残羹剩饭度日。吃人家的饭，就得受人家支使。韩信白天帮哥哥在田里干活，晚上躲在屋子的一隅刻苦读书。但嫂子很刻薄，讨厌他读书，认为读书会耗费许多灯油，又不会给家里带来好处。韩信不能忍受嫂子的冷言冷语，只好流落街头。

离韩信的住处不远，有一位为别人当佣人的老婆婆。她很同情韩信的处境，不但每天供给他饭食，还支持他读书。面对老婆婆的一片

⊙韩信像

公元前195年

中国大事记：
四月，汉高祖死，皇太子刘盈嗣位，是为汉惠帝。

好心，韩信由衷地感激。他时常对老人说："我长大了一定要重重地报答你的恩情。"老婆婆则笑着说道："我一个孤老婆子，图什么报答，再说等你长大后我早就入土了。"但韩信对老婆婆的好处念念不忘。后来，他成为汉朝名将，被封为楚王，还一度把这位老人接到自己的宫殿里，像对待自己的亲生母亲一样侍奉。

儿时的韩信，尽管贫穷落寞，但凡事爱动脑筋，常常表现出惊人的才智。传说有一天，街上的两个卖油郎争吵了起来，喋喋不休。围观的人越来越多，恰好韩信从这里路过。出于好奇，他挤进了人群。看了一会儿，他才明白，原来这两个人合伙卖油，后因意见不合，二人准备把剩下的10斤油平分，之后分道扬镳，但怎么也分不匀，故而争执不下。

韩信环视了一下场地，发现他们没有秤，只有一个能装7斤的瓦罐、一个能装3斤的油葫芦，以及一个油桶。他们把油倒来倒去，每个人总说对方的多。这使得周围的人想要劝解都无从说起。办法只有一个，那就是把油精确地分成两等份。

韩信面对两个争得面红耳赤的卖油郎和眼前的油桶、瓦罐、油葫芦，沉思了半晌，忽然眼前一亮，大声说："你们不要吵了，我能让你们把油分匀！"

两个卖油郎面面相觑，同意听听韩信的看法。韩信当众把自己的想法说出来：先用油葫芦连装3次，共装9斤，把油注入瓦罐，这时能装7斤的瓦罐已灌满，油葫芦里还剩2斤油，油桶中还剩1斤油；再将瓦罐的7斤油全部倒入油桶，这时油桶中有8斤油；然后再将油葫芦中的2斤油全部倒进瓦罐；最后用空葫芦在油桶里打出3斤油倒进瓦罐。这样，油桶中剩下的油与瓦罐中装的油正好都是5斤。至此，油被分匀，双方各分一份，满意而去。

年少时的韩信虽然有着非凡的才智，但淮阴城里许多年轻人看不起他。人们看到韩信身材高大却经常佩带宝剑，更以为他懦弱，胆小如鼠。其实，宝剑是父亲唯一的遗物，韩信非常珍视它，故时时刻刻带在身边，即便是外出乞食时也不例外。

有一天，一个游手好闲的泼皮无赖正在大路边舞枪弄棒，虽然只是一些花拳绣腿，但人们怕得罪这号人，都附和着连声叫好。韩信经过此处，头也不抬就走了过去，不巧正被无赖瞅见。

无赖想要在众人面前炫耀一番，便抢上一步拦住韩信，说："韩信！你先不要走。别看你天天佩剑，看起来很威风，其实最懦弱不过。宝剑佩在你身上仅仅是一个摆设。"说完这句话，无赖瞄了韩信一眼，见他没有什么反应，胆子就更大了。他以挑衅的口气说道："你若是个有血性的男子，就拔剑刺我；如果是懦夫，就从我的裤裆下钻过去。"

韩信忍无可忍，刚想发作，转念一想，虽然他是个泼皮无赖，但杀了他也免不了要吃官司，甚至搭上自己的性命。

这时，围观的人都为韩信捏紧了拳头，以为韩信会好好地教训他一番。出人意料的是，韩信迟疑了一下，不声不响地从那人的裆下钻过去了。

在场的人瞠目结舌，继而哄然大笑，说韩信是天下第一胆小鬼，说他身为七尺男子枉活于世。韩信毕竟是韩信，其胸襟和气度当然不是一般人所能理解的。

韩信受此胯下之辱后，更加奋发图强。此后，他勤习武艺，钻研兵书，文韬武略样样精通，终于在秦末农民战争和楚汉战争中崭露头角。陈胜、吴广起义后，韩信投奔了项梁起义军，项梁阵亡后归属项羽，但未受到重用，后来投奔刘邦。

韩信协助刘邦制定了还定三秦以夺天下的方略，并率军开辟了北方战场，先后击破魏、赵、齐、楚，并参与指挥了垓下（今安徽灵璧南）决战，围歼楚军，迫使项羽自刎。在整个楚汉战争中，韩信发挥了卓越的军事才能，为汉王朝的创建做出了重要贡献，他的用兵之道也为后世兵家所推崇。

约公元前170～前159年

世界大事记：
巴克特里亚国王欧克拉蒂德斯在位。

白马之盟

汉高祖晚年时宠爱戚夫人。戚夫人生了个孩子，名叫如意，被封为赵王。汉高祖觉得吕后所生的太子刘盈性格软弱，担心他成不了大事，倒是如意说话做事很合自己的心意。因此，想废掉太子刘盈，立如意为太子。

他为这件事召集大臣们商量，但大臣们都反对，连他一向敬重的张良也不同意。大臣们还把当时很有名望的四个隐士——“商山四皓”（皓，就是白发老人的意思）请了来，帮助辅佐太子刘盈。这样一来汉高祖就没法废掉太子了。

汉高祖知道自己快不行了，便把大臣召集到他跟前，吩咐侍从宰了一匹白马，要大臣们歃血为盟。大臣们当着高祖的面，歃了血，发誓说：“从今以后，不是姓刘的不可以封王，不是功臣不可以封侯。谁违背这个盟约，大家就共同讨伐他。”

汉高祖病情越来越重了，便叫吕后进去，嘱咐后事。

公元前195年，汉高祖死了。吕后封锁了消息，秘密地跟他的一个心腹大臣郦食其说：“大将们和先帝都是一起起兵的，这些人很难控制。如今先帝去世，他们就更靠不住了，不如把他们都杀了。”

郦食其觉得这事不好办，就约吕后的哥哥吕释之做帮手。吕释之的儿子吕禄偷偷地把这个秘密消息泄露给他的好朋友郦寄，郦寄又把这件事告诉他父亲郦商。

郦商听到这消息，马上去找郦食其，对他说：“听说皇上去世四天了。皇后不发丧，反倒打算杀害大臣。这样做，一定会激起大臣和将军们的反抗，不仅天下会大乱，只怕您的性命也难保。”

郦食其害怕了，忙去找吕后。吕后也觉得杀大臣这件事没有十足的把握，就下了发丧的命令。

大臣们安葬了汉高祖，太子刘盈即位，就是汉惠帝。吕后做了太后。

⊙吕后像

汉惠帝确实是个软弱无能的人，一切事务都由他母亲吕太后做主。吕太后大权在手，想干什么就干什么。

吕后最痛恨的是戚夫人和赵王如意。她先把戚夫人罚做奴隶，又派人把赵王如意从封地召到长安来。

汉惠帝知道太后要加害弟弟如意，便亲自把如意接到宫里，他俩吃饭睡觉都在一起，使吕太后没法下手。

有一天早晨，汉惠帝起床出外练射箭。他想叫如意一起去，一看如意睡得很香，不忍叫醒他，便自己出去了。等惠帝回宫，看到如意

·汉初三杰·

汉初三杰是指张良、萧何、韩信。正是由于他们的全力辅佐，刘邦才能击败强大的楚霸王项羽，建立西汉。刘邦当上皇帝后，曾这样说：“出谋划策，决胜千里，我比不上张良；治理国家，安抚百姓，筹集粮饷，我比不上萧何；率领百万大军，战必胜，攻必克，我比不上韩信。这三个人都是绝顶聪明的人，我能够重用他们，这就是我得天下的原因。”

公元前193年

中国大事记：
萧何死，曹参代为相国，沿袭成规，无所变更。

已经死在床上了。惠帝知道弟弟是被毒死的，抱着尸首大哭一场。

吕太后杀了如意，还残酷地把戚夫人的手脚都砍去，挖去她的两眼，给她吃了哑药，把她扔在厕所里。

后来，汉惠帝看见戚夫人被太后折磨成这个样子，不禁放声大哭，然后生了一场大病。他派人对太后说："这种事不是人能干得出来的。我是太后生的，但没有治理天下的能力。"

从那以后，汉惠帝很少过问朝廷的事务。

谋士张良

张良（？~公元前186年），字子房，战国时韩国城父（今河南郏县东）人，出身贵族。他的祖父和父亲都曾担任过韩国宰相，家世显赫。后来韩国被秦国所灭，张良失去了施展抱负的机会和显赫荣耀的地位。张良身负家仇国恨，他散尽家财结交刺客，连弟弟死了都顾不上埋葬，企图暗杀秦始皇，为韩国报仇。

⊙张良像

秦灭六国之后，秦始皇曾多次巡游天下，这为张良的行刺计划提供了机会。公元前218年三月初六，秦始皇又一次出巡。当秦始皇的车队浩浩荡荡地行进在阳武博浪沙（今河南原阳东南）的官道上时，丝毫没有觉察到危险降临。张良结交了一个大力士，让他向秦始皇的御车投掷120斤的大铁椎，但没有击中秦始皇的御车，而误中了随从人员的车辆。刺客当场被擒，张良仓皇逃走。秦始皇大怒，下令捉拿刺客，天下因此戒严了十天。张良被迫隐姓埋名行躲在下邳（今江苏省睢宁县北）。

一天晚上，张良出来散步。望着皎洁的月亮，他长叹一声，不知道什么时候才能报家仇国恨。不知不觉走到了一个小桥下，桥上坐着一个老人。老人见张良走过来，就脱下鞋扔到桥下，对他说："喂！小子，给我把鞋捡起来！"张良非常生气，正想发作，但看对方是个老人，就强忍住了。张良把鞋捡起来，走上桥递给老人。不料老人把脚一伸，傲慢地说："给我穿上！"张良想，既然都捡了，那就给他穿上吧，于是强压怒火给老人穿上。老人满意地捋了捋胡子说："孺子可教！孺子可教！五天后的早晨在这里来等我！"说完转身走了。

五天后，天刚亮张良就赶到桥边，发现老

·贾谊与《过秦论》

贾谊（公元前200~前168年），年少即以育诗属文闻于世。后见用于文帝，力主改革，被贬。改任梁怀王太傅。梁怀王坠马而死，自伤无状，忧愤而死。主要文学成就是政论文，著有《新书》十卷。代表作有《过秦论》上、中、下三篇，《陈政事疏》（亦名《治安策》），《论积贮疏》等。《过秦论》总结了秦代兴亡的教训，实则昭汉之过。《陈政事疏》和《论积贮疏》是批评时政之作，提出用"众建诸侯而少其力"的办法，巩固中央集权制。要"驱民而归之农"，巩固政权。其文说理透辟，逻辑严密，气势汹涌，词句铿锵有力，对后代散文影响很大。

公元前160～前135年

世界大事记：
巴克特里亚国王米南德在位。

⊙张良吹箫破楚兵　年画
这是杨柳青年画中关于楚汉战争的描绘，生动再现了楚霸王兵败乌江的悲怆。

人早已经在桥上了。老人非常生气，说：“怎么来得这么晚？五天后再来等我！”五天后，张良一听到鸡叫就赶去了，结果还是没有老人来得早。老人让他五天后再来。

到了第四天的晚上，张良怎么也睡不着了，他三更半夜就穿衣起床来到桥上等候。过了一会儿，老人来了，笑着对他说：“不错，隐忍过人。我有一部兵书，你拿去细读吧。10年后天下将大乱，你要有所作为啊。”说完，从怀中掏出一本书递给张良。张良在月光下一看，是周朝姜子牙著的《太公兵法》，赠书的这位老人就是黄石公。张良日夜苦读，终于成为一个深明韬略、足智多谋的谋略家，

秦二世元年（公元前209年）七月，陈胜、吴广起义后，天下大乱，张良聚集上百人响应，后来投奔了刘邦。他为刘邦出谋划策，使刘邦的势力逐渐强大起来，刘邦对他非常器重和信任。张良念念不忘恢复韩国，他游说当时势力最强大的起义军将领项梁立韩国公子成为韩王，项梁一口答应。项梁派人找到了公子成，立他为韩王，并让张良任丞相，辅佐韩王。后来韩王被项羽所杀，张良再次投奔刘邦。

趁着项羽和章邯率领的秦军主力决战之机，刘邦和张良率军准备进攻咸阳。抵达南阳郡时，南阳郡守退入宛城（今河南南阳）固守。刘邦见宛城一时难以攻取，打算绕过宛城继续西进。张良说：“现在不拿下宛城，一旦宛城的秦兵从后面追杀过来，秦军前后夹击，我们就危险了。”刘邦认为他说得有理，就命令军队立即更换旗帜，乘夜抄小路悄悄返回，将宛城重重围住。接着，刘邦采用攻心术，招降了南阳太守，兵不血刃地轻取了宛城，为西进解除了后顾之忧，南阳郡的其他城池见太守投降，也纷纷归附刘邦。刘邦军威大振。

秦王子婴派了5万兵马守住峣关（今陕西商县西北）。刘邦用张良的计策，派兵在峣关前的山上插满旗子，以迷惑秦军；另派将军周勃率军绕到峣关侧面，一举攻占。子婴见大势已去，只好向刘邦投降。秦朝至此灭亡。

后来刘邦和项羽争夺天下，张良继续为刘邦出谋划策。他建议刘邦拉拢英布、策反彭越、重用韩信，共同抗楚，并反对立重建六国，以防力量分散。鸿沟之盟后，项羽率兵东归。张良又建议乘胜追击，不要放虎归山。汉军终于打败了楚军，项羽在垓下被迫自杀。

刘邦统一天下后，大封群臣，说“运筹策帷帐中，决胜千里外，子房功也”，封他为留侯。人们把张良、萧何、韩信并称为“汉初三杰”。

萧规曹随

汉惠帝即位第二年，相国萧何年纪大了，身患重病。汉惠帝亲自去慰问他，就将来谁来接替相位的人选一事，向萧何请教。

萧何不愿意直接说出自己的意见，只说：“陛下是最了解臣下的。”

汉惠帝问他：“你看曹参这个人怎么样？”

公元前188年

中国大事记：
汉惠帝死，吕后临朝称制。

·“成也萧何，败也萧何”·

韩信是刘邦的大将，为汉朝大业的开创立下了汗马功劳。据《史记》记载，韩信起初在项羽手下当一个郎中小官，屡次向项羽献策，都未被采用。于是就从楚军逃亡至汉军，做了一名小小的治粟都尉。萧何将他推荐给刘邦，于是，韩信从一名小军官，一下子被刘邦拜为统率全军的大将。后巨鹿守将陈豨造反，韩信已事先与之达成默契，愿为内应。刘邦亲自率兵前去平叛，韩信借病不从，却秘密聚集一些亡命之徒欲袭击吕后和太子。不幸事情泄露，吕后用萧何之计，假称皇上已平定陈豨，让群臣皆来拜贺，骗韩信入朝。韩信一来便被武士捆绑，吕后命人在长乐宫前将他斩首。

韩信的成功是由于萧何的大力推荐；韩信的败亡，也是萧何出的计谋。所以民间就由这个故事概括出“成也萧何，败也萧何”这一成语。

萧何说：“陛下的主意太好了。有曹参接替，我可以放心地走了。”

曹参文武全才，先做了将军，后做了丞相。在灭秦、击楚以及平定叛军的诸多战役中，他披荆斩棘，立下赫赫战功，计攻占两个诸侯国、一百二十二县，俘二诸侯王、三个诸侯相、六个将军，另大莫敖、郡守、司马、军侯、御史各一人。刘邦论功行赏，他功居第二。韩信被诛杀后，刘邦封长子刘肥为齐王，曹参出任齐国相国。

萧何死后，汉惠帝马上命令曹参进长安，继任相国。萧何在世时制定的规章、制度主要有：《九章律》，这是以秦朝《六律》为蓝本，增加《户律》《擅律》《厩律》，合为九章；田赋、口赋、献费三种构成赋役；徭役制度，有正卒、戍卒、更卒三种。还有许多其他制度。曹参对这些规章制度不做任何变动，而是全盘执行。在他出任相国的三年内，没提出任何建议和措施。

一些大臣见曹参这种无所作为的样子，有点着急，也有人去找他，想帮他出点主意。但是他们一到曹参家里，曹参就请他们一起喝酒。有些人想借机向他说起朝廷政务，他总是岔开话头，让人开不了口。

汉惠帝看到曹相国这种做法，认为他瞧不起自己，心里挺不舒服。于是，他把在皇宫里侍候他的曹参之子曹窋叫来，对他说：“你回家的时候，找个机会问问你父亲，高祖归了天，皇上年轻没有经验，国家大事全靠相国来处理。可您天天喝酒，不管政事，这么下去，能治理好天下吗？看你父亲怎么说。”

曹窋回去的时候，就照惠帝的话对曹参说了。

曹参一听，马上火了，他骂道：“你这个毛孩子懂得什么，国家大事也轮到你来啰唆。”说着，竟叫仆人拿板子打了曹窋一顿。

曹窋莫名其妙地挨了一顿打，非常委屈，回宫的时候就一五一十地向汉惠帝说了。汉惠帝听了很不高兴。

第二天，在朝堂上，惠帝就对曹参说：“曹窋跟你说的话，是我让他说的，你打他干什么？”

曹参向惠帝谢过罪，接着说：“请问陛下，您跟高祖比，哪一个更英明？”

汉惠帝说：“我比不上高皇帝。”

曹参说：“我跟萧相国比较，哪一个能力强？”

汉惠帝禁不住微微一笑，说：“好像萧相国强一些。”

曹参说：“陛下说得对。陛下比不上高皇帝，我又比不上萧相国。高皇帝和萧相国平定了天下，又给我们制定了一套规章。我们只要照着他们的规定办，不要失职就行了。”

汉惠帝这才明白过来。

曹参采用黄老无为而治的学说，做了三年相国。那个时候，正处于长期战争的动乱之后，百姓需要安定，他那套办法没有加重百姓的负担，国家也得以休养生息。

公元前146年

世界大事记：
罗马军队毁迦太基城。

周勃夺军

汉惠帝一直没有儿子，吕太后做主从外面找来一个婴儿，对外说是惠帝生的，立为太子。公元前 188 年，惠帝一死，这个婴儿接替了皇位。小皇帝不能处理朝政，吕太后便名正言顺地临朝执政。

吕太后为了巩固自己的权力，要立吕家人为王，向大臣们征求意见。

右丞相王陵提起汉高祖临终前与大臣们立下白马盟约的事，不赞成吕太后的想法。吕太后大为不满。

陈平、周勃说：“高祖平定天下，分封刘家的子弟为王，这当然是对的；现在太后临朝，封自己的子弟为王，也没有什么不可以。”

散朝以后，王陵批评陈平和周勃违背了誓言。

陈平、周勃说：“您别着急。当面在朝廷上和太后争论，我们比不上您；将来保全刘家天下，可就要靠我们了。”

从这以后，吕太后就陆续把她的娘家人，像吕台、吕产、吕禄等一个个都封了王，还让他们掌握了军权。朝廷大权几乎控制在吕家的手里了。

吕太后临朝的第八个年头，患了重病。临死前封赵王吕产为相国掌管北军；吕禄为上将军，掌管南军，并且叮嘱他们说：“现在吕氏掌权，朝廷里有很多大臣不服。我死了以后，你们要带领军队保卫宫廷，不要出去送殡，提防被人暗算。”

吕太后死后，兵权都在吕产、吕禄手里，他们便策划发动叛乱。

刘章得知了吕家的阴谋，就派人去通知哥哥齐王刘襄，约他出兵攻打长安。

齐王刘襄起兵，吕产得到了这个消息，立刻派将军灌英带领兵马去征讨。灌英一到荥阳，就跟部将们商量说：“吕氏想夺取刘家天下。如果我们向齐王进攻，这不等于帮助吕氏叛乱吗？”

大家商量了一下，决定按兵不动，暗地里通知齐王，要他联络诸侯，等时机成熟，一起起兵讨伐吕氏。齐王接到通知，马上就地安营扎寨，停止前进。

周勃、陈平知道吕氏要发动叛乱，便想先发制人，但是兵权掌握在吕氏手里，必须想办法夺回兵权。

他们想出了主意，派人鼓动郦寄去劝说吕禄道：“太后死了，皇帝年纪又小，您身为赵王，却留在长安带兵，大臣诸侯都怀疑您。如果您能把兵权交给太尉，回到自己的封地，齐国的

汉高祖和吕后合葬之长陵
刘邦和吕后同茔而不同穴，实为两座陵墓，位于陕西咸阳窑店乡三义村北，西为高祖陵，东为吕后陵。长陵又称长山，也叫长陵山。以“长”为陵，可能是取首都长安的第一个字。高祖陵封土高 32.8 米，底部和顶部平面均为长方形；吕后陵在高祖陵东南 280 米，封土高 30.7 米，高祖陵和吕后陵在同一陵园内。陵园四面墙垣的中央各开一个门作为通道。

公元前180年

中国大事记：
陈平、周勃等平定吕氏之乱，迎代王刘恒为帝，是为汉文帝。

⊙ **“文帝行玺”金印**
出土于广州象岗南越王墓。

兵就会撤退，叛乱也就会平息。”吕禄相信了郦寄的话，把北军交给太尉周勃掌管。

周勃拿到了将军的大印，马上赶到北军军营中去。向将士下了一道命令：“现在吕氏想夺刘家的天下，你们看怎么办？支持吕家的把右臂袒露出来，帮助刘家的把左臂袒露出来。”

北军中的将士本来都是向着刘家的。命令一传下去，一下子全脱下左衣袖，露出左臂来。这样，周勃顺利地接管了北军，夺了吕禄的兵权。

吕产不知道吕禄的北军已全部落在周勃手里，他跑到未央宫想要发动政变。周勃派朱虚侯刘章带了1000多兵士赶来，杀了吕产。接着，周勃带领北军，把吕氏的势力全部铲除了。

经大臣们商议废掉小皇帝，立高祖的儿子代王刘恒为皇帝，这就是汉文帝。

文景之治

白登之围后，刘邦知道现在汉朝的实力还不足以和匈奴相抗衡，于是决定实行休养生息政策，黄老学派的无为而治思想成了治理国家的主导思想。黄老学派是道家学派的一支，道家把黄帝、老子尊奉为道家创始人，主张“无为而治”，认为统治者只要政治措施简单，不劳民伤财，老百姓就能安居乐业而不会起来造反。

刘邦死后，他的儿子汉惠帝和吕后继续执行休养生息的政策。

公元前180年，吕后病死，丞相陈平、太尉周勃与朱虚侯刘章等宗室、大臣杀光想篡权的吕氏族人，迎立刘邦的第四子代王刘恒为帝，这就是汉文帝。

汉文帝的母亲是薄太后。当年吕太后在宫中专横跋扈，为了躲避灾祸，薄太后就和儿子刘恒一起来到了刘恒的封地代国（今山西、河北北部一带，国都在今河北蔚县）。刘恒在做代王时，就以勤政孝顺闻名天下，他又是刘邦健在的儿子中最年长的一位，因此被拥立为皇帝。

汉文帝即位后，在刘邦休养生息政策的基础上又进一步采取了轻徭薄赋、与民休息的措施。他十分重视农业生产，多次鼓励农民发展生产，兴修水利，为了减轻农民负担，先后两次把田租减为三十税一，就是农民交纳的田税是收成的三十分之一，甚至连续12年免收全国田租，赋税由每人每年一百二十钱减为四十钱，徭役也改为每三年服役一次；开放归国家所有的森林大山、河流湖泊，允许人民进去砍柴、挖矿、煮盐、捕鱼。他还减轻了刑罚，取消了连坐法和割鼻、砍脚、在脸上刺字等肉刑，改用笞刑代替。

⊙ **汉文帝像**

汉文帝还关心百姓的疾苦，刚当皇帝不久，他就下令：80岁以上的老人全部由国家供养，每月都要发给他们米、肉和酒；对90岁以上的老人，再增加一些麻布、绸缎和丝绵，给他们做衣服。汉文帝还曾亲自下地种田，皇后也去采桑、养蚕、纺线、织布。

为了对付匈奴的侵扰，汉文帝把大批百姓

公元前137年

世界大事记：
第一次西西里奴隶起义。

迁到边疆地区，派大量军队驻扎在北方边疆以增强防御力量的同时，继续奉行“和亲”政策。在匈奴入侵后，汉文帝派军队进行抵御，匈奴退走后，汉文帝禁止军队追赶，避免扩大战争，以保存有生力量。南越国国王赵佗自称南越武帝，派兵侵扰长沙国，与汉朝分庭抗礼。汉文帝没有出兵讨伐，而是派人修葺了赵佗老家真定（今河北正定）的祖坟，并封赏他的亲属，然后派使者出使南越国劝说赵佗。赵佗深受感动，除去了帝号，复称南越王，再次归附汉朝。

汉文帝生活非常简朴。一次，汉文帝想修建一个露台来观赏风景，他问大臣需要多少钱。大臣告诉他：“大概需要100斤金子。”汉文帝吃了一惊，接着问：“100斤金子合多少户人家的财产？”大臣回答：“大概合十户中等人家的财产。”汉文帝急忙摆手说：“不修了，不修了。现在国家的财力不足，用钱的地方还很多，还是省省吧。”汉文帝穿的都是粗布衣服，住的、用的都是前代皇帝留下的，从没有增添过新的东西，就连他宠爱的妃子们也不穿华丽的衣服，床上的帷帐也不绣花。汉文帝在位23年，没有修建宫殿、花园，车马衣服也没有增添。

刘恒在位23年，于公元前157年去世，终年46岁，葬于灞陵（今陕西西安市东），庙号太宗，尊谥孝文皇帝。他的儿子刘启即位，就是汉景帝。

汉景帝继续采取文帝时的政策，把三十税一的田税定为长期田租制度，又进一步减轻刑罚。他果断地平定了七国之乱，维护了统一。他在位期间，三次与匈奴和亲，使得汉朝北部边境保持了安定和平。他也像汉文帝一样亲自下地种田，为国民做表率。

经过汉文帝和汉景帝近半个世纪的励精图治，国库里的钱堆积如山，有些钱由于很久不用，串钱的绳子都腐烂了，仓库里新粮食压陈粮食，都堆到了仓库外面，陈粮食都腐烂得不能吃了。街道上、田野里牛马成群，国家安定团结，人民安居乐业，史称“文景之治”。

“文景之治”为汉武帝反击匈奴提供了雄厚的物质基础。文景之治时期的“与民休息”政策看似对农民有利，其实对地主、商人更为有利。比如文景减免田赋，地主获利最大；入粟拜爵则提高了商人的政治地位。文帝为求得政治上的安定，没有限制诸侯王势力，结果爆发了七国之乱。

·汉初休养生息·

汉初，由于秦末的连年战乱，使社会生产遭到极大的破坏。农民流离失所，人口锐减，市场混乱，物价奇高，国家府库空虚，财政困难，另有异姓王对中央政权的威胁及北方匈奴对边境安宁的威胁。针对这种形势，刘邦君臣在铲除了异姓诸王、稳定边疆之后，把恢复农业生产、稳定社会生产生活秩序作为国家的首要任务，采取了一些重要的措施：兵士罢归家乡，免除一段时间的徭役；在战乱中聚保山泽的人各归本土，恢复故爵和田宅；由于饥荒自卖为奴婢的人，一律还为庶人；抑制商人，限制他们对农民土地的兼并；减轻田租，十五税一。这些政策的实行，使封建经济逐步得以恢复，汉初政权逐步地稳固了。

缇萦救父

汉高祖刘邦建立西汉，为了保卫刘家天下，建立了9个王国，派自己的子侄去当国王，齐国为其中之一。齐国太仓令淳于意自幼喜欢医术，看过《黄帝内经》、扁鹊的《脉书》，后来又拜齐国名医杨庆为师，从此医术更是突飞猛进。他经常替人看病，并且不计较医药费，人们都很尊敬他。淳于意个性刚直，淡泊名利，从不巴结权贵。杨庆死后，淳于意索性辞去太

公元前167年

中国大事记：

汉文帝废除肉刑，以笞刑代之。

⊙缇萦像

仓令一职，专门行医，并且经常帮助穷人，他的小女儿淳于缇萦经常在一旁协助他。

淳于意行医时常常根据病人病情的轻重，来确定医治顺序。有一次，淳于意在城外的一个村子里给一位村民治病，这位村民得了急症，两个时辰才能脱离危险，他就留下来照顾病人。这时齐国首都临淄（今山东临淄）有一位富豪的儿子得了重病，派家奴骑马来请他前去看病。因为病人还没有脱离危险，淳于意告诉那位家奴，让他用马车把病人拉来。那位家奴死活不肯，非要淳于意和他一起去家里看病，淳于意警告他，再拖延就有生命危险了。那位家奴见淳于意死活不走，只好离开，回到家发现少主人已经死了。富豪之家就将淳于意告到官府，当地的官吏判淳于意“肉刑”，就是在脸上刺字、割去鼻子、砍去左足或右足、挖去膝盖等刑罚。因为淳于意做过太仓令，所以要押到西汉首都长安（今陕西西安）去受刑。

临走时，他看着五个女儿叹了口气，说：“我只有五个女儿没有儿子，要是有儿子，在这个时候说不定还能想想办法。女儿真是没用。”其他的几个女儿只是低着头哭泣，最小的缇萦既悲伤又气愤，她想：“为什么女儿没有用呢？”缇萦挺身而出，表示要陪父亲去长安，一来可以在路上照顾父亲，二来到长安再想办法救父亲。押送淳于意的差役见缇萦又瘦又小，都劝她说：“长安千里迢迢，路途遥远，你恐怕受不了，还是不要去了。你年龄太小，到官府乱说话，很可能会没命。”家人也纷纷劝阻，但缇萦心意已决，坚持陪父亲去长安。缇萦简单收拾了一下行礼，就和父亲一起上路了。在路上，缇萦一边无微不至地照顾父亲，一边思索着如何营救父亲。

到长安后，淳于意被关进了监狱。眼看着父亲受刑的日子一天天临近，缇萦心急如焚，她左思右想，决定去向皇帝上书。

在一个秋风萧瑟的清晨，衣衫单薄、满脸泪痕的缇萦，双手高高举着诉冤书，在皇宫外的石阶上长跪不起。上朝的大臣们看见缇萦这个样子都非常吃惊，议论纷纷，就禀报给汉文帝。汉文帝一听，觉得其中必有冤情，就立刻召见了缇萦。缇萦把诉冤书呈递上去，汉文帝打开一看，上面写着：“我叫淳于缇萦，父亲淳于意曾是齐国太仓令，为官清廉，齐国人都说他是个清官。他医术高明，救人无数。后来被人诬告，要处以肉刑。我不但为父亲难过，也为所有处过肉刑的人难过。一个人被砍去了脚，不能再长出来；割掉了鼻子，不能再安上。即使这个人想悔过自新，也成了残废了。我愿意到官府里当奴隶，来替父亲赎罪。”汉文帝看了大为感动，派人前去调查淳于意的案件，结果发现他是清白的。汉文帝立即赦免了淳于意。父女两人喜出望外，跪谢皇恩，欢天喜地地回临淄去了。

汉文帝召集大臣商议道：“一个人犯了罪理应受到惩罚，但也应该给他重新做人的机会。肉刑却砍掉他们的脚，在他们的脸上刺字，这样的刑罚怎么能劝人向善呢？我决定从此以后

·肉刑·

肉刑是摧残人的肉体的刑罚，分为很多种，如墨刑，是在犯人脸上刺字，再用墨汁涂在字上，使字痕终身无法消除；劓刑是割去鼻子；刵是割去耳朵；刖刑是砍断脚，也叫膑刑；宫刑是割去生殖器。

公元前133～前121年

世界大事记：
古罗马格拉古兄弟实施改革。

废除肉刑。”大臣们觉得皇帝说得有道理，纷纷表示同意，建议用笞刑（打板子）代替肉刑。第二天，汉文帝正式下诏废除肉刑。

缇萦救父使汉文帝废除肉刑的事迹很快传遍了天下，人们纷纷写诗称赞缇萦：“随父赴京历苦辛，上书意切动机定；诏书特赦成其孝，又废肉刑惠后人。”“欲报亲恩入汉关，奉书诣阙拜天颜，世间不少男儿汉，可似缇萦救父还”，班固也写诗称赞道：“百男何愦愦，不如一缇萦。”缇萦救父的故事被人们千古传颂。

将门虎子

汉文帝即位之后，匈奴单于中断了与汉朝的交往。

公元前158年，匈奴的军臣单于带领6万士兵，侵犯上郡（治所在今陕西榆林东南）和云中（治所在今内蒙古自治区托克托东北），烧杀抢掠，一时间战火又起。

汉文帝连忙派三位将军兵分三路去抵抗。为了保卫长安，另外派三位将军带兵守卫在长安近郊，将军刘礼驻扎在灞上，徐厉驻扎在棘门（今陕西咸阳东北），周亚夫驻扎在细柳（今陕西咸阳市西南）。

周亚夫是绛侯周勃的儿子。几年前，周亚夫的哥哥犯了罪，被废除侯位。汉文帝要选拔周勃儿子中最贤能的人，大家都推举周亚夫，于是文帝封周亚夫为条侯，继承绛侯周勃的爵位。

周亚夫带兵驻守细柳后，有一天，汉文帝亲自到长安附近三个军营去慰劳，顺便也去视察一下。

他先到灞上，刘礼和他的部下将士接到皇帝来视察的消息，都纷纷骑着马来迎接，汉文帝的车马驶进军营，如入无人之境。汉文帝慰劳了一阵走了，将士们列队欢送。接着，他们又来到棘门，受到的迎送仪式同样隆重。

最后，汉文帝来到细柳。周亚夫军营的前哨看见远远有一队人马过来，立刻向周亚夫报告。将士们披盔带甲，弓上弦，刀出鞘，做好了战斗准备。

汉文帝的先遣队到达了营门，守营的岗哨立刻拦住。先遣的官员吆喝道：“皇上马上驾到，打开营门！”营门的守将镇定地回答说：“军中只听将军的军令，将军没有命令，不能开营门放你们进去。”官员正要同守将争执，文帝的军驾已经到了。守营的将士照样挡住不让进。汉文帝只好命令侍从拿出皇帝的符节，派人给周亚夫传话说：“皇帝来军营劳军。”周亚夫下令打开营门，让汉文帝的车马进来。

⊙汉文帝灞陵

灞陵位于西安市东郊渭水南岸的白鹿原上。灞陵是依山开掘墓室，平地无冢。这是我国历史上第一个依山开凿墓穴的帝王陵，对以后各朝特别是唐朝依山为陵的影响极大。

公元前157年

中国大事记：
汉文帝死，皇太子刘启嗣位，是为汉景帝。

·养老令·

西汉文帝时，有养老令，规定80岁以上的老人，每月赐米一百二十斤，肉二十斤，酒五斗；90岁以上，又加赐帛二匹，絮三斤。养老令还对这些养老措施的落实作了具体的安排，有执行者，有监督者。但是，犯过重罪，或有罪待决的犯人不在此列。

护送文帝的人马一进营门，守营的官员又郑重地告诉他们："军中有规定，军营内不允许车马奔驰。"汉文帝马上吩咐侍从放松缰绳，缓缓地前进。

到了中军大营，只见周亚夫披盔戴甲，拿着武器，威风凛凛地站在汉文帝面前，拱手施礼道："臣盔甲在身，不能下拜，请允许按照军中的礼节朝见。"汉文帝听了，很受震动，也扶着车前的横木欠身答礼。接着，又派人向全军将士传达了他的慰问。

慰问结束后，汉文帝离开细柳。在回长安的路上，汉文帝的侍从人员都心怀不满，认为周亚夫对皇帝太无礼了。但是，汉文帝却赞叹地说："周亚夫是真正的将军啊！灞上和棘门两个地方的军队，防备松懈，如果敌人来偷袭，一定会失败，如果将军们都能像周亚夫这样治军，敌人就不敢侵犯了。"

通过这次视察，汉文帝认定周亚夫是个军事人才，就把他提升为中尉。第二年，汉文帝一病不起。临死之前，他对太子说："如果将来国家发生动乱，叫周亚夫率军队去平乱，准错不了。"文帝死后，景帝刘启即位，任命周亚夫为车骑将军。

晁错削藩

汉景帝即位后，也采用休养生息的政策，治理国家。景帝当太子的时候，有个管家的官员叫晁错，挺有才能，大家都称他"智囊"。后来，汉景帝把他提升为御史大夫。

秦朝实行的是郡县制，但是汉高祖打下天下后，分封了20多个诸侯国。这些诸侯都是汉高祖的子孙。到了汉景帝时，诸侯的势力变得强大起来，土地又多，像齐国就有70多座城。有些诸侯不受朝廷的约束，简直成了独立王国。

晁错见各诸侯国的发展态势很有可能造成国家分裂的危险，就对汉景帝说："吴王私自开铜山铸钱，煮海水取盐，招兵买马，动机不纯。不如趁早削减诸侯国的封地。"

汉景帝有点犹豫，说："削地只怕会引起他们造反。"

晁错说："诸侯想造反的话，削地会反，不削地将来也会反。现在造反，祸患小；将来他们势力大了，再反起来，祸患就大了。"

汉景帝觉得晁错的话很有道理，便下定决心，削减诸侯的封地。过了不久，朝廷找了些理由，削减了诸侯的封地。有的被削去一个郡，有的被削掉几个县。

⊙晁错像

正当晁错与汉景帝商议要削吴王濞的封地时，吴王濞先造起反来了。他打着"惩办奸臣

公元前107年

世界大事记：
古罗马军事统帅马略开始军事改革。

晁错，救护刘氏天下”的旗号，煽动其他诸侯一同起兵造反。

公元前 154 年，吴、楚、赵、胶西、胶东、甾川、济南七个诸侯王发动叛乱。历史上称为“七国之乱”。

叛军声势很大，汉景帝惊恐之余，想起汉文帝临终时的嘱咐：国家有变乱，就让周亚夫带兵出征。于是，他拜善于治军的周亚夫为太尉，统率 36 名将军去讨伐叛军。

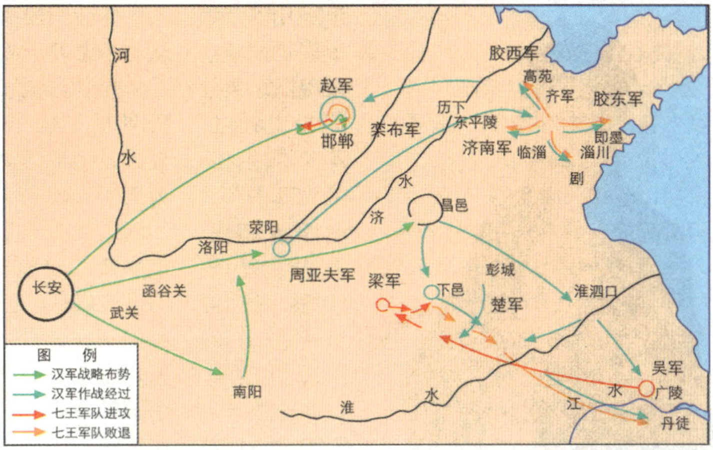

⊙ 平定七国之乱示意图

那时候，朝廷中有人妒忌晁错，说七国发兵完全是晁错的过错，如果杀了他，七国就会退兵。接着，有一批大臣上奏章弹劾晁错，说他大逆不道，应该杀头。汉景帝看了这个奏章，竟昧着良心，批准了。

这样，一心维护汉家天下的晁错，就这样被杀了。

汉景帝杀了晁错，下诏书要七国退兵。这时候，吴王濞已经打了几个胜仗，夺得了几座城池。他听说要他拜受汉景帝的诏书，冷笑说：“现在我也是个皇帝，为什么要拜受别人的诏书？”

这时，汉军营里有个叫邓公的官员，到长安向景帝报告军情。汉景帝问他：“你从军营里来，知不知道晁错已经死了？吴楚答应退兵了吗？”

邓公说：“吴王一直有造反的野心。这次借削地的借口发兵，哪里是为了晁错呢？陛下把晁错杀了，恐怕以后没人敢替朝廷出主意了。”

汉景帝这才知道自己错杀了晁错，但后悔已来不及。亏得周亚夫善于用兵，把吴、楚两国的兵马打得一败涂地。这两个带头叛乱的国家一败，其余的五个国家也很快被平息了。

汉景帝平定了叛乱，仍旧封七国的后代继承王位。但是从那以后，诸侯王只能在自己的封国里征收租税，取消了他们干预地方行政的资格，大大削弱了他们的权力，汉朝的中央集权才得以巩固。

罢黜百家，独尊儒术

经过西汉几位皇帝的励精图治，汉朝的国力追逐渐强大起来。汉景帝去世后，他的儿子刘彻即位，就是汉武帝。

西汉初年，实行休养生息政策，推崇道家的无为而治思想。汉武帝即位后，为了进一步加强中央集权和统一全国思想，开始推崇儒家思想，实行自己的政治方略，安排自己的亲信掌管朝政大权，如让他的舅舅田蚡做太尉，掌握军权。同时，汉武帝还重用许多的儒生。为了选拔更多的人才，武帝下诏命令全国官吏推举“贤良方正”，就是向中央推荐人才，然后中央再选拔考试，考试的第一名叫董仲舒。

董仲舒，广川（今河北枣阳）人，西汉著名思想家，当时儒家的代表人物。武帝召见他，向他询问治国的策略。董仲舒把儒家的治国思想讲给汉武帝听，汉武帝觉得非常合乎自己的想法，立即封董仲舒为大官。丞相卫绾建议：“所推举的贤良，只要不是儒家学派的，一律不

公元前141年

中国大事记：

汉景帝死，皇太子刘彻嗣位，是为汉武帝。

⊙董仲舒像

予录用。”武帝表示同意。太尉窦婴、丞相田蚡还荐举儒生王臧为郎中令，赵绾为御史大夫，宣扬儒家，排斥道家，建议从此以后实行政治改革，不要再向汉武帝的奶奶窦太后奏事。

但当时窦太后还奉行无为而治的道家思想，并任命她的族人担任重要官员，经常干涉朝政，汉武帝的政策在实施时受到很大阻力。当她得知那些儒生鼓动汉武帝不要向她奏事后，勃然大怒。她强迫汉武帝废除了刚刚实施的一系列改革，连汉武帝任命的丞相和太尉也被迫罢免，有的大臣还被逮捕下狱，甚至被逼死狱中。窦太后的族人很快接替了这些重要职位，窦太后把持了朝政。

汉武帝深受打击，但他并没有消沉，只是默默等待。公元前135年，窦太后病死，汉武帝掌握了朝政大权，他立即驱逐了窦太后的族人，任命田蚡为丞相，提拔重用董仲舒等儒生，从此儒家理论成为治理国家的理论基础。

董仲舒向汉武帝提出了“大一统”的思想。所谓大一统，就是抑制诸侯，听命于皇帝。他说天是世间万物的主宰，皇帝是天的儿子，称为天子，代表天来统治人民，皇权神授，因此全国人民都要服从皇帝的统治，诸侯也要听命于皇帝。要想政治统一，就需要思想上统一。如果像春秋战国诸子百家那样，各有各的学说，人们站在各自的立场上议论朝政，就无法做到思想统一，因此董仲舒建议“罢黜百家，独尊儒术”，也就是说只提倡儒家学说，把儒家思想作为统治国家的正统思想，其他诸子百家的思想都禁止传播。选拔官吏一定要选用儒生，其他学派的人一概排斥。因为董仲舒的主张适应了在政治上大一统的需要，所以“罢黜百家，独尊儒术”的主张被汉武帝所采纳。

董仲舒还主张“德主刑辅”，就是以实施仁政为主，法制为辅。先对百姓进行教育，当教育无效时再用法律来惩罚。这种软硬兼施、刚柔相济的治国方针，被武帝采用后成为汉朝乃至以后历代的治国指导思想。

五经博士除了参加政治活动外，主要还是从事教育。公元前124年，汉武帝采纳董仲舒和丞相公孙弘的建议，在长安设立了太学，在地方设立学校。太学以五经博士（教授儒家经典《书》《诗》《春秋》《易》和《礼》的学官）为老师，博士的学生称为太学生。太学生经过

·三纲五常·

董仲舒在孔子提出的“君君、臣臣、父父、子子”的正名说和韩非提出的“臣事君、子事父、妻事夫”的思想的基础上，系统地提出了“三纲”“五常”的社会道德规范，从而完成了对于先秦儒家伦理思想的改造。董仲舒以天道的阴阳对此做了论证。他把阳比为德，阴比为刑，天贵德而贱刑。根据这种阳尊阴卑的理论，在君与臣、父与子、夫与妻的关系中，前者对后者的统治以及后者对于前者的忠诚和服从，都是绝对的、无条件的。为了维系“三纲”的伦常关系，董仲舒还论证了仁、义、礼、智、信五种道德规范，他以阴阳五行为基础，认为“五常”也是永恒合理的。“三纲五常”是董仲舒的新儒学的重要内容，它是维护封建宗法制度的核心，是贯穿此后2000年封建社会的伦理道德规范。

公元前2世纪

世界大事记：
古印度开始开凿阿旃陀石窟。

系统的学习，考试合格者可直接担任官员，这标志着以儒家学说为教育内容的封建教育的开始，儒生成为封建王朝培养和选拔人才的唯一标准。后来儒学教育又扩展到私学、蒙学和家庭教育等各个领域。儒学教育制度的建立，结束了战国以来百家争鸣的局面，儒家学说正式取代了道家学说，确立了独尊地位，成为封建王朝的统治思想，成为中国2000多年封建专制统治的思想基础。"罢黜百家，独尊儒术"的政策，有利于加强封建中央集权和巩固封建大一统局面，对维护当时上升时期的封建统治具有积极作用，也促进了文化的繁荣和教育的发展。但"罢黜百家，独尊儒术"局面的形成，禁锢了人们的思想，扼杀了人们的聪明才智。

推恩令

七国之乱平定后，各诸侯国还有相当的实力，汉景帝开始酝酿削弱诸侯国的政策，但他还没来得及实施就病死了。他的儿子刘彻即位，就是汉武帝，继续推行削弱诸侯国的政策。

其实早在汉文帝时，大臣贾谊就提出了类似推恩令的建议。自从文帝、景帝开始，如何限制和削弱日益膨胀的诸侯王国的势力，一直是令皇帝头疼的问题。文帝时，淮南王、济北王谋反，贾谊在他的《治安策》中提出"众建诸侯而少其力"的建议，就是让各诸侯王国分为若干小国，使诸侯王的子孙都能有封土，直到地尽为止；国家大而子孙少的王国，则先建国号，等他的子孙出生后再册封。汉文帝在一定程度上接受了这一建议，但执行得不彻底，诸侯国的势力依然很大。汉景帝即位后，采纳大臣晁错的削藩建议，结果引发了吴楚七国的叛乱。汉景帝迅速平定了叛乱，并采取了一系列措施，使诸侯王的势力受到了很大削弱。但直到汉武帝初年，一些大的诸侯国仍然连城数十，地方千里，诸侯王骄奢淫逸，蛮横不法，公然抗拒朝廷的命令，威胁着西汉中央集权的巩固。汉武帝元朔二年（公元前127年），主父偃在向汉武帝的上书中提出了新的建议。依照汉制，诸侯王的王位是由嫡长子（嫡长子就是正妻所生的第一个儿子）继承的，而其他的儿子和庶出的儿子没有继承王位的资格。主父偃说诸侯王子弟没有一点封地，仁孝之道就得不到传播。因此向汉武帝建议，令诸侯王推私恩分封其子弟为列侯。这样，名义是上施德惠，实际上是肢解诸侯国以削弱诸侯王的势力。这一建议既迎合了汉武帝巩固中央集权的需要，又使诸侯王找不到武装反抗的借口，因此这个建议立即被汉武帝所采纳。汉武帝下令："诸侯王或欲推私恩分子弟邑者，令各条上，朕且临定其号名。"这就是推恩令。

推恩令规定，以推广皇帝恩泽的名义，诸侯王可以将自己的封地再分封给弟弟或其他儿子，建立侯国，由皇帝定封号。侯国的侯只能衣食租税，无权过问政治。侯国的军事和民政由中央委派的官员进行管理。王国分封了大量的侯国后，封地愈来愈小，权力也愈来愈分散，再也没有力量与西汉中央政府对抗了。推恩令

⊙汉武帝刘彻

公元前140年

中国大事记：
董仲舒对策，请黜刑名，崇儒术。

⊙朱雀衔环杯　汉
该器造型丰满别致，制作精美，朱雀所衔环可摆动，为汉代出土文物中不可多得的艺术珍品。

下达后，诸侯王的子弟很多被封为侯，他们对西汉中央政府感恩戴德。据《汉书·王子侯表》记载的王子侯，大部分是在汉武帝元朔年间受封的。实行推恩令后，河间王国先后被分11个侯国；淄川王国被分为剧、怀昌等16个侯国；赵王国被分为13个侯国。此外，城阳、广川、代、中山、济北、鲁、长沙、齐等诸侯王国也都分为几个或十几个侯国。按照汉制，侯国的地位相当于县，隶属于郡。所以王国分为侯国，就是王国的缩小和朝廷直辖郡县的扩大。这样，汉朝中央政府即使不废除各诸侯王国，也达到了同样的目的。到了后来，“大国不过十余城，小侯不过数十里”。诸侯王国的直辖地也仅有几个县了，根本无力与中央对抗。

此外，汉武帝还用种种借口来剥夺诸侯国的爵位。根据汉制，每年的八月要举行宗庙大祭，各王侯要献出上等的黄金来助祭，称为“酎金”。公元前112年，汉武帝以诸侯王、侯所献的助祭“酎金”成色不好或数量不足为借口，剥夺其爵位，被夺去爵位、收回封地的王侯达106人，占当时王侯的一半。后来又以其他借口不断剥夺王、侯的爵位。从此以后，诸侯王、侯二等封爵制度虽然还存在，但王、侯已经非常少了，而且只能“衣食租税”，不得过问封国的政事，封土而不治民，势力日益衰落。

西汉初年因功封侯的有143人，但到汉武帝太初年间（公元前104～前101年）只剩下5人了。经汉武帝亲自封侯的有75人，但后来其中68人被剥夺了爵位。因推恩令而封侯的诸侯王子弟共175人，被汉武帝剥夺侯位的有113人，王国问题终于得到了解决。其中有个中山靖王，在祭祀祖先时，汉武帝以他所献的黄金成色不足为由剥夺了他的王位，他的后代子孙逐渐贫困，以至于有个叫刘备的后代不得不靠卖草鞋为生。

飞将军李广

公元前129年，匈奴又来侵犯汉朝边境。汉武帝派卫青、公孙敖、公孙贺、李广四位将军带兵抵抗。

在这四名将军中，李广的年纪最大，立下了无数战功。李广是陇西成纪（今甘肃秦安县北）人，他的先祖叫李信，在秦始皇时当过将军。李广能骑善射，武艺高强。汉文帝十四年，匈奴大举入侵萧关（今甘肃东南）时，李广应征入伍，参加抗击匈奴。

到了汉景帝做皇帝时，李广担任陇西都尉，不久，又调任骑郎将。吴、楚等七国发动叛乱时，李广跟随周亚夫平定叛乱。在昌邑之战中，李广冲入敌营，拔掉敌军的帅旗，从此名声大震。

·太学·

公元前124年，汉武帝创建了太学，标志着中国封建官立大学制度的确立。汉朝掌管文化教育的官员为太常，总负责太学的管理。皇帝也亲自到太学视察。太学的教授称博士，主要职责是教授学生。太学的学生称博士弟子，东汉时简称“太学生”，通常是太学直接挑选，各地方官员也可以选送条件优秀的人才。从西汉一直到清朝，太学（有时叫国子学）一直都是国家的最高学府。

公元前106～前43年

世界大事记：
古罗马政治家、哲学家西塞罗在世，最先系统提出自然法学说。

李广曾在边境的许多地区担任过太守，经常打击匈奴的侵扰。李广每到一地，都以和匈奴奋力拼杀出名，他的战略战术更让匈奴谈虎色变。

武帝即位后，朝廷里的大臣们都夸奖李广是员猛将，武帝便把李广从上郡太守的任上调往京师，担任未央宫的警卫。

这一次李广和卫青、公孙贺、公孙敖四路人马去抵抗匈奴，匈奴的军臣单于早已得到了消息。匈奴人最害怕的就是李广。军臣单于便把大部分兵力集中在雁门，并设了埋伏，要活捉李广。匈奴人事先挖下陷阱，再和李广对阵，假装被打败了，引诱李广去追赶他们。李广看到前面是平展的草地，没有想到匈奴人挖好了陷阱，就等他中计了。李广追着追着，只听“嗯啦”一声，李广连人带马都掉进了陷阱，被匈奴人活捉了。

匈奴人捉住了李广，生怕他跑了，就把李广装在用绳子结成的网兜里，用两匹马吊着。

李广躺在网兜里，一动不动，像死了一样。走着走着，他微睁眼睛，偷偷地瞧见旁边一个匈奴兵骑着一匹好马，便使出全身力气，一跃跳上马，夺了那个匈奴的弓箭，将那个匈奴兵打翻在地，拼命地往回奔跑。几百个匈奴骑兵在后面追，李广一连射死了前面的几个追兵，终于逃了回来。

李广虽然跑了回来，但是打了败仗，按军法应当斩首。后来李广花钱赎罪，回家做了平民。

过了不久，匈奴又来进犯汉朝边境，李广被重新起用，到右北平做了太守。李广有多年的防守经验，他行动快，箭法精，忽来忽去，敌军总是摸不清他的打法。所以匈奴人称他为“飞将军”。在他驻守右北平期间，匈奴人不敢来犯。

李广常常闲暇无事时，便带上一些将士外出打猎。当时右北平山里有不少老虎，李广一连射死了好几只。有一次，李广外出打猎，突然瞧见迎面的乱草丛中蹲着一只斑斓猛虎，正准备向他扑过来。李广急忙拉弓搭箭，用足全身力气，一箭射去，凭他百发百中的箭法，射个正着。将士们赶快提着剑跑过去捉老虎，可是跑近一看，都愣住了，原来草丛中并没有老虎，只有一块奇形怪状的大石头，李广的那支箭，竟然射进了石头！

⊙李广射石图　清　任颐

飞将军李广一箭射进石头的消息，很快传开了。匈奴人听了，更加害怕李广，急急忙忙地往西迁移，再也不敢来侵扰右北平一带的边境地区了。

神勇两将军

在李广打了败仗逃回汉营的同时，另外由公孙贺、公孙敖带领的军队也打了败仗，只有卫青打了胜仗。以后，卫青又连续打败匈奴兵，被封为关内侯。卫青出身低微，他的父亲是平阳侯曹寿家里的差役。卫青长大后，当了平阳侯家的骑奴。后来，卫青的姐姐卫子夫在宫里

公元前134年

中国大事记：
汉武帝令各郡国举孝、廉各一人，察举制确立。

⊙卫青像

受到汉武帝的宠幸，卫青的地位才渐渐显贵起来。

霍去病是卫青的外甥。霍去病从18岁开始就在皇帝左右担任侍卫，他擅长骑马射箭。公元前123年，匈奴又来进犯，霍去病也跟着卫青一起去抗击匈奴。

匈奴听说汉军大批人马杀来，立即往后逃走。卫青派四路人马分头去追赶匈奴兵，决定歼灭匈奴主力。

卫青自己坐镇大营，等候消息。可是到了晚上，四路兵马回来了，谁都没有找到匈奴的主力，有的杀了几百个匈奴兵，有的连一个敌人也没找到，无功而返。

这次出击，霍去病是以校尉的职务带领八百名壮士组成的一个小队，这是他第一次带兵打仗。他们一直向北追赶了几百里路，才远远望见匈奴兵的营帐。他带手下兵士偷偷地绕道抄过去，瞅准最大的一个帐篷，猛然冲了进去。霍去病眼疾手快，一刀杀了一个匈奴贵族。他手下的壮士又活捉了两个。而后乘乱杀了2000多匈奴兵。

卫青正在大营等得焦急，只见霍去病提了一个人头回来，后面的兵士还押来了两个俘虏。经过审问，原来这两个俘虏，一个是单于的叔叔，一个是单于的相国，被霍去病杀了的那个，是单于爷爷一辈的王。霍去病因此被封为冠军侯。

后来，霍去病多次打败匈奴西部的浑邪王，先后把他手下的几万兵士都消灭了。单于非常恼火，要杀浑邪王，于是浑邪王就打算向汉朝投降。

汉武帝得到消息后，怀疑匈奴人可能诈降，于是做了两手准备，先派霍去病率领军队去接应浑邪王，嘱咐霍去病见机行事。霍去病渡过黄河后，见过浑邪王，派人把他送到武帝巡行的处所，再领着投降的匈奴兵渡过了黄河，并平定了那些企图顽抗的匈奴人。汉武帝相应地封了来投降的匈奴首领浑邪王等人的职位。同时加封1700户的封邑给霍去病。

由于霍去病不畏艰险，接连不断地打击匈奴军，黄河上游沿岸的边塞地区，几乎避免了战争带来的灾祸。

第二年，匈奴又入侵右北平和定襄两郡，屠杀了汉朝的军民1000多人。

公元前119年，为了根除匈奴的侵犯，经过充分准备之后，汉武帝派卫青、霍去病各领5万精兵，分两路合击匈奴。卫青从定襄郡出发，穿过大沙漠，与匈奴的伊稚斜单于率领的精兵相遇，双方展开了激烈的战斗。卫青冒着扑面的砂砾，命令骑兵分左右两翼夹攻匈奴。最后伊稚斜单于招架不了，只好带领残余的几百名骑兵向北逃去。

霍去病带领另一路人马也横越大沙漠，前进两千多里，大破匈奴左贤王的兵马，一直追到狼居胥山下。

这次追歼战，是汉朝规模最大、进军最远的一次。从此以后，匈奴被迫撤到大沙漠以北，沙漠南面就没有匈奴之患了。

河西之战

汉朝建立后，刘邦曾对匈奴发起过进攻，但是自己却被围困于白登。白登解困之后，汉朝对匈奴采取了“和亲”政策并积极防御。到了武帝时期，随着国力的鼎盛，为巩固边防，武帝开始了对匈奴的反击。

公元前121年，匈奴骑兵万余攻入上谷。

公元前2世纪

世界大事记：
雕刻家阿历山德罗斯完成大理石圆雕阿佛洛狄忒，为古希腊时期的雕刻代表。

同年三月，汉武帝派骠骑将军霍去病率精骑万人出陇西，越乌鞘岭，进击河西地区的匈奴。霍去病先采用突然袭击而后连续进击的战术，长驱直入，驰进匈奴脩濮部落，又渡过狐奴河，转战六天，连破匈奴五小王国，降服者赦之，反抗者杀之。匈奴军猝不及防，向北退走。

霍去病知道大军长途跋涉而来，宜速战速决。于是不敢逗留，即刻率军翻越焉支山，向西北急驰千余里，以寻匈奴主力决战。在皋兰山下相遇匈奴浑邪王、休屠王军队，两军展开一场恶战。汉军挟胜余威，猛烈冲杀，浑邪王、休屠王却是仓促应战，部署并未完善，就遭到霍去病军暴风雨般的打击，自然难以招架。二王自知不敌，便下令匈奴军后撤，而汉朝军队的紧逼使匈奴军队无法有秩序地退走，而是溃不成军。匈奴士兵前头跑得慢的被后赶上来的撞倒后就再也爬不起来，后头跑得慢的被汉军赶上，做了刀下之鬼。这一战匈奴大败，被霍去病军斩首8900余级，浑邪王子、相国、都尉等多人被俘，休屠王的祭天金人也被汉军缴获。霍去病至敦煌班师凯旋而还。回到长安，汉武帝亲自出城迎接，加封2200户，是年，霍去病仅20岁。

汉武帝此次派霍去病征匈奴的初衷本是试探霍去病的军事潜能，不曾想霍去病如此骁勇善战，一举击溃河西匈奴。武帝感谢上苍又赐给他一个比卫青还优秀的大将，抗匈雄心更受鼓舞。同年夏天，武帝再命令霍去病统军北击匈奴，为了防止东北方向的匈奴左贤王乘机进攻，他又派李广、张骞率偏师出右北平，攻打左贤王以策应霍去病主力军的行动。

匈奴伊稚斜单于闻知亦不甘示弱，他亲率大军侵入代郡、雁门。霍去病自宁武渡河，翻越贺兰山后至居延海，然后转兵南下至小月氏陈兵张掖，挺进2000里至祁连山一带，迂回到河西走廊北面匈奴的后方，而后以秋风扫落叶之势率部对匈奴发起迅猛攻势，大破匈奴主力军。同时西逐诸羌，打通了河西走廊之路。

是役，霍去病军共杀敌3万余人，俘匈奴名王5人及王母、王子、将相百余人，收降浑邪王部4万众，汉朝占领河西走廊全部。

⊙西汉军戎服复原图

东线右北平方面，李广率4000骑先行，不料被左贤王4万骑包围。危难时刻，李广尽显“飞将军”本色：他令部下结为圆阵，士兵持弩向外。匈奴连续发起冲击，汉军箭如雨下，阵始终未破；战罢多时，弓箭将尽，李广令军士持弩不发，自己以大黄连弩射匈奴裨将数人，匈奴军惊恐，于是攻势稍缓。战至日暮，汉军兵士都面无人色，独李广意气自如，众将无不叹服。第二天双方又展开激战，李广军危急，幸好博望侯张骞及时赶到，匈奴军见不能取胜，撤兵而去。

通过河西之战，汉朝从匈奴手里夺回了河西走廊，打开了通往西域的大门，使匈奴生存空间被压缩至苦寒之地。

·征辟制、察举制·

征辟制，即二千石以上的高官，可以直接征召一些人才到自己的官衙里做属僚。察举制，是由地方州郡以“贤良”“孝廉”“秀才”等名目，选拔德才兼备者举荐给朝廷，经国家考核合格后，授予官职。征辟、察举制，对士家大族集团的形成起重要作用，后来被九品中正制取代。

公元前130年

中国大事记：
汉武帝派大臣通西南夷。

漠北之战

漠南、河西两大战役后，虽然匈奴的势力遭到重创，但仍不停止南下骚扰汉边。元狩三年（公元前 120 年），匈奴又从右北平、定襄攻汉，杀掠千余人，还采用汉降将赵信计谋，欲把汉军引至漠北歼之。

公元前 119 年，汉武帝怒匈奴两次战败仍贼心不改，遂决定来一次更大规模的军事行动。经过充分准备后，武帝命大将军卫青、骠骑将军霍去病各统骑兵 5 万、4 万随军私人马匹，几十万步兵及转运者，分别从定襄、代郡出发，深入漠北，寻歼匈奴主力，予以打击。

匈奴单于听说汉兵远来扫荡，不敢怠慢，“远其辎重，以精兵待于漠北”。卫青率精兵出塞，寻歼单于本部，同时令李广、赵食其从东面迂回策应。抵达漠北后，“见单于兵陈而待”，卫青当机立断，创造性地运用车骑协同的新战术，命令部队以武刚车“自环为营”，以防匈奴骑兵突袭，又令 5000 骑兵进击匈奴，伊稚斜单于乃以万骑迎战。两军从黎明激战至黄昏，杀得难分难解，临近日落时，突然刮起大风，飞沙走石，两军不辨敌我，卫青乘势分轻骑从左右两翼迂回包抄匈奴。伊稚斜单于见汉军人马尚强，情知再打下去会吃亏，遂趁夜幕降临时，跨上一匹千里马，率数百壮骑杀出重围向西北方逃走；匈奴军溃散，卫青乘势追击，斩杀和俘虏匈奴 1.9 万余名。

与此同时，“飞将军”李广和赵食其肩负着迂回截击匈奴单于的任务，日夜兼程行军，然大漠深处一眼望去，全是天边无际的荒沙，找不到一个当地人。李广军因没有向导，迷了路，李广焦急却无可奈何，怕再往前走与卫青主力军队更会不上面，下令回军南还。

卫青经过殊死血战，击溃匈奴单于主力，本期望李广能在单于后方截断伊稚斜的退路，然后汉军前后夹击，围歼单于。但北追 200 余里却不见李广军，伊稚斜单于最终逃脱。卫青继续挥师挺进，兵至寘颜山赵信城，缴获了匈奴屯集的大批粮食和军用物资，并在其地休整一天，放火烧毁赵信城后班师回朝。到达漠南以后与李广赵食其会合，卫青差人往李广军营询问迷路经过，并说要上报天子。卫青派去的人劝李广把走失单于的责任推给赵食其，以避

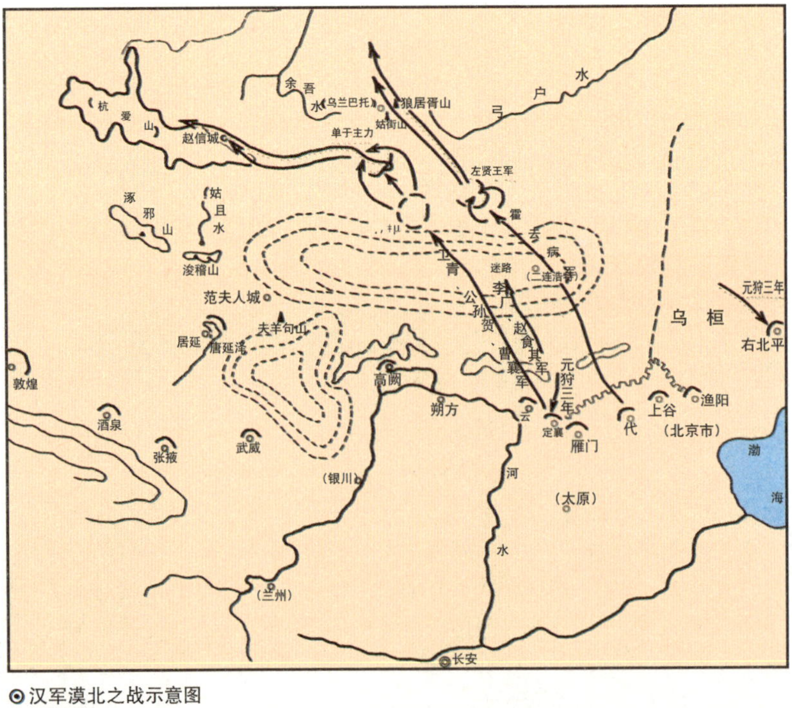

⊙汉军漠北之战示意图

公元前2世纪末

世界大事记：
古罗马形成独立的图书誊抄行业，出现了专门销售书籍的商贩和店铺。

惩罚，但李广正直，不答应。卫青恼怒，又遣人催逼李广的幕僚去中军受审，李广说：“他们无罪，迷路责任在我，我自己去受审。”他把责任揽在自己身上。来人走后，李广慨然叹道：“我自年少从军，与匈奴大小70余战，想不到今天却被大将军如此催逼，我已年过花甲，怎能再受这样的侮辱？”说罢拔剑自刎而死，左右无不泪如雨下。

率兵从东路出代郡的霍去病却取得了辉煌的战绩，足以使他彪炳史册。他深入2000余里，凭借兵精马壮的优势，对匈奴左贤王发起猛烈攻击。霍去病少年英雄，身先士卒，左贤王垂垂老矣，怎是他的对手？战不多时，左贤王就率亲信弃军而逃，匈奴兵大溃。霍去病即率众追击，一直追到狼居胥山，歼其精锐，斩杀北车旨王，俘屯头王、韩王等3王以及将军、相国、当户都尉等83人，俘虏7万多人。并封狼居胥，登临瀚海，祭告天地后班师凯旋。

⊙泉亭
相传霍去病大败匈奴后凯旋，汉武帝赐御酒一缸，霍去病倾酒于泉中，与众同饮，后人建此亭以纪念。

漠北之战重创了匈奴势力，从此“匈奴远遁，而漠南无王庭”，危害汉朝百余年的边患基本得到解决。

张骞出使西域

汉武帝初年的时候，汉武帝从投降过来的匈奴人那里，得知了有关西域（今新疆和新疆以西一带）的情况。他们说有一个被匈奴打败的月氏国，向西迁移到西域一带。

汉武帝想，月氏在匈奴西边，如果汉朝能跟月氏联合起来，断绝匈奴跟西域各国的交往，这不是等于断了匈奴的右臂吗？

于是，他下了一道诏书，征求能到月氏去联络的人。

有个年轻的郎中（官名）张骞，觉得这件事很有意义，便自告奋勇去应征。随后又有100多名勇士应征，其中有个叫堂邑父的匈奴人，也愿意跟张骞一块儿去找月氏国。

公元前138年，汉武帝就派张骞带着应征的100多个人出发了。但是要到月氏，中途必须经过匈奴占领的地界。张骞他们小心地走了几天，还是被匈奴兵给发现了，全都做了俘虏。

他们被匈奴扣押了十多年。日子久了，匈奴对他们管得不那么严了。张骞偷偷找到堂邑父，两人商量了一下，趁匈奴人不防备，骑上两匹快马逃走了。

他们一直向西跑了几十天，历尽千辛万苦，逃出了匈奴地界，进入了一个叫大宛（在今中亚细亚）的国家。

大宛和匈奴是近邻，当地人能听懂匈奴话。张骞和堂邑父便用匈奴话与大宛人交谈起来。大

⊙西域诸国示意图

公元前119年

中国大事记：

卫青、霍去病分道出击匈奴，其后匈奴远徙，漠南无王庭。

·西域都护府·

汉宣帝神爵二年（公元前60年），在西域设置都护府，对西域进行全面管理。这一年九月，匈奴日逐王率其众投朝，骑都尉郑吉率西域诸国5万人迎之。封日逐王为归德侯。郑吉在西域，破车师归日逐，威震西域，遂并护车师以西北道，号称都护。郑吉在乌垒城（今新疆轮台）设置都护府，督察乌孙、康居等36国，使汉朝的号令更好地在西域得到执行。

宛人给他们引见了大宛王，大宛王早就听说汉朝是个富饶强盛的大国，听说汉朝的使者到了，非常高兴，后来，又派人护送他们到康居（约在今巴尔喀什湖和咸海之间），再由康居到了月氏。

月氏被匈奴打败以后，迁到大夏（今阿富汗北部）附近，在那里建立了大月氏国。大月氏国王听了张骞的来意，不感兴趣，因为他不想再跟匈奴结仇。但是张骞毕竟是个汉朝的使者，也很有礼貌地接待了他。

张骞和堂邑父在大月氏住了一年多，没能说服大月氏国共同对付匈奴，只好返回长安。

张骞在外面整整过了 13 年才回来。汉武帝认为他立了大功，封他为太中大夫。

到了卫青、霍去病消灭了匈奴兵主力，匈奴逃往大沙漠北面以后，汉武帝再次派张骞去结交西域诸国。

公元前 119 年，张骞和他的几个副手，拿着汉朝的旌节，带着 300 个勇士，还有一万多头牛羊和黄金、绸缎、布帛等礼物去西域建立友好关系。

张骞到了乌孙，乌孙王亲自出来迎接。张骞送给他一份厚礼，建议两国结为亲戚，共同抵御匈奴。

过了几天，张骞又派他的副手们带着礼物，分别去联络大宛、大月氏、于阗（在今新疆和田一带）等国。乌孙王派了几个翻译做他们的助手。

这些副手去了好久还没回来。张骞决定不再等下去了，乌孙王便派了几十个人护送张骞回国，顺便一起到长安参观，还带了几十匹高头大马送给汉朝皇帝。

汉武帝见乌孙人来了，很是高兴，又瞧见乌孙王送的大马，就格外优待乌孙使者。

一年后，张骞生病死了。张骞派到西域各国去的副手也陆续回到长安。副手们把到过的

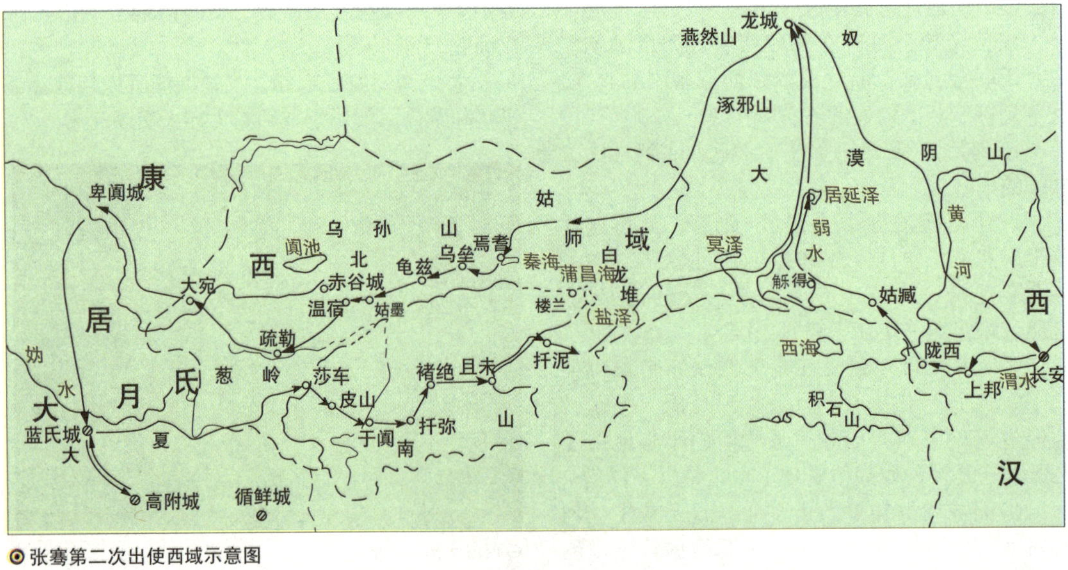

◎张骞第二次出使西域示意图

公元前104～前101年

世界大事记：
第二次西西里奴隶起义发生。

地方合起来一算，总共到过36个国家。

从那以后，汉朝和西域各国建立了友好交往的关系，汉武帝每年都派使节去访问西域各国。西域派来的使节和商人也络绎不绝。中国的丝和丝织品，经过西域运到西亚，再转运到欧洲，后来人们把这条路线称作“丝绸之路”。

苏武牧羊

卫青、霍去病打败匈奴以后，双方停战了几年。这时，匈奴已经没有大规模进犯中原的实力，于是表示要和汉朝和好，实际上还是想借机进犯中原。

公元前100年，匈奴觉察出汉朝又有出兵的迹象，便派使者来求和，还把汉朝的使者都放回来了。汉武帝为了答复匈奴的善意，派中郎将苏武持旄节，带着副手张胜和随员常惠，出使匈奴。

苏武到了匈奴，送回汉朝以前扣留的匈奴使者，献上礼物。在等单于写回信让他回去的时候，发生了一件意外的事儿。

原来，以前有个汉人使者叫卫律，在出使匈奴后投降了匈奴。单于特别器重他，封他为王。卫律有一个部下叫虞常，对卫律很不满，他跟苏武的副手张胜是故友，虞常和张胜在匈奴见了面，就暗地跟张胜商量，想杀了卫律，再劫持单于的母亲，逃回中原去。由于虞常办事不够严密，泄露了计划，被单于抓起来，交给卫律去审问。

事情发生后，张胜害怕了，才把虞常跟他密谋的经过告诉了苏武。卫律审问虞常，用尽了各种酷刑。虞常经受不住折磨，把和张胜密谋的事供了出来。因为张胜是苏武的副使，单于命令卫律去叫苏武来受审。苏武对常惠等人说：“我们这次出使匈奴，是为了汉朝与匈奴和好。如今我出庭去受审，使汉朝受到侮辱，我还有什么脸面回到汉朝去呢？”说着，拔出佩刀向自己身上砍去。卫律急忙把他抱住，可是苏武已经把自己砍成了重伤，血流如注，晕过去了。

单于暗暗佩服苏武是个有骨气的人，他希望苏武能够投降，像卫律一样为他效劳。他每天都派人来问候苏武，想要软化苏武，劝他投降。

后来，卫律奉单于之命，用尽了威胁利诱的手段，都不能使苏武投降，就只好回报单于。单于听说苏武这样坚定，便更希望苏武投降。他下令把苏武关在一个大地窖里，不给饭吃，不给水喝，想用饥饿来迫使苏武投降。但是，意志坚强的苏武却毫不动摇。

匈奴单于实在拿苏武没有办法，就只好命令把苏武送到北海边上（今俄罗斯西伯利亚贝加尔湖一带）去牧羊。单于对苏武说：“等公羊生了小羊，就送你回汉朝去！”公羊怎么能生小羊呢？单于的意思很明白，他是决意不放苏武回汉朝了。

北海这个地方，终年白雪皑皑，荒无人烟，连鸟兽也很稀少。苏武饿了，就掘取野鼠洞里的草籽来充饥。过了不久，单于又派人来劝苏武投降，苏武依旧坚决地予以拒绝。每天，苏武一面牧羊，一面抚摸着出使时汉武帝亲手交给他的旄节。日子长了，旄节上的毛都脱落了，苏武还是紧紧地抱着那根光秃

⊙苏武牧羊图　清　任颐

公元前115年

中国大事记：
张骞出使匈奴还，西域始通于汉。

秃的旌节，艰苦地度过了漫长的岁月。

一直到了公元前85年，匈奴单于死了，匈奴发生了内乱，分成三个国家。这时候，汉武帝已经死了，他的儿子汉昭帝即位。汉昭帝派使者到匈奴打听苏武的消息，匈奴谎称苏武死了，汉朝使者也就相信了。

后来，汉使者又去匈奴，苏武的随从常惠当时还在匈奴。他买通匈奴人，私下和汉使者见了面，把苏武在北海牧羊的情况告诉了使者。使者又惊又喜，他想出一个主意，见了单于，他严厉地责备说：“匈奴既然有心同汉朝和好，就不应该欺骗汉朝。我们皇上在御花园里射下一只大雁，雁脚上拴着一条绸子，上面写着苏武还活着，而且在北海牧羊，你怎么说死了呢？”

单于听了，吓了一跳，他还真的以为苏武的忠义感动了飞鸟，连大雁都代他传达消息呢。他向使者边道歉边说：“苏武确实还活着，我们马上就放他回去。”

苏武到匈奴的时候才40岁，在匈奴遭受了19年的摧残折磨，胡须、头发全白了。回到长安的那天，长安的百姓都出来迎接他。他们看见白胡须、白头发的苏武，手里还拿着光秃秃的旌节，没有一个不受感动的，都说他是个有气节的大丈夫。

·阳关·

阳关，古关名，在今甘肃省敦煌西南位于河西走廊的敦煌市西南70千米南湖乡“古董滩”上，因坐落在玉门关之南而取名阳关。阳关，始建于汉武帝元鼎年间，在河西“列四郡、据两关”，阳关即是两关之一。阳关作为通往西域的门户，又是丝绸之路南道的重要关隘，是古代兵家必争的战略要地。据史料记载，西汉时为阳关都尉治所，魏晋时在此设置阳关县，唐代设寿昌县。宋元以后随着丝绸之路的衰落，阳关也因此被逐渐废弃。旧《敦煌县志》把玉门关与阳关合称“两关遗迹”，列为敦煌八景之一。

赵过创代田法

赵过，西汉中期的农学家。史书上记载，大约在汉武帝征和四年（公元前89年），他被任命为搜粟都尉，主管当时的农业生产。

赵过为了使农业适应保墒抗旱耕作的需要，发明了代田法，并逐步推广。而且他还发明了耦犁和耧车，为实现代田法服务。

代田法是由畎亩法发展起来的，它的优点在于能够很有效地起到抗旱保墒的作用。

代田法在技术上有以下三方面特点：其一，沟垄相间。种子是播种在沟中的，等到苗出以后，再结合中耕除草来垄土壅苗。这种做法的好处就是防风抗倒伏和保墒抗旱。其二，沟垄互换。沟垄位置逐年互换，实现了土地轮番利用与休闲。其三，耕耨结合。每年开沟起垄，耕耨结合。

随着代田法的逐

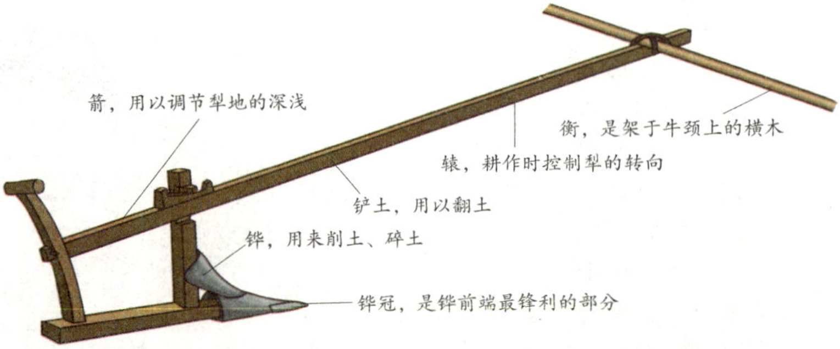

⊙二牛一人式耕作法使用的长辕犁示意图

公元前91～前88年

世界大事记：
意大利同盟者战争。

步推广，农田的单位面积产量得到提高。史称“用力少而得谷多”。赵过对汉代的农业贡献颇大。

从赵过的代田法，我们可以看到秦汉时期农业的主攻方向是抗旱保墒。为了实现这个目的，汉代不仅推广使用代田法，而且也使用区田法，都取得了很不错的效果。

在北方的旱地耕作时，人们从以下四个方面来防旱保墒。一是适时耕作。春耕的适时期在春初解冻之后，夏耕的适时期则在夏至时，而秋耕的适时期是在秋分时候。二是及时耱压。耕起的大土块要及时耱碎，不然就会跑墒，引起干旱。三是因时耕作和因土耕作。根据不同的土壤性质，确定适宜的耕作时期和方法，才能达到除草、肥田以及保墒抗旱的目的。四是积雪保墒。在冬麦田多积雪来保墒，不仅可以抗旱，而且可以防虫害。

南方在水稻栽培方面，采用了水稻移栽技术和稻田水温调节技术。稻田水温调节技术主要是针对水稻不同生长期通过调节水温来促进其生长发育。

秦汉时期，人们在农作物的栽培管理方面也总结出了丰富的经验，越来越认识到适时播种的重要性。《氾胜之书》中记载“种麦得时，无不善”，“早种则虫而有节，晚种则穗小而少实”，并且能够根据历法和物候，参照各种因素来确定播种期，非常科学。在农作物的播种密度方面，主要是参考其种类和地力高下。对禾，“美田欲稠，薄田欲稀”；对于大、小麦和水稻，则“美田欲稀，薄田欲稠”，非常合理。在田间管理上，中耕引起相当重视，既达除草之效，又能间苗和保墒。

⊙赵过代田法

代田法是一种适合北方地区自然条件的轮耕技术。在一亩田中，纵向分为三道和三道垄，垄各宽1尺。将粮种在此中。苗长高时，不断垄土培固根部，使秧苗耐风旱，抗倒伏。第二年，垄换位，以调节土质肥力。赵过推广代田法的同时，也推行二牛三人耕作法，使之配合耕种。亩产量达到10石，比采用一般耕作方法的收获增加1倍以上。

综上，我们不难看出，秦汉时期的农业伴随着一系列的技术进步得到了快速的发展，并且人们在生产实践中积累了丰富的经验。尤其是汉中期以后，随着铁犁牛耕的普及，我国古代农业取得了阶段性的突破，农业生产力获得长足发展。

巫蛊之祸

巫蛊是指祈求鬼神加害于仇人或使人迷惑昏狂的巫术，历朝历代对巫蛊都严刑惩治，比如汉朝法律规定巫蛊者处死。巫蛊的具体办法是在一个木头小人上写下诅咒之人的生辰八字，然后再把木头人的全身都扎上针，埋在被诅咒人的家的方向。

汉武帝刘彻晚年喜欢巡游天下。在一次巡游中忽然得了重病，被巫师治好，从此汉武帝便深信巫术。全国各地的巫师云集京城，用巫术迷惑百姓。女巫们来到宫中，教嫔妃们巫术，

公元前110年

中国大事记：
桑弘羊主持推行均输、平准。

⊙ **无字碑　汉**
此碑置于山东泰山玉皇殿大门西则，高6米，宽1.2米，厚0.9米，形制古朴，不著一字，故名。对此碑有两种说法：一说因秦始皇“焚书坑儒”，故于碑上“一字不鐫”；一说汉武帝登封泰山，为显示自己“受命于天”“功德盖世”的超凡气概，立碑于古登封台前，史称“立石”，即今无字碑，至今仍莫衷一是。

埋木人诅咒得宠的妃子。由于嫔妃们为了争宠而互相嫉妒，于是争相到汉武帝跟前告状，举报情敌用木人诅咒皇帝。汉武帝听了大怒，下令捕杀嫔妃和大臣，结果陈皇后被废，株连300人。后来还发生了很多巫蛊案件，历史上称之为“巫蛊之祸”，其中以太子刘据的巫蛊案件影响最大。

一天中午，汉武帝午睡时做了一个梦，梦见有几千个木头人在打他。汉武帝从梦中惊醒，出了一身冷汗。惊魂未定的他急忙召见宠臣江充，讲述了这个噩梦。

江充说：“皇上，肯定是有人在用巫蛊诅咒你！”汉武帝一听大怒，马上令江充调查这件事，并派韩说、章赣、苏文协助。

江充和一个胡巫率人挨家挨户地找蛊，只要看见木人，无论是贵族大臣还是平民百姓，一律办罪。其实他从地里挖出的木偶，全是暗中预先埋下的。胡巫用烧红的铁钳或夹或烙，严刑逼供，很多人屈打成招，当时被陷害致死的官员、百姓多达数万人。因为有汉武帝的支持，那些被因巫蛊治罪的人都无处申冤。

后来，江充又把矛头指向了与他不和的太子。一次，太子刘据的仆人犯了法，主管京城治安的江充就毫不客气地捉住了太子的仆人，没收了车马。太子听说后，忙派人前来谢罪说：“我不是舍不得车马，只是怕皇上责怪我训导无方，请江先生高抬贵手。”江充不但不听，反而上奏了汉武帝，结果受到了汉武帝的夸奖。江充害怕太子当上皇帝后报复自己，所以处心积虑地想除掉太子。

江充率人在太子的住处和太子母亲卫子夫卫皇后的宫殿里四处挖掘，他将太子和皇后居住的宫室挖得如同菜地，以至于太子和皇后连放一张坐榻的平地都没有。太子和卫皇后尽管非常愤怒，但还是坚信清者自清，隐忍不发。

但江充宣布在太子的住处挖出了6个扎满针的桐木人和写有咒语的帛书，他得意扬扬地说要上奏皇上。太子非常震惊，要求去见汉武帝申辩，但被江充一口回绝。

太子惊恐万分，急忙问老师少傅石德该怎么办。石德说：“现在皇上远在敦化甘泉宫避暑养病，巫蛊大案，可能是江充等人故意制造陷害殿下的。奸臣如此猖獗，殿下可以伪造皇上的文书先把江充抓起来，再进行审问。太子难

·司马相如·

司马相如（约公元前179年～前117年），原名司马长卿，因为仰慕战国时代的名相蔺相如才改名，四川蓬州（今南充蓬安）人，一说成都人，汉代文学家。司马相如善鼓琴，其所用琴名为“绿绮”，是传说中最优秀的琴之一。司马相如少时好读书、击剑，被汉景帝封为“武骑常侍”。其代表作包括《上林赋》《子虚赋》。

约公元前99～前55年

世界大事记：
古罗马哲学家卢克莱修在世，系统地阐述并发展了古希腊原子唯物论和无神论思想。

道忘记了秦始皇的太子扶苏被陷害而死的教训吗？”太子于是下决心起兵杀江充。

太子派侍从伪装成皇帝的使者抓捕江充。韩说拒捕当场被杀，章赣、苏文逃走，江充被太子斩首示众，胡巫被活活烧死。

章赣、苏文逃到甘泉宫诬告太子谋反。昏庸的汉武帝亲自来到长安西郊，征调附近郡县的军队，由丞相刘屈氂指挥，平定“叛乱”。太子此时已经骑虎难下，只好打开武库，释放长安的数万囚犯，发给他们武器，卫皇后也令皇宫侍卫进行抵抗。双方军队在京城血战五日，死伤数万人。太子抵挡不住，从长安东门逃走，卫皇后自杀。汉武帝下令通缉太子，太子走投无路，只好自杀。

一年多后，大臣车千秋上书为太子喊冤，汉武帝也觉得此事疑点太多，令车千秋调查，终于真相大白：太子根本没有造反的意图，是被逼无奈才发兵自卫，巫蛊之祸都是江充一手制造的。汉武帝追悔莫及，盛怒之下将苏文烧死，杀光了江充族人，又在长安建造了一座思子宫，并在太子自杀的地方建造了一座归来望思台，以寄托哀思。

轮台之诏

巫蛊之祸使卫皇后和太子自杀，对汉武帝打击非常大。事后一些正直的大臣又纷纷上书，揭露巫蛊之祸的真相，汉武帝心中非常懊悔。他清除了江充的余党，肃清了流毒，建思子宫和归来望思台，哀悼太子。

汉武帝是个好大喜功的皇帝，他在位时发动了对匈奴的长期战争，终于击垮了匈奴的主力，残余的匈奴逃到大漠以北，再也不能对西汉构成威胁了。另外，汉武帝还向西打通了西域，使西域三十六国归附汉朝；向东征服了朝鲜，在朝鲜半岛设立了乐浪、临屯、玄菟和真番四郡；向南平定了南越国的叛乱，把南越国的故土直接划归汉朝中央政府管辖，大大扩展了汉朝的领土。据《汉书·地理志》记载，西汉疆域东西长9302里，南北长13368里，人口5900万人。当时的西汉成为名副其实的地大物博，人口众多的强国。汉武帝在位54年，仗打了43年。西汉用兵少则数万人，多则30万人，军马10万匹，军费动辄数10亿，军功赏赐所用黄金一次竟达数10万斤。另外还征发农民修建长城和移民到边地屯田，加强对匈奴的防御。他即位之初，百姓家人人富足，官府仓库存满了多年用不着的钱粮，但经过常年连续的征战之后，百姓的生活贫困不堪，官府仓库的钱粮被耗费殆尽。

汉武帝还大兴土木，兴建了很多宫殿。他扩建甘泉宫，兴建明光宫、建章宫。新兴建的建章宫、明光宫和原有的未央宫之间建了在空

⊙武帝茂陵　汉
茂陵位于西汉11座帝陵的最西端，是汉诸陵中规模最大的帝王陵。

公元前104年

中国大事记：
司马迁开始撰写《史记》。

·《淮南子》·

《淮南子》又名《淮南鸿烈》，是西汉宗室淮南王刘安招致宾客，在他主持下编写的。

据《汉书·艺文志》云："淮南内二十一篇，外三十三篇。"颜师古注曰："内篇论道，外篇杂说。"现今所存的有21篇，大概都是原说的内篇所遗。据高诱序言，"鸿"是广大的意思，"烈"是光明的意思。作者认为此书包括了广大而光明的通理。全书内容庞杂，它将道、阴阳、墨、法和一部分儒家思想糅合起来，但主要的宗旨倾向于道家。《汉书·艺文志》则将它列入杂家。

中相连的阁道，汉武帝和他的后妃们不经地面就可以游走其间，可见这项工程是多么的浩大。此外，汉武帝征发大量农民修建了专为皇家游猎的上林苑，把终南山和原来皇家林苑之间的全部土地都划进去。上林苑建成后，周围有400余里的围墙环绕，苑中遍布山林湖泊，麋鹿成群，名贵的花木种类繁多，甚至南方的龙眼、槟榔、橄榄等也都移植到苑中。70多座离宫别院壮丽辉煌，分布得错落有致。

汉武帝作为皇帝，享尽了人间的荣华富贵，但凡人都是要死的，这成了他的一块心病。于是他也开始效仿秦始皇，招集方士求不死药，求长生术，甚至渴望羽化成仙，享受当神仙的乐趣。汉武帝当了数十年的皇帝，耗费了大量的人力物力，修建了无数的庙宇神祠，派了许许多多的方士求仙问药，甚至派他们出海去寻找海外仙山，拜访仙人。汉武帝曾多次来到东海边巡视，希望遇到仙人。他还派人在建章宫中挖了一个大水池，命名为太液池，池中建有象征海外仙山蓬莱、瀛洲、方丈的小岛，以寄托思仙之情。元封元年（公元前110年），汉武帝还去泰山封禅，大赦天下。

但长期频繁的对外战争耗费了大量的人力物力，文景之治时期留下的巨额物质财富被消耗一空，再加上统治阶级日益奢侈腐化，骄奢淫逸，更加重了人民的负担。汉武帝晚期，阶级矛盾异常尖锐，民怨沸腾，从河北到长江的广大区域相继爆发了许多农民起义，严重地威胁了汉朝的统治。汉武帝曾多次派兵镇压农民起义，但农民起义仍然此起彼伏，政治局势不断恶化。

这一切都迫使汉武帝晚年不得不改变统治政策。征和四年（公元前89年），汉武帝最后一次去泰山封禅。路过钜定县（今山东广饶县）时，汉武帝看到农民在田里辛勤的劳作，大为感慨，就亲自拿来耒耜，到田里参加劳动。汉武帝说："我即位以来，连年对外战争，耗尽了国家的财富，让百姓困苦不堪。从今天起，凡是不利于国家百姓的政策，全部废除。"大鸿胪田千秋请求斥退方士，不要再搞求神问药的事了，汉武帝也表示同意。大臣桑弘羊上书建议驻西域轮台的汉军扩大屯戍，修建亭障。但汉武帝却断然拒绝了桑弘羊的建议，并发布了历史上著名的《轮台罪己诏》。诏书说，以后要停止对外战争，转向对内发展生产，任命车千秋为丞相，封富民侯，表示"思富养民""与民休息"的意思，借以缓和阶级矛盾，使国家安定。

"轮台之诏"说明汉武帝是一位具有远见卓识的政治家，他能检讨自己过去的错误。经过几年的努力，社会又趋于安定，为后来西汉的"昭宣中兴"打下了基础。

司马迁写《史记》

苏武被匈奴扣押的第二年，汉武帝派贰师将军李广利带领3万人进攻匈奴，打了败仗，几乎全军覆没。李广的孙子李陵当时担任骑都尉，带着5000名步兵跟匈奴作战。后来，寡不敌众，又没救兵，李陵被匈奴俘虏，投降了。

消息传来，大臣们都谴责李陵贪生怕死。

公元前82～前79年

世界大事记：
罗马独裁者苏拉在位。

汉武帝也收押了李陵的妻儿老母，但司马迁却为李陵辩护。他说："李陵带领5000步兵，深入敌人的腹地，打击了几万敌人。他虽然打了败仗，可是杀了很多敌人，也可以向天下人交代了。李陵不想马上死，自有他的打算。他一定还想将功赎罪来报答皇上。"

汉武帝认为司马迁这样为李陵开脱罪责，是有意贬低李广利（李广利是汉武帝宠妃的哥哥），不禁勃然大怒，说："你这样替投降敌人的人辩解，我看是存心反对朝廷。"他命令侍从把司马迁送进监狱，交给廷尉审问，最后被判为宫刑（一种阉割性器官的肉刑）。

司马迁认为受宫刑是一件很丢脸的事，便想自杀。但他想到自己有一件极重要的工作没有完成，不能死。他当时正用全部精力写一部书，这就是我国古代最伟大的历史著作之一——《史记》。

司马迁的祖上几代都担任史官，父亲司马谈也是汉朝的太史令。司马迁10岁那年，就跟随父亲到了长安。由于受到家庭环境的熏陶，司马迁从小就读了不少书籍。

为了搜集史料，开阔视野，司马迁从20岁开始，就游历全国各地。他的经历，为他日后写作打下了坚实的基础。

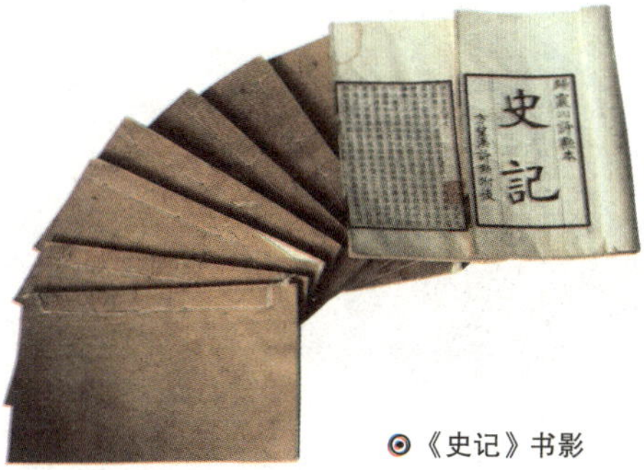

⊙《史记》书影

他从传说中的黄帝时代开始写起，一直写到汉武帝太始二年（公元前95年）为止，汇编成130篇、52万字的历史巨著《史记》。

司马迁在他的《史记》中，把古代文献中过于艰深的文字改写成当时比较浅近的文字。人物刻画和情节叙述形象鲜明，语言生动。因此，《史记》既是一部伟大的历史著作，又是一部杰出的文学著作。

司马迁出狱以后，在朝中担任中书令。他的著作《史记》在我国的史学史、文学史上都占有很重要的地位。

汉朝柱石霍光

汉武帝晚年时，误信谗言逼死了太子刘据，后来十分后悔，准备立钩弋夫人生的刘弗陵为新太子。当时，弗陵才7岁，汉武帝觉得需要找一个忠实可靠的人来辅佐他。他叫画工画了一张"周公背成王朝诸侯图"，送给霍光。为防止后宫乱政，重蹈当年临朝覆辙，就狠下心让钩弋夫人自杀了。公元前87年，汉武帝病危，他嘱咐霍光辅政，霍光流着泪接受了。

汉武帝死后，即位的汉昭帝刘弗陵年仅8岁，朝中政事都由霍光决定。

当时，上官桀与霍光同为汉武帝托孤的辅政大臣，现在看到霍光独揽大权，不留情面，就与汉昭帝的大姐盖长公主密谋排挤霍光，并勾结燕王刘旦，想方设法要陷害霍光。

⊙霍光像

公元前81年，霍光出去检阅羽林军，检阅之后，把一个校尉调到他的府里来。上官桀他们趁机冒充燕王刘旦上书，告发霍光阴谋造反。

公元前87年

中国大事记：

汉武帝死，皇太子刘弗陵嗣位，是为汉昭帝。大司马大将军霍光等受遗诏辅政。

⊙ **"齐铁官印"封泥　西汉**

封泥是古代封存信件、公文用的。盛行于战国、秦汉。人们捎寄信件或公文时，为了保密，就用绳将简牍捆扎起来，然后在绳子的结节处用胶泥包裹，并捺印上印文。

汉昭帝接信后看了又看，然后就搁在一边。第二天，霍光等人上朝。霍光事前听说了这件事，不敢进金銮殿。汉昭帝临朝，见了霍光，就问："大将军在哪儿？"上官桀暗自得意，嘴上说道："大将军听说燕王告发他的罪行，躲在偏殿里不敢来。"

汉昭帝吩咐内侍传霍光进殿，霍光摘掉官帽，伏在地上请罪。昭帝说："大将军请起！"一边指着信笺道："这封信是假造的，我知道有人成心要害你。"霍光高兴地问："皇上怎么知道的？"汉昭帝说："大将军检阅羽林军是在临近地方，调用校尉也是最近的事，一共不到十天的时间。燕王远在燕京，离长安这么远，他怎么知道这件事？即便知道了，马上派人送信来，也来不及赶到这儿。再说，大将军如果真的要叛乱，也用不着靠一个校尉。这明明是有人谋害大将军，燕王的信是假造的。我虽然年轻，也不见得这么容易受人愚弄。"

上官桀见一计不成，就准备铤而走险。他们偷偷商量好由盖长公主出面邀请霍光赴宴，然后布置下刀斧手，准备趁酒酣耳热之际，行刺霍光。

谏议大夫杜延年得到这个消息，连忙告诉了霍光，霍光立即向昭帝报告，昭帝通知丞相田千秋火速带兵，把上官桀一伙统统抓起来处死。

早慧的昭帝在公元前74年病死，年仅21岁。

昭帝没有儿子，霍光等大臣与皇后议定立汉武帝的孙子昌邑王刘贺为帝，使者到达昌邑已经是深夜，刘贺已睡下，赶紧起身接诏书。他得知是让自己去当皇帝，就高兴得手舞足蹈。

刘贺进京的路上荒淫无度，即位后仍然旧习不改，荒淫无耻。霍光忧心如焚，他偷偷和大司农田延年商量挽救办法，决定废掉刘贺。

于是在刘贺即位后不久，霍光将所有大臣召集到未央宫举行会议，当众宣布了要废掉刘贺，另选贤明的意图。与会大臣听这个消息，都感到意外，因为废立之事关系重大，谁也不敢发言。田延年看到这种情况，立刻站起来发言，他假意斥责霍光，说汉武帝把汉家天下寄托给霍光，就因为霍光忠诚于汉室，能使汉朝长治久安。现在如果继续维持刘贺的帝位，那汉家天下就会断送，你霍光将来死了，又有何面目去见汉武帝呢！大臣们见此情景，都同意由霍

·桑弘羊·

桑弘羊（公元前152～前80年），汉武帝时大臣，一说生于景帝后元三年（公元前141年），洛阳人。出身商人家庭，自幼有心算才能，以此13岁入侍宫中。自元狩三年（公元前120年）起，终武帝之世，历任大司农中丞、大司农、御史大夫等重要职务。元狩年间，在桑弘羊的参与和主持下，汉先后实行了盐、铁、酒官营，均输、平准、算缗、告缗，统一铸币等经济政策。此外，还组织了60万人屯田戍边，防御匈奴。这些措施都在不同程度上取得了成功，暂时缓解了经济危机，史称当时"民不益赋而天下用饶"。汉昭帝始元六年（公元前81年），昭帝召集各地贤良文学至长安，会议盐铁等国家大事。贤良文学反对盐铁官营和均输平准等与民争利的政策，力主改弦更张，桑弘羊与之展开辩论。由于桑弘羊的坚持和封建国家财政方面的需要，当时除废止酒类专卖改为征税外，盐铁官营等各项重要政策仍沿袭不变。

公元前73～前71年

世界大事记：

古罗马斯巴达克起义。

光主持，废除刘贺，另选贤明之主。于是，霍光联合大臣们十分慎重地写了一封奏章，列举了刘贺的种种劣迹，上奏当时主持汉室的上官太后，即日将刘贺废掉，并将他送回昌邑。

废掉刘贺后，汉武帝刘彻的曾孙刘询即位，这就是汉宣帝。汉宣帝吩咐众大臣有公事先奏明大将军霍光，然后再奏明皇上，这样霍光的地位就更高了。

昭宣中兴

汉武帝临终前任命霍光、金日磾、桑弘羊、田千秋四人为辅政大臣，受命辅佐太子刘弗陵。这四个人是经过精心选择的。霍光是西汉名将霍去病的弟弟，被授予军政大权，田千秋是新进大臣，桑弘羊是忠于汉武帝军政路线的老臣，金日磾则原是匈奴休屠部的王子，休屠部则是匈奴的大部落，很显然汉武帝是想借此安抚匈奴。

公元前87年，汉武帝病死，年仅8岁的太子刘弗陵登基，就是汉昭帝。他是汉武帝的幼子，母亲是钩弋夫人，据说她怀孕14个月才生下刘弗陵，大臣们都认为是尧帝降生，纷纷向汉武帝表示祝贺。汉武帝老年得子，更是宠爱有加。临终前，汉武帝想立刘弗陵为太子，但是防止"子幼母壮"，导致外戚专权，他下令赐死钩弋夫人。

汉昭帝聪明伶俐，每当遇到大事，他都和霍光等人商量，将国家治理得有声有色。昭帝始元六年（公元前81年），汉昭帝命大臣桑弘羊召集各郡国所推举的贤良、文学，询问百姓的疾苦。贤良、文学与桑弘羊等人意见不一，他们就汉朝的内外政策进行了辩论。这就是历史上有名的盐铁之议。

在盐铁会议上，双方辩论的主要内容有三个方面：（1）民间疾苦的根源。贤良、文学认为民间疾苦的根源在于国家经营盐铁，提出废除盐铁。桑弘羊表示反对，认为国家垄断盐铁，扩大了财源，是抗击匈奴军费的主要来源。（2）对匈奴的政策。贤良、文学主张和亲。但桑弘羊则认为匈奴反复无常，只有通过战争才能阻止匈奴的侵扰。（3）关于治国的方针和理论思想。贤良、文学信奉儒家的仁义学说，主张德治。他们批判严刑峻法，认为这是亡国之道。桑弘羊施政以法家学说作为指导思想，主张法治，反对德治。他认为有了严刑峻法，百姓就小心谨慎，社会自然会安定。另外，这次会议还涉及了农业、社会现状、伦理道德和古今关系等问题。这次辩论反映了西汉统治阶级内部儒法两派对汉武帝晚年的一系列政策的不同认识，并提出了自己的治国方略。

汉昭帝刘弗陵即位后，他的同父异母哥哥燕王刘旦很不服气，想篡位自立，辅政大臣霍光自然成了他的眼中钉。霍光认为"无功不得封侯"，坚决不同意封盖长公主的情人丁外人为侯，得罪了盖长公主。霍光的政敌上官桀，和丁外人、盖长公主、燕王刘旦勾结起来，阴谋策划先除掉霍光，再废掉刘弗陵，然后拥立刘旦为帝。

后来汉昭帝查明事情的真相，杀死了上官桀、丁外人，燕王刘旦和盖长公主也畏罪自杀。可惜汉昭帝只活到21岁就死了，霍光又立刘询为帝，就是汉宣帝。

刘询原名叫刘病已，是巫蛊之祸中的太子刘据的孙子。巫蛊之祸后，刚出生不久的他被投入监狱，幸亏一个狱卒可怜他，让两个女囚犯给他喂奶才活了下来。太子刘据的冤案平反

⊙玉双凤饰系璧　西汉

青褐色玉，两玉璧两环，雕刻不同纹饰，外侧透雕一对凤鸟。

汉代画像石和画像砖

画像石和画像砖是汉代美术史的最重要的材料，数量最多，内容也最丰富。这与当时厚葬的风气有关。

画像砖是秦汉时代的一种建筑装饰构件。秦汉至西汉初期，多用于装饰宫殿衙舍的阶基；西汉中期以后，主要用于装饰墓室壁面；东汉则是画像砖艺术的鼎盛时期。

画像砖用模印烧制而成，不用雕刻，一块砖就是一幅独立的画面。四川、河南两省出土最多。艺术造诣最高的是四川成都一带出土的东汉后期画像砖。这些画像砖都是实心的方砖或长方砖，画面一次印模而成，构图完整生动。四川画像砖在题材内容方面也独树一帜，除少量神话内容外，绝大部分刻画现实生活；其中既有表现墓主人生前社会地位的门阙、仪卫、车马出行、经师讲学、宴饮观舞等场面，也有反映庄园经济农副业生产活动及集市贸易活动的画面，风格清新隽永，乡土气息特别浓郁。代表作有《弋射收获图》等。此图上部是弋射，着意表现猎手的优美姿态和雁鸟的动作；下部是收获的场景，充满丰收的喜悦。

所谓画像石就是在石头上刻出一些图像，也称石刻画，主要用于墓室、墓前祠堂、石阙等墓葬建筑的建造与装饰。它产生于西汉，盛于东汉，魏晋之际仅有个别实例，故又称汉画像石。它的产生恐怕是担心壁画不能久传的缘故。从技法上讲，这种石刻画突出以线造型的特点和黑白关系，没有色彩，是绘画和雕刻结合的一种形式。

画像石的规模和艺术水平体现了墓主人的显贵地位。规模大、水平高的大多集中在经济富庶、文化发达、附近石料充足的地区。汉画像石墓以河南、山东、陕西、山西、四川、江苏、安徽等地区为多。

山东是古代文化发达的地区，汉代居于统治地位的

◎邓县乐舞画像砖

◎南山四皓　画像砖　汉

儒家思想与老庄阴阳五行的思想、历史神话等交织在一起，成为画像石表现的主要内容。画像石题材多样，内容丰富，有反映庄园、车行、聚会、宴饮、战争、乐舞、杂戏、作坊、狩猎、手工劳作等现实生活的场面，还有描绘禽兽鱼虫、日月星辰、山川草木等自然景物以及各种建筑的图形与装饰图案，风格质朴厚重，劲健秀美。

河南南阳画像石主要描绘的是神话人物、祥瑞禽兽及星宿图像等，如伏羲、女娲、东王公、西王母、仙人，以及金乌负日、白虎星座等。画面在表现一个故事时，以横向分布为主，造型的运动感极强，具有蓬勃的野性和生机，风格豪放古拙，泼辣有力。

四川的画像石形制多为长方形，有的以数条组合为一个宽阔的画面，好像今天的宽银幕，如《完璧归赵》《荆轲刺秦王》，都有2米长。有的画像石长11米之多，描绘了车骑出行、杂技、宴乐观舞、农作、庖厨及历史故事等。

画像石和画像砖同商周的青铜器、南北朝的石窟艺术、唐诗、宋词一样，各领风骚数百年，成为我国文化艺术中的瑰宝。

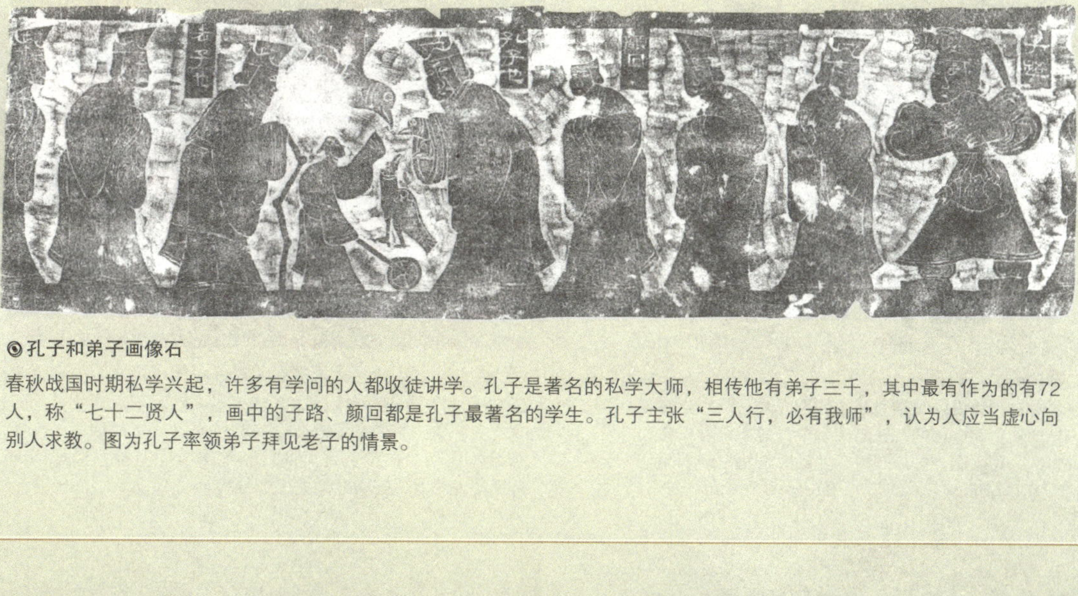

◎孔子和弟子画像石

春秋战国时期私学兴起，许多有学问的人都收徒讲学。孔子是著名的私学大师，相传他有弟子三千，其中最有作为的有72人，称“七十二贤人”，画中的子路、颜回都是孔子最著名的学生。孔子主张“三人行，必有我师”，认为人应当虚心向别人求教。图为孔子率领弟子拜见老子的情景。

马王堆汉墓帛画

1972年，湖南长沙马王堆1号汉墓出土了我国已知的画面最大、保存最完整、艺术性最强的彩绘帛画。这幅画是西汉前期的作品，画面呈“T”字形，长205厘米，上部宽92厘米，下部宽47.7厘米。向下四角缀有穗形飘带，顶部边缘裹有竹棍，两端系以丝带用以悬挂，出殡时在车前举扬，带有招魂及引导死者升仙的意味。

帛画描绘墓主人升仙的情节，以繁复严谨的构图把全画分为上、中、下三段。上段分为上、中、下三部分。上部为幻想中天上的景象。右上方画太阳，中立金乌一只。太阳下的扶桑树上，又有8个小太阳。左上方画新月，中有蟾蜍、玉兔。一女子乘龙奔向弯月，可能是嫦娥。中间绘人首蛇身像。下方，两只飞鸟相对，悬着铃铎。再往下，两扇天门内，两名守门人拱手对坐。

中段为人间景象。中段又分为上下两部分，上半部华盖下面的正中部位是一个体态肥硕身披锦绣的站立着的贵妇人，她就是墓主人。前有两人捧盘跪迎，后有3女随身伺候，正准备升天。中段下部以帏帐玉磬象征屋顶，屋内案上陈设鼎壶等饮食用具，两旁有7人对坐，应当是描绘向死者致祭或者是死者生前宴饮的场面。

下段为地下景观。一裸体巨人双手托举着可能象征大地的白色扁平物站立在两龙之上，横跨一条大蛇，两旁又各有一只背上站着猫头鹰的大龟，巨人可能就是大地之神。

各段还有羽人、怪兽、华盖幔帐、谷璧交龙等穿插、点缀其间，整个画面形式生动饱满，所展示的内容十分丰富。帛画的主题是“引魂升天”，表达的是人追求永生的愿望。这类“升天”的题材始于春秋，兴于西汉。帛画精心绘制的墓主人形象与墓中保存完好的女尸极其相似。这使我们一方面看到西汉肖像画的水平，显示了古代画家的观察、概括和写实的功力。另一方面，帛画中再现的神话传说显示了作

⊙ **帛画上部的腾龙**

龙是古代传说中一种有鳞角须爪，能兴云作雨的神异动物。在中国的传统与艺术中，龙象征着权威、丰饶、和平和吉祥。于是，龙的形象常出现于生活的方方面面。

或许现代人会对古人崇拜上天的行为感到不屑或奇怪，而在当时生产技术水平极低的情况下，上天成为古人的追求。变化万千的气象令古人吃惊、痴迷，于是，一系列关于上天的故事传说出现了，那是古人心目中最美好的向往，如帛画中所描述的仙鹤起舞、月蟾待发、龙飞畅啸、乘龙遨游仙境。

者丰富的想象力，生机勃勃，充满流动畅快的浪漫气息。整幅画的线描匀细有力，这可能就是后人所说的“十八描”中的“高古游丝描”。该画构图严谨、完整，对称中有变化，主次分明，疏密有致。如果将其与战国帛画相比，显然更进了一步。它更强调了色彩的表现力，颜料以石色为主。朱砂、石青、粉白等矿物颜料至今仍鲜艳明亮，把整幅画面点染得富丽厚重，光彩夺目。

⊙旌幡帛画

德国哲学家费尔巴哈说：中国人是最为死者操心的民族。且不论这句话是贬斥或是褒扬，但他说的确是事实。中国人一直关心死者在阴间的居住条件和生活空间。这件升天帛画绘出了地府、人间、天上三个空间，即是为了给墓主提供了一个理想、安逸的生活空间；大量的随葬品也会使墓主吃喝不愁、安逸富足。

很显然，对人间的描述被极度夸张了。传说中的龙与墓主现实生活的结合，显示出墓主生前的高贵与奢华。这不能不让人赞叹古人丰富的想象力。天盖、仙鸟、蟠龙、人身鸟首像、侍女、仆人……人间被古人的想象力改变了，还有比这更美好的人间吗？

地府亦称地狱，佛教名词意思为不乐、可厌、苦具、苦器等。而这幅帛画里的地府描述的应是地下，即死者灵魂安息的地方，没有赏罚之意，反而显示出饶有生活情趣的一面。

公元前51年

中国大事记：
汉宣帝召集石渠阁会议，讲论五经异同。

后，他恢复了皇族的身份，寄居在祖母史良娣的娘家。刘询长期生活在民间，对人民的疾苦有深刻的了解。他登基后，实行了一系列利国利民的政策，有功必赏，有罪必罚，使官吏廉洁奉公，百姓安居乐业。

汉昭帝和汉宣帝在位期间，汉朝社会稳定，经济不断发展，汉朝盛世再现。后世把他们统治的时期称为“昭宣中兴”。

昭君出塞

汉宣帝在位的时候，由于有霍光等大臣辅佐，国家渐渐强大起来。那时候，匈奴由于贵族内部争权夺利，国势渐渐衰落。后来，匈奴发生分裂，五个单于分立自治，互相攻打不休。其中一个单于名叫呼韩邪，被他的哥哥郅支单于打败了,失去不少人马。呼韩邪和大臣商量后，决心跟汉朝和好。呼韩邪还亲自带着部下来见汉宣帝。

呼韩邪是第一个来中原朝见的单于，汉宣帝像招待贵宾一样招待他，亲自到长安郊外去迎接他，为他举行了盛大的欢迎仪式。呼韩邪临行时，与汉朝使者订立了此后“汉朝与匈奴合为一家，世世代代不相侵犯”的友好盟约。

公元前33年，汉宣帝死去，汉元帝即位。呼韩邪第三次到长安，提出愿意做汉家的女婿，结为亲戚，加强汉匈友好。汉朝经历了近百年的战火侵扰，也希望内外和平安宁。汉元帝答应了呼韩邪的要求。汉元帝决定从后宫的宫女中挑选出合适的人选，嫁给单于。

后宫中有个叫王昭君的宫女，长得十分美丽，又是个明大义、有远见的姑娘，为了自己的终身，自愿嫁到匈奴去。王昭君平时并未被人注意，可当她装束起来，竟是位绝色的姑娘。呼韩邪单于在五位列选的姑娘中，一下就看中了她。汉元帝吩咐办事的大臣选择吉日，让呼韩邪单于和王昭君在长安成亲。

呼韩邪单于得到这样一个年轻貌美的妻子，既高兴又感激。

在汉朝和匈奴官员的护送下，王昭君离开了长安，千里迢迢地来到了匈奴单于的领地。

到了匈奴后，呼韩邪单于封昭君为“宁胡阏氏”（王后），意思是说昭君嫁给匈奴，会带来和平安宁。呼韩邪单于娶了昭君很满意，他上书向汉元帝表示愿意为汉朝守卫边疆，让汉天子和百姓永享和平、幸福。

⊙ 王昭君像

王昭君出塞的时候带去很多礼物，她在塞外同匈奴人民和睦相处，爱护百姓，教给当地妇女织布、缝衣和农业生产技术，受到人民的爱戴。

王昭君在匈奴生了一儿两女，这些子女长大后，也致力于汉与匈奴两族的友好。

王昭君的历史功绩是值得彰扬的。自从她出嫁匈奴后，匈奴和汉朝和睦相处，友好往来，有60多年没有发生战争。

公元前70～19年

世界大事记：

古罗马诗人维吉尔在世，代表诗作有《伊尼德》《牧歌集》等。

王莽篡位

王昭君离开长安不久，汉元帝就死了。他的儿子刘骜即位，是为汉成帝。汉成帝是个荒淫的皇帝，他当了皇帝后，朝廷的大权逐渐被外戚（太后或者皇后的亲属叫外戚）掌握了。成帝的母亲、皇太后王政君有八个兄弟，除了一个死去的以外，其他人都封了侯。其中要数王凤的地位最显赫，他被封为大司马、大将军。

王凤掌了大权，他的几个兄弟、侄儿都十分骄横。只有一个侄儿王莽与众不同。他像平常的读书人一样，做事谨慎小心，生活也比较节俭。人们都说王家子弟中，王莽是最好的一个。

王凤死后，他的两个兄弟先后接替他的职位，后来又让王莽做了大司马。王莽很注意招揽人才，有些读书人慕名前来投奔他。

汉成帝死后，在十年之内，换了两个皇帝——哀帝和平帝。汉平帝登基时才9岁，国家大事都由大司马王莽做主。很多大臣都吹捧王莽，说他是安定汉朝的大功臣，请太皇太后封王莽为安汉公。王莽说什么也不肯接受封号和封地。后来，经大臣们一再劝说，他才勉强接受了封号。

王莽越是不肯受封，越是有人要求太皇太后封他。据说，朝廷里的大臣和地方上的官吏、平民上书请求加封王莽的人多达48万人。有人还收集了各种各样歌颂王莽的文字，使王莽的威望越来越高。

◎铜钱　王莽时铸造

渐渐长大的汉平帝越来越觉得王莽的行为可怕、可恨，免不了背地里说些抱怨的话。

有一天，大臣们给汉平帝过生日。王莽借机献上一杯毒酒。汉平帝没料到王莽会做这种事，接过来喝了。

没过几天，汉平帝就得了重病，死去了。王莽假惺惺地哭了一场。汉平帝死的时候才14岁，没有儿子。王莽从刘家的宗室里找了一个2岁的小孩做皇太子，叫孺子婴。王莽自称“假皇帝”（假是代理的意思）。

一些文武官员想做开国元勋，便劝王莽即位做皇帝。一直以谦让出名的王莽这会儿不再推让了。

公元8年，王莽正式称帝，改国号叫新，都城仍在长安。从汉高祖称帝开始的西汉王朝，历经了210年，到此结束了。

王莽刚做了皇帝，便打着复古改制的幌子，下令实行变法。变法的内容是：第一，把全国土地改为“王田”，不准买卖；第二，把奴婢称为“私属”，不准买卖；第三，评定物价，改革币制。

这些改革，听起来都是好事情，可是没有一件能行得通。这种复古改制，不但遭到农民

·三堂会审·

中国文学作品中经常会出现“三堂会审”这一名词，以形容事态的严重性。其实，三堂会审又称三司会审，是中国古代三法司（三个司法有关单位）共同审理重大案件的制度。《商君书·定分》中载“天子置三法官，殿中置一法官，御史置一法官及吏，丞相置一法官”。后世的“三法司”之称即源于此。汉代以廷尉、御史中丞和司隶校尉为三法司。唐代以刑部、大理寺和御史台为三法司。明、清两代以刑部、大理寺和都察院为三法司，遇有重大疑难案件，由三法司会同审理，以避免决策失误，也是古代法制民主的一种体现。

公元8年

中国大事记：
王莽即真天子位，定国号曰“新”，西汉灭亡。

的反对，许多中小地主也不支持。

面对国内的混乱局面，王莽便想借对外战争来缓和一下。这当然要引起了匈奴、西域、西南各部族的反对。后来，王莽又征用民力，加重捐税，纵容官吏对老百姓压迫和剥削。这样一来，就逼得农民起来反抗了。

绿林赤眉起义

公元17年，荆州发生饥荒，老百姓到沼泽地区挖野荸荠充饥，野荸荠越挖越少，便引起了争斗。新市（今湖北京山东北）有两个有名望的人，一个叫王匡，一个叫王凤，出来调解，得到农民的拥护。王匡、王凤就把这批饥民组织起来举行起义。

王匡、王凤他们把绿林山（今湖北大洪山）作为根据地，接着攻占附近的乡村。

王莽派了2万官兵去围剿绿林军，被绿林军打得溃不成军。投奔绿林山的穷人越来越多，起义军很快就发展到5万多人。

这时候，另一个起义领袖樊崇带领几百个人占领了泰山。不到一年工夫，就发展到一万多人，在青州和徐州之间来往打击官府、地主。

樊崇的起义军纪律严明，规定谁杀死老百姓就处死谁，谁伤害老百姓就要受惩罚。这样一来，得到了老百姓的拥护。

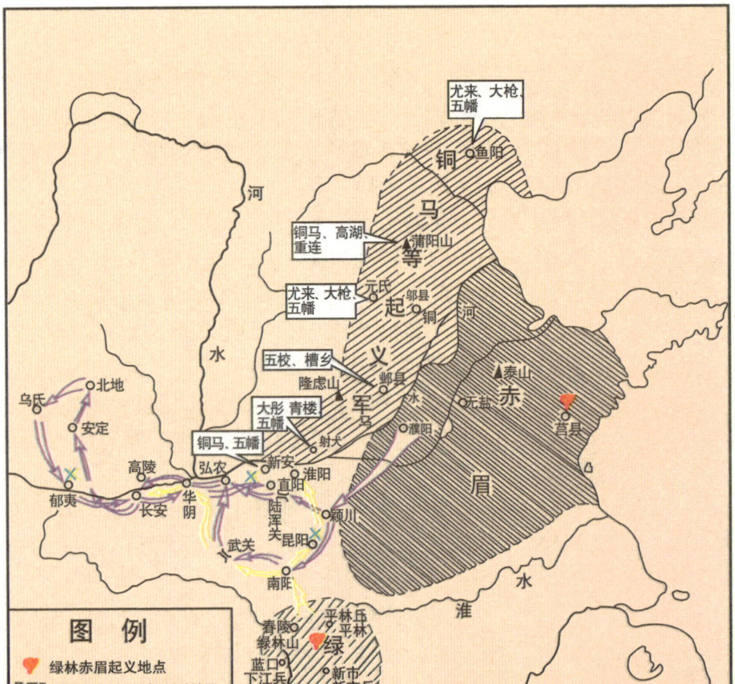

⊙绿林、赤眉、铜马起义示意图

公元22年，王莽派太师王匡（和绿林军中的王匡是两个人）和将军廉丹率领10万大军去镇压樊崇起义军。樊崇为了避免起义兵士跟王莽的兵士混杂，叫他的部下把自己的眉毛涂成红色，作为识别的记号。这样，人们都称樊崇的起义军为“赤眉军”。

王莽的军队和赤眉军打了一仗，结果被赤眉军打得狼狈逃窜。赤眉军越打越强，队伍不断发展壮大。

绿林、赤眉两支起义大军分别在南方和东方打败王莽军的消息一传开，其他地方的农民也纷纷起义。另外，还有一批没落的贵族和地主、豪强也乘机起兵造反。

南阳郡春陵（今湖南宁远北）乡的汉宗室刘縯、刘秀两人，怨恨王莽废除汉朝宗室的封号，不许刘

公元前323～前30年

世界大事记：
古埃及托勒密王朝时期。

姓人做官的做法，发动族人和宾客七八千人在春陵乡起兵。他们和绿林军三路人马联合起来，接连打败了王莽的几名大将，声势越来越强大。

绿林军将士们认为人马多了，必须推选出一个负责统一指挥的首领，这样才能统一号令。一些贵族地主出身的将军，利用当时有些人的正统观念，主张找一个姓刘的人当首领，这样才能符合人心。

于是，春陵兵推举刘縯，可是其他各路的将领都不同意。经过商议，众人立了破落的贵族刘玄做皇帝。

公元23年，刘玄正式做了皇帝，恢复汉朝国号，年号“更始”，所以刘玄又称更始帝。更始帝拜王匡、王凤为上公，刘縯为大司徒，刘秀为太常偏将军，又封了其他的将领。从此，绿林军又称为汉军。

昆阳大战

公元23年更始政权建立，为阻止王莽军南下，保障主力夺取战略要地宛城，刘玄派上公王凤、大将王常、偏将刘秀统率部分兵力趁莽军严尤、陈茂军滞留颍川郡一带之际，迅速攻占昆阳（今河南叶县）、定陵、郾县，与围攻宛城的绿林军主力形成犄角之势。

更始军的动向引起了王莽的不安。公元23年三月，王莽遣大司空王邑、司徒王寻赴洛阳调集各州郡兵42万，号称百万，经颍川会合了严尤、陈茂军后直逼昆阳。此时，昆阳城中更始军只有八九千人，王莽军兵力庞大又来势汹汹，不少将领提议与其寡不敌众，遭受重创，不如化整为零，退回根据地以图后举；但青年将领刘秀反对这一消极做法，主张坚守昆阳牵制、消耗王邑军兵力，掩护主力攻取宛城。还未定议，王莽军已兵临城下，诸将于是同意坚守。王凤、王常率众守城，刘秀、李轶率13骑到定陵、郾城调集援兵。

莽军不久将昆阳围得水泄不通。大将严尤向王邑进言：“昆阳虽小，但易守难攻。敌人主力在宛城，我们不如绕过昆阳赶往宛城寻歼其主力，到那时昆阳敌人受震动，城可不战而下。”但王邑拒绝说：“非也非也！我军百万之师，所过当灭，今屠此城，喋血而进，前歌后舞，岂不快哉？”于是陈营百余座，挖地道，造云车，猛攻昆阳不已。王凤、王常率全城军民顽强抵挡，多次挫败王莽军的进攻，王莽军消耗很大。

严尤见昆阳久攻不下，再次向王邑进言：“围城应该网开一面，使城中一部分守军逃出至宛城，散布兵危消息，以使敌人情绪消沉，军心动摇，其士气低落下来后，城必可破！”但又为刚愎自用的王邑拒绝，他认为不久昆阳就会告破。

正当王邑将取胜战机丧失的时候，精明强干的刘秀已从定陵、偃县征集了1万步骑兵精锐，日夜兼程赶到了昆阳。他见昆阳仍未失守，而王莽军队形不整，显得士气低落，疲惫不堪，

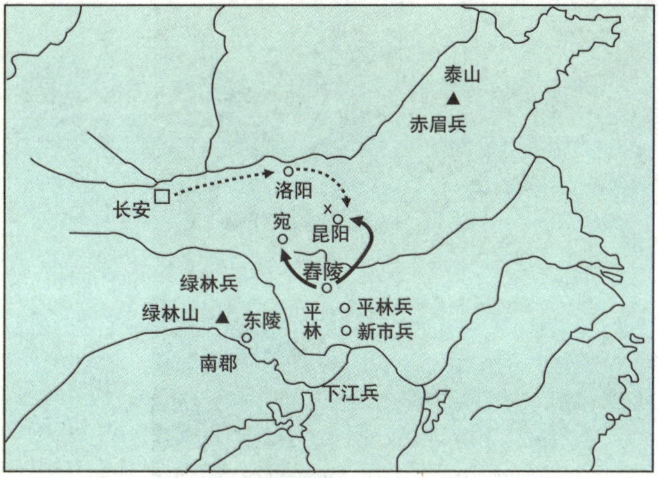

⊙ 昆阳之战形势示意图

公元25年

中国大事记：
刘秀称帝，建元建武，是为东汉光武帝。

心下大喜。他立即投入战斗，他亲率1000轻骑为前锋，冲到王邑军阵前挑战；王邑以其人少不足畏惧，就派了3000人迎战。刘秀急忙挥军疾冲猛杀，转眼间莽军百余人被砍死，剩下的败退回去了。初战告捷，城内城外的更始军士气都为之一振，斗志立时高涨了许多。

刘秀为了更进一步振奋士气，同时动摇莽军军心，便假造宛城已为更始军攻克的战报，用箭射入昆阳城中；又故意遗失战报，让王莽军拾去传播。这一消息顿时一传十、十传百，城内军民守城意志更加昂扬，而城外王莽军情绪则更加沮丧。胜利的天平已开始向起义军这边倾斜了。刘秀见效果已经达到，便精选勇士3000人迂回到莽军侧后偷渡昆水，而后猛攻王邑大本营。

此时，王邑仍不把刘秀放在眼里，他担心州郡兵主动出击会失去控制，就令他们守营勿动；自己和王寻率万人迎战刘秀的3000义勇。然而王邑的轻敌应战怎奈得住刘秀部署严密的进攻？万余兵马很快被冲得阵势大乱，而州郡兵诸将却因王邑有令不得擅自出兵，谁也不敢去救援。于是王邑所部大溃，王寻也被杀死。莽军余部见主帅都溃退了，也纷纷逃命。刘秀乘势掩杀，城中王凤、王常见莽军崩溃，即从城内杀出，与刘秀部内外夹攻王邑。王邑军互相践踏，死伤无数，狼狈向洛阳方向逃去。昆阳解围。

光武中兴

昆阳一战，使刘縯和刘秀名扬天下。有人劝更始帝把刘縯除掉。更始帝便找了个借口，杀了刘縯。

◉光武帝涉水图　明　仇英

刘秀听说他哥哥被杀，知道自己的力量打不过更始帝，就立刻赶到宛城（今河南南阳市），向更始帝赔礼。

更始帝见刘秀不记他的仇，有点过意不去，就封刘秀为破虏大将军，但没有重用他。后来，攻下了长安，杀了王莽，更始帝才给刘秀少数兵马，让他到河北去招抚各郡县。

这时候，各地的豪强大族有自称将军的，有自称为王的，还有的自称皇帝，各据一方。更始帝派刘秀到河北去招抚，正好让刘秀得到一个扩大势力的好机会。他到了河北，废除王莽时期的一些严酷的法令，释放了一些囚犯。同时，不断消灭割据势力，镇压河北各路农民起义军。整个河北几乎全被刘秀占领了。

公元25年，刘秀和他身边的官员、将领认为时机成熟，于是自立为皇帝，这就是汉光武帝。

更始帝先建都洛阳，后来又迁到长安。他到了长安以后，认为自己的江山已经坐稳，便开始腐化起来。原来的一些绿林军将领，看到更始帝整天花天酒地，不问政事，都十分不满。

赤眉军的首领樊崇眼看更始帝腐败无能，就立15岁的放牛娃刘盆子为皇帝，率领20万

公元前27年

世界大事记：
罗马执政官屋大维（奥古斯都）确立元首政治，罗马帝制开始。

大军进攻长安。不久就攻占了函谷关。

更始帝眼看赤眉军就要攻到长安了，便领文武百官逃到城外。樊崇进入长安后，派使者限令更始帝在20天内投降。更始帝没办法，只好带着玉玺向赤眉军投降。

赤眉军声势浩大地进了长安，可是几十万将士的口粮发生了困难，长安天天有人饿死。这样一来，长安的混乱局面就无法收拾了。

无奈之下，樊崇带着军队离开长安，向西流亡。但是别的地方粮食也一样困难；到了天水（郡名，在今甘肃）一带，又遭到那里的地主豪强的拦击。樊崇没辙，又带着大军往东走。

汉光武帝这时已占领了洛阳，他一听到赤眉军向东转移，就带领20万大军分两路设下了埋伏。

汉光武帝派大将冯异到华阴，把赤眉兵往东边引。冯异用计把一队赤眉军包围在崤山下。冯异让伏兵打扮得和赤眉军一模一样，双方混战在一起，分不出谁是赤眉兵、谁是汉兵。赤眉军正在为难的时候，打扮成赤眉军模样的汉兵高声叫嚷“投降”“投降”，赤眉军兵士一看有那么多人喊投降，没了主意。赤眉军一乱就被缴了武器。

公元27年一月，樊崇带着赤眉军向宜阳（今河南宜阳县）方向转移。汉光武帝得到消息，亲自率领预先布置好的两路人马截击，把赤眉军围困起来。赤眉军无路可走，樊崇只好派人向汉光武帝请降。

汉光武帝把刘盆子、樊崇等人带回洛阳，给他们房屋田地，让他们在洛阳住下来。但是不到几个月，就加上谋反的罪名，把樊崇杀了。

·谶纬之学·

西汉末年，风行谶纬的思想。谶是以诡语托为天命的预言，其实质属于以阴阳五行为骨架的天人感应论的范畴。纬与“经”相对，是托名孔子以诡语解经的书。为了经学神学化和神化现实统治者的需要，纬书中引用和编造了大量的谶言，这种经学神学化的产物——纬书就称为“谶纬”。

东汉初年，谶纬主要有87篇，有的解经，有的述史，绝大部分都是宣扬神灵怪异的荒诞言论。汉光武帝刘秀当皇帝以后，把谶纬作为一种重要的统治工具。建初四年（公元79年），汉章帝大会群儒于白虎观讨论经义，由班固写成《白虎通德论》。与会的今文经学、古文经学和谶纬神学的代表们求同存异，在三纲五常的基础上实现了经学与谶纬神学的结合。

强项令董宣

汉光武帝统一了中国，便把洛阳作为都城。为了和刘邦建立的汉朝区分开，历史上把这个王朝称为“东汉”，也叫“后汉”。

汉光武帝建立了东汉王朝之后，深知老百姓深受战乱之苦，便也学着西汉的做法，采取休养生息的政策。

汉光武帝一面扶持发展农业，一面注重施行法令。不过法令也只能约束老百姓，要拿它去约束皇亲国戚，那就难了。

洛阳令董宣是一个执法严格的人。就是皇亲国戚犯了法，他都同样办罪。

汉光武帝的大姐湖阳公主有一个家奴行凶杀了人，躲在公主府里不出来。董宣不能进公主府去搜查，就天天派人在公主府门口守着，等那个凶手出来，以便捉拿。

有一天，湖阳公主坐着车马外出，那个杀人凶手也跟在身边侍候。董宣得到了消息，就亲自带衙役赶来，拦住湖阳公主的车。他不管公主阻挠，吩咐衙役把凶手逮起来。然后，就当场把他处决了。

公元43年

中国大事记：
汉光武帝派伏波将军马援平定岭南。

⊙君车出行图　汉

湖阳公主怒气冲冲地赶到宫里，向汉光武帝哭诉董宣怎样欺负她。汉光武帝听了，十分恼怒，立刻召董宣进宫，吩咐内侍当着湖阳公主的面，责打董宣，替公主消气。

董宣说："先别动手，让我把话说完了，我情愿死。"

汉光武帝瞪着眼说："你还有什么话好说？"

董宣说："陛下是一个中兴的皇帝，应该注重法令。现在陛下允许公主放纵奴仆杀人，怎么能治理好天下？用不着打，我自杀就是了。"说罢，他仰起头就向柱子撞去。

汉光武帝连忙喊内侍拉住董宣，可是董宣已经撞得头破血流了。

汉光武帝认为董宣说得有理，不该责打他，但是为了照顾湖阳公主的面子，便要董宣去给公主磕个头赔个礼。

董宣宁愿不要命，也不肯磕这个头。内侍把他的脑袋往地上摁，可是董宣用两只手使劲撑着地，挺着脖子，不让内侍把他的头摁下去。

内侍知道汉光武帝并不想责罚董宣，可又得给汉光武帝个台阶下，就大声地说："回陛下的话，董宣的脖子太硬，摁不下去。"

汉光武帝也只好笑了笑，下令说："让这个硬脖子的人下去！"

后来，汉光武帝不但没办董宣的罪，还赏给他三十万钱，奖励他执法严明。董宣领了赏钱，全分给了手下的差役。

从此以后，董宣不断打击那些作奸犯科的豪门贵族。洛阳的土豪听到他的名字，都吓得发抖。于是人们给他取了个名号——"卧虎"（意思是"躺着的老虎"）。

马援经略边疆

从王莽时开始，塞外羌族不断骚扰边境，不少羌族更趁中原混乱之际入居塞内，金城（治所在今甘肃兰州西北）一带属县多为羌人所占据。汉将来欲就此事上书，说陇西屡有侵扰祸害，除马援外，无人能平。公元35年夏天，光武帝刘秀任命马援为陇西郡郡守，征讨扰边羌人。

⊙马援像

马援一上任便整顿兵马，派步骑3000人出征。先在临洮击败先零羌，斩首数百人，获马、牛、羊100多头，守塞羌人8000多望风而降。当时，羌族各个部落还有几万人在浩占据要隘进行抵抗，马援和扬武将军马成率军进击。羌人将其家小和粮草辎重聚集起来，在允吾各阻挡汉军。马援率部暗中抄小路袭击羌人营地。羌人见汉军突然出现，大惊，逃入唐翼谷中，马援挥师追击，羌人布精兵于北山坚守。马援对山摆开阵势佯攻以吸引羌人，暗中却遣数百骑兵绕到

公元10～20年

世界大事记：
罗马斯特拉波编写《地理学》，为西方最早的区域地理著作。

羌人背后，乘夜放火，并击鼓呐喊。羌人不知有多少汉军袭来，纷纷溃逃。马援大获全胜，斩首千余级。

因为汉军兵少，马援不敢穷追羌人，缴获了羌人大量粮食、牲畜及财物后，马援收军回营。此战，马援身先士卒，腿部被飞箭射穿，光武帝派人前去慰问，并赐给他牛羊数千头。马援像往常一样，把这些赏赐都分给了部下，将士们都十分感激他。

⊙**茂椒林**
这是四川阿坝州茂县（古羌地）一片生机盎然的茂椒（烹饪川菜的重要调味品）林。马援平定羌边的目的，也无非是为此——生产发展，人民安居乐业。

当时，金城破羌以西地区，离汉廷道途遥远，又常有动乱，不好治理。朝中多数大臣主张舍弃这一地区，独马援持异议，他有三条理由：一是破羌以西城堡都还完整牢固，适合防守；二是那里土地肥沃，灌溉便利；三是若放弃不管而让羌人占据湟中，将后患无穷。光武帝认为马援言之有理，便令武威太守把从金城迁来的客民全部放还，3000多客民返回了原籍。马援又建议朝廷为他们安排官吏，修建城郭，营造工事，开导水利，并鼓励发展农牧业生产，郡中百姓从此安居乐业。马援又派羌族豪强杨封说服塞外羌人，让他们结好塞内羌人，共同开发边疆。对武都地方背叛公孙述前来归附的氐人，马援以礼相待，奏明朝廷，恢复他们的侯王君长之位，赐给他们印绶。

公元37年，武都参狼羌与塞外各部联合，杀死官吏，发动叛乱，马援率4000人前去征剿。大军行至氐道县境，发现羌人占据了山头，马援率军驻扎在适宜的地方，断绝了羌人的水源，控制了草地，以逸待劳，坚守不出。羌军水源乏绝，陷入困境，逃的逃，降的降，陇右遂平。

马援在陇西做了6年太守，恩威并施，使得陇西战事渐稀，百姓能安心从事农业生产。

公元41年，卷地人维汜的弟子一个名叫李广的聚会徒党，攻陷皖城，自称“南岳大师”。朝廷派张宗率军征讨，被李广击败，朝廷即以马援率诸郡兵马共万人出征。马援打败叛军，诛杀了李广。不久，岭南交趾女子征侧姐妹因与太守孙定不和，起兵反汉并占据交趾、九真等岭外60余城；朝廷任马援为伏波将军南征交趾。公元42年，马援在浪泊大破敌军，降服万余人，又乘胜追击，在禁溪击败征侧，公元43年正月诛杀征侧，传首洛阳。马援因功封新息侯，食邑三千户。不久后，马援还平定了岭南。

从交趾得胜回京，老朋友们都出城迎接慰问马援；马援对平陵人孟冀说：“方今匈奴、乌桓尚扰北边，我想请求攻打它们；男儿当死边野，以马革裹尸还葬耳。”公元48年，南方武溪蛮暴动，马援请命南征，光武帝因之年事已高，不让他去。在马援的说服下，刘秀答应了他。次年，马援在壶头山病死军中。

公元57年

中国大事记：
倭奴国来贡，汉赐“汉委奴国王”之印。

汉明帝求佛

汉光武帝活到63岁时，得病死了。太子刘庄继承皇位，这就是汉明帝。

有一回，汉明帝做了个梦，梦里出现一个金人，头顶罩了一圈光环，绕殿飞行，一会儿升上天空，向西去了。

第二天，他向大臣们询问这个头顶发光的金人是谁。

有个叫傅毅的博士说：“天竺有神名叫佛。陛下梦见的头顶发光的金人一定是天竺的佛。”

天竺的另外一个名称叫身毒，是佛教创始人释迦牟尼出生的地方（天竺是古代印度的别称，释迦牟尼出生在古印度北部迦毗罗卫国，在今尼泊尔境内）。释迦牟尼原来是个王子，大约出生在公元前565年。传说他在29岁那年，厌倦了王族的舒适生活，出家修道，后来创立了佛教。

释迦牟尼到处宣讲佛教的宗义。他传教四十多年，收了许多信徒，大家尊称他“佛陀”。他死了以后，他的弟子把他生前的学说整理出来，编成了经书，这就是佛经。

汉明帝对傅毅的话很感兴趣，他就派蔡愔和秦景两名官员到天竺去求佛经。

蔡愔和秦景跋山涉水，到达了天竺国。天竺人听到中国派来使者求佛经，表示欢迎。天竺有两个沙门（就是高级僧人），一个名叫摄摩腾，另一个名叫竺法兰，帮助蔡愔和秦景了解了一些佛教的理义。后来，他们在蔡愔和秦景的邀请下决定到中国来。

⊙白马寺山门
白马寺有中国佛寺“祖庭”之称，始建于东汉永平十一年，因汉明帝“感梦求法”，遣使迎天竺僧人到洛阳而创建。

公元67年，蔡愔、秦景给两个沙门引路，用白马驮着一尊佛像和四十二章佛经，经过西域，回到了洛阳。

尽管汉明帝不懂佛经，也不清楚佛教的道理，但对前来送经的两位沙门还是很尊敬的。第二年，他命令在洛阳城的西面仿照天竺的式

·道教·

道教是中国土生土长的宗教，来源于古代的民间巫术和神仙方术，又将《老子》《庄子》加以附会引申，形成以长生成仙为根本宗旨的道教教义，随着相应的宗教组织和活动的出现，道教便正式诞生了。

道教的产生大体上与佛教的传入同时，它一开始就吸收儒、阴阳、谶纬和佛教各家的成分，具有庞杂性。早期道教经典《太平经》约成书于汉安帝、汉顺帝之际，它把汉代道家关于气的学说神秘化，将养生论引申为长生说，主张通过养性积德的方法，包括行孝、守一、含气、服药等，达到长生成仙的目的。它崇拜的至上神是“委气神人”，其下有神人、真人、仙人、道人，组成神仙世界。

约公元46～119或127年

世界大事记：
罗马帝国传记作家普卢塔克在世，著《希腊罗马名人比较列传》。

样，造一座佛寺，把送经的白马也供养在那儿，把这座寺取名叫白马寺（在今河南洛阳市东）。

汉明帝虽然派人求经取佛像，但他其实并不懂佛经，也不相信佛教，倒是提倡儒家学说。朝廷里的大臣们也不相信佛教，所以到白马寺里去拜佛的人并不多。

思想家王充

王充是东汉时期杰出的唯物主义思想家。祖父、父亲在钱塘“以贾贩为事”。王充自幼聪明好学，青年时期曾到京师洛阳入太学，拜班彪为师。“家贫无书，常游洛阳市肆，阅所卖书，一见辄能诵忆，遂博通众流百家之言。”

王充一生在政治上很不得志，相传曾做过几任州、县的官吏，但都没什么实权，多系幕僚性质。他嫉恨俗恶的社会风气，常常因为和权贵发生矛盾而自动辞职。因此，每次仕进都为期极短。他把毕生的精力投入著书立说，居贫贱而不倦。他一生撰写了《论衡》《政务》和《养性》等著作，其中《论衡》一书流传至今。

王充的著述活动也不是一帆风顺的，经常遭到社会舆论的非难，以致他的学说一旦问世，便被视为异端，甚至遭到禁锢。王充冲破种种阻力，坚持著述。他在《论衡》一书中系统地清算和批判了神秘主义的思想体系，确立了唯物主义思想，难能可贵。

汉代的唯心主义神学，鼓吹天是至高无上的神，像人一样具有感情和意志，大肆宣传君权神授和“天人相与”的“天人感应说”。宣扬“天子受命于天”，“承天意以从事”；天神能赏善惩恶；君主的喜怒、操行好坏和政治得失都会感动天神做出相应的报答，而自然界的变异和灾害就是天神对君主的警告和惩罚。王充针锋相对地指出，天是自然，而不是神。他说，天和地一样，是客观存在的平正无边的物质实体，它有自己的运行规律。日月星辰也都是自然物质，“系于天，随天四时转行”。天和人不一样，没有口眼，没有欲望，没有意识。

在王充生活的时代，各种鬼神迷信泛滥。王充在《论衡》中对各种迷信活动及其禁忌，尤其是对“人死为鬼”的谬论进行了深刻的批判。

⊙王充像

他很风趣地说，从古到今，死者亿万，大大超过了现在活着的人，如果人死为鬼，那么，道路之上岂不一步一鬼吗？王充认为人是由阴阳之气构成的，“阴气主为骨肉，阳气主为精神”，“精神本以血气为主，血气常附形体”，二者不可分离。他指出：“天下无独燃之火，世间安得有无体独知之精！”也就是说，精神不能离开

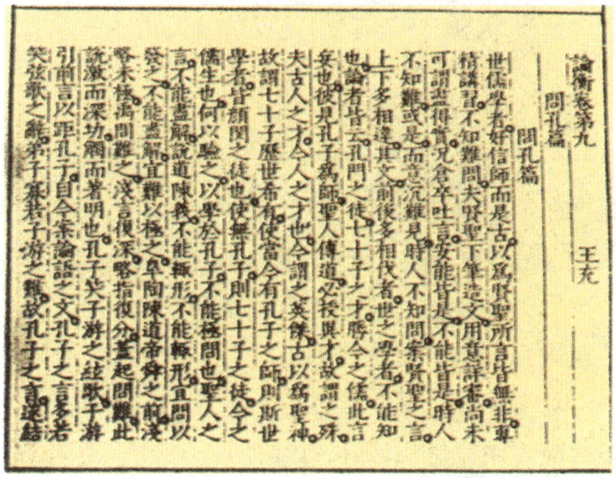

論衡卷第九　王充
問孔篇
問孔篇
世儒學者好信師而是古以爲賢聖所言皆無非專
精講習不知難問夫賢聖下筆造文用意詳審尚未
可謂盡得實況倉卒吐言安能皆是不能皆是時人
不知難或是而意沉難見時人不知問案賢聖之言
上下多相違其文前後多相伐者世之學者不能知
也論者皆云孔門之徒七十子之才勝今之儒此言
妄也彼見孔子爲師聖人傳道必授異才故謂之殊
夫古人之才今人之才也今謂之英傑古以爲聖神
故謂七十子歷世希有使當今有孔子之師則斯世
學者皆顏閔之徒也使無孔子則七十子之徒今之
儒生也何以驗之以學於孔子不能極問也聖人之
言不能盡解說道陳義不能輒形不能輒形宜問以
發之不能盡解宜難以極之臯陶陳道帝舜之前淺
略未極禹問難之淺言復深略指復分蓋起問難此
說激而深切觸而著明也孔子笑子游之弦歌子游
引前言以距孔子自今案論語之文孔子之言多若
笑弦歌之類故孔子之言遂結

⊙王充《论衡》书影

《论衡》的主要观念：1. 以自然元气说，否定神学、天命。2. 以自然元道观为基础，批判谶纬之学、天人感应等。3. 以命定说讨论人性和社会哲学。《论衡》的主要内容：1. 揭穿荒诞的迷信，排斥鬼神和禁忌。2. 反对盲目崇拜，批评夸张的记载。3. 开厚古薄今之风，宣汉朝之德。

公元73年

中国大事记：
班超出使西域，西域与汉绝65年，至此复通。

人的形体而存在，世间根本不存在死人的灵魂。

王充在《论衡》一书中还否定了圣人"神而先知"，"圣贤所言皆无非"。为了适应封建专制主义中央集权的统治需要，汉代的唯心主义神学极力推崇古代的圣人，说圣人是天神生的，"能知天地鬼神""人事成败"和"古往今来"。王充虽然也承认孔子是圣人，并且也不反对孔子所提倡的封建伦理道德，但他批判了圣人"前知千岁，后知万岁"，有独见之明、不学自知的唯心主义先验论。他认为圣人只不过是比一般人聪明一些，而聪明又是来自学习。

《论衡》极具战斗性，涉及自然科学、哲学、伦理学、宗教和社会生活等诸多方面，阐明了以唯物主义为基本特征的世界观。全书共85篇（现存84篇），分30卷，约30万字。《论衡》是王充从33岁开始，前后用了30多年的时间，直到临终才写成的，是他毕生心血的凝结，是中国传统文化中的宝贵财富。

投笔从戎

汉光武帝建立了东汉王朝后，让大学问家班彪整理西汉的历史。班彪有两个儿子，一个叫班固，另一个叫班超，还有一个女儿叫班昭。班彪在几个孩子幼小的时候，就教他们学习文学和历史。

班彪死了以后，汉明帝任命班固为兰台令史，继续完成他父亲整理历史书籍的事业，就是《汉书》（一部记载西汉历史的书）。班超跟着他哥哥做抄写工作。哥俩都很有学问，可是性情和志趣不一样，班固喜欢研究百家学说，致力于他的《汉书》，而班超却不愿意皓首穷经地在案头写东西。

⊙班超像

后来，班超听到匈奴不断地掳掠边疆的居民和牲口，就扔下了笔，气愤地说："大丈夫应当像张骞那样到塞外去立功，怎么能在书房里待一辈子呢？"就这样，他下决心放弃文案工作，去立战功。

窦固为了抵抗匈奴，采用了汉武帝的办法，派人到西域去，与各国建立友好关系，共同对付匈奴。他赏识班超的勇气才干，派班超出使西域。

班超带着36个随从，先到了鄯善（在今新疆境内）。鄯善原来是归顺匈奴的，因为匈奴逼它纳税进贡，勒索财物，鄯善王十分厌恶。这

·班固·

班固（公元32～92年），东汉的历史学家和文学家。他从小就很聪明，文采出众。父亲班彪死后，班固回乡为父亲守孝期间，开始整理父亲的著作《史记后传》，并坚持了20多年，写成了《汉书》，书中详细地记载了西汉的历史。公元79年，汉章帝在白虎观召集文人讨论经书，班固负责记录，还奉命把讨论内容写成了《白虎通义》（也叫《白虎通德论》），这是很有名的历史书籍。后来，大将军窦宪讨伐匈奴，让班固做他的参谋，两个人关系很好。窦宪在政治斗争中被迫自杀后，班固受牵连，最后死在了监狱里。班固的文学作品水平也很高，其撰写的《两都赋》在中国文学史上有很高的地位。

公元1～6世纪

世界大事记：
中亚贵霜帝国时期。

次看到汉朝派了使者来，他很高兴，非常殷勤地招待班超一行。

几天后，班超发现鄯善王对待他们忽然变得冷淡了。班超料想到其中必有变故，他从鄯善的侍者口中得知匈奴也派使者来了，鄯善王何去何从犹豫不定。班超立即与同行的36个随从密商，必须先发制人，夜袭匈奴使者。于是，班超布置随从们乘夜纵火烧了匈奴营帐，将匈奴使者全部杀死。第二天，班超把鄯善王请来，鄯善王看到匈奴使者的人头，非常惊叹汉家将军的英勇行为，马上打消疑虑，摆脱匈奴的统治，与汉家复通友好。

班超回到洛阳，汉明帝提拔班超做军马司，又派他去于阗联络。于阗王接见班超的时候，并不怎么热情。班超劝他脱离匈奴，跟汉朝交好。于阗王犹豫不决，找来巫师向神请示。班超见巫师装神弄鬼，借神的名义不愿与汉朝结交，便拔刀杀了巫师。最后，于阗王同意和汉朝和好，并主动把匈奴派去奴役他们的“监护使者”杀了。

班超在西域联合弱小民族，团结抗暴，先后打败莎车（今新疆沙车一带）、龟兹、焉耆（今新疆焉耆一带）等国，匈奴北单于在西域北道上的势力也被驱逐出去，西域五十多国又同东汉王朝建立起友好的关系。

不久，汉明帝去世，他的儿子刘炟即位，即为汉章帝。

张衡制造地动仪

汉章帝在位期间，东汉的政治比较平稳。汉章帝死后，年仅10岁的汉和帝继承了皇位。窦太后临朝执政，她的哥哥窦宪掌握了朝政大权，东汉王朝便开始走下坡路了。

这段时期里，出了一位著名的科学家——张衡。张衡是南阳人。17岁那年，他离开家乡，先后到了长安和洛阳，在太学里用功读书。朝廷听说张衡很有学问，便召他进京做官，先是在宫里做郎中，继而又担任了太史令，叫他负责观察天文。这个工作正好符合他的研究兴趣。

经过观察研究，他断定地球是圆的，月亮的光源是借太阳的照射而反射出来的。他还认为天好像鸡蛋壳，包在地的外面；地好像鸡蛋黄，在天的中心。这种学说虽然不完全准确，但在1800多年以前，能得出这种科学结论，不能不使后来的天文学家感到钦佩。

张衡还用铜制作了一种测量天文的仪器，叫作“浑天仪”。上面刻着日月星辰等天文现象。

那个时期，地震发生频繁。有时候一年发生一两次大地震。发生一次大地震，就波及好几十个郡，城墙、房屋倾斜倒坍，造成人畜伤亡。

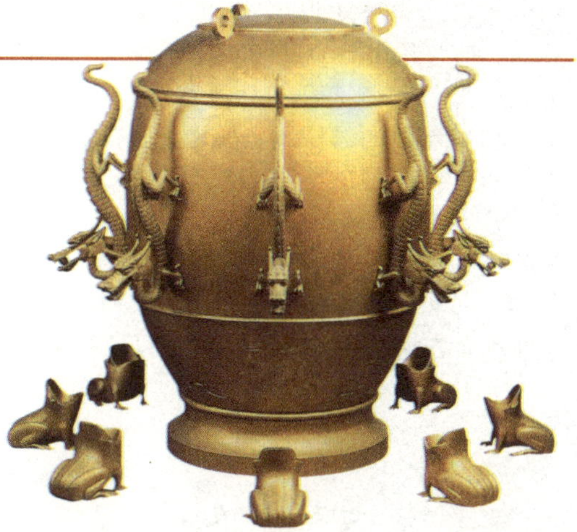

⊙ 张衡地动仪模型之一

张衡记录了地震的现象，经过细心的考察和试验，发明了一个预测地震的仪器，叫作“地动仪”。

地动仪是用青铜制造的，形状类似酒坛，四周刻铸了八条龙，龙头朝着八个方向。每条龙的嘴里含了一颗小铜球；龙头下面，蹲着一个铜制的蛤蟆，蛤蟆的嘴大张着，对准龙嘴。哪个方向发生了地震，朝着那个方向的龙嘴就会自动张开来，把铜球吐进蛤蟆的嘴里，发出响亮的声音，发出地震的警报。

公元79年

中国大事记：
汉章帝诏诸儒会于白虎观，讲论五经异同。

公元138年二月的一天，地动仪对准西方的龙嘴突然张开，吐出了铜球。按照张衡的设计原理，这就是报告西部发生了地震。

过了几天，有人骑着快马来向朝廷报告，离洛阳一千多里的金城、陇西一带发生了大地震，还出现了山体崩塌。

张衡61岁那年得病死去。他为我国的科学事业做出了巨大的贡献。

蔡伦造纸

蔡伦发明的造纸术和火药、指南针、印刷术一起，是我国古代科技史上的四大发明，是中国人对世界文明的巨大贡献。蔡伦，字敬仲，出生于农家，从小家境贫寒，为了生计，于东汉明帝永平末年入宫做了宦官。进宫之后，蔡伦从小黄门做起，小心谨慎，不敢有半点马虎。到了汉和帝年间，蔡伦升任中常侍，参与国家机密大事。后来又加官尚方令，掌管宫廷手工作坊，监督御用品的制造。公元89年，蔡伦开始负责监管刀剑武器和其他器械的制造工作。蔡伦监督制造的器械，全都精工坚密，世人争相仿效。当然，他最杰出的贡献是改进了造纸术。

⊙蔡伦像

进宫之前，蔡伦就对造纸感兴趣，曾经用破旧的废物揉和在一起，做过许多加工试验，虽然不是很成功，却对造纸用的材料有了很深的了解，为他后来成功改进造纸术奠定了基础。

他认真总结西汉以来用麻质纤维造纸的经验，经过长期的实验，对造纸的原料和造纸工艺都进行了改革，引发了书写材料的革命。他把树皮、麻头、破布和旧渔网等作为造纸的原料，不但扩大了原料的来源，还降低了造纸的成本；在传统流程的基础上，增加了用石灰进行碱液蒸煮的工序，使植物纤维分解速度加快、分解

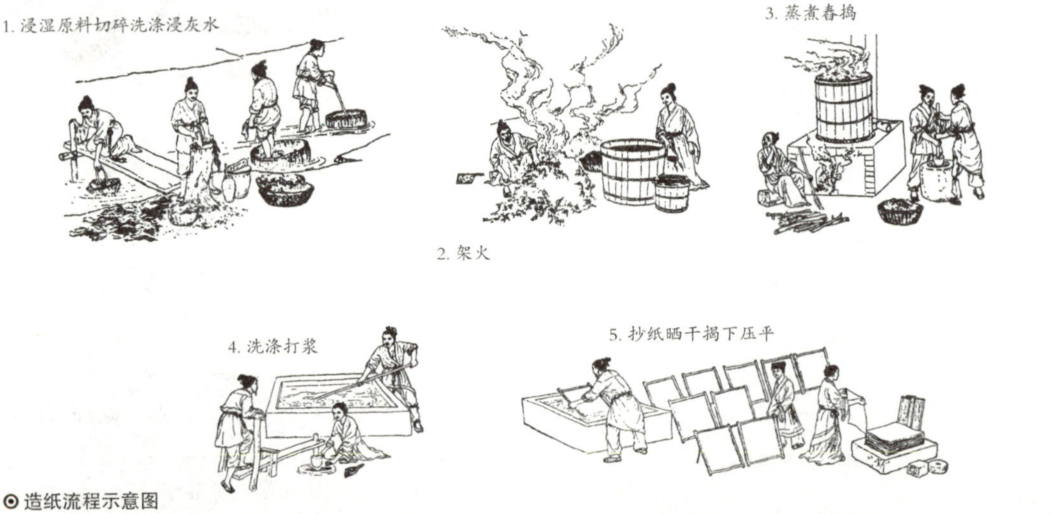

⊙造纸流程示意图

公元69～96年

世界大事记：
罗马帝国弗拉维王朝时期。

分布得更加均匀细致；经过切断、捣碎、沤煮、化浆、定型、风干等一整套工艺流程，纸张的质量大大提高，书写起来极为方便。

公元 105 年，蔡伦将他监造的优质纸张进献给汉和帝，因造纸有功，被封为龙亭侯。之后，植物纤维造纸开始代替竹简、缣帛，成为广泛使用的书写材料，蔡伦也被后世奉为造纸祖师。

经过蔡伦改革之后，造纸业开始成为一个独立的手工行业，在全国各地发展起来。纸的推广使用，为保存文献、记载历史、交流思想、积累传播文化、促进科学技术的发展做出了巨大的贡献。后来，蔡伦的造纸术陆续传到朝鲜、越南、日本、阿拉伯以及非洲和欧洲，到 19 世纪，又传到大洋洲，被世界普遍接受。

蔡伦不仅被我国的造纸工人奉为造纸鼻祖“纸神”，还被日本等国的造纸工人尊为祖师，历代奉祀。我国大部分的产纸地区，都有为祭祀蔡伦而建造的庙宇。每年的阴历三月十六日是蔡伦的祭祀纪念日。元朝政府曾经在他的故乡耒阳重修蔡伦庙，蔡伦的墓地陕西洋县也有他的祠庙。

蔡伦发明的纸和造纸术，具有划时代的伟大意义，为人类文明与进步做出了巨大的贡献。它充分显示了中华民族古老悠久的历史和灿烂辉煌的古代科技成就，是中华民族的骄傲。

·汉赋·

汉赋是汉代最主要的文学体裁，一般分为骚体赋、散体大赋和抒情小赋三类。汉赋一般篇幅较长，多采用问答体，韵散夹杂，其句式以四言、六言为主，但也有五言、七言或更长的句子。汉赋闳阔壮丽，但也好堆砌词语，极尽铺陈排比之能事。汉赋的形成受到了《诗经》和《楚辞》的巨大影响。汉赋的三种类型代表了汉赋发展的三个阶段。骚体赋主要盛行于西汉初年，受骚体诗或者楚辞的影响，如贾谊的《吊屈原赋》。散体大赋又称汉大赋，也是人们一般意义上所认为的汉赋。它主要盛行于西汉中叶至东汉初年，代表作家作品有枚乘的《七发》、司马相如的《子虚赋》《上林赋》，等等。抒情小赋是汉赋的新发展，它的出现预示着汉大赋的衰弱。但是抒情小赋篇幅短小，比起汉大赋的恢宏壮丽自有一番情趣。代表作家作品主要有张衡的《归田赋》、赵壹的《刺世嫉邪赋》等。

窦氏灭族

东汉中晚期的政治特点是外戚和宦官交替专权。第一个专权的外戚集团是窦氏集团。

汉章帝立东汉开国功臣窦融的曾孙女为皇后。窦皇后的哥哥窦宪被封为中郎将，弟弟窦笃被封为门侍郎。窦氏兄弟被封为高官之后，在京城飞扬跋扈，无人敢惹，连王公大臣都要让他们三分。一次，窦宪看上了沁水公主的庄园，就强行要以低价购买。沁水公主不敢和他争夺，只好同意。

一天，汉章帝经过这里，问窦宪这是谁的庄园。窦宪说不知道，并暗示大臣不许回答。后来，沁水公主向汉章帝哭诉。汉章帝大怒，大骂窦宪：“你竟然敢夺取公主庄园，并不许别人告诉我，这和秦朝赵高蒙骗秦二世指鹿为马是如出一辙！想一想这是多么恐怖的事！以前汉明帝时，阴党、阴博和邓叠为纠察，百官豪强没有一个人敢犯法的！现在你连公主的庄园都敢夺，更不要说百姓的财产了！国家抛弃你窦宪，就像丢掉一只小鸟和腐臭的死老鼠一样！”窦宪非常害怕，磕头求饶。窦皇后也毁衣（降低服饰等级以示自责）谢罪，向汉章帝苦苦哀求，一再为窦宪求情，汉章帝的怒火才渐渐平息。汉章帝命令窦宪将庄园还给沁水公主。虽然没有治窦宪的罪，但汉章帝再也没有

公元92年

中国大事记：
汉和帝与宦官郑众诛杀大将军窦宪，郑众以功封侯，是为东汉宦官用权之始。

⊙玉俑　东汉

授予窦宪重要的官职。

后来汉章帝在31岁时去世，他10岁的儿子汉和帝即位，窦皇后晋升为窦太后，临朝称制。窦宪被提升为侍中，掌管朝廷机密，负责发布诰命；窦笃任虎贲中郎将，统领禁卫军；另外两个弟弟窦景、窦环任中常将，负责传达诏令和统理文书。窦家一门四侯，总揽朝政大权，权势熏天。窦姓亲属及其党徒纷纷担任中央和地方各级官员，造成了大批儒生不能当官的局面。官员们争着巴结窦氏兄弟，东汉的朝政更加混乱不堪。窦氏家族横行乡里，鱼肉百姓，没有人敢揭发他们的恶行。窦家的家奴狗仗人势，欺凌百姓，拦路抢劫，侮辱妇女，甚至公然在首都洛阳杀人越货，无人敢管。

⊙约束外家
此图描绘的是东汉明德马太后训诫宗族亲戚不要骄横越礼的故事。马太后是东汉名将马援的小女，明帝的皇后。她曾以西京败亡之祸为戒劝阻章帝封爵诸舅，以防止外戚专权。

窦宪为人脾气暴躁，心胸狭窄，睚眦必报，如今大权在握，开始对得罪过他的人疯狂报复。当年窦宪的父亲窦勋犯法，经大臣韩纡审判，被定为死罪，并被处斩，窦宪一直怀恨在心。现在虽然韩纡早已去世，他仍然不肯放过韩家，派人将韩纡的儿子杀死，并割下他的头到窦勋的墓前祭奠。

都乡侯刘畅是东汉光武帝刘秀的哥哥齐武王刘縯的孙子，生得俊俏风流，能说会道。他从封地进京来为汉章帝奔丧，丧事办完还赖在洛阳不走。后来窦太后召见了他，两人言笑甚欢，打得火热。窦宪知道消息后，害怕妹妹将自己手中的权力移交给刘畅，于是派刺客将刘畅杀死。窦太后大怒，下令严查。当时刘畅兄弟不和，窦宪说是刘畅的弟弟利侯刘刚派人杀死刘畅。窦太后派人审问，结果发现真正的杀人凶手竟是窦宪。窦太后恼羞成怒，立即下令将窦宪幽禁在宫里。

当时的匈奴分为南北两部，南匈奴亲汉，北匈奴反汉。北匈奴遭遇了蝗灾，又被鲜卑打败，南匈奴上书东汉朝廷，请求汉朝派兵共同进攻北匈奴。窦宪上书窦太后要求领兵征讨匈奴赎罪，窦太后许可了。汉军和南匈奴联军在稽落山大破北匈奴军，窦宪率军出塞3000里，登燕然山（今蒙古国杭爱山），刻石记功，班师而还。

窦宪得胜回朝之后，气焰嚣张，更加不可一世，升任大将军，封武阳侯。此时汉和帝也长大了，开始对窦氏兄弟的胡作非为感到不满。他依靠身边的宦官和禁军，密谋除去窦氏。一天发生了日食，司徒丁鸿趁机对汉和帝说："日食出现，表示臣子要夺取君王的权力，陛下千万要小心。这是上天在警诫我们，如果陛下能亲自处理朝政，在灾祸还是萌芽的时候就消灭它，才能使汉朝国泰民安。"

随着窦家权势的日益膨胀，窦氏开始阴谋策划诛杀汉和帝。汉和帝知道后，联合自己的哥哥清河王刘庆和宦官郑众，一举消灭了窦氏的势力，郑众等人因功封侯。

公元79年

世界大事记：
维苏威火山喷发，毁庞贝等城。

消灭窦氏一族后，汉和帝才知道自己的生母不是窦太后而是早死的梁贵人，于是大封梁贵人的家人为官，这为后来外戚梁冀专权埋下了伏笔。梁氏专权，是东汉外戚专权的极盛时期。

宦官当政

东汉是中国历史上宦官专权最猖獗的时期之一。

东汉中后期大部分皇帝即位时的年龄都很小，朝政掌握在皇太后手里，皇太后依靠自己的父兄（被称为外戚）来管理朝政，从而形成了外戚专权的局面。皇帝长大后，不甘心做傀儡，想要亲政，夺回大权，但满朝文武都是外戚和他们的亲信，自己势单力薄，只好依靠身边伺候自己的人——宦官，宫廷中侍奉皇帝及其家人的人员。

汉和帝即位时只有10岁，实权掌握在窦太后和他的哥哥窦宪手里。朝中重要的职位都被窦家人占据，地方的主要职位也都被窦家的党羽占据。窦家人及其党羽横行不法，百姓深受其害。汉和帝成年后，决心夺回大权。但皇帝身居深宫，只有依靠宦官。永元四年（公元92年），汉和帝派宦官郑众指挥禁军，一举铲除了窦家的势力，夺回大权。郑众因功被封侯，参与朝政。这是东汉宦官专权的开始。从此以后，东汉出现了外戚和宦官两大集团争权夺利、互相厮杀的局面，东汉的政治日益黑暗。

汉安帝即位时只有13岁，实权掌握在汉和帝的皇后邓太后和他的哥哥邓骘手里。邓骘是东汉开国功臣邓禹的孙子，家世显赫，邓家封侯29人，公2人，大将军13人，高官14人，列校22人，州牧、郡守48人，权势熏天。邓太后还提拔士大夫，以求得他们的支持。邓太后去世后，汉安帝和宦官李闰、江京等人杀死邓骘，消灭了邓家势力，夺回大权。李闰、江京等掌握了朝政大权。

汉安帝死后，他的皇后阎氏及其兄长阎显拥立汉朝宗室刘懿为帝，史称汉少帝，阎氏家族掌握了朝政大权，汉少帝不久病死。延光四年（公元125年），宦官孙程等19个宦官发动政变，

·百戏·

百戏是汉朝对音乐、舞蹈、杂技、魔术、角抵戏等表演艺术的统称，起源于民间，是由古老的原始宗教仪式发展而来，秦朝时开始传入宫廷。西汉时，在汉武帝的倡导下，百戏盛极一时。到了东汉，无论是宫廷中的庆典，还是民间节日，尤其是庄园内的宴乐聚会，都少不了百戏表演助兴。百戏表演时往往数百人同台演出，载歌载舞，场面热烈。

⊙伎乐陶俑　东汉
这组陶俑由六俑组成，表现了一个完整的伎乐表演的场面，形象生动逼真。

公元166年

中国大事记：

第一次党锢之祸，司隶校尉李膺等200多人被称为党人，逮捕下狱。

◎陶院落　东汉

这个院落把住宅和防御设施结合了起来，是东汉时期豪强地主武装力量的一种真实反映。

一举消灭了阎氏势力。逼太后交出传国玉玺，拥立汉安帝之子11岁的刘保为帝，就是汉顺帝，改元“永建”。

汉顺帝刘保为了报答宦官的大恩，封孙程等19个宦官为侯，执掌朝政。从此东汉宦官的势力空前膨胀。宦官们不仅操纵朝政，而且还可以将爵位传给养子，甚至取得了举孝廉的权力。东汉政权由外戚阎氏专政变为宦官专权，朝政更加腐败，社会更加黑暗，当时民间有“举秀才，不知书；察孝廉，父别居”的讽刺时政的民谣。

汉顺帝死后，梁太后和梁冀先后拥立2岁的汉冲帝、8岁的汉质帝和15岁的汉桓帝。梁冀把持朝政，一手遮天，飞扬跋扈。汉质帝对他非常不满，当面说他是跋扈大将军，结果被梁冀派人毒死。

全国各地向皇帝进贡时，供品中最好的都被梁冀挑走，剩下的才送到皇宫里。梁冀霸占民田，建造宅邸庄园，庄园里修建的亭台楼阁竟然和皇宫的一样。他还派人到西域去，购买珍奇异宝。一次，有个人打死了他庄园里的一只兔子，梁冀竟然株连了十几个人，将他们全部杀死。当时，官员升迁都要先到梁冀家向他谢恩，然后再到政府人事部门报到，梁冀还经常杀害与他不和的大臣。

梁冀掌权20年，梁家有7人被封侯，3人当上皇后，6人为贵人，2人为大将军，担任其他职位的不计其数。

延熹二年（公元159年），梁太后死，梁冀杀了汉桓帝宠爱的梁贵人的母亲。汉桓帝忍无可忍，就秘密联络了单超等5个与梁冀有仇的宦官，发动宫廷侍卫羽林军1000多人，围攻梁冀的住宅，梁冀被迫自杀。梁家的势力被彻底肃清，梁冀提拔的官员300多人全部被罢免，一时间朝廷里几乎空了。汉桓帝将梁冀的家财全部没收，竟有30亿之多，相当于国家半年的税收！

单超等五人因诛杀梁冀有功，同时被封侯，当时人们称他们为“五侯”，朝政被他们把持。五侯和他们的兄弟亲属横行天下，肆意欺压百姓。

公元189年，外戚何进密谋铲除宦官集团，不料计划泄露反被宦官所杀。何进的部下袁绍领兵杀进皇宫，杀死宦官2000多人。宦官张让等挟持汉少帝逃到黄河边，被追兵赶上，投河自尽。自此，宦官专权的局面结束，但腐朽的宦官集团和外戚集团最终酿成东汉末年黄巾起义的爆发，导致了东汉王朝的灭亡。

党锢之祸

“五侯”掌权以后，胡作非为，与梁冀相比，有过之而无不及。他们把持朝政，卖官鬻爵，党羽遍布朝廷和各郡县，搞得整个社会一片黑暗。历史上有名的“党锢事件”就在这时发生了。

当时，除了外戚和宦官两大势力集团的相互斗争外，还有第三股力量，即士人集团，主要由名士和太学生组成。这个士人集团当中的名士，是一批士族地主出身的官员，他们对宦

◎李膺像

公元124年

世界大事记：
罗马建成万神庙，为古代圆顶庙之最。

官掌权十分不满，主张改革朝政，罢斥宦官；那些太学生，主要出身于中小地主阶层，因为社会黑暗腐败，政治前途渺茫，便要求改革。这些人批评朝政，对飞扬跋扈的宦官及其党羽深恶痛绝。

公元165年，陈蕃做了太尉，名士李膺做了司隶校尉。他们都是读书做官、操行廉正又看不惯宦官弄权的人，因而太学生都拥护他们。

李膺做司隶校尉的职责是纠察京师百官及附近各郡县官吏。有人向他告发大宦官张让的弟弟张朔做县令时，横行不法，虐杀孕妇，事后逃到张让家躲避罪责。李膺打听到张朔藏在张让家空心柱子中，亲率部下直入张让家中，“破柱取朔”，拉出去正法了。

张让马上向汉桓帝哭诉。桓帝知道张朔的确有罪，也没有责备李膺。

李膺执法公正，刚直不阿，轰动了京师，受到士人和百姓的推崇。

过了一年，有一个和宦官来往密切的方士张成，从宦官侯览那里得知朝廷即将颁布大赦令，就纵容自己的儿子杀人。杀人凶手被逮起来，准备法办。就在这时，大赦令下来了。张成得意地对众人说：“有大赦诏书，司隶校尉也不能把我儿子怎么样。”这话传到李膺的耳朵里，李膺怒不可遏。他说：“张成预先知道大赦，故意叫儿子杀人，这是藐视王法，大赦轮不到他儿子。”就下令把张成的儿子处决了。

张成哪肯罢休，他与宦官侯览、张让一起商量了一个鬼主意，叫张成的弟子牢修向桓帝诬告李膺和太学生，罪状是“结成一党，诽谤朝廷”。

汉桓帝接到牢修的控告，便下令逮捕党人。除了李膺之外，还有杜密、陈和范滂等二百多人，均在党人之列。朝廷出了赏格，通令各地抓捕这些人。李膺和杜密都被关进了监狱。

捉拿人的诏书到达了各郡，各郡的官员都把与党人有牵连的人申报上去，有的多达几百个。

第二年，有个颍川人叫贾彪，自告奋勇到洛阳替党人申冤叫屈，汉桓帝的岳父窦武也上书要求释放党人。李膺在牢里采取以守为攻的办法，故意招出了好些宦官的子弟，说他们也是党人。宦官害怕，就对汉桓帝说：“现在天时不正常，应当施行大赦。”汉桓帝对宦官是唯命是从的，马上宣布大赦，把两百多名党人全部释放了。

党人被释放后，宦官不许他们在京城居留，打发他们一律回家，并把他们的名字向各地通报，罚他们一辈子不得做官。历史上称之为“党锢之祸”（“锢”，禁锢之意）。“党锢之祸”实质上缘起于东汉正直派与宦官专权之间的斗争，

⊙《熹平石经》残石

·《熹平石经》·

《熹平石经》是中国历史上最早的官定儒家经典刻石，它和魏正始年间所刻《正始石经》，以及唐文宗开成二年（公元837年）所刻《开成石经》并列为古代著名的三大石经。汉代独尊儒术之后，朝廷将儒家经文刻制成石头书籍，供学官们正定校勘，作为向太学生讲授的标准经本。《熹平石经》共刻《鲁诗》《尚书》《周易》《春秋》《公羊传》《仪礼》《论语》等7经，共计200910字，刻制时间从东汉熹平四年（公元175年）至光和六年（公元183年），一共历时7年。制成后立于洛阳太学门前。《熹平石经》主要由蔡邕等人用隶书体写成，是中国书法史上的著名碑刻。

公元184年

中国大事记：
张角率众起义，因起义军皆戴黄巾，故称黄巾起义。

对后代产生了深远影响。

“党锢之祸”发生后不久，汉桓帝死了。窦皇后便和窦武商量，从皇族中找了一个年仅12岁的少年即位，这就是汉灵帝。

黄巾起义

汉灵帝昏庸腐败，宠信宦官，只知道吃喝玩乐。国库里的钱耗尽了，他们便在西园开了一个挺特别的铺子，专门用来搜刮钱财。有钱的人可以公开到这里来买官职，买爵位。

老百姓面对朝廷的腐败，地主豪强的压迫，再加上接二连三的天灾，活不下去了，纷纷起来反抗。

巨鹿郡有弟兄三个，老大名叫张角，老二名叫张宝，老三名叫张梁。三个人不仅有本领，还常常帮助老百姓排忧解难。

张角通晓医术，给穷人治病，从来不要钱，深得穷人的拥护。

他知道农民只求安安稳稳地过日子，可眼下受地主豪强的压迫和天灾的折磨，多么盼望有一个太平世界啊！于是，他决定利用宗教把群众组织起来，创立一个教名叫太平道。

随着他和弟子们的传教广泛深入民间，相信太平道的人越来越多。大约花了十年的时间，太平道传遍了全国。各地的教徒发展到几十万人。

张角和其他组织者商议后，把全国八个州几十万教徒都组织起来，分为三十六方，大方有一万多人，小方六七千人，每方选出一个首领，由张角统一指挥。

他们秘密约定三十六方在“甲子”年（公元184年）三月初五那天，京城和全国同时举行起义，口号是：“苍天已死，黄天当立；岁在甲子，天下大吉。”“苍天”，指的是东汉王朝；“黄天”，指的是太平道。张角还派人在洛阳的寺庙和各州郡的官府大门上，用白粉写上“甲子”两字，作为起义的暗号。

可是，在离起义的时间还有一个多月的紧要关头，情况发生了变化，起

⊙黄巾起义形势示意图

约公元140～162年

世界大事记：
贵霜帝国最伟大的君主迦腻色伽在位。

义军内部出了叛徒，向东汉朝廷告了密。

面对突然变化的形势，张角当机立断，决定提前一个月举事。张角自称天公将军，张宝称为地公将军，张梁称为人公将军。三十六方的起义农民，接到张角的命令后，同时起义。因为起义的农民头上全都裹着黄巾，作为标志，所以称作“黄巾军”。

汉灵帝得到消息后，惊慌失措，忙拜外戚何进为大将军，派出大批军队，由皇甫嵩、卢植率领，兵分两路，前去镇压黄巾军。

然而，各地起义军声势浩大，把官府的军队打得望风而逃。大将军何进不得不请求汉灵帝调集各州郡的力量，让他们各自招募兵丁，对付黄巾军。这么一来，各地的宗室贵族、州郡长官、地主豪强，都借着攻打黄巾军的名义，乘机扩张势力，抢夺地盘，一时间，把整个国家搞得四分五裂。

黄巾军面对东汉朝廷和各地地主豪强的血腥镇压，进行了艰苦顽强的抵抗。在形势极为严峻的关键时刻，黄巾军领袖张角病死。张梁、张宝带领起义军将士继续和官兵进行殊死搏斗，先后在战斗中不幸牺牲。

起义军的主力虽然失败，但是化整为零的黄巾军一直坚持战斗了20年。经过这场大规模起义的沿重打击，东汉王朝的腐朽统治，也就奄奄一息了。

⊙ “苍天乃死”字砖　东汉
字砖中“苍天乃死”四字与黄巾起义的口号不谋而合，起义军因此广泛传布太平道，表达民众推翻汉朝的普遍心愿。

董卓之乱

董卓，字仲颖，陇西临洮（今甘肃岷县）人，出身豪强，自幼个性豪爽，武艺高强。董卓少年时曾到羌族居住的地区游历，认识了很多羌族首领。汉桓帝末年，董卓官拜羽林郎。黄巾起义时，朝廷任命董卓为中郎将，镇压黄巾起义，后因军功官居并州（约当今山西大部和内蒙古、河北的一部）刺史，成为割据西北的地方势力。

公元189年，外戚何进想铲除宦官，密召董卓带兵进京支援。不料何进的计划泄露，反被宦官所杀。何进的部下袁绍率兵冲进皇宫，将宦官全部杀死。董卓也随即率兵3000，赶到洛阳。

董卓刚到洛阳，害怕自己兵少众人不服，就命令军队晚上悄悄出城，白天再大张旗鼓地进城，一连几天都是如此。洛阳军民都以为董卓的援军源源不断地赶来，原来何进手下的军队也纷纷投靠董卓，董卓势力大增，掌握了洛阳的军权。

董卓想废汉少帝，立陈留王刘协为帝，自己独掌大权，就找来袁绍商量。袁绍家四世三公，在洛阳的影响力很大，所以董卓想取得他

·《九章算术》·

《九章算术》共分九章，系统总结了中国自秦汉以来的数学成就。含分数、四则运算和比例计算，还有各种面积、体积的计算方法，以及利用勾股定理进行测量，一次方程、二次方程的解法，开平方、开立方的方法等。书中记载了负数的概念和正负数加减的运算法则，这在世界数学史上还是第一次。书中还涉及几何学的内容。《九章算术》对中国古代数学的发展所产生的影响巨大而深远。它在中国数学史上有很高的地位，同时也影响至世界，被译成多种文字出版发行。

公元189年

中国大事记：
董卓废少帝，立陈留王刘协为帝，是为汉献帝。

⊙牵马俑　东汉晚期

的支持。

董卓对袁绍说："我觉得陈留王刘协比汉少帝有本事，想立他做皇帝，你觉得怎么样？"袁绍说："皇上年纪还不大，又没有什么过失，废了恐怕天下人不服啊。"

董卓生气地说："我现在大权在握，想干什么就干什么，谁能把我怎样？"袁绍一听也生气了，手握刀柄说："你以为天下的英雄好汉就你一个人吗？"说完将官帽丢在地上，转身而走。袁绍逃出洛阳，回到河北老家，组织军队，准备讨伐董卓。

袁绍走后，董卓觉得京城里再也没有对手了，立即废掉了汉少帝，立陈留王刘协为帝，就是汉献帝，自封为相国，掌握了朝政大权。

董卓废掉汉少帝，大臣们都敢怒不敢言，只有负责京城治安的执金吾丁原表示反对。董卓派人用大量的金银财宝贿赂丁原的部将吕布，吕布是个没有道德操守的小人，立即杀死了丁原投靠了董卓。这样一来，大臣们再也没人敢反对董卓了。董卓得意扬扬，开始为所欲为。

董卓纵容士兵大肆烧杀抢掠，搞得京城洛阳人人自危。一次，董卓的军队来到洛阳东南的阳城县，正遇到老百姓在祭祀土地神，董卓竟然命令军队冲上去把男人全部杀死，割下头颅挂在车上，然后把妇女、财物装上车，高唱凯歌，好像打了胜仗一样，浩浩荡荡地回到洛阳。董卓对洛阳的百姓谎称是剿匪胜利，烧掉人头，把掠夺来的妇女分给士兵。

董卓下令逮捕洛阳的有钱人，随便安个罪名后就处死，然后没收他们的财产。当时人们使用的是五铢钱，董卓下令改用小钱，并融掉铜人、铜像，大量铸钱，导致钱贱物贵，物价暴涨，人民生活困苦不堪。董卓还让部下列出洛阳不孝顺父母的、不尊重长官的、不尊敬兄长的人和贪官污吏的名单，把他们抓来审判并处死，财产充公。在审判过程中，董卓的部下不分青红皂白，大肆屠杀，老百姓噤若寒蝉。

董卓的倒行逆施，激起了各地郡守、刺史们的强烈不满。他们推举袁绍为盟主，联合起来讨伐董卓。

董卓惊恐万分，决定将首都迁到长安（今陕西西安），但遭到了大臣们的反对。董卓大怒，命令军队放火烧掉了洛阳的宫殿、官府和民宅，一时间，繁华的洛阳变成了一片废墟。他又命令军队像驱赶牲口一样把洛阳的老百姓驱赶到长安，一路上老百姓冻死的、饿死的、被打死的不计其数。董卓还命令吕布挖掘历代汉朝皇帝和官员的陵墓，盗走陪葬物品。

到了长安后，董卓又自封为太师，更加肆无忌惮。他在长安附近的郿县（今陕西眉县）修建了一座碉堡，叫郿坞，里面贮存的粮食可供30年，还有不计其数的金银珠宝。他得意扬扬地说："成功了我可以称霸天下，失败了我就躲进郿坞里去。"

吕布因为和董卓的侍婢私通，担心董卓发觉，很是不安。司徒王允就鼓动他杀了董卓，随后派兵攻入郿坞，杀死董卓全家。长安人民听说董卓死了，欣喜若狂，纷纷买酒买肉庆祝，将他的尸体烧成灰，撒在道路上踩踏泄愤。

董卓死后，他的部下李傕、郭汜打着为董卓报仇的旗号，攻打长安的吕布。吕布抵挡不住，出城逃走，王允被杀。不久李傕、郭汜之间又发生内讧，互相攻打，结果令曾经最繁华的关中地区人口几乎死绝。

离析与交融

三国两晋南北朝是中国社会一个大分裂的时期，在数百年的时间里，只有西晋有短暂的统一，其他时间中华大地上由汉族和各少数民族建立的政权有20多个。这一时期虽然社会矛盾尖锐，但民族融合加速，为以后大一统帝国的出现奠定了基础。

公元190年

中国大事记：
董卓胁迫汉献帝迁都长安。

袁绍拥兵自立

袁绍凭借家族的权势，官运亨通，年轻时就当上了中军校尉。

汉灵帝在黄巾军起义的风潮中，一命呜呼了。他死后，年仅14岁的皇子刘辩继承皇位，这就是汉少帝。由于少帝年幼，何太后便按惯例临朝，这样一来，朝政大权又落入了外戚、大将军何进的手里。何进想依靠袁绍消灭宦官的势力，就任命他为司隶校尉。

⊙持戟青铜骑士俑出行仪仗　东汉

袁绍，字本初，汝南汝阳（今河南商水西北）人。他出生于一个世代为官的地主家庭，从祖上袁安起，一直到袁绍的父亲袁逢，四代人中出了五个“三公”，人称“四世三公”。

由于何太后不同意消灭宦官，袁绍就劝何进密召驻扎河东的董卓带兵进京，用武力胁迫何太后。不料董卓还没有到达洛阳，宦官已得到消息，提前下手把何进杀死了。袁绍得知消息后，就和他的兄弟袁术带兵进宫，将搜捕到的宦官，全部杀死了。

这时，董卓已率关西军进入洛阳。为了控制住局面，董卓假造声势，收编了何进的部下，独掌了朝政大权。此后，他便想废掉少帝刘辩，但又害怕众人不服，便找袁绍来商量，希望能借重袁绍的影响来控制朝野内外，谁知袁绍表示坚决反对，两人话不投机，拔刀相向。袁绍待在京师，总担心董卓对他下手，便匆忙离开了京师。

袁绍走后，董卓立即废掉少帝刘辩，另立陈留王刘协为帝，这就是汉献帝。袁、董虽然反目成仇，但袁绍世代为官，是当时声名显赫的世家大族，董卓顾及袁绍势力太大，为了缓和同袁绍的矛盾，就听从一些官员的劝告，任命袁绍为渤海太守。

不久，袁绍号召各地豪强贵族势力反对董卓废立皇帝，董卓因此而杀死袁氏一族在洛阳和长安的50多人。董卓残忍地对待袁氏家族，反而使袁绍更具有号召力。在反对董卓的队伍中，有一支不太引人注目的队伍，带领这支队伍的首领，名叫曹操。

奸雄曹孟德

曹操，字孟德，小名阿瞒，沛国谯县（今安徽亳州）人。他父亲夏侯嵩是汉桓帝时大宦官曹腾的养子，随曹腾改姓了曹。

曹操从小就很聪明机警，善于随机应变。当时汝南名士许劭以善于评论人物著称，曹操特地登门拜访，请他品评自己。许劭起初不肯评说，经曹操再三追问，他才说：“你在治世时，

⊙曹操像

公元2世纪

世界大事记：
古罗马法学家盖尤斯所著《法学阶梯》出版，为迄今西方最早的法学著作。

会成为能干的大臣；在乱世里，会成为奸雄。”

曹操在20岁的时候，当了一个叫洛阳北部尉的小官。洛阳是一座大城，皇亲国戚、达官显贵很多，他们经常胡作非为，没人敢管。曹操到任后，命令手下人做了十几根五色棒，高高挂起，表明无论是什么人，只要触犯法规、禁令,就要挨棒子。大宦官蹇硕的叔叔依仗权势，违法乱纪。一天，他违反禁令，深更半夜提刀乱闯，被巡夜的当场捉住，挨了一顿五色棒的痛打。从此以后，谁也不敢违反禁令，洛阳的治安有了好转，曹操的威名一下子传开了。

公元190年，曹操和各路讨伐董卓的大军，在陈留附近的酸枣（今河南延津西南）集合，组成一支“反董”联军，大家共同推举袁绍做联军的盟主。

董卓听说各地起兵的消息，心惊胆战。他不顾大臣们的反对，决定迁都长安。汉献帝被迫离开洛阳后，董卓下令放火焚城。一时间，洛阳成了一片火海，致使洛阳的百姓流离失所，尸骨弃野。

这时，在酸枣附近集结的各路讨董大军都按兵不动，彼此观望。曹操看到这种情形，义愤填膺，带领手下5000人马，向成皋进兵。曹操的人马刚刚到了汴水，便遭到了董卓部将徐荣的攻击。双方力量对比悬殊，一交手，曹操便败下阵来。

曹操损兵折将，回到酸枣。他看到起义讨伐董卓的同盟军不能与他一起成就大事，就单独去了扬州（今安徽淮水和江苏长江以南），在那里招兵买马，养精蓄锐。

·九品中正制·

九品中正制是魏晋南北朝时期一种重要的官吏选拔制度，又名九品官人法。公元220年，曹丕废汉称帝前夕，采纳陈群的建议，设立九品官人法，在各郡县设中正，对人才进行评定，并分出九等，作为选拔官员的标准。即上上、上中、上下；中上、中中、中下；下上、下中、下下。九品中正制创立之初，评议人物的标准是家世、道德、才能三者并重，但由于中正权力被门阀士族所垄断，因而在实际执行过程中，才德标准逐渐被忽略，家世逐渐成为唯一的标准，到西晋时形成“上品无寒门，下品无士族”的局面，成为维护门阀统治的重要工具。隋唐以后，门阀制度衰落，隋文帝改革吏制，用分科考试的办法选拔官吏，九品中正制至此被废除。

王允除董卓

董卓到了长安后，就自称太师，要汉献帝尊称他“尚父”。

他看到朝廷里的大臣们人心涣散，对他没有什么威胁，也就寻欢作乐起来了。他在离长安二百多里的地方，建筑了一个城堡，称作郿坞。郿坞的城墙修得又高又厚，他把从百姓那里搜刮得来的金银财宝和粮食都贮藏在那里，单说粮食一项，三十年也吃不完。

郿坞筑成以后，董卓得意地对人说：“如果大事能成，天下就是我的；如果大事不成，我就在这里安安稳稳度晚年，谁也打不进来。”

董卓有一个心腹，名叫吕布，勇力过人。董卓把吕布收作干儿子，叫吕布随身保护他。他走到哪里，吕布就跟到哪儿。吕布的力气特别大，射箭骑马的武艺，十分高强。那些想刺杀董卓的人，因为害怕吕布的勇猛，就不敢动手了。

司徒王允想除掉董卓。他知道要除掉董卓，必须先打吕布的主意。于是，他就常常请吕布到他家里，一起喝酒聊天。日子久了，吕布觉得王允待他好，也就把他跟董卓的事情向王允透露了一些。

公元192年

中国大事记：
司徒王允、吕布等杀董卓。

⊙连环计　年画
本图绘王允利用貂蝉来离间董卓和吕布，从而达到诛杀董卓的目的。

原来，董卓性格暴躁，稍不如他的意，就不顾父子关系，向吕布发火。有一次，吕布无意中冲撞了他，董卓竟将身边的戟朝吕布掷去。幸亏吕布眼疾手快，侧身躲过了飞来的戟，没有被刺着。为此，吕布心里很不痛快。王允听了吕布的话，心里挺高兴，就把自己想杀董卓的打算也告诉了吕布。

吕布答应跟王允一起干。

公元192年，汉献帝生了一场病，身体痊愈后，在未央宫接见大臣。董卓得到通报从坞到长安去。为了提防有人刺杀他，他在朝服里面穿上铁甲，在乘车进宫的大路两旁，派卫兵密密麻麻地排成一条夹道护卫。他还叫吕布带着长矛在身后保卫他。他认为经过这样安排，就万无一失了。

殊不知，王允和吕布早已设好计策。吕布安插了几个心腹勇士扮作卫士混在队伍里，专门在宫门口等候。董卓的坐车刚一进宫门，就有人拿起戟向董卓的胸口刺去。但是戟扎在董卓胸前铁甲上，竟然刺不进去。

吕布见此情景，立即举起长矛，一下子戳穿了董卓的喉头。随即，吕布从怀里拿出诏书向大家宣布："皇上有令，只杀董卓，别的人一概不追究。"董卓的将士们听了，都高兴地呼喊万岁。

长安的百姓听到奸贼董卓死了，欢声雷动，举杯相庆。可是，过了不久，董卓的部将李傕、郭汜攻入长安，杀死了王允，赶走了吕布，长安又陷入混乱动荡之中。

迁都许城

东汉王朝经历了董卓之乱后，已经名存实亡，各地州郡割据一方，官僚、豪强趁机争城夺地，形成了大大小小的割据势力。

经过几年的苦心经营，曹操的势力渐渐壮大。他打败了攻进兖州（今山东省西南部和河南省东部）的黄巾军，在兖州建立了一个据点。他还将黄巾军的降兵补充到自己的军队中，扩大了武装。后来，他又打败了陶谦和吕布，成为一个强大的割据势力。

公元195年，长安的李傕和郭汜发生火并，互相攻伐。在这种情况下，外戚董承和一批大臣带着献帝逃出长安，回到洛阳。这时的洛阳宫殿，早已被董卓烧光了，到处是瓦砾碎石、残垣断壁、荆棘野草。汉献帝到了洛阳，没有宫殿，就住在一个官员的破旧住房里。一些文武官员，没有地方住，只好搭个简陋的草棚，

⊙汉末群雄割据示意图

公元3世纪

世界大事记：
罗马帝国出现隶农制。

遮风避雨。这些还不算，最大的难处是没有足够的粮食充饥。

这时候，曹操正驻兵在许城（今河南许昌），听到这个消息，就和手下的谋士商量，把汉献帝迎过去。随后，他派出曹洪带领一支人马到洛阳去迎接汉献帝。

董承等大臣怀疑曹操另有图谋，发兵阻拦曹洪的人马。后来，曹操亲自到了洛阳，向他们说明，许城有粮食，但是不便运输到洛阳来，只好请皇上和大臣们暂时迁到那里，免得在洛阳受冻挨饿。

汉献帝和大臣一听许城有粮食，都赞同了迁都的建议。

公元196年，曹操把汉献帝迎到了许城，从那时起，许城成了东汉临时的都城，因此改称为许都。

曹操在许都给汉献帝修建了宫殿，献帝便正式上朝了。曹操自封为大将军，从此以后，曹操以汉献帝的名义向各地州郡豪强发号施令。

但是日子一久，由于要支付大批官员和军队的粮食供应，许都的粮食也发生困难了。经过十年混乱，到处都在闹饥荒。如果粮食问题不解决，大家也无法在许都待下去了。

有个叫枣祗的官员向曹操提出一个办法，叫作“屯田”。他请曹操把流亡的农民召集到许都郊外开垦荒地，农具和牲口由官府提供。每年收割下来的粮食，官府和农民平分。

曹操接受了枣祗的建议，下令实行屯田。不久，许都附近的荒地就开垦出来了。一年下来，原来已经荒芜的土地获得了丰收。

曹操用皇帝的名义号令天下诸侯，又采用屯田的办法，解决了军粮供应问题，还吸收了荀攸、郭嘉等一批有才能的谋士，也就奠定了成就霸业的基础。

·屯田制·

屯田亦称屯垦，是历代封建王朝组织劳动者在官地上进行开垦耕作的农业生产组织形式。主要采取军屯和民屯两种形式。军屯即以军事组织形式由士兵及其家属进行垦种，民屯则以民户为主体进行有组织之屯垦，其中也有利用犯人者。此外，明代还有商屯。民屯、军屯均始于汉代。西汉文帝、武帝、宣帝时都组织过屯田，有民屯，也有军屯。东汉末，曹操组织的屯田为民屯，取得了显著效果。其后，历代多沿此制，唐以后又称营田，元、明、清一般仍称屯田。各代均设专门机构管理之，具体名称、制度或有不同。

煮酒论英雄

曹操把汉献帝迎到许都的这一年，徐州牧刘备前来投奔他。那时，刘备驻守的徐州被袁术和吕布联军夺了去。

刘备是河北涿郡（今河北涿州）人，是西汉皇室的宗亲。他从小死了父亲，家境败落，跟他母亲一起靠贩鞋织席过日子。他对读书不太感兴趣，却喜欢结交豪杰。有两个贩马的大商人经过涿郡，很赏识刘备的气度，就出钱帮助他招兵买马。

当时，到涿郡应募的有两个壮士，一个名叫关羽，一个名叫张飞。这两人武艺高强，又跟刘备志同道合，日子一久，三个人的感情真比亲兄弟还好。后来，三人就结拜为把兄弟。

刘备投奔曹操以后，曹操和刘备一起去攻打吕布。吕布兵败被杀。回到许都后，曹操请汉献帝封刘备为左将军，并且非常尊重刘备，走到哪儿，都要刘备陪在他身边。

这时候，汉献帝觉得曹操的权力太大了，又很专横，便要外戚董承设法除掉曹操。他写了一道密诏缝在衣带里，又把这条衣带送给董承。

公元196年

中国大事记：
曹操迎汉献帝于许都，开始在许都屯田。

⊙错金铁书刀 东汉

1957年出土于四川省成都市天回山。长18.5厘米，宽1.5厘米。中国在发明纸以前，用竹木简来写字，因而需要一种修制简牍的小刀，汉代称为“书刀”。起先是用青铜制的，后来改用铁制，汉代即用铁制的。东汉时尤重书刀，书刀已成为随身携带之物。当时书刀中最讲究的一种叫“金马书刀”，是在刀上用金丝嵌出马形，并刻工名。“金马书刀”是四川广汉郡工官所特制。这把书刀也是广汉工官所作，但上面的错金图像不是马形，而是鸟形。

董承接到密诏，就秘密地找来几个亲信，商量如何除掉曹操。他们觉得自己力量不够，认为刘备是皇室的后代，一定会帮助他们，就秘密与刘备联络。刘备果然同意了。

此后过了不久，曹操邀请刘备去喝酒。两个人一面喝酒，一面说笑，谈得很投机。他们谈着谈着，很自然地谈到天下大事上来了。

曹操拿起酒杯，说：“您看当今天下，有几个人能算得上英雄呢？”

刘备谦虚地说：“我说不清楚。”

曹操笑着对刘备说：“我看啊，当今的天下英雄，只有将军和我曹操两个人。”

刘备心里想着跟董承同谋的事，正感觉不安，听到曹操这句话，大吃一惊，身子打了一个寒战，手里的筷子掉在了地上。

正巧在这时，天边闪过一道电光，接着就响起一声惊雷。刘备一面俯下身子捡筷子，一面说：“这个响雷真厉害，把人吓成这个样子。”

刘备从曹操府中出来，总觉得曹操这样评价自己，将来会丢了性命，便等待机会离开许都。

事也凑巧，袁绍派他儿子到青州去接应袁术，要路过徐州。曹操认为刘备熟悉那一带的情况，就派他去截击袁术。

刘备一接到曹操命令，就赶紧和关羽、张飞带着人马走了。

刘备打败了袁术，夺取了徐州，决定不回许都去了。

到了第二年春天，董承和刘备在许都合谋反对曹操的事败露了。曹操把董承和他的三个心腹都杀了，并且亲自发兵征讨刘备。

刘备听说曹操亲自带领大军进攻徐州，慌忙派人向袁绍求救，袁绍手下的谋士田丰劝袁绍乘许都兵力空虚的时候偷袭曹操，袁绍没有听从。

曹操大军进攻徐州，刘备兵少将寡，很快就抵挡不住，最后只好放弃徐州，投奔冀州的袁绍。

官渡之战

袁绍看到刘备兵败后，才感到曹操是个强大的敌人，决心进攻许都。

公元200年，袁绍调集了10万精兵，派沮授为监军，从邺城（冀州的治所，在今河北临漳西南）出发，进兵黎阳（今河南浚县）。他先派大将颜良渡过黄河，进攻白马（今河南滑县）。

曹操采纳荀攸的意见，把一部分人马带到延津（今河南延津西北）一带假装渡河，吸引袁军主力。然后派出一支轻骑兵突袭白马。袁绍听说曹操要在延津渡河，果然派大军来堵截。哪知道曹操已经亲自带领一支轻骑兵袭击白马去了。包围白马的袁军大将颜良被打个措手不及。颜良死在乱军之中，他的部下全都溃散了，白马之围也解除了。

公元193～235年

世界大事记：

罗马塞维鲁王朝时期。

袁绍得知曹操救了白马，气得哇哇大叫。下令全军渡河追击曹军，并且派大将文丑率领五六千骑兵打头阵。

文丑的骑兵赶到南坡，看见曹兵的武器盔甲丢得满地都是，认为曹军已经逃远了，叫兵士收拾那丢在地上的武器。早已埋伏好的六百名曹兵一齐冲杀出来。袁军一下被杀得七零八落。文丑也糊里糊涂地丢了脑袋。

一连打了两场败仗，损失了手下的颜良、文丑两员大将的袁绍哪肯就此罢休，他带领10万大军，猛追曹操。一直追到官渡，才扎下营寨。曹操的人马也在官渡布置好阵势。

双方在官渡相持了一个多月，曹军粮食越来越少，兵士也疲惫不堪，眼看就要坚持不下去了。

袁绍的谋士许攸根据曹操缺粮的情况，向袁绍献计，劝袁绍派出一小支人马，绕过官渡，偷袭许都。袁绍很冷淡地拒绝了他的建议。

许攸在袁绍手下郁郁不得志，想起曹操是他的老朋友，就连夜投奔了曹操。

曹操在大营里脱下靴子，正想入睡，听说许攸来投奔他，高兴得顾不上穿靴子，光着脚跑出来迎接许攸。他一见许攸的面便说："您来了，真是太好了！我的大事有希望了。"

许攸说："我知道您的情况很危急，特地来给您透露个消息。现在袁绍有一万多车粮食、军械，全都在乌巢放着。那里的守将是淳于琼，他的防备很松。您只要带一支轻骑兵去袭击，把他的粮草全部烧光，三天之内，袁兵就会不战自败。"

曹操得到这个重要情报后，立刻布置好官渡大营防守，自己带领5000骑兵，连夜向乌巢进发。他们打着袁军的旗号，对沿路遇到袁军

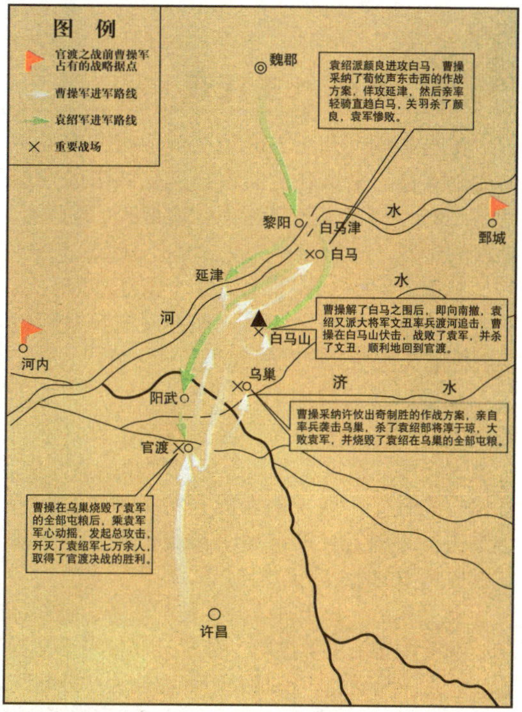

⊙ 官渡之战示意图

·东汉募兵制·

东汉时光武帝刘秀改革兵制，中央禁军多采取招募，地方郡县不设常备军，废除都试制度。遇到战事，临时招募士卒组成军队，将原来的西汉时期的征兵制改为募兵制。募兵制是当有战事时，以雇佣的形式招募士卒的一种兵役制度，最早形成于战国时代，比如魏国的"武卒"。西汉时也曾招募一些身强力壮、武艺高强的勇士组成精锐部队，但是不具普遍性。

东汉募兵的来源主要有农民、商人和少数民族。主要方法有使用钱财、免除赋役和强抓壮丁等。由于募兵是临时招募的士兵，缺乏军事训练，战斗力很差，导致"是以每战常负，王旅不振"。募兵制的盛行，加重了国家财政负担，使一批农民长期脱离土地，影响了农业生产。应募者对将领有严重的人身依附关系，逐渐演变为私人部队，造成地方势力膨胀，成为军阀割据的重要原因之一。

公元200年

中国大事记：
曹操破袁绍于官渡，是为官渡之战。

的岗哨说，他们是袁绍派去增援乌巢的。

曹军顺利地到了乌巢，放起一把火，把一万车粮食，烧了个一干二净。乌巢的守将淳于琼匆忙应战，也被曹军杀了。

正在官渡的袁军将士听说乌巢的粮草被烧光，都惊慌失措。袁绍手下的两员大将张郃、高览也带兵投降了曹操。曹军乘势猛攻，袁军顿时一败涂地。袁绍和他的儿子袁谭如丧家之犬，向北逃走，身边只剩下800多骑兵。

经过这场大战，袁绍的主力损失殆尽。袁绍也在两年后病死了。尔后，曹操又花了七年的时间，消灭了袁绍的残余势力，统一了北方。

孙策入主江东

正当曹操经营北方的统一大业时，南方有一支割据势力渐渐壮大起来，这支队伍的首领就是入主江东（今长江下游的江南地区）的孙策、孙权两兄弟。

孙策，字伯符，吴郡富春（今浙江富阳）人，出生于当地一个名家大族。他的父亲孙坚因镇压农民起义有功，朝廷封他为长沙太守。

孙坚后来又参加了讨伐董卓的联军。他到鲁阳（今河南鲁山县）时遇上袁术，被袁术封为破虏将军。在袁术和刘表争夺荆州的战斗中，孙坚打先锋，击败了刘表的大将黄祖，孙坚乘胜追击。不料，在追击途中被黄祖手下一名躲藏在树丛中的士兵用暗箭射死。

孙坚死后，长子孙策接替他的职务，统领部队，继续在袁术手下供职。孙策打起仗来勇猛异常，总是一马当先，当时人们都称他为“孙郎”。

⊙ 南京古石头城遗址
这里古为长江故道，江涛逼城，形势险峻。东汉末，孙权依山傍江筑石头城，作为军事堡垒。所谓“石城虎踞”指的就是这里。

孙策想继承父志，干一番大事业，但总感到在袁术手下难以施展自己的抱负。于是千方百计寻找机会脱离袁术，另寻出路。正巧孙策的舅舅、江东太守吴景，这时被扬州刺史刘繇赶出丹阳，孙策便向袁术请求，去平定江东，替舅舅报仇。

孙策带领袁术拨给他的一千人马到江东去，以此来开辟自己的地盘，他一路上招募兵士，从寿春到达历阳（今安徽和县）时，已招募了五六千人。这时，孙策少年时的好朋友周瑜正在丹阳探亲，听说孙策出兵，就带领一队人马前来接应，帮助他补充了粮食和其他物资。这样，孙策进一步充实了自己的力量，而且增加了一个得力助手。

孙策带领军队，渡过长江，先后几次打败刘繇的军队，最后把刘繇从丹阳赶走，还攻下了吴郡和会稽郡，同时控制了江东大部分地区。

孙策到江东后，军纪严明，不许士兵抢掠百姓财物、侵害百姓利益，深得江东百姓的欢迎。

孙策平时爱好打猎。有一天，他追赶一头鹿，一直追到江边，他的马快，跟从他的人都被远远地甩在后面。这时，原吴郡太守许贡的三个门客正好守在江边。孙策在攻下吴郡时，杀了太守许贡，因此，许贡的门客一直在寻找机会替许贡报仇。他们见机会来了，便一齐向孙策突发冷箭。孙策的面颊中了一箭。

孙策的病情很快恶化，他自知好不了了，便把张昭等谋士请来，对他们说：“我们现在依靠吴、越地区的人力资源、长江的险固，可以干一番事业，请你们好好辅佐我的弟弟。”

公元197年

世界大事记：
罗马与帕提亚王国大战，罗马军队进兵泰西封。

他又把孙权叫到面前，把自己的官印和系印丝带交给他，说："带领江东的人马，在战场上一决胜负，和天下人争英雄，你不如我；推举和任用贤能的人，使他们尽心竭力，保住现在的江东，我不如你。"当晚，这位纵横江东的"孙郎"便死去了。

孙策死后，弟弟孙权接替他的职务，掌管大权。在张昭和周瑜的帮助下，年仅 19 岁的孙权，继承父兄业绩，担负起巩固发展江东的重任。

三顾茅庐

当曹操扫除北方残余势力的时候，在荆州依附刘表门下的刘备，也正寻找机会实现自己的政治抱负。他四处招请人才，为自己出谋划策。在投奔他的人当中，有个名士叫徐庶，刘备非常赏识他，便拜他为军师。

有一天，徐庶对刘备说道："在襄阳城外二十里的隆中，有一位奇士，您为什么不去请他来辅助呢？这位奇士复姓诸葛，名亮，字孔明。此人有经天纬地之才，人称'卧龙'。"

刘备听到有这样的贤才，非常高兴，便决定亲自去拜访诸葛亮。第二天，刘备带着关羽、张飞启程前往隆中。

刘备一行三人来到隆中卧龙岗，找到了诸葛亮居住的几间茅草房。刘备下马亲自去叩柴门，一个小僮出来开门，刘备自报姓名，说明了来意。小僮告诉他们："先生不在家，一早就出门了。"

几天以后，刘备听说诸葛亮已经回来了，忙让备马，再次前往。时值隆冬，寒风刺骨。他们三人顶风冒雪，非常艰难地走到卧龙岗。当他们来到诸葛亮家，才知道诸葛亮又和朋友们出门了。刘备只好给诸葛亮留下一封信，表达了自己求贤若渴的心情。

刘备回到新野之后，一心想着诸葛亮的事，时常派人去隆中打听消息，准备再去拜谒孔明。三个人第三次去隆中时，为了表示尊敬，刘备离诸葛亮的草房还有半里地就下马步行。到了诸葛亮的家时，碰巧诸葛亮在草堂中酣睡未醒。刘备不愿打扰他，就让关张两人在柴门外等着，自己轻轻入内，恭恭敬敬地站在草堂阶下等候。

诸葛亮被刘备的诚心所打动，他根据自己多年来研究时势政治的心得体会，向刘备详细讲述了自己的政治见解，提出了实现统一的战略方针。他说："现在曹操打败了袁绍，拥有百万兵马，又借天子的名义号令天下，很难用武力与他争胜负了。孙权占据江东，那里地势险要，民心顺服，还有一批有才能的人为他效劳，

⊙三顾茅庐图

公元208年

中国大事记：
孙权、刘备联军破曹军于赤壁，是为赤壁之战。

也不可以与他争胜负，但可以与他结成联盟。”

接着，诸葛亮分析了荆州和益州的形势，认为如果能占据荆州和益州，对外联合孙权，对内整顿内政，一旦机会成熟，就可以从荆州、益州两路进军，攻击曹操。到那时，功业可成，汉室可兴。

刘备听完诸葛亮的讲述，茅塞顿开。他赶忙站起来，拱手谢道：“先生的一席话，让我如拨开云雾而后见青天。”刘备从诸葛亮的分析中看到了自己广阔的政治前景，于是再三拜请诸葛亮出山。诸葛亮见刘备这样真诚地恳求，也就高高兴兴地跟刘备到新野去了。

从那时起，年仅27岁的诸葛亮用他的全部智慧和才能帮助刘备实现政治抱负，建立大业。自此，刘备才真正拉开了称霸一方的序幕。

赤壁之战

曹操统一北方后，于公元208年秋天率兵30万，号称80万，南下攻打荆州。驻守荆州的刘表那时已经病死了。他的儿子刘琮没有同曹兵交战，就投降了。

孙权、刘备为各自利益，决定联合起来对抗曹操。孙权任命周瑜为大都督，率3万精兵沿江西上，到夏口与刘备的队伍会合，孙刘联军乘舟一直西上迎敌。孙刘联军在赤壁驻扎，与长江北岸的曹军对峙。

曹操的士兵因来自北方，初到南方个个水土不服，很不习惯南方潮湿的气候，再加上不习惯乘船，没多久就病倒了许多人。曹操见士兵们身体虚弱，只好召集谋士们商量对策。这时，有人献上连环计：将水军的大小战船分别用铁环锁住，十几条船一排，每排船上再铺上宽阔的木板，不仅人可以在上面行走自如，就是马也可以在上面跑起来。曹操听了非常高兴，立即下令：连夜打造连环大钉，锁住大小战船。这样做后，效果果然不错，人在船上走，如履平地，一点也不觉得摇晃。

驻防在长江南岸的孙刘联军，看见曹操的战船连在一起，便想用火攻。正在发愁无法将火种靠近敌船时，周瑜手下的大将黄盖主动要求自己假装投降，以便靠近敌船。

周瑜很赞成黄盖的主意，两人经过商量，派人给曹操送去一封信，表示投降曹操。曹操以为东吴的人看清了形势，害怕兵败身亡，便没怀疑黄盖的假投降。

⊙周瑜像

周瑜在江东将各路人马布置停当，只等东南风起，火攻曹营。

公元208年冬至那天半夜，果然刮起了东南风，而且风势越来越猛。黄盖又给曹操去了一封信，约定当晚带着几十只粮船到北营投降。

当天晚上，黄盖率领二十只战船，船上装满干草、芦苇，浇了膏油，上面蒙上油布，严严实实地把船遮盖住。每只船后又拴着三只划动灵活的小船，小船里都埋伏着弓箭手。降船扯满风帆，直向北岸驶去。曹军水寨的官员听说东吴的大将前来投降，都跑到船间来观看。

黄盖的大船离北岸约二里左右时，只见黄盖大刀一挥，二十几只大船一齐着起火来，火焰腾空而起，二十几条战船像狂舞的火龙，一起撞入曹操的水军中。火趁风势，风助火威，

公元208年

世界大事记：
罗马皇帝塞维鲁亲征不列颠。

一眨眼的工夫，曹军的水寨成了一片火海。水寨外围都是用铁钉和木板连起来的首尾相接的连环船，一时间拆也无法拆，逃也逃不走，只好眼巴巴地看着大火烧尽战船。黄盖他们则早已跳上小船，不慌不忙地接近北营，向岸上发射火箭。这样一来，不但水寨里的战船被烧，连岸上的营寨也着了火。一时间，江面上火逐风飞，一片通红，漫天彻地。

刘备、周瑜一看北岸火起，马上率水陆两军同时进兵，杀得曹军死伤了一大半，曹操只好率领残军从小道一直逃回许都。

赤壁之战，以孙刘联军胜利、曹操大败而告结束。这是东汉末年以少胜多、以弱制强的著名军事战役，为三足鼎立奠定了基础。

刘备入川

赤壁之战以后，周瑜把曹操的人马从荆州赶了出去。在荆州的归属问题上，孙、刘两家发生了分歧。刘备认为，荆州本来是刘表的地盘，他和刘表是本家，刘表不在了，荆州理应由他接管；孙权则认为，荆州是靠东吴的力量打下来的，应该归东吴。后来，周瑜只把长江南岸的土地交给了刘备。刘备认为分给他的土地太少了，很不满意。不久，周瑜病死，鲁肃从战略的角度考虑，认为把荆州借给刘备，可以让他抵挡北方的曹操，东吴便可以借机整顿兵马，图谋大业。为此，他劝说孙权把荆州借给刘备。

借人家地方总不是长远之计，刘备按照诸葛亮的计划，打算向益州发展。正好在这个时候，益州的刘璋派人请刘备入川。

原来，益州牧刘璋手下有两个谋士，一个叫法正，另一个叫张松。两人私交很深，都是很有才能的人。他们认为刘璋是无能之辈，在他手下做事没有出息，想谋个出路。

法正来到荆州后，刘备殷勤地接待了他，同他一起谈论天下形势，谈得十分融洽。

法正回到益州后，就和张松秘密商议，想把刘备接到益州，让他做益州的主人。

过了不久，曹操打算夺取汉中（今陕西汉中市东）。这样一来，益州就受到了威胁。张松趁机劝刘璋请刘备来守汉中。刘璋便派法正带了4000人马到荆州去迎接刘备。

刘备见到法正后，对于是否入川还有点犹豫。那时候，庞统已经当了刘备的军师，他坚决主张刘备到益州去。

⊙让成都　版画

刘备听从了法正、庞统的劝说，让诸葛亮、关羽留守荆州，自己亲率人马到益州去。

后来，张松做内应的事泄露了。刘璋杀了张松，布置人马准备抵抗刘备。

刘备带领人马攻打到雒城（今四川广汉北）时，受到雒城守军的顽强抵抗，足足打了一年才攻下来，庞统也在战斗中中箭而亡。随后，刘备向成都进攻，诸葛亮也带兵从荆州赶来会师。刘璋坚持不住，只好投降了。

公元214年，刘备进入成都，

公元219年

中国大事记：
刘备从曹操手中夺得汉中，自立为汉中王。

自称益州牧。他认为法正对这次攻进益州立了大功，便把他封为蜀郡太守，致使整个成都都归法正管辖。

诸葛亮帮助刘备治理益州，执法严明，不讲私情，当地有些豪门大族都在背地里吐露怨气。

法正劝告诸葛亮说："从前汉高祖进关，约法三章，废除了秦朝的许多刑罚，百姓都拥护他。您现在刚来到这里，似乎也应该宽容些，这样才合大家心意。"

诸葛亮说："您知道的并不全面。秦朝刑法严酷，百姓怨声载道，高祖废除秦法，约法三章，正是顺了民心。现在的情况与那时完全不同。刘璋平时软弱平庸，法令松弛，蜀地的官吏横行不法。现在我要是不注重法令，地方上是很难安定下来的啊。"

法正听了这番话，对诸葛亮十分佩服。

·租调制·

在实行屯田制的同时，曹操于建安九年（公元204年）在《收田租令》中颁布了新的租调制，规定的田租是每亩每年缴纳粟四升；户调是平均每户每年缴纳绢二匹、绵二斤，具体实行时根据民户的资产划分等差进行征收。这种征收实物的户调制，实际上自东汉后期以来就已经开始，曹操把它正式确定下来，并以此取代繁重的口赋和算赋。这对促进北方社会经济的恢复和发展起到了积极的作用，巩固了后来的曹魏政权，使它在三足鼎立的局面中占据了经济上的优势。租调制也是中国古代赋税史上的一次重要变革，对后代的赋税制度产生了极其深远的影响。

水淹七军

刘备巩固了在益州的地位后，自立为汉中王。他封关羽为前将军，派益州前部司马犍的手下费诗到荆州，把前将军的印绶送给关羽。关羽把他趁着曹操在汉中失败和士气低落的之机准备进攻襄阳和樊城的打算告诉了费诗，请他回去向刘备报告。关羽在南郡后方布置好防务后，就准备发兵去攻打襄樊。

关羽叫南郡太守麋芳守江陵、将军傅士仁守公安，嘱咐他们随时供应粮草，必要的时候补充兵源，自己带着关平、周仓等率领一支人马去打樊城。樊城的守将曹仁听说关羽发兵，就向曹操报告求援。曹操派左将军于禁、立义将军庞德带领七队人马赶到樊城去帮助曹仁。

曹仁叫于禁、庞德屯兵樊北，互相支援。关羽的军队很快地渡过襄江，围住樊城，每天在城下叫战。虽然樊城内的兵马只有几千，可是驻扎在城北的却有七队兵马，声势浩大。曹仁就跟于禁商议好，一起夹攻关羽。于禁派两个部将董超和董衡带领两队人马先去试探一下，

⊙关公秉烛夜读图

没有一顿饭的工夫，就被打得落花流水，死伤了三分之一，吓得曹仁不敢出来了。

曹兵坚守不战，汉军也没法攻破城池。关

公元212年

世界大事记：
罗马皇帝卡拉卡拉授予帝国境内所有自由民以公民权。

羽便在白天带着十几个军士，登上高处观察地形。他看见樊城上曹军的旗号杂乱，士兵慌乱；又看到禁营寨建在山谷里，四处一望，不禁喜上眉梢。

关羽回到营寨，马上吩咐将士们赶紧准备大小船只和木筏子。关平不解地问：“我们在陆地打仗，为什么准备水具？”关羽说：“现时是八月雨季，过不了几天就会有暴雨降临。我预料这场大雨，足以使江水泛涨，我们事先堵住各处水口，等到大水发来，就放水淹于禁营寨和樊城，战船可就有用了。”关平听了，连连表示赞同。

果然，开始下大雨了，雨下了很多天都没停。

一天夜里，庞德坐在帐中，只听帐外水声怒吼，战鼓震地。他急忙出了营帐观看，只见四面八方，全是白茫茫的大水，士兵们随波逐流，漂走的不计其数。于禁、庞德急忙攀上小山避水。好不容易等到天亮，狂风暴雨好像发了疯一般，樊北地势低，平地积水高达三丈，把七军都淹没了。樊城的大水也涨到城墙的半腰，曹仁、满宠他们早已爬到城门楼上去了。

关羽、关平、周仓等人坐着大船，别的将士们划着小船，摇旗呐喊着，冲了过来。于禁见无路可逃，便举手投降了。关羽命人脱下于禁的衣甲，把他押在大船里，又去捉拿庞德。

这时，庞德夺了蜀兵的一只小船，正往樊城划去。关羽身边的周仓见了，跳入水中，掀翻小船，活捉了庞德。

关羽杀了不肯归降的庞德，率军兵乘水势未退，上战船直奔樊城。

关羽水淹曹仁大军，震动了整个中原。

曹操得到消息，有些惊慌，打算暂时放弃许都，避开关羽的锋芒。这时，谋士司马懿献计说，关羽虽然智勇过人，但他与孙权不和。不如派人去游说孙权，约他从背后攻击关羽，这样，樊城之围会解除，中原也自然没有危险了。曹操采纳了司马懿的计策。

七步成诗

建安二十五年（公元220年），66岁的曹操病死在洛阳。曹操死后，其子曹丕继袭他的魏王和丞相位，掌握朝廷大权。这时，有人告发他的弟弟、临淄侯曹植经常喝酒骂人，还扣押了他派去的使者。曹丕便立即派人到临淄把曹植押回邺城审问。

曹丕和曹植都是曹操的妻子卞后生的。曹植是曹操的次子，从小聪明过人，十几岁的时候，就读了不少书，写的文章很出色。

曹操在征战之余，很喜欢文学，也赏识文学之士。他见曹植文章出众，开始怀疑是别人代写的，试了曹植几次，果然觉得他才华出众、品格质朴，因此对他特别宠爱，多次想把他封为王太子，但很多大臣坚决反对，才未决定下来。

曹丕怕自己地位不稳，也想方设法讨曹操的喜欢。有一次，曹操出兵打仗，曹丕、曹植一同去送行。临别的时候，曹植当场念了一段

⊙洛神图　清　萧晨

《洛神赋》描写曹植与洛神的一段悲欢离合的爱情故事，始则极意描画洛神轻盈的风仪，柔美的体态，艳丽的容貌与服饰，娴雅文静而又妩媚缠绵的情致，继而则述彼此倾心爱慕之情，终以人神道殊，终不得交接而离绝，表达对理想的追慕和失望的哀愁。此图描写洛神凌波微步，高标玉洁，仪态万方，为众多洛神图中的佳作。

颂扬曹操功德的文章，得到大家的赞赏。有人悄悄对曹丕说：“大王要离开了，你只要表示伤心就是了。”曹丕果然在与曹操告别时抹起了眼泪。曹操很受感动，也掉下泪来。

曹操在世时，曹丕曾利用弟弟好酒贪杯的

公元221年

中国大事记：

刘备称帝，是为汉昭烈帝，国号汉，世称蜀汉。

·建安七子·

建安七子是指东汉末年建安时期以文学著名的7位作家。七子之称始自曹丕的《典论·论文》。七子是鲁国孔融、广陵陈琳、山阳王粲、北海徐干、陈留阮瑀、汝南应玚、东平刘桢。又因七人同居邺中（今河北邯郸临漳县），故又称“邺中七子”。其诗作崇尚风骨，多悲凉慷慨之气，抒发救国安邦、忧国忧民之志。

弱点，几次设计让弟弟出丑，损害父亲对弟弟的信任。曹丕做魏王后，对曹植依旧嫉恨在心。这一回，就抓住了机会，要处曹植死罪。

卞太后得知消息，急得不得了，赶忙在曹丕面前给曹植求情，要他看在同胞兄弟的分上，对曹植从宽处理。

曹丕不能不依从母亲的话。再说，为了一点小事杀了兄弟，也不是体面的事，就把曹植的临淄侯爵位撤了，降为一个比较低的爵位。然后，曹丕把曹植召来，要他在走完七步的时间里作出一首诗。如果作得出，就免他的死罪。

曹植略微思索一下后，就迈开步子，边走边念出一首诗：

煮豆持作羹，
漉豆以为汁，
萁在釜底燃，
豆在釜中泣。
本是同根生，
相煎何太急。

曹丕听后，也觉得自己对弟弟逼得太狠，感到有些惭愧，就免去了曹植的死罪，把他遣回封地。最后，曹植在一个远离京城的小郡忧郁而死。

就在曹丕做了魏王的这一年秋天，他的亲信联名上书，劝汉献帝让位给魏王。汉献帝做了30多年的挂名皇帝，接到大臣上书后，就让了位，曹丕封他为山阳公。曹丕的亲信大臣还隆重举行了一个“推位让国”的禅让仪式。

公元220年，曹丕称帝，建立魏朝，就是魏文帝。东汉王朝到此正式结束了。

火烧连营

蜀汉得知曹丕称帝的消息后，大臣们便拥立刘备承继汉家帝位。公元221年，汉中王刘备正式在成都即皇位，这就是汉昭烈帝。

由于孙权重用吕蒙，用计袭取了荆州，杀了关羽，使得蜀汉和东吴的矛盾越来越激化。刘备即位之后，便调集75万大军，以替关羽复仇为名，进攻东吴。刘备出兵前，张飞的部将叛变，杀了张飞投奔东吴。刘备旧恨未报又添新仇，报仇心切的他命令大军急进。蜀军先锋吴班、冯习很快攻占巫县（今重庆巫山）、秭归（今湖北秭归）。

东吴君臣吓得要命，赶紧派使者向刘备求和，但都没有效果。孙权正在着急的时候，大臣阚泽以全家担保举荐陆逊为统帅。于是孙权封镇西将军陆逊为大都督，赐给他宝剑印绶，带领5万人马抵御蜀军。

第二年正月，刘备到了秭归。蜀军水陆并进，直抵夷陵（今湖北宜昌东南）。刘备率领主力，进驻猇亭（今湖北宜都北）。他在长江南岸，沿路扎下营寨，水军也弃舟登陆。从巫峡到夷陵的六七百里山地上，蜀军一连设置了几十处兵营，声势非常浩大。

陆逊看到蜀军士气旺盛，又占据了有利地形，很难攻打，就坚守不出。这时，东吴的安东中郎将孙桓被蜀军包围在夷道（今湖北宜都西北），派人向陆逊求救。陆逊手下的将领，也纷纷要求派兵救援。陆逊对大家说：“孙桓很得军心，夷道城池牢固，粮草也很充足，不必忧虑，等我的计谋实现以后，孙桓就自然解围了。”

东吴众将见陆逊既不肯攻击蜀军，又不肯

公元226～650年

世界大事记：
波斯萨珊王朝时期。

救援孙桓，认为他胆小怕打仗，都在背地里愤愤不平。

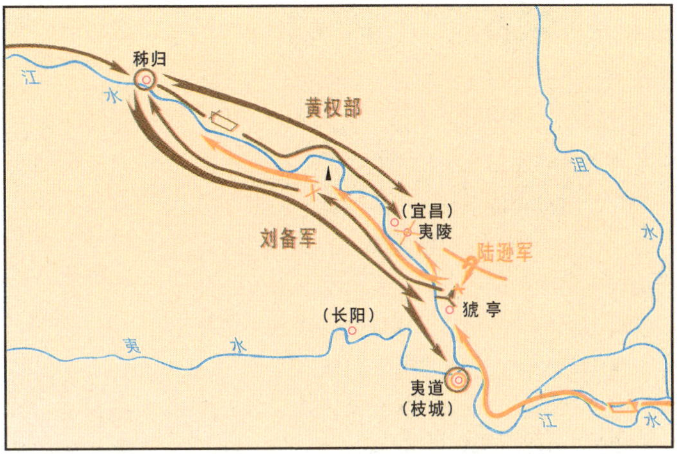

⊙夷陵之战示意图

刘备在夷陵受阻，从这年（公元 222 年）一月到六月，一直找不到决战的机会。他为了引诱吴军出战，命令吴班带领几千人马，到平地上扎营，摆出挑战的架势。事先在附近山谷里埋伏了 8000 精兵，等候吴军。东吴众将以为机会来了，都想出击。陆逊阻止说："蜀兵在平地里扎营的兵士虽然少，可是周围山谷里一定有伏兵。我们不能上这个当，看看再说。"刘备见陆逊不上当，便把埋伏在山谷中的伏兵撤出。这一来，东吴诸将都佩服陆逊了。

陆逊通过观察，心中已经有数了，于是决定进行反击。陆逊先派一支军队试攻蜀军一处兵营。这一仗，吴军虽然打败了，但陆逊却找到了进攻蜀军的办法。

接着，陆逊命士兵每人拿着一把茅草冲入蜀营，顺风点火，发动火攻。那天晚上，风刮得很大，蜀军的营寨都是连在一起的，一个营起火，便延烧到另一个营。顿时，蜀军的营寨陷入了一片火海之中。陆逊率领大军，乘机反攻，一连攻破蜀军四十余座营寨，杀死蜀将张南、冯刁等人。蜀军纷纷逃命，包围夷道的蜀军也都溃逃了。

刘备逃到夷陵西北的马鞍山。陆逊督促大军四面围攻，又杀死蜀军一万多人。刘备乘夜冲出重围，逃往白帝城（今重庆奉节东）。

这一场大战，蜀军几乎全军覆没，军用物资也全被吴军缴获。历史上把这场战争叫作"夷陵之战"，又称为"猇亭之战"。

七擒孟获

刘备兵败后，在永安（今重庆奉节）一病不起，病势越来越重。他把诸葛亮从成都召到永安，托付了后事。过了几天，刘备就死了。

刘备死后，诸葛亮回到成都，扶助刘禅即了帝位。

后主刘禅继位之后不久，南蛮王孟获便带领 10 万蛮兵，不断侵掠蜀国边境。公元 225 年，诸葛亮亲自带领 55 万人马前去征讨，以赵云、魏延为大将，长驱直入攻向南中。

南蛮王孟获听说蜀兵南下就带兵迎战，远远看见蜀兵队伍交错、旗帜杂乱，心里就想："人们都说诸葛丞相用兵如神，看来言过其实了。"

⊙诸葛亮像

公元225年

中国大事记：
诸葛亮平南中。

·三教九流·

“三教”的说法起自三国时代，指的是儒、释、道三种教派。儒，属孔子所创，并非宗教，而汉儒为了抬高孔子的地位，把儒家学说渲染得像宗教一样，就被人们看作宗教了。释，指东汉时传入中国的佛教，因其为印度释迦牟尼所创而简称为释。道，是东汉时创立的一种宗教，讲究炼丹修道，寻求长生不老之法。

“九流”的说法，最早见于《汉书·艺文志》，指的是春秋战国时代的儒、墨、道、法、杂、农、阴阳、纵横等学术流派。“九流”又分为“上九流”“中九流”“下九流”。“上九流”是：帝王、圣贤、隐士、童仙、文人、武士、农、工、商。“中九流”是：举子、医生、相命、丹青（卖画人）、书生、琴棋、僧、道、尼。“下九流”是：师爷、衙差、升秤（秤手）、媒婆、走卒、时妖（行拐骗之人及巫婆）、盗、窃、娼。

随着时间的推移，有时人们又把它作为贬义词，泛指那些在江湖上从事各种行当的人。

孟获冲出阵去，蜀将王平迎战。没有几个回合，王平回头就跑，孟获放胆追杀，一口气就追赶了20多里。忽然四下里杀声震天，蜀军冲杀了出来，左有张嶷，右有张翼，截断了退路。南兵大败，孟获死命冲出重围。然而前边路狭山陡，后边追兵渐近，孟获只得丢下马匹爬山；紧跟着又是一阵鼓声，埋伏在这里的魏延带领500人冲杀了出来，结果毫不费劲就活捉了孟获。

孟获被押到大帐里，诸葛亮问：“现在你被活捉了，有何话说？”孟获说：“我是因为山路狭陡才被捉住的。”诸葛亮道：“你要是不服气，我放你回去如何？”孟获答得倒也干脆：“你要是放了我，我重整兵马，和你决一雌雄，那时再当了俘虏，我就服了。”诸葛亮立即让人给孟获解开绑绳，放他回去。

孟获回寨以后，派他手下的两个曾被俘虏后又放回的洞主出战，但他们又打了败仗。孟获说他俩是故意用败阵来报答诸葛亮，把他们痛打了100军棍。这两人一怒之下，带了100多个放回的南兵，冲进孟获的营帐，把喝醉了的孟获绑了起来，献给了诸葛亮。诸葛亮笑着对孟获说：“你曾经说过，再当俘虏就服了，现在还有什么话说？”孟获振振有词地说：“这不是你的能耐，是我手下人自相残杀，这怎么能让我心服呢？”诸葛亮见他不服，就又放了他。就这样捉了放，放了捉，前后捉了孟获七次。

到了第七次擒住孟获时，诸葛亮也不和孟获说话，只是给他解了绑，送到邻帐饮酒压惊，然后派人对孟获说：“丞相不好意思见你了，让我放你回去，准备再战。”孟获听了这话，流下了眼泪，他对左右说：“丞相七擒七纵，从古至今没有发生过这样的事情。可以说，丞相待我仁至义尽了，我要是再不感谢丞相的恩德，可就太没有羞耻了。”说完来到诸葛亮面前，跪倒在地上说：“丞相天威，南人永远不再造反了。”诸葛亮当场封孟获永远为南人洞主，蜀兵占领之地，全部退还。孟获及家人感恩不尽，欢天喜地地回去了，诸葛亮便率领大军回到成都。

从那以后，诸葛亮解除了后顾之忧，一心一意为北伐中原做准备。

马谡失街亭

诸葛亮平定南中之后，又做了两年的准备工作，在公元227年冬天，带领大军到汉中驻守。汉中接近魏、蜀的边界，在那里可以随时找机会向魏国进攻。

蜀军经过诸葛亮的严格训练，士气旺盛，阵容整齐。而且自从刘备死后，蜀汉多年没有

公元238年

世界大事记：
日本邪马台国女王卑弥呼遣使到中国。

出兵，魏国毫无防备。这次蜀军突然袭击祁山，守在祁山的魏军一下子就败退下来。蜀军乘胜进军，祁山的北面天水、南安、安定三个郡的守将都投降了蜀汉。

那时候，魏文帝曹丕已经病死。刚刚即位的魏明帝曹叡面对蜀汉的大举进攻，非常镇静，他派张郃带领5万人马赶到祁山去抵抗，还亲自到长安去督战。

诸葛亮到了祁山，准备派出一支人马去守街亭（今甘肃庄浪东南）。参军马谡主动请战，并立下了军令状。

马谡平时读了不少兵书，也很喜欢谈论军事。诸葛亮和他商量起打仗的事来，他就口若悬河，讲个没完。他也曾出过一些好主意，所以诸葛亮很信任他。

但是刘备在世的时候，却看出马谡华而不实。他在生前特意对诸葛亮叮嘱说：“马谡这个人言过其实，不可重用。”这次，诸葛亮派马谡去守街亭，想起刘备对马谡的评价，有所顾虑，便让王平做副将来帮助他。

马谡和王平带领人马刚到街亭，张郃也率领魏军从东面开过来。马谡看了地形，对王平说：“这一带地形险要，街亭旁边的山上可以安营扎寨，布置埋伏。”

王平提醒他说：“我们来这里之前，丞相嘱咐过，让我们坚守城池，稳扎营垒。在山上扎营是很危险的。”

马谡自以为熟读兵书，根本不听王平的劝告，坚持要把营寨扎在山上。王平一再劝说，马谡就是不听，只好央求马谡拨给他一千人马，驻扎在山下。

张郃到了街亭后，看到马谡放弃现成的城池不守，却把人马驻扎在山上，暗暗高兴。他吩咐手下将士，在山下筑好营垒，把马谡扎营的那座山围困起来。

马谡几次命令兵士冲击山下的魏军，但是由于张郃坚守营垒，蜀军不仅没法攻破，反而被魏军乱箭射死了许多士兵。

魏军又切断了山上的水源。蜀军在山上断

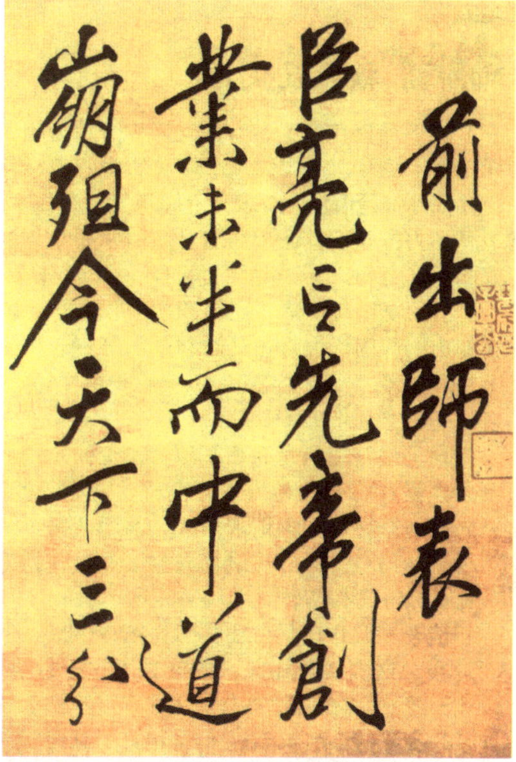

⊙行书《前出师表》帖　南宋　岳飞

诸葛亮出师一表，天下闻名，千古传颂，评为表中杰作。历朝历代忠臣烈士、迁客骚人书之不倦，或寄托性情，或激励明志。岳飞此帖，传为行军至南阳，秋夜深深，秋雨绵绵，遥想徽钦二帝远囚北国，一时忠心触动，挥泪如雨，写就诸葛武侯出师表，墨气淋漓，豪情毕现。

了水，连饭都做不成，时间一长，军心动摇起来。张郃看准时机，发起总攻。蜀军兵士纷纷逃散，马谡阻止不住，只好自己杀出重围。

街亭的失守，影响了蜀军的战略局势。诸葛亮为了避免遭受更大损失，决定蜀军全部撤回汉中。

诸葛亮经过详细查问，知道街亭失守完全是由于马谡违反了他的作战部署。马谡也承认是自己的过错造成了失败。诸葛亮按照军法，斩杀了马谡。

诸葛亮虽然杀了马谡，但一想起他和马谡平时的情谊，心里就十分难过。

公元230年

中国大事记：
吴遣将军卫温、诸葛直率万人船队出海，到达夷洲。

秋风五丈原

吴王孙权在曹丕、刘备先后称帝后，于公元 229 年四月，正式称帝。蜀汉的一些大臣认为孙权称帝是僭位，要求马上同东吴断绝往来。诸葛亮力排众议，认为蜀汉目前的主要敌人是魏国，应继续保持和东吴的联盟，攻伐魏国。

公元 231 年，诸葛亮第四次北伐魏国，出兵祁山。魏国派大将司马懿和张郃等一起率领人马开赴祁山。诸葛亮把一部分将士留在祁山，自己率领主力进攻司马懿。

司马懿知道诸葛亮孤军深入，带的军粮也不多，就在险要的地方筑好营垒，坚守不出。后来，魏军将领一再请求出战，并用话来讥刺司马懿。司马懿只好与诸葛亮打了一仗，结果被蜀军打得溃不成军。

诸葛亮几次出兵，往往因为粮食供应不上而退兵，这次又是如此。他接受了这个教训，设计了两种运输工具，叫作“木牛”“流马”（两种经过改革的小车），用它们把粮食运到斜谷口（在今陕西眉县西南）囤积起来。

公元 234 年，诸葛亮做好充分准备后，带领 10 万大军北伐魏国。他派使者到东吴，约孙权同时对魏国发起进攻，两面夹击魏国。

诸葛亮大军出了斜谷口，在渭水南岸的五丈原构筑营垒，准备长期作战；另派一部分兵士在五丈原屯田，跟当地老百姓一起耕种。魏明帝派司马懿率领魏军渡过渭水，也筑起营垒防守，和蜀军对峙起来。

⊙成都武侯祠　三国

孙权接到诸葛亮的信，马上派出三路大军进攻魏国。魏明帝一面亲自率领大军开赴南面抵挡东吴的进攻；一面命令司马懿只许在五丈原坚守，不准出战。

诸葛亮焦急地等待东吴进兵的战况，但是结果令他很失望：孙权的进攻以失败而告终。他想跟魏军决战，但是司马懿始终固守营垒，任凭诸葛亮怎样骂阵，就是坚守不出。双方在那里相持了 100 多天。

诸葛亮在猜测司马懿的心理，司马懿也在探听诸葛亮的情况。有一回，诸葛亮派使者去魏营挑战，司马懿为了了解情况，假意殷勤地接待使者，跟使者聊天，问道：“你们丞相公事一定很忙吧，近来身体还好吧！”使者觉得司马懿问的都是些无关大局的话，也就老实回答说：“丞相的确很忙，军营里大小事情都亲自过问。他每天早早起来，很晚才睡。只是近来胃口不好，吃得很少。”

使者走了以后，司马懿就跟左右将士说：“你们看，诸葛孔明吃得少，又要处理繁重的事务，能支撑得长久吗？”

不出司马懿所料，诸葛亮由于过度操劳，终于病倒在军营里。

后主刘禅得知诸葛亮生了病，赶快派大臣李福到五丈原来慰问。诸葛亮对李福说：“我明白您的意思，您想知道谁来接替我，我看就是

·玄学兴起·

玄学就是玄虚之学，强调“以无为本”，主张“无为”和“自然”。玄学家们将《老子》《庄子》和《周易》称为“三玄”，所以说玄学糅合了儒道两家的思想。魏晋之际，朝廷权力斗争激烈，士族知识分子为了明哲保身，整日坐而论道，因此玄学具有“清谈”的特色。

公元258年

世界大事记：
波斯萨珊国王沙普尔一世大举进攻罗马。

蒋琬吧。”

过了几天，年仅54岁的诸葛丞相病死在军营里。

按照诸葛亮生前的嘱咐，蜀军将领封锁了他去世的消息。他们把尸体裹着放在车里，布置各路人马有秩序地撤退。

司马懿探听到诸葛亮病死的消息，立刻带领魏军去追蜀军。刚过五丈原，忽然蜀军的旗帜转了方向，一阵战鼓响起，兵士们转身掩杀过来。司马懿大吃一惊，赶快掉转马头，下命令撤退。等魏军离得远了，蜀军将领才不慌不忙地把全部人马撤出五丈原。

诸葛亮虽然没有实现统一中原的愿望，但是他的智慧和品格，一直被后代的人所称颂。

司马懿夺权

诸葛亮死后的一段时期内，蜀国再也没有足够的力量进攻魏国。魏国虽然外部的压力减弱了，但内部却乱了起来。

公元239年，司马懿奉命去关中镇守，在前往关中的路上，魏明帝曹给司马懿连续下了五道诏书，催他火速赶到洛阳。司马懿赶回洛阳宫中的时候，曹叡已经病势沉重，他握着司马懿的手，看着8岁的太子曹芳，说：“我等你来，是要把后事托付给你。你要和曹爽辅佐好太子曹芳。”

司马懿说：“陛下放心吧，先帝（曹丕）不也是把陛下托付给我的吗？”

曹叡死后，太子曹芳即位，这就是魏少帝。司马懿和大将军曹爽奉曹叡遗诏，共同执掌朝政。司马懿才智出众，文武双全，他在曹操执政时期，曾经帮助曹操推行屯田制。曹操儿子曹丕废掉汉献帝，自立为帝，司马懿也帮助出过许多主意，立了大功。因此，他得到曹丕的信任，掌握了军政大权。曹爽这个人没有什么才能，却依仗自己是皇帝宗室，总想排挤司马懿，独揽大权。

曹爽因司马懿德高望重，起初还不敢独断专行，有事总听司马懿的意见。不久，他任用心腹何晏等人掌管枢要，并奏请魏少帝提升司马懿为太傅。司马懿表面上升了官，实际上却被削了权。曹爽又安排自己的弟弟曹羲担任中领军，率领禁兵；曹训任武卫将军，掌管了一些军权。司马懿对曹爽专擅朝政，很是不满。他索性称风痹病复发，不参与政事，但是暗中却自有打算。

曹爽担心司马懿不是真的有病，正巧自己的心腹李胜调任荆州刺史，于是就命李胜到司马懿那里进行探察。李胜到了太傅府，求见司马懿。司马懿装出重病的样子。李胜回去后，把这次相见的情况告诉了曹爽，并说：“司马懿

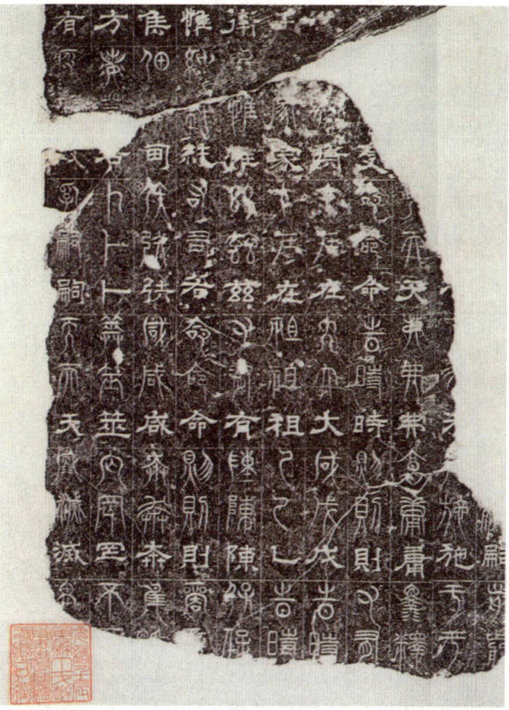

⊙正始石经

《正始石经》又名《三体石经》，用古文、篆书和隶书字体书刻，建于洛阳太学门前（今洛阳市偃师县）。石经共27块，后佚失，自宋以来屡有残石出土。

公元260年

中国大事记：
魏高贵乡公曹髦率军讨司马昭失败被杀，司马昭立曹奂为帝，是为魏元帝。

已经形神离散，只剩下一口气，活不了多久了。”曹爽满心高兴，从此就不再防备司马懿了。

一转眼就是新年。少帝曹芳按规矩要到高平陵去祭祀。曹爽和他的兄弟曹羲等人也一道前往。

曹爽他们出了南门，浩浩荡荡地直奔高平陵。等他们走远了，司马懿立刻带着他的两个儿子司马师和司马昭，率领自己的兵马，借着皇太后的命令，关上城门，占据武库，接收了曹爽、曹羲的军营。同时假传皇太后的诏令，把曹爽兄弟的职务给撤了。

曹爽接到了司马懿的奏章，不敢交给曹芳，又想不出主意。司马懿又派侍中许允、尚书陈泰来传达命令，让曹爽早些回去，承认自己的过错，交出兵权，那样就不会为难他们。

曹爽乖乖地交出兵权，回到洛阳侯府家中。司马懿把少帝曹芳接到宫里去，当天晚上就派兵包围了曹爽府第，在四角搭上高楼，叫人在楼上察看曹爽兄弟的举动。没过几天，又让人诬告曹爽谋反，派人把曹爽一伙人全部处死了。

曹爽死后，司马懿担任丞相，掌握了魏国的军政大权。

司马昭之心

司马懿杀了曹爽，又过了两年，他也死了。他的儿子司马师接替了他的职位。魏国大权落在司马师和司马昭兄弟两人手里。大臣中有谁敢反对他们，司马师就把他除掉。魏少帝曹芳早就对司马师兄弟的霸道行径极为不满，一直想撤掉司马氏兄弟的兵权。但还没等曹芳动手，司马师已经逼着皇太后，把曹芳废了，另立魏文帝曹丕的一个孙子曹髦继承了皇位。

魏国有些地方将领本来就看不惯司马氏的专权行为，司马师废去曹芳后，扬州刺史文钦和镇东将军毌丘俭起兵讨伐司马师。司马师亲自出兵，打败了文钦和毌丘俭。但是在回到许都之后，司马师也得病死了。

司马师一死，司马昭便做了大将军。司马昭比司马师更为专横霸道。

魏帝曹髦实在忍无可忍了。有一天，他把尚书王经等三个大臣召进宫里，气愤地说："司马昭之心，路人皆知，我不能坐着等死。今天，我要同你们一起去诛杀他。"

年轻的曹髦，根本不懂得怎样对付司马昭。他带领了宫内的禁卫军和侍从太监，乱哄哄地从宫里杀了出来。曹髦自己拿了一口宝剑，站在车上指挥。

司马昭的心腹贾充，领了一队兵士赶来，与禁卫军打了起来。曹髦上前大喝一声，挥剑杀过

⊙青瓷宅院　三国
此院落平面方形，围墙环绕，双坡檐顶，大门上有一门楼，四角设角楼，正中有房舍，四角设圆形仓座，为当时民居建筑的重要资料。

去。贾充的手下兵士见到皇帝亲自动手，都有点害怕，有的准备逃跑了。

贾充的手下有个叫成济的，问贾充该怎么办。

贾充厉声说："司马公平时养着你们是干什么的！还用问吗？"

经贾充这么一说，成济胆壮起来了，拿起长矛就往曹髦身上刺去。曹髦来不及躲闪，被成济刺穿了胸膛，当场就死了。

司马昭听说他手下人把皇帝杀了，也有点害怕了，连忙赶到朝堂上，召集大臣们商量。

老臣陈泰说："只有杀了成济，才勉强可以向天下人交代。"

司马昭见没法拖下去，就把杀害皇帝的罪责全都推在成济身上，给成济定了一个大逆不道的罪，把他的一家老少全杀了。

之后，司马昭从曹操的后代中找了15岁的曹奂继承了皇位，这就是魏元帝。

公元270年

世界大事记：
罗马境内巴高达运动达到高潮。

邓艾智出阴平道

魏帝曹髦死后，司马昭的地位更加稳固了。于是，他决定进攻蜀国。

公元263年，司马昭调集了十几万大军，准备一举消灭蜀国。他派邓艾和诸葛绪各自统率3万人马，派钟会带领10万人马，兵分三路进攻蜀国。钟会的军队很快攻取汉中。邓艾的军队也到达沓中，向姜维进攻。姜维得知汉中失守，就将蜀兵集中到剑阁据守，抵御魏军。

钟会兵力虽强，但姜维把剑阁守得牢牢的，一时攻不进去，军粮的供应也发生了困难。钟会正想退兵时，邓艾赶到了。邓艾让钟会在这里与蜀军对峙，自己领兵从阴平小道穿插到蜀国的后方，这样就会攻破蜀国。钟会觉得邓艾的想法根本行不通，但一看邓艾很坚决，也就马马虎虎地应付了几句。

邓艾派自己的儿子邓忠做先锋，每人拿着斧头、凿子，走在最前面开路，自己则率领大军紧跟在后。

最后，邓艾他们到了一条绝路上，山高谷深，没法走了。大家一看悬崖深不见底，禁不住抽了一口冷气。好多人打了退堂鼓。邓艾当机立断亲自带头，用毡毯裹住身子先滚下去。将士们不敢落后，照着样子滚下去。士兵们没有毡毯，就用绳子拴住身子，攀着树木，一个一个慢慢地下了山。

邓艾集中了队伍，对将士们说："我们到了这儿，已经没有退路了，前面就是江油。打下江油，不但有了活路，而且能立大功。"镇守江油的将军马邈，没料到邓艾会从背后像天兵一样出现在眼前，吓得他晕头转向，只好竖起白旗，向邓艾投降了。

邓艾占领了江油城，又朝绵竹方向前进。蜀军驻守绵竹的将军是诸葛亮的儿子诸葛瞻。魏军人数太少，双方一交战，就吃了个败仗。

魏军第二次出去跟蜀兵交战时都铁了心，反正打了败仗也不能活着回去。这一仗真非同小可，打得天摇地动。两军杀到天黑，蜀兵死伤惨重，诸葛瞻和他的儿子诸葛尚，都战死在疆场上。魏军胜利地占领了绵竹。

邓艾攻下绵竹，向成都进军。蜀人做梦也没有想到魏兵来得这么快，再要调回姜维的人马也已经来不及了。后主刘禅慌忙召集大臣们商议对策，大臣们你一言我一语，都想不出好的办法，最后大臣谯周提议投降。于是后主刘禅就派侍中张绍等捧着玉玺到邓艾军营里去请求投降。

蜀国就这样灭亡了。这时候，姜维还在剑阁据守，听到蜀国投降的消息后，前思后想，决定向钟会投降。钟会赏识姜维是个好汉，把他当作自己人一样看待。后来，姜维利用钟会和邓艾之间的矛盾，劝钟会告发邓艾谋反，杀掉了邓艾。

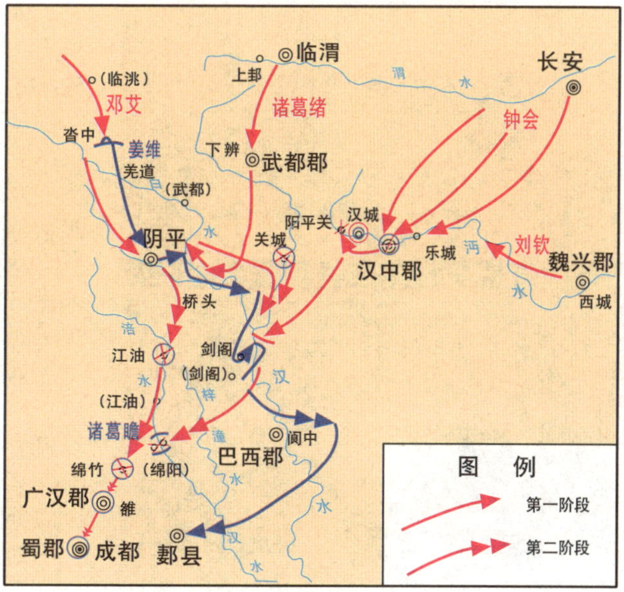

魏灭蜀汉之战示意图

公元265年

中国大事记：
司马炎废魏主，称帝，是为晋武帝，都洛阳。

邓艾死后，兵权就全都掌握在钟会的手里。于是，钟会就想谋反自立。姜维一心想着复国兴汉，觉着有机可乘，便假意赞同钟会的想法。

后来，有人传言钟会和姜维要杀光北方来的将士，一下引起了兵变。钟会和姜维控制不住局面，被乱军杀死了。

乐不思蜀

蜀汉灭亡以后，后主刘禅还住在成都。到了钟会、姜维发动兵变，司马昭觉得让刘禅留在成都，说不定还会引起麻烦，就派人把刘禅接到洛阳来。

刘禅是一个昏庸无能的人。当年全靠诸葛亮为他掌管着军政大事时，他还挺谨慎，遇事不敢自作主张。诸葛亮死后，虽然还有蒋琬、费祎、姜维一些文武大臣辅佐他，但是他已经有点不像话了。后来，宦官黄皓得了势，蜀汉的政治就越来越糟了。

到了蜀汉灭亡，姜维被乱军所杀，大臣们死的死、走的走。随他一起到洛阳去的只有地位比较低的官员郤正和刘通两个人。刘禅不懂事理，不知道怎样跟人打交道，一举一动全靠郤正指点。

⊙司马昭宴请图

刘禅到了洛阳，司马昭用魏元帝的名义，把他封为安乐公，还把他的子孙和原来蜀汉的大臣共有50多人封了侯。司马昭之所以这么做，无非是为了笼络人心，稳住对蜀汉地区的统治罢了。但在刘禅看来，却是恩重如山了。

有一回，司马昭请刘禅和原来蜀汉的大臣参加宴会。宴会中，叫一班歌女为他们演出蜀地的歌舞。

一些蜀汉的大臣看了这些歌舞，想起了亡国的痛苦，伤心得几乎落下眼泪。只有刘禅咧开嘴，美滋滋地看着，就像在他自己的宫里观赏歌舞一样。

司马昭暗暗观察刘禅的神情，宴会后，他对心腹贾充说："刘禅这个人没有心肝到了这个地步，即使诸葛亮活到现在，恐怕也没法使蜀汉维持下去了！"

过了几天，司马昭在接见刘禅的时候，问刘禅："您现在还想念蜀地吗？"

刘禅乐呵呵地回答说："这里挺快活，我不想念蜀地了。""乐不思蜀"的成语就是这样来的。

站在一旁的郤正听了，觉得太不像话。等刘禅回到府里后，郤正说："您不该这样回答晋王（指司马昭）。"

刘禅说："你看我该怎么说呢？"

郤正说："如果晋王以后再问起您，您应该流着眼泪说：'我祖上坟墓都在蜀地，我没有一天不想那边。'这样说，也许我们还有回去的希望。"

刘禅点点头，说："你说得很对，我记住了。"

后来，司马昭果然又问起刘禅，说："我们这儿招待您挺周到，您还想念蜀地吗？"

公元284～305年

世界大事记：
罗马戴克里先改革。

刘禅想起郤正的话，便把郤正教他的话原原本本地背了一遍。他竭力装出悲伤的样子，可就是挤不出眼泪，只好把眼睛闭上。

司马昭看了他这副模样，心里猜出是怎么回事，笑着说：“这话好像是郤正说的啊！”

刘禅吃惊地睁开眼睛，傻里傻气地望着司马昭说：“没错，没错，正是郤正教我的。”

司马昭忍不住笑了，左右侍从也笑出声来。

司马昭这才看清楚刘禅的确是个糊涂透顶的人，不会对自己造成威胁，就没有想杀害他。

刘禅的昏庸无能是出了名的。因刘禅小名“阿斗”，所以后来人们常把那种懦弱无能、没法使他振作的人，称为“扶不起的阿斗”。

羊祜蓄志灭东吴

司马昭灭了蜀汉，又准备进攻东吴。正在这时，他得了重病死了。他的儿子司马炎废掉魏元帝曹奂，自己做了皇帝，建立了晋朝，这就是晋武帝。从公元265年至317年，晋朝都以洛阳为国都，史称西晋。

西晋政权初步稳定以后，晋武帝司马炎接受羊祜的建议，积极准备攻灭东吴，统一中国。

羊祜是蔡邕的外孙，司马师的小舅子，从小喜欢读书，知识渊博，有辩才，文章写得好。有人把他比作孔子的弟子颜回。

从公元269年起，羊祜出任荆州都督，镇守襄阳，很受老百姓的爱戴。他到襄阳的时候，军营里的粮食还不够一百天吃的，后来推行屯田政策，让士兵开垦荒地，粮仓里储满了粮食。他还对东吴军民讲信用，投降过来的士兵想回去的随他们自愿。有些投降的人，回去后都说羊祜的好话。这样，投降的人就越来越多了。

晋武帝司马炎非常赞赏羊祜在襄阳的政绩，提升他为车骑将军。

羊祜决心采取一套攻心策略，用道义去争取民心。他每回跟东吴交战，一定按照约定的日子，决不偷袭，决不布置埋伏。将士当中有谁向他献计，只要听到话里有欺诈的苗头，他就拿出上等的好酒，请献计的人喝，让他喝得醉醺醺的，开不得口。羊祜行军的时候，经过东吴的地界，士兵割了稻谷，也必须报告吃了多少粮食，按价赔偿人家。他出外打猎，每次都郑重叮嘱手下将士只准在自己的地界内。碰巧，东吴的将士也在对面打猎，双方各不侵犯。如果有一只飞鸟或者一只野兽，先给吴兵打伤，飞到这边被晋兵抓住，必须送给对方。因此，吴人对他很是敬重，称他为羊公。

羊祜见时机慢慢成熟起来，积极筹备伐吴。公元276年，羊祜上书，请示晋武帝征伐东吴。不料秦、凉二州的少数民族发生了动乱，朝廷大臣纷纷反对出兵东吴，只有杜预和张华赞成，

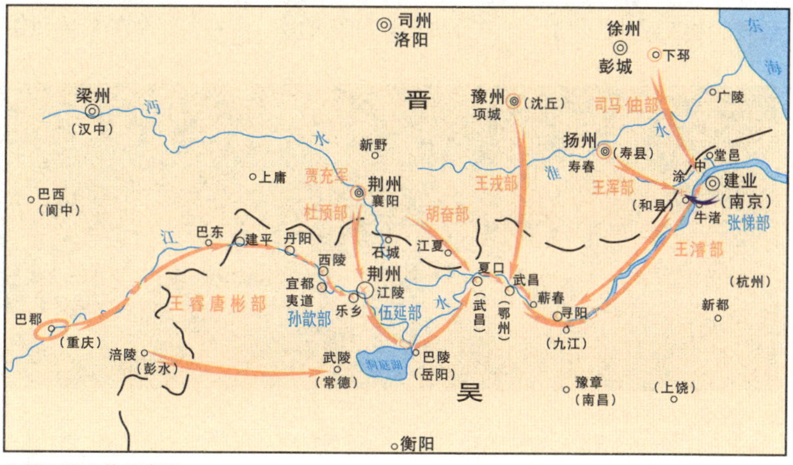

⊙ 晋灭吴之战示意图

公元280年

中国大事记：
晋灭吴，统一全国。

于是建议被搁置下来。

又过了一年多，羊祜病了，他要求回洛阳。晋武帝请他坐车进宫，不必叩拜。后来又让他回家养病，不必上朝。接着，就派张华去向羊祜请教征伐东吴的计策。羊祜说："孙皓暴虐昏庸，今天去征伐，一定能够胜他。要是孙皓一死，吴人另立一个有能耐、爱护老百姓的新君，咱们即使有百万大军，恐怕也打不过长江去了。"

过了几天，张华向晋武帝详细报告了羊祜灭吴的谋略。晋武帝接受了羊祜的建议，拜杜预为平安东将军，统率荆州所有的军队。杜预受命后，招集兵马，储备粮草，准备伐吴。正在这个时候，羊祜病故了。

羊祜死后的第二年，杜预攻灭了东吴，统一了中国。在庆祝宴上，晋武帝拿起酒杯对大臣说："讨平东吴，统一天下，是羊太傅的功劳啊！"接着，他带领文武大臣到羊祜的墓前去祭奠，告慰已经安眠于地下的羊祜。

"竹林七贤"

曹魏后期，曹氏皇帝昏庸无能，司马家族重权在握，篡位自立，建立了西晋，这一段历史，文学史上称之为"正始时期"。这一时期，文人们不再把目光聚集在丑恶的当世生活，而是避开现实，以深具洞察力的眼光去观照哲学的世界。在他们的作品里，表现出的是深刻的理性思考和尖锐的人生悲哀，代表文人就是所谓的"竹林七贤"。

"竹林七贤"即谯国嵇康、陈留阮籍、河内山涛、河南向秀、沛国刘伶、陈留阮咸、琅琊王戎，此七人生性旷达，经常聚集在竹林下纵酒酣歌，嗜酒几乎是他们共同的特点。刘伶醉酒，千古闻名。他常乘着鹿车，拿着一壶酒，到处乱跑，让仆人跟着他，并且吩咐说："我死了，你就随便挖个坑把我埋了吧！"司马昭想让阮籍的女儿嫁给自己的儿子，派人去提亲，阮籍大醉60天，使得媒人无从开口，只得作罢。

除了嗜酒，他们也放任自己的行为举止，而不顾世人评说。阮籍为素不相识的夭亡少女扶棺痛哭，表达对一个美丽生命逝去的痛悼；他对谁都翻着白眼，唯独对嵇康青眼有加。刘伶则经常在家中裸奔，有人责备他，他却说：我以天地为房屋，以屋宇为衣服，你怎么钻到我衣服里面来呢！

从实质上看，七贤的这种放达任性的林下之风，表现的是内心深处的无法解脱的痛楚。他们认识到自己面对现实的无奈，所以只有选择消极抗争的行为。他们的痛苦，为千秋后代留下了一个评说不尽的话题。

七人在文学创作上成就不一，以阮籍、嵇

⊙**高逸图　唐　孙位**

这是残存的《竹林七贤图》。图中只剩下了四贤，从左到右，分别是惯作白眼的阮籍、嗜酒的刘伶、善发谈端的王戎、介然不群的山涛。人物重视眼神刻画，线条细劲流畅，似行云流水。

公元297年

世界大事记：
萨珊王朝与罗马帝国进行和谈。

康为高。阮籍的五言诗，嵇康的散文，在文学史上都具有重要地位。向秀的《思旧赋》，篇幅虽短，但感情深挚。刘伶有散文《酒德颂》。阮咸精通音律，善弹琵琶，但文学作品很少。山涛（字巨源）、王戎所遗留下来的著作文学性也不高。

嵇康天性旷达，文采斐然。散文方面，他的《与山巨源绝交书》，是传颂一时的名篇。山巨源就是“竹林七贤”之一的山涛，本与嵇康为至交，后来却投靠司马氏。他向朝廷推荐嵇康做官，于是嵇康写了这封信表明自己断然拒绝的态度，并宣布与山涛绝交。“人此犹禽鹿，少见驯育，则服从教制;长而见羁，则狂顾顿缨，赴汤蹈火；虽饰以金镳，享以佳肴，愈思长林而志在丰草也。”这种个人意识和追求个性自由的精神，是正始文学最为显著的特色。

嵇康的诗写得也不错，现存 50 余首，有四言、五言、七言和杂言诗，而以四言的成就为高。他在诗中表现出追求自然、高蹈独立、厌弃功名富贵的人生观，如在《幽愤诗》一诗中，他就自述身世和志趣，表达出对自由生活的无限向往。

然而在与强权的对抗中，嵇康最终还是免不了悲惨的一死。他被陷害下狱 ,3000 名太学生上书请求免罪，但是这反而坚定了司马氏杀害嵇康的决心。东市临刑的时候，嵇康气定神闲，弹奏了一曲《广陵散》，然后不无遗憾地说:“《广陵散》于今绝矣！”

而阮籍既不愿意与司马氏对抗一死，也不愿意像山涛那样阿附权贵。生活在夹缝中的阮籍，只好同司马氏虚与委蛇，佯装痴狂。所以其诗里大多透露着内心的无奈与惶恐，充满了苦闷、孤独的情绪。其诗以 82 首《咏怀诗》为代表。诗里他或者感叹人生无常；或者写树木花草由繁花密叶而花飘叶落，借以比喻世事的反复；或者写鸟兽虫鱼对自身命运之无奈；或者伤感于生命中不能承受之痛。

现实中没有出路，只有向精神世界寻求。阮籍在咏怀诗中讽刺历史上那些因贪图富贵而招致杀身之祸的名利之徒，羡慕仙人的生活，赞美古时的隐士。这是他为自己寻找到的精神出路。他是那个特定时代的悲剧人物，代表着那一批个性觉醒的知识分子，他们以极大的热情去追求人格和生命的完美，追求真诚自由的生活。

·正始文学·

正始是魏废帝曹芳的年号（公元 240～249年），习惯上所说的“正始文学”，还包括正始以后直到西晋成立这一段时期的文学创作。此时，社会异常黑暗，道家思想盛行，玄学大兴，深刻的理性思考和尖锐的人生悲哀，构成了正始文学最基本的特点。正始时期著名的文人有“正始名士”和“竹林七贤”。前者的代表人物是何晏、王弼、夏侯玄，他们的主要成就在哲学方面。后者指阮籍、嵇康、山涛、王戎、向秀、刘伶、阮咸七人，主要成就在文学方面，其中阮籍、嵇康的成就最高。

皇甫谧浪子回头

皇甫谧出身官僚世家，其曾祖父皇甫嵩是东汉时期的一位名将，官拜太尉。但到了他父亲这一代家境已经衰落，生活相当窘迫。皇甫谧的叔父没有子嗣，皇甫谧的父亲就把他过继给叔父。不久，皇甫谧随叔父迁居新安，并受到叔父的过度溺爱。

在叔父的娇惯、宠爱之下，少年时代的皇甫谧沾染上当时官宦子弟的恶习，整日东游西逛、吃喝玩乐，不肯用功读书。据《晋书》记载，皇甫谧到了 17 岁还目不识丁，以致人们认为他天生痴傻。

有一年，由于家中的田产、商铺经营不善，

公元281年

中国大事记：
汲郡战国墓中《竹书纪年》等竹简出土。

⊙青瓷扁壶　西晋

再加上皇甫谧挥霍无度，叔父家的家产变卖一空。婶母对依旧我行我素的皇甫谧非常气愤，也为他的前途忧虑。但不管她怎么说、怎么劝，皇甫谧都只把她的话当作耳旁风。

一天，怒不可遏的婶母把贪玩的皇甫谧赶出家门，想以此来惩戒他。不料，他到了外边市井上弄来一些香瓜、甜果之类的东西，洋洋得意地献给婶母。他以为这样“孝顺”婶母一番，便可以平息婶母的盛怒，谁知婶母更加气愤。她接过瓜果，狠狠地摔在地上，流着泪说：“你都快20岁了，还是这样‘志不存教，心不入道’。你要是想真心孝顺父母，就安下心来学习。否则，我再也不要见到你。”这件事使他深受触动。自此，他与先前的狐朋狗友断绝来往，拜乡里有名的学者席坦为师，刻苦学习儒学经典。

皇甫谧改邪归正，发愤读书之际，家境每况愈下，最后竟至无钱买书的地步。为了学习，他到处借书抄阅，有的时候为借阅一本书要长途跋涉数十里、数百里，借来之后赶紧抄阅，然后按期归还。同时，因为家中生计无着，他每天必须耕田劳动。于是，他每天带书下田，等别人在田埂休息时，就取出书来读上几页。晚上回到家里，别人呼呼大睡，皇甫谧却以冷水浇脸，然后就着微弱的灯光读书。就这样，他通读了诸子百家的著作，做了大量的读书笔记，使自己的学识很快有了不小的长进。

当皇甫谧在经学上有所成就的时候，年仅42岁的他却患上了风痹病：半边身子像针刺似的疼痛，有时痛得起不了身，又无药可治。病痛袭来，全身像被千万只蚂蚁咬一样难受，浑身上下颤抖得像筛糠。病痛暂时过去后，他必然大汗淋漓，有时候竟把身子下边的书籍浸湿一大片。尽管如此，他仍强忍着病痛，继续研究经史。看着他疾病发作时痛苦的样子，家人和朋友都劝他：“别这样没命地干了，事已至此，再多的学问又有什么用呢？还不如在有生之年抓紧时间享乐一会儿。”一贯支持他的儿子此时也劝他放弃研究学问，听天由命。

皇甫谧却说：“早晨起来学到知识，傍晚就死掉也没有什么遗憾的。”从此，他把精力转到对传统医学的研究上。皇甫谧凭着顽强的毅力自学了《黄帝内经》《针经》和《明堂孔穴针灸治要》等医学典籍之后，就在自己身上扎针做实验。由于行动不便，有些穴位刺不到，他就叫儿子进针。时间一长，他的肋下和大腿的肌肉都被刺遍了，皮肤表面生了厚厚的一层茧。有一次，他为了找准小腹部的一个穴位，几次进针，不小心刺伤了脏器，要不是有人在旁边看护，及时解救，他可能就一命呜呼了。

功夫不负有心人。他靠着针刺、拔火罐、按摩等治疗手法，奇迹般地治好了自己的风痹病。从此，他更加努力钻研，决心效法古人整理医学典籍，把自己的医术传承下去。

随着研究的深入，皇甫谧发现以前的针灸学书籍既晦涩难懂又错误百出，不便阅读和学

·五石散·

魏晋人喜好服食养生，一般以服五石散为主。五石散出自汉代，但当时很少有人用，直到三国曹魏尚书何晏服用了之后，获得神效，然后才开始流行起来。因服用后全身发热，必须寒衣、寒饮、寒食、寒卧，所以五石散又称“寒食散”。长期服用会有副作用，内心烦躁，当药力发作时，常常要出外散步以求散去药力，称为“行散”。魏晋的何晏、王弼、嵇康、王羲之等都曾服用五石散。

公元306～337年

世界大事记：
罗马皇帝君士坦丁一世在位。

习。他仔细研读了周代的《足臂十一脉灸经》和《阴阳十一脉灸经》、战国时的《黄帝内经》等著作，对针灸学知识进行了系统总结。单这些书是不够的，他通过各种渠道搜求涉及针灸学的书籍，但普通人把这些书视为奇珍异宝，不轻易外借。

正在他为难之际，当时的晋武帝见他品格高尚、学识丰富，同时为了表示自己“礼贤下士”，居然送了一批医书给他。皇甫谧喜不自胜，日夜攻读。

他感到当时的针灸书籍“其义深奥，文多重复，错互非一”，不容易学习更不易流传。因此，他以《素问》《针经》《明堂孔穴针灸治要》三书中有关针灸内容为依据，总结秦汉三国以来针灸学成就，结合自己的临床经验，终于写出一部堪称针灸学典范的巨著——《针灸甲乙经》，这是我国现存最早的一部系统针灸学专著。他把针灸治疗和祖国医学的脏腑经络的生理、病理紧密结合起来，对腧穴的部位以及针灸操作方法、临床治疗等方面都做了系统的论述，确立了针灸学的完整理论体系，为针灸学成为临床的独立学科奠定了基础。

石崇斗富

全国统一后，晋武帝志满意得，整日沉溺在荒淫生活里。有他带头过奢侈的生活，朝廷里的大臣也仿效他，把摆阔气当作体面的事。

当时，在京都洛阳，有三个大富豪：一个是掌管禁卫军的中护军羊琇；一个是晋武帝的舅父、后将军王恺；还有一个是散骑常侍石崇。

羊琇和王恺都是外戚，他们的权势高于石崇，但是在豪富方面却比石崇逊色多了。石崇的钱到底有多少，连他自己也说不清。石崇的钱是哪儿来的呢？原来他在出任荆州刺史期间，除了疯狂地搜刮民脂民膏外，还干过抢劫的肮脏勾当。有些外国的使臣或商人经过荆州地面，石崇便像江洋大盗一样，公开杀人越货。这样，他就掠夺了无数的钱财、珠宝，成了当时最大的富豪。

石崇到洛阳后，听说王恺非常富有，就想跟他比一比。他听说王恺家里用饴糖水洗锅子，就命令他家厨房用蜡烛当柴烧火。

王恺为了炫耀自己富有，就在他家门前的大路两旁，用紫丝编成屏障，一直延伸四十里地。谁要上王恺家，都要经过这四十里紫丝屏障，才能到达。这个奢华的装饰，轰动了整个洛阳城。

石崇不服气。他用比紫丝贵重的彩缎，铺设了五十里屏障，不仅比王恺的屏障长，而且更豪华。

王恺又输了一回。但是他不甘心，他向外甥晋武帝请求帮忙。晋武帝觉得这样的比赛挺有意思，就把宫里收藏的一株两尺多高的珊瑚

⊙金谷园图
此图描绘的是西晋富豪石崇与小妾绿珠在金谷园中的宴乐情景。

公元290年

中国大事记：
晋惠帝登基，以贾充之女贾南风为皇后。

树赐给王恺，好让王恺在众人面前夸耀。

有了皇帝帮忙，王恺来了劲头。他特地请石崇和一批官员上他家喝酒。

宴席上，王恺不无得意地对众人说："我家有一件罕见的珊瑚，请大家一起来观赏怎么样？"王恺边说边让侍女把珊瑚树捧了出来。那株珊瑚有两尺高，长得枝条匀称，色泽鲜艳。大家看了赞不绝口，都说是难得一见的宝贝。

石崇在旁边冷笑了一下，顺手抓起案头上的一支铁如意，朝着大珊瑚树正中，轻轻一砸，那株珊瑚被砸得粉碎。

周围的官员们都大惊失色，主人王恺更是气急败坏。

石崇不慌不忙地喊来他的随从，让他回家去，把家里的珊瑚树统统搬来让王恺挑选。

不一会儿，石崇的随从们搬来了几十株珊瑚树。这些珊瑚中，三四尺高的就有六七株，大的竟比王恺的高出一倍。株株长得条干挺秀，光彩夺目。

周围的人都看呆了。王恺这才知道自己的财富远远比不上石崇，也只好认输了。

晋武帝跟石崇、王恺一样，一面搜刮暴敛，一面穷奢极欲。西晋王朝从一开始就这样腐败不堪了。

周处除"三害"

西晋时期，穷奢极欲的豪门官员比比皆是。这些人整天不干正经事，吃饱了饭就聚在一起胡吹海谈。但是，另外也有一些正直实干的人，周处就是其中的代表之一。西晋初年，周处担任广汉（今四川广汉北）太守，当地原来的官吏腐败，积下来的案件，有的长达30年没有处理。周处到任后，很快就把积案认真处理完了。后来他到京城做了御史中丞，凡是违法的，无论是皇亲还是国戚，他都敢大胆揭发。

周处原是东吴义兴（今江苏宜兴县）人。他的父亲很早就死了，他自小没人管束，成天在外面游荡。他个子长得比一般人高，力气也大，而且脾气暴躁，动不动就出手伤人，甚至动刀使枪。当地的百姓都害怕他。

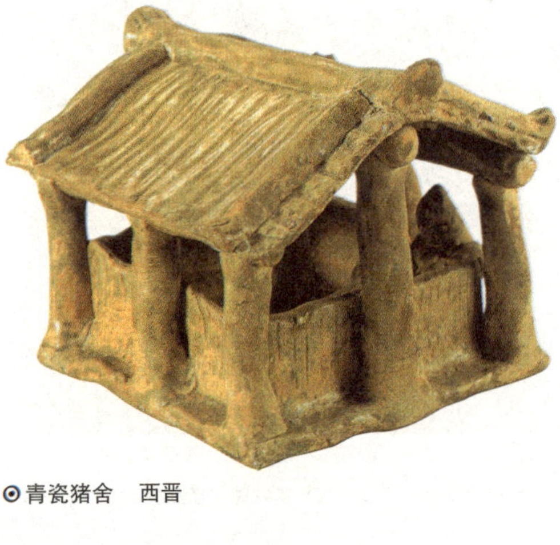

⊙青瓷猪舍　西晋

义兴附近的山上有一只白额猛虎，经常出来伤害百姓和家畜，当地的猎户也不能把它制服。

当地的长桥下，有一条大蛟（一种鳄鱼），出没无常。过往的船只常常受到威胁。义兴人把周处和南山白额虎、长桥大蛟联系起来，合称义兴"三害"。这"三害"之中，最使百姓感到头痛的要数周处了。

有一次，周处看见人们都闷闷不乐的样子，就问一个老年人："今年收成挺好，为什么大伙那样愁眉苦脸呢？"

老人没好气地回答："'三害'还没除掉，能高兴得起来吗？"

周处第一次听到有"三害"一说，就问："你指的'三害'是什么？"

老人说："南山的白额虎，长桥的蛟，还有你，这就是'三害'。"

周处愣住了，他没有想到乡间百姓都把自己当作虎、蛟一般的大害了。过了一会儿，他说："这样吧，既然大家都为'三害'苦恼，我来除掉它们。"

第二天，周处果然带着弓箭、利剑，进

公元313年

世界大事记：

君士坦丁一世和李锡尼颁布《米兰敕令》，使基督教合法化。

山捕虎去了。在密林深处，随着一阵虎啸，一只白额猛虎窜了出来。周处躲在大树后面，一箭射去，正中猛虎前额，结果了它的性命。

又过了几天，周处穿上紧身衣，带了刀剑跳进水里去找蛟。那条蛟隐藏在水深处，发现有人下水，想过来咬。周处早就提防了，他猛地往蛟身上刺了一刀。那蛟受了重伤，逃向了江的下游。

周处一见蛟没有死，紧紧跟在后面追杀。

三天三夜过去了，周处还没有回来。大家议论开了，认为这回周处和蛟一定两败俱伤，都死在河里了。本来，大家以为周处能杀死猛虎、大蛟，已经挺高兴；这回“三害”都死了，大家更是喜出望外。

周处在第四天回到了家里才知道，他离家后，人们以为他死了，都为之高兴。这件事使他认识到，人们对他平时的行为痛恨到什么程度了。

他痛下决心，离开家乡到吴郡找老师求学。那时，吴郡有两个很有名望的人，一个叫陆机，一个叫陆云。他们见周处诚心诚意要改过自新，就收留了他。

从那以后，周处一面跟陆机、陆云读书学习，一面注意自己的品德修养。过了一年，州郡的官府都征召他去做官。等到晋朝灭掉东吴以后，他成了晋朝的名臣。

白痴皇帝

晋武帝和他的祖父辈都是善于玩弄权术的人，可是他的儿子——太子司马衷却是一个什么都不懂的白痴。朝廷里的大臣都很担心，晋武帝死后，要是让这个低能儿即位，不知道会把朝政搞成什么样子。

有些大臣想劝武帝另立太子，但又不敢开口明讲。

晋武帝也有些犹豫。他想试试他的儿子到底糊涂到什么程度。有一次，他派人给太子送去一卷文书，里面提到几件公事，要太子处理一下。

太子的妻子贾妃，是个脑瓜灵活的女人，见到这卷文书，赶忙请来宫里的老师，替太子代做答卷。那个老师很有学问，写出的卷子，引经据典，讲得头头是道。

贾妃看了非常满意，旁边有个太监却提醒她：“这份卷子好是好，只是皇上知道太子平常不太懂事，看了这样一份卷子，难免生疑。万一追究起来，事情就不好办了。”

贾妃经他一提醒，明白过味来，便让略懂文墨的太监另外起草了一份粗浅的答卷，让太子抄写一遍，给晋武帝送去。

晋武帝一看，卷子虽然写得不高明，但是总算有问必答，可以看出太子的脑子还是清楚的，也就不再想废掉太子的事了。

⊙大袖衫、间色裙穿戴展示图　西晋

本图所绘的服饰，在当时具有普遍性，河南洛阳等地出土的陶塑妇女，也穿这类服装。其特点是：对襟、束腰，衣袖宽大，袖口缀有一块不同颜色的贴袖，下着条纹间色裙。当时妇女的下裳，除穿间色裙外，还有其他裙式。女裙的制作非常精良，质料颜色也各不相同。

公元 290 年，晋武帝病重。这时，太子司

公元291年

中国大事记：

贾后杀杨骏，又杀汝南王亮及楚王玮；八王之乱开始。

马衷已经30多岁了。按理说，30多岁的人可以处理政事了。但是晋武帝还是不放心，临死前立了遗诏，要皇后的父亲杨骏和他叔父汝南王司马亮共同辅政。杨骏想独揽大权，便和杨皇后串通起来，伪造了一份遗诏，指定由杨骏一人辅政。

晋武帝死后，太子司马衷继承皇位，就是晋惠帝。

晋惠帝即位以后，根本管不了国家政事，还闹出一些笑话来。

有一年，各地庄稼歉收。地方官员把灾情上报朝廷，说灾区饿死很多人。晋惠帝知道这件事，就问大臣说:“好端端的人怎么会饿死呢？”

大臣回奏说：“当地灾情严重，没有粮食吃。”

惠帝沉思了一下，说：“为什么不叫他们多吃点肉粥呢？”

大臣们听了，目瞪口呆。

·三张二陆两潘一左·

三张，即西晋文学家张载、张协和张亢的并称；二陆，即西晋文学家陆机和陆云的并称；两潘，即西晋文学家潘岳和潘尼的并称；一左，即西晋诗人左思。语见钟嵘《诗品》：“迄于有晋太康中，三张二陆两潘一左，勃尔复兴，踵武前王，风流未沫，亦文章之中心也。”七人均为晋武帝太康年间文学家，代表了太康文学的最高成就，但个人风格各不相同，其中最为著名的是陆机和左思。陆机的《文赋》是一篇重要的文学批评著作，左思则继承了建安风骨，写了很多优秀的诗歌，有“左思风力”之誉。

有这样一个白痴当皇帝，西晋王朝迟早要闹出乱子来。

八王之乱

晋武帝统一全国以后，为了保住司马氏的天下，吸取了曹魏皇权太弱的教训，大封自己的子侄兄弟做王，让他们像众星拱月一样来护卫皇室。然而，晋武帝没有想到，握有兵权的诸王野心越来越大，最终酿成了大祸。

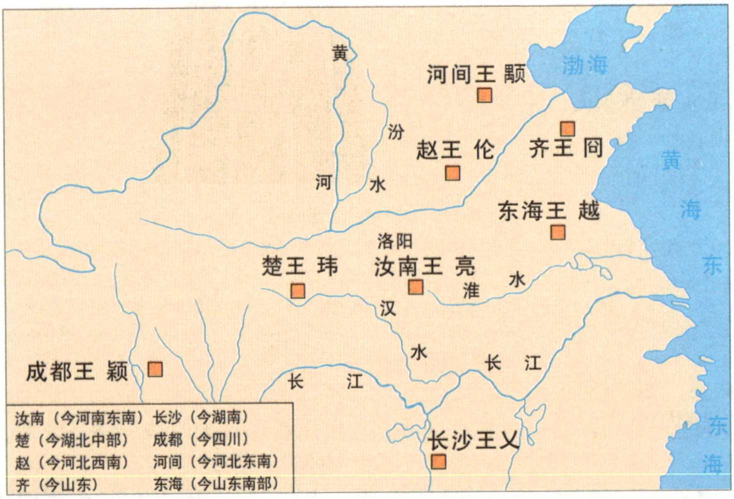

⊙西晋时期八王封国略图

司马衷即位后，军政大权落到杨太后的父亲杨骏手中。杨骏用阴谋权术，排除异己，引起皇后贾南风与晋宗室的强烈不满。

贾皇后不甘心让杨骏掌权，就暗中联系宗室诸王，让他们进京除掉杨骏。诸王早已心怀鬼胎，楚王司马玮一接到诏书，马上进了京城。贾后即以惠帝名义下诏，宣布杨骏谋反，在皇宫卫队的配合下，司马玮杀死了杨骏，并灭了他的三族，其他凡是依附杨家的官员也都掉了脑袋。

贾皇后除掉杨家势力

公元320～540年

世界大事记：
古印度笈多王朝时期。

后，为稳定大局，召汝南王司马亮入朝辅政。司马亮也是喜欢抓权的人，暗中谋划着夺取楚王玮的兵权。贾皇后感到诸王难以控制，便生出了除掉诸王的想法。她先让惠帝下诏，派司马玮杀了司马亮全家。接着，贾皇后以司马玮擅杀朝廷重臣的罪名，将司马玮处死。这样，贾后夺得了西晋的全部大权。

可是，贾后没有生儿子，她怕大权将来会落到别人手里，就假装怀孕，暗地里把妹夫韩寿的儿子抱来，说是自己生的。有了这个儿子，贾后就决定废掉太子，并且派人把他毒死，立抱来的孩子做太子。这个消息传出去以后，宗室群情激愤，以贾后篡夺司马氏天下为名义，起兵讨伐贾后。赵王司马伦当即领兵入宫，派齐王司马冏废掉贾皇后，接着又将她毒死，之后司马伦废掉晋惠帝，自己称了帝。

在许昌镇守的齐王司马冏，听说赵王司马伦当了皇帝，非常不满，他向各处发出讨伐司马伦的檄文，号召大家共同起兵。成都王司马颖、河间王司马颙也有夺取政权的野心，他们和齐王司马冏联合起来，攻杀了司马伦。齐王司马冏进入洛阳后，独揽大权，沉溺酒色。长沙王司马乂乘机起兵发难，司马颖、司马颙互相声援。司马颙与司马乂打了几年，兵败被杀。司马乂乘机入朝辅政，控制了朝政大权。司马颙见司马乂又独揽了朝政大权，恼羞成怒，随即发大兵讨伐司马乂，与司马颖联合，大举进攻洛阳。正当他们打得昏天暗地的时候，在洛阳城里的东海王司马越乘机偷袭了司马乂，并把他用火烧死了。司马颖也就乘机进入洛阳，做了丞相，控制了政权。

东海王司马越认为自己杀司马乂有功，却

⊙持盾武士俑　西晋

没捞到半点好处，很不甘心，就假借惠帝的名义，起兵讨伐司马颖。司马颖挟持着惠帝，到了长安。长安是在河间王司马颙的掌握之中，他看到司马颖兵败势穷，就乘机排挤司马颖，把惠帝控制在自己手里，独揽了朝政大权。

被司马颖打败逃走的东海王司马越，见王浚的势力大，就和王浚联合起来，攻打关中。他打败了司马颙，进入长安。后来，司马越又把惠帝和司马颖、司马颙全都带回到洛阳，把他们全都杀死，然后，立司马炽做皇帝，这就是晋怀帝。晋怀帝把即位的这一年改年号为永嘉元年（公元307年）。至此，八个王围绕皇权的血腥争夺告一段落。

“八王之乱”时间长达16年，8个王中死了7个，西晋的力量大大削弱了。此后，北方和西部的少数民族乘乱进攻中原，西晋王朝处在了风雨飘摇之中。

李特起义

八王之乱给百姓带来了无穷无尽的灾难，天灾人祸造成许多地方的农民没有饭吃，被迫离开自己的家乡，成群结队地外出逃荒。这些逃荒的农民叫作“流民”。

公元298年，关中地区闹了一场大饥荒，庄稼颗粒无收。略阳（治所在今甘肃天水东北）、天水等六郡十几万流民逃往蜀地。氐族人李特和他兄弟李庠、李流，也夹杂在流民队伍中。一路上，李特兄弟常常接济那些挨饿、生病的流民。流民都很感激、敬重李特兄弟。

公元298年

中国大事记：
关中连年饥荒，李特率流民入蜀。

·《三国志》·

太康元年（公元280年）晋灭吴后，陈寿收集魏、蜀、吴史料，终于撰成《三国志》65卷。《三国志》是纪传体三国史，分魏、蜀、吴三志，其中《魏志》30卷，《蜀志》15卷，《吴志》20卷。在中国古代纪传体正史中，《三国志》与《史记》《汉书》和《后汉书》并称为前四史。

蜀地的百姓生活比较安定。流民进了蜀地后，就分散在各地，靠给富户人家打长工过活，流民的生活总算稳定了下来。

可是过了不久，益州刺史罗尚要把这批流民赶回关中去。流民们听到消息，想到家乡正在闹饥荒，回去没有活路，人人都发愁叫苦。

李特得知情况后，几次向官府请求放宽遣送流民的限期。并在绵竹设了一个大营，收容流民。不到一个月，流民越聚越多，约有2万人。

随后，李特又派使者阎彧去见罗尚，再次请求延期遣送流民。阎彧来到罗尚的刺史府，看到那里正在修筑营寨，调动人马，便立即返回绵竹把罗尚那里的情况一五一十地告诉了李特。

李特立刻把流民组织起来，准备好武器，布置阵势，防备晋兵的偷袭。

到了晚上，罗尚果然派部将带了步兵、骑兵3万人，向绵竹大营进攻。

3万晋军刚进了营地，只听得四面八方响起了一阵震耳的锣鼓声。大营里预先埋伏好的流民，手拿长矛大刀，一起杀了出来。这批流民勇猛无比，把晋军杀得丢盔弃甲，四散逃窜。

流民们杀散晋军，知道晋朝统治者不会罢休。大家一商量，一致推举李特为镇北大将军，李流为镇东将军，几个流民首领都被推举为将领。他们整顿兵马，向附近的广汉进攻，赶走了那里的太守。

李特进了广汉，打开了官府的粮仓，救济当地的贫苦百姓。流民组成的军队在李特领导下，纪律严明，军威大振。蜀地的百姓平时受尽晋朝官府的压迫，现在来了李特，生活倒安定起来，都非常高兴。

过了不久，罗尚勾结当地豪强势力，围攻李特。李特在战斗中不幸牺牲，他的儿子李雄继续率领流民与晋军战斗。公元304年，李雄自立为成都王。两年后，又自称皇帝，国号大成。李雄死后，他的侄子李寿即位，改国号为汉。历史上称之为“成汉”。

刘渊反晋

李雄在成都称王的那一年(公元304年)，北方的匈奴贵族刘渊也自称汉王，反晋自立。

从西汉末年起，有一些匈奴人分散居住在北方边远郡县，他们和汉族人在一起生活久了，接受了汉族的文化。匈奴贵族以前多次跟汉朝和亲，可以说是汉朝皇室的亲戚，后来就改用汉皇帝的刘姓。曹操统一北方后，为了便于管理，把匈奴许多部落集中起来，分为五个部，每个部都设一个部帅，匈奴贵族刘豹就是其中一个部的部帅。

刘豹死后，他的儿子刘渊继承了他的职位。

⊙青瓷骑兽烛台　西晋

人端坐于兽背上，圆脸、高鼻、大眼、短须，头戴高筒帽，身着圆圈纹衫裤，双手揪兽角，目视前方，一派驾驭异兽的威严气度。卧兽怒目，张口，长尾垂地，兽身印圈形斑纹，篦划鬃毛，以青中闪黄覆罩。造型奇特，制作精细，极为珍贵。从中空的高筒帽设计构思推测，此器为插烛照明的烛台。

公元325年

世界大事记：
君士坦丁一世主持召开基督教第一次尼西亚会议。

刘渊自幼读了许多汉族人的书，文才很好，同时武艺也很高强。后来，刘渊在西晋的成都王司马颖（八王之一）部下当将军，留在邺城，专管五部匈奴军队。

公元 304 年，刘渊回到左国城，匈奴人想借八王混战之机，复国兴邦，便拥戴他做大单于。他集中了 5 万人马，亲自率军南下，帮助晋军攻打鲜卑兵。有人不解地问他："为什么不趁这个机会灭掉晋朝，反倒去打鲜卑呢？"

刘渊说："晋朝现在已经腐朽透顶了，灭掉它非常容易，但是晋朝的百姓未必会归顺我们。我看汉朝立国的年代最长，在百姓中还很有影响，我们的上代又与汉朝皇室有血缘关系，不如借用汉朝的名义，也许可以得到汉族百姓的支持。"

刘渊称汉王后，不久便攻下了上党、太原、河东、平原等几个郡，声势越来越大。一些势力比较小的各族反晋力量也都前来归附刘渊。

公元 308 年，刘渊称汉帝。第二年迁都平阳（今山西临汾西南），集中兵力向洛阳进攻。洛阳的老百姓虽然恨透了腐朽的西晋王朝，但是更不愿受外族人统治。所以刘渊两次进攻，都遭到洛阳军民的顽强抵抗，没有占到一点便宜。

刘渊死后，他儿子刘聪接替了皇位，又派大将刘曜、石勒进攻洛阳。洛阳城终于在公元 311 年被攻陷，晋怀帝做了俘虏。

刘聪进洛阳后，大肆屠杀晋朝的官员和百姓。有一次，刘聪在宴会上，让晋怀帝穿着奴仆穿的青衣为大家倒酒。一些晋朝的旧臣看了，禁不住失声痛哭。刘聪看晋朝遗臣还对怀帝这样有感情，便狠下心来，把怀帝杀了。

晋怀帝死后，在长安的晋国官员拥立怀帝的侄儿司马邺做了皇帝，这就是愍帝。

公元 316 年，刘聪攻入长安。晋愍帝也遭到了与怀帝同样的命运，在受尽侮辱后被杀，西晋王朝终于灭亡了。

西晋灭亡之后，北方的各族人民（主要是匈奴、鲜卑、羯、氐、羌五个少数民族）纷纷起义，许多人像李雄、刘渊一样建立政权，前前后后一共出现十六个割据政权，历史上称为"十六国"（旧称五胡十六国，胡是古时候对少数民族的泛称）。

王马共天下

刘聪攻下长安后，晋朝还有江南的半壁江山。晋愍帝在被俘前留下诏书，让镇守在建康（原名建业，今江苏南京市）的琅琊王司马睿继承皇位。

司马睿在西晋皇族中，地位和名望都不太高。晋怀帝的时候，派他去镇守江南。他还带了一批北方的士族官员，其中最有名望的是王导。司马睿把王导看作知心朋友，对他言听计从。

司马睿刚到建康的时候，江南的一些大士族地主嫌他地位低，看不起他，都不来拜见。司马睿为此常常不安，便让王导想想办法。

王导把在扬州做刺史的王敦找来，两人商定了一个主意。

这年三月初三，按照当地的风俗是禊节，百姓和官员都要去江边"求福消灾"。这一天，王导让司马睿坐上华丽的轿子到江边去，前面有仪仗队鸣锣开道，王导、王敦和从北方来的大官、名士，一个个骑着高头大马跟在后面，

⊙ 王导像

公元317年

中国大事记：
晋王司马睿称帝，建立东晋，是为晋元帝。

·侨置·

西晋永嘉之乱以后，由于北方战乱频繁，各少数民族统治者肆意烧杀掠夺，那里的汉族人民纷纷越淮渡江，南下避乱。据统计，北方人口迁到南方总数90万余，南方人口有1/6为北来的侨民。如何处置好这一大批北来侨民，关系到东晋政权的稳定与巩固。东晋政府对这部分人采取了侨置郡县的办法，即在地广人稀之处立侨州、侨郡、侨县，让北方人集中居住，仍沿用北方原籍地名。侨州郡县的官吏仍由北方人士担任。侨人不入当地户籍，与当地土著人所区别，而且享有免除赋役的优待。

这个大排场一下轰动了建康城。

江南有名的士族地主顾荣等听到消息，都跑来观看。他们一见王导、王敦这些有声望的人都这样尊敬司马睿，不禁大吃一惊，怕自己怠慢了司马睿，一个接一个地出来排在路旁，拜见司马睿。

从那以后，江南大族纷纷拥护司马睿，司马睿在建康便稳固了地位。

后来，北方战乱不止，一些士族地主便纷纷逃到江南避难。王导劝说司马睿把他们中间有名望的人都吸收到王府来。司马睿听从王导的意见，前后吸收了100多人在王府里做官。

司马睿在王导的辅助下，拉拢了江南的士族，又吸收了北方的人才，他的地位就日渐巩固了。

公元317年，司马睿在建康即位，这就是晋元帝。在这之后，晋朝的国都一直在建康。为了和司马炎建立的晋朝（西晋）区别开来，历史上把这个朝代称为东晋。

晋元帝总认为他能够得到这个皇位，都是凭借王导、王敦兄弟的帮助，所以，对他们特别尊重。他封王导担任尚书，掌管朝内的大权，又让王敦总管军事，又把王家的子弟封了重要官职。

当时，民间流传着这样一句话："王与马，共天下。"意思是东晋的大权，由王氏同皇族司马氏共同掌握。

王敦掌握军权后，便不把晋元帝放在眼里。晋元帝也看出了王敦的骄横，于是渐渐疏远了王氏兄弟，另外重用了大臣刘隗和刁协。这样，刚刚建立的东晋王朝内部，又出现了裂痕。

石勒读汉书

晋元帝即位不久，汉国国主刘聪就病死了。汉国内部也闹起了分裂，刘聪的侄儿刘曜做了国主。他觉得再用汉朝的名义已失去了意义，便在公元319年，改国号为赵。汉国大将石勒在与晋朝的征战中，扩大了势力，不愿再受刘曜的管束，也自称赵王。

石勒是羯族人，祖辈都是羯族部落的小头目。石勒年轻的时候居住在并州，后来并州闹饥荒，他和部落失散了。为了生存，他先后给人家做奴隶、佣人。

石勒受尽苦难的折磨，没有出路，就招集一群流亡的农民，组成了一支强悍的队伍。刘

⊙两赵大战

公元4世纪

世界大事记：
罗马教皇西尔维斯特创办圣歌学院。

渊起兵以后，石勒前去投奔他，并在刘渊部下当了一员大将。

石勒从小没有受过汉族文化教育，不识字。他担任大将以后，渐渐懂得要成大事业，光靠武力不行，必须要用脑子，用谋略。后来，他把汉族士人张宾请来为他出谋划策。他还收留了一批北方汉族中家境贫寒的读书人，组织了一个“君子营”。

由于石勒骁勇善战，加上有了张宾等一批谋士的帮助，石勒的势力越来越强大。到了公元328年，终于把刘曜消灭了。过了两年，石勒在襄国自称皇帝，国号仍是赵。历史上把刘氏建立的赵国称为“前赵”，把石勒建立的赵国称为“后赵”。

石勒自己没有文化，但是对读书人却十分重视。他做了后赵皇帝后，命令部下，如果捉到读书人，不许杀害，一定要送到襄国来，让他自己处理。

在张宾的建议下，他又设立了学校，让他部下将领的子弟进学校读书。他还建立了保举和考试的制度，凡是各地保举上来的人经过考核评定，都可以做官。

石勒喜欢书，但自己不识字，就找一些文化人给他读书，他一边听，一边还随时发表自己的见解。

有一次，石勒让人给他读《汉书》，听到有人劝汉高祖封旧六国贵族的后代的那段历史时，他说：“唉！刘邦采取这种做法是错误的，这样做还能够得天下吗？”讲书的人马上给他解释说，后来由于张良的劝阻，汉高祖才没有这样做。石勒点头说：“这就对啦。”

由于石勒重视文化教育，起用人才，施行开明的政治，后赵初期出现了兴盛的景象。

暴君石虎

石虎，字季龙，羯族人，东晋十六国时代后赵的第三位皇帝，是后赵开国皇帝石勒的养子。庙号太祖，谥号武帝，是历史上有名的暴君。

公元333年，石勒死，太子石弘继位。次年，石虎废掉石弘，自称大赵天王。公元335年，石虎称皇帝，改元建武，并将都城由襄国（今河北省邢台市）迁到邺（今河北省邯郸市临漳县邺镇）。

石虎生性残忍，少年时最喜欢用弹弓打人取乐。成年后，由于他武艺高强，受到了石勒的重用，被封为征虏将军。在军中，凡是比石虎武艺高的，石虎都会设法陷害，死于他手下的人不可计数。石虎每攻下一座城后，不论男女老少一律杀死。一次，石虎攻下青州，下令屠城，全城仅700多人存活。

石虎称帝后，不顾人民的负担，四处征伐，强迫人民服兵役。为了攻打东晋，他令人民每五人出车一乘、牛两头、米五十斛、绢十份，不交者格杀勿论。人民为了缴税，不得不把自己的子女卖掉，仍凑不够数的都在路旁上吊，从洛阳到长安的道路两旁的大树上挂满了百姓的尸体。石虎为聚敛金银，还大肆挖掘前代皇帝的陵墓。

后赵建武二年（公元336年），石虎为了装

重装甲马作战图　西晋
此图表现了北方战争的场面，再现了重装甲马和步兵作战的特征。

公元319年

中国大事记：
石勒自称赵王，定都襄国，史称后赵。

饰邺城，令大将张弥把洛阳宫中的钟虡、九龙、翁仲、铜驼、飞廉等物运到邺城。在运送途中，一只钟虡沉入了黄河，张弥令300多人潜到河底，把钟虡系上绳子，再用100多头牛把钟虡拉上来，之后造了很多大船，把这些东西运过黄河，又制造了特大的车子运送到邺城。

石虎在邺城内增修了曹魏时期的铜雀台，又增修了东城门和北城门。在东城门上又建了东明观，上有金制的博山炉，称为“锵天”。在北城门上修建了齐斗楼，高出群楼，巍峨耸立。在皇宫内，各个殿门上也都修建了楼观，上有飞檐，涂上丹青。石虎还在铜雀台东北修建了9座豪华宫殿，称为九华宫，里面有美女1万多人。石虎又修建观雀台，不料竟然坍塌，石虎大怒，下令重修，并且增高数倍。他还在城内修建了东西两宫，宫内建太武殿，殿基高达二丈八尺，东西长七十五步，由彩色的碎石头做成，全殿用漆瓦、金铛、银楹、金柱、珠帘、玉壁装饰而成，极尽奢华，下面有地下室，可藏兵500人。

公元342年，石虎发民工40余万，在邺城建台观40多座。5年后又征发民工16万，车10万辆，在城外建长墙和华林苑。在城外，石虎还命人修建了阅兵的宣武观和阅马台，还在城南建造飞桥。据说当时的邺城远在六七十里以外就能看见，亭台楼阁，好像仙人居住的地方一样。

在城西三里，石虎建了桑梓苑，苑内修建了很多座豪华的宫殿，以美女充之。苑内还养了很多奇禽异兽，石虎经常在此设宴游玩。从襄国到邺城约有200里，每隔40里修建一座行宫，每座宫里都有一位妃子和数十位侍婢居住。

石虎还别出心裁地发明了“凤诏”。石虎处理政事时和皇后一起坐在高高的楼观上，将诏书写在五彩的纸上，然后把诏书放在一只由木头雕刻成的凤凰口中。凤凰系在轱辘牵引的绳上，当下诏时，宫人摇动轱辘，凤凰就像从天空飞下来一样，大臣们都要跪下接旨。

每隔不久，石虎便会大宴群臣，狂吃滥饮，大殿上有数千名戴金银佩饰的宫女进行歌舞表演，鼓乐喧天，场面极为震撼。

石虎喜欢射猎，但因太胖而无法骑马，只好乘车。他的猎车由20人推行，座下有转轴，可以随猎物转动。石虎为了方便打猎，把黄河以北的大片良田辟为猎区，还把犯人装进大车内与猛兽搏斗，观赏取乐。

石虎的儿子石邃不满父亲宠爱弟弟石宣和石韬，决定弑父篡位。石虎得知后，下令把石邃和他的家人及其党羽200多人杀死。石虎的另一个儿子石宣因不满其父石虎宠爱弟弟石韬而将其杀死，并计划在石韬的丧礼上弑父夺位。石虎得知后将石宣烧成了灰烬，并将灰烬撒到道路上，任车马辗踏，又将石宣的妻子儿女杀死，并把石宣的卫士、宦官300多人车裂，将尸体投进漳河。

后赵太宁元年（公元349年），石虎病死，结束了他罪恶的一生。

祖逖中流击楫

自从匈奴兵攻占了长安，结束了西晋统治，中国开始进入了历史上的民族大迁徙时期。

那时，祖逖也夹在汹涌如潮的南逃人群中。在他经过淮泗的路上，他让老人和病人坐在自己家的马车上，自己的粮食、衣物与大家一起享用。遇有劫匪，他总是亲率家丁打退他们。南逃路上的祖逖获得了极好的口碑。

公元317年，琅琊王司马睿在士族王导等人支持下建立了东晋王朝。司马睿早就听说祖逖的声名，又得知他已经到达泗口，便下诏任命他为徐州刺史。后又调任军谘祭酒，驻防京口要隘。祖逖向司马睿进言说：“中原大乱，胡人乘机攻进中原，百姓陷入水深火热之中，人人都想起来反抗。只要陛下下令出兵，派一个大将去讨伐乱贼，一定会收复失地。”

司马睿只想偏安东南半壁江山，对于北伐并不抱太大希望，但是觉得祖逖说得很有道理，就任命祖逖为奋威将军、豫州刺史，发给他

公元330年

世界大事记：
罗马帝国迁都拜占庭，该城改名为君士坦丁堡。

一千人吃的粮食、三千匹布，所有甲胄、武器、兵勇，都由祖逖自己解决。

祖逖带着招募的队伍，横渡长江。船到江心的时候，他拿起船桨敲打船舷（文言是“中流击楫”），向大家发誓说：“我祖逖如果不能把中原的敌人扫平，就决不返回江南。”

祖逖渡江以后，将队伍驻扎在淮阴，又命人打造兵器，招兵买马，很快聚集了数千人。祖逖见士气旺盛，亲自率领人马进攻谯城，又连续攻破石勒的各地割据武装。至此，祖逖名噪大江南北，北方戎狄贵族闻风丧胆。祖逖乘胜出击，派部下韩潜分兵进驻河南封丘，自己则进驻雍丘，成为犄角之势，黄河以南的土地都回归东晋了。

就在祖逖积谷屯粮、秣马厉兵准备继续北伐、收复黄河以北的土地时，司马睿却任命了戴若思为豫州都督，叫祖逖听他指挥。

祖逖受到了主张偏安、不思进取的朝人牵制，很难施展北伐的抱负了。他心里又是忧虑，又是气愤，终于身染重病，郁郁而亡。

祖逖的北伐事业虽然没有完成，但他中流击楫的气概被后人所称颂。

⊙彩绘闻鸡起舞图　民国　魏墉生　瓷板画

本画源自《晋书·祖逖传》：“祖逖与司空刘琨俱为司州主簿，情好绸缪，共被同寝。中夜鸡鸣，蹴琨觉曰：‘此非恶声也’。因起舞。”祖逖立志为朝廷效力，与刘琨互相勉励，半夜鸡啼起床舞剑。后成为有志者及时奋发的典故。

陶侃搬砖

祖逖死后，东晋王朝连续发生几次内乱。晋元帝想削弱王氏的势力，王敦一怒之下，起兵攻进了建康，杀了一批反对他的大臣。到了元帝的儿子晋明帝即位后，王敦又一次攻打建康，结果以失败告终，他不久也病死了。后来晋成帝（明帝的儿子）在位时，历阳（今安徽和县）镇将苏峻起兵反叛，攻进了建康。东晋朝廷派荆州刺史陶侃出兵平叛，花了两年时间，才把苏峻的叛乱平定了。

陶侃原是王敦的部下。后来，陶侃立了战功，做了荆州刺史。有人妒忌他，在王敦面前说他坏话。王敦把他调离到广州。那时候，广州是很偏僻的地方，调到广州等于是降了他的职。

⊙陶侃像

陶侃到了广州，并没有灰心。他每天早晨把一百块砖头从书房里搬到房外；到了晚上，

公元329年

中国大事记：
后赵出兵灭前赵。

⊙耱地图砖画　东晋
图中绘农夫半蹲于耢上，正持鞭驱二牛耱地。现在已知最早记载用耢耱地的典籍为北魏贾思勰所撰《齐民要术》，而砖画中的耢耱则比记载要早二百多年，是我国迄今发现最早的耢耱农具的图像资料。

又把砖头搬运到屋里。每天都这样做，别人看了感到很奇怪，忍不住问这是做什么。

陶侃说："我虽然身在南方，但心里一刻都没有忘记收复中原。如果闲散惯了，将来国家一旦需要我出力，怎么能担当得了重任呢？所以，我每天借这个锻炼身体。"

王敦死后，东晋朝廷把陶侃提升为征西大将军兼荆州刺史。荆州的百姓听到陶侃回来，都跑出来欢迎他。

虽然提升了官职，可陶侃还是谨慎小心。荆州衙门里大大小小的事情，他都要亲自过问，从来不放松。他手下的一些官吏，经常喝酒赌博，因此而耽误了公事。陶侃知道后，非常生气。他吩咐人把酒器和赌具全都没收并毁掉，还鞭打了那些官吏。从这以后，谁都不敢再赌博喝酒了。

有一天，陶侃到郊外去巡视，看见一个过路人一边走，一边随手摘了一把没有成熟的稻穗，拿在手里玩弄。

陶侃马上命令兵士把这个人捆绑起来，狠狠地打了一顿。

人们听说刺史这样爱护庄稼，种田就更有劲了。荆州地方也渐渐富裕起来。

陶侃一生带了41年的兵，由于他执法严明、公正无私，大家都很佩服他。在他管辖的地区，社会秩序井然，真做到了夜不闭户、路不拾遗。

"书圣"王羲之

在东晋时期，王氏是门第高贵的士族，当时有"王马共天下"的说法。在王氏家族中，出了一个大书法家，他就是王羲之。

王羲之从小酷爱书法。他7岁时就开始练习写字。传说他在走路、休息的时候，也用手指比画着练字，仔细揣摩字体的结构和笔法，心里想着，手指在自己身上一横一竖、一笔一画地比画着。日子长了，衣服都被他划破了。他每天写完了字，总是要到自己门前的池塘里去洗刷毛笔和砚台，久而久之，池塘里的水都变成黑色的了。

王羲之每天在书房里全神贯注地练字，到

·《洛神赋图》·

《洛神赋图》，中国传世名画之一。东晋著名画家顾恺之绘制。这幅画根据曹植著名的《洛神赋》而作，为顾恺之传世精品。传世的宋摹本在一定程度上保留了顾恺之艺术的若干特点，千载之下，亦可遥窥其笔墨神情。全画用笔细劲古朴，恰如"春蚕吐丝"。山川树石画法幼稚古朴，所谓"人大于山，水不容泛"，体现了早期山水画的特点。

全卷分为3个部分，曲折细致而又层次分明地描绘出曹植与洛神真挚纯洁的爱情故事。人物安排疏密得宜，在不同的时空中自然地交替、重叠、交换，而在山川景物描绘上，无不展现一种空间美。《洛神赋图》宋代摹本，保留着魏晋六朝的画风，最接近原作。顾恺之的《洛神赋图》发挥了高度的艺术想象力，富有诗意地表达了原作的意境。

公元330～1453年

世界大事记：

拜占庭美术流行于欧洲和西亚，尤在建筑和镶嵌画上成就突出。

⊙羲之爱鹅图　清　任颐

了吃饭的时候，他都不肯放下笔来。有一天，王夫人给他送来他喜欢吃的蒜泥和馍馍。他连头也不抬，仍然继续挥笔疾书。过了一会儿，王夫人到书房来，看见王羲之满嘴乌黑，手里还拿着一块沾了墨汁的馍馍，王夫人禁不住放声大笑起来。

王羲之出生在东晋大族士家，本来可以平步青云，做很大的官，可他喜欢逍遥自在，不愿做官。后来，扬州刺史殷浩与他关系很好，写信劝他出仕，他才任职会稽内史。到那里做官，主要还是因为会稽的风景秀丽，可以娱人性情。王羲之曾经与谢安、孙绰等著名文人40多人到会稽山阴（今浙江绍兴）的兰亭举行宴会。这些文人在兰亭会上乘兴作诗，共得诗四十首，编成《兰亭集》。王羲之也在酒酣耳热之时，当场挥笔，为诗集作序，写成《兰亭集序》。这篇作品，共有28行，324字，笔飞墨舞，气象万千，历来被认为是我国书法艺术的极品。

由于王羲之长期勤学苦练，他的书法达到了炉火纯青的境界。谁能得到他的字，就像获得珍宝一样。据说，山阴地方有个道士很喜欢王羲之的书法，想请王羲之给写一本《道德经》。可是，他知道王羲之不肯轻易替人抄写经书。后来，他听说王羲之最喜欢白鹅，常常模仿鹅掌划水的动作来锻炼手腕，以便运起笔来更加强劲而灵活。于是他就买了几只小白鹅，精心喂养。几个月以后，鹅长大了，全身羽毛丰满，非常可爱。道士故意把鹅放在王羲之时常经过的地方。一天，王羲之经过那里，看见这些羽毛洁白、姿态美丽的白鹅后，心里有说不出的喜欢，就向道士提出要买下这一群鹅。道士说："鹅是不卖的，不过，如果你能给我写一本《道德经》，我就把这群鹅赠送给你。"王羲之毫不犹豫地答应了，当场写好了《道德经》，交给了道士，带走了这群鹅。

桓温北伐

桓温是东晋时谯国龙亢人（今安徽怀远）。桓温的父亲叫桓彝，在苏峻之乱中，被苏峻将领韩晃杀了。那一年桓温刚满15岁，他得知父亲被人杀害的消息后，悲痛欲绝，发誓要为父报仇。桓温长到18岁时，曾参与策划杀他父亲的江播死了，于是他怀揣刀剑大闹灵堂，杀了江播儿子江彪等6人。

生长在永嘉乱世中的桓温，青年时代就崭

公元347年

中国大事记：
桓温灭成汉。

露头角。晋穆帝永和二年（公元346年），任职安西将军的桓温奉命率兵讨伐蜀地李势。

两军刚交兵时，形势对晋军极为不利，桓温的部下参军龚护战死，桓温的马也中了箭，桓温慌忙命令撤退。但击鼓士兵误解了桓温的意思，反而擂起了前进的战鼓，三军将士奋勇向前，李势完全没有料到桓温攻势这样猛烈，抵挡不住，连夜逃到葭萌关。后来，又派人求降。桓温大军浩浩荡荡进入成都，成汉王朝就这样灭亡了。桓温因此被提升为征西大将军，封临贺郡公，一时间声震朝野。

公元354年，桓温再次北伐，依然从江陵出兵，此次征伐的对象是羌族统治者姚襄。桓温率兵北上至河南伊水时，与姚襄主力展开大战。晋军英勇无比，一战就击溃了姚军，桓温率部进入洛阳。

公元369年，桓温又率5万人马北伐，攻打前燕慕容部落。当桓温进军到河南枋头时，与守将慕容垂展开激战。这时，桓温犯了一个错误，他下令由水路运粮，结果燕军占领石门渡口，切断了水运粮道，桓温军队面临断粮的威胁。无奈之下，桓温只好命令全军撤退。退兵时，遭到了慕容垂的拦截，等桓温逃到山阳（今江苏淮安）时，手下已经没有多少人马了。

这次北伐的失利，使桓温的威信大大降低了。然而，由于桓温长期掌握东晋的军事大权，他的野心却越来越大。公元370年，桓温以"昏乱"为由把司马奕废了，改立司马昱为皇帝，也就是简文帝。简文帝继位两年后因病驾崩。桓温以为简文帝临死会把皇位让给他，却没想到简文帝遗诏是让他做辅政大臣，这不免让他生了一肚子气。

司马曜继位为孝武帝，派谢安去召桓温入朝辅政。桓温进京后，先去拜谒先帝陵寝，回家就一病不起。不久，这位赫赫有名的北伐将领就死了。

扪虱谈天下

桓温第一次北伐时，将军队驻扎在灞上。有一天，有个穿着破旧短衣的读书人来军营求见桓温。桓温很想招揽人才，一听来了个读书人，便马上请他进来相见。

这个读书人叫王猛，从小家里很贫穷，靠卖簸箕谋生。但是他喜欢读书，很有学问。当时关中士族嫌他出身低微，瞧不起他，但他毫不介意。有人曾经请他到前秦的官府里做小官吏，他不愿意去。后来索性在华阴山隐居了下来。这回他听说桓温来到关中，特地到灞上求见桓温。

桓温很想知道王猛的学识才能究竟如何，便请王猛谈谈当今的天下形势。

王猛把南北双方的政治军事形势分析得清晰明了，见解也很精辟，桓温听了暗暗佩服。

王猛一边谈，一边把手伸进衣襟里摸虱子（文言是"扪虱"）。桓温左右的侍从见了，都忍不住想笑。但是王猛却旁若无人，照样谈笑自若。

⊙王猛像

桓温看出王猛是一个难得的人才，从关中退兵的时候，他再三邀请王猛跟他一起走，还封他一个比较高的官职。王猛知道东晋王朝的

公元350年

世界大事记：
阿克苏姆王国灭亡库施王国。

内部不稳定，就拒绝了桓温的邀请，又回华阴山去了。

如此一来，王猛却出了名。

后来，前秦的皇帝苻健死了，他的儿子苻生昏庸残暴，很快就被他的堂兄弟苻坚推翻。

苻坚是前秦王朝中一个有作为的皇帝。他在即位以前，有人向他推荐王猛。

苻坚派人把王猛请来相见，两个人一见如故，谈起时事来，见解完全一致。苻坚非常高兴，像刘备得到了诸葛亮一样。

苻坚即位后，自称大秦天王。王猛在他的朝廷里做官，一年里被提升五次，成为他最亲信的大臣。

有了王猛的帮助，苻坚镇压豪强，整顿内政，前秦国力日渐增强。王猛兼任京兆尹的时候，太后的弟弟、光禄大夫强德，强抢人家的财物和妇女。王猛一面逮捕强德，一面派人报告苻坚。等到苻坚派人来宣布赦免强德时，王猛早已把强德杀了。以后几十天里，长安的权门豪强、皇亲国戚，有二十多人被处死、判刑、免官。从此以后，谁也不敢胡作非为了。苻坚赞叹说："我现在才知道国家要有法制啊。"

前秦在苻坚和王猛的治理下，国力越来越强大，在十几年内，前秦先后灭掉了前燕、代国和前凉三个小国，黄河流域地区全成了前秦的地盘了。

公元375年，王猛得了重病。王猛对前来探望他的苻坚说："东晋远在江南，又继承了晋朝的正统，现在内部和睦。我死之后，陛下千万不要去进攻晋国。我们的敌人是鲜卑和羌人，留着他们终归是后患。要保证秦国的安全，就一定要先把他们除掉。"

·庶族·

庶族指魏、晋、南北朝时期泛指相对于士族而言的百姓。凡庶民均须服役纳税，庶民立有特殊的军功虽可为官，但出身仍为庶族。魏、晋、南北朝时，高官上品，庶民难以染指，且士族不与庶族通婚，当时有"士庶天隔"之说。

苻坚一意孤行

王猛活着的时候，苻坚对他言听计从，但是王猛临死留下的忠告，苻坚却没有听。

王猛把鲜卑人和羌人看成前秦的敌手，但是苻坚却信任从前燕投降来的鲜卑贵族慕容垂和羌族贵族姚苌。王猛劝他不要进攻东晋，但苻坚却一定要进攻东晋，非把它消灭不可。

公元382年，苻坚认为时机成熟，就下决心大举进攻东晋。

苻坚把大臣们都召集来，在皇宫的太极殿里商量出兵的事。苻坚说："我继承王位将近30年了，各地的势力差不多都平定了，只有东南的晋国，还不肯降服。我们现在有97万精兵。我打算亲征晋国，你们认为怎么样？"

大臣们纷纷表示反对。到后来，苻坚不耐烦了，他说："你们都走吧。还是让我来决断这件事。"

大臣们见苻坚发火，谁都不再说话，一个个退出宫殿。最后，只剩下苻坚的弟弟苻融没走。

苻坚把苻融拉到身边，说："自古以来，国家大计总是靠一两个人决定的。今天，大家议论纷纷，没有得出个结论。这件事还是由咱们两人来决定吧。"

苻融面露难色地说："我看攻打晋国不是很有把握。再说，我军连年打仗，兵士们疲惫不堪，不想再打了。今天这些反对出兵的，都是忠于陛下的大臣。希望陛下采纳他们的意见。"

苻坚没料到苻融也反对出兵，马上沉下脸来，说："连你也说这种丧气的话，太叫人失望了。我有百万精兵，兵器、粮草堆积如山，要打下

公元357年

中国大事记：
前秦苻坚即位，称大秦天王，汉人王猛辅政。

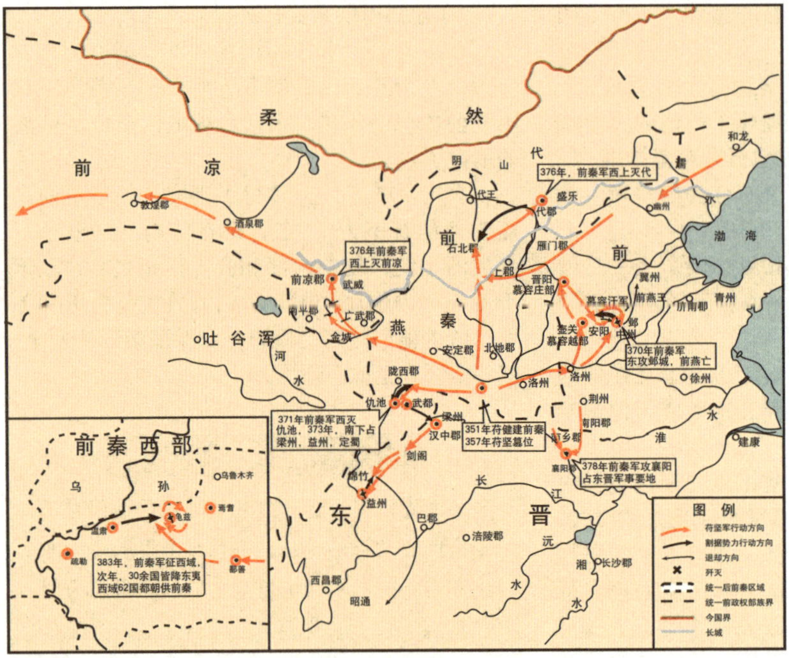

⊙苻坚统一北方战争示意图

晋国这样的残余敌人，还怕打不赢吗？”

面对一意孤行的苻坚，苻融苦苦劝告说：“现在要打晋国，不但没有必胜的把握，而且京城里还有许许多多鲜卑人、羌人、羯人，他们都是潜在的隐患。如果他们趁陛下远征的机会起来叛乱，后悔都来不及了。陛下还记得王猛临终前的留言吗！”

此后，还有不少大臣劝苻坚不要进攻晋国。苻坚一概不理睬。有一次，京兆尹慕容垂进宫求见。苻坚让慕容垂谈谈对这件事的看法。慕容垂说：“强国灭掉弱国，大国兼并小国，这是自然的道理。像陛下这样英明的君王，手下又有百万雄师，满朝都是良将谋士，要灭掉小小晋国，没有问题。陛下只要自己拿定主意就是，何必去征求别人的意见呢。”

苻坚听了慕容垂的话，喜笑颜开，说：“看来，能和我一起平定天下的，只有你啦！”

苻坚不听大臣们的劝说，决心孤注一掷，进攻东晋。他派苻融、慕容垂当先锋，又封姚苌为龙骧将军，指挥益州、梁州的人马，准备出兵攻晋。

谢安东山再起

公元383年八月，苻坚亲自统率97万大军从长安出发。一时间，大路上烟尘滚滚，步兵、骑兵，再加上车辆、马匹、辎重，队伍浩浩荡荡，绵延千里。

一个月后，苻坚主力到达项城（在今河南沈丘南）。与此同时，益州的水军也沿江顺流东下，黄河北边来的人马也到了彭城（今江苏徐州市），前秦的军队从东到西拉开一万多里长的战线，水陆并进，直扑江南。

消息传到建康，晋孝武帝和京城的文武百官都乱了手脚。晋朝军民都不愿让江南陷落在前秦手里，大家都盼望宰相谢安拿出对敌策略。

谢安是陈郡阳夏（今河南太康）人，士族出身。年轻的时候，与王羲之十分要好，经常在会稽东山游山玩水，吟诗作赋。他在当时的士大夫阶层中很有名望，大家都认为他是个非常有才干的人。但是他宁愿在东山隐居，不愿出来做官。

谢安到了40多岁的时候，才重新出来做官。因为谢安长期在东山隐居，所以后来把他重新出仕称为“东山再起”。

公元354～430年

世界大事记：
欧洲基督教哲学家、神学家奥古斯丁在世。

前秦强大起来以后，经常骚扰东晋北面的边境。为此，谢安把自己的侄儿谢玄推荐给孝武帝。孝武帝封谢玄为将军，镇守广陵（今江苏扬州市），掌管江北的各路人马，防守边境。

谢玄是个文武全才的人。他到了广陵以后，就招兵买马，整顿军队。当时有一批从北方逃难到东晋来的人，纷纷投到谢玄的麾下。他们中间有个彭城人叫刘牢之，武艺高强，打仗也特别勇猛。谢玄派他担任参军，叫他带领一支精锐的部队。后来这支经过谢玄和刘牢之严格训练的人马，成为百战百胜的军队。由于这支军队经常驻扎在京口（今江苏镇江市），京口又叫“北府”，所以人们把它称为“北府兵”。

这次，面对苻坚的百万大军，谢安决定自己在建康坐镇，派弟弟谢石担任征讨总指挥，谢玄担任前锋都督，带领8万军队前往江北抗击秦兵，又派将军胡彬带领5000水军到寿阳（今安徽）去配合作战。

谢玄手下虽然有勇猛的北府兵，但是前秦的兵力是东晋的十倍，敌我兵力对比悬殊，谢玄心里到底有点紧张。出发之前，谢玄特地到谢安家去告别，想让谢安给他出出主意。哪知道谢安像没事一样连句嘱咐的话都没有。等了老半天，谢安还是不开腔。

谢玄回到家里，心里总有些忐忑不安。隔了一天，又请他的朋友张玄到谢安家去，托他向谢安探问一下。

谢安一见张玄，也不跟他谈什么军事，马上邀请他到自己建在山里的一座别墅去下棋。整整玩了一天，张玄什么也没探听道。

到了晚上，谢安把谢石、谢玄等将领召集到家里来，把每个人的任务一件件、一桩桩都清清楚楚地交代一遍。大家看到谢安这样镇定自若，也增强了信心，都神情振奋地回军营去了。

那时候，在荆州镇守的桓冲，听到形势危急，专门派出3000名精兵到建康来保卫京城。谢安对派来的将士说：“这里已经安排好了。你们都回去加强西面的防守吧！”

回到荆州的将士向桓冲复命，桓冲忧心忡忡地对将士说：“谢公的气度确实令人钦佩，但是不懂得打仗。眼下大敌当前，他还那样悠闲自在；兵力那么少，又派一些没经验的年轻人去指挥。我看我们要大难临头了。”

⊙东山携妓图　明　郭诩
东晋谢安曾隐居会稽东山，故后人多以“东山”称之。此图即描绘谢安东山携妓游玩之事。

公元383年

中国大事记：
晋秦淝水之战，前秦大败，内部分崩。

淝水之战

东晋这边布置好了对敌之策，前秦那边也马不停蹄地向南进兵。

这年十月，苻坚求胜心切，他等不及各路人马聚齐，便命令苻融进攻寿阳。

寿阳是军事重镇，它的得失对于整个战局的胜负，具有举足轻重的作用。奉命增援寿阳的晋将胡彬，在半路上就接到寿阳失守的消息，只好退守硖石（今安徽寿县西北）。苻融马上命令部将梁成率众5万进攻洛涧（今安徽淮南东），切断了胡彬与谢石大军的联系。

苻坚到了寿阳，派尚书朱序到晋军大营去劝降。朱序本来是东晋的将领，四年前在襄阳和前秦军队作战时兵败被俘，留在前秦。现在他见晋秦交战，知道自己为东晋出力赎罪的机会到了。他到晋营后，不但没有劝降，反而向谢石提出打败秦军的建议。他说："这次苻坚发动了百万人马攻打晋国，如果全部人马都到了，恐怕晋军无法抵挡。所以，应趁秦军还没集结的时候，赶快进攻秦军前锋。打败了它的前锋，便可挫伤秦军的士气，这样就可以战胜他们了。"

谢玄听从了朱序的建议，派战斗力较强的北府兵将领刘牢之带领一支兵马，在夜晚神不知鬼不觉地来到洛涧，向秦军阵地发起突然袭击。正在睡梦中的秦将梁成，听到喊杀声，吓出了一身冷汗，慌慌张张地从床上爬起来，上马迎战，结果被刘牢之一刀砍翻，送了性命。

⊙ **黄杨木雕东山报捷图笔筒　清　吴之璠**
此笔筒分为两部分，取材于历史上著名的秦晋淝水之战。在高立的山崖下，古松成荫，树下谢安正与一位老者专心对弈，三位侍女持玉如意窃窃私语，一位侍童在峭壁边端盘而立。清溪高山古树之间，军使奔驰，举旗报捷，胜利之情洋溢在眉宇间。

秦军失去主将，四散奔逃，晋军乘胜追击。谢石带领晋军主力渡过洛涧，在离寿阳城只有四里地的八公山下，扎下营寨，与秦军主力隔淝水对峙。苻坚在寿阳城里，接到洛涧秦军失利的消息，有些沉不住气了。

过了几天，谢石派人到寿阳城里，送给苻融一份战书，要求定期决战，条件是秦军把阵地向后撤出一些，腾出一块空地作为战场，让晋军渡过淝水决战。秦诸将都反对晋军的建议，苻坚和苻融却同意晋军的条件，说："让我们的士兵稍稍向后退一点，等他们渡过的时候，让

·《搜神记》·

《搜神记》原本已散，今本系后人缀辑增益而成，20卷，共有大小故事454个。所记多为神灵怪异之事，也有一部分属于民间传说。其中《干将镆铘》《李寄》《韩凭夫妇》《吴王小女》《董永》等，揭露了统治阶级的残酷，歌颂反抗者的斗争。

故事大多篇幅短小，情节简单，设想奇幻，极富浪漫主义色彩。后有托名陶潜的《搜神后记》10卷和宋代章炳文的《搜神秘览》上下卷，都是《搜神记》的仿制品。《搜神记》对后世影响深远，如唐代传奇故事、蒲松龄的《聊斋志异》、神话戏《天仙配》，以及后世的许多小说、戏曲，都和它有着密切的联系。

公元392年

世界大事记：
罗马帝国皇帝狄奥多西一世宣布基督教为国教。

我们的骑兵冲上去，一定能把他们消灭。”

谢石、谢玄得到前秦答应后撤的回音后，迅速整顿兵马，指挥渡河。

晋军渡过淝水，勇猛地冲向秦军阵地。朱序见状，就在秦军阵后大声高喊：“秦军败了，秦军败了！”正在后退的秦军，听到喊声，一时也分辨不清是真是假，逃的逃、躲的躲，整个队伍溃不成军。

苻融赶快跑到队伍后面，去拦阻队伍，不料连人带马被挤倒在地。还没来得及从地上爬起来，就被赶上来的晋军一刀砍死。苻坚见形势不妙，吓得丢下士兵，只顾自己逃命。到洛阳（今河南洛阳）时，苻坚收拾残兵，只剩下十几万人了。

晋军乘胜追击，一口气追赶了30多里才收兵。谢石、谢玄连夜派人去建康报捷。当报捷的军士赶回建康的时候，谢安正在与客人下棋，他看过告捷的书信，悄悄地把它搁在床上，不露声色，照常下棋。等到客人问时，才漫不经心说：“孩子们已经打败贼军了。”

陶潜归隐

陶渊明又叫陶潜，浔阳柴桑（今江西九江）人，他祖上世代为官，曾祖父是陶侃，在东晋前期立过大功，曾掌管过八个州的军事，也就是那个每天搬运一百块砖以锻炼意志的人。不过到了陶渊明的时候，家道已经衰落了。陶渊明小的时候喜欢读书，有“济世救民”的志向，又很仰慕曾祖父陶侃，也想干一番事业。

陶渊明29岁后，才在别人的推荐下，陆陆续续做了几任“参军”之类的小官。他看不惯官场逢迎拍马那一套，所以在仕途中辗转了13年之后，一腔热情便冷了，决心弃官隐居。这里还有一个不为五斗米折腰的故事。

那是陶渊明最后做彭泽县（今江西湖口）令的时候。他上任之后，叫人把衙门的公田全都种上做酒用的糯稻。他说：“我只要常常有酒喝就满足了。”他的妻子觉得这样做可不行，吃饭的米总得要有啊，就坚决主张种粳米稻。争执来，争执去，陶渊明让了步：200亩公田，用150亩种糯稻，50亩种粳米稻。陶渊明原想等收成一次再作打算，不料刚过八十多天，郡里派督邮了解情况来了。县衙内有一个小吏，凭着多年的经验，深知这事马虎不得，就劝陶渊明准备一下，穿戴整齐，恭恭敬敬去迎接。陶渊明听后叹了口气，说：“我不愿为了五斗米的薪俸，就这样低声下气向那号人献殷勤。”他当即脱下官服，交出官印，走出衙门，回老家去了。

陶渊明回家以后，下田干起了农活儿，起先只是趁着高兴劲儿干一点。到后来，经济上的贫困逼得他非把这作为基本谋生手段不可，干得就比较辛苦了。他经常从清早下地，直到天黑才扛着锄头踏着夜露回家。

此后，陶渊明创作了许多劳动诗篇，获得了“田园诗人”的称号。他曾写过这样的诗句：“相见无杂言，但道桑麻长。”可见，他与农民很有共同语言。同时，他还写出了封建时代农民的一些要求和愿望，晚年写作的《桃花源记》就是最突出的一个例子。

《桃花源记》是个虚构的故事，反映了当时饱经战乱的人们希望过安定的、没有剥削压迫

⊙渊明嗅菊图　清　张风

公元399～412年

中国大事记：
高僧法显前往天竺求佛，著有《佛国记》。

的生活，为人们描绘了他们心目中的理想社会。

陶渊明同农民的关系很好，对那些达官贵人却是另一副样子。在他55岁那年，他住的那个郡的刺史王弘想结识他，派人来请他到官府里叙谈。陶渊明理都不理他，让他碰了一鼻子灰。后来，王弘想了一个办法，叫陶渊明的一个老熟人在他常走的路上准备好酒菜，等陶渊明经过时把他拦下来喝酒。陶渊明一见酒，果然停了下来。当他们两人喝得兴致正浓的时候，王弘摇摇摆摆地过来了，假装是偶然碰到的，也来加入一起喝酒。这样总算认识了，也没惹陶渊明生气。

几年后，东晋的一代名将檀道济到江州做刺史。他上任不久，就亲自登门拜访陶渊明，劝说陶渊明出去做官，并送给他酒食，都被陶渊明回绝了。当时在那一带隐居的还有刘遗民、周续之两人。他们同陶渊明合称“浔阳三隐”。事实上，这两个人和陶渊明一点也不一样，他们很有钱，同当官的交往密切。这些人只不过想借“隐居”来找个终南捷径罢了。

刘裕灭后秦

公元416年八月，东晋太尉刘裕亲率大军大举伐秦。冀州刺史王仲德督前锋诸军自彭城经泗水北进，自巨野泽入黄河；建武将军沈林子率水军出石门，自汴水入黄河；龙骧将军王镇恶、冠军将军檀道济率步骑自淮淝向许洛；新野太守朱超石率陆军由襄阳直趋阳城；四路军均从正面进攻，目标是会师洛阳。另派振武将军沈田子、建威将军傅弘之领一支偏师由襄阳直趋武关，以牵制后秦军；刘裕自率水军主力屯驻彭城。待水路通后北上会诸军攻取关中。

九月，前锋诸军进展神速，所向披靡；秦将王苟生于漆丘降于王镇恶，徐州刺史姚掌于项城降于檀道济，其他要点屯守兵力亦望风降附。檀道济又破新蔡，执杀太守董遵，进克中原重镇许昌，擒获秦颍川太守姚垣；十月，王镇恶与檀道济会师成皋，进而克荥阳，朱超石军也进抵阳城。后秦镇守洛阳的征南将军姚洸向长安求援，但秦主姚泓因背后受赫连勃勃的牵制，只派出少量援军前往。王镇恶、沈林子长驱直入，秦将赵玄战死，石无违退保洛阳，刘裕军进逼洛阳，姚洸苦等援军不至，只好出城投降。晋军俘秦兵4000多，为争民心，檀道济命尽行释放，羌人感悦，归者甚众。秦援军阎生等得知洛阳失陷，遂止军不前。

公元417年一月，刘裕从彭城出发，率水师北上，三月，进入黄河。此时黄河为北魏所辖，

⊙ 刘裕像

北魏因与后秦有联姻关系，又怕刘裕以借道之名渡河进攻自己，于是以10万重兵屯驻在黄河北岸，并以数千轻骑沿河岸跟随着晋军舰船进行监视，不时杀戮漂流到北岸的晋军将士。刘裕在河北设奇阵“却月阵”对付魏军的骚扰，强行通过魏境，艰险地向秦境进发。此时，沈、檀二军已围攻蒲阪多日，守将尹昭死守不降。沈林子对檀道济说：蒲阪城坚兵多，不可猝拔，攻之伤众，守之引日。镇恶在潼关，势孤力弱，不如与他合势并力，以争潼关；若得之，尹昭不攻自溃也。檀道济遂挥师南下与王镇恶会师，合力攻打潼关；三月攻占潼关，大败秦军，斩获以千计，迫使秦守将秦鲁公、姚绍退据定城据险拒守。此后，晋军与秦军在定城相持达5个月之久。

姚绍为逼退晋军，先后两次派兵截断晋军

公元395年

世界大事记：
罗马帝国分裂为东、西两帝国。

粮道，封锁水路，晋军一度陷入恐慌，沈林子一面用铿锵话语激励军士以安军心，一面向刘裕求援。但刘裕受魏军牵制，无力分兵援助；危急之下，北方人民挺身而出，他们感激刘裕来解放他们，自发地竞送义租，终于使潼关晋军转危为安。姚绍不肯罢休，再一次遣长史姚洽、予朔将军安鸾、护军姚墨蠡、河东太守唐小方率众 2000 进趋黄河北岸九原，设立河防以断绝王、檀的粮援，但被沈林子击破，将士被杀殆尽。姚绍受此打击，病发身亡；东平公姚瓒代之行使兵权，引兵攻袭沈林子，被击退。七月，刘裕率军抵陕县，部署第二阶段战略。

沈田子、傅弘之率轻骑向青泥，出秦军南翼，是为疑军以迷惑牵制秦军。朱超石军渡河北上攻蒲阪，以掩护刘裕主力大军从潼关攻长安。晋军南北成犄角攻势相向，潼关主力待发，使后秦有三面受敌的危险。秦主姚泓想先消灭南面的沈田子、傅弘之军以解后顾之忧，再迎击正面的刘裕军，于是率步骑数万直趋青泥。沈、傅军本属疑兵，只有千余人，但沈田子认为，兵贵用奇，不在多寡。于是趁秦军阵未布好，先发制人，亲引部下主动出击秦军。这时秦军已合围数重，沈田子激励部下说：不击败秦军只有死路一条。于是千余晋军无不以一当十，如猛虎下山，大败秦军于青泥、柳之间，斩首万余，姚泓逃还灞上。

晋军南翼大胜，而北翼朱超石却出师不利，被坚守蒲阪的秦将姚璞击败，退回至潼关。大好的形势又变得复杂起来，此时王镇恶向刘裕提出建议，愿自率水军由黄河入渭，逆水而上，直捣长安，刘裕赞同。王镇恶率军乘艨艟舟舰溯渭而上，一路势如破竹，使潼关守敌纷纷后撤去保卫京都。刚从灞上撤回的姚泓急忙调军分守渭桥、石积、灞东等长安四周军事据点，自己率军据守长安城西的逍遥园。

八月二十三日，王镇恶军抵渭桥后弃舟上岸，因水流湍急，所乘大小船只都被水冲走，晋军已无退路。王镇恶激励士卒，只有拼力死战才可死里逃生；王镇恶首当其冲，麾下将士皆奋不顾身，大破秦姚丕军。姚泓与姚瓒引兵来救，遇姚丕部败退，自相践踏，不战而溃；姚泓单骑还宫，王镇恶自平朔门攻入长安；二十四日姚泓出降，后秦灭亡。

·麦积山石窟·

位于甘肃天水市城东南麦积山上的麦积山石窟，山高142米，形似堆积的麦秸，故名。开凿于十六国晚期，其后历代均有建造。现存洞窟194个，泥塑像、石雕像7000余尊，壁画1000多平方米。石窟开凿于距山基二三千米或七八十米高的悬崖峭壁上，层层相叠，上下错落，密如蜂窝。窟内有七座北朝“崖阁”，为研究北朝时期建筑艺术的重要资料。

刘裕成帝业

刘裕帮助晋安帝复位后，自己掌握了东晋大权。

刘裕是丹徒县京口里（今江苏镇江）人，小名寄奴儿，出身贫苦，生逢乱世。

刘裕的远祖是汉高祖刘邦的弟弟刘交。汉王朝覆灭后，刘氏家族也渐渐没落了。他的祖父刘靖，曾做过东安太守，父亲刘翘却只是个小小的郡功曹。

刘裕一出生，母亲便死了，他也差一点被扔掉。后来，他父亲给他取名裕，即多余的意思。婶母给他取了小名叫寄奴儿，即从小寄养他家的意思。

刘裕 15 岁时，刘翘病死了，他的继母带着他和他的两个异母弟弟艰难度日。刘裕便做草鞋换粮食。生活虽然清贫，但他对继母却是十分孝敬，宁可自己饿肚子，也不让继母没有

公元420年

中国大事记：
刘裕废晋恭帝自立，国号宋，史称刘宋，是为宋武帝。南朝开始。

⊙青瓷五盅盘　南北朝
五盅盘是南北朝的流行器具之一，因在浅腹平底的盘内环置五个小盅而得名。此盘为南朝制品，属五盅盘早期制作阶段的产品。盘胎骨厚重，通体釉色青中闪黄，聚釉处呈玻璃状，釉面开细小纹片。浅腹平底，器内五小盅腹较浅，略高于盘沿，并利用釉的粘连与盘联成一体。此盘做工精细大方，为南北朝时期的青瓷佳品。

饭吃。

生活在贫困之中的刘裕，一直怀有建功立业的志向，于是他加入了东晋北府兵的行列，成为一名士兵。

后来，东晋北府兵将领孙元终让刘裕在他身边做了一名亲兵，不久又提拔他做司马。

刘裕做了参军后，更加勤勉卖力。他三次带兵打败了孙恩，迫使孙恩逃到海上，从而被刘牢之当作心腹爱将，逐渐掌握了北府兵权。

后来，桓玄自立为帝，刘裕起兵讨伐。他联络各方豪杰，于公元404年秋正式开始了他的讨桓行动。刘裕的军队只有2000人，但个个英勇无比，在覆舟山一战，把桓玄的军队打得大败。

公元405年，晋安帝司马德宗回到建康，大封平叛有功之臣，刘裕被任命为都督扬、荆、徐等十六州军事，成为一个封疆大吏。

公元409年初，南燕慕容超几次派兵侵犯淮北，杀东晋朝廷命官，抢劫财物，掳掠百姓。刘裕正想找机会立功，便上表请求北伐南燕。几个月后，刘裕灭了南燕，朝廷命他兼任青、冀二州刺史，并允许他相机行事。也就是说，他可以自作主张，不必请示朝廷了。

不久，卢循在广州起义反晋，刘裕又率兵南征广州。东晋官兵在刘裕的严令督促下，积极奋战，刘裕带着年仅4岁的儿子刘义隆亲自到前线布防，鼓舞士气。士气高昂的东晋士兵，一举打败了卢循的军队。东晋朝廷又加封刘裕为太尉中书监，加黄钺，从此刘裕正式执掌了朝政大权。

刘裕掌握了大权后，便起了取代晋安帝的念头。

晋安帝虽然是个白痴，但生命力却很旺盛。刘裕一心想做皇帝，但苦于安帝不死，便命王韶之入宫，将安帝活活勒死。刘裕见时机还没成熟，就立晋安帝的弟弟司马德文继位，这就是晋恭帝。司马德文在刘裕的控制下得过且过，成为一名傀儡皇帝。

这样勉强过了一年，已经57岁的刘裕，觉得自己时日不多了，更加急于当皇帝了。公元420年，刘裕派人劝说晋恭帝让了位。之后他率群臣祭告天地，登上太极殿，正式称帝，改国号宋。

至此，东晋王朝在南方统治了100多年后，终于灭亡了。

拓跋珪建北魏

公元338年，鲜卑族拓跋部的首领拓跋什翼犍在平城（今山西大同）建立代国。公元371年，他的孙子拓跋珪出生在参合陂北（今内蒙古凉城县西北）。拓跋珪6岁时，前秦君主苻坚率兵进攻代国，拓跋什翼犍被杀死，部众离散，代国灭亡。拓跋珪依附鲜卑独孤部，开始了流亡生活。淝水之战后，前秦政权崩溃，北方短暂的统一又被分裂割据所代替。拓跋珪乘势纠集旧部，征服了北方的一些少数民族，俘虏了大批人口和牲畜。东晋孝武帝太元十一年（公元386年），拓跋珪在牛川（今内蒙古自治区锡拉木林河）召开大会，即代王位，建元登国。同

公元402年

世界大事记：
西罗马帝国迁都拉文纳。

年四月，拓跋珪迁都盛乐（今内蒙古自治区和林格尔西北土城子），称魏王，改国号为魏，史称“北魏”。

当时北魏不仅面临匈奴、高车、库莫奚和后燕的威胁，而且内部还有企图拥立其叔窟咄的势力。拓跋珪当机立断击败窟咄，消除了内患，巩固了自己的地位。随后，他开始东征西讨。登国三年（公元388年）五月，拓跋珪击败库莫奚部，确保了北部安定。同年，拓跋珪率军西征，大破高车部，使其归附。

登国五年（公元390年），匈奴刘卫辰部进攻贺兰部，贺兰部势单力薄，求救于北魏。拓跋珪率兵救援，匈奴退兵。次年十月，匈奴主刘卫辰派其子直力提率军9万，进攻北魏南部。拓跋珪率军在铁岐山（今内蒙古自治区阴山北）埋伏，大败匈奴军。直力提单骑逃走，魏军乘胜追击，直逼匈奴都城代来城（今内蒙古自治区东胜县西）。刘卫辰和直力提弃城逃走。魏军穷追不舍，俘虏直力提，刘卫辰被部下所杀。魏军将刘卫辰族人5000余人全部杀死，投尸黄河。从此以后，河套以南的部落全部归降，魏军缴获战马30万匹，牛羊400万头，实力大增。

北魏南部的后燕是鲜卑族慕容部所建，与拓跋部有姻亲关系。南燕君主慕容垂是拓跋珪的舅舅，本来扶植北魏作为自己的附属国，但北魏实力强大后，不断进攻臣服于南燕的部落，与后燕争夺北方的霸权。拓跋珪让弟弟拓跋觚去拜见舅舅慕容垂。慕容垂的几个儿子扣留拓跋觚，要求拓跋珪送给后燕几匹良马，拓跋珪见后燕如此无礼，不仅没送给良马，反而与后燕断绝了关系。双方终于反目成仇。

⊙ **鲜卑山**

鲜卑山位于今内蒙古自治区呼伦春自治旗阿里镇西北约10千米处的嫩江支流甘河北岸，山上有北魏拓跋鲜卑祖先所居石室——嘎仙洞。

登国十年（公元395年）七月，慕容垂以太子慕容宝为元帅，辽西王慕容农、赵王慕容麟为副元帅，率精兵8万，向北魏大举进攻。当时燕强魏弱，拓跋珪召集大臣们商量对策。

·刘宋元嘉之治·

刘裕建宋以后，大力革新内政，推行改革。他死后，长子刘义符继位，整日耽于游乐，不理朝政，不久便被废掉。第三子刘义隆即位，这就是宋文帝，他是一位很有作为的皇帝。他继承前代的事业，进行了一系列的改革：在政治上，他整顿吏治，加强对地方官的考察监督，同时放宽刑罚，诏求贤才；在经济上，他兴修水利，奖励耕织，减免赋税，积极开展赈灾活动；在社会思想文化建设上，他大力发展教育。这样，刘宋王朝就出现了政治清明、社会安定的大好局面，宋文帝的年号是元嘉，因此历史上把这段清明的统治时期称为“元嘉之治”。

公元436年

中国大事记：
北魏灭北燕。

大臣建议避敌锋锐，诱敌深入，然后寻机击敌。于是拓跋珪率领部众，撤离盛乐，西渡黄河。燕军一路上没有遇到抵抗，很快到了黄河东岸，慕容宝下令造船，准备渡河。这时魏军在黄河的西岸、北岸屯兵15万，严阵以待，并取得了后秦的支持。燕军造好船后，突起大风，有数十艘战船被吹到对岸，300多名燕军当了魏军的俘虏。同时拓跋珪派人在半路上抓获燕国的信使，得知了慕容垂生病的消息。魏军将燕使押到黄河岸边，强迫他高声谎报慕容垂病死，并释放了燕军俘虏。燕军信以为真，顿时军心大乱，无心作战。

天气逐渐变冷，燕军兵疲马困，慕容宝只好烧掉船只，准备撤军。撤退之前，部将曾向他建议，尽快撤军，如果天气变冷，黄河结冰，那么魏军就会渡河追击。慕容宝妄自尊大，不以为然。果然一天晚上，气温骤降，黄河在一夜之间结冰。拓跋珪立即率骑兵2万踏冰过河，突袭燕军，燕军猝不及防，大败而逃，一直退到参合陂才惊魂稍定，在蟠羊山下背水扎寨。

慕容宝以为万事大吉，放松了警惕，整天骑马打猎，毫无防备。魏军日夜兼程，穷追不舍。一天晚上，魏军进至参合陂，秘密登上蟠羊山，正在睡觉的燕军丝毫没有察觉。清晨，燕军发现山上都是魏军，大为惊恐。魏军居高临下，从山上纵兵掩杀，势不可挡，燕军一触即溃，争相渡水逃跑。魏军紧追不舍，燕军人马互相拥挤践踏，压死、溺死者不计其数。慕容宝仅率数十人逃走，其他数万燕军全部缴械投降，拓跋珪下令将俘虏全部活埋。这一仗，后燕损失惨重，元气大伤。

公元398年，拓跋珪迁都平城，改元天兴，即皇帝位，是为魏道武帝。

拓跋珪和他的后代拓跋嗣、拓跋焘等经过数十年的征战，先后征服了匈奴，灭西秦、北燕、大夏和北凉，于公元439年统一了北方。北魏疆域东北至辽西，南抵淮河、秦岭，西到新疆东部，北至蒙古高原，与南朝的刘宋形成了南北对峙的局面。

檀道济唱筹量沙

宋武帝刘裕在南方建立宋朝后，北魏太武帝拓跋焘正在加紧统一北方的大业。公元439年，太武帝灭了十六国中最后一个小国北凉，终于统一了北方。这样一来，在东晋灭亡后的170年的时间里，我国历史上出现了南北两个政权对峙的局面。南朝先后更换了宋、齐、梁、陈四个朝代；北朝的北魏，后来分裂为东魏、西魏；东魏、西魏又分别被北齐、北周取代。历史上把这段时期称为“南北朝”。

宋武帝只做了两年皇帝，就病死了。北魏趁宋举行国丧之机，大举渡过黄河，进攻宋朝，把黄河以南的大片土地都抢去了。刚即位的宋文帝派檀道济率领大军去征讨。

有一回，北魏兵进攻济南，檀道济亲自率领将士来到济水边。在20多天里，宋军打了30多个胜仗，一直把魏军追到历城（在今山东省北部）。

这时候，檀道济有点自大起来，防备也松懈了。魏军瞅个机会，派两支轻骑兵向宋军的两翼发起突然袭击，把宋军的粮草全烧光了。军粮一断，宋军就没法维持下去了，檀道济便准备从历城退兵。

宋军中有个逃兵，到魏营把宋军缺粮的情况告诉了北魏的将领。北魏就派出大军追赶檀道济，想把宋军围困起来。宋军将士看到大批魏军围上来，都有点惊慌失措。只有檀道济不慌不忙地命令将士就地扎营休息。

当天晚上，宋军营寨里灯火通明，檀道济亲自带着一批管粮的兵士在一个营寨里查点粮食。一些兵士手里拿着竹筹唱着计数，另一些兵士用斗量米。

魏兵的探子看见一只只米袋里面都是雪白的大米后，赶快去告诉魏将，说檀道济营里有很多军粮，要想跟檀道济决战，准是又打败仗。

公元4世纪

世界大事记：

古罗马韦格蒂乌斯所著《罗马军制》完成，中世纪时曾被奉为欧洲军事经典。

魏将得到消息，认为前来告密的宋兵是檀道济派来骗他们上当的，就把那个宋兵杀了。

其实，檀道济在营里量的并不是白米，而是一斗斗的沙子，只是在沙子上覆盖着少量的白米罢了。

天亮以后，檀道济命令将士披甲戴盔，自己则穿着便服，乘着一辆马车，不慌不忙地沿着大路向南转移。魏将经常被檀道济打败，本来对宋军就有点害怕，再看到宋军从容不迫地撤退，说不定他们在哪儿设下了埋伏，不敢去追。

檀道济以他的镇定和智谋，使宋军安全地回师。以后，北魏再也不敢轻易向宋朝进攻了。

檀道济在宋武帝、文帝两代，都立过大功。但是由于他功劳大、威望高，宋朝统治者就对他不放心了。

有一次，宋文帝生了一场病。宋文帝的兄弟刘义康就跟心腹商量说："如果皇上的病好不了，留下檀道济总是一个祸患。"他们就假借宋文帝的名义下了一道诏书，说檀道济有谋反的企图，把檀道济逮捕起来。

⊙ 南北朝战争形势示意图

檀道济被捕的时候，气得眼睛里像要喷射出火焰来。他恨恨地把头巾摔在地上，说："你们这是在毁掉自己的万里长城！"

檀道济终于被杀了。这个消息传到北魏，魏朝的将士都高兴得互相庆贺，说："檀道济死了，南方就没有什么叫人害怕的人啦！"

后来，北魏的军队打到江北的瓜步（今江苏六合）。宋文帝在建康的石头城上向远处遥望，感慨地说："如果檀道济活着的话，胡骑就不会这样横行了。"

公元450年

中国大事记：
北魏太武帝以修史“暴扬国恶”的罪名，杀司徒崔浩。

高允讲实话

北魏的统治者原本是鲜卑族拓跋部落的人。后来，鲜卑贵族拓跋建立了北魏王朝，任用了一批汉族士人。其中最有名望的就是崔浩了。

崔浩在北魏统一北方的战争中，立了大功，受到北魏三代皇帝的信任。魏太武帝拓跋焘即位后，崔浩担任司徒的高官。由于他派了许多汉族人到各地担任郡守，引起了魏太武帝的不满。

后来，魏太武帝派崔浩带几个文人编写魏国的历史。在崔浩他们做这件事之前，太武帝叮嘱他们，写国史一定要根据实录。

崔浩等人按照要求，采集了魏国上代的资料，编写了一本魏国的国史。当时，皇帝要编国史的目的，原意是留给皇室后代看的。但是崔浩手下有两个文人，偏偏别出心裁，劝崔浩把国史刻在石碑上，还把石碑竖在郊外祭天坛前的大路两旁。

国史里记载的倒是真实的历史，但是北魏的上代没有多少文化，做了许多不体面的事情。过路的人看了石碑，就纷纷议论起来。

有人向魏太武帝告发，说崔浩等人成心揭露皇室的丑事。太武帝一听就火了，下令把写国史的人统统抓起来办罪。

太子的老师高允也参加了编写工作。太子得到信后，非常着急。第二天，高允跟随太子一起上朝。

太子先上殿见了太武帝，说：“高允为人向来小心谨慎，而且地位也比较低。国史案件全是崔浩的事，请陛下赦免了高允吧。”

太武帝召高允进去，问他说：“国史全是崔浩写的吗？”

高允老老实实地回答说：“不，崔浩只抓个纲要。具体内容，都是我和别的著作郎写的。”

太武帝对太子说：“你看，高允的罪比崔浩还大，怎么能宽恕呢？”

太子又对魏太武帝说：“高允见了陛下，心里害怕，就胡言乱语。我刚才还问过他，他说是崔浩干的。”

太武帝又问道：“是这样吗？”

高允说：“我不敢欺骗陛下。太子这样说，只是想救我的命。其实太子并没问过我，我也没跟他说过这样的话。”

魏太武帝看到高允这样忠厚老实，心里有点感动，对太子说：“高允死到临头，还不说假话，这确是很可贵的。我赦免他无罪了。”

魏太武帝又派人审问崔浩。崔浩吓得面无血色，什么也答不上来。太武帝大怒，要高允

⊙崔浩像

·北朝民歌·

南北朝时期，南方与北方的民歌各具特色，充分反映了祖国南方与北方文化不同风俗的风貌。南方的民歌以缠绵婉转为特色，北方的民歌则以慷慨激昂为特色。南方民歌大都是恋歌，北方民歌除恋歌外，还有牧歌、战歌等。北方的民歌最著名的是《敕勒歌》和《木兰诗》。

《敕勒歌》十分简洁雄壮，充满了豪迈的气概。《木兰诗》是北方民歌中艺术成就最高的作品，这是一首长篇叙事诗，经过后代文人的不断加工，作品更趋完美。

公元476年

世界大事记：
西罗马帝国灭亡。

起草一道诏书，把崔浩满门抄斩。

高允回到官署，犹豫了半天，什么也写不出来。他进宫对太武帝说：“如果崔浩仅仅是写国史，触犯朝廷，不该判死罪。”

魏太武帝认为高允在跟他作对，喊来武士，把他捆绑起来。后来经太子再三恳求，太武帝才把他放了。

后来，魏太武帝到底没有饶过崔浩，把崔浩和他的一些亲戚满门抄斩。但是由于高允的正直，没有株连到更多的人。据太武帝自己说，要不是高允，他还会杀几千个人呢。

魏太武帝在公元452年，被宦官杀了。又过了一年，南朝宋文帝的儿子刘骏继承皇位，这就是宋孝武帝。

祖冲之创新历

宋孝武帝期间，出了一个杰出的科学家——祖冲之。祖冲之的祖上于西晋末年，为了逃避战乱而迁到江南。他家是科学世家，世代掌管国家的历法。祖冲之在这样的家庭里，从小就读了不少书。他特别喜爱天文学、数学和机械制造，并且常常显示出不凡的才华。到了青年时期，他已经享有博学的名声，受到宋孝武帝的重视，被朝廷聘到学术机关从事研究工作。

在数学上，祖冲之把圆周率数值准确推进到小数点后七位，成为世界上最早把圆周率数值推算到七位数字的科学家。直到十五六世纪，外国数学家才打破这个记录。

中国当时是以农业立国，有着重视和研究天文历法的传统。祖冲之关心国计民生，极为注重天文历法的研究。当时朝廷采用的是《元嘉历》，它是天文学家何承天编订的。祖冲之对这本《元嘉历》做了深入研究和推算后，发现《元嘉历》仍然不够精密。经过长期的实际观测和仔细的验算，并吸取了历代各家历本的成就，他终于重新制定了一部新的历法——《大明历》。

祖冲之经过长期观察，证实存在岁差，并计算出冬至点每四十五年要回向移动一度，测算出一个太阳年是365.24281481日，与近代科学测得的日数，只相差50秒，误差只有60万分之一。公元462年，年方33岁的祖冲之把《大明历》送给朝廷，要求颁布实行。宋孝武帝命令懂历法的官员对它进行讨论。随即，爆发了一场革新派和保守派的尖锐斗争。

⊙祖冲之像

在这场论战中，祖冲之那精辟透彻、理实交融的分析，折服了许多大臣。

于是宋孝武帝决定在更元时改用新历。可是，还没多久，武帝就死了。直到祖冲之死去10年之后，他创制的大明历才得以推行。

武帝死后，不久，掌管宋朝禁卫军的萧道成灭了宋朝。公元479年，萧道成称帝，建立南齐，这就是齐高帝。

孝文帝改革

自从太武帝被宦官杀死后，北魏政治腐败不堪，不断引起北方人民的反抗。公元471年，北魏孝文帝元宏即位后，顺应历史潮流，实行了一系列汉化改革。

公元493年，元宏召集满朝文武商议政事，他提出要动员北魏所有军力，南征南方的齐国。

中国石窟艺术

自从佛教传入我国以来，佛教艺术就一直在本土文化和外来文化的互相激荡下谱写着精彩的篇章，特别是云冈石窟、龙门石窟、敦煌莫高窟三大佛教石窟，由于出现时间较早，受各地文化的影响都比较深，为研究我国不同历史时期的文化交融留下了丰富的实物资料。

⊙七佛立像之一　北魏中期　高200厘米

此为第13窟南壁门拱上方七佛正中央的一尊佛像，此像面相清秀，鼻梁高直，眼眉细长，眼睑微沉，双目下视，嘴角含笑。身着褒衣博带袈裟，大衣下摆宽松外张，形体已趋清瘦。褒衣博带式佛装在北魏太和十年（468年）以后的造像中出现，拉开了云冈乃至北方完全中国化的帷幕。

⊙第2窟中心塔柱　北魏中期　通高620厘米

中心塔柱窟又名塔庙窟，是云冈石窟中期出现的新式样。此中心塔柱分三层，四周皆设副阶回廊，内龛设像。塔顶部为宝盖，塔柱下层及塔座风蚀严重。第2窟为北魏中期开凿的石窟。中期石窟是云冈渊源于西方的佛教石窟东方化的转折点。这个时期的云冈石窟出现了一个很重要的现象——华化，这正与北魏孝文帝时期鲜卑汉化的一系列措施相一致，它是汉化之风在佛教文化上的反映。来自中原、西域、中亚和印度的佛教思潮和艺术风格被北魏各族富有才华的艺术家和工匠吸收、融化、改造、创新，云冈石窟在内容和形式上创造出许多充满活力的新式样，塔庙窟就是其中的一种。

云冈石窟

云冈石窟佛教艺术雕刻群的艺术风格影响深远，波及北中国各地的佛教石窟造像，在中国雕刻艺术史上占有十分重要的地位。云冈石窟佛教艺术继承了秦汉雕刻艺术的优秀传统，并吸取了龟兹（今新疆库车一带）、凉州（今甘肃敦煌）石窟艺术的精华，结合中原地区的特色，经过发展、融合、变革和创新，用旺盛的生命力和创造力铸就成永不凋谢的艺术之花——“云冈模式”，谱写下宏伟壮丽的篇章。

⊙第12窟前室西壁第三层北侧

讲述了阿轮迦施士因缘的故事：在舍卫城祇孤独园共行的释迦与阿难，看见众多童子正以土制作宫殿、财宝及五谷。此时一童子生布施心，欲以土制谷物献释迦，却因身矮不及，另一小孩让其踩着自己将土放入钵中。由此因缘。 佛祖圆寂后100年，献土童子成为阿轮迦，也称阿育王，做人梯童子成为大臣，共同建起八万四千佛塔。此佛雕立姿，头微下俯，眼睑沉垂，左手持钵下置作接物状。旁雕童子三人垒成人梯，双手捧土献上。右侧雕一菩萨。

⊙第12窟前室西壁第三层南侧

佛坐莲花座，着袒右肩袈裟，左手握衣襟，右手做施无畏印，庄严肃穆。左侧为手执一鸟，以示有杀生之罪的外道仙人婆薮仙；右侧为手执髑髅作为标志的外道仙人魔头梵志形象。二像容貌、体态、坐姿十分相似，仅手执之物略做变化。

⊙第12窟前室西壁内景　北魏中期

北魏和平五年（464年）至北魏太和十八年（494年）这30年是云冈石窟雕凿的鼎盛时期，这期间云冈吸收了龟兹（今新疆库车一带）、凉州（今甘肃敦煌）石窟艺术的精华，结合中原地区的特色，并且进行了新的艺术创造，出现了佛殿窟和塔庙窟，造像内容丰富多彩，汉化色彩渐趋浓厚，如雕斗拱的仿木构殿堂龛、楼阁式塔等中原传统的建筑形式均有体现。

公元500年

中国大事记：
祖冲之死，生前首次把圆周率准确数值推算到小数点后七位数。

⊙ 平民丧葬图　南北朝
图中一辆由牛所拉动的灵车，上有人字坡形白帐，帐下悬挂着随葬明器。灵车无人挽送，一人头顶祭盘走在前头。

这一提议，无疑是一石击起千重浪，马上就遭到了众多大臣的反对。

任城王元澄是孝文帝的叔父，在朝廷里有很高的威望。他从朝廷利益出发，坚决反对此次南征。孝文帝见没有人支持他的建议，非常生气，宣布退朝。

散朝之后，孝文帝在后殿对任城王元澄交了底，他说："你以为我真要南征吗？老实告诉你，我不过是拿它做幌子罢了。我真正的意图是想迁都到洛阳去。我们这里不是用武的地方，不适应改革政治。现在我要移风易俗，非得迁都不可。所以我就想出这个主意，让它生米煮成熟饭再说。"元澄这才恍然大悟，他佩服孝文帝的英明果断，当即赞成孝文帝的决策。

有了任城王的支持，孝文帝的主张就可以施行了。公元493年，北魏正式迁都洛阳，孝文帝在改革的道路上迈出了一大步。

穆泰等元老重臣眼见孝文帝醉心于改革，担心对自己不利。他们知道太子元恂留恋故都平城，就撺掇太子说服孝文帝，打消改革计划。孝文帝得知太子有回平城的打算，怕自己死后，改革会半途而废，就决定废掉元恂的太子身份。后来，又有人报告孝文帝，说元恂与一些元老旧臣，联络密切。孝文帝便一不做二不休，干脆派人把元恂毒死了。

在孝文帝为改革旧制杀掉太子这一年，穆泰等人联合东陵王元思誉、代郡太守元珍、阳平侯贺赖头等人从平城起兵反叛。孝文帝以快制慢，迅速派任城王元澄率师平叛，自己则率御林军大批捕杀朝中的反对派势力。一时间，反对改革的势力全都被清除了。

孝文帝平定了穆泰等人的政变后，出台了一系列改革措施：改用汉人的姓，他带头将拓跋姓改为元姓；改说汉话，三十岁以下的人和上朝奏事的官员都必须说汉话；改穿汉装、和汉人通婚；采用汉族封建制度，等等。

北魏孝文帝大胆推行汉化改革，使北魏的政治、经济焕然一新，促进了鲜卑族和汉族的大融合。

·《洛阳伽蓝记》·

《洛阳伽蓝记》共5卷，北魏杨衒之著。作者见北魏末洛阳遭到严重破坏，许多寺庙被毁，十分感慨，就写了这部著作，主要追溯魏后期洛阳城内外伽蓝（佛寺）的建筑规模和兴废景象，共记载40多个寺院，并叙及尔朱荣乱事和当时的社会、政治、人物、风俗、地理以及传闻故事和外国风土。卷五记叙宋云、惠生的西域之行，为研究中亚历史地理和中外交流史的重要史料。这部书不仅是内容丰富翔实的历史著作，而且文笔秀逸，也是一部优秀的散文集。

公元4～7世纪

世界大事记：
日本大和国时期。

梁武帝出家

梁朝趁北魏内乱之机，曾几次出兵北伐。但梁武帝出师不利，不但没能占到便宜，还死伤了不少军民。此后，双方都无力征伐，彼此相安无事。

萧衍当上皇帝之前，对百姓和士兵都挺关心，登上皇位后，就换了一副面孔。他对皇亲国戚格外宽容，对百姓却尽情搜刮掠夺。他的臣下更是贪得无厌。有人告发他的弟弟萧宏谋反，库里藏有兵器。梁武帝一听，这还了得！他亲自带人去萧宏家搜查，结果看到萧宏家的库房里堆满了布、绢、丝、棉，还有数以亿计的钱财。萧衍看到没有谋反的迹象，就对萧宏说："阿六呀，你的家当还真不少啊！"

其他的王公侯爷看到萧衍对此一点也不在意，就更加肆无忌惮地搜刮民脂民膏了。

萧衍到了晚年，开始崇信佛教，借佛教名义愚弄百姓，搜刮钱财。他修建了一座规模宏大、富丽堂皇的同泰寺为自己诵经拜佛之用，自己装成一副苦行僧的样子，早晚到寺中朝拜。有一次，他到同泰寺"舍身"，表示要出家做和尚。他这一出家做和尚，国中无主，大臣们急得像热锅上的蚂蚁，最后只得去寺中劝他回来。他做了四天和尚，大臣们出钱把他从同泰寺中赎了出来。这样的滑稽剧总共演了四次，大臣们一共花了四万万钱的赎身钱。这笔钱，都转嫁到老百姓身上去了。而且在他最后赎身回宫的那个晚上，竟派人把同泰寺的塔烧了，却说是魔鬼干的。为了压住魔鬼，又下诏要造一座几丈高的高塔来压住，继续叫百官捐钱。

梁朝就这样一天天地衰弱了，就像一个苹果，里头全烂了，外面看不出来，只要有人踏它一脚，就什么都完了。

河阴之变

尔朱荣（公元493～530年），字天宝，北秀容（今山西朔州）人，契胡族（羯族的一支）。尔朱荣的先世一直居住在尔朱川一带，所以以尔朱为姓。北魏孝文帝时，契胡族酋长尔朱新兴被任命为秀容酋长、平北将军。北魏孝明帝时，尔朱新兴传爵位给儿子尔朱荣。

北魏末年，北方六镇起义爆发。起义军屡次击败北魏军队，声势浩大，北魏政府惊慌失措。尔朱荣趁机发展自己的势力，组成了一支4000人的骑兵队伍，联合北方的北魏劲敌柔然部落，疯狂地镇压起义军。

六镇起义被镇压后，北魏政府将20万镇民迁到河北。当时河北连年大灾，颗粒无收，葛荣、杜洛周领导镇民和河北农民，举行了河北大起义。尔朱荣一面扩充自己的部队，一面从归降的起义军中提拔了许多大将，如高欢、宇文泰、侯景等，大大扩充了自己的实力。后来，尔朱荣又镇压了河北大起义，成为北魏唯一强大的军事集团。

北魏武泰元年（公元528年），北魏孝明帝因对其母后胡太后的荒淫生活和独掌大权表示不满，被胡太后毒死。胡太后随即立3岁的元钊为傀儡皇帝。在晋阳（今山西太原）的尔朱荣与北魏宗室元天穆等商议后，以此为借口率军攻入洛阳，立元子攸为帝，就是北魏孝庄帝。

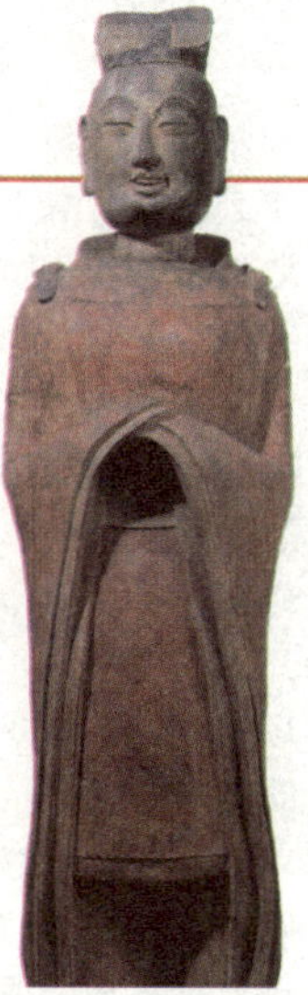

⊙**文吏俑　南北朝**

北魏孝文帝改革时，厘定官制，依魏晋南朝制度，官吏着汉服，说汉话。此俑即是北魏官吏的形象，双手拱立，表情端正。

公元502年

中国大事记：
萧衍杀齐明帝诸子，称帝，是为梁武帝。

·《魏书》·

《魏书》是一部纪传体的北魏史，记述了北魏（包括东魏）王朝兴亡的历史。全书共130卷，作者是北齐人魏收。天保五年（公元554年）《魏书》完成。由于该书当载不载，抛开一些世家大族，记载了一些卑微官吏，在门阀制度盛行、豪族势力强大的南北朝，自然触怒了部分豪门世家，再加上该书褒贬失当，失去了史书“令乱臣贼子惧”的威望，引起各界不满，被人们称为“秽史”。高洋鉴于众怒难犯，只好下令《魏史》暂勿施行，令群官博议。其后魏收两次奉旨对《魏书》进行补充和删除，修改、订正了一些史实。经过这两次修改，《魏书》才成定本。尽管《魏书》被称为“秽史”，但由于该书资料较为丰富，在史学史上仍具有一定的地位。

尔朱荣虽然占领了洛阳，但是他在洛阳没有什么威望，洛阳的世族都瞧不起他。尔朱荣非常生气，准备杀光朝廷官员和北魏贵族，他的部下觉得太残忍了，劝他说：“如果不分忠奸地杀人，恐怕会令天下人失望啊。”尔朱荣不听劝告，首先把胡太后和元钊投入黄河淹死，然后以祭天为幌子，诱骗王公大臣2000多人到河阴（今河南孟津县），派骑兵将他们包围，大开杀戒，2000多人死于非命，被抛尸黄河。这场骇人听闻的大屠杀，史称“河阴之变”。借助这场军事政变，尔朱荣把迁到洛阳的汉化鲜卑贵族和北魏政权中的汉族大族几乎消灭，此后尔朱荣的势力更加强大，完全控制了北魏朝政。他回到晋阳，遥控北魏政权。

尔朱荣发动“河阴之变”的时候，北魏宗室北海王元颢、汝南王元悦、临淮王元彧和北魏的一些官员渡江逃到了南朝梁。公元528年十月，梁武帝封北魏北海王元颢为魏王，派大将陈庆之率兵送他回北方即位。公元529年，梁将陈庆之率军攻克了梁国（今河南商丘南），四月，元颢在睢阳城南即位，改元孝基。北魏孝庄帝与元天穆等贵族北渡黄河逃走，洛阳被梁军占领，元颢来到洛阳，改元建武。尔朱荣从晋阳率兵南下，到上党（今山西长子县）面见孝庄帝，随即渡过黄河大败梁军。陈庆之和元颢被迫南逃，后元颢被俘杀。北魏孝庄帝重新回到洛阳，封尔朱荣为天柱大将军。

尔朱荣权势熏天，封他的长子尔朱菩提为太原王世子，任骠骑大将军、开府仪同三司，次子尔朱义罗为梁郡王，侄子尔朱兆为颍川郡开国公，任汾州刺史。此外，他还安插一大批亲戚心腹担任朝廷和地方重要职位，比如得力助手元天穆被封为上党王，任侍中、录尚书事。北魏虽然还挂着元家的旗号，但实际上已经成了尔朱家的天下了。

但尔朱荣并没有满足，开始阴谋篡位。当时北方少数民族有一个传统的选择君主的习惯：要想成为君主的人必须铸铜像以请示天，如果铜像铸成，说明此人受命于天，可以成为君主；如果铜像没有铸成，则此人不能成为君主。河阴之变后，尔朱荣先后四次为自己铸铜像，但都没有铸成。他不死心，又让自己最信任的阴阳术士占卜吉凶，结果占卜的结果也不吉利，尔朱荣见天意如此，长叹一声，只好作罢。

北魏孝庄帝元子攸感到皇位时时受到威胁，再加上河阴之变的教训，决定先下手为强，除掉尔朱荣。永安三年（公元530年）九月，当尔朱荣例行朝见的时候，北魏孝庄帝和几个亲信将尔朱荣杀死在大殿上。消息传出后，官员、百姓无不欢呼雀跃。

但不久，尔朱荣之侄尔朱兆立太原太守元晔为帝，率兵攻入洛阳，杀死了北魏孝庄帝。

后来高欢杀死尔朱兆，立元脩为帝。公元534年，元脩与高欢的矛盾激化，逃奔关中的宇

公元5世纪末～10世纪末

世界大事记：
法兰克王国时期。

文泰，不久被杀。高欢又立元善见为帝，迁都邺，史称东魏。公元535年，宇文泰立元宝炬为帝，都长安，史称西魏。此后，东魏与西魏展开了20余年的大战。

侯景反复无常

梁武帝有一天晚上做了个梦，梦见北朝的刺史、太守都来向南梁王朝投降。这个梦无非是他日思夜想造成的。

20多天后，恰好西魏的大将侯景派人来，说他跟东魏、西魏都有冤仇，打算投降南梁，还表示愿意把他控制的函谷关以东13个州都献给南梁。

侯景原来是东魏丞相高欢部下的一员大将，高欢让他带兵在黄河以南镇守。高欢临死的时候，怕侯景叛乱，派人召侯景回洛阳。侯景怕自己去洛阳会被害死，就不接受东魏的命令，带着人马向西魏投降了。

西魏丞相宇文泰也不信任侯景，打算解除他的兵权。侯景又转向南梁投降。

梁武帝接受了侯景的投降，把侯景封为大将军、河南王，并且派他的侄儿萧渊明带着5万兵马去接应侯景。

萧渊明带兵北上，受到东魏的进攻。梁军已经很久没有打仗了，人心涣散，被东魏打得几乎全军覆没。萧渊明也被俘虏了。

东魏又向侯景进攻，侯景大败，只带着800多人逃到南梁境内的寿阳。

东魏派使者到南梁讲和，还说愿意把萧渊明送回来。侯景知道了这件事，害怕对自己不利，就决定叛变。

侯景的人马很快就打到了长江北岸，梁武帝急忙派他的侄儿萧正德到长江南岸布防。

侯景派人诱骗萧正德做内应，说推翻了梁武帝后，就拥戴他做皇帝。萧正德利欲熏心，秘密派了几十艘大船，帮助侯景的军队渡过长江，还亲自带领侯景的军队渡过秦淮河。之后，侯景顺利地进入建康，把梁武帝居住的台城包围起来。

⊙ 南华禅寺

该寺位于今广东曲江东南，始建于南北朝时期。

台城里的军民奋力抵抗，双方相持了130多天。到了后来，台城里的军民有的在打仗中死去，有的病死饿死，剩下的已不到4000人。

到了这个时候，谁也没法挽回败局。叛军攻进了台城，梁武帝也成了侯景的俘虏。

侯景自封为大都督，掌握了朝廷的生杀大权。他先杀了那个一心想做皇帝的萧正德，然后把梁武帝也软禁起来。最后梁武帝连吃的喝的也没有了，活活饿死在台城里。

梁武帝死后，侯景又先后立了两个傀儡皇帝。公元551年，他自立为皇帝。

侯景当了皇帝后，到处搜刮掠夺，给百姓带来深重的灾难。第二年，梁朝大将陈霸先、王僧辩率领大军从江陵出发，进攻建康，把侯景的叛军打得一败涂地。最后，侯景只带了几十个人出逃，半路上被他的随从杀死了。

南梁王朝经过这场大乱之后，分崩离析。公元557年，陈霸先在建康建立了陈朝，这就是陈武帝。

公元557年

中国大事记：
陈霸先代梁称帝，国号陈，是为陈高祖。

北周武帝灭齐

公元534年，北魏分裂成东魏和西魏，不久北齐代替了东魏，北周代替了西魏。两国为了统一北方，常年征战，互有胜负。

北周武成二年（公元560年）四月，宇文邕即位，就是北周武帝。北周武帝即位后设计杀死了权臣宇文护，掌握了北周的大权，接着着力增加税收，增强国家的实力。从此以后，北周武帝开始谋划消灭北齐，统一北方。

⊙骑马武士俑　南北朝
北方鲜卑人原为游牧民族，对骑兵的建制极为重视。这些陪葬的骑兵群俑，反映了北魏贵族尚武的风气。

当时北齐后主高纬是个昏君，整日不理朝政，在后宫和嫔妃、宫女们饮酒作乐。他常常抱着琵琶唱《无忧歌》，老百姓讽刺他为无忧天子。高纬生活奢侈，后宫宫女的一条裙子费用竟然和一万匹布的价钱一样。他还大修宫殿，觉得不满意了，立即下令拆了重修。高纬荒唐透顶，竟然把他养的马、狗、鹰、鸡封为仪同、郡官、开府等高官，北齐政治一片黑暗。

公元576年，北周武帝率军进攻北齐的重镇平阳（今山西临汾），北齐守将抵挡不住，开城投降。北周占领平阳后，北周武帝率周军主力回国。在周军攻打平阳的时候，北齐后主高纬正在晋阳（今山西太原）和宠妃冯淑妃打猎，平阳告急的文书，从早晨到中午一共传了3次，但北齐右丞相高阿那肱却将文书扣下，说："皇上正在打猎，两国打仗不过是常有的小事，不能因此扫了皇上的雅兴啊！"所以一直不去通报。直到晚上，信使来报："平阳失陷了！"高阿那肱才去上奏。冯淑妃还想再去打猎，高纬置军国大事于不顾，竟然同意了。

过了几天，北齐后主率10万北齐军赶到平阳，将平阳团团围住，昼夜攻打。平阳的城墙

·府兵制·

府兵制源于鲜卑部落兵制，西魏大统年间（公元535～551年），丞相宇文泰初建府兵制。府兵地位比较高，不是边防军而是禁军。军士另立户籍，府兵不承担赋役。府兵每月上半月守卫宫廷，昼夜巡查，下半月由军官教习作战。府兵的杨乙是入关中的六镇鲜卑军人，随孝武帝入关的北数宿卫禁旅等。府兵最高统帅为八柱国，除宇文泰和西魏宗室广陵王元欣外，其他六柱国为6个集团军，各督两个大将军，大将军督两个开府将军，共24个开府，每一开府统一军，共24军，此为兵农分离之贵族兵制。

北周武帝招募许多汉人参加府兵，又把府兵改称为"侍官"，入军籍后不编入地方户籍，免除赋役。此为大体兵农合一的华夏兵制。府兵直辖于君主，加强了君主权力和中央集权。

公元527～565年

世界大事记：
拜占庭皇帝查士丁尼一世在位。

坍塌多处，援军还没有来到，军心涣散，情况十分危急。正在这个时候，北齐后主却下令暂停攻城。原来他听说平阳城西有圣人遗迹，要和冯淑妃前去观看。冯淑妃浓妆艳抹了很长时间才出来。趁此机会，周军急忙把城墙的坍塌处修好，齐军失去了攻城的有利时机。

北周武帝听说平阳被围，率8万精兵前来救援，在平阳以南布阵，一字排开，东西长20余里。齐军为了阻止周军，挖了一条壕沟，东起乔山（今山西襄汾北），西到汾河。周、齐两军对峙在壕沟两侧。周军越过壕沟进攻，结果被齐军击退。

北齐后主问大臣是否应该与周军决战。有大臣说北周武帝是天子，你也是天子，怎么能躲在壕沟后面示弱呢？北齐后主一听觉得有理，下令填平壕沟。本来北周武帝想与齐军交战，苦于被壕沟所阻，见齐军填平了壕沟，大喜过望，连忙下令进攻齐军。

两军激战多时，不分胜负。这时齐军的东翼稍稍后撤，冯淑妃就惊慌失措地大喊："齐军败了！齐军败了！"大臣穆提婆也劝北齐后主快逃。北齐后主急忙带着冯淑妃和大臣们逃到晋阳。齐军见君主逃走，军心大乱，连战皆败，死者万余人，武器辎重损失不计其数。平阳一战，北齐军主力损失严重。

北周军乘胜进攻，逼近晋阳。北齐后主惊慌失措，想投奔突厥，但大臣们都不同意，只好逃回首都邺城（今河北省邯郸市临漳县邺镇）。北周军随即攻克晋阳。

北齐后主逃回邺城后，接见将士，企图重振军队。大臣斛律孝卿为他准备好了演讲稿，告诉他演讲时要慷慨激昂，以振奋士气。北齐后主走到将士们面前，却忘了演讲稿的内容，只好大笑起来。左右随从见状，也跟着大笑起来。将士们见此情景，都非常气愤，说："你皇帝都不急，我们急什么？"于是军队全无战心。

⊙骑兵和步兵战斗图　南北朝

北齐后主见大势已去，把皇位让给了太子高恒，自己当上了太上皇。不久，北周武帝亲率大军进攻邺城，邺城军民人心惶惶，出城投降的贵族、大臣络绎不绝。

建德六年（公元577年）正月，北周军攻入邺城，北齐后主率数百人逃到济州（今山东茌平），北周武帝派大将追击。高恒把玉玺送给任城王高湝，禅位于他，自己也跑了。北齐后主南逃，企图投奔陈朝，在南邓树（今山东省临朐西南）被北周军俘虏，被押到长安处死。

随后，北周武帝又陆续击败了北齐的残余势力，俘虏任城王高湝，北齐灭亡，北周统一了北方。正当他准备平突厥、定江南统一全国的时候，不幸在出征前病逝，但他为取代北周的隋朝统一全国奠定了基础。

郦道元与水结缘

郦道元出生在范阳郡涿县（今河北涿州）的一个官宦人家，他从小就与水结缘。离他家不远有一条小溪，小道元经常带着邻居家的孩子到溪里去玩耍。他们在水里逮泥鳅、打水仗、扎猛子，玩得非常开心。每天回家的时候，他们一个个身上都湿漉漉的。

郦道元是个有心的孩子，他能够在玩的时候思考一些问题。一次，小道元望着东去的溪

公元577年

中国大事记：
北周灭北齐。

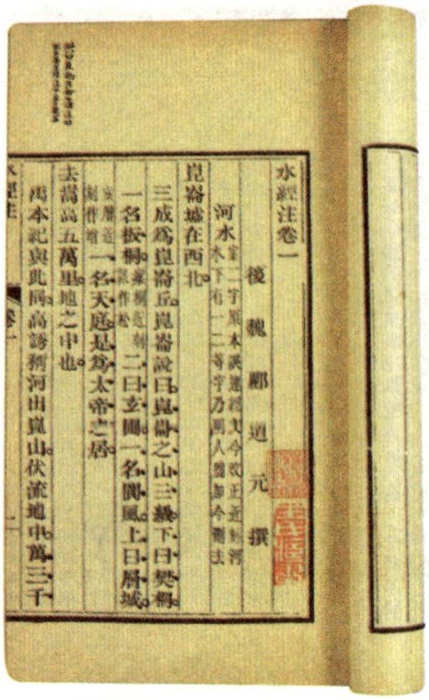

⊙《水经注》书影

水发呆。他问母亲：“这么多的水，都流到哪里去了呢？”母亲告诉他：“河神把水都吞进肚子里了，然后不定什么时候又吐出来淹没村庄和庄稼。”郦道元更不解了，说：“那为什么不惩治它呢？”父亲在一旁说：“还敢惩治，供奉还来不及呢，你没见乡亲们都忙着置办酒肉，往河里扔。”小道元显出很气愤的样子，说：“难道河神真的那么灵验吗？”父亲捻着胡须说：“根本就不是那么回事，我给你讲讲西门豹的故事吧。”

说着，父亲讲起了西门豹治邺的故事：战国时候，邺县经常发大水。人们为了讨河神的欢心，每年要把一个漂亮女子丢进河中，说是给河神娶亲。新到任的邺县县令西门豹调查得知，这全是巫婆和地方官搞的鬼把戏，借以敲诈百姓的钱财。在这年的“河神娶亲”时，西门豹对巫婆说：“河神那边怎么连个回信也没有，你下去催催吧。”说着，他让手下人把那个巫婆扔下水。其他参与组织“河神娶亲”的人吓得面如土色，连忙跪地求饶。之后，西门豹领导百姓疏浚河道，兴修水利，消除了水患，庄稼获得大丰收。

郦道元听完西门豹的故事，高兴地说：“西门豹真伟大，我长大了也要做西门豹那样的人。”父亲抚摸着小道元的头说：“孩子呀，这可不能停留在口头上，得认真观察、思考才行。”听了父亲的话，郦道元每次随父亲外出，都对野外的景物进行悉心地观察。

郦道元在青少年时代随父亲在山东生活，对当地的风土人情深入了解后，逐渐对地理考察产生了兴趣。由于父亲在青州留驻的时间较长，他对那里的地形、地貌进行了翔实的考察和记录。其中对营丘的考察是他从事野外考察成果的一个典型。

营丘在战国时就是一个很出名的地方，但古籍中却连它的位置都弄错了。郦道元利用在青州时对营丘做了详细考察。他发现所谓的营丘不过是一小土岗，它“周围300步，最高处高9丈，北侧高度为7丈半”，而且就在当时临淄城中。他把这些都详细地做了记录。营丘只是一个小土岗，郦道元却肯下如此大的工夫去进行考察，可见他在野外考察时是非常细致踏实的。

有一次，他在黄河南岸的陕县考察黄河河道的情况。当地的老百姓告诉他，秦朝时铸的两尊镇河铁牛掉进了河里，所以这一段黄河水流湍急，浪头经常高达数十丈。

郦道元觉得这种说法不可靠，就带了几个朋友到水急浪高的黄河边实地勘查。他发现，该河段两岸都是陡峭的石壁，河中央有两座石头堆成的小岛，它们把河水分成三股。郦道元由此分析说：“这里水急浪高根本不是什么铁牛造成的，而是两岸石壁崩落的石块堵塞了河道，才使水流变得湍急，有时还激起很高的浪头。”人们听了他的分析，无不点头称是。

在野外考察的过程中，郦道元绝不是走马观花地随便浏览，而是一边走一边不断地与地图、文献对照，发现其中的问题。有时他还住下来与当地的农民交谈，共同探讨当地的地理、人文历史。刚开始的时候，人们对他的工作不

·山水诗·

永嘉之乱后，避乱到江南的北方世家大族到处占山涸泽，使江南的士族庄园经济获得了迅速发展。他们常常作诗来称誉南方庄园的山水之美，从而使山水诗这种新的诗歌体裁兴盛发展起来。南朝时，出现了谢璞、江淹、谢灵运等著名的山水诗人，开创了唐代山水田园诗的先河。

公元6世纪

世界大事记：

圣索菲亚教堂在东罗马帝国首都君士坦丁堡（今伊斯坦布尔）建成，为拜占庭建筑的代表。

理解。老百姓们看他出身官家，又是官府的人，以为他这儿量那儿看，肯定是为租赋的事而来，因此总是有意回避他。实在推不过，回答他的话时也是支支吾吾。他觉得这样肯定要影响考察的效果，就主动拉近与农民的距离。郦道元出门的时候，也穿上一身粗布衣衫，脚下蹬一双草鞋，而且见到农民总是主动跟人家打招呼。有时候，老百姓家里有困难，他还前去帮忙。久而久之，大家觉得他和蔼可亲，就开始主动配合他的工作。

有了老百姓的支持，郦道元的工作开展得更顺利了。神龟元年（公元518年），郦道元被免职回到洛阳。在这期间，他感觉以往的地理著作如《山海经》《禹贡》《汉书·地理志》都太过简略，《水经》只有纲领而不详尽。于是，他花费大量心血，广泛参考各类书籍，亲自考查了许多河流的源流和支流，流经地区的地貌、物产，以及相关的历史事件等情况，终于写成了重要地理学著作——《水经注》。

在著书的过程中，郦道元选取了《水经》一书作为蓝本，采取了为《水经》作注的形式，因此取书名为《水经注》。但是，他并不是图省力、走捷径，简单地为《水经》作注释，而是花了一番工夫和气力。

《水经》一书记载的河流仅137条，文字总共只有1万多字。郦道元在《水经注》中补充了许多河流，数量比《水经》增加了近10倍，达1252条，其中有些还是独立流入大海的重要河流。《水经注》共计40卷，约30万字。仅从这些就可以看到，郦道元的《水经注》是一部内容远远超过《水经》一书的再创作，书中凝聚着郦道元大量的辛勤劳动，是他多年心血的结晶。

《水经注》是一部杰出的地理学巨著，它是对北魏以前地理学的一次全面总结，为后世地理研究提供了非常详尽的参考文献。

陈后主亡国

陈武帝建立南陈的同时，北方的东魏、西魏也分别被北齐、北周取代。公元550年，东魏高欢的儿子高洋建立了北齐；公元557年，西魏宇文泰的儿子宇文觉建立了北周。北齐和

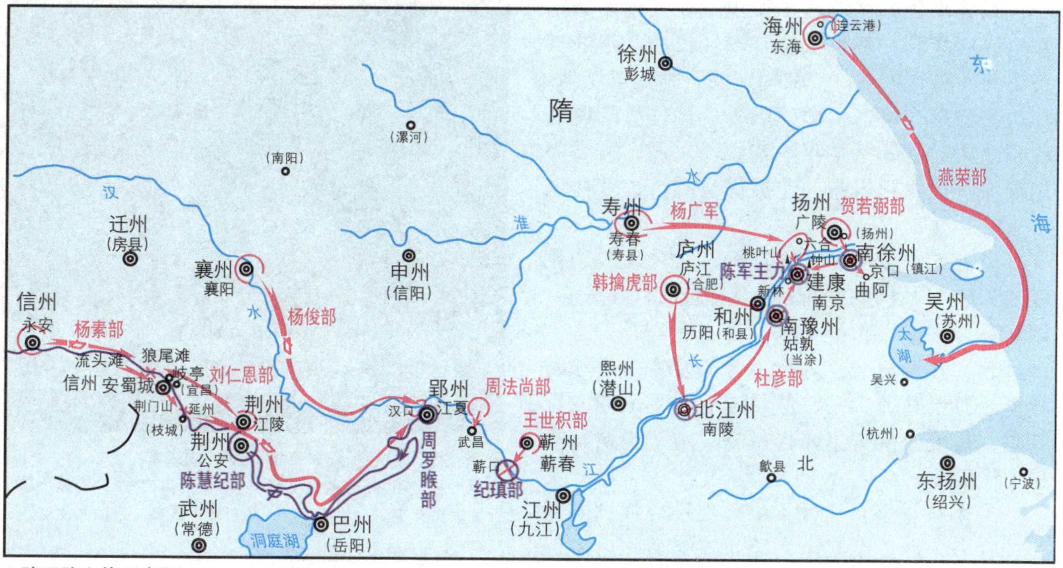

⊙隋灭陈之战示意图

公元581年

中国大事记：
杨坚称帝，是为隋文帝，国号隋，建都长安。

北周经常相互攻打，后来，北周武帝灭掉了北齐，统一了北方。

北周武帝死后，荒淫残暴的周宣帝继承了王位。周宣帝一死，他的岳父杨坚就夺取了政权。公元581年，杨坚即位，建立隋朝，这就是隋文帝。

在北方动乱不安的时候，南陈王朝获得了一个比较安定的时期，经济渐渐发展起来。但是传到第五个皇帝，却是一个荒唐得出奇的陈后主。

陈后主名叫陈叔宝，是个不过问国事，只知道喝酒玩乐的人。他大兴土木，为他的宠妃们造起了三座豪华的楼阁，自己常在里面淫乐。他手下的宰相江总、尚书孔范等人，也都是一伙腐朽不堪的文人。陈后主和宠妃经常在宫里举行酒宴，宴会的时候，就把这些文人大臣召来，通宵达旦地喝酒赋诗。还把他们的诗配上曲子，又挑选了1000多个宫女，专门为他们演唱。

陈后主过着荒唐生活的同时，北方的隋朝却渐渐强大起来，并在为灭掉陈朝做着准备。

公元588年，隋文帝造了大批战船，派他的儿子晋王杨广、丞相杨素担任讨阵元帅，贺若弼、韩擒虎为大将，带领51万大军，分八路进兵，向陈朝攻来。

杨素率领的水军从永安出发，其他几路隋军也进展顺利，都将队伍开到江边。北路的贺若弼的人马到了京口，韩擒虎的人马到了姑孰。江边的陈军守将慌忙向建康告急。告急的警报传到建康时，陈后主正跟宠妃、文人们醉得一塌糊涂。他收到警报，连拆都没有拆，就往床下一扔了事。

公元589年正月，贺若弼的人马从广陵渡江，攻克京口；韩擒虎的人马从横江渡江到采石，两路隋军一齐向建康扑来。

到了这个时候，陈后主才如梦方醒。这时城里还有十几万人马，但是陈后主手下的宠臣江总、孔范一伙哪里懂得指挥。隋军很快就攻进了建康城。

隋军打进皇宫，搜了半天也没有找到陈后主。后来，捉住了几个太监，才知道陈后主躲到后殿的井里去了。隋军兵士来到后殿，果然有一口井。往下一望，是个枯井，隐约看到井里有人，就高声呼喊，让井里的人出来。井里没人答应。兵士们威吓着大声说："再不出来，我们就要扔石头了。"说着，拿起一块大石头放在井口比画，做出要扔的样子。井里的陈后主吓得尖叫了起来。兵士把绳索丢到井里，把陈后主和他的两个宠妃拉了上来。

南朝的最后一个朝代——陈朝灭亡了。中国自从公元316年西晋灭亡起，经过270多年的分裂局面，又重新获得了统一。

⊙历代帝王图卷·陈后主像　唐　阎立本

陈后主承父祖之业，割据江南，内惑于张孔二贵妃，外惑于群小，以至国破家灭，身为臣虏，入隋后贪求爵禄，是以隋文帝叹曰："陈叔宝全无心肝！"

乾坤变幻

隋朝结束了分裂局面，实现了中国历史上又一次大统一。隋朝开创的三省六部制和科举制，对中国此后的政治和文化发展起到了积极作用。唐朝是中国封建社会最为辉煌的时期之一，不仅在中国历史上，而且在人类文明史上也有重要地位。安史之乱之后，唐朝陷入藩镇割据的泥潭，逐渐衰落，最终灭亡。

公元581年

中国大事记：
隋铸五铢钱，统一钱币；颁行《开皇律》。

开皇之治

公元581年，北周外戚杨坚代北周自立，建立隋朝，杨坚就是隋文帝，年号开皇。公元589年，隋文帝派兵攻灭了江南的陈朝，统一了全国，结束了中国自西晋末年以来长期分裂的割据局面。

虽然北方在军事上强于南方，但南方的宋、齐、梁、陈四朝始终以华夏“正朔”自居。为了证明自己才是正统的传人，在文化方面，隋文帝采取了一系列的汉化措施，比如将多年前宇文泰所赐的鲜卑姓氏全部改为汉姓。

经过长期的战乱，春秋、汉代的文化典籍毁于战火和散佚的不计其数。公元583年，隋文帝下诏求书，规定献书一卷者，赏绢一匹。“民间异书，往往间出”，“一、二年间，篇籍稍备”。隋朝藏书最多时达37万卷，7万多类。

⊙隋文帝像

佛教在南北朝时期非常兴盛，拥有大量的信徒。隋文帝本人生在一个崇信佛教的家庭，在他开始掌权的公元580年，大力扶植佛、道两教。统一天下后，隋文帝与南方佛教大师保持着书信往来。隋文帝声称受佛祖的嘱咐，要重振佛教，他下令在各地广建寺院，并将舍利子放入寺内，让广大信徒供奉。大江南北的佛教徒对隋文帝表示衷心拥戴，称他为统治世间的“法轮王”。

此外，隋文帝还重用在社会上享有极高声誉的儒家知识分子，搜罗全国各地的知识分子为隋王朝服务。

在政治方面，隋文帝废除了北周的六官制度，恢复汉魏时期的传统官制，初步确立了三省六部制度。三省就是内史省、门下省和尚书省，这三省是最高政务机构。内史省负责决策，门下省负责审议，尚书省负责执行。这一制度后来被唐朝继承。尚书省下设吏、民、礼、兵、刑、工六部。六部的长官为尚书，总管本部政务。

吏部掌管全国官吏的任免、考核和升迁；民部掌管全国的土地、户籍和赋税；礼部掌管祭祀、礼仪和对外交往；兵部掌管全国武官的选拔，以及兵籍、军械等；刑部掌管全国的刑律、断狱；工部掌管国家的各种工程、水利和交通等。三省六部制组织严密，分工明确，加强了中央集权。隋文帝建立的这套规模庞大、结构完备的封建官僚机构制度，表明了我国封建制度发展到成熟阶段。六部的设置对唐朝和唐朝以后的历代王朝影响巨大，成为以后各朝的固定制度，一直沿袭到清朝。

在地方上，杨坚把原来的州、郡、县三级精简为州、县两级，合并500多个郡县，裁汰了大量的冗官，大大节省了政府的开支，减轻

公元532年

世界大事记：

君士坦丁堡发生尼卡起义。

·《开皇律》·

隋文帝即位以后，命人修订刑律，编成《开皇律》。《开皇律》分为名例、卫禁、职制、户婚、贼盗、斗讼、捕亡、断狱等12篇，一共500条。《开皇律》废除了前代实行的许多酷刑，如枭首、宫刑、孥戮、车裂等，减掉了81条死罪和154条流罪。从历史的角度来看，《开皇律》意在维护封建统治秩序，同时它也体现了一种文明和进步的精神。

了人民的负担，提高了行政效率。隋文帝还下令，凡是九品以上的官员一律由中央任免，吏部掌握着官吏的任免权。每年吏部都要对各级官吏进行考核，以决定官吏的奖惩、升降。这样一来，中央政府就可以更好地行使权力，控制地方，隋文帝还废除了腐朽的九品中正制，削弱了士族的势力。初创了科举制，开科取士，并设秀才科。他命令各州每年推选三个有才能的人，由中央授官，并规定京官五品以上、地方官如刺史，要由德才兼备的举人担当。这种选拔官员的制度，使出身底层、有才华的人能有机会做官，扩大了隋朝的统治基础，得到了中小地主阶级的支持，也促进了教育、文学的发展。隋文帝开创建立的科举制度，被后世所采用，长达1300多年，对中国历史影响深远，直到清朝末年才废除。

隋文帝还制定了《开皇律》，废除了宫刑、车裂、枭首、灭族等残酷的刑法，完成了自汉文帝以来的刑罚制度改革历程。《开皇律》对后世律法影响深远，隋文帝修订的法律基本上都被唐朝继承。

在军事方面，隋文帝初即位便派兵攻打不时侵扰的突厥，后来采用离间分化策略，使突厥分为东西两部，其内部自相残杀，而隋朝消除了北方的边患。公元602年，隋军大破突厥，夺回了河套地区，把隋朝的北部边界扩展到了阴山以北。

隋朝全盛时，人口近5000万，良田1944万顷，国土东西9300里，南北14815里，国库殷实，国力强大，并重开丝绸之路，派遣使节四处活动，使隋朝成为一个世界性的大帝国。隋文帝在位期间，被称为“开皇之治”。

赵绰依法办事

隋文帝统一全国后，采取了许多巩固统治的措施：改革官制兵制；建立科举制度；严惩贪官污吏。经过一番整顿治理，政局稳定，社会经济开始繁荣起来。

隋文帝又派人修订了刑律，把那些残酷的刑罚都废除了。这本来是件好事，但是隋文帝本人却不完全按照这个刑律办事，往往一时发怒，便不顾刑律规定，随便下令杀人。

隋文帝的做法，叫大理（管理司法的官署）的官员十分为难。大理少卿赵绰觉得有责任维护刑律公正，常常跟隋文帝顶撞。

在大理官署里，有一个叫来旷的官员，听说隋文帝对赵绰不满，想迎合隋文帝，就上了一道奏章，说大理衙门执法不严。隋文帝看了

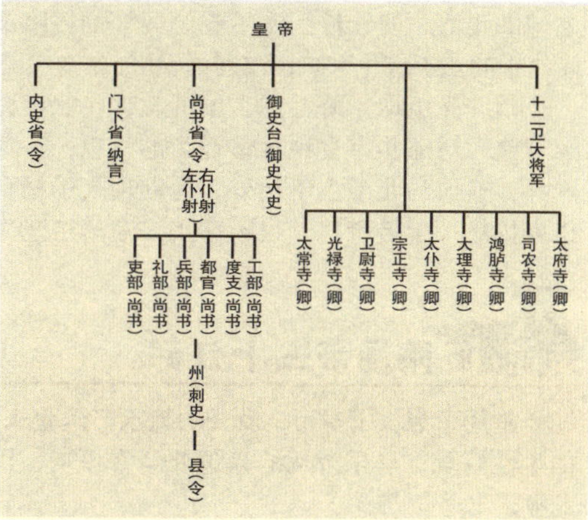

⊙隋三省六部制简表

公元582年

中国大事记：
隋文帝命人于长安故城东南营建新都大兴城。

奏章，认为来旷说得很中肯，就提升了他的官职。

来旷自以为皇帝很赏识他的做法，就昧着良心，诬告赵绰徇私舞弊，放了一些不该赦免的犯人。

隋文帝虽然嫌赵绰办事不合他的心意，但是对来旷的上告，却有点怀疑。他派亲信官员去调查，发现根本没有这回事。隋文帝弄清真相后，勃然大怒，立刻下令处死来旷。

隋文帝把这个案子交给赵绰办理，他觉得这一回来旷诬告的是赵绰自己，赵绰一定会同意他的命令。哪儿知道赵绰还是说："来旷有罪，但是不该判死罪。"

隋文帝很不高兴，起身就离朝准备回内宫去了。

赵绰在后面大声嚷着说："来旷的事臣就不说了。不过臣还有别的要紧事面奏。"

隋文帝信以为真，就让赵绰跟随他进了内宫。

隋文帝问赵绰要奏什么事。赵绰说："我有三条大罪，请陛下发落。第一，臣身为大理少卿，没有管理好下面的官吏，使来旷触犯刑律；第二，来旷本不该被判处死，臣却不能据理力争；第三，臣请求进宫，本来无事可奏，只是因为心里着急，才欺骗了陛下。"

隋文帝听了赵绰最后几句话，禁不住笑了。在一旁坐着的独孤皇后（独孤是姓），也很赏识赵绰的正直，便让侍从赐给赵绰两杯酒。隋文帝终于同意了赦免来旷，改判革职流放。

隋文帝吸取了陈后主亡国的教训，比较注意节俭，对那些有贪污奢侈行为的官吏，一律严办，连他的儿子也不例外。他发现太子杨勇讲究排场，生活奢侈，很不高兴，渐渐疏远了杨勇。

皇子晋王杨广很狡猾，他摸到父亲脾气，平时装得特别朴素老实，骗得了隋文帝和独孤皇后的信任，再加上杨素经常在隋文帝面前说他的好话——结果，隋文帝把杨勇废了，改立杨广为太子。直到他病重的时候，才发现杨广是个品质很坏的人。后来，杨广害死了父亲，夺取了皇位，这就是历史上出名的暴君隋炀帝。

·科举制度·

科举制是历代封建王朝通过考试选拔官吏的一种制度，由于采用分科取士的办法，所以叫科举。其制创始于隋，确立于唐，完备于宋，而延续至元、明、清，至清光绪三十一年（1905年）废除，历经1300多年。隋文帝为废除世族垄断仕途的九品中正制，开始用分科考试办法选拔官员。隋炀帝时置进士科，允许普通士人应考。唐代于进士科外，又置秀才、明法、明书、明算诸科为常科，而由皇帝特诏举行的考试为制科，武则天时又增置武举。诸科中以进士科最为重要。至宋代，确立了殿试制度，使科举三级考试制度得以完备。宋以后，只有进士一科。为防止应试者及考官舞弊，历代都建立了比较完整的防范制度，在一定程度上体现了公平竞争的原则。考试文体用八股文。唐代进士及第后，须经吏部考试合格方授官；宋代进士一至四甲可直接授官；明、清进士则均可直接授官。

隋炀帝三下江都

隋炀帝当上了皇帝，就开始追求享乐起来。他生性好玩，享乐游玩的兴趣要经常更换，因此频繁出巡。

公元605年，就是隋炀帝即位的头一年，他就下诏命令黄门侍郎王弘等人到江南造龙舟和各种船只上万艘。几十万人因此被征调去造船，许多民工劳累过度，死在工地上，运载尸体的车子，东至成皋，北至河阳，络绎不绝。

公元535～555年

世界大事记：
哥特战争，拜占庭征服东哥特王国。

⊙ 隋炀帝龙舟出行图

同年八月，隋炀帝从洛阳出发游江都，随行的有嫔妃、文武百官、公主王侯和僧道尼姑等几十万人。炀帝乘坐的龙舟高达45尺，宽50尺，长200尺。沿途一些州县的官僚，为了巴结皇帝，不顾百姓死活，狠命敲榨，让百姓为隋炀帝一行准备吃的喝的，叫作“献食”。一些州县甚至强迫农民预交几年的租税，弄得许多百姓倾家荡产。

公元611年，隋炀帝第二次巡游江都。这次游幸，又是大肆挥霍。不仅如此，隋炀帝一行到了江都，还大摆酒席，宴请江淮以南的名士，炫耀豪华，向百姓摆威风。

公元617年，隋炀帝第三次出游江都时，农民起义的烽火已燃遍大河上下、长江南北，隋王朝的统治已是岌岌可危了。可是隋炀帝只顾个人享乐，根本不顾百姓死活。在游江都之前，停泊在江都的几千艘龙舟全被起义军烧毁了。隋炀帝马上下令重新建造，规格比原来的还要豪华富丽，耗费了大量的钱财，百姓也已穷困到了极点。

隋炀帝的船队从宁陵向睢阳开进时，常常搁浅，拉纤的民夫用尽力气，一天也走不了几里路。炀帝十分恼火，下令追查这一段河道是哪个官员负责开凿的。

经查问，原来这个河段的负责人是麻叔谋。这时，督造副使令狐达乘机上书告发麻叔谋蒸食婴儿、收受贿金等事。于是，炀帝下令查办麻叔谋，并将当时挖这一段河道的5万名民工统统活埋在河岸两旁。

隋炀帝到达江都后，更加荒淫无度，每天都与嫔妃美女一起饮酒作乐。此时，他见天下大乱，心中也常常烦躁不安。他还准备了毒药带在身边，准备在危急时吃。隋炀帝一人出游，几乎是全天下的人民都在为他准备行装、供奉食物。他的游幸，给人民带来了深重的灾难，以致百姓没有饭吃，只能剥树皮、挖草根，或者煮土而食，有的地方还出现了人吃人的现象。至此，隋朝江山已处于风雨飘摇之中了。

兴修大运河

魏晋南北朝时期，大量的汉人南迁，为江南地区带来了先进的生产工具和技术，使江南的经济有了显著的发展，尤其是会稽郡（今浙江绍兴一带）成为江南最富庶的地区。隋朝定都长安，政治中心在北方，北方经济发展水平虽然很高，但由于关中和洛阳地区的人口激增，当地的出产物已经远远不能满足皇室贵族、官员和军队日益增长的消费需求，需要从其他地区运输布帛粮食和财物，特别是富庶的江淮地区。如果用陆路运输，不但速度慢、运量小，而且费用高，根本无法满足北方的需要。所以开凿沟通南北的大运河，进行水路运输，已经成为当时社会经济发展的迫切需要。

从政治上看，隋朝中央政府为加强对关东地区和江南地区的控制，也需要开通一条南北向的大运河。陈朝虽然已经灭亡，但它的残余

公元604年

中国大事记：

隋文帝去世，太子杨广继位，是为隋炀帝。

势力还很多。终隋一朝，广大南方地区始终都有反隋起义爆发。隋文帝时有公元597年桂州（今广西桂林）的李光仕起义，公元600年熙州（今安徽安庆）的李英林起义，公元601年，潮州等五州相继起兵。到了隋炀帝时，公元613年爆发了余杭刘元进和吴郡人朱燮、晋陵人管崇的起义。由于路途遥远，这些江南地区的起义常常使隋朝鞭长莫及。为了进一步控制江南，隋朝需要开凿一条运河来进行运兵，以便及时镇压当地的反隋起义，加强对江南地区的控制。在江南开凿运河，从迷信的角度讲可以泄掉当地的“王气”。此外隋炀帝屡次派兵攻打辽东，开凿运河还可以快速地向东北地区运兵运粮。

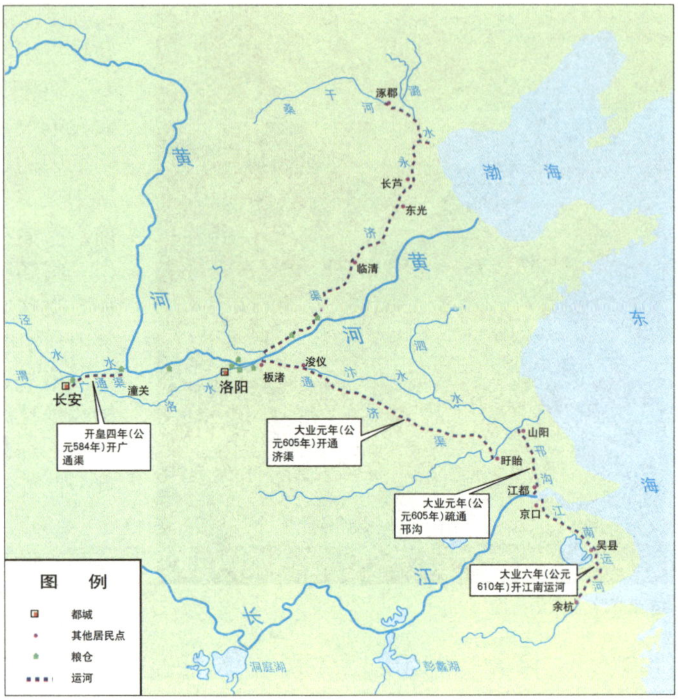

⊙隋运河示意图

从隋炀帝个人来看，他迷恋江南的繁华，也有开运河乘龙舟到江都（今江苏扬州）看琼花、游江南，达到自己优游享乐的目的。

隋朝经过“开皇之治”，国家的经济有了很大的发展，政府掌握了大量的粮食、布帛和财富。这为开凿大运河提供了足够的物质基础。公元605年，隋炀帝下令开凿一条贯通南北的大运河。大运河以东都洛阳为中心，北抵涿郡（今北京），南到余杭（今浙江杭州），共分四段：

通济渠（又叫御河）。公元605年，隋炀帝征发“河南、淮北诸郡民前后百余万”开通济渠。战国时期，魏国就已经开凿了鸿沟（引黄河水到汴水，再折向南循沙水入颍水）。通济渠

·大索貌阅·

隋朝建立后，因此前北方长期战乱，农民流离失所，加之官府赋役繁重，农民或依附豪强大族，脱离国家户籍；或虚报年龄，逃避赋役，致使户籍散乱不实，故行此法。隋廷令地方官府和基层的三长，按户籍上登记的人口对各户进行核查，以查明有无隐匿人口；并根据人口的体貌核实户籍上登记的年龄，以防发生诈老诈小的现象。又规定堂兄弟以下一律分居，各自立户。还鼓励告发，若纠得一丁，则令被纠之家代告发者输赋役。如核查户口不实，一经发现，地方官吏解职，里正、党长发配远地。据史载，仅开皇元年（公元581年）于北方地区的一次大索貌阅，即检括出壮丁44万余人，164万余口编入国家户籍。大业五年（公元609年），又于全国范围内进行，共检出20余万丁，新增64万余口。

公元554年

世界大事记：
拜占庭军队远征西班牙。

是在鸿沟和下游的汴河（今已堙塞）两水基础上，加以疏浚拓宽而成的。通济渠从洛阳西引谷水、洛水到黄河，再从板渚（板城渚口的简称，在今河南荥阳汜水镇东北黄河侧）引黄河水入汴河，又经河南开封东南引汴水入泗水，最后再入淮河，邗沟（又叫山阳渎）。公元605年，隋炀帝征发“淮南民十余万”疏通邗沟。春秋时期，吴王夫差为了北上争霸中原，下令在长江和淮河之间开凿一条运河。因这条运河流经吴国的邗城（今江苏扬州），所以称之为邗沟。隋朝大运河的邗沟段，就是在春秋时期吴国邗沟的基础上疏浚拓宽而成的。邗沟沟通了淮河南岸的山阳（今江苏淮安）和长江北岸江都，再绕过江都入长江。

江南河。公元610年，隋炀帝下令开江南河。从京口引长江到余杭，“八百余里，广十余丈”。

以上三段是大运河的主体航线，主要用于从江南地区向关中和洛阳漕运布帛粮食和财物。

此外还有永济渠。公元608年，隋炀帝征发河北诸郡壮丁百万，开凿永济渠。男丁不够，就征发妇女补充。永济渠从洛阳的黄河北岸，引沁水、淇水东流入清河（卫河），再到今天的天津附近，最后经沽水（白河）和桑干河（永定河）到涿郡（今北京）。永济渠是专门为对辽东作战而开凿的。

隋代大运河全长2000多千米，河面宽30米到70米不等，北通涿郡，南达余杭，沟通了海河、黄河、淮河、长江、钱塘江五大水系，经过了河北、山东、河南、安徽、江苏和浙江等广大地区，使得南北的物资可直达长安。隋朝大运河与长城一样，是我国最雄伟的工程之一。大运河开通后，成为南北交通的大动脉，促进了南北的经济、文化的交流，维护了国家的统一。

但在开凿大运河的过程中，隋炀帝征发了大量民夫，造成了严重的社会危机，是隋朝灭亡的原因之一。

瓦岗起义

瓦岗军的首领翟让，原来在东郡衙门里当差，因为得罪了上司，被关进了监牢，还被判了死罪。有个狱吏很同情他，在一天夜里，狱吏偷偷地给翟让解下镣铐，把翟让放了。

翟让出了监牢，逃到东郡附近的瓦岗寨，召集了一些贫苦农民，组织了一支队伍。当地一些年轻人听到消息后，都来投奔他。这些人中有一个17岁的青年叫徐世勣，不但武艺高强，而且很有谋略。

翟让听从徐世勣的意见，带领农民军到荥阳一带，打击官府和富商，夺了大批钱粮。附近农民来投奔翟让的越来越多，队伍很快壮大到一万多人。

这时，有一个叫李密的青年前来投奔翟让，并且帮助他整顿人马。

李密对翟让说：“从前刘邦、项羽，也不过是普通老百姓，后来推翻了秦朝。现在皇上昏庸残暴，民怨沸腾，官军大部分又远在辽东。您手下兵精粮足，要拿下东都和长安，打倒暴君，是很容易办到的事！”

接着，两人商量了一番，决定先攻打荥阳。荥阳太守见势不妙，慌忙向隋炀帝告急。隋炀帝派大将张须陀带大军前来镇压起义军。

李密请翟让在正面迎击官兵，他自己带了一千人马埋伏在荥阳大海寺北面的密林里。

张须陀根本没把翟让放在眼里，莽莽撞撞地指挥人马杀奔过来。翟让抵挡了一阵，假装败退。张须陀紧紧在后面追赶，追了十多里，路越来越窄，树林越来越密，进入了李密布置的埋伏圈。李密见敌军到了，一声令下，埋伏着的瓦岗军将士奋勇杀出，把张须陀的人马团团围住。张须陀左冲右突，没法突围，最后全军覆没。张须陀也被起义军杀死了。

经过这次战斗，李密在瓦岗军的声望提高

公元616年

中国大事记：
李密加入瓦岗军。

⊙隋末农民起义晚期势力分布示意图

了。李密不但号令严明，而且生活俭朴，对起义将士也十分关心。日子一久，将士们就渐渐倾向他了。

后来，翟让觉得自己的才能不如李密，就把首领的位子让给了李密。大家推李密为魏公，兼任起义军元帅。

瓦岗军在洛口建立了自己的政权。不久，又乘胜攻下许多郡县，隋朝官吏士兵都纷纷前来投降。瓦岗军一面继续围攻东都，一面发出讨伐隋炀帝的檄文，历数炀帝的罪恶，号召百姓起来推翻隋王朝的统治。这样一来，震动了整个中原。

正当瓦岗军不断发展壮大的时候，它的内部却发生了严重分裂。翟让让位给李密后，翟让手下有些将领很不满意。有人劝翟让把权夺回来，翟让却总是一笑了之。这些话传到李密耳朵里，李密就心生疑虑了。李密的部下也撺掇他把翟让除掉。李密为了保住自己的地位，终于起了杀心。

有一天，李密请翟让喝酒。在宴会中，李密把翟让的兵士支开后，假意拿出一把好弓给翟让，请他试射。翟让刚拉开弓，李密便暗示埋伏好的刀斧手动手，把翟让杀了。

从此，瓦岗军开始走向衰弱了。这时，北方由李渊带领的一支反隋军却日益强大起来。

江都宫变

隋炀帝杨广即位后营建东都洛阳，三次出征辽东，开凿大运河，穷奢极欲，穷兵黩武，浪费了大量的民脂民膏，极大地破坏了社会生产，给人民带来了无穷无尽的灾难。老百姓家破人亡，流离失所，很多地方赤地千里，农田荒芜，甚至出现了人吃人的可怕现象。人民终于忍无可忍，纷纷起义。山东人王薄自称“知世郎”，在长白山（今山东邹平南）首先起义，各地的老百姓纷纷响应，后来逐渐形成了以翟让、李密为首的活动在中原的瓦岗军，以窦建德为首的河北起义军和以杜伏威、辅公佑为首的江淮起义军等几支力量。起义军不断在各地打击隋军，声势浩大。

⊙隋炀帝像

公元593~622年

世界大事记：
日本圣德太子摄政。

隋炀帝在位14年，但在首都长安的时间还不到一年。他喜欢巡游天下，曾西到张掖，南下江都，东征辽东，北至长城。

一次，隋炀帝到北方巡游时，突厥突然发兵将他包围在雁门关。当时情况十分危急，突厥兵的箭不断射入城中，隋炀帝束手无策，只知道抱着自己的小儿子号啕大哭。后来多亏了李世民率援军赶到才击退了突厥。惊魂初定的隋炀帝急忙回到了洛阳。这时农民起义军也活动于洛阳城下，发布讨伐隋炀帝的檄文，列举了他十大罪状。檄文说隋炀帝的罪大恶极，“罄南山之竹，书罪无穷；决东海之波，流恶难尽”。隋炀帝立即下令大造龙舟，准备南下江都，远离北方这片是非之地。

当时隋王朝已经处于风雨飘摇之中，大臣们纷纷劝阻，反对去江都，都被隋炀帝杀死，剩下的大臣再也不敢表示反对。隋炀帝乘坐龙舟，宗室、嫔妃、大臣、僧尼、道士、番客共乘数千艘大船，卫士们又乘数千艘船，前后相接200余里，两岸护卫8万多人，都穿着锦缎丝绸做的衣服，浩浩荡荡南下江都了。

隋炀帝到了江都后接见地方官，献礼多的就升官，献礼少的就罢免。于是地方官大肆搜刮百姓，甚至征收次年的赋税，用来向隋炀帝送礼。老百姓饥寒交迫，连树皮草根都吃光了，甚至出现了人吃人的惨况。

这时，隋朝的太原留守李渊见隋朝大势已去，起兵占领长安，把隋炀帝13岁的孙子杨侑扶上帝位，遥尊隋炀帝为太上皇。与此同时，各地起义军也不断发展壮大。在农民起义风暴的猛烈冲击下，隋朝土崩瓦解，只剩下江都等几座孤城，江都的东、西、北三面都被起义军包围。

隋炀帝预感到末日就要来临，整天和皇后、妃子寻欢作乐，醉生梦死。他不愿听到失败的消息，禁止大臣向他汇报，对萧皇后说：“听说外面有不少人想害我，不管他了，还是快快活活喝酒吧。”有一次，他拿起一面镜子，呆呆地照了半天，叹了一口气说：“多好的头啊，不知道谁会来砍它？”萧皇后听了心惊胆战，掩面痛哭，隋炀帝轻描淡写地说：“富贵荣辱本来就是不断交替，有什么好伤心的？”

隋炀帝的禁卫军，大多数是关中（今陕西一带）人。他们眼看着隋炀帝的末日将要来临，都想回关中老家，许多人都私下逃走。贵族宇文化及和大将司马德勘利用士兵的这种心理，煽动士兵发动兵变。宇文化及带领兵士，冲入行宫，准备杀死隋炀帝。

隋炀帝吓得瘫在大殿上，战战兢兢地对叛乱的士兵说：“我犯了什么罪，你们要杀我？”

宇文化及说：“你发动战争，穷奢极欲；昏庸无道，杀害忠良；使男子死在战场，妇女儿童饿死他乡，百姓流离失所，你还说自己没罪吗？”

隋炀帝说：“我确实对不起老百姓，但是你们这些人跟着我享受荣华富贵，我没对不起你们。今天这样做，是谁带的头？”

宇文化及说：“全国的百姓都恨透你这昏君，哪是一个人带的头！”

隋炀帝知道今天必死无疑，但他害怕砍头碎尸，于是声嘶力竭地大叫：“我是天子，应该按天子的死法去死，不能砍头碎尸！来人哪，拿毒酒来！”叛乱的士兵不耐烦了，齐声拒绝。

·赵州桥·

赵州桥是世界上最古老的石拱桥。原名“安济桥”，位于今河北赵县的洨河上。由隋代杰出工匠李春于公元595~605年设计建造，比欧洲同类拱桥早1200年。桥长50.82米，宽9.6米。桥身的大拱两端上方各有两个小拱，可以减轻桥身的重量和桥基的压力，遇到洪水，又可减弱激流对桥身的冲击。整个桥型匀称轻盈，栏板上刻有龙形花纹，栩栩如生。赵州桥历经1400多年，至今仍然完好，为全国重点文物保护单位。

公元618年

中国大事记：
李渊称帝，国号唐，是为唐高祖，隋朝亡。

隋炀帝无可奈何，只好取下了一条丝巾，缠在自己的脖子上，两头交给两名士兵，让他们使劲拉。一代昏君终于死了，统治中国38年的隋朝也就此宣告灭亡。

李渊起兵

李渊出身贵族，继承祖上的爵位，当了唐国公。公元617年，隋炀帝派他到太原去当留守（官名），镇压农民起义。

李渊有四个儿子，其中第二个儿子李世民是个很有胆识的青年，他很喜欢结交朋友。

晋阳（今山西太原）县令刘文静就是李世民非常赏识的一个朋友，他跟李密有亲戚关系，李密参加起义军以后，刘文静受到株连，被革了职，关在晋阳的监牢里。

李世民得知刘文静坐了牢，急忙赶到监牢里去探望。

李世民拉着刘文静的手，一面叙友情，一面请刘文静谈谈对时局的看法。

刘文静早就知道李世民的心思，他说："现在杨广远在江都，李密正进攻东都，到处都有人造反，这正是打天下的好时机。我可以帮您招集10万人马，您父亲手下还有几万人。如果用这支力量起兵，不出半年就可以打进长安、取得天下。"

李世民回到家里，反复想着刘文静的话，觉得很有道理。但是要说服他父亲，却不是一件容易的事。正好在这个时候，太原北面的突厥（我国古代北方民族之一）可汗向马邑进攻。李渊派兵抵抗，连连打败仗。李渊怕这件事传到隋炀帝那里，追究他的责任，急得不知怎么办才好。

李世民抓住这个机会，就找李渊劝他起兵反隋。

李世民对李渊说："皇上委派父亲到这里来讨伐反叛的人。可是眼下造反的人越来越多，您能讨伐得了吗？再说，皇上猜忌心很重，就算您立了功，您的处境也将更加危险。唯一的出路，只有起来造反。"

李渊犹豫了许久，才长叹一声，说："我思考你说的话，也有些道理，我只是有些拿不定主意。好吧！从现在起，是家破人亡，还是夺取天下，就凭你啦！"

⊙唐高祖李渊像

李渊把刘文静从晋阳监牢里放了出来。刘文静帮助李世民，分头招兵买马。李渊又派人召回正在河东打仗的另两个儿子李建成和李元吉。

李渊自称大将军，让李建成做左领军大都督，李世民做右领军大都督，刘文静做司马，带领3万人马离开晋阳，向长安进军。一路上他们继续扩充人马，还学着农民起义军的做法，打开官仓，给贫民发粮。这样一来，加入队伍的人就越来越多了。

不久，唐军攻下霍邑城，然后继续向西进军，在关中农民军的配合下，渡过了黄河。

李渊率领了20多万大军攻打长安。守在长安的隋军，已经无力回天，很快就被李渊的军队攻破了城池。为了争取民心，李渊一进长安就宣布约法十二条，把隋王朝的苛刻法令全部废除，随后立隋炀帝的孙子杨侑做了挂名的皇帝。

第二年（公元618年）夏天，隋炀帝在江都被人杀了。消息一传来，李渊就把杨侑废了，自己登基称帝，改国号为唐，这就是唐高祖。

公元612～647年

世界大事记：
印度戒日王朝时期。

虎牢之战

唐朝建立后，李世民东出攻伐盘踞洛阳的王世充，唐军与王世充军在洛阳城下激战半年，王世充遭重创，不久洛阳被唐军重重包围。王世充困守孤城，粮食殆尽，危急之中连连遣使向河北夏王窦建德求救。窦建德明白“唇亡齿寒”的道理，意识到王世充被消灭后，李唐政权下一个要打击的就是自己，遂决定出兵救王。

公元621年春，夏王窦建德率十余万兵马西援洛阳，连下管州、荥阳、阳翟等地，很快进抵虎牢以东的东原一带。秦王李世民在洛阳坚城未下、窦军骤至的形势下召部下商量对策，大多数将领怕遭敌人内外夹攻而主张退兵以避敌锋；独宋州刺史郭孝恪、记室薛收反对退兵。郭、薛认为若让窦、王联合，其势更强，统一无期；主张留部分兵继续围攻洛阳，唐军主力去虎牢扼守以拒窦军；窦军一破，洛阳受震慑，可不战而下。李世民纳此议，留齐王李元吉、大将屈突通续围洛阳，自己率精兵3500人赴虎牢拒敌。

李世民一面令唐军坚守城防，一面率小拨人马骚扰试探窦军，尽数掌握了河北军的虚实。由于李世民拒守不出，窦军在虎牢城外屯扎数周却不得西进，心情郁闷，士气下降。四月，李世民又派军突袭了窦军的粮道，窦军处境更加不利，将士思归河北。谋士凌敬献策窦建德转攻怀州、河阳，再越过太行山，向汾晋发展，从北面威胁唐都长安，则洛阳围可解。窦建德有点动心，但部将多不愿，王世充又频频告急，窦建德遂搁置其议，而决定趁唐军饲料用尽、到河北岸牧马之机袭击虎牢。李世民得到情报，遂将计就计，他派军一部过河，故意留马千余匹于河渚以诱窦军进攻。窦军果然上当，全军出动，在汜水东岸布阵，依河背山，准备进攻唐军。

李世民正确分析形势后，认为窦军犯险而进，逼城而阵，有轻视唐军之意，于是令军士严阵

·李密·

李密（公元582~618年），字玄邃，一字法主，京兆长安（今陕西西安）人，祖籍辽东襄平（今辽阳），出身世家，隋末农民起义军首领。其父李宽为隋上柱国，李密袭父爵。公元613年，随杨玄感反隋，兵败后逃出。于公元616年加入瓦岗军，与翟让谋划，屡败隋军。公元617年，二人率精兵攻占兴洛仓，放粮赈济饥民。围攻洛阳，列隋炀帝十大罪状，天下震动。同年秋，杀翟让。后为王世充所败，投降唐朝，不久谋反被杀。

⊙战争壁画

敦煌莫高窟第十二窟唐代的战争壁画。我们从双方隔河相峙、筑城而战的紧张场面，可看到“城”之于“战”的重要。

公元626年

中国大事记：

李世民伏兵玄武门，杀太子建成及齐王元吉，是为玄武门之变。

以待，待窦军疲惫后再行出击。窦建德等得不耐烦，遣将向唐军挑战。李世民命王君廓率200长矛兵出战，双方短兵交接，格斗数次，未分胜负。自辰时直至午时，沿汜列阵的窦军渐饥渴困乏，浑身酸软，很多人倒在地上；有的争着抢水喝，阵形开始混乱。李世民细心观察了这些迹象后，即遣宇文化及率300精骑经敌人阵西先行试阵，并指示，如窦军严整不动，即回军返阵；若敌阵有动，则继续东进。

宇文军至窦军阵前，窦军阵势开始动摇；李世民见状，当机立断，下令唐军倾巢而出，自己率骑兵先出，主力步兵随后跟进，过汜水后直扑窦军大本营。窦军被突如其来的精骑疾冲，顿时大乱，预备抵抗唐军的战骑通道被向大本营走避的众臣将阻塞。窦建德下令群臣闪开，为骑兵让路，但为时已晚，李世民骑兵已经冲入。窦建德忙领军向东撤退，为唐将窦抗紧追不舍。突入窦军大本营的唐军与窦军展开激战，杀得窦军丢盔弃甲。李世民又遣骁将秦琼、程咬金率军迂回抄窦军的后路，分割窦军。窦建德见失败不可避免，便令全军撤退，唐军乘胜追击30里，斩杀并俘虏窦军5万余。窦建德本人也中槊，行走不便而被唐军俘获，其部属纷纷溃散，仅其妻领数百骑逃回河北。唐军大胜。

玄武门之变

唐朝刚刚建立不久，李世民和皇太子李建成之间，就为争夺皇位展开了激烈的斗争。

李世民手下有大批人才：勇将有声名显赫的尉迟敬德、秦叔宝、程咬金，文人中有著名的十八学士，其中房玄龄、杜如晦多谋善断，都是一时俊秀。太子李建成在太原起兵之后，也统领过一支军队，打过一些胜仗，在他的周围聚集着一大批皇亲国戚。另外，他长期留守关中，在京城长安一带有牢固的基础，宫廷的守军（玄武门的卫队）也在他的控制之下。他还和齐王李元吉结成联盟对付李世民。因而，总的来说，李世民和李建成是势均力敌，旗鼓相当。

为了削弱李世民的势力，李建成和李元吉绞尽脑汁。凡是有调动兵马的机会，他们总是想方设法把李世民的部将调离。这样，他们之间由明争暗斗发展到了兵戎相见的地步。

这时正好突厥入侵，李建成便和李元吉策划，先夺了李世民的兵权，等出征的时候再把

⊙**十八学士图　唐　佚名**

李世民建文学馆，广揽人才，杜如晦等十八人称学士。

公元6～9世纪

世界大事记：
印度修建甘吉布勒姆神庙。

·翰林院·

翰林院是中国唐代开始设立的各种艺能之士供职的机构。开元二十六年（公元738年），建翰林学士院，专供草拟诏制者居住，供职者称翰林学士（简称学士）。安史之乱以后，翰林学士的地位更加重要，在参谋密计方面分割了宰相之权。唐宪宗以后，翰林学士往往晋升为宰相。宋沿唐制设学士院，也称翰林学士院，有时亦称翰林院。翰林学士实际上充当皇帝顾问，很多宰相都从翰林学士中选拔。元丰改制后，翰林学士成为正式官员，正三品，并且不任其他官职，专司草拟内制之职。明翰林院掌制诰史册文翰之事。入翰林院者均为科举进士名列前茅者，官品虽低，却被视为清贵之选。清因明制，亦设翰林院。掌院学士无文学撰述之责，是侍读学士以下诸官的名义长官，与唐宋之翰林学士有所不同。

他杀掉。消息很快便传到李世民那里，他急忙找来长孙无忌、尉迟敬德商量对策，大家都主张立即动手，先发制人。

当天夜里，李世民进宫去控告李建成和李元吉，揭发他们在后宫胡作非为。高祖大吃一惊，说："有这样的事吗？"李世民说："不但如此，他们还想谋害我。如果他们得逞，儿就永远见不到父皇了！"说完便哭了起来。高祖说："你讲的事情，关系重大，明天你们一同进宫，我要亲自审问！"第二天一早，李世民让长孙无忌等人带了一支精兵，埋伏在玄武门内。守卫玄武门的将领叫常何，原来是李建成的心腹，事先已被李世民收买过来了。他见李建成和李元吉走进玄武门，便迅速将大门关闭。

李建成和李元吉下了马，走上临湖殿。李建成眼光向周围一扫，发觉周围的气氛有点反常。他扯一下齐王的衣袖，转身飞快走下石级，翻身上马，奔向玄武门。这时，只听有人喊道："太子、齐王，为什么不去上朝？"李建成回头一看，不是别人，正是对头李世民。李世民对准李建成一箭射去，先把李建成射死了。李元吉急忙向西逃去，也被尉迟敬德一箭射下马来。

正当他们兄弟三人火并的时候，唐高祖正带着大臣、妃子在海池中乘船游玩。忽然看见岸上有一个全副甲胄的将军匆匆赶来，便问："你是什么人？"那位将军跪在地上说："臣就是尉迟敬德。"高祖又问："你来这里干什么？"尉迟敬德说："太子、齐王叛乱，秦王恐怕惊动陛下，特地派臣来护驾。"高祖大吃一惊，忙问："太子、齐王在哪儿？"尉迟敬德说："已经被秦王杀死了。"

高祖十分难过，吩咐游船靠岸。左右大臣听到李建成、李元吉已死，也就乐得顺水推舟做个人情。宰相萧瑀说："建成、元吉本来就没有大功，现在秦王已经杀了他们，也不是坏事。不如陛下把国事交给秦王，就没有事了。"

事已至此，唐高祖只好听从萧瑀的话，命令各路军队都接受李世民的指挥。三天后，唐高祖李渊立李世民为皇太子，国家军政大事一律由太子处理。又过了两个月，唐高祖被迫让位，自称太上皇。李世民当上皇帝，就是唐太宗。

以人为镜

魏徵在隋末参加了瓦岗起义军，后来随瓦岗军投奔了唐军，在皇太子李建成手下当了一名侍从官。他曾几次劝太子杀掉秦王李世民。

玄武门之变后，有人向李世民告发了魏徵策划杀他的事。李世民找来魏徵，板着脸问道："你为什么在我们兄弟之间挑拨是非？"魏徵神

公元630年

中国大事记：
李靖俘颉利可汗，东突厥亡。

⊙ **魏徵古帖**

魏徵此帖字势雄强，布局宽博，用墨厚重，字划粗细安排适中，隐隐间正气凛然，正如古书论所说，字如其人。

色自如地回答说：“要是皇太子早听我的话，就不会发生今天的事了！”左右大臣都替魏徵捏把汗，没想到李世民竟然转怒为喜。他觉得魏徵很正直，就任命他做了谏议大夫。

公元626年，唐太宗派人征兵。有大臣建议说：有些十六岁以上的男孩，虽然不满十八岁，可长得身材高大，也应该让他们当兵打仗，唐太宗同意了。但是魏徵扣住诏书不发。唐太宗催了几次，魏徵就是不发。唐太宗气得火冒三丈，对魏徵说道：“你好大的胆子！竟然敢扣住我的诏书不发。”魏徵不慌不忙地说：“我不赞成您这样做！军队强大不强大，不在于人多人少，而在于用兵得法。好比湖里的鱼和水，您把水弄干了，可以捉到很多鱼，但是到明年湖中就无鱼可捞了。如果把那些不到十八岁的男子都征来当兵，以后还到哪里征兵呢？”唐太宗虽觉得有理，可就是不服气。魏徵也生气了，不顾一切地说：“陛下，您已经好几次说话不算数、失信于民了！”魏徵一席话，说得唐太宗哑口无言。他别扭了好半天，才老老实实承认了自己的错误。于是，又重新下了一道诏书，免征不到十八岁的男子。

有一次，唐太宗去洛阳巡视，中途在昭仁宫（今河南寿安）休息，他对用膳安排不周大发脾气。魏徵当面批评唐太宗说：“隋炀帝就是因为常常为百姓不献食物而发火，或者嫌进献的食物不精美，使百姓背上沉重的负担而灭亡了，陛下应该从中吸取教训。如能知足，今天这样的食物陛下就应该满意了；如果贪得无厌，即使食物再好一万倍，也不会满足。”唐太宗听后不觉一惊，说：“若不是你提醒，恐怕我就难得听到这样中肯的话了。”

⊙ **魏徵像**

公元643年，63岁的魏徵得了重病。唐太宗不断派人前去探视他的病情。这一天，唐太宗听说魏徵病危，急忙领着皇太子，亲自到他府里去看望。唐太宗难过地问魏徵：“您还有什

·《大衍历》·

《大衍历》亦称《开元大衍历》。唐开元十七年（公元729年）起施行的历法。一行撰。因立法依据《易》象大衍之数而得名。一行测各地纬度，南至交州（今越南河内一带）北达铁勒（今蒙古乌兰巴托西南），并步九服日晷，定各地见食分数，复测见恒星移动。开元十五年（公元727年）而历成。共分7篇，包括平朔望和平气、七十二候，日月每天的位置与运动、每天见到的星象和昼夜时刻、日食、月食和五大行星的位置。后世历家遂沿袭其格式来编历。该历法系统周密，比较准确地反映了太阳运行的规律，表明中国古代历法体系的成熟。

公元7世纪 | **世界大事记：** 拜占庭皇帝希拉克略进行军政改革。

么话要说吗？”魏徵用微弱的声音说：“我最担心的就是国家的危亡啊！如今国家昌盛，天下安定，希望陛下您在太平的时候要想到可能出现的危险局面啊（文言是居安思危）！”唐太宗边听边点头，表示一定记住他的话。几天以后，魏徵病死了。

唐太宗十分悲痛，亲自为他撰写了墓碑的碑文。此后，他还时常怀念魏徵，有一次，唐太宗在朝堂上对大臣们说：“用铜做镜子，可以整理衣帽；用历史做镜子，可以知道兴亡的道理；用人做镜子，可以明白自己的过失。我常常拿这三面镜子来检察自己的得失。如今魏徵去世了，我就少了一面镜子啊！”

魏徵的忠言直谏和唐太宗的虚心纳谏，使唐朝出现了繁荣的局面，形成了后世历史学家称赞的“贞观之治”的局面。

李靖夜袭阴山

唐太宗刚即位的时候，中原战事基本结束，但边境还经常受到少数民族的侵扰。特别是东突厥，当时还很强大，常常威胁唐朝的边境。当初，唐高祖一心对付隋朝，只好靠妥协的办法，维持和东突厥的友好关系，但东突厥贵族仍旧不断侵扰唐朝边境，使得北方很不安宁。

唐太宗即位不到 20 天，东突厥的颉利可汗便率领 10 多万人马，一直打到离长安只有 40 里的渭水边。颉利以为唐太宗刚即位，内部不稳，一定无力抵抗，便先派使者进长安城见唐太宗，扬言 100 万突厥兵马上就到。

唐太宗亲自带了房玄龄等 6 名将领，骑马来到渭水边的桥上，指名要颉利出来对话。

唐太宗隔着渭水对颉利说：“我们两家已经订立了盟约，几年来还给你们许多金帛，为什么要背信弃义，带兵进犯？”

颉利觉得理亏，表示愿意讲和。过了两天，双方在便桥上重新订立盟约。接着，颉利就退兵了。从这以后，唐太宗加紧训练将士，每天召集几百名将士在殿前练习弓箭。

第二年，一场大雪覆盖了北方。东突厥死了不少牲畜，大漠以北发生饥荒。颉利可汗加紧压迫其他部族，引起各部族的反抗。颉利派他的堂兄弟突利去镇压，反被打得大败。

唐太宗利用这个机会，派出李靖、徐世勣等 4 名大将和大军 10 多万，由李靖统率，分路向突厥攻击。

李靖很快便攻下定襄，得胜还朝。唐太宗十分高兴，说：“从前汉朝李陵带领 5000 兵卒，结果被匈奴所俘虏；现在你以 3000 轻骑深入敌人后方，攻下定襄，威震北方，这是自古以来少有的成功战例啊！”

⊙李靖像

颉利逃到阴山以北，担心唐军继续追赶，便派使者到长安求和，还说要亲自前来朝见。唐太宗一方面派唐俭到突厥安抚，另一方面又命令李靖带兵前去察看颉利的动静。

李靖领兵来到白道（在今内蒙古自治区呼和浩特西北），与在那里的徐世勣会师。两个人商量对付颉利的办法。李靖说：“颉利虽然打了败仗，但是手下还有很多人马。如果让他逃跑，以后再要追他，就很困难了。我们只要选 1 万精兵，带 20 天的粮，跟踪袭击，把颉利捉住，就可以大获全胜了。”徐世勣表示赞成，两支军队便向阴山进发了。

颉利得知唐军骑兵来到，慌忙上马逃走。李靖指挥唐军追杀，突厥兵没有主帅，全军溃败。

公元645年

中国大事记：

玄奘取经而还，抵达长安，《大唐西域记》成书。

⊙李世民便桥会盟图　辽　陈及之

此图是唐太宗李世民在长安近郊的便桥与突厥颉利可汗结盟。图中右侧全为突厥人，下跪者即颉利可汗。

唐军歼灭突厥兵1万多，俘获了大批俘虏和牲畜。颉利东奔西逃，最后被他的部下抓住交给唐军，随后被押送到长安。

一度很强大的东突厥就这样灭亡了。唐太宗并没有杀死俘虏，同时，在东突厥原址设立了都督府，让突厥贵族担任都督，并由他们管理各部突厥。

这次胜利，使唐太宗在西北各族中的威信大大提高。这一年，回纥等各族首领一起来到长安，朝见唐太宗，拥护唐太宗为他们的共同首领，尊称他是"天可汗"。

从那以后，西域各族人和亚洲许多国家的人，不断来到长安拜见和观光。在这一时期，我国高僧玄奘也通过西域各国去天竺求取佛经。

玄奘取经

⊙玄奘像

玄奘的原名叫陈祎，洛州缑氏（今河南偃师缑氏镇）人，是长安大慈恩寺的和尚。他从13岁出家做和尚起，就认真研究佛学。后来他到处拜师学习，很快就精通了佛教经典，被尊称为三藏法师（三藏是佛教经典的总称）。玄奘发现原来翻译的佛经有很多错误，就决定到天竺去学习佛经。

公元629年（一说627年）他从长安出发，到了凉州（今甘肃武威）。当时，朝廷不允许唐人出境，他在凉州被边境兵士发现，命令他回长安去。他没有改变初衷，而是逃过边防关卡，向西来到玉门关附近的瓜州（今甘肃安西）。

出了瓜州以后，玄奘在玉门关守吏王祥及同族兄弟的帮助下，艰难地走出玉门关五堡，其中经历了沙漠缺水的考验，最终到达高昌。

高昌王麹文泰也笃信佛教，听说玄奘是大唐来的高僧，十分敬重，请他讲经，还恳切地要他留在高昌。玄奘坚决不肯。文泰没法挽留，就给玄奘备好行装，派了25人，带着30匹马护送；还写信给沿路24国的国王，请他们保护玄奘安全过境。

玄奘带着一行人马，越过雪山冰河，经历了千辛万苦，到达碎叶城（今吉尔吉斯北部托

公元646年

世界大事记：

日本大化改新。

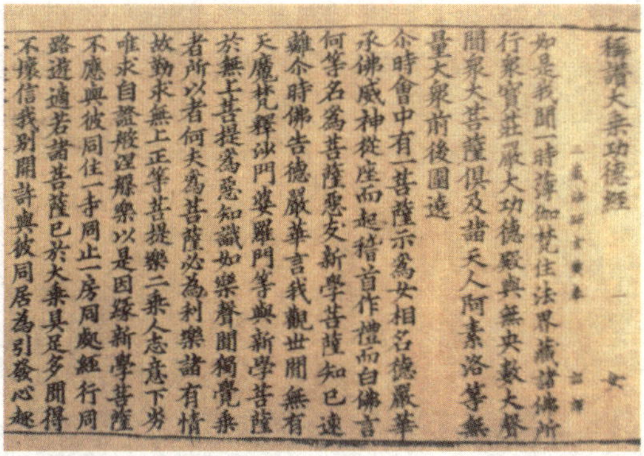
稱讚大乘功德經 一卷
如是我聞一時薄伽梵住法界藏諸佛所
行衆寶莊嚴大功德殿與無央數大聲
聞衆大菩薩俱及諸天人阿素洛等無
量大衆前後圍遶
尒時會中有一菩薩示爲女相名德嚴華
承佛威神從座而起稽首作禮而白佛言
何等名爲菩薩悪友新學菩薩知已遠
離尒時佛告德嚴華言我觀世間無有
天魔梵釋沙門婆羅門等與新學菩薩
於無上菩提爲悪知識如樂聲聞獨覺乘
者所以者何夫爲菩薩必爲利樂諸有情
故勤求無上正等菩提樂二乘人志意下劣
唯求自證般涅槃樂以是因緣新學菩薩
不應與彼同住一寺同止一房同處經行同
路遊適若諸菩薩已於大乘具足多聞得
不壞信我别開許與彼同居爲引發心趣

⊙玄奘译《功德经》内页

克马克附近），西突厥可汗接待了他们。从那以后，一路上十分顺利，通过西域各国进入到天竺。

天竺摩揭陀国有一座古老的叫作那烂陀的大寺院。寺里有个戒贤法师，是天竺有名的大学者。玄奘来到那烂陀寺，跟着戒贤法师学习。五年后，他把那里的经全部学会了。

摩揭陀国的戒日王是个笃信佛教的国王，他听到玄奘的名声后，便在他的国都曲女城（今印度北方邦境内卡瑙季）为玄奘开了一个隆重的讲学聚会。天竺 18 个国的国王和 3000 多高僧都到了会。戒日王请玄奘在会上讲经说法，还让大家讨论。会议开了 18 天，大家十分佩服玄奘的精彩演讲，没有一个人提出不同的意见。最后，戒日王派人举起玄奘的袈裟，宣布讲学圆满成功。

玄奘的游历，在佛学上取得了巨大成功，还促进了东西方的文化交流。公元 645 年，他带着 600 多部佛经，回到阔别十多年的长安。他的取经事迹，轰动了长安城。当时，正在洛阳的唐太宗对玄奘的壮举十分赞赏，在洛阳行宫接见了玄奘。玄奘将他游历西域的经历向太宗做了详细的讲述。

从这以后，玄奘就在长安定居下来，专心致志地翻译从天竺带回来的佛经。他还和他的弟子合作编写了一本《大唐西域记》。

文成公主入藏

吐蕃人是藏族的先祖，唐初在青藏高原上生活，并日益壮大起来。大约在公元 620 年，吐蕃赞普（吐蕃人的首领）松赞干布的父亲统一了西藏各个部落。后来，松赞干布做了赞普，把都城迁到逻些（今拉萨），制定了官制和法律，建立了强大的奴隶制政权。

公元 640 年，松赞干布派得力的大相（宰相）禄东赞带着 5000 两黄金，数百件珍宝，来长安求婚。唐太宗向禄东赞仔细询问了吐蕃的情况，答应把美丽多才的文成公主嫁给松赞干布。

传说当时到长安求婚的一共有五个国家的使臣，唐太宗决定出几道难题，考一考这些使臣，谁回答得正确，就把公主许配给哪一个国王。

唐太宗叫侍从拿出一颗珍珠和一束丝线，对使臣们说："谁能把丝线穿过珍珠的小孔，就把公主嫁给谁的国王。"这是一颗中间有一个弯弯曲曲小孔的珍珠，叫九曲珍珠。一根软软的丝线怎能从弯弯曲曲的小孔中穿过呢？几位使臣拿着丝线不知怎么办。禄东赞灵机一动，他捉来一只蚂蚁，把丝线拴在蚂蚁的身上，再把蚂蚁放进小孔的一端，然后向小孔内吹气。一会儿，蚂蚁爬出了小孔的另一端，丝线也就在蚂蚁的带动下，穿了过去。

接着，唐太宗又出了第二道难题。他命令马夫赶来 100 匹母马和 100 匹马驹，要求辨认

·回纥兴起·

回纥是隋代至唐初游牧在色楞格河一带的少数民族，先是隶属于突厥，突厥衰落后，回纥兴盛起来。"安史之乱"期间，回纥两次出兵帮助唐平叛。回纥与唐通好，双方进行了大规模的互市贸易，双方的经济文化交流很频繁。唐末，回纥衰落，大都向西迁徙。

公元648年

中国大事记：
阿史那社尔平龟兹，唐始置安西四镇。

⊙**步辇图　唐　阎立本**
此图描绘了唐太宗会见吐蕃赞普派来迎娶文成公主的使者禄东赞的情景。

100对马的母子关系。其他使臣束手无策，只有禄东赞想出了办法。禄东赞把母马和马驹分别圈起来，只喂马驹草料，不喂水。过了一天，再把马驹放出来，小马驹渴得厉害，纷纷找自己的妈妈吃奶，就这样，禄东赞辨认出它们的母子关系。

于是，到了公元641年，唐太宗就派礼部尚书、江夏王李道宗护送文成公主，动身进入吐蕃。松赞干布亲自率领大队人马从逻些赶到柏海（今青海扎陵湖）迎接。松赞干布原来住在帐篷里，为了和文成公主成婚，在逻些专门建筑了一座华丽的王宫，就是现在的布达拉宫。在这座王宫里，松赞干布和文成公主举行了隆重的婚礼。

文成公主进藏，在吐蕃历史上是一件重大事件。文成公主到达吐蕃，不仅带去各种谷物、蔬菜种子，而且带去了工艺品、药材、茶叶及各种书籍。吐蕃过去没有文字，无论什么事都用绳打结，或在木头上刻符号表示。文成公主劝松赞干布设法造字。于是，松赞干布指令吞弥·桑布扎去研究，后来创制出了30个字母及拼音造句的文法。从此吐蕃有了自己的文字。所有这些，都极大地促进了经济文化的发展。

公元650年，松赞干布不幸英年早逝，只活了33岁。松赞干布死后，文成公主又活了30年。文成公主受到吐蕃人世世代代的热爱，留下了许多美丽的传说。

王勃大器早成

王勃的父亲和祖父都是隋末著名的学者，在他们的直接影响下，王勃很小就会写诗作文。他9岁的时候就对颜师古的《汉书注》进行纠误，并撰写《指瑕》10卷；12岁时到长安拜当时的名医曹元为师，学习《周易章句》《黄帝素问难经》等重要著作。

尽管王勃的祖上代代为官，但都是些清闲的职务，没有多少实权，所以不能给他带来多少走向仕途的政治凭依。他并不为此事苦恼，从小注重研究经世致用之学，关心国家大事，

公元7世纪中叶

世界大事记：
苏门答腊古国室利佛逝兴起。

寻找机会上书献颂自荐，以获得一官半职。少年时期的王勃对自己的未来充满了信心。

唐初的盛世使统治者滋长了侵略的野心，他们自恃国力强盛，经常侵略弱小的邻国。公元664年，王勃上书右相刘祥道，抨击朝廷的侵略政策，反对讨伐高句丽。他说："开辟数千里的疆域，对江山社稷并没有多大好处；大规模对外用兵，使朝廷的军队困顿不堪。烽烟四起，报告紧急军情的传车一辆接一辆，弄得老百姓惶惶不可终日；巨额的军费支出，耗尽了国家的财力。"刘祥道见王勃小小年纪竟有如此深刻的见解，认为他是一个不可多得的"神童"，立即向朝廷上表举荐。

公元666年，王勃参加科举考试，受到考官的赏识，考中后当上了朝散郎。经过主考官的介绍，他担任沛王府修撰，并赢得了沛王的欢心，这使得他一度踌躇满志。然而，灾难正向他迫近。一次，沛王李贤与英王李哲斗鸡，王勃写了一篇《檄英王鸡文》，讨伐英王的斗鸡，以此为沛王助兴。但高宗看到这篇文章后，认为这是官员们互相勾结的兆头，立即下令免除

⊙滕王阁图　元　夏永

此图根据唐代王勃的《滕王阁序》文意绘制而成，描绘中国四大楼阁之一的"滕王阁"，界画精丽，上部题有《滕王阁序》的全部文字。

了王勃的官职，并于当天将其赶出沛王府。王勃凭着自己的才情和苦心经营刚刚打通的仕途，就这样毁于一旦。

⊙王勃像

正值春风得意的王勃受到这样的打击，心情异常沉重。他在《夏日诸公见寻访诗序》中表白了自己的心境：气吞山河的理想，在这个繁荣昌盛的时代化为泡影；凌云壮志，现在已经消失得无影无踪。可见他的内心是非常凄怆悲苦和愤激不平的。不久，王勃悻悻地离开长安，南下进入蜀地，开始了他在蜀中漫游的生涯。

漫游期间，朝廷先后数次征召王勃，他都以生病为由不去。公元672年，王勃返回长安，裴行俭等人又数次召用。但王勃作文表明自己的志向，婉言拒绝，结果触怒了裴行俭，斥他"徒有虚名"。翌年，王勃听友人陆季友说虢州多药草，便设法做了虢州参军，第二次走上仕途。

王勃才学过人，又不愿与那些贪官同流合污，因此遭到同僚的嫉妒。有一次，官奴曹达犯了死罪，王勃把他藏到自己府内，想先查清原委再行定夺。后来，他又害怕事情败露，就私下里把曹达杀了。王勃因此被判死刑而入狱，后又巧遇大赦，免除死刑。此后，他更加珍惜劫后余生，在文中表示：富贵好比浮云一样轻飘。光阴荏苒，著书立说应该是现在主要的努力方向……整理典籍、舞文弄墨方面需要加倍用心。

第二年，朝廷打算重新起用王勃，但他决计弃官为民。之后，在短短的一年多的时间里，王勃完成了《续书》《周易发挥》等大量著作，同时还创作了许多不朽的诗文作品。其间，他经常夜以继日地读书、写文章，以至于手指经

公元690年

中国大事记：
武则天废睿宗，称帝，改国号为周。

常扶笔的部位都磨出了茧子。

公元675年春，王勃从龙门老家南下，前往交趾探望父亲。他一路上经洛阳、扬州、江宁等名城，九月初到达洪州。当时，洪州的滕王阁新修完毕，都督阎伯屿在滕王阁内宴请宾客，各方贤达人士，齐聚一堂。阎公有个女婿，文章写得比较好，阎公让他提前写就一篇《滕王阁序》，待到宴会上拿出来，以为即席赋就。宴会上，阎公请宾客们写《滕王阁序》，众宾客不敢放肆，只得推辞说自己文笔不好。

王勃少年气盛，便不客气地接过纸笔，一挥而就，写下了不朽的《滕王阁序》。阎公接过来一看，不由得啧啧称奇。当读到“落霞与孤鹜齐飞，秋水共长天一色”时，他震惊万分，大呼：“这才是不朽的文章啊！”王勃从此声名大振。

女皇武则天

唐高宗是个懦弱平庸的人，他即位以后，把朝政大事交给他的舅父、宰相长孙无忌处理。后来，他又立武则天为皇后，武则天权力欲很强，逐渐掌握了朝政大权，成为中国历史上唯一的女皇帝。

武则天名曌，并州文水（今山西文水）人。她的父亲武士彟原来是一个很有钱的木材商人。隋末时弃商从戎，成了一名府兵制下的鹰扬府队正。李渊起兵反隋，武士彟转而参加了李渊的军队，后来在唐朝廷为官，官至工部尚书，封应国公。武则天9岁时，父亲死去。14岁时，近40岁的唐太宗听说她长得很美，便选她入宫，赐号武媚，人称媚娘，后来又封为才人。唐太宗死了以后，她和一些宫女依旧制被送到感业寺去做尼姑。李治当太子时曾与她有暧昧关系，于是让她蓄发入宫侍寝，封为昭仪。但武则天心里还不满足，想进一步夺取皇后的位子，于是武则天千方百计想陷害王皇后。

武则天生了一个女儿，有一天，王皇后来探望，爱抚地摸了摸，逗了逗。王皇后走后，武则天竟狠心地把女儿掐死，用被子盖好。当高宗来看时，她便诬陷是王皇后杀了她的女儿，使王皇后有口难辩。唐高宗因此大怒，从此动了废王立武的念头。

到了公元655年九月，唐高宗不顾褚遂良、长孙无忌等人的反对，正式提出废王皇后，立武则天为后。

有一天，唐高宗问李勣：“我打算立武昭仪做皇后，褚遂良他们坚决反对，你看这事该怎么办呢？”李勣看见高宗废立决心已下，便为武则天说好话，他说：“废立皇后，这是陛下的家事，何必一定要得到外人同意呢？”许敬宗也说：“乡下人多割十斛麦子，尚且想换个新媳妇，何况天子富有四海，立新皇后没有什么不可以的！”于是高宗决定，废王皇后为庶人，册封武氏为皇后。

武则天当皇后以后，很快形成了自己的势

⊙武后步辇图　唐　张萱

公元661～750年

世界大事记：
阿拉伯帝国倭马亚王朝时期。

·唐三彩·

唐三彩是一种盛行于唐代的陶器，以黄、白、绿为基本釉色，后来人们习惯地把这类陶器称为“唐三彩”。唐代是中国封建社会的鼎盛时期，经济上繁荣兴盛，文化艺术上群芳争艳。唐三彩就是这一时期产生的一种彩陶工艺品，它以造型生动逼真、色泽艳丽和富有生活气息而著称。

力集团，参与朝政。她利用高宗与元老重臣之间的矛盾，在短短几年内，就杀了长孙无忌，罢免了20多个反对她的重臣。武则天对拥护她的人全都重用，李义府、许敬宗因而青云直上，当了宰相。到了后来，武则天甚至同高宗一起垂帘听政，当时朝臣并称他们为“二圣”，即称高宗为天皇，武后为天后。武则天作威作福，高宗一举一动都受她约束。唐高宗很不满，就秘密把大臣上官仪找来，让他起草废武后的诏书。消息传到武则天那里，武则天怒气冲冲地去见唐高宗。她厉声问高宗说：“这是怎么回事？”唐高宗十分害怕，没了主意，就结结巴巴地说：“我本来没有这个意思，都是上官仪教我这么干的。”武则天立刻命人杀掉上官仪等人。从此大小政事，都由武则天一人定夺。

唐高宗感到武氏一派的威胁越来越大，担心李家的天下难保，就想趁自己还在世，传位给太子李弘（武则天的长子）。但是，武则天竟用毒酒害死了李弘，立次子李贤做太子。不久，又把李贤废为平民，改立三儿子李显为太子，弄得唐高宗束手无策。

到公元683年十二月，唐高宗病死，太子李显即位，就是唐中宗。武则天以皇太后的身份临朝执政。后来，她容忍不了唐中宗重用韦氏家族的人，又废了唐中宗，立她的四儿子李旦为帝，就是唐睿宗。同时，她不许睿宗干预朝政，一切事务由她自己做主。

唐宗室功臣看到武氏家族弄权，人人自危，于是激烈的斗争便公开化了。最先起来反抗的是李唐旧臣徐敬业、唐之奇、骆宾王等人。他们以拥戴中宗为号召，在扬州起兵反对武则天，在朝廷内部获得了宰相裴炎的支持，内外呼应，一时间聚集了十余万人马。骆宾王乘讨武军浩大的气势，慷慨激昂地写了一篇著名的《讨武曌檄》。武则天派出30万大军平了徐敬业，杀了倾向徐敬业的宰相裴炎等人。

公元690年九月，67岁的武则天自称圣神皇帝，改国号为周，以洛阳为神都，降唐睿宗为皇嗣。

名相狄仁杰

武则天对那些反对她的人，进行残酷的迫害；对那些有才能的人，不计较门第出身，破格任用。她手下有许多有才能的大臣，其中最著名的是宰相狄仁杰。

狄仁杰，字怀英，太原（今山西太原）人。祖父狄孝绪，贞观年间做过尚书左丞，父亲狄知逊做过夔州长史。狄仁杰在少年时热爱读书。有一次县吏来询问一桩案情，他周围的人都争着向县吏说出自己的想法，唯独狄仁杰聚精会神地读书，不理不睬。县吏责怪他，狄仁杰说：“我正和书中圣贤对话，没有工夫和凡夫俗子搭腔。”

⊙狄仁杰像

公元705年

中国大事记：
张柬之等人发动政变，逼武则天退位，复立中宗李显，复国号唐。

⊙三彩腾空马俑　唐

公元676年初，狄仁杰升任为大理丞。大理丞是负责掌管案件审判的官员。当时积压了许多案件，狄仁杰以卓越的才能，一年内处理了一万七千余件，件件都处理得公平合理，没有一个喊冤叫屈的。

唐高宗知道狄仁杰这人不但有胆气，而且有才识，便擢升他为侍御史。

侍御史是负责监察弹劾百官的官员。狄仁杰常常置个人安危于不顾，与那些有权有势的贪官进行斗争。

武则天当上皇帝后，更加赏识狄仁杰，不断提升他的官职，最后让他当了宰相。

公元692年，酷吏来俊臣诬告狄仁杰谋反，狄仁杰被捕下狱。狄仁杰为了不被冤死，等待时机，就承认自己谋反。来俊臣还要逼狄仁杰供出另外一些同谋的大臣。狄仁杰怒不可遏，气愤地把头向柱子撞去，血流满地，以致来俊臣不敢再审问。后来，狄仁杰乘看管松懈，偷偷写成一幅冤状，放在棉衣里转给儿子。儿子接到冤状急忙向武则天上报，引起武则天的注意，武则天亲自召来狄仁杰，问他为什么要造反。狄仁杰回答说："如果不承认造反，我早死在酷刑之下了。"武则天又问他为什么要写谢罪表。狄仁杰说："没有这样的事。"武则天这才知道是来俊臣阴谋陷害他。

后来，狄仁杰又恢复了宰相官职。这时，武则天在立李氏为太子还是立武氏为太子的问题上犹豫不决。武则天的侄儿武承嗣、武三思为谋求太子地位，在暗地里频繁地活动，曾多次让人劝说武则天立武氏为太子。他们大肆宣扬自古到今从来没有一个皇帝立异姓为太子的。狄仁杰趁武则天还没有拿定主意，便劝她立李氏为太子。他说："陛下您想想，姑侄的关系和母子的关系哪个亲。陛下立儿子为太子，在千秋万岁之后，配食太庙，享受祭祀，承继无穷；如果立侄儿为太子，就没有听说太庙中供姑姑的！"狄仁杰的这些关键的话触动了武则天的心。

狄仁杰做宰相，善于推举贤才。先后推举的有桓彦范、敬晖、窦怀贞、姚崇等数十人，均官至公卿，有的后来成为宰相。

狄仁杰善于用人，能够让他们发挥各自的才能。就是已经归降的少数民族将领，狄仁杰也能使他们充分发挥作用。如契丹部落的两员大将李楷固和骆务整，骁勇异常，屡次打败唐朝军队，许多唐朝将领死在他们手中。后来，这两个人都来归顺唐朝，大臣们纷纷上书，要求处死他们。最后，武则天接受了狄仁杰的意见，赦免了他们，派他们到边境驻守。这两人驻守边境，尽忠守职，从此边境平安无事。

狄仁杰晚年的时候，武则天更加敬重他，尊称他为"国老"，而不直接叫他的名字。

公元700年，狄仁杰病死。武则天非常悲痛，罢朝三日，追封他为梁国公。以后，每有不能决断的大事，武则天就想起狄仁杰，慨叹地说："老天为什么要那么早夺走国老呢！"言语中，对狄仁杰充满了无限怀念之情。

姚崇灭蝗

武则天临终前一年，经过一场残酷的宫廷斗争，唐中宗李显在一些李氏旧臣的拥戴下复位了。唐中宗复位以后，不信拥李旧臣，却让韦皇后掌握了朝政大权。她重用武三思，把朝政弄得混乱不堪。公元710年，中宗一死，唐睿宗的儿子李隆基便起兵杀了韦皇后，拥戴睿宗复位。过了两年，睿宗把皇位让给李隆基，这就是唐玄宗。

20多岁的唐玄宗即位后，一心想干一番唐太宗那样的事业。他任用姚崇为宰相，整顿朝政，

公元701年

世界大事记：
日本制定《大宝律令》。

把中宗时期的混乱局面逐渐扭转了过来。唐王朝重新出现了兴盛繁荣的景象。

正当玄宗励精图治的时候，河南一带发生了一场特大蝗灾。中原广阔的土地上，到处都是成群的飞蝗。那蝗群飞过的时候，黑压压的一片，遮天蔽日。蝗群落到哪里，哪里的庄稼就被啃得荡然无存。

灾情越来越严重，受灾的地区也越来越大。地方官吏向朝廷告急的文书，像雪片一样传到京城。

宰相姚崇向玄宗上了一道奏章，认为蝗虫不过是一种害虫，处理得当，是可以治理的。只要各地官民齐心协力驱蝗，蝗虫完全可以扑灭。

⊙姚崇像

唐玄宗很信任姚崇，立刻批准了姚崇的奏章。姚崇下了一道命令，要百姓一到夜里就在田头将火堆燃起。等飞蝗看到火光飞下来，就集中扑杀；同时在田边掘个大坑，边打边烧。

各地官民发动起来，用姚崇的办法灭蝗，效果很显著。仅汴州一个地方就扑灭了蝗虫十四万担，灾情缓解了下来。

可是那时在长安朝廷里有一批官员，认为姚崇的灭蝗办法，过去没人做过，现在这样冒冒失失推行，只怕会闯出乱子来。

唐玄宗见反对的人多，也有点犹豫不定。他又找姚崇来问，姚崇镇定自若地回答说："做事只要合乎道理，不能讲老规矩。再说历史上大蝗灾的年头，都因为没有采取好的扑灭措施，造成严重灾害。现在，河南河北积存的粮食不多，如果今年因为蝗灾而没收获，将来百姓没粮吃，流离失所，那样才危险呢。"

唐玄宗一听蝗灾不除，国家安全会受到威胁，就害怕起来，说："依你说，该怎么办才好？"

姚崇说："大臣们不赞成我的办法，陛下也有顾虑。我看这事陛下只管交给我来处理。万一出了乱子，我愿意受革职处分。"

⊙庄园生活图　唐

由于姚崇不顾个人安危，只考虑国家的安全、百姓的生活，坚决灭蝗，各地的蝗灾终于平息下来。

唐玄宗在他即位以后的前二十多年中，除了姚崇之外，还任用过好几个有名的贤相，比如张说、韩休、张九龄等人；他还采纳宰相和大臣们的正确意见，实行了很多有利于经济发展的措施。这个时期唐朝国力强盛，财政充裕。历史上称之为"开元之治"（"开元"是唐玄宗前期的年号）。

敦煌莫高窟

莫高窟俗称千佛洞，开凿在敦煌城东南25千米鸣沙山东麓的崖壁上，南北大约1600米，上下共5层，最高处达50米。据唐代碑文记载，莫高窟创建于前秦建元二年（公元366年），在唐朝时大大扩展，到武则天时总共已修建了1000多佛龛，所以又称“千佛洞”。因为唐朝时此处地名“莫高里”，因此又称“莫高窟”。莫高窟迄今保存有北凉、北魏、西魏、北周、隋、唐、五代、宋、西夏、元，历时一千多年的多种类型洞窟735个，其中有壁画和彩塑的洞窟492个。壁画4.5万平方米，彩塑2400余身，唐宋木构窟檐5座。1900年，于藏经洞(今编号第17窟)，发现西晋至宋代经、史、子、集各类文书及绘画作品5万余件。莫高窟是当今世界规模最宏大、内容最丰富、艺术最精湛、保存最完整的佛教石窟寺。它与山西云冈石窟、河南龙门石窟并称为中国“三大石窟艺术宝库”。1961年被国务院列为第一批全国重点文物保护单位，1987年被联合国教科文组织列入《世界文化遗产》名录。

⊙《佛传“降魔成道”图》 唐 绢本设色 长144.4厘米 宽113厘米 法国吉美博物馆藏

敦煌藏经洞壁画，描绘释迦降魔成道的故事。佛陀坐于画面中央，手呈降魔印，头顶上有巨大的华盖。左上方云彩之上有三面八臂明王（降三世明王），四周描画的是众魔军为阻止佛成道向其进攻的场面。全图场景宏大，内容繁多，但描绘细致，人物构图排列有条不紊。

莫高窟各窟均由洞窟建筑、彩塑和壁画构成。洞窟建筑形式主要有禅窟、中心塔柱窟、佛龛窟、佛坛窟、大像窟等。塑绘结合的彩塑主要有佛、菩萨、弟子、天王、力士像等。壁画内容丰富博大，分为佛教尊像画、佛经故事画、佛教史故事画、经变画、神怪画、供养人画像、装饰图案等7类，是古代社会历史的真实反映。精美的彩塑与壁画系统地反映了各个时代的艺术风格及其传承

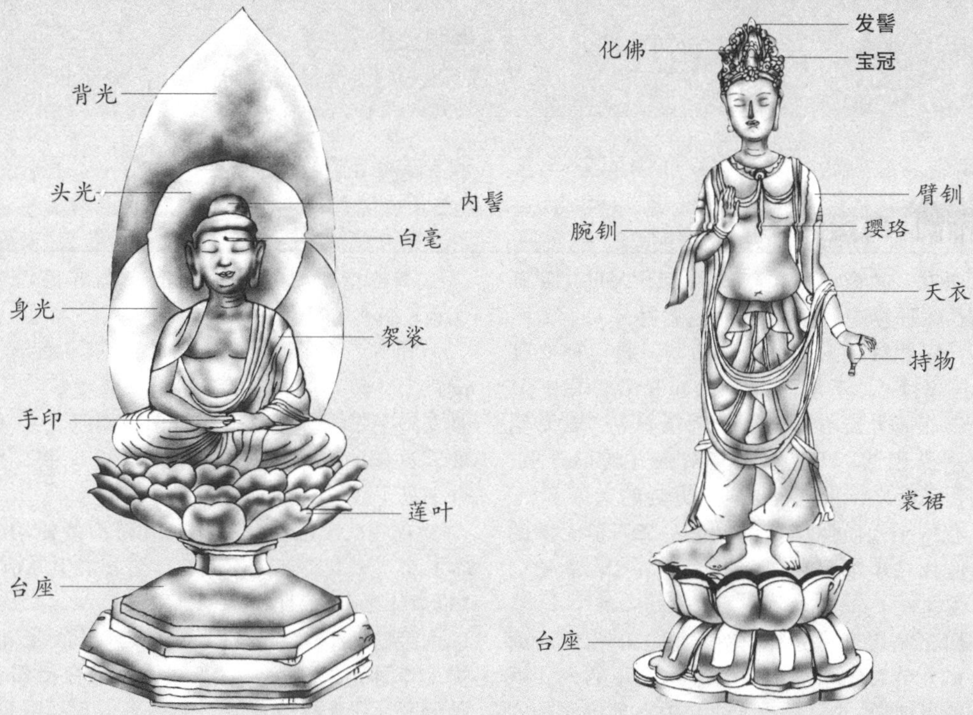

⊙佛与菩萨各部分称谓

佛与菩萨一些身体部位与穿着是常人没有的，是作为神所特有的。佛像仪轨中对这些都有明确的解释。如佛头上圆圆凸起的“内髻”是成就佛庄严形象必不可少的部分，绝非某种发式；而菩萨头上相应的部分为发髻。掌握这些基本名词与概念对了解佛教艺术大有裨益。

演变，具有珍贵的历史、艺术、科技价值。

跟南北朝时期佛像的“瘦骨清像”不同，唐代佛像大多“丰肌腻体”。如第79窟属于盛唐时期的两名侍菩萨，一坐一立，都袒胸裸足，形体丰满圆润，神态雍容华贵，是“曲眉丰颐”的唐代美人的典型形象。这件作品除了在衣着上仍然可以看到来自印度佛像的一些影响外，整个人物形象都彻底中原化了，已成为中国佛教造像中的一件优美的艺术作品。

唐代的泥塑佛像特别注重人物性格的刻画。如迦叶、阿傩的塑像就是典型的例子。第45窟的阿傩像，身躯侧欹，两手随意抄在腹前，意态憨厚，笑容可掬。与阿傩相对的是迦叶。第40窟的迦叶像，身姿挺直、眉头紧锁、面容清瘦、瘦骨嶙峋、嘴角略带嘲讽，俨然一副令人生畏的苦行僧形象。

敦煌莫高窟是集建筑、雕塑、绘画于一体的综合艺术，古代艺术家在继承中原汉民族和西域兄弟民族艺术优秀传统的基础上，吸收、融合了外来的表现手法，发展成为具有敦煌地方特色的中国民族风俗的佛教艺术品，为研究中国古代政治、经济、文化、宗教、民族关系、中外友好往来等提供了珍贵资料，是人类的文化宝藏和精神财富。

公元713年

中国大事记：
唐朝封靺鞨首领大祚荣为都督、渤海郡王。

口蜜腹剑

唐玄宗执政二十多年，见天下太平，便渐渐滋长了骄傲怠惰的情绪。他觉得，天下太平无事，宰相管政事，将帅守边防，自己何必那么为国事操心。于是，他就追求起奢侈享乐来了。

宰相张九龄看在眼里、急在心上，常常给唐玄宗提意见。唐玄宗本来对张九龄很尊重，但是到了后来，再也听不进张九龄的意见了。

有一个大臣叫李林甫，是一个不学无术的人。他什么事都不会，专门学了一套奉承拍马的本领。

唐玄宗想提升李林甫为宰相，跟张九龄商量。张九龄看出李林甫是个心术不正的人，就直截了当地说："宰相的地位，关系到国家的安危。陛下如果拜李林甫为相，只怕将来国家就要遭难了。"

·开元通宝·

从西汉武帝铸造五铢钱开始，五铢钱一直使用到唐初。唐武德四年（公元621年），朝廷宣布废除五铢，新铸开元通宝，从而结束了五铢钱700余年的流通史。开元通宝采用两钱制，即一两等于十钱，等于一百分，等于一千厘。1枚开元通宝重一钱，又叫一文，10枚为一两。中国的一两十钱制，即起源于此。唐钱以开元通宝为主，共铸行200多年。开元通宝为后世通宝、元宝之起源，其钱文、重量、行制均成为后世铸钱之楷模。唐武宗会昌五年（公元845年），扬州节度使李绅在钱背铸"昌"以记年号，各地纷纷加以仿效，在钱的背面铸上州郡的名称，这种钱币称作会昌开元通宝。开元通宝除铜钱外，还有金币和银币，但这两种币不用于流通，而是用于宫廷赏赐。

李林甫听到这些话，把张九龄恨得咬牙切齿。

朔方（治所在今宁夏灵武）将领牛仙客，没读过书，但是很会理财。唐玄宗想提拔牛仙客，张九龄不赞同。李林甫在唐玄宗面前说："像牛仙客这样的人，是宰相的合适人选；张九龄是个书呆子，没有大局观念。"

有一次，唐玄宗又找张九龄商量任用牛仙客的事。张九龄还是不同意。唐玄宗生气地说："难道什么事都得由你做主吗！"

经过几件事，唐玄宗越来越讨厌张九龄，加上李林甫的挑拨，终于找了个借口撤了张九龄的职，让李林甫当了宰相。

李林甫当上宰相后，第一件事就是把唐玄宗和百官隔绝，不许大家在玄宗面前提意见。

有一个谏官不肯依附李林甫，上奏本向唐玄宗提建议。第二天他就接到命令，被降职去外地做县令了。大家知道这是李林甫的意思，以后谁也不再向玄宗提意见了。

李林甫自知在朝廷中的名声不好。凡是大臣中能力比他强的，他就千方百计地把他们排挤出朝廷。他要排挤一个人，表面上不动声色，笑脸逢迎，却在背地里暗箭伤人。

有一个官员叫严挺之，被李林甫排挤去外地做刺史。后来，唐玄宗想起他，跟李林甫说："严挺之在什么地方？这个人很有才能，可以任用。"

李林甫说："陛下既然想念他，我去打听一下。"

退朝后，李林甫忙把严挺之的弟弟找来，说："你哥哥不是一直很想回京城见皇上吗，我有一个办法能让他如愿。"

严挺之的弟弟见李林甫对他哥哥很关心，当然很感激，连忙请教怎么办才好。李林甫说："只要叫你哥哥上一道奏章，就说自己得了病，请求回京城来治病就行了。"

公元710～794年

世界大事记：
日本奈良时代。

⊙登科平乐舞图　唐

严挺之接到他弟弟的信，果然上了一道奏章，请求回京城看病。这时，李林甫就拿着奏章去见唐玄宗，说："实在太可惜了，严挺之现在已经得了重病，干不了大事了。"

唐玄宗叹了口气，也就作罢了。

像严挺之这样上当受骗的还有很多。但是，不管李林甫装扮得多么巧妙，他的阴谋诡计还是被人们识破了。人们就说李林甫这个人是"嘴上像蜜甜，肚里藏着剑"，成语"口蜜腹剑"就是这样来的。

李林甫在宰相的职位上，一干就是十九年，一个个有才能、正直的大臣全都遭到排挤，一批批阿谀奉承的小人都受到重用提拔。就在这个时期，唐朝的政治从兴旺走向衰败，"开元之治"的繁荣景象也消失了，接着就发生了"安史之乱"。

李白傲权贵

唐玄宗暮年时，宠爱年轻美貌的杨贵妃，并把她的近亲都封了官。

唐玄宗和杨贵妃每天都在宫里饮酒作乐，时间一久，宫里的一些老歌词听腻了，他便派人到宫外去找人来给他填写新词。就这样，贺知章推荐李白进了宫。

李白，字太白，自号青莲居士，又号谪仙人，祖籍陇西成纪，是凉武昭王李暠的后代。李白出生在西域碎叶城（位于今巴尔喀什湖南），5岁的时候，他父亲才千里迢迢拖儿带女回到内地，在绵州昌隆县（今四川省江油市）清廉乡（一作青莲乡）定居下来。

李白的父亲从小就对李白进行严格的教育和培养，所以李白5岁时就能诵六甲，10岁时就读遍了诸子百家的书，连佛经、道书他也拿来读。

20岁前后，李白游历了蜀中的名胜古迹，并作了《登锦城散花楼》《白头吟》《登峨眉山》等名诗。雄伟壮丽的山川，开阔了李白的视野，培养了李白广阔的襟怀、豪迈的性格和对祖国无比热爱的思想感情。李白决心像历史上一些杰出人物那样，干一番轰轰烈烈的大事业。但

⊙太白醉酒图　清　改琦

唐代大诗人杜甫于唐玄宗天宝五载（公元746年）初至长安，分咏当时八位著名酒徒的个人性情和艺术成就。其中有这样的诗句"李白斗酒诗百篇，长安市上酒家眠。天子呼来不上船，自称臣是酒中仙"，淋漓尽致地描绘了李白作为"诗仙"的狂傲和放逸不拘。此图是清代著名画家改琦为这一诗句所作的人物画，再现了李白的洒脱和轻狂。

公元738年

中国大事记：
《唐六典》成书。

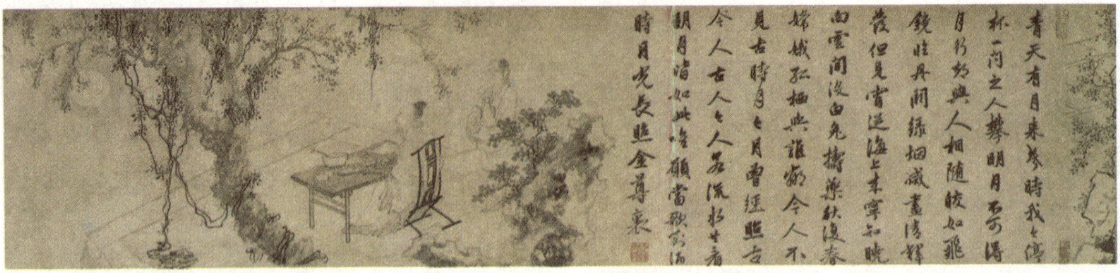

⊙李白《把酒问月》诗意图　明　杜堇
此图依据李白诗意绘制而成，左为图，右为原诗。人物用白描法，笔法细劲秀逸，形象生动传神。杜堇，本姓陆，字惧男，号古狂、青霞亭长，江苏丹徒人，明成化、弘治年间的著名画家。山水取法南宋四家，用笔遒劲；人物师李公麟，流畅疾利，追踪晋唐。

他不愿像当时的读书人那样，走科举入仕的道路，而是希望依靠自己的学问、品德，获得声誉，一举成名。

抱着这个目的，李白在家乡时就开始了“遍访诸侯”的活动。出蜀之后十余年中，李白游历了大半个中国。他的求仕活动未获得成效，他的诗歌却越来越成熟了，而社会的阅历和生活的磨难，更使他洞悉到世态的炎凉。在这期间，李白写下了许多不朽的诗篇，他自己也因而名满天下。后来，贺知章利用唐玄宗找人填写歌词的机会把李白如何有才学、如何想为国出力的情况奏明了唐玄宗。唐玄宗很爱才，对李白的诗也十分欣赏，当即决定召见李白。

公元742年，李白应召进宫。十余年来的愿望终在这一天实现，李白简直有点飘飘然了，于是他口中吟出“仰天大笑出门去，我辈岂是蓬蒿人”的诗句，高高兴兴地面见唐玄宗去了。

唐玄宗一见李白，顿时感到此人气概非凡，情不自禁地站了起来，叫内侍给他看座。深入交谈后，唐玄宗感到李白名不虚传。唐玄宗说：“先生的大作我早已读过一些，今日见面，果然是诗如其人。”当下，唐玄宗任命李白在翰林院供职。李白见唐玄宗对自己很欣赏，心里自然高兴，便愉快地接受了任命。

李白非常喜欢饮酒，一有空闲就约集几个好朋友到野外饮酒作诗，当时人们把李白、崔宗等八个人称作“酒中八仙”。李白也常常独自跑到街上的酒楼里痛饮，经常喝个酩酊大醉。

李白行为放浪，又蔑视权贵，终为权贵所不容。李林甫、杨国忠、高力士、杨贵妃等常在唐玄宗面前讲李白如何狂傲、如何不守礼节等坏话。唐玄宗几次想重用李白，都遭到这些人的极力反对，于是就把这件事搁置起来了。

时间一久，李白看出唐玄宗没有重用自己的意思，原来那满腔的热情便渐渐冷却了，于是就请求辞官回家。唐玄宗也顺水推舟，批准他回家的请求，临行前赐给李白一块金牌，凭着它，李白无论走到哪里都能得到当地官员的接待。李白离开长安以后，重新开始了他自由的生活。他遍游了祖国大好山河，写下了许多脍炙人口的诗篇。

李白62岁时，病逝在他的族叔李阳冰那里。就在李白遍游祖国大好山河的同时，由于唐王朝的腐败，中原地区遭受了一场战火的洗劫。

“画圣”吴道子

吴道子，唐朝第一画家，阳翟（今河南禹县）人，又名道玄，后世尊称他为“画圣”、吴生，“画家四祖”之一，民间画工称他为“祖师”“吴道真人”。

吴道子很小的时候就父母双亡，生活困难。由于唐朝的统治者崇尚佛教，所以在首都长安

公元751年

世界大事记：
矮子丕平当政，建立法兰克加洛林王朝。

和东都洛阳建了很多寺院。人们把佛教中的故事绘在寺庙的墙壁上，来劝谕世人，因此画匠成了当时一种热门行业。东都洛阳附近的阳翟，有许多专门从事雕塑绘画的民间画师。为生计所迫，年幼的吴道子拜这些民间的画师为师，帮他们打下手来糊口。吴道子天资聪颖，再加上他刻苦勤奋，很快便掌握了绘画和雕塑技艺。

一次，吴道子跟师父在洛阳的寺庙绘画时，认识了在寺院中为父守孝的官员韦嗣立。韦嗣立非常喜欢这个聪明伶俐、勤奋好学、画技娴熟的少年。他把吴道子介绍给自己的好友，大诗人贺知章和大书法家张旭。吴道子跟两人学习书法，进步很快。后来吴道子认为自己的书法再好也无法超越这两位老师，于是毅然决定放弃继续学习书法，改学绘画。但吴道子受过名师指导并有很深的书法造诣，这对他以后的绘画有很深的影响。

吴道子在风景秀丽的四川住了三年，游遍了巴山蜀水。他到处写生，从壮丽的大自然中吸取营养，开创了山水画的创作体例，20岁左右就名满天下了。吴道子经韦嗣立的举荐，出任山东兖州瑕丘县尉，负责捉拿盗贼。当时政治动荡，他有感于宦海沉浮，为了更高的艺术追求，就辞去了官职，来到洛阳，为各个寺院绘制壁画，当了一名画工。

当时的洛阳聚集了很多画家，分成很多流派，创作了大量的壁画，吴道子虚心向他们求教。他还经常到各个寺院去观赏壁画，站着看累了就坐着看，坐着看累了就躺着看。吴道子注意利用一切机会观摩，学习张僧繇、郑法士、展子虔、范长寿、郑法轮、杨契丹、张孝师等名家的作品。他博众家之长，加以融会贯通，不仅使他的绘画技艺迅速提高，最重要的是形成了自己的风格，最终脱颖而出，成了洛阳最出色的画家。他在洛阳、长安等地的寺庙中创作了大量的杰出的佛教壁画，受到了人们广泛的赞誉。

唐玄宗听说后，就将他召入宫中，授予“内教博士”“宁王友”（友是陪伴亲王的轻闲高官）之职，专门教皇族子弟学画，并为后妃、功臣、大将画像。唐玄宗后来又令吴道子“非有诏不得画”，他成了一名倍受恩宠的御用画师，极大

⊙宝积宾伽罗佛像

吴道子常曰：“众皆密于盼际，我则离披其点画，众皆谨于象似，我则脱落其凡俗。”

新颖别致的唐三彩造型

⊙三彩灯盏　高45.5厘米　底盘直径22.6厘米　1987年河南洛阳出土

此灯盏分为四部分：底座、持柄、托盘和油盏。托盘的中央为莲花，油盏立在莲花中央。持柄犹如竹节，中部为正、反相背的莲花。底座为倒扣的碗洗，上面装饰着贝壳、兽面。

唐三彩的出现受盛唐时期繁盛的经济、文化艺术的发展以及社会风气的影响。盛唐时期厚葬之风盛行使这种三彩陶自唐初出现以后在各地迅猛发展，特别是西安、洛阳一带。“安史之乱”以后，唐王朝从盛至衰，国力削弱致使陪葬之风不如从前兴盛，风靡一时的唐三彩也随之滑落。唐三彩包括俑和器皿两大部分，器物如壶、罐、瓶、尊、碗、盘、杯、钵、枕及文房用具等，几乎包括了社会生活各方面，体现了国力强盛的盛唐气象。唐代中外文化的交流日益广泛，唐三彩受异邦的影响很大。鲁迅先生曾经说过：“唐人大有胡气。”“胡气”也鲜明地反映在唐三彩的造型上。

⊙三彩花式面点和饺子　新疆维吾尔自治区阿斯塔那出土

◎ 三彩犀牛枕

三彩瓷枕的形状很奇特，除了常见的长方形，还有拟形枕，如图中的犀牛枕。三彩瓷枕用作殉葬、医务脉枕及日常寝具，枕体较后代小，它不仅仅满足于使用上的需要，同时还要求具备审美价值。我国自古以来以虎、豹、熊等为神兽，认为它们可以镇宅守户，故而经常在器物形体上模拟虎、豹、熊之形。瓷枕自隋创烧以后，在唐朝更为流行。

◎ 充满异域风情的凤头壶

凤头壶在西安与洛阳一带的唐墓中时有出土。三彩凤头壶的壶盖已经消失，凤首与颈相接而为壶口，壶柄缩短成从口沿至肩部。此图为陕西富平房陵公主墓遗存的壁画，壁画中所绘的壶，正是凤头壶造型。可见凤头壶在初唐至盛唐时已流行于王室。三彩凤头龙柄壶的造型表明古代的陶瓷艺术和其他艺术门类一样，也充分吸收外来文化。

◎ 三彩卧驼　高25.4厘米　1955年陕西西安出土　陕西省博物馆藏

唐三彩俑常见的有人俑、马俑、骆驼俑，之所以出现大量的骆驼俑，是因为唐代与西域、中亚等地区有频繁的文化、经济交流。其中，丝绸之路的主要交通工具是骆驼。此俑四足卧地，昂首嘶叫，鸣示即将要起行，造型十分逼真。

公元755年

中国大事记：
唐朝爆发安史之乱，由盛转衰。

·阎立本·

阎立本（约公元601~673年），雍州万年（今陕西西安临潼区）人，中国唐代画家兼工程学家。

阎立本的绘画艺术，先承家学，后师张僧繇、郑法士。据传他在荆州见到张僧繇壁画，在画下留宿十余日，坐卧观赏，舍不得离去。后人说他师法僧繇，人物、车马、台阁都达到很高水平。阎立本除了擅长绘画外，还颇有政治才干，在唐高祖武德年间即在秦王（李世民）府任库直，太宗贞观时任主爵郎中、刑部侍郎。高宗显庆元年（公元656年）阎立德殁，他由将作大将迁升为工部尚书，总章元年（公元668年）擢升为右相，封博陵县男。当时姜恪以战功擢任左相，因而当时有“左相宣威沙漠，右相驰誉丹青”之说。

地束缚了他的艺术才华。但这根本不能遏制这位天才的创作热情。他利用一切可能的机会进行创作，不仅创作了大量的佛教壁画，而且还创作了很多卷轴画。唐玄宗没有到过四川，让吴道子去四川写生。几个月后，吴道子回来了。唐玄宗发现他没有画一张画，吴道子说：“四川的山水都在我的心中。”他仅用一天时间就把嘉陵江三百里的壮丽景象画在了墙壁上，令唐玄宗赞叹不已。

开元年间，吴道子与以舞剑闻名天下的裴旻将军相遇。当时裴旻正为亡母治丧，以重金恳求吴道子为亡母作画以超度亡灵。吴道子说：“我不要将军的钱，只要观看将军舞剑。”裴旻爽快地答应了。只见他脱下丧服，拔出宝剑，健步如飞，剑光如白虹、寒光闪闪。喝得半醉的吴道子看了非常兴奋，当即起身，拿起画笔，一气呵成，在墙壁上画下了栩栩如生的鬼神形象。据说这是吴道子最好的一幅画。在一旁的张旭看了也很激动，挥毫泼墨，奋笔狂书。围观的人都纷纷感慨，说：“一天之内看了天下三绝。”三绝指的就是吴道子的画、裴将军的剑器舞和张旭的书法。

吴道子的代表作品，还有画在长安景公寺（一说景云寺）的《地狱变相图》。该画以地狱为背景，气氛阴惨可怖，鬼神狰狞可怕，令人看后不寒而栗。《地狱变相图》震动了京师，观看的人们反思自省，以至于许多以屠宰、卖肉、捕鱼为职业的人看后，因害怕杀生遭报应而纷纷改行。据说当时许多小寺院，只要吴道子在寺中作画，很快就会香火旺盛。

安史之乱后，吴道子不愿意依附叛军，就逃到四川，最后病死在那里。

安禄山叛乱

唐玄宗在位期间，为加强边境的防御，在重要的边境地区设立了十个军镇（也就是藩镇），这些军镇的长官叫节度使。节度使的权力很大，不仅带领军队，还兼管行政和财政。

李林甫掌握朝政大权后，不但排挤打击朝廷的文官，还猜忌边境的节度使。担任朔方等四个镇节度使的王忠嗣，立了很多战功，他手下就有著名的将领哥舒翰、李光弼等人。李林甫见王忠嗣的功劳大、威望高，怕他被唐玄宗调回京城当宰相，就派人向唐玄宗诬告王忠嗣想拥戴太子谋反，王忠嗣为此险些丢掉性命。

当时，边境将领中有一些是少数民族。李林甫认为他们文化低，不会威胁到自己的地位，就在唐玄宗面前竭力主张重用少数民族。

在这些少数民族的节度使中，唐玄宗、李林甫特别欣赏平卢（治所在今辽宁朝阳）节度使安禄山。

安禄山经常搜罗奇禽异兽、珍珠宝贝，送

公元768～814年

世界大事记：
查理大帝在位。

到宫廷讨好唐玄宗。他知道唐玄宗喜欢边境将领报战功，就采取许多卑劣的手段，诱骗平卢附近的少数民族首领和将士到军营来赴宴。在酒席上，用药酒灌醉他们，把兵士杀了，又割下他们首领的头，献给朝廷报功。

唐玄宗常常召安禄山到长安朝见。安禄山抓住这个机会，使出他的手段，逢迎拍马讨唐玄宗的喜欢。安禄山长得特别肥胖，又装出一副傻乎乎的样子，唐玄宗一见到他就高兴得不得了。

安禄山得到了唐玄宗和李林甫的信任，做了范阳、平卢两镇及河东（治所在今山西太原）节度使，控制了北方边境的大部分地区。他秘密扩充兵马，提拔了史思明、蔡希德等一批猛将，又任用汉族士人高尚、严庄帮他出谋划策，囤积粮草，磨砺武器。只等唐玄宗一死，他就准备造反。

没过多久，李林甫病死了，杨贵妃的同族哥哥杨国忠借着他的外戚地位，继任了宰相。杨国忠本来是个流氓，安禄山瞧不起他，他也看不惯安禄山，两个人越闹越僵。杨国忠几次三番在唐玄宗面前说安禄山要谋反，但是唐玄宗正在宠信安禄山，自然不相信他的话。

公元755年十月，安禄山做了周密准备以后，决定发动叛乱。这时，正巧有个官员从长安到范阳来。安禄山便假造了一份唐玄宗从长安发来的诏书，向将士们宣布说：“接到皇上密令，要我立即带兵进京讨伐杨国忠。”

⊙安禄山像

将士们都觉得事发突然，但是谁也不敢对圣旨表示怀疑。

第二天一早，安禄山就带领叛军出兵南下。15万步兵、骑兵出现在河北平原上，一时间，道路上烟尘滚滚，鼓声震天。中原一带已经有100年左右没有发生过战争，老百姓好几代没有看到过打仗。沿路的官员逃的逃，降的降。安禄山叛军一路南下，几乎没有遭到什么抵抗。

范阳叛乱的消息传到长安，唐玄宗开始还不相信，认为是有人造谣，到后来警报一个个传来，他才慌了起来，召集大臣商议对策。满朝官员没有经历过这样的大变乱，个个吓得目瞪口呆，不知所措。只有杨国忠反而得意扬扬地说：“我早说安禄山要反，我没说错吧。不过，陛下尽管放心，他的将士不会跟他一起叛乱。十天之内，一定会有人把安禄山的头献上。”

唐玄宗听了这番话，心才安稳下来。可是，大唐君臣上下谁也没有想到，叛军在短短的时间内便长驱直入，一直渡过黄河，占领了洛阳。

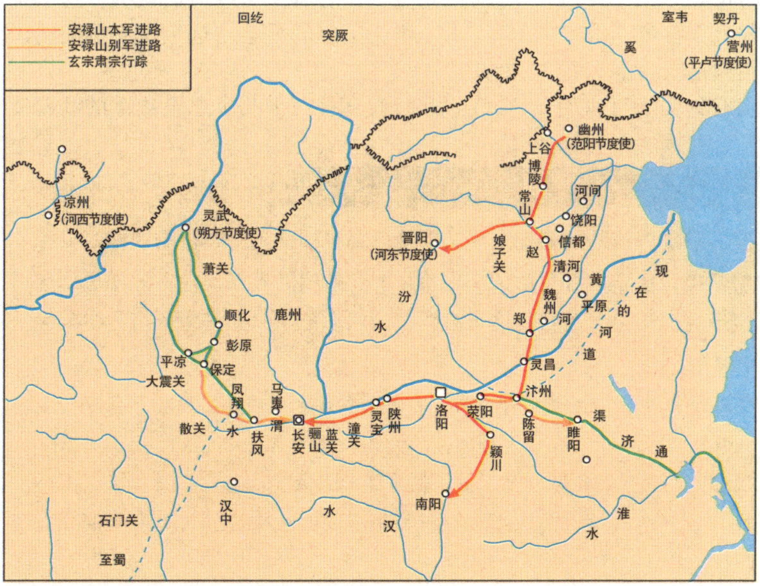

⊙安史之乱示意图

公元757年

中国大事记：
安禄山为其子安庆绪所杀。

马嵬驿兵变

潼关形势险要，道路狭窄，是京城长安的门户。唐玄宗派大将哥舒翰带领重兵把守在那里。叛将崔乾在潼关外屯兵半年，没法攻打进去。

叛军攻不进潼关，但是关里的唐王朝内部却生起事端。哥舒翰主张在潼关坚守，等待时机；郭子仪、李光弼也从河北前线给唐玄宗上奏章，请求引兵攻打安禄山的老巢范阳，让潼关守军千万不要出关。但是，宰相杨国忠却反对这样做。他在唐玄宗面前说潼关外的叛军已经不堪一击，哥舒翰守在潼关按兵不动，歼灭叛军的时机会丧失掉。昏庸的唐玄宗听信杨国忠的话，接二连三派使者到潼关，逼哥舒翰带兵出潼关。

哥舒翰明知出关凶多吉少，但是又不敢违抗皇帝的圣旨，只好痛哭一场，带兵出关了。

关外的叛将崔乾早已做好准备，只等唐军出关。崔乾派精兵埋伏在灵宝（在今河南省西部）西面的山谷里。哥舒翰的20万大军一出关，就中了埋伏，20万大军几乎被叛军打得全军覆没。哥舒翰也被俘虏了。

潼关失守后，关内已无险可守。从潼关到长安之间的一些地方官员和守兵，都纷纷弃城而逃。到了此时，唐玄宗才感到形势危急，他让杨国忠赶紧想办法。杨国忠召集文武百官商量，大家都失魂落魄，谁也想不出一个好主意来。杨国忠知道留在长安已经没有了生路，就劝玄宗逃到蜀地去。当天晚上，唐玄宗、杨国忠带着杨贵妃和一群皇子皇孙，在将军陈玄礼和禁卫军的护卫下，悄悄地打开宫门，逃出了长安。他们事先派了宦官到沿路各地，让官员准备接待。

◎杨贵妃像

谁知，派出的宦官早已经自顾逃命了。唐玄宗一伙人走了半天也没有人给他们送饭。

他们走走停停，第三天到了马嵬驿（在今陕西兴平市西）。随行的将士疲惫不堪，饥渴难忍。他们心里越想越气，好好的长安待不住，弄得到处流亡，受尽辛苦。他们认为，这全都是受了奸相杨国忠的拖累，这笔账应该向杨国忠算。

这个时候，有二十几个忍饥挨饿的吐蕃使

·清平调三章·

天宝年间，一天晚上，唐玄宗带着他的宠妃杨玉环，乘月色观赏移植到沉香亭的四株名贵牡丹。叫李龟年拿着金花笺赐给李白，让李白赶紧写词（也就是配合歌唱的七言律诗）。哪想到这时李白正和几个朋友躺在酒楼里呢。李龟年赶快用冷水激醒他，叫人把李白架进兴庆宫，半醉半醒的李白，写下了三首《清平调》：

云想衣裳花想容，春风拂槛露华浓。若非群玉山头见，曾向瑶台月下逢。

一枝红艳露凝香，云雨巫山枉断肠。借问汉宫谁得似，可怜飞燕倚新妆。

名花倾国两相欢，长得君王带笑看。解释春风无限恨，沉香亭北倚阑干。

据说后来高力士听到贵妃吟唱此诗，便以诗中用了飞燕和襄王的典故进谗，说是有讥讽贵妃与唐玄宗之意，使他们顿生疑忌，最终把李白流放出京城。

公元778年

世界大事记：
查理大帝合并巴伐利亚。

者拦住杨国忠的马，向杨国忠要粮。杨国忠正忙着应付，周围的兵士便嚷起来："杨国忠要造反了！"一面嚷，一面向他射起箭来。

兵士们杀了杨国忠，情绪更加激昂起来，把唐玄宗住的驿馆也包围了。唐玄宗听到外面的吵闹声，问是怎么回事，左右太监告诉他，兵士们已把杨国忠杀了。唐玄宗大惊失色，不得不拄着拐杖，走出驿门，慰劳兵士，要将士们回营休息。

兵士们哪里肯听唐玄宗的话，照样吵吵嚷嚷。玄宗派高力士找到将军陈玄礼，问兵士们不肯散的原因。陈玄礼回答说："杨国忠谋反，贵妃也不能留下来了。"

唐玄宗为了保住自己的命，只好下了狠心，叫高力士把杨贵妃带出去，用带子勒死了。将士们听到杨贵妃已经被处死，总算出了一口恶气，撤回了军营。

唐玄宗经过这场兵变，像惊弓之鸟一样，急急忙忙逃到成都。太子李亨被当地官吏、百姓挽留下来主持朝政。李亨从马嵬驿一路收拾残余的兵士北上，在灵武（今宁夏灵武西南）即位，这就是唐肃宗。

草人借箭

唐玄宗匆忙逃出长安不久，安禄山的叛军便攻进了长安。郭子仪、李光弼得到长安失守的消息，不得不放弃河北，李光弼退守太原，郭子仪回到灵武驻守。原来已经收复的河北郡县又重新被叛军占领。

叛军在进入潼关之前，安禄山派唐朝的将领令狐潮去攻打雍丘（今河南杞县）。令狐潮原来是雍丘县令，安禄山占领洛阳的时候，令狐潮就投降了他。雍丘附近有个真源县，县令张巡不愿投降，就招募了1000多个壮士，占领了雍丘。令狐潮带了4万叛军来进攻。张巡和雍丘将士坚守60多天，将士们穿戴着盔甲吃饭，负了伤也不下战场，打退了叛军300多次进攻，叛军死伤无数，终于迫使令狐潮不得不退兵。

不久，令狐潮又集合人马来攻城。

张巡组织兵士在城头上射乱箭把叛军逼回去。但是，日子久了，城里的箭射光了。为了这件事，张巡非常心急！

一天深夜，雍丘城头上一片漆黑，隐隐约约有成百上千个穿着黑衣服的兵士，沿着绳索往墙下爬。这一情况被令狐潮的兵士发现了，报告给了主将。令狐潮断定是张巡派兵偷袭，就命令兵士向城头放箭。直到天色发白，叛军才看清楚，原来城墙上挂的全是草人。

张巡的兵士们在雍丘城头上高高兴兴地拉起草人。那千把个草人上，密密麻麻插满了箭。兵士们查点了一下，竟有几十万支之多。这样一来，城里的箭就足够用啦！

⊙张巡像

又过了几天，与前几天夜里一样，城墙上又出现了"草人"。令狐潮的兵士见了又好气，又好笑，以为张巡又来骗他们的箭了。于是，谁也不理。

哪知道这一次城上吊下来的并非是草人，而是张巡派出的500名勇士。这500名勇士乘叛军没有准备，向令狐潮的大营发起突然袭击。令狐潮无法组织起有效的抵抗。几万叛军失去指挥，四处乱奔，一直逃到十几里外，才停了下来。

令狐潮连连中计，气得咬牙切齿，又增加了兵力攻城。他屯兵在雍丘北面，不断骚扰张巡的粮道。叛军有几万人之多，张巡的兵士不

公元758年

中国大事记：
唐肃宗以鱼朝恩为观军容使，宦官势力大增。

·《太白阴经》·

《太白阴经》是中国古代的一部综合性的军事著作。中国古人认为太白星主杀伐，因此多用来比喻军事，《太白阴经》的名称由此而来。作者为唐朝的李荃，身世不详，唯《集仙传》称其仕至荆南节度副使，仙州刺史。又《神仙感遇传》云，筌有将略，作《太白阴符》10卷，入山访道，不知所终。《太白阴符》当即此书。此书分人谋、杂仪、战具、预备、阵图、祭文、捷书、药方、杂占、遁甲、杂式等篇。先言主有道德，后言国有富强，内外兼修，可谓持平之论，与一般兵书以权谋相尚者迥异。杜佑《通典》“兵类”取通论二家，一为李靖《兵法》，一即此经。可见其为时人所重。传世版本主要有《墨海金壶》据影宋抄本、《守山阁丛书》据旧钞残本辑补，皆为10卷，《四库全书》本作8卷。

过1000，但是张巡瞅准机会就出击，总是得胜而回。

过了一年，睢阳（今河南商丘）太守许远派人向张巡告急，说叛军大将尹子奇带领13万大军要来进攻睢阳。张巡接到告急文书，马上带兵去了睢阳。

李泌归山

唐肃宗在灵武即位不久，身边的文武官员只有30人，这个临时建立的朝廷，无论什么事都没有秩序。一些武将也不太听指挥。肃宗想平定叛乱，非常需要有个能人来帮助他。

这时，他想起他当太子时的一个好朋友李泌，就派人从颍阳（今河南省境内）把李泌接到灵武来。

李泌原是长安人，从小就很聪明，读了不少书。当时的宰相张九龄看到他写的诗文，对他十分器重，称赞他是个“神童”。肃宗当太子的时候，李泌已经长大了，他向玄宗上奏章，想给李泌一个官职。李泌推说自己年轻，不愿做官，玄宗就让他和太子交上了朋友。后来，他看到政局混乱，索性跑到颍阳隐居了起来。

这一回，唐肃宗来请他，他想到朝廷遇到困难，就到了灵武。唐肃宗看见李泌，高兴得像得到宝贝一样。那时候的临时朝廷，不太讲

⊙明皇幸蜀图　唐　李昭道

此图描绘唐玄宗为避安史之乱而行于蜀中的情景，画中山石峻立，着唐装的人物艰难行于途中。

公元787年

世界大事记：
拜占庭女皇伊琳娜制定22条教条，严禁收藏异端书籍，为外国明令查禁异端书籍之始。

究礼节。唐肃宗跟李泌就像年轻时候一样，进进出出总在一起，大小事情，全都跟他商量。李泌出的主意，唐肃宗全都听从。

唐肃宗想封他当宰相，李泌坚辞不受。

后来肃宗只好任命李泌为元帅府行军长史（相当于军师）。

那时候，郭子仪也到了灵武。朝廷要指挥全国的战事，军务十分繁忙。四面八方送来的文书，从早到晚没有一刻的间歇。唐肃宗命令把收到的文书，一律要先送给李泌拆看，除非特别紧要的，才直接送给肃宗。宫门的钥匙，由太子李俶和李泌两人掌管。李泌有时忙得连饭也顾不上吃，觉也不能睡安稳。

第二年春天，叛军发生内讧，安禄山的儿子安庆绪杀了安禄山，自己称帝。这本来是个消灭叛军的好机会，但是肃宗急于回长安，不听李泌的计划，让郭子仪的人马从河东回攻长安，结果打了败仗。后来，郭子仪向回纥借精兵，集中了15万人马，才把长安攻了下来。接着，又收复了洛阳。叛军头目安庆绪逃到了河北，不久，史思明也被迫投降。

唐军收复了长安和洛阳，唐肃宗便心满意足起来，用骏马把李泌接到了长安。

一天晚上，唐肃宗请李泌喝酒，并且留他在宫里安睡。李泌趁机对肃宗说："我已经报答了陛下，请让我回家做个闲人吧！"

唐肃宗说："我和先生几年来患难与共，现在正想跟您一起享受安乐，怎么您倒要走了呢？"

无奈李泌一再请求，唐肃宗虽然不愿让李泌离开，最终也只好同意。

李泌到了衡山（在今湖南省），在山上造了个屋子，重新过起了隐居生活。

安宁天下郭子仪

郭子仪从小喜武，研读兵书，年轻时以武举进入仕途，官至天德军使兼九原太守。郭子仪凭借杰出的军事才能立下了赫赫战功，为恢复唐朝中央政权，安定社会，稳定边境，交好于少数民族，做出了重要的贡献。

公元755年，安史之乱爆发，叛军很快攻陷洛阳，直逼长安。唐玄宗避祸四川，太子李亨在灵武即位，是为唐肃宗。国事危难，肃宗任命郭子仪为朔方节度使，担负收复洛阳、长安两京，抗击安史叛军的重任。郭子仪先在恒阳城下大败史思明以及安禄山的援军，夺取了潼关；然后他又率领唐朝15万人马以及从回纥借来的5000名精锐骑兵，分三路直取长安。这时，安禄山被他的儿子安庆绪杀死，郭子仪趁叛军内乱，一举收复了被叛军占领1年零4个月的京师长安。随后又在新店击败安庆绪，收复洛阳。

收复洛阳之后，肃宗对郭子仪赞誉有加，称其为大唐的再造者，并封郭子仪为司徒、代国公。

公元758年十月，郭子仪等9个节度使又

⊙**迎玄宗图　唐　佚名**

至德二载（公元757年）十月十九日，唐肃宗从凤翔起驾进长安，并派太子太师韦见素入蜀，奉迎玄宗。

公元763年

中国大事记：
史朝义自缢，余党降唐，安史之乱结束。

·禅宗·

唐代的佛教有许多派别，如三论宗、律宗、净土宗、禅宗、天台宗、华严宗、法相宗、密宗等。这八宗中，禅宗是影响最大的宗派之一。禅宗的创始人相传是印度的僧人达摩和尚，他主要讲究宗教修养方法。唐朝时，禅宗又分为南北两大派别，以惠能和尚（公元638~713年）为首的南宗影响最大。惠能特别强调“心”和“性”的作用，禅宗的这一套理论，对宋代的心学产生了一定的影响。

率兵进攻退守相州的安庆绪，安庆绪走投无路，向史思明求援。由于监军太监鱼朝恩不懂军事，贻误战机，唐军大败。肃宗听信鱼朝恩的谗言，把相州失败的责任推到郭子仪一个人的身上，免去他的官职，召他回京，命李光弼接替他的职务。

史思明听说郭子仪被解职，立即带领大军进犯洛阳，洛阳再次失守。河东一带的节度使驻军听说洛阳失守，都骚动起来。肃宗只得重新起用郭子仪，任命他为河北诸州的节度使行营及兴平等军副元帅，并封他为汾阳郡王，出镇绛州，肃宗临死时把河东的一切军政大权都交给了郭子仪。郭子仪一到任，就杀了40多个为首作乱的人，稳定了河东的局势。

史思明死后，他的儿子史朝义继续盘踞在洛阳。即位的代宗任命郭子仪为副帅，出兵讨伐史朝义。郭子仪认为单凭唐军的力量，难以消灭叛军，于是向回纥借来10万精兵，一举攻占了洛阳。史朝义逃往莫州，公元763年，众叛亲离的史朝义自杀，为祸8年的安史之乱终于被郭子仪平定了。

安史之乱平定后，郭子仪又平定节度使仆固怀恩等人的叛乱，并多次击退吐蕃军队的进犯，保证了关中和长安的安全。

郭子仪戎马一生，为唐朝立下了汗马功劳，累官至兵部尚书、太尉兼中书令，声望极高。德宗即位，尊为尚父，罢兵权。公元781年，郭子仪病逝，德宗下令将郭子仪陪葬肃宗建陵，并破例将他的坟墓加高一丈，以示表彰。

中兴名将李光弼

李光弼从小擅长骑马射箭，为人严肃坚毅，沉着果断，具有雄才大略。早年担任左卫亲府左郎将，后来逐渐晋升为河西节度使王忠嗣的府兵马使，王忠嗣非常赏识他，对他十分优待。

安禄山发动叛乱后，大将军郭子仪知道李光弼是一位了不起的将才，就推荐他为河东节度副使、知节度使，兼云中太守。

李光弼执法严明，言行一致。唐肃宗即位后，李光弼奉命来到灵武，做了户部尚书。当时太原节度使王承业政务松弛，侍御史崔众掌握兵权，号令不行，唐王便命李光弼带兵5000至太原，接过了崔众的兵权。

⊙李光弼像

公元757年，叛将史思明、蔡希德以十10万大军围攻太原。当时留守的李光弼军队不足1万人，双方力量相差很大。将士们都主张加固城墙，全力坚守。李光弼认为这是消极防守，应该在防守中积极主动地出击。李光弼动员百姓拆掉房屋做擂石车，叛军靠近则发石攻打。

公元794～1192年

世界大事记：
日本平安时代。

史思明则命令部下建造飞楼，围上帐幕，筑土山接近城墙，李光弼便组织人力挖地道直到土山下，这样，土山便自然倒塌了，然后出其不意派精兵出击。史思明害怕了，留下蔡希德继续攻城，自己先逃走了。李光弼看出叛军力量削弱，军心动摇，便抓住这一时机，组织主力军奋勇出击，史思明军队迅速溃败。

公元760年，史思明杀了安庆绪，改范阳（今北京西南）为燕京，自称为大燕皇帝，准备重新攻打洛阳，唐肃宗命李光弼去攻打叛军。李光弼到了洛阳，当地官员听说叛军势力强大，都很害怕，主张退守潼关。李光弼权衡了一下，认为这个时候官兵决不能退，但可以转移到河阳（今河南孟州市）。史思明率兵进入洛阳后，发现是一座空城，只得率军到河阳南面与唐军对峙。

史思明为了显耀自己兵强马壮，每天把一批批战马牵到河边洗澡。李光弼见状，想出一计。他命令将军中500多匹马集中起来，把小马关在厩里，待史思明放马洗澡之时，把母马赶到城外。母马思念小马，便嘶叫起来，而史思明的马听到马群叫声，立即挣脱缰绳，浮水泅过河来。史思明立即纠集几百条战船，前面用一条火船开路，准备把唐军浮桥烧掉。李光弼得到消息，命令士兵准备几百条粗长竹竿，用铁甲裹扎竿头。待叛军的船靠近后，唐军几百条竹竿一齐顶住火船，火船无法靠近，很快便烧沉了。唐军又在浮桥上发射擂石机关炮攻击叛军，叛军死伤无数，仓皇逃窜。不久，李光弼打败了史思明。

李光弼多次扫平叛乱，战功卓著，被封为临淮郡王。后因受宦官牵制，在洛阳北邙山战败。宦官鱼朝恩和程元振屡次在皇帝面前进谗言，蓄意加害李光弼，李光弼也一度被撤了帅职。

后来，史思明被他的儿子史朝义杀死。公元763年，史朝义兵败自杀。从安禄山发动叛乱，到史朝义失败，中原地区经历了8年的战火浩劫，史称“安史之乱”。

“诗圣”杜甫

安史之乱的结束，对于饱受战乱之苦的百姓来说，真是一件大喜事。当时在樟州（今四川三台）过着流亡生活的诗人杜甫，得知消息，更是与妻儿老小一起欣喜若狂。

杜甫，字子美，出身于官僚地主家庭，祖父杜审言是武则天时的著名诗人。他幼年就失去母亲，父亲外出做官，他被寄养在洛阳的姑母家中。杜甫自幼聪明过人，7岁便开始作诗，10多岁就同当时的文人名士交游，受到广泛的称赞，他们把他的文章和汉代著名文学家班固、扬雄相比。杜甫年轻时代正是我国历史上著名的开元盛世，也是他一生中最快意的时期。

公元735年，杜甫回洛阳应试，没有考中。两年后，他又北游齐、赵，与朋友一起呼鹰逐兽，饮酒赋诗，流连于山水之间，这一时期杜甫的诗具有浓厚的浪漫主义色彩。

杜甫年轻时代的一件大事，是与李白相见。

⊙**杜甫草堂**
唐代大诗人杜甫在成都的故居。

公元780年

中国大事记：
废租庸调制，行两税法。

⊙杜甫诗意图 明 文伯仁

公元744年，两位大诗人相会在洛阳。李白比杜甫大12岁，杜甫很佩服李白的才华，两人畅游了河南、山东，“醉眠秋共被，携手日同行”。共同的志趣和爱好使他们成为亲密的好友。

杜甫年轻时有远大的政治抱负，然而却屡试不中。寄居长安，经济来源已经不足以维持一家的生计。

杜甫寄居长安的十年，是唐朝由盛到衰急剧转变的时期，阶级矛盾、民族矛盾、统治阶层内部矛盾激化。杜甫作了著名的《兵车行》，控诉统治者的残暴，表现了对人民的深切同情：

车辚辚，马萧萧，行人弓箭各在腰。
爷娘妻子走相送，尘埃不见咸阳桥。
牵衣顿足拦道哭，哭声直上干云霄。
……
君不见，青海头，古来白骨无人收。
新鬼烦冤旧鬼哭，天阴雨湿声啾啾。

这首诗描绘了一幅妻离子散、白骨蔽野的凄惨景象，标志着杜甫的诗歌从浪漫主义向现实主义的重要转折。

“安史之乱”开始后，叛军很快攻占洛阳和都城长安。杜甫在逃亡途中不幸被叛军俘虏。国破家亡的战俘生活使杜甫写下了不少政治性很强的诗篇，《春望》就是他被俘期间写下的名篇：

国破山河在，城春草木深。
感时花溅泪，恨别鸟惊心。
烽火连三月，家书抵万金。
白头搔更短，浑欲不胜簪。

公元757年四月，杜甫做了八个月俘虏后，终于逃出长安。那个时候，杜甫已经穷困得连一套像样的衣服也没有了。他穿着麻鞋，露着两肘朝见肃宗，被委任为左拾遗。后来由于杜甫上疏救宰相房琯得罪了肃宗，被外贬为华州司功参军。一次，由洛阳回华州，一路上满目萧条，民不聊生，官府暴戾，欺压民众，杜甫感慨良久，写下了控诉官吏暴行、同情人民的“三吏”（《新安吏》《潼关吏》《石壕吏》）。从东部到潼关途中，杜甫看到战乱中新婚离异、老人应征，以及战乱造成劳动人民无家可归的凄惨情景，写下了“三别”（《新婚别》《垂老别》《无家别》）。“三吏”“三别”，无论在思想性还是在艺术性上都达到了诗歌的高峰，在我国民间广为流传。

公元770年，杜甫在岳阳遭遇洪水，被迫将船停在驿所。此时他已断了粮。几天后，这位伟大的诗人死在船上，年仅59岁。杜甫死后，因家人无钱安葬，只好旅殡于岳阳。

直到43年后，公元813年，他的孙子杜嗣业才把他的遗体运到偃师，移葬在首阳山下杜审言墓旁。

杜甫是我国古代诗歌的现实主义大师，一生作诗3000多首。他的诗是时代的镜子，真实反映了当时的社会状况，所以，人们把他的诗篇称为“诗史”。

公元800年

世界大事记：
查理大帝加冕为罗马皇帝。

颜真卿就义

安史之乱过后，唐王朝由强转弱。各地节度使乘机割据地盘，扩大兵力，造成了藩镇割据的局面。唐代宗死后，其子李适即位，即唐德宗。唐德宗想改变藩镇割据的局面，由此导致了藩镇叛乱。唐德宗派兵讨伐叛乱，结果叛乱不但没有平定，反而蔓延开来了。

公元782年，有五个藩镇叛乱，尤以淮西节度使李希烈兵势最强。他自封天下都元帅，向唐境进攻。

五镇叛乱，让朝廷大为惊慌。唐德宗找宰相卢杞商量对策，卢杞说："不要紧，只需派一位德高望重的大臣去规劝他们，不需动一刀一枪，就能平定叛乱。"

唐德宗问卢杞说："你看派谁去合适？"

卢杞推荐年老的太子太师颜真卿，唐德宗马上同意了。

其时，颜真卿已是70开外的老人了。听说朝廷派他到叛镇那里去，许多文武官员都为他的安全担心。但是，颜真卿却不在意，带了几个随从就出发了。

听说颜真卿来了，李希烈便想给他一个下马威。于是在见面的时候，叫他的部将和养子1000多人围聚在厅堂内外。颜真卿刚刚开始规劝李希烈停止叛乱，那些部将、养子们就冲了上来，个个手里拿着明晃晃的尖刀，围住颜真卿进行谩骂、威胁，摆出要杀他的阵势。颜真卿毫不畏惧，面不改色，对着他们冷笑。

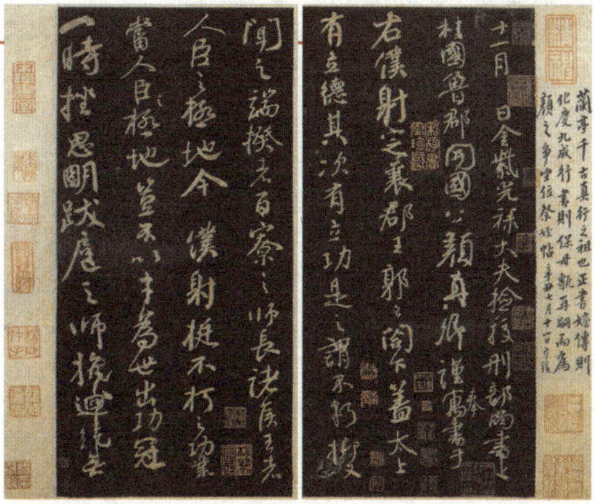

⊙ 争座位帖　唐　颜真卿

李希烈假惺惺站起来保护颜真卿，让他的养子退下。接着，把颜真卿送进驿馆，想慢慢软化他。

过了几天，四个藩镇的首脑都派使者来跟李希烈联络，希望李希烈即位称帝。李希烈大摆筵席款待他们，也请颜真卿参加。

叛镇派来的使者看到颜真卿来了，都向李希烈祝贺说："早听说颜太师德高望重。现在元帅将要即位称帝，太师正好来到这里，不是有了现成的宰相吗？"

颜真卿扬起眉毛，对着四个使者骂道："做什么宰相！我快80了，要杀要剐无所畏，难道会受你们的诱惑，怕你们的威胁吗？"

四名使者被颜真卿凛然的神色震住了，缩着脖子不敢说话。

一年以后，李希烈自称楚帝，又派部将逼颜真卿投降。兵士们在囚禁颜真卿的院子里，架起柴火，倒足了油，威胁颜真卿说："再不投降，就把你烧死！"

颜真卿二话没说，纵身就往柴火跳去，叛将们急忙把他挡住，向李希烈禀报。

李希烈想尽办法也没能使颜真卿屈服，就派人逼迫颜真卿自杀了。

· 颜筋柳骨 ·

盛唐书法大家颜真卿的书法劲健厚重、筋健丰满，而其后的书法家柳公权一方面承袭了颜真卿的书法风格，另一方面又将之修正和发展。颜、柳以严整的楷书笔法和完美的艺术风格，开创了盛唐豪迈奔放、胸襟博大和刚劲有力的书法艺术。后人称之为颜筋柳骨。

公元805年

中国大事记：
二王八司马被贬，永贞革新失败。

李愬雪夜入蔡州

安史之乱使唐王朝由盛转衰，朝廷权威下降，地方藩镇势力强大，父死子继，不服从中央委派，控制财、政、军权，形成割据。代宗朝、德宗朝都实行削藩以加强中央集权，但成效甚微。唐宪宗即位时，长安毗邻的淮西镇已割据50余年，严重威胁朝廷，宪宗决定发兵征讨。

公元814年闰八月，淮西节度使吴少阳死，其子吴元济自领军务，并发兵四出侵掠。对淮西早有戒心的唐宪宗，遂于十月以严绶为招抚使，督诸道兵进讨。但严绶无能，被吴元济打败。宪宗以韩弘为将代之，但韩弘出于私心，想以贼自重，不愿淮西速平，以至损兵折将，让淮西军气焰更加嚣张。正当宪宗为淮西战事毫无进展而犯愁之际，身为太子詹事的李愬挺身而出，宪宗龙颜大悦，让宰相裴度领军，李愬为先锋，进征淮西。

公元817年一月，李愬任唐、随、邓三州节度使后，他着手制定奇袭吴元济老巢蔡州的战略方案。他到唐州抚恤伤卒，假装自己懦弱以使淮西军松懈、轻敌。在与叛军的几次交锋中，他对俘捉的敌方兵将，皆以礼相待，不加侮辱，使他们感恩从而死心塌地地归顺，并详尽地把淮西的战备情况告诉李愬，使李愬知己知彼。有一次，唐军俘获了吴元济手下骁将丁士良，士兵们请求把他的心挖出以解众恨。但李愬见丁士良面无惧色，暗自叹服，令人为其松绑，免其死罪。丁士良本以为必死，没想到李愬放了他，泪水顿时倾眶而出，给李愬跪下感谢并愿以死报李愬之厚爱。李愬扶起他，任他为“捉生将”，又用其计擒住淮西又一骁将吴秀琳，并以礼相待，吴秀琳也感激不尽，愿报效朝廷。李愬发现吴秀琳部下有个叫李宪的人，智勇双全，很是喜欢，便为其改名“忠义”，帐下留用。

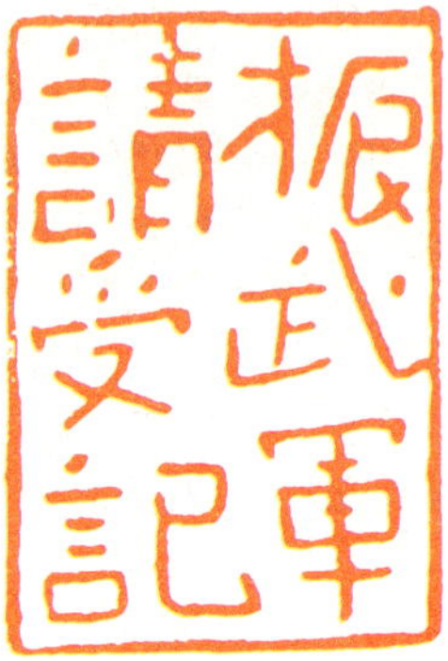

⊙振武军请受记　唐

不久，李愬设计生擒了吴元济军中骨干李祐，此人精于谋略又勇武善战，之前屡败官军，令唐军损失惨重。唐营部将纷纷请求杀掉他，李愬为保护他，在派人押他入京时，密奏宪宗，请求赦免李祐以为己用，并强调若杀之则淮西难平，宪宗在李愬的苦求下赦免了李祐。李愬当即任他为“六院兵子使”，让他配刀出入大本营；李祐为李愬对己信赖有加而感激涕零，随即献计“雪夜袭蔡州”。

李愬大喜。公元817年十月十日，大雪纷飞，寒风凛冽，这天下午，李愬突然号令三军紧急集合，以李祐、李忠义为先锋，率3000人马东进，自己率主力跟进，唐州刺史田进诚引3000人殿后。部队向东急行60里，袭占沿途要点，抵达汝南张柴村后，李愬令丁士良领500人留守以断诸道桥梁；又遣兵500警戒朗山，然后向全军宣布此行目的是去蔡州捉拿吴元济。全军将士大惊失色，监军大哭：“果落李祐奸计！”李愬不作理会，令三军继续前进。士兵们以为此行有去无还，但将令不敢违抗，只得前进。时“大风雪，旌旗裂，人马冻死者相望”，夜半，风雪更加肆虐，唐军在李愬率领下于次日凌晨抵达

·唐传奇·

中唐时期，随着城市经济的繁荣，通俗的叙述形式逐渐被人们所接受和喜爱，于是涌现出许多重情节的传奇小说。唐传奇题材多取自现实生活，涉及爱情、历史、政治、豪侠、神鬼诸多方面，其中以爱情小说的成就最为突出，《李娃传》《莺莺传》《霍小玉传》是唐传奇的代表作品。

公元802～839年

世界大事记：
英格兰西撒克逊国王埃格伯特在位。

了蔡州城下。蔡州自李希烈反唐以来，经吴少诚、吴少阳到吴元济，官军不至此已 30 多年了，因此，吴元济毫无防备。李祐、李忠义首当其冲，率兵在城墙上掘坎而上，杀掉熟睡的门卒，只留更夫继续打更，城中像什么也没发生一样平静如常，官兵神不知鬼不觉地已进入内城。

鸡鸣时分，风雪稍停，李愬军已占据吴元济的外衙，这时吴军才发现情况异常，忙告于吴元济。吴元济此时还未睡醒，听到报告，不以为然，说："慌什么？这是俘虏抢东西罢了，等天亮时把他们全杀了就是了。"稍后又有士兵来报城已失守，吴元济仍不在意，说这一定是驻洄曲的士兵索取寒衣来了。及至听到李愬军中号令之声，才大惊，忙组织军队登牙城抵抗，但此时唐兵已全蜂拥入城，他哪能挡得住？无奈之下吴元济出城投降，李愬命把他解送长安，淮西遂平。

李愬夜袭蔡州，沉重打击了安史之乱以来的藩镇势力，使唐朝削藩举措取得空前胜利，国家又暂时统一。

永贞革新

唐德宗宠信宦官，贪得无厌的宦官便想尽办法来盘剥百姓，不择手段地掠夺财物。他们设立了"宫市"，派太监专门到宫外采购宫里需要的东西。这些太监看到他们需要的货物，只付给百姓十分之一的价钱，强行购买。后来，索性派了几百个太监在街上探望，看中了就抢走，叫作"白望"。

还有一些宦官在长安开设"五坊"。五坊是专门替皇帝养调雕、养鹘、养鹰、养狗的地方。五坊里当差的太监，叫作五坊小儿。这批人吃饱了饭不干正经事，专门向百姓敲诈勒索。

那时候，太子李诵住在东宫，由两位官员——王叔文、王伾陪伴读书。太子读书之余，喜欢下棋写字。而王叔文和王伾，一个是好棋手，一个写得一手好字，于是他们俩就经常在东宫陪太子读书下棋。

王叔文是下级官员出身，多少了解一些百姓疾苦。他趁跟太子下棋的机会，向太子反映外面的情况。太子听到宦官借宫市为名在外面胡作非为，大为不满。有一次，几个侍读的官员在东宫议论起这件事，太子气愤地说："我见到父皇，一定要告知这件事。"

王叔文说："我看殿下眼下还是不宜管这些事。如果坏人在皇上面前挑拨离间，说殿下想收买人心，皇上怀疑起来，殿下很难辩白。"

太子猛然醒悟说："没有先生提醒，我很难明白这一点。"

⊙仕女弈棋图　唐

从此，太子对王叔文更加信任。王叔文认为德宗已是暮年，太子接替皇位是迟早的事，就私下替他物色朝廷中有才能的官员，跟他们结交。

没想到过了一年，太子得了中风病，说不出话来。年老的唐德宗为此事急出病来，一命呜呼了。公元 805 年，太子李诵带病即了位，这就是唐顺宗。

唐顺宗不能说话，只得靠原来在东宫伴他读书的官员王叔文、王伾来帮他处理朝政。王叔文明白自己力量不够，不便公开掌握朝政大权，只好请一个老资格的官员韦执谊出来做宰

公元813年

中国大事记：
唐宪宗元和八年，李吉甫撰成《元和郡县图志》。

相，自己当一名翰林学士，为顺宗起草诏书。他和韦执谊、王伾相互配合，又起用了刘禹锡、柳宗元等一些有才能的官员，这才把朝政大权抓了过来。

王叔文掌权后，做的第一件事就是整顿宦官欺压百姓的坏风气。他替唐顺宗下了一道诏书，免了一些苛捐杂税，取缔了宫市、五坊小儿一类欺负百姓的事。

这个措施一实行，长安百姓个个拍手称快，一些作恶多端的宦官却气歪了脸。

王叔文又对财政制度进行了改革，历史上称为“永贞革新”（“永贞”是唐顺宗的年号）。

王叔文大力度的改革，自然触犯了掌权的宦官。宦官头子俱文珍认为王叔文的权力过大，便以顺宗的名义解除了王叔文翰林学士的职务。

不出一个月，俱文珍又勾结一批拥护他的老臣，以顺宗病重不能执政为由，由太子李纯监国。又过了一个月，太子正式即位，这就是唐宪宗。

顺宗一退位，俱文珍等一批宦官立刻把王叔文、王伾革职，贬谪到外地去。第二年，又处死了王叔文。“永贞革新”不到一年就全盘失败，那些支持王叔文一起改革的官员也受到了牵连。

·周昉的“仕女图”·

周昉，生卒年不详，字仲朗，一子景玄，京兆（今陕西西安）人，唐朝时杰出的画家。先后任越州、宣州长史，因擅长绘画，曾被召入宫作画。其出身高门，与之交游者皆宫廷贵族、豪门雅士。他最擅画宫廷贵族女子，即仕女图。他观察人物细致深刻，所画仕女体态丰满，仪态从容，风姿绰然，构图简洁，用笔刚劲，极具神韵。《簪花仕女图》和《挥扇仕女图》是其代表作。

刘禹锡游玄都观

王叔文改革时，不但一批宦官恨王叔文，还有不少大臣因王叔文地位低而办事专断感到不满。到了唐宪宗时代，大伙都纷纷攻击王叔文，原来支持王叔文改革的八个官员，都被当作是王叔文的同党。宪宗下了命令，把韦执谊等八个人全部降职，派到边远地方做司马（官名），历史上把他们和王叔文、王合起来称作“二王八司马”。

“八司马”当中，有两个是著名的文学家，就是柳宗元和刘禹锡。他们俩是好朋友，柳宗元以写散文闻名，刘禹锡以写诗著称。这一次，柳宗元被贬到永州（今湖南零陵），刘禹锡被贬到朗州（今湖南常德）。永州和朗州都在南边，离长安很远，那时候还是边远落后的地区。

他们俩在那里一住就是十年。日子久了，朝廷里有些大臣想起他们来，认为他们都是有才干的人，放在边远地区太可惜了，就奏请宪宗，把刘禹锡、柳宗元调回长安，准备让他们在京城当官。

刘禹锡回到长安，感到长安已经发生了很大变化，朝廷官员中，新提拔了很多他过去看不惯、合不来的人，心里很不自在。

⊙青釉诗词盘　唐

公元814～840年

世界大事记：

查理曼帝国虔诚者路易一世在位。

⊙刘禹锡诗意图　清　华嵒

本画取自刘禹锡《乌衣巷》中“旧时王谢堂前燕，飞入寻常百姓家”诗句。

京城里有一座有名的道观叫玄都观，里面有个道士，在观里种了许多桃树。时值春暖季节，观里桃花盛开，招引了很多游客。有些老朋友邀刘禹锡到玄都观去赏桃花。

刘禹锡过了十年的贬谪生活，回到长安，看到这些新栽的桃花，触景生情，就写了一首诗：

紫陌红尘拂面来，无人不道看花回。

玄都观里桃千树，尽是刘郎去后栽。

刘禹锡本以诗著名，这篇新作品一出来，便在长安传开了。有一些大臣本来就不愿意召回刘禹锡，读到这首诗，就开始细琢磨里面的含意。也不知道是谁说，刘禹锡这首诗表面是写桃花，实际是讽刺当时新提拔的权贵的。

这一下子捅了马蜂窝，唐宪宗对他也不满意起来，本来主张留他在京城的人也不便说话了。刘禹锡又被贬到播州（今贵州遵义市）去做刺史。刺史比司马高一级，表面上是提升，其实是贬官，因为播州比朗州更远更偏僻，那时候还是荒蛮之地呢。

刘禹锡有个老母亲，已经80多岁了，需要人照顾，如果跟着刘禹锡一起到播州，上了年纪的老人很难受得了这个苦。这使刘禹锡感到为难！

这时候，柳宗元在长安也待不下去了，朝廷把他改派为柳州刺史。柳宗元了解刘禹锡的困难情形，决心帮助好朋友。他连夜写了一道奏章，请求把派给他柳州的官职跟刘禹锡对调，自己到播州去。

柳宗元待朋友一片真心，让许多人很受感动。后来，大臣裴度也替刘禹锡在唐宪宗面前说情，宪宗总算同意把刘禹锡改派为连州（今广东连州市）刺史。以后，刘禹锡又被调动了好几个地方。14年后，裴度当了宰相，他才被调回长安。

刘禹锡重新回到京城，又是暮春季节。他到玄都观旧地重游。到了那里，知道那个种桃的道士已死，观里的桃树吹倒和枯死了很多，满地长着野葵燕麦，一片荒凉。他想起当年桃花盛开的情景，联想起一些过去打击他的宦官权贵在政治争斗中纷纷下了台，而他自己却是一如既往地坚持自己的见解。为抒发他心里的感慨，他又写了一首诗，诗里说：

百亩中庭半是苔，桃花净尽菜花开。

种花道士归何处？前度刘郎今又来。

一些大臣听到刘禹锡写的新诗，认为他又在发牢骚，很不满意，便在皇帝面前诋毁他。过了三年，他又被派到外地当刺史去了。

公元819年

中国大事记：
成德、卢龙两镇节度使自请入朝，藩镇割据局面暂时平定。

“诗杰”白居易

中唐时期的白居易是一位为世人所熟悉、所敬慕的诗人。在整个古代文学史上，他也是堪称一流的大诗人。

白居易，字乐天，号香山居士，出生在河南郑州新郑一个官僚士族家庭里。幼时的白居易聪明过人，五六岁起就开始写诗，八九岁时已能按照复杂的音韵写格律诗。

16岁时，白居易初次进京应举，当时的苏州太守韦应物把他引见给大诗人顾况。他送上新诗作《赋得古原草送别》，顾况看着诗卷，轻轻吟诵起来：

离离原上草，一岁一枯荣。
野火烧不尽，春风吹又生。
远芳侵古道，晴翠接荒城。
又送王孙去，萋萋满别情。

顾况读完后不禁拍案叫绝。从此，白居易的声名大振。

白居易20岁时回到安徽宿县家中，废寝忘食，发奋攻读。从28岁起，他完全靠自己的力量，“十年之间，三登科第”。

白居易在中央和地方总共做了40多年官，中间也曾辞职和被贬过，但他为官清正廉洁，从来不向恶势力低头。

⊙白居易《琵琶行》诗意图

白居易在陕西周至县当县尉时，结识了陈鸿、王质夫，三人同游仙游寺，聊天中时常谈及唐玄宗和杨贵妃的故事。白居易感慨兴叹，于是大家鼓励他写一首叙事诗，后来终于写成名篇《长恨歌》。这首诗对唐玄宗“春宵苦短日高起，从此君王不早朝”的荒唐生活与杨贵妃“后宫佳丽三千人，三千宠爱在一身”的恃宠而骄进行了讽刺和谴责。

白居易为官期间也很关心百姓的疾苦，如诗歌《新丰折臂翁》就和杜甫的名作《兵车行》有些类似。诗中借一位88岁的老人追述他当年“夜深不敢使人知，偷得大石槌折臂”的惨痛故事，说明了百姓不愿参加不义之战的真实心态。《卖炭翁》则对下层劳动人民寄予了无限的同情，而对倚势凌人的官宦充满了憎恨。

公元807年，白居易被授翰林学士，三年后，被任为左拾遗。因屡次直言进谏和写了不少讽喻诗，白居易为权贵们所忌恨。在一连串的恶毒攻击下，唐宪宗不分青红皂白，把白居易贬为江州（今江西九江）司马。这一打击，使白居易郁郁不乐，在悲哀和愤恨中，写下了“似诉平生不得志”的传世名篇《琵琶行》。诗人从漂泊歌女的自述和凄怆曲调中，产生了共鸣，发出了“同是天涯沦落人，相逢何必曾相识”的叹息。

⊙白居易《长恨歌》诗意图　清　袁江

后来，白居易又被召回长安。在

公元829年

世界大事记：
埃格伯特统一英格兰，结束七国时代。

长安城，他看到昔日的朋友们个个为了权势明争暗斗，意识到此地不可久留，于是上奏本，力求外放，得到了批准。

白居易晚年目睹朝政黑暗，对政治斗争深感厌倦，便辞官隐居洛阳。在那里，他十分喜爱清幽的香山寺，便携书童移居那里，并和寺僧结社，经常唱酬，自号“香山居士”。

此后，白居易便把全部精力都投入到诗歌创作中去了。他一生共写了2800多首诗，后人对他的为人和文学成就有着高度的评价。

韩愈直谏

裴度、李愬平定了淮西叛乱后，唐宪宗觉得脸上有光彩，决定立一个记功碑，来纪念这一次胜利功绩。裴度手下有个行军司马韩愈，擅长写文章，又跟随裴度到过淮西，了解淮西的情况。唐宪宗就命令韩愈起草《平淮西碑》。

韩愈是唐朝杰出的文学家，河南河阳（今河南孟州市西）人。他认为自从魏晋南北朝以来，社会风气混乱，连文风也衰落了。许多文人写文章，喜欢堆砌词藻，缺乏真情实感。他决心改革这种文风，写了不少散文，在当时产生了很大的影响。他的主张和写作实践实际上是一种改革，但是也继承了一些先秦传统的古代散文技法，所以被称为“古文运动”。后来，人们把他和柳宗元两人称为“古文运动”的倡导人。

韩愈不但文章写得好，还是个直言敢谏的大臣。在他写完《平淮西碑》之后，便做出了一个得罪朝廷的举动。

原来唐宪宗到了晚年，迷信起佛教来。他听说凤翔的法门寺里有一座叫护国真身塔的宝塔，塔里供奉着一根骨头，据说是释迦牟尼佛祖留下来的一节指骨，每三十年才能开放一次，让人礼拜瞻仰。人们瞻仰之后，便能够求得风调雨顺、富贵平安。

佛骨崇拜本来就是违背释迦牟尼“四大皆空”的祖训的，但许多寺院为了迎合僧众的迷信需要，就人为制造一些假佛骨（影骨）或假舍利（舍利是火化时修行者体内结石遇高温后的结晶体，假舍利则大多为水晶制品）。唐宪宗对此深信不疑，特地派了三十人的队伍，到法门寺把佛骨隆重地迎接到长安。他先把佛骨放置在皇宫里供奉，而后送到寺里，让大家瞻仰。下面的一班王公大臣，也千方百计想得到瞻仰佛骨的机会。

韩愈向来不信佛，对这样铺张浪费来迎接佛骨，很不满意，便给唐宪宗上了一道奏章，劝谏宪宗不要干这种劳民伤财的迷信事。他说，佛法的事，中国古代没有记载，只是在汉明帝以来，才从西域传进来。历史上凡是信佛的王朝，寿命没有长的，可见佛是不可信的。

唐宪宗看到这个奏章，龙颜大怒，立刻把宰相裴度叫了来，说韩愈诽谤朝廷，一定要处死他不可。

·古文运动·

魏晋南北朝以来，浮艳空洞的骈文风靡文坛。唐玄宗时期，萧颖士等人建言摈斥骈体，主张恢复先秦两汉质朴的文风，开古文运动的先声。唐中期，韩愈力排佛教，崇奉儒学，主张注重文学的实际功效和社会价值，古文运动应运而生。古文，指的是先秦两汉的散文，与骈文是相对立的概念。古文运动，是在文体、文风和文字诸方面全面革新的运动。韩愈主张文章内容应为传播、发扬儒家道统服务，所谓“文以载道”，这样就必须革新文体，要“文从字顺”，“唯陈言之务去”，以质朴的散文取代浮艳空洞的骈文。古文运动结束了骈文长期统治文坛的局面，恢复了古代散文的历史地位，从而使散文以一种新的文学体裁独立于文坛。

公元820年

中国大事记：
唐宪宗为宦官所杀，子李恒即位，是为唐穆宗。

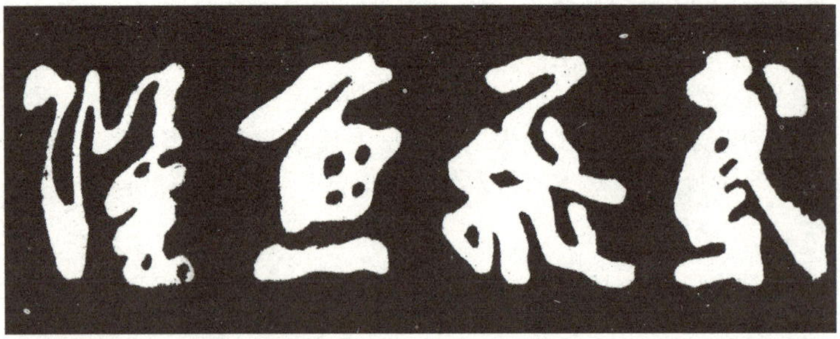
⊙韩愈书法

裴度连忙替韩愈求情，唐宪宗才慢慢消了气，说："韩愈说我信佛过了头，我还可宽恕他；他竟说信佛的皇帝，寿命都不长，这不是在咒我吗？就凭这一点，我决不能饶了他。"

后来，有很多人替韩愈求情，唐宪宗没杀韩愈，把他贬到潮州去当刺史，一年后韩愈才回到长安，负责国子监（朝廷设立的最高教育机构）的工作。就在这一年（公元 820 年），唐宪宗死在宦官手里。他的儿子李恒即位，这就是唐穆宗。

甘露之变

唐朝的宦官是从唐玄宗是开始得势的。开元、天宝年间，宫廷宦官人数激增到 3000 多人，官至五品以上的即达三成。唐玄宗宠信宦官高力士，连太子都称他为二兄，诸王、公主称他为阿翁，驸马称他为爷，满朝的王公大臣无不巴结。唐肃宗继位时，因为宦官李辅国拥立有功，于是受到重用。到了唐德宗时，宦官又掌握了军权。从此以后，宦官的权力膨胀到了极点，甚至连皇帝的废立都由他们说了算。从唐穆宗开始到唐朝灭亡，8 个皇帝中竟然有 7 个是被宦官拥立的。唐宪宗是被宦官王守澄、陈弘志所杀，唐敬宗被宦官刘克明、田务成等人所杀，朝廷官员都不敢过问，也没有人敢追究，皇帝死了，宫中朝上竟相安无事。在中国历史上，唐朝是宦官专权最为严重的一个王朝。但也有不甘心做傀儡的，比如唐文宗。

⊙三彩宦官俑　唐

宝历二年（公元 826 年）十二月的一天，唐敬宗深夜打猎回来，刚进寝宫，蜡烛忽然灭了，这时侍候在一旁的宦官刘克明等人立即扑上去杀死了唐敬宗，并准备拥立绛王李悟为皇帝，以执掌大权。宦官头子王守澄得知后，马上拥立唐敬宗的另一儿子江王李涵（后改名李昂）为帝，并率禁军杀死了刘克明。李昂即位，是为唐文宗。王守澄自恃拥立有功，在宫内朝中更加飞扬跋扈、不可一世。

但饱读诗书的唐文宗却不甘心做宦官的傀儡，一心想为被宦官杀死的父皇报仇。一次，唐文宗生了急病，正好王守澄手下有个精通医道的官员叫郑注，王守澄就派他给唐文宗治病。唐文宗服了他的药，病很快就好了。唐文宗非常高兴，召见郑注，把他提拔为御史大夫。

郑注有个朋友叫李训，是个不得志的小官员，听说郑注受到皇帝的重用，就带了一些礼物求见郑注，希望能得到他的提拔。郑注正好想找个帮手，就把李训推荐给文宗。李训很快得到了唐文宗的信任，后来竟当上了宰相。

公元843年

世界大事记：
《凡尔登条约》签订，查理曼帝国一分为三。

李训、郑注两人成为唐文宗的心腹后，唐文宗把自己想杀掉宦官的心事告诉他们。他们就帮唐文宗出谋划策，想方设法削弱王守澄的权力。唐文宗封和王守澄有仇的宦官仇士良为左神策中尉，统领一部分禁卫军，分散了王守澄的权力。

王守澄失了兵权，就容易对付了。最后，唐文宗赐给王守澄一杯毒酒，让他自尽了。但杀死了王守澄，仇士良的势力却越来越大。于是唐文宗和李训、郑注两人又开始对付仇士良。李训秘密联络了禁卫军将军韩约，决定杀死仇士良。

公元835年的一天，唐文宗像往常一样在紫宸殿上朝，韩约上前说道："启奏陛下，左金吾听事房后大石榴树上，昨夜降下甘露。"李训趁机上前又奏道："甘露既降宫中，是天降祥瑞，陛下应亲自前去观看。"文武百官也一起向唐文宗表示庆贺。唐文宗假装表示不信，派李训去看看真伪。过了一会儿，李训回来说："陛下，这甘露可能是假的。"唐文宗很生气，就让仇士良带领很多宦官再去看看。

仇士良等人在韩约的陪同下来到金吾厅后的石榴树旁，抬头向树上张望。这时仇士良发现韩约满头大汗，仇士良奇怪地问："韩将军，你怎么了？"恰在此时，忽然起了一阵风，掀起了金吾厅幕帐的一角，仇士良惊讶地发现厅内站满了全副武装的士兵，并隐约听见兵器交鸣的声音。仇士良等宦官感到大事不妙，扭头就往紫宸殿跑。

李训见仇士良跑了回来，发觉计划泄漏，就大呼侍卫保护皇上。500名侍卫一起上殿，杀死了很多宦官。其他的宦官抬起皇帝就向后宫跑。李训死死抓住皇帝，大呼："皇帝不能走！"这时几个宦官跑过来抡起拳头将李训打倒在地。宦官们挟持皇帝逃入宣政殿，把大门关得死死的，外面兵将根本冲不进来，宦官都大呼万岁，外面的文武百官和侍卫们都傻了眼。

李训见消灭宦官的计划失败，只好换了衣服逃走。仇士良立即派兵出宫，大肆屠杀一些参与预谋的官员。李训在逃跑的路上被杀，郑注带兵从凤翔赶往长安，听到计划失败的消息，想退回凤翔，结果被监军的宦官杀死。

唐文宗和李训、郑注策划的诛杀宦官的计谋彻底失败，史称"甘露之变"。

"甘露之变"后，朝廷里的大臣几乎被宦官杀光，受株连的达1000多人。宦官更加飞扬跋扈，欺凌皇帝，蔑视朝官。不久，唐文宗郁郁而死。直到公元902年，朱温将宦官全部杀死，才结束了宦官专权的局面，但同时唐朝也灭亡了。

·火药的发明·

火药是中国人民发明的，距今已有1000多年了。火药的研究始于古代炼丹术。中国是最早发明火药的国家，黑色火药在晚唐正式出现。

隋末唐初的医药学家孙思邈在《孙真人丹经》中，记载了世界上最早的火药配方：硫黄、硝石和皂角，被称为硫黄伏火法。唐元和三年（公元808年），炼丹家清虚子所著的《铅汞甲庚至宝集成》卷二之中，记载了"伏火矾法"："硫二两，硝二两，马兜铃三钱半。右为末，拌匀。掘坑，入药于罐内与地平。将熟火一块，弹子大，下放里内，烟渐起。"该法用马兜铃代替了孙思邈方子中的皂角。唐朝末年，火药已开始用于军事。唐哀帝天祐元年（公元904年)，郑璠攻打豫章（今江西南昌），他命令兵士"发机飞火"，烧了龙沙门。这是中国首次将火器用于战争的记录。

大约在13世纪时，火药传到了阿拉伯、波斯等地，后又从阿拉伯传到了欧洲。

公元835年

中国大事记：
唐文宗与李训、郑注等谋杀宦官，失败，宦官大杀朝臣，史称甘露之变。

朋党之争

宦官专权时期，朝廷官员中凡是有反对宦官的，大都受到打击排挤。一些依附宦官的朝官，又分成两个不同的派别。两派官员互相攻击，争吵不休，这样闹了40年，历史上把这场政治争斗叫作“朋党之争”。

这场争吵开始于唐宪宗在位之时。有一年，长安举行考试，选拔能够直言敢谏之人。在参加考试的人中，有两个下级官员，一个叫李宗闵，另一个叫牛僧孺。两个人在考卷里都批评了朝政。考官看了卷子后，认为这两个人都符合选拔的条件，就把他们向唐宪宗推荐了。

宰相李吉甫知道了这件事。李吉甫是个士族出身的官员，他本来就对科举出身的官员有看法，现在出身低微的李宗闵、牛僧孺居然对朝政大加指责，揭了他的短处，更加令他生气。于是他在唐宪宗面前说，这两人被推荐，完全是因为跟考官有私人关系。唐宪宗对李吉甫的话深信不疑，就把几个考官降了职，李宗闵和牛僧孺也没有得到提拔。

李吉甫死后，他的儿子李德裕凭借他父亲的地位，做了翰林学士。那时候，李宗闵也在朝做官。李德裕对李宗闵批评他父亲这事件，仍旧记忆犹新。

唐穆宗即位后，又举行了进士考试。有两个大臣因为有熟人应考，就在私下里与考官勾连，但是考官钱徽没卖他们人情。正好李宗闵有个亲戚应考，结果被选中了。这些大臣就向唐穆宗告发钱徽徇私舞弊。唐穆宗问翰林学士，李德裕便谎称有这样的事。唐穆宗于是降了钱徽的职，李宗闵也受到牵连，被贬谪到外地去做官。

李宗闵认为李德裕存心排挤他，恨透了李德裕，而牛僧孺当然同情李宗闵。从这以后，李宗闵、牛僧孺就跟一些科举出身的官员结成一派，李德裕也与士族出身的官员拉帮结派，双方明争暗斗得很厉害。

唐文宗即位之后，李宗闵利用宦官的门路，当上了宰相。李宗闵向文宗推荐牛僧孺，把牛僧孺也提为宰相。这两人一掌权，就合力对李德裕进行打击，把李德裕调出京城，派往四川（治所在今四川成都）做节度使。

唐文宗本人因为受到宦官控制，没有固定的主见。一会儿用李德裕，一会儿用牛僧孺。一派掌了权，另一派就日子不好过。两派势力就像走马灯似的轮流转换，把朝政搞得十分混乱。

⊙ 黄釉加彩绘贴金文官俑

牛、李两派为了争权夺利，都向宦官讨好。李德裕做淮南节度使的时候，监军的宦官杨钦义被召回京城，人们传说杨钦义回去必定掌权。临走的时候，李德裕就办酒席请杨钦义，还给他送上一份厚礼。杨钦义回去以后，就在唐武宗面前竭力推荐李德裕。

唐武宗即位以后，李德裕果然当了宰相。他竭力排斥牛僧孺、李宗闵，把他们都贬谪到南方去。

公元846年，唐武宗病死，宦官们立武宗的叔父李忱即位，就是唐宣宗。唐宣宗对武宗时期的大臣全都排斥，即位的第一天，就把李德裕的宰相给撤了。

朋党之争闹了40年，最后终于收场，但是混乱的唐王朝已经闹得更加衰败了。

公元882年～13世纪初

世界大事记：
基辅罗斯时期。

黄巢起义

唐朝末年，经过藩镇混战、宦官专权和朝廷官员中的朋党之争，朝政混乱不堪。尽管唐宣宗是一个比较精明的皇帝，但也不能改变这种局面。唐宣宗死后，先后接替皇位的唐懿宗李漼、僖宗李儇，只知寻欢作乐，追求奢侈糜烂的生活，腐朽到了极点。皇室、官僚和地主加紧剥削农民，税收越来越重；加上接连不断的天灾，农民断了生路，到处逃亡。有的忍受不了苦难，只有走上造反的路了。

公元874年，也就是唐僖宗即位第一年，濮州（治所在今河南范县）地方有个盐贩首领王仙芝，带领几千农民，在长垣（在今河南）起义。王仙芝称自己为天补平均大将军，发出文告，揭露朝廷造成贫富不等的罪恶。这个号召很快得到贫苦农民的响应。不久，冤句（今山东曹县北）地方的盐贩黄巢也起兵响应。

后来，黄巢和王仙芝两支起义队伍会合了，继而转战山东、河南一带。

后来，黄巢决定跟王仙芝分两路进军。王仙芝向西，黄巢向东。不久，王仙芝率领的起义军在黄梅（在今湖北）打了败仗，他本人也被唐军杀死了。

王仙芝失败后，剩余的起义军重新与黄巢的队伍会合，大家推黄巢为王，又称冲天大将军。

当时在中原地区的官军力量还比较强，起义军进攻河南的时候，唐王朝在洛阳附近集中大批兵力准备围攻。黄巢看出唐军的企图，决定攻打官军兵力薄弱的地区，于是带兵南下。后来，一直打到广州。

起义军在广州休整后不久，岭南地区发生了瘟疫。黄巢于是决定挥师北上。

公元880年，黄巢统率60万大军开进潼关，声势浩大。

起义军攻下了潼关，唐王朝惊恐万状，唐僖宗和宦官头子田令孜带着妃子，向成都出逃，来不及逃走的唐朝官员全部出城投降。

过了几天，黄巢在长安大明宫称帝，国号叫大齐。经过7年的斗争，起义军终于取得了胜利。

但是，黄巢领导的起义军长期流动作战，攻占过的地方，都没留兵防守。几十万起义军占领长安以后，四周还是官军势力。没过多久，唐王朝便调集各路兵马，把长安围住。长安城里的粮食供应发生了严重困难。

·唐长安城·

唐长安城，兴建于隋朝（时人称大兴城），唐朝易名为长安城，为隋唐两朝的首都，是中国历史上规模最为宏伟壮观的都城，一度也是世界上规模最大的城市。它是隋文帝君臣建立的中国古代最宏伟的都城，反映出大一统王朝的宏伟气魄。为体现统一天下、长治久安的愿望，城池在规划过程中包揽天时、地利与人和的思想观念。“法天象地”，帝王为尊，百僚拱侍。为容纳更多的人口以及迁徙江南被灭各国贵族以实京师的宏伟计划，将城池建设得非常大，面积达84平方千米，是汉长安城的2.4倍，明清北京城的1.4倍，是同时期的拜占庭王国都城的7倍，是公元800年所建的巴格达城的6.2倍，为当时世界大城之一。长安城由外郭城、宫城和皇城三部分组成，城内百业兴旺，最多时人口接近300万。唐王朝建立后，对长安城进行了多方的补葺与修整，使城市布局更趋合理化。龙首原上大明宫的建立，使李唐王朝统治者更加占有优越的地理位置。站在龙首原上，俯瞰全城，更显一代帝国一统天下的气度与风范。

公元907年

中国大事记：
朱温逼唐哀帝禅让，即帝位，改名朱晃，是为后梁太祖，史称后梁，唐朝亡。

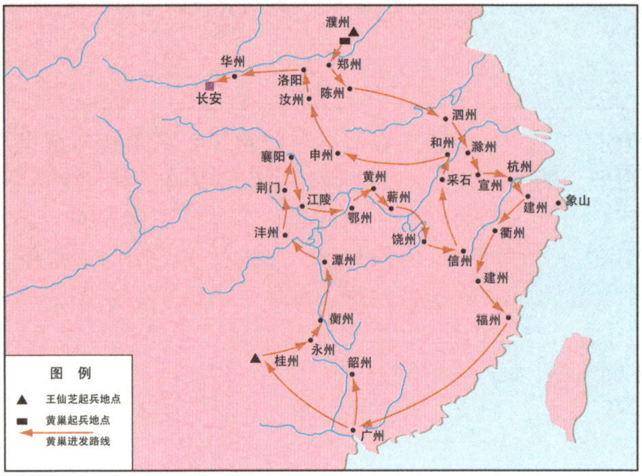

⊙黄巢与王仙芝起义示意图

黄巢派大将朱温到同州（今陕西大荔）驻守。在起义军最困难的时候，朱温竟做了可耻的叛徒，投降了唐朝。

唐王朝又调来了沙陀（古代西北少数民族）贵族、雁门节度使李克用，率领4万骑兵向长安进攻。起义军迎战，大败而回，最后只好撤出长安。

黄巢带领起义军撤退到河南时，又遭到朱温、李克用的围攻。公元884年，黄巢攻打陈州（今河南淮阳）失利，官军紧紧追赶。最后，黄巢在泰山狼虎谷英勇牺牲。

朱温篡唐

朱温（公元852～912年），唐朝宋州砀山（今安徽砀山）人，因排行第三，乳名朱三。朱温的父亲是乡村的私塾教师，父亲死后，因母亲改嫁，朱温来到了萧县刘崇家。朱温长大后狡猾奸诈、蛮勇凶悍，经常在乡里惹是生非，乡亲们都很讨厌他。25岁时，朱温参加了黄巢起义军。朱温作战勇敢，屡立战功，被升为队长。

公元880年，黄巢起义军攻陷了唐朝都城长安（今陕西西安）。黄巢在大明宫称帝，国号大齐。朱温被任命为东南行营先锋使，驻守在东渭桥（今西安东北），后来转战河南，攻占邓州（今河南邓州），切断了唐军从襄樊地区北攻起义军的道路，稳定了大齐政权的东南面局势。朱温得胜回长安时，黄巢亲自到灞上迎接，并犒赏三军。随后朱温奉命到长安以西，抵抗反攻的唐军，再次获胜，朱温成了大齐政权的功臣。

唐僖宗逃到蜀地后，号召各地将领勤王，唐朝河中节度使王重荣有精兵数万，进攻起义军。朱温率军迎战，但由于兵少，屡战屡败，只好向黄巢求救。但求援信总是被负责军务的孟楷扣压，朱温一筹莫展。

⊙朱温像

谋士谢瞳趁机向朱温献策说："黄巢也不过是平头百姓一个，只是趁唐朝衰落才占领长安，不值得您和他长期共事。现在唐朝皇帝在蜀，各路勤王兵马又逼近长安，这说明唐朝气数未尽。将军您在外苦战，但在朝中却被小人制约，这就是为什么章邯背叛秦归楚的原因。"朱温听了觉得有理，为了自己的前途，便杀掉监军使严实，率部投降了王重荣。

唐僖宗在得知朱温投降的消息后，高兴得手舞足蹈，说："这真是天助我也！"他立即下诏封朱温为左金吾大将军、河中行营招讨副使，并赐名朱全忠。然而，就是这个朱全忠，像原

公元9世纪

世界大事记：
西欧出现商人行会。

⊙持戈骑兵画像砖　唐

来没有忠于黄巢、忠于大齐一样，也没有忠于唐朝，反而成了唐朝最终灭亡的掘墓人。

朱温投降唐朝廷后，和各路唐军一起围攻长安。黄巢抵挡不住，只好退出长安，向河南突围，最后被唐将李克用杀死在山东泰山虎狼谷，其部将秦宗权率领余部继续进行斗争。朱温追击黄巢军，一直打到汴州（今河南开封）。此后，朱温便以汴州为根据地，不断扩大自己的势力。

后来起义军进攻汴州，朱温向李克用求援，李克用击退了起义军。朱温设宴招待，李克用年轻气盛，傲气十足，对朱温出言不逊。朱温怀恨在心，当夜派兵把驿馆团团围住，四处放火，乱箭齐发。李克用靠亲兵拼命死战，才突围逃走，但他的几百名亲兵全部被杀。从此，李克用跟朱温结下不共戴天之仇。但朱温的势力越来越大，李克用屡战屡败，只好退到河东地区（今山西一带）。

唐僖宗病死后，他的弟弟唐昭宗李晔想依靠朝臣来反对宦官，但遭失败。宦官把唐昭宗软禁了起来，另立新皇帝。

朱温见有机可乘，便派亲信偷偷溜进长安，跟宰相崔胤密谋。崔胤和朱温联合发兵杀死宦官头目刘季述，使唐昭宗复位。

唐昭宗和崔胤还想杀光宦官，但宦官投靠凤翔节度使李茂贞，把唐昭宗劫持到凤翔。

崔胤向朱温求救，朱温率军进攻凤翔，要李茂贞交出唐昭宗。朱军把凤翔城团团围住。最后城里的粮食吃光了，又碰到大雪天，兵士和百姓饿死、冻死的很多。李茂贞被围在孤城里，走投无路，只好投降。

朱温攻下凤翔后，把唐昭宗带回长安，被唐昭宗封为梁王。从此唐朝大权就从宦官手里，转到朱温手里。朱温掌握大权后，把宦官全部杀光，并挟持唐昭宗迁都洛阳。唐昭宗到了洛阳，想秘召各地藩镇来救他，结果被朱温发现，把他杀死。朱温另立了一个13岁的小孩子做傀儡皇帝，就是唐哀宗。

这时的唐朝只剩下一批大臣了。朱温的谋士李振，因为当初没考上进士，所以痛恨朝臣。他对朱温说：“这批人平时自命清高，自称‘清流’，应该把他们全都扔到浊流（指黄河）里去。”朱温听了他的话，把这些大臣全部杀死，扔到了黄河里。

公元907年，朱温废唐哀宗，改名朱晃，取如日之光的意思，自立为帝，改国号为梁，史称后梁，定都开封，他就是梁太祖，唐朝灭亡。

李存勖灭后梁

李存勖（公元885 ~ 926年），唐朝应州（今山西应县）人，突厥族沙陀部。小名亚子，为李克用长子。他自幼喜欢骑马射箭，武艺高强，为李克用所宠爱。11岁时，李存勖随父作战，获胜后随父亲到长安向朝廷报功，晋见唐昭宗。唐昭宗见了他，非常惊讶，说：“这个孩子真是长相出奇！”然后轻抚着他的背说：“这孩子日后必能成为国家的栋梁，不要忘了为我大唐尽忠尽孝啊！”接着，昭宗又赏赐他翡翠盘等物。唐昭宗对李存勖说：“此子可亚其父。”意思是说他可以超过他的父亲，使父亲成为亚军，因而得名“亚子”。

唐朝后期，藩镇割据，军阀混战。占据河东（今山西一带）的李克用因兵少地小常常被控制河南的朱温（即朱全忠）打败，非常悲观。李存勖劝父亲说：“朱全忠自恃武力强大，吞灭四邻，还想篡夺帝位，这是自取灭亡。我们千万不要灰心丧气，要积蓄力量，等待时机。”李克

公元916年

中国大事记：
契丹首领耶律阿保机称帝，是为辽太祖，建契丹。

⊙唐代铠甲

用听后非常高兴，重新振作起来，与朱温对抗。

幽州的刘仁恭父子在李克用扶持下才占据了幽州地区，后来却忘恩负义，李克用向他征兵时竟不发一兵一卒。一次，刘仁恭遭到朱温军队围攻，厚着脸皮向李克用求援。李克用恨他毫无信用，不肯发兵。李存勖劝父亲说："现在看天下归顺朱温的人有十分之八九，黄河以北地区能和朱温对抗的只有我们和刘仁恭了。如果刘仁恭被朱温打败，我们就势单力薄了。现在他有难，我们去解救，他一定会因感恩而归顺我们，这是我们重振雄风的大好机会，千万不能错过。"李克用听从了儿子的话，出兵救援刘仁恭，阻止了朱温势力的发展。

开平二年（公元 908 年）正月，李克用病死。临死前，李克用给了李存勖三支箭，对他说："后梁是我们的仇人。燕王（刘仁恭）是靠我的支持才占领幽州的，契丹耶律阿保机曾是我的结拜兄弟，但他们都背叛我投奔了朱温。这是我一生的三大恨事！现在给你三支箭，替我报仇。"李存勖含泪接过，供奉在太庙里。每次外出打仗，都背上这三支箭，凯旋之后再放回太庙。李克用死后，李存勖袭王位。刚办完丧事，他就杀死了企图夺位的叔父李克宁，巩固了自己的地位。

朱温派兵 10 万进攻河东要地潞州，潞州守将李嗣昭紧闭城门，固守不出。梁军久攻不下，便在潞州城下筑长城，内防突围，外拒援兵，双方相持一年有余。李克用死后，梁军认为李克用新丧、李存勖新立，所以放松了戒备。但李存勖亲率大军从太原出发，经过 6 天的急行军抵达潞州城外的三垂冈，而梁军毫无察觉。

第二天早晨，天降大雾，李存勖指挥大军奇袭梁军大营。梁军还在睡梦中，仓促中来不及应战，结果被晋军杀得大败，丢盔弃甲，狼狈逃窜，马匹器械损失无数。这次奇袭重挫了梁军的锐气。朱温听到这个消息后，惊讶得张大了嘴，半天才说出一句话来："生儿子就应当生李亚子这样的！李克用虽死犹生，我的儿子们与他相比，简直就是些猪狗之类无用的东西！"

割据河北的两个后梁将领王镕和王处直由于不满朱温的猜疑与滥杀，投靠了李存勖。朱

·温庭筠·

温庭筠（约公元812～870年），唐代诗人、词人，本名岐，字飞卿，太原祁（今山西祁县）人，唐宰相温彦博后代。他长期混迹于歌楼妓馆，为当时士人所不齿。早年才思敏捷，每入试，押官韵作赋，凡八叉手而成，时号温八叉。他以词赋知名，韵格清拔，然屡试不第，终身困顿，晚年才任方城尉和国子监助教，世称"温方城""温助教"。他诗词兼善，诗歌与李商隐齐名，称"温李"，但其诗作藻饰过甚，实际是齐梁宫体诗风的延续，成就实不及李商隐。而他精通音律，熟悉词调，对词这种新的文学样式的发展起了很强的推动作用，只是题材狭窄，多写花前月下，闺思情怨，风格绮艳香软，被尊为"花间词派鼻祖"。代表作是《菩萨蛮》《望江南》《更漏子》。

公元871～899年

世界大事记：
英国阿尔弗烈德大帝在位。

温为了巩固河北，发兵征讨，王镕和王处直急忙向李存勖求救。李存勖率军来援，于梁军对峙于柏乡（今河北柏乡西南）。李存勖数次挑战，但梁军坚守不出。后李存勖采用周德威建议，向后撤军，退到高邑（今河北高邑）。梁将王景仁中计，率军追击。李存勖率骑兵两面夹击，梁军大败，精锐全部被歼。这一仗，后梁军在河北的地盘几乎全部丧失，李存勖与后梁朱温对峙黄河两岸。

接着，李存勖攻破幽州，将刘仁恭父子活捉回太原。9年后，他又击败契丹，将耶律阿保机赶回北方。

公元912年，朱温被他的儿子朱友珪所杀，另一个儿子朱友贞又杀朱友珪。李存勖趁后梁内乱，不断进攻后梁，终于在公元923年攻灭后梁，同年在魏州（河北大名县西）称帝，不久迁都洛阳，国号唐，年号“同光”，史称后唐，李存勖就是后唐庄宗。

“海龙王”钱镠

公元907年，朱温取代唐，建立了梁朝。以后50多年的时间里，中原地区前后更替了五个王朝——梁、唐、晋、汉、周（为了跟以前相同名称的王朝区别，历史上把它们称作后梁、后唐、后晋、后汉、后周），合称为五代。五代时期，在南方和巴蜀地方，还出现了许多割据政权，有的称王，有的称帝，前后建立了九个国（前蜀、吴、闽、吴越、楚、南汉、南平、后蜀、南唐），加上建立在北方的北汉，一共是十国。所以又把五代时期称作“五代十国”时期。

朱温刚一即位，镇海（治所在今浙江杭州）节度使钱镠第一个派人到汴京祝贺，表示愿意臣服于梁。朱温很高兴，立即把他封为吴越王。

⊙ 钱镠像

钱镠原来家境贫寒，早年做过盐贩，后来给浙西镇将董昌当部将。黄巢起义军攻打浙东的时候，钱镠保住临安（今浙江杭州），立了功，唐王朝封他为都指挥使。不久，又提拔为节度使。

钱镠当了上节度使后，开始追求奢华的生

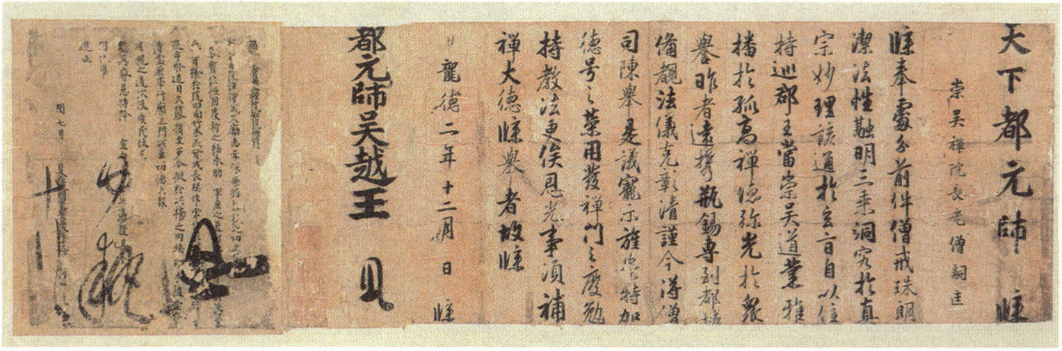
天下都元帅
崇吴禅院长老僧嗣匡
龙德二年十二月 日
都元帅吴越王

⊙ 钱镠文状　五代

公元936年

中国大事记：
辽太宗册封石敬瑭为帝，国号晋，史称后晋。

⊙钱镠铁券　五代
这是皇帝赐给功臣免死或其他特权时所颁发的凭据。钱镠铁券是目前中国保存下来的唯一的唐代铁券实物，是唐昭宗于乾宁四年（公元897年）赐给镇海、镇东节度使，即五代十国中吴越国建立者钱镠的。

活。他在临安盖了豪华的住宅，出门时，坐车骑马，兴师动众。他的父亲对他这样的做法，很看不过去。

他对钱镠说：“我家祖祖辈辈都是靠打鱼种庄稼过日子，没有出过做官的人。你处在今天的位置，周围都是敌对势力，还要跟人家争城夺地。我怕我们钱家今后要遭难了。”

钱镠听了，很有感触。从那以后，他做事谨小慎微，只求保住这块割据地。当时，吴越是个小国，人少势弱，比北方的吴国弱小得多，吴越国常常受其威胁。

由于钱镠长期在混乱动荡的环境里生活，使他养成了一种保持警惕的习惯。他给自己做了个“警枕”，就是用一段滚圆的木头做枕头，倦了就斜靠着它休息；如果睡熟了，头从枕上滑下，人也惊醒过来了。

他除了自己保持警惕外，还严格要求他的将士。每天夜里，都有兵士在他住所周围值更巡逻。有一天晚上，值更的兵士坐在墙脚边打瞌睡，隔墙飞来几颗铜弹子，正好掉在兵士身边，惊醒了兵士。兵士们后来才知道这些铜弹子是钱镠打过来的，就不敢在值更的时候打盹了。

钱镠就是靠小心翼翼地做事才保持住他在吴越的统治地位的。吴越国虽然不大，但是因为长期没有遭到战争的侵扰，经济渐渐繁荣起来。

后来，钱镠征发民工修筑钱塘江的石堤和沿江的水闸，这样就有效地防止了海水倒灌；又叫人把江里的大礁石凿平，方便船只来往。民间因他在兴修水利方面的贡献，给他起了个“海龙王”的外号。

伶人做官

李克用死后，李存勖即了晋王位。他专心训练兵士，整顿军纪，训练出一支勇猛善战的队伍。

李存勖出兵跟梁兵进行了几次大战，大败朱温率领的50万大军。朱温一气之下，发病死了。接着，李存勖又攻取了幽州，活捉了刘仁恭和他的儿子刘守光。

公元916年，耶律阿保机称帝。过了5年，发兵南下。李存勖亲自出兵，大败契丹，把阿保机赶回北边去了。

朱温死后，李存勖又跟朱温的儿子梁末帝打了十多年仗。最后，李存勖于公元923年，灭了梁朝，统一了北方。他在洛阳称帝，改国号为唐，这就是后唐庄宗。

⊙唐庄宗击鼓图

公元936～973年

世界大事记：
德意志国王奥托一世在位。

唐庄宗为父亲报了仇，安定了中原，就享受起来了。他从小喜欢看戏演戏，做了皇帝后，他便整天跟伶人在一起，穿着戏装，登台表演，不问国事。他还给自己起了个“李天下”的艺名。

后来，唐庄宗要封伶人当刺史。有人劝谏说：“新朝刚刚建立，跟陛下一起出生入死的将士，还没得到封赏，如果让伶人当刺史，恐怕大家不服。”

唐庄宗对劝告不理不睬，让伶人当了官。一些将士见了，果然气得发疯。没过几年，后唐朝廷内部就乱了起来，大将郭崇韬被人暗害，另一个大将李嗣源（李克用的养子）也遭到猜忌，差点把命丢了。

不久，将士们拥戴李嗣源，打进汴京，庄宗被乱箭射死。李嗣源做了后唐皇帝，这就是唐明宗。

契丹建立

契丹是我国北方一个古老的民族，北魏时始见于史书记载。关于契丹族的起源，有一个古老的传说：有一个男子骑着白马从潢水（今西拉木伦河）而来，一个女子坐着青牛驾的车沿潢水而下，相遇在两河交汇的木叶山，二人结为夫妻，生了八个儿子。他们的子孙繁衍，形成了八个部落，后来逐渐发展成契丹族。“契丹”是镔铁的意思，表示坚固。

契丹人原是鲜卑族宇文部的一支。公元344年，鲜卑慕容部建立的前燕攻破宇文部，契丹就从鲜卑族中分裂出来，游牧于潢水与土河一带。契丹在南北朝时，分为八部，各部由经过选举产生的“大人”（酋长）统领。唐朝初年，契丹八部开始联合组成了统一的大贺氏部落联盟，由八部“大人”推举一人做联盟首领，称为可汗。当时北方草原的突厥势力强大，契丹就辗转臣服于唐朝和突厥之间。唐太宗击败突厥后，契丹酋长窟哥率族人归顺唐朝。唐朝在契丹地区设置了松漠都督府，授窟哥松漠都督之职，并赐姓李。唐玄宗时期，大贺氏部落联盟瓦解，契丹又建立了遥辇氏部落联盟，依附后突厥汗国。公元745年，后突厥汗国为回纥所灭，契丹又被回纥汗国所统治，后趁回纥内乱之机重新归附唐朝。

唐朝末年，由于中原混战，北方许多汉人纷纷逃到契丹地区躲避战乱。汉族的先进生产技术大大加快了契丹的经济发展。契丹八部中的迭剌部离中原最近，所以发展最快，势力远远超过了其他七部。迭剌部的酋长一直由耶律氏家族世袭担任，到了阿保机的祖父耶律匀德实担任酋长时，迭剌部的牧业和农业都非常发达，社会的发展也很快，开始由部落向国家过渡。

耶律阿保机出生时，契丹的贵族阶层正在为争夺联盟首领之位而互相残杀，阿保机的祖父耶律匀德实被杀，父亲和叔叔伯伯们也逃走，阿保机在奶奶的保护下长大成人。

阿保机长大后，身材魁梧，胸怀大志，武

·契丹文字·

辽建立后，出于统治的需要，而参照汉字创制成出一种文字，有大字、小字两种。契丹大字为辽太祖耶律阿保机从侄耶律鲁不谷和耶律突吕不参照汉字偏旁部首，于神册五年（公元920年）创制而成，字形近似汉字的方块字，大约有3000余字。契丹小字由辽太祖弟耶律迭剌参照回鹘文的造字法创制而成。小字属于拼音方式，每个字由1~7个原字组成。这两种文字在辽朝并用，但汉字亦通用。辽灭亡后，契丹大、小字曾继续沿用，直至金明昌二年（1191年），章宗下诏罢契丹字，才废止使用。现存契丹文字，主要见于碑刻、墨书题字、墓志，以及铜镜、印章、货币等。

公元951年

中国大事记：
郭威称帝于开封，国号周，史称后周，是为后周太祖。

⊙出行图　契丹
图中人物为典型契丹男子形象，留髡发，戴耳环，身着各色长袍，腰系革带，有拿笔砚的，有握短刀的，也有双手捧黑色皮帽的，表现等待出发的情形。

艺高强，率领侍卫亲军屡立战功。公元907年，八部大人罢免了软弱的遥辇氏的可汗，改选阿保机为可汗。阿保机为了巩固自己的地位，除了重用本族人之外，还重用妻子述律氏家族的人，获得了更多的支持。阿保机知道契丹族落后，所以非常重视汉族的人才，一次，幽州节度使刘守光派韩延徽为使，祝贺阿保机当上可汗。韩延徽进见时不肯跪拜，阿保机大怒，将他投入监狱。阿保机的妻子述律氏说："我听说韩延徽是个不可多得的人才，你应该重用他。"阿保机随即把韩延徽召来，任命为谋士。后来阿保机率兵四处掠夺，满足了贵族们掠夺财富的欲望，再次当选可汗。

契丹可汗实行的是家族世选制，在可汗位转入耶律家族后，可汗就都要由家族的成年人担任，阿保机不让位，引起了他的兄弟们的强烈不满。他们先后发动了三次反对阿保机的叛乱。第一次是在公元911年五月，阿保机的兄弟们策划叛乱，阿保机得知后不忍心杀掉这些兄弟，就和他们登山杀牲对天盟誓，然后赦免了他们。兄弟们并没有领情，第二年再次叛乱。阿保机抢先按照传统习惯赶在他们的前面举行了烧柴告天的仪式，再次任可汗。公元913年三月，他们又一次叛乱。阿保机亲率侍卫亲军镇压，终于平息叛乱，巩固了自己的可汗地位。本部落内部叛乱平息后，其他七部大人联合起来，要求阿保机退让可汗之位，重新选举。阿保机拿不定主意，就问自己的汉族谋士韩延徽怎么办。韩延徽说："汉人的君王可不轮流选举！"阿保机于是下定决心，铲除反对势力。他对七位大人说："让我退位也可以，但你们吃的盐都是我的盐池里出产的。你们只知道吃盐方便，却不知盐池也有主人，你们应该来犒劳我和我的部下。"众人觉得有理，便带着酒肉赶来。阿保机布下伏兵，等他们喝醉时，将他们全部杀死。从此后，再也没有人和阿保机争夺可汗之位了。

公元916年，在除掉内外的反对势力后，阿保机称皇帝，国号契丹，年号神册，定都临潢府（今内蒙古自治区巴林左旗），阿保机就是辽太祖。契丹强盛时的地域东至大海，西逾金山（今阿尔泰山），北到胪朐河（今克鲁伦河），南达白沟（今河北中部的拒马河）。

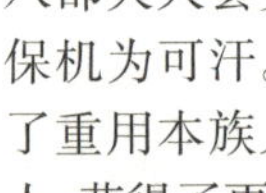

儿皇帝石敬瑭

唐明宗死后，他的儿子李从珂做了后唐皇帝，这就是唐末帝。唐明帝在位时，唐末帝便与他的姐夫、河东节度使石敬瑭不和，等到唐末帝登基后，两人终于闹到公开决裂的地步。

李从珂派了几万人马进攻石敬瑭所在的晋阳。石敬瑭眼看要抵挡不住了，这时，有个叫

公元955年

世界大事记：
德意志、捷克联军打败马扎尔人。

桑维翰的谋士给他出个主意，让他向契丹人求救兵。

那时候，耶律阿保机已经死了，他的儿子耶律德光做了契丹国主。桑维翰帮石敬瑭起草了一封求救信，对耶律德光表示愿意拜契丹国主做父亲，并且答应在打退唐军之后，将雁门关以北的幽云十六州（指幽州、云州等十六个州，即在今河北、山西两省北部）的土地献给契丹。

耶律德光正打算向南扩张土地，听到石敬瑭给他优厚的条件，真是喜出望外，立刻出5万精锐骑兵援救晋阳。这样，内外出兵夹击，把唐军打得大败。

⊙石敬瑭像

后来，耶律德光来到晋阳，石敬瑭亲自出城迎接，卑躬屈膝地把比他小10岁的耶律德光称作父亲。

经过一番观察，耶律德光觉得石敬瑭的确是死心塌地投靠他，便正式宣布石敬瑭为皇帝。石敬瑭称帝后，立刻按照原来答应的条件，把幽云十六州送给了契丹。

⊙山西平遥彩塑武官像　五代
武官头戴金盔，全身着甲，左手拄剑，右手握拳，一副威武刚猛的神态。

石敬瑭在契丹的支持下，带兵南下攻打洛阳，接连打了几个胜仗。唐末帝被契丹的声势吓破了胆，在宫里烧起一把火，带着一家老少投火自杀了。

石敬瑭攻下洛阳，灭了后唐，在汴京正式做了中原的皇帝，国号叫晋，这就是后晋高祖。石敬瑭对契丹国主耶律德光感恩戴德，向契丹上奏章，把契丹国主称作“父皇帝”，自己称“儿皇帝”。朝廷上下都觉得丢脸，只有石敬瑭毫不在乎。

石敬瑭做了七年的儿皇帝，病死了。他的侄儿石重贵即位，这就是晋出帝。晋出帝向契丹国主上奏章的时候，自称孙儿，不称臣。耶律德光借机说晋出帝对他不敬，带兵进犯。

契丹两次进犯中原，都被晋朝军民打败了。但是后来，由于叛徒的出卖，契丹兵攻进了汴京，俘虏了晋出帝，把他押送到契丹。后晋便灭亡了。

公元947年，耶律德光进了汴京，自称大辽皇帝（这一年契丹改国号为辽）。

后来，中原的百姓受不了辽兵的残酷压迫，纷纷起义，反抗辽兵。东方的起义军声势浩大，攻占了三个州。

取律德光害怕了，被迫退出中原。但是，被石敬瑭出卖的幽云十六州仍在契丹贵族的控制之中，这些地方后来成为他们进攻中原的基地。

公元957年

中国大事记：
后周世宗令大臣汇编律令为《大周刑统》。

周世宗斥冯道

辽兵被迫退出中原的时候，后晋大将刘知远在太原称帝。随后，率领大军向南进发。刘知远的军队纪律严明，受到中原百姓的欢迎。刘知远很快收复了洛阳、汴京等地。同年六月，刘知远在汴京建都，改国号为汉。这就是后汉高祖。

刘知远只做了十个月皇帝就得病死了。他的儿子后汉隐帝刘承即位以后，嫌手下将领权力太大，秘密派人到邺都去杀大将郭威，导致郭威起兵反叛。公元950年，郭威推翻了后汉，并于第二年在汴京即位，国号周，就是后周太祖。

周太祖出身贫苦，很能体量民间疾苦，同时他也有些文化，注意重用人才，改革政治。在他的治理下，五代时期的混乱局面开始好转。

后周建立的时候，刘知远的弟弟刘崇占据太原，不服后周统治，成为一个割据政权，历史上称为北汉（十国之一）。刘崇见自己的力量无法抵御后周，便投靠了辽朝，拜辽主为“叔皇帝”，自称“侄皇帝”，多次依靠辽兵进犯周朝，但都以失败告终。

公元954年，周太祖死了。他没有儿子，生前把柴皇后的侄儿柴荣收作自己的儿子。柴荣从小聪明能干，练得一身武艺。周太祖死后，柴荣继承皇位，这就是周世宗。

北汉国主刘崇见周世宗刚即位，认为周朝局势不稳，正是进占中原的大好时机。他集中了3万人马，又请求辽主派出1万骑兵，向潞州（治所在今山西长治）进攻。

消息传到汴京，周世宗立即召集大臣商议对策。他提出要亲自出征。

大臣们看周世宗态度挺坚决，也不好说什么了。这时，有一个老臣站出来反对，他就是太师冯道。

冯道从后唐明宗那时候起，就当了宰相。后来，换了四个朝代，他都能随机应变，一些新王朝的皇帝，也乐得利用他。所以，他一直任宰相、太师、太傅等职。

周世宗对冯道说：“过去唐太宗都是自己带兵最终平定了天下。”

冯道说：“陛下与唐太宗相比，谁更英明呢？”

周世宗看出冯道瞧不起他，激动地说：“我们有强大的军队，要消灭刘崇，还不是像大山压鸡蛋一样容易。”

冯道说：“陛下能像一座山吗？”

周世宗听罢一甩袖子，怒气冲冲地离开了朝堂。后来，由于有其他大臣的支持，周世宗把亲征的事决定了下来。

周世宗率领大军到了高平（在今山西省），与北汉兵相遇，双方摆开了阵势。

⊙会客图　五代　佚名
此图描绘五代时期文官的日常会客，人物神采毕现，各具情态，笔墨浑厚饱满，线条流畅挺劲，用色秀雅平和，诚为五代佳制。

约公元前945～972年

世界大事记：
基辅罗斯大公斯维托斯拉夫·伊戈尔列维奇在位。

·韦庄·

韦庄（约公元836~910年），晚唐五代诗人、词人，字端己，京兆杜陵（今陕西西安）人。乾宁元年（公元894年)进士，曾任校书郎、右补阙等职。后入蜀，为王建书记。唐亡，王建建立前蜀，韦庄为宰相，死于蜀。他的诗词都很著名。《秦妇吟》一诗是他及第前写的一首长诗，时人曾因之称他为“秦妇吟秀才”，其中虽有嘲笑黄巢起义军之语，但客观上反映了官军的腐败无能，表达了对人民痛苦的同情。他的此种诗歌为数极少，多是抒发及时行乐、追念昔日繁华之作。较有成就的是《古离别》《台城》。词史上，他属花间派，是花间派代表作家，与温庭筠齐名，号称“温韦”。其词风格清新明朗，寓浓于淡，以清丽见长，艺术成就较高。《思帝乡》《女冠子》《菩萨蛮》是其优秀代表。有《浣花集》。

刘崇指挥北汉军猛攻周军，情况十分危急，周世宗见状亲自上阵，指挥他的两名将领赵匡胤和张永德各带领2000亲兵冲进敌阵。周军兵士看到周世宗沉着应战，也奋勇冲杀。最后，北汉兵抵挡不住，大败而逃。

高平一战，大大提高了周世宗的声望。过了两年，他又亲自征讨南唐（十国之一），攻下了长江以北十四个州。接着，他又下令北伐，水陆两路进军，收复北方大片失地。

公元959年，正当周世宗要实现统一全国的愿望的时候，却病倒了。他死后，由年仅7岁的儿子柴宗训接替皇位，就是周恭帝。

董源画江南

董源，五代时期著名山水画家。南唐中主李璟（公元943 ~ 957年在位）时以擅长绘画入宫，担任北苑（即后苑）副使，因此画史上又称他为“董北苑”。

董源的山水画曾得到李璟的垂青。据说李璟年轻时曾在庐山修建别墅，将山泉林园胜景

⊙潇湘图　五代　董源　绢本

这是一幅典型的江南山水画，山峦连绵起伏，草木葱茏，洲渚交横，江水宽阔平静。左岸立有8人，内有2位朱衣女子，另5人似在奏乐。不远处正驶来一小船，船上6人，再远处有拉网的渔夫及独坐小舟的垂钓者等。图中山势连绵起伏，草木青葱蓊郁，江水浩渺，汀渚错落，给人以优雅深远、辽阔迷离之感。画面人物较多，有张网捕鳍者，有驾舟垂钓者、游玩观赏者、弦歌雅奏者。人物用粉白青红诸色填染，颇为醒目。

公元958年

中国大事记：
周世宗派兵攻打南唐。

⊙散乐图　五代
图中伎乐服饰华丽，体态丰腴，高盘发髻，各种乐器握于手中，神态各不相同，为研究当时音乐、服饰文化的实物资料。

融为一体。他为了能时时看到庐山景致，特地命董源画了一幅《庐山图》。董源将五老奇峰、云烟苍松、泉流怪石和庭院别墅巧妙地绘入一图。李璟观后，称赞不绝，爱不释手，命人挂在卧室里，朝夕对画观赏，犹如长居庐山中。由此可见董源构思的巧妙和写景艺术的高超。还有一次，忽然下了一场大雪，铺天盖地，京都呈现出一片银白的世界。李璟见此雅兴大发，召集群臣登楼摆宴、赏雪赋诗；并召来当时的画坛高手董源、高太冲、周文矩、朱澄、徐承嗣等人。他们各有所长，分工合作，由高太冲画中主像，周文矩画侍臣及乐工侍从，朱澄画楼阁宫殿，董源画雪竹寒林，徐崇嗣画池塘鱼禽。不久，一幅栩栩如生的《赏雪图》完成了。董源画的雪竹寒林是这幅画中直接描绘雪冬之景的。他胸有成竹，临阵不慌，放手对景勾画，将积雪压竹、丛林寒瑟的景象传神地描绘出来。这次活动和《赏雪图》被北宋的美术评论家郭若虚记述在他的《图画见闻志》里，遗憾的是该图已经无法见到了。

董源山水画的重要特点在于着色，景物富丽，有李思训金碧山水的画风。宋代米芾评价董源的山水画说："董源天真平淡多……近世神品，格高无与比也。峰峦出没，云雾显晦，不装巧趣，皆得天真，岚色郁苍，枝干劲挺，咸有生意；溪桥渔浦，洲渚掩映，一片江南也。"董源在构图方面的特点是"出自胸臆"，他"写山水、江湖、风雨、溪谷，峰峦晦明，林霏烟云，与夫千岩万壑，重汀绝岸，使览者得之，真若寓目于其处也，而足以助骚客词人之吟思，则有不可形容者"。董源画山最著名的手法是披麻皴。这是一种细长圆润的石纹画法，形如麻线下披，因而得名。董源画大树，曲处甚简，多作劲挺之状；"画小树，不先作树枝及根，但以笔点成形"；"画杂树，只露根，而以叶点高下肥瘦，取其成形……最为高雅，不在斤斤细巧"。这些都表明了董源的技法在前人基础上有所发展。

董源聪明好学，刻苦自励。他善于吸收隋唐以来的艺术成果和经验。除山水画外，他还兼工人物、龙水、牛虎等画科。当时有不少权贵之家请董源绘龙水屏风，享誉颇久。《图画见闻志》评价他画牛虎"肉肌丰混，毛毳轻浮，具足精神，脱略凡格"。董源的人物画十分逼真。传说南唐后主李煜在碧落宫召冯延巳入宫议事，冯延巳行至宫门，逡巡不敢进。后主久待不至，遣内侍催促。冯延巳说："有宫娥着青红锦袍，当门而立，未敢竞进。"内侍与他走近同看，原来是董源所绘嵌在8尺琉璃屏中的夷光像。由此可见董源的人物画成就之高。

董源是山水画中江南画派的开山祖师，他融会唐代画家王维的水墨技法和李思训的青绿技法，结合实际景物，发展创造，自成一家。

王朝更迭

从北宋建立到清朝灭亡，中国历代王朝加强中央集权和君主专制，各民族之间的政治、经济、文化交流更加广泛和深入，统一的多民族国家进一步发展。但明中叶以后，中国开始落后于世界，到了清朝后期，随着国势衰弱，列强入侵，中国的封建社会走到了末路，最终辛亥革命推翻了清朝统治，结束了2000多年的封建专制政体。

公元960年

中国大事记：
陈桥兵变，赵匡胤即位，是为宋太祖，国号宋，后周亡。

黄袍加身

周恭帝刚即位时，由宰相范质、王溥辅政。这时京城里传出谣言，说赵匡胤有夺取皇位的野心。

赵匡胤原来是周世宗手下的得力大将，跟随周世宗南征北战，战功卓著。周世宗在世时，很信任赵匡胤，让他做殿前都点检，统帅禁军。禁军是后周一支最精锐的部队。

公元960年，后周接到边境送来的紧急战报：北汉国主和辽朝联合出兵，攻打后周边境。

赵匡胤得令后，立刻调兵遣将，带了大军从汴京出发。他的弟弟赵匡义和亲信谋士赵普也一同出征。

当天晚上，大军开出京城二十里后，到了陈桥驿，赵匡胤命令将士就地扎营休息。在陈桥驿宿营时，一些将领聚集在一起，有人说："现在皇上年纪那么小，我们拼死拼活去打仗，他也不会知道我们的功劳，不如拥护赵点检做皇帝吧！"大伙听了，都赞成这个意见。

没多久，这消息就传遍了军营。将士们拥到赵匡胤住的驿馆，一直等到天亮。

⊙ **陈桥兵变遗址**

今河南省封丘陈桥镇，为宋太祖黄袍加身处。

赵匡胤起床后，还没来得及说话，几个人把早已准备好的一件黄袍，披在他的身上，大伙跪倒在地上高呼"万岁"。

到了汴京，有石守信、王审琦等人做内应，没费多大劲儿就控制了京城。

将领们把范质、王溥叫到赵匡胤的住处。赵匡胤一见他们的面，就装出为难的模样说："世宗对我恩重如山，现在我被将士逼成这个样子，你们看怎么办？"

范质等吞吞吐吐不知该怎么回答好。这时有个将领声色俱厉地喊道："我们没有主人，今天大家一定要请点检当天子！"

范质、王溥吓得赶快给赵匡胤下拜。

随后，周恭帝让了位，赵匡胤做了皇帝，国号宋，定都东京（今河南开封），历史上称为北宋。赵匡胤就是宋太祖。这样一来，经过50多年混战的五代时期就结束了。

·内外相制·

宋太祖赵匡胤鉴于唐末五代藩镇割据对国家造成的危害，采纳丞相赵普的建议，实行了强干弱枝的政策，即收天下精兵尽数送往京师充当禁军，地方上只保有少数供役使的厢兵。当时禁军约有20万，10万屯扎在京师，以制外变，10万屯扎在外郡，以制内患。如此环环相扣，加强了中央的集权统治。

杯酒释兵权

宋太祖即位后不久，就有两个节度使起兵反叛，宋太祖亲自出征平定了叛乱。

经过这件事之后，宋太祖心里总感到不安稳。有一次，他单独找来赵普，对他说："自从唐朝末年以来，接连更换了五个朝代，战争从来没有停止过，不知道有多少老百姓死于非命，

约公元960～992年

世界大事记：
波兰皮亚斯特王朝国王梅什科一世在位。

这到底是怎么回事呢？"

赵普说："道理很简单，国家混乱，病症就出在藩镇权力太大。假如把兵权集中到朝廷，天下就会太平无事了。"

宋太祖连连点头，表示赞同。

几天后，宋太祖在宫里设宴，请石守信、王审琦等几位老将聊天喝酒。

宋太祖趁酒酣耳热之际，命令身边的太监退出。他拿起一杯酒，请大家喝干之后说："我要不是有你们帮助，也不会有今天这个样子，但是你们哪知道，做皇帝也有很多闹心的事，还不如做个节度使自在。不瞒你们说，这一年来，我就没有睡过一夜安稳觉。"

石守信等人听了很吃惊，连忙问这是什么原因。

宋太祖说："这不是明摆着吗？皇帝这个位子，谁不眼红呀？"

石守信等人听宋太祖这么一说，都惊慌失措，跪在地上说："陛下为什么这样说呢？现在天下已经太平无事了，谁还敢对陛下不忠呢？"

宋太祖摆摆手说："你们几位我是信得过的，只怕你们的部下当中，有人贪图富贵，往你们身上披黄袍，你们想不干，恐怕也不行吧？"

石守信等听宋太祖这么说，顿时感到大祸临头，连连磕头，流着泪说："我们都是粗心人，想得不周到，请陛下给我们指引一条出路。"

宋太祖说："我替你们着想，你们不如把兵权交给朝廷，去地方做个闲官，置些田产房屋，给子孙留点家业，平平安安地度个晚年。我和你们结为亲家，彼此毫无猜疑，这样不是很好吗？"

石守信等一齐说："陛下为我们想得太周到啦！"

⊙ 宋太祖赵匡胤像

第二天，石守信等大臣一上朝，每人都递上一份奏章，说自己年老多病，请求辞职。宋太祖马上准许，收回他们的兵权，赏给每人一大笔财物，打发他们到各地去做节度使。历史上把这件事称为"杯酒释兵权"（"释"就是"解除"的意思）。

后来，宋太祖又收回了地方将领的兵权，建立了新的军事制度，从地方军队挑选出精兵，组编成禁军，由皇帝直接指挥；各地行政长官也由朝廷委派。这些措施出台实行后，新建立的北宋王朝稳定了下来。

李后主亡国

宋太祖稳定了内政，将朝廷的权力集于一身后，便开始做统一中国的打算。当时，五代时期的"十国"，留下来在北方割据的有北汉，在南方割据的还有南唐、南平、南汉、吴越、后蜀等。要统一全国，该先从哪里下手呢？宋太祖越想思绪越乱。

一个风雪交加的夜里，赵普正在家里烤火取暖，宋太祖找上门来。赵普连忙请宋太祖进屋，

公元975年

中国大事记：
南唐后主李煜为宋军所俘，南唐亡。

⊙ 南唐文会图　北宋　佚名
这幅图描绘了南唐后主李煜和三位文士在庭院聚会的情形。

拨红了炭火，在炭火上炖上肉，叫仆人拿出酒来招待。宋太祖此行，正是为了与赵普商量如何一统全国。

这一夜，宋太祖和赵普决定了先攻灭南方、后平定北方的计划。在随后的十年里，宋王朝先后出兵灭了南平、后蜀、南汉。这样，南方只剩下南唐和吴越两个割据的政权了。

南唐最后的一个国主李煜，即南唐后主，是个著名的词人，他对诗词、音乐、书画都十分精通，可就是不懂得如何处理国事。

公元974年九月，宋太祖派大将曹彬、潘美带领10万大军分水、陆两路攻打南唐。

宋军到了长江边，马上用竹筏和大船赶造浮桥。这个消息传到南唐的国都金陵（今江苏南京市），南唐君臣正在歌舞饮宴。李后主问周围大臣该怎么办，大臣说："从古至今，没听说搭浮桥过江的，不必理会！"

后主边笑边说："我早说过这不过是小孩子的把戏罢了。"

三天后，宋军搭好浮桥，潘美的步兵在浮桥上如履平地，跨过长江。南唐的守将抵挡不住，败的败，降的降。10万宋军转瞬间就打到金陵城边。

那时候，李后主正在宫里跟一些和尚道士诵经讲道，宋军到了城外，他还一无所知呢。等他到城头上巡视，才发现城外到处飘扬着宋军旗帜。

李后主连忙调动驻守上江的15万大军来救。救兵刚到了皖口，便遭到宋军的两路夹攻，南唐军全军覆没。李后主叫人在宫里堆了柴草，准备放火自焚，但是最终胆怯了，后来带着大臣出宫门，向曹彬投降。

李后主被押到东京，过着囚徒的生活。李后主从一个奢靡享乐的国君变成了一个亡国的俘虏，心里十分辛酸，每天流着眼泪过日子。亡国之君的凄楚，正如他的词里所描述的那样：

问君能有几多愁，
恰似一江春水向东流。

赵普受贿

赵普为宋太祖打下江山出了不少计策，立了大功。后来，赵普被任命为宰相，事无大小，宋太祖都跟赵普商量。

赵普是小吏出身，他的学问连一般的文臣都比不上。宋太祖常劝他多读点书。赵普每次回家，马上关起房门，取出书箱里的书，认真诵读。第二天上朝处理政事，总是十分快捷。后来，家里人发现，他的书箱里只有一部《论语》，

⊙ 赵普像

公元988年

世界大事记：
基辅罗斯皈依东正教。

于是人们就传说，赵普是靠半部《论语》治天下的。

宋太祖对赵普很信任，赵普也敢于在宋太祖面前坚持自己的观点。有一次，赵普向宋太祖推荐一个人做官。接连两天，宋太祖都没有同意。第三天赵普上朝的时候，又送上奏章，坚持要求宋太祖同意他的推荐。宋太祖动了怒，把奏章撕成两半，扔在地上。

赵普俯下身，不慌不忙地把扯烂的奏章拾起来，放在袖子里。过了几天，赵普把粘接起来的奏章，又在上朝时交给宋太祖。宋太祖见赵普态度这样坚决，只好接受了他的意见。赵普做了十年宰相，权倾朝野，日子久了，就有人想巴结他，常常有人来给他送礼物。

宋太祖经常到赵普家里去，事先也不打招呼。有一次，吴越王钱俶派个使者给赵普送信，还捎带了十坛"海产"，正好宋太祖到了。宋太祖在厅堂里坐下，看到这十只坛，便问赵普里面装的是什么东西。赵普回答说："是吴越王送来的海产。"宋太祖笑着说："既然是吴越王送来的海产，准错不了，把它打开来看看吧！"赵普吩咐仆人，打开坛盖，在场的人一看都傻了眼。原来坛里根本没有什么海产，而是一块块金子。

雪夜访赵普图　明　刘俊
此画描绘的是宋太祖雪夜私访宰相赵普商议统一大计的故事。

宋太祖一向忌讳官员接受贿赂，滥用权力，看到这种情况，气得脸变了色。

从这以后，宋太祖开始猜疑赵普。不久，又有官员告发赵普违反禁令，私运木料。当时朝廷禁止私运秦、陇（今陕西、甘肃一带）大木，赵普的部下用赵普的名义，私运一批大木到东京贩卖。宋太祖听说赵普藐视朝廷的禁令，不禁大怒，要治赵普的罪。由于其他大臣为他说情，宋太祖才平息怒火，撤了赵普的宰相职位。

·禁军·

禁军有专指与泛指之分。泛指历代皇帝的亲兵，即侍卫宫中及扈从的军队。专指北宋正规军。北宋称正规军为禁军或禁兵，从各地招募，或从厢军、乡兵中选拔，由中央政府直接掌握，分隶三衙。除防守京师外，并分番调戍各地，使将不得专其兵。每发一兵，均需枢密院颁发兵符。编制单位有军、指挥、都。士兵出自雇佣，且沿五代定制，文面刺字，社会地位低于一般人。北宋中叶，单禁兵就已增至80余万人。王安石变法时裁减兵额，置将分领，军队战斗力有所提高。北宋末年，政治腐败，军队缺额极多，京师三衙所统实际仅存3万人。北宋亡，禁兵主力溃散。南宋时，各屯驻大军取代禁兵，成为正规军，而各地尚存的禁兵，则成为专供杂役、不参加战斗的部队。

"烛影斧声"与宋太祖之死

赵匡胤于公元960年发动陈桥兵变，黄袍加身，做了17年皇帝，到公元976年便撒手归西了，正史中没有他死亡的明确记载，《宋史·太祖本纪》中的有关记载也只有简单的两句话："帝崩于万岁殿，年五十。""受命杜太后，传位太宗。"因此他的死一直是一个不解之谜，为历史留下了又一桩悬案。

司马光的《湘山野录》中记载，开宝九年十月，那天天气极为寒冷，宋太祖赵匡胤急唤他的弟弟晋王赵光义进入寝宫，宋太祖斥退旁人，只留下他们两人自酌自饮。酒过三巡，已是夜深了，他见晋王赵光义总是躲在后边，极其害怕，自有几分得意。见殿前雪厚几寸，便用玉斧刺雪，还不时对他弟弟说："太容易了，真是太容易了。"当夜赵光义没走，留宿于禁宫。第二天天快亮时，禁宫里传出宋太祖赵匡胤已经死了的消息。赵光义按遗诏，于灵柩前即皇帝位。

历史上所谓"烛影斧声"的疑案就指此事。有人认为"烛影斧声"也许不是疑案，只是晋王赵光义戕兄夺位的借口。宋太祖安排后事是宋朝的国家大事，不可能只召其弟单独入宫，并且赵光义又在喝酒时退避。用玉斧刺雪，这正是赵匡胤与赵光义进行过争斗的状态，晋王一狠心杀死宋太祖。要是不这样写，这段史料也许会被封杀。

不过，关于光义弑兄的原因，史书上另有一种说法。《烬余录》称，赵光义很喜爱已归降的后蜀主孟昶的妃子花蕊夫人费氏。孟昶死后，花蕊夫人被宋太祖赵匡胤纳为自己的妃子，而且特别宠爱。赵匡胤因病卧床，深更半夜时赵光义胆大妄为，以为宋太祖已熟睡，便趁机调戏花蕊夫人，可没想到太祖惊醒，要用玉斧砍他，等到皇后、太子赶到之时，赵匡胤已经只剩一口气了。赵光义趁机逃回自己的王府，第二天太祖赵匡胤就升天了。由此可知，赵光义趁夜黑无人，赵匡胤昏睡不醒的时候调戏他觊觎已久的花蕊夫人，谁知赵匡胤突然醒来发觉了，也许是他盛怒之下欲砍赵光义，可是因为病体虚弱，体力不足，未砍中赵光义。赵光义觉得自己只有死路一条，不管用何种方式都不能取得其兄的原谅与宽恕了，预料到自己将会死得很惨，于是一狠心便杀死了自己的同胞兄弟，然后慌忙逃回府中。宋太

⊙宋太祖像

祖赵匡胤是病怒交加而死，还是他弟弟杀死的呢，谁也不知其详。不过十分清楚的是，赵匡胤之死与其弟赵光义当夜在皇宫内院的行为有一定的关系。

对于这个疑案，也有一些人为赵光义开脱罪责，司马光的《涑水纪闻》记道："太祖初晏驾，时已四鼓，孝章宋后使内侍都知王继隆召秦王德芳；继隆以太祖传位晋王之志素定，乃不召德芳，径趋开封府召晋王。见医官贾德玄坐于府门……乃告以故，叩门与之俱入见王，且召之。王大惊，犹豫不敢行，曰：'吾当与家人议之。'入久不出。继隆促之曰：'事久，将为他人有。'遂与王雪下步行至宫门，呼而入……俱进至寝殿。宋后闻继隆至，曰：'德芳来耶？'继隆曰：'晋王至矣。'后见王愕然，遽呼官家曰：'吾母子之命，皆托于官家。'王泣曰：'共保富贵，无忧也。'"从这一记载来看，宋太祖赵匡胤过世时，他弟弟赵光义并不知晓，也没在宫中待过，似乎可以洗去"烛影斧声"的嫌疑了。

⊙ 宋太宗像

但是，自从赵光义继帝位后，赵匡胤的长子德昭于公元979年被迫自杀，次子德芳又于公元981年无故而死，由此来看，宋太宗赵光义还是摆脱不了"烛光斧影""戕兄夺位"的嫌疑。

⊙ **皇后骂殿 年画**
民间传言太祖皇后曾在殿前大骂宋太宗弑兄篡位。

公元979年

中国大事记：

宋进军辽南京（即今北京西南），辽军击败宋军于高粱河。

幽州之战

后晋高祖石敬瑭为感谢契丹助其灭后唐，入主中原，把幽云十六州割给契丹，并自称“儿皇帝”。公元979年宋灭北汉，以幽云十六州为基地屡扰宋边的辽朝成了宋王朝北面最大的边患。

公元979年六月，灭掉北汉的宋太宗踌躇满志，欲北上一举收复幽云十六州。宋太宗亲率大军10万出镇州（今河北正定）北进，突破了辽军在拒马河的阻截，进围幽州，击败城北辽军1万余人。二十六日，太宗命宋偓、崔彦进等四将率军分四面攻城。辽军韩德让和耶律学古一面安抚军民，一面据城固守待援。屯驻清沙河（今北京昌平境内）北的辽将耶律斜轸因宋军势大而不敢冒进，只声援城内辽军。六月二十九日，以耶律沙和耶律休哥为统帅的辽援军赶到，尽管宋军一度登上城垣，但终未能攻入城内，被迫撤退。

七月六日，宋辽两军在高粱河大战。辽军初战不利，稍稍退却。耶律斜轸和耶律休哥及时赶到，分左右横击宋军，城内辽军也杀出参战，宋军大败，宋太宗赵光义中箭受伤。辽军乘胜反攻，追至涿州，宋军大量军械资粮落入辽军之手，宋朝第一次幽州会战宣告失败。

高粱河落败后，宋辽平静了几年，但宋太宗积极筹划二度北伐，以雪前耻。公元982年，辽景宗去世，耶律隆绪继位，是为圣宗，因年幼，其母萧太后摄政。宋雄州守将贺令图以辽帝年幼、内部不稳，建议太宗再攻幽州，太宗心动。参知政事李至以粮草、军械缺乏，准备不充分为由反对出兵，但太宗不听，于公元986年3月，发兵三路攻辽。东路曹彬10万人出雄州，中路田重进出飞狐（今涞源），西路潘美、杨业出雁门，三路合围幽州。

宋西路军很快攻下寰、朔、云、应等州，中路攻占灵丘、蔚州等战略要地，东路夺占固安、涿州。辽获悉宋军北伐，即派耶律抹只率军为先锋，驰援幽州，萧太后偕辽圣宗随后亲往督战，辽军意图是以南京留守耶律休哥抵御宋东路军，耶律斜轸抵御宋西路和中路军，而圣宗、太后率大军进驻幽州，以重兵击溃宋东路，再击退西、中路。由于辽军主攻点不在西、中路，故宋中、西两路捷报频传，东路宋军将士纷纷主动请战，促主帅曹彬北上。曹彬难抑众愿，遂率军北进，一路不断遭到辽军袭扰，时值夏季，天气酷热，宋军体力消耗很大，抵达涿州时，东路军上下均疲惫不堪了。

此时辽圣宗和萧太后所部辽军已从幽州北郊进至涿州东50里的驼罗口，攻占固安，而与曹彬对峙的是辽悍将耶律休哥，他正虎视眈眈，欲伺机进击宋军。曹彬鉴于辽军主力当前，难以固守拒战，而己方军队粮草将尽的形势，令军队向西南撤退。辽耶律抹只和耶律休哥见时机已到，即令辽军追击宋军；五月三日，宋军在歧沟关被辽军赶上，困乏的宋军根本抵挡不住锐气正盛的辽军，大败。辽军追至拒马河，宋军四散奔逃，溃不成军，死伤数万，遗弃兵甲，不计其数。

宋太宗得知东路军惨败，遂令中路军回驻定州，西路军退回代州，并以田重进、张永德等沉稳持重的将领知诸州，以御辽军可能发起的进攻。东路宋军已遭重创，而西路战事仍在进行。八月，宋西路主帅潘美、监军王侁拒绝副帅杨业的合理建议，迫令其往朔州接应南撤的居民，杨业不得以要求在陈家谷设伏以防御辽军追击。杨业与辽西路主帅耶律斜轸在朔州南激战，因遭辽萧挞览军伏击而败退。杨业按预定计划率军退到陈家谷，本以为此地有宋军埋伏将截击辽军，哪料潘美、王侁违约，早已率军逃走；杨业愤慨自己被出卖，但仍率孤军力战，终因势单力薄全军覆没。杨业身负重伤后被俘，绝食而死。

北宋朝廷发起的旨在收回幽云十六州的幽州之战，因自身的种种原因以惨败结束。

公元973～1048年

世界大事记：
著名学者比鲁尼在世。

杨家将

说到北宋的历史，就不能不提杨家将。

杨家将的第一代杨业（？～986年），本名杨重贵，又名杨继业，麟州新秦（今陕西神木北）人。他的父亲杨信是麟州的土豪，趁五代混乱之际，割据麟州，自称刺史，先后归附后汉、后周，派儿子杨业入事河东节度使刘崇。后周代替后汉后，刘崇自立为帝，建立北汉。刘崇非常看重杨继业，认他为孙。杨业从小就擅长骑马射箭，爱好打猎。每次打猎，收获总比别人多。他对同伴们说："我将来带兵打仗，就好像猎鹰追逐野兔一般。"当时辽经常南下骚扰北汉，杨业驻守边境，抵御辽军，积累了丰富的边防经验。杨业骁勇善战，屡立战功，人称"杨无敌"。

北宋太平兴国四年（公元979年），北宋进攻北汉，大败北汉军。北汉皇帝投降宋朝，杨业却仍在太原城南与宋军苦战。宋太宗早就听说杨业是一员勇将，就让北汉亡国皇帝刘继元派亲信前去劝降。见到刘继元派来的劝降使者，杨业大哭了一场，投降了宋朝。因为杨业有抵御辽兵的经验，所以宋太宗任命他为左领军卫大将军，担负起在山西防御辽的重任。杨业驻守雁门关多年，辽军始终不敢侵入一步。

攻灭北汉后，宋太宗试图收复辽占领的幽云十六州。北宋雍熙三年（公元986年），宋军分三路攻辽，杨业与主帅潘美率西路军出击，接连攻下云、应、寰、朔四州。但东路宋军主力被辽军击败，中路军不战而退。辽军精锐随即向西路军扑来，潘美、杨业急忙掩护四州人民内迁。撤退前，杨业与潘美约定陈家谷口（今山西朔州南）接应，自己率军冒死迎击辽军，以掩护大军及百姓撤退。但潘美听说杨业陷入重围后，竟然弃杨业不顾，率军逃跑。杨业死战突围到陈家谷口，见无援军接应，再次陷入重围。虽然他率军英勇作战，但终因寡不敌众，身负重伤，坠马被俘，最后绝食三日而死。他的长子杨延玉也英勇牺牲，宋军无一人生还。杨业死后，宋太宗深表痛惜，称杨业"诚坚金石，气傲风云"，同时处罚潘美等人。史书上记载，杨业的儿子除延玉外，还有延朗、延浦、延训、延环、延贵和延彬。

杨家将第二代代表人物是杨延昭（公元958～1014年）。杨延昭本名延朗，从小沉默寡言，总是喜欢玩行军打仗的游戏，杨业看了以后说："这孩子像我。"雍熙三年北伐，杨延昭随父兄一起出征，担任先锋。进攻朔州时，被箭射穿了手臂，但他依旧顽强作战，终于攻下朔州。杨业死后，杨延昭在景州（今河北景县）、保州（今河北安新县）等地抵御辽军侵扰。

宋真宗咸平二年（公元999年），契丹向宋

⊙宋代武士复原图

公元993年

中国大事记：
王小波、李顺起义。

朝发动大规模军事进攻，宋军节节败退。当时杨延昭正守卫遂城。九月初，辽军攻遂城，杨延昭派人出城搬救兵。河北大将傅潜畏怯不敢出，遂城被辽军包围。杨延昭指挥部队将辽军一次又一次打退，一直坚持到十月间。突然气温骤降，杨延昭命城中军民用水浇在城墙上，一夜之间城墙变得坚固又光滑，辽军久攻不下，只好绕过遂城进攻别处。这次战役结束后，杨延昭被宋真宗授予莫州刺史之职。

宋景德元年（1004年），辽圣宗、萧太后率兵大举南侵，一直打到黄河北岸的澶州。杨延昭上书建议，乘辽兵大举南下之际，出兵收复幽云十六州。但宋真宗早被吓破胆了，没有采纳他的建议。澶渊之盟订立后，杨延昭认为是国耻，于是拒绝朝廷不许伤害辽兵的命令，痛击辽军。杨延昭镇守边防二十几年，赢得了百姓的爱戴，连辽人也对他非常敬畏，称他为杨六郎。他有三个儿子：杨传永、杨德政、杨文广。

杨家将的第三代代表是杨文广（？～1074年），也是宋代一名边防名将。在宋仁宗时期，他先后率军驻守河北、陕西边境。他镇守陕西时，有效地抵御了西夏对北宋的骚扰，后又率军抗辽。

杨家将三代血战报效朝廷的事迹，历来为后人所传颂。尤其是杨业和杨延昭，在北宋时期就已经天下闻名。人们为纪念杨家将不朽的功勋，在山西省代县城里的一座钟鼓楼的正面和背面分别悬挂着“威震三关”“声闻四达”两块大匾。

王小波起义

宋太宗征讨辽朝，以惨败告终，不仅这样，还丧失了像杨业这样的勇将，再也没有跟辽朝作战的勇气了。加上国内局势也很不稳定，特别是川蜀地区连续爆发农民起义，弄得宋王朝手忙脚乱，穷于应付。

◎戴盔帽、穿铠甲的武士　北宋

川蜀地区在五代时期，先后建立过前蜀、后蜀两个政权，长期远离战火，因此，后蜀时期，国库十分丰实。宋太祖灭蜀后，纵容将士在成都抢掠，把后蜀积累的财富运到东京，激起了百姓的怨恨。到了宋太宗的时候，又在那里设立衙门，垄断了蜀地出产的茶叶、丝帛买卖。一些地主、大商人趁机投机倒把，贱买贵卖。蜀地百姓的日子一天比一天艰难。

青城县（今四川灌县西南）有个农民叫王小波，和他妻子的弟弟李顺，都是以贩卖茶叶谋生的。官府禁止民间买卖茶叶后，王小波被断了活路，决心起义。消息传开后，各地贫民纷纷前来参加王小波的起义军。十天的工夫，就聚集了几万人。

公元963～1025年

世界大事记：
拜占庭皇帝巴西尔二世在位。

王小波有了人马，先打下了青城。接着，又乘胜攻打彭山（今四川彭山）。在彭山百姓的响应下，起义军很快攻下了县城，杀了大贪官齐元振，把他平日从百姓那里搜刮来的钱财，分给贫苦的百姓们。

王小波随后便带兵北上，向江原（今四川崇庆东南）进军。驻守江原的宋将张玘发兵抵抗，双方在江原城外展开一场大战。

王小波的起义军个个英勇顽强，张玘眼看支持不住了，就放起冷箭来。王小波没防备，前额中了冷箭。王小波不顾鲜血从脸上往下流，继续战斗，终于打败宋军，把凶恶的张玘杀了。

起义军进占了江原后，王小波因伤势太重死去。

王小波死后，起义将士推举李顺做首领，继续带领大家打击官军。

在李顺的指挥下，起义军不断壮大，连续攻下许多城池，不断取得胜利，最后攻取了蜀地的中心成都。成都的文武官员见势不妙，都逃跑了。

公元994年正月，李顺在军民的拥戴下，建立了大蜀政权。李顺做了大蜀王，一面整顿人马，一面继续派兵攻占各州县。从北面剑阁到东面的巫峡，到处是起义军的势力。

消息传到东京，宋太宗非常惊慌，赶快召集宰相商量对策。随后派宦官王继恩为剑南西川治安使，前往镇压。王继恩兵分两路，派人从东面将巫峡的起义军堵住，自己率领大军向剑阁进兵。

王继恩通过了剑阁后，集合蜀地宋军，进攻成都。那时候，驻守成都的起义军还有十几万人，但是在重兵包围之下，起义军渐渐抵挡不住，成都城终于被攻破，李顺也在战斗中牺牲了。

·交子·

交子是世界上最早流行的纸币，它于北宋初年在四川成都开始流行。成都在北宋时期是一个商业繁荣、商品交易发达的地区，然而最初使用的交换货币是铁钱。这种铁质的钱不仅重，而且价值很低。这就促使一些商人在交易中发明了一种制楮（纸）的卷。他们在楮卷上暗藏标记，隐蔽密码，并以此代替铁钱，从而大大方便了商人们的商品交易。当时这种楮卷被称为“交子”，它的性质与现在的存款凭据相近。“交子”的出现，便利了商业往来，弥补了现钱的不足，是中国货币史上的一件大事。此外，“交子”作为中国乃至世界上发行最早的纸币，在印刷史、版画史上也占有重要的地位，对研究中国古代纸币印刷技术有着重要的意义。

寇准抗辽

宋太宗死后，他的儿子赵恒即位，这就是宋真宗。这时候，宋朝的边境上出了事。1004年，东北方的辽，出动了20万军队来打宋朝。

告急的消息不断地传到已经当了宰相的寇准那里，一个晚上竟来了五次。寇准不慌不忙，只说声“知道了”，照样喝酒下棋。宋真宗慌忙把寇准叫来，问：“大兵压境，怎么办？”

寇准说：“这好办，只要五天时间就够了。”没等真宗再发问，寇准接着说：“现在只有陛下亲自出征，才能长我军士气，灭敌人威风，我们就一定能打败强敌！”站在旁边的一些大臣听后都慌了，怕寇准也让自己上前线，都想赶快走开。

宋真宗也是个胆小鬼，听了寇准的话，脸都吓白了，就想回皇宫躲起来。寇准郑重地说：

1038年

中国大事记：

党项首领元昊称帝，是为西夏景宗，建都兴庆府，国号大夏，史称西夏。

“您这一走，国家的事没人决断，不是坏了大事了吗？请您三思！”在寇准的坚持下，宋真宗才平静下来，商量起亲征的事。

过了几天，辽军的前锋已经打到了澶州（今河南省），离东京只有几百里地了，情况万分紧急。同平章事王钦若趁机劝真宗迁都避敌，寇准据理力争，真宗才答应亲征。

宋真宗和寇准带领人马离开东京往北，来到韦城（今河南省内）时，听说辽的兵马十分凶猛，宋真宗又害怕了。有的大臣趁机再向他提出到南方去的事。

宋真宗派人把寇准找来，问他：“有人劝我到南方去避风险，你看怎么样？”寇准心中生气，可还是耐心地说：“您千万别听那些懦弱无知的人的话。前方的将士日夜盼您呢！他们知道您亲征，就会勇气百倍，您要是先走了，军心就会动摇，就要打败仗。敌人在后面紧紧追赶，就是想逃到南方也是不可能的了！”宋真宗听了，还是下不了决心，皱着眉头，一声不吭，停了一会儿，他让寇准出去。

寇准刚出来，遇到将军高琼，连忙对他说：“将军这次打算如何为朝廷出力呢？”

高琼说：“我是一个武人，愿意为朝廷战死！”“好，你跟我来！”

寇准带着高琼又来到宋真宗面前，说：“我对您说的，您要是不信，就再问高琼好了！”接着，他又把反对迁都和主张亲征的事说了一遍。

高琼听了，连声对宋真宗说：“寇准说得非常对，您应该听他的。只要您到澶州去，将士们就会拼死杀敌，一定会打败辽军！”

寇准激动地接过话：“陛下，机不可失，眼下正是打败辽军的好机会，您应该立即出征！”宋真宗让寇准说得也露出笑容，抬头看了看站在旁边的卫官王应昌。王应昌紧紧握住挂在腰上的宝剑，说：“陛下亲征，一定成功，假如停止前进，敌人更加猖狂！”寇准和两员武将抗敌的坚定态度感染了宋真宗，他这才下了决心去澶州亲征。

宋真宗亲征的消息传到前线，宋军将士士气大振。当辽军攻打澶州城的时候，宋军拼死抵抗，威虎军头张瓌眼疾手快，一箭射死了辽军统帅萧达览。辽军见不能取胜，只好答应和宋朝讲和。宋真宗也不愿再打仗，就派使者跟辽军谈判。曹利用去谈判了，经过一番讨价还价，最后商量好：宋朝每年送给辽银十万两，绢二十万匹。辽军退走了。就这样，宋朝虽胜犹败，按约每年还要给辽送东西。因为澶州也叫澶渊，历史上把这次和约叫作“澶渊之盟”。

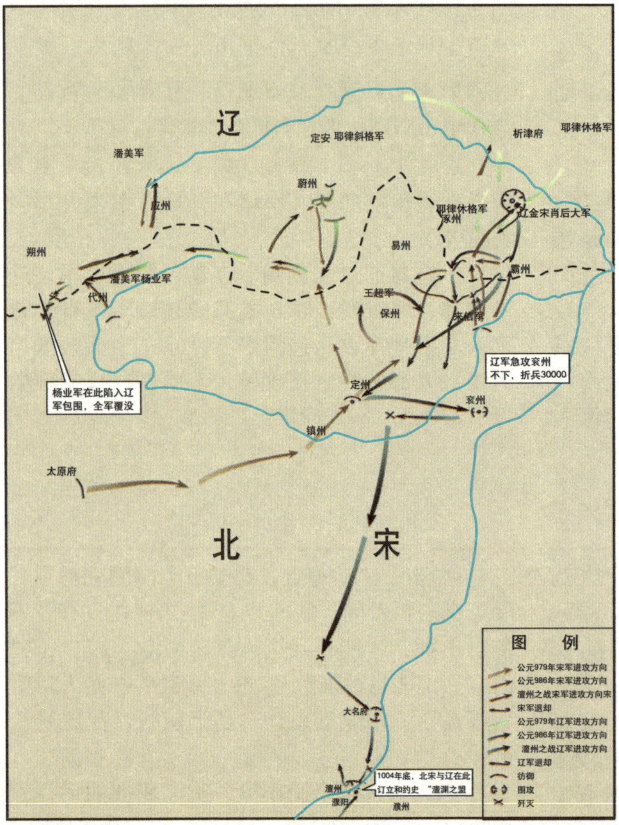

⊙宋辽战争示意图

公元980～1037年

世界大事记：
中世纪著名学者伊本·西纳（即阿维森纳）在世。

元昊建西夏

宋真宗一味地妥协求和，这种做法虽然按下了辽朝那一头，但西北边境的党项族（古代少数民族之一）贵族却趁机侵犯宋朝边境，提出无理要求。宋真宗疲于应付，只好妥协退让，封党项族首领李继迁为夏州刺史、定难军节度使。1004年，李继迁死后，又封他的儿李德明为西平王，每年送去大批银绢，以示安抚。

李德明的儿子元昊是个雄心勃勃的人。他精通汉文和佛学，多次打败吐蕃、回鹘等部落，势力范围不断扩大。他劝说李德明不要再向宋朝称臣。

李德明不肯接受他的意见。直到李德明死后，元昊继承了西平王的爵位，才按照自己的主张，设置官职，整顿军队，准备脱离宋朝的控制，自立门户。

⊙ **西夏之敕牌**
西夏驿站传递文书时使用的敕牌。

1038年，元昊正式宣布即位称帝，国号大夏，建都兴庆（今宁夏回族自治区银川市）。因为它在宋朝的西北，历史上叫作西夏。

元昊称帝以后，派使者要求宋朝承认。那时候，宋真宗已经死去，在位的是他的儿子赵祯，即宋仁宗。宋朝君臣讨论的结果，认为这是元昊反宋的表示，就下令削去元昊西平王爵位，断绝贸易往来，还在边境关卡上张榜悬赏捉拿元昊。元昊被激怒了，就决定大举进攻。

那时，在西北驻防的宋军兵士有三四十万，但是这些兵士分散在24个州的几百个堡垒里，而且各州人马都直接由朝廷指挥，彼此之间没有作战配合。西夏的骑兵却是统一指挥，机动灵活，所以常常打败宋军。

一年后，西夏军向延州进攻，宋军又打了一个大败仗。宋仁宗十分生气，把延州知州范雍革了职，另派大臣韩琦和范仲淹到陕西指挥抗击西夏。

范仲淹到了延州，改革边境上的军事制度。他把延州16000人马分为六路，由六名将领率领，日夜操练，宋军的战斗力显著提高。西夏将士

·《虎钤经》·

中国宋代著名兵书。北宋吴郡人许洞历4年于景德元年（1004年）撰成，凡20卷，210篇，共论210个问题。许洞曾任雄武军推官、均州参军等职。该书现存明嘉靖刊本及清《四库全书》等刊刻本。《虎钤经》以上言人谋，中言地利，下言天时为主旨，兼及风角占候、人马医护等内容。许洞认为天、地、人三者的关系应是“先以人，次以地，次以天”（《虎钤经》，明刊本，下同），重视人（主要是将帅）在战争中的作用。要求将帅应“观彼动静”而灵活用兵，做到“以虚含变应敌”。尽管天时有吉凶，地形有险易，战势有利害,如能吉中见凶、凶中见吉,易中见险、险中见易，利中见害、害中见利，就能用兵尽其变。此外，还会集了不少阵法，并创造了诸如飞鹗、长虹等阵。但书中天人感应等荒诞迷信之谈，则不可取。

1041年

中国大事记：
西夏军攻宋，败宋军于好水川。

看到宋军防守严密，不敢进犯延州。

1041年二月，西夏军由元昊亲自率领，向渭州进犯，韩琦集中所有人马布防，还选了18000名勇士，由任福率领出击。

任福带了几千骑兵迎击西夏兵，两军相遇，双方打了一阵，西夏兵丢下战马、骆驼就逃。任福派人侦察，听说前面只有少量的西夏兵，就在后面紧紧追赶。

任福带着宋军向西进兵，到了六盘山下，连西夏兵的影子都没看见。只见路边有几只银泥盒子，封得很严实，兵士们走上前去，端起银泥盒子听了一下，有一种跳动的声音从里面发出。兵士报告任福，任福吩咐兵士打开盒子。只见里面接连飞出了一百多只带哨的鸽子，在宋军的头上飞翔盘旋。

原来，西夏兵采取了诱敌战术。在六盘山下，元昊带了10万精兵，早已布置好埋伏，只等那鸽子飞起，四面的西夏兵就一齐杀出，将宋军紧紧围在中央。宋军奋力突围。从早晨一直打到中午，大批的西夏兵不断从两边杀出。宋兵边打边退，伤亡不断增加。

任福身上中了十多支箭，兵士劝任福逃脱。任福说："我身为大将，兵败至此，只有以死报国。"他又冲了上去，死在西夏兵刀下。

这一仗，宋军死伤惨重，元昊获得大胜。韩琦听到这消息，非常难过，上书朝廷处分。宋仁宗撤了韩琦的职。范仲淹虽然没直接指挥这场战争，但是被人诬告，也降了职。

从这以后，宋夏多次交兵，宋军连连损兵折将，宋仁宗不得不重新起用韩琦、范仲淹指挥边境的防守。两人同心协力，安抚士卒，军纪严明，西夏才不敢再进犯。

三川口与好水川

北宋太平兴国七年至南宋建炎元年（公元982～1127年），西夏为拓疆，频频举兵攻宋。宋为遏制西夏扩张，实现一统，也屡次集兵进击，双方展开断断续续近百年的战争。其中，最有影响的两次战役是三川口之战和好水川战役。

宝元元年（1038年），元昊正式称帝，建立大夏国，建元天授礼法延祚，是为夏景宗。立刻派使臣至宋，要求予以承认。宋朝不允，下诏削去元昊的官爵，停止互市，宋夏矛盾愈趋激化。

⊙ 好水川之战遗址

好水川在今宁夏隆德西北。1041年，宋将任福奉命率兵数万进攻西夏。夏景宗元昊领兵10万在好水川设伏。当宋军进至埋伏圈后，西夏军四面围攻，大败宋军，宋将任福战死。图为宋、西夏好水川之战遗址。

北宋仁宗康定元年（1040年），元昊探听到宋鄜延路守军寡弱，于是集兵数万，大举进攻宋朝的延州。进兵前，元昊先派人请和，麻痹宋军，随即乘隙突然攻入。夏军先假攻保安军（今陕西志丹），引延州军出来救援保安军，趁机攻占延州北面的金明寨，直抵延州。宋延州知州范雍四处调兵，援救州城。宋将刘平、石元孙等领兵万余人，还救延州。夏军伏兵于三川口（今陕西安塞东），将宋援军团团围住。夏军四面合击，宋军全线溃败。夏军俘获刘平、石元孙等多名宋将，大获全胜，乘势围攻延州。夏军连攻延州七日，正赶上天降大雪，景宗只

1056～1105年

世界大事记：
德意志国王、神圣罗马帝国皇帝亨利四世在位。

好退军。回师途中又连连攻克塞门、安远两寨，攻掠泾原路，于三川寨（今宁夏固原）等地，斩杀宋将杨保吉等。此战为西夏的生存与发展奠定了军事基础。鉴于夏军不断进逼，北宋朝臣纷陈攻守之策。陕西经略安抚副使韩琦竭力主张集鄜延、泾原两路兵深入进攻，副使兼知延州范仲淹主张先行坚守，巩固防务，再进取横山（今陕西横山东南之横山），占据要地，修筑堡寨，步步进逼，北宋皇帝犹疑不定。元昊得知消息后，先发制人，于庆历元年（1041 年）再次大举攻宋。西夏军攻渭州（今甘肃平凉），进逼怀远（今宁夏隆德东南）。

元昊率兵10万自折薹（今宁夏同心东南）进发，经天都山（今宁夏海原东），沿瓦亭川（今宁夏甘肃边境葫芦河）南下，将主力埋伏于好水川口（今宁夏隆德西北）附近山谷，遣一部分兵至怀远城（今宁夏西吉偏城），诱宋军入伏。宋陕西经略安抚副使韩琦闻夏军来攻，命大将任福领兵 1.8 万人，并令镇戎军（今宁夏固原）守将常鼎率部配合，前去迎敌。宋军在怀远南与夏军相遇，假装被打败，丢弃辎重，向背撤退。任福率军追击，进入好水川，被西夏 10 万兵包围。经过激战，任福与 1 万余名宋军将士战死，仅有 1000 余人逃脱。宋朝经过这两次惨败，不敢轻易与西夏交兵，被迫采取了守势。

元昊在对宋战争中，尽管屡战屡胜，但西夏毕竟人力物力有限，连年的战争给百姓增加了沉重的负担。为了巩固新建的封建政权，西夏决定以胜利者的姿态，向富裕的宋朝提出缔结和约。

双方经过一年多谈判，终于议和成功：宋封元昊为夏国主，允许自置官属，每年“赐”给夏绢 13 万匹，银 5 万两，茶 3 万斤。元昊名义上向宋称臣，实际已完全独立。此后，双方

⊙韩琦像

维持了 20 年的和平。治平元年（西夏拱化二年，1064 年）三月，西夏派使节祭奠宋仁宗，该使节与宋引伴因为礼仪之事发生争执。同年秋，西夏以宋朝侮辱西夏使节为借口，发兵 10 万，进攻宋秦凤、泾原、环庆路。宋夏争端又起，先后发生了定川寨之战，宋收复河、岷等州之战，灵州之战，永乐城之战等。

宋夏之间的战争虽然各有胜负，但是经过不断的对抗，北宋末年，北方形势却发生了变化：辽眼看着就要灭亡，宋金关系也进一步恶化。于是，夏依附金朝，并协助金攻击宋朝。靖康元年（西夏元德八年，1126 年），夏军破天德（今内蒙古乌拉特前旗东南）、云内（今内蒙古土默特左旗东南）、武州、西安州、怀德军（今宁夏固原西北）等地，进围兰州。靖康二年，金灭北宋，宋夏战争终止。

宋夏百年战争，严重地破坏了社会生产，给宋、夏人民带来了深重灾难。由于连年征战，人力、物力、财力损失惨重，致使宋、夏出现严重经济危机。阶级矛盾激化，起义不断。既加速了北宋的灭亡，也严重地阻滞了西夏经济和社会的发展。

宋夏议和

元昊虽然连续几次大败北宋，取得了三川口、好水川和定川寨等战役的重大胜利，但是自己损失也很严重，元气大伤。西夏国小人少，北宋国大人多，在综合国力上北宋占有很大优势。北宋政府任用范仲淹和韩琦防御西夏，他们令士兵在边境修建了大量的碉堡，引诱西

1042年

中国大事记：

西夏攻宋镇戎军，大败宋军于定川砦。

夏军队来进攻，宋军发射先进的火箭（在箭杆上绑上一个火药筒，火药筒后面有一根引火绳，点燃导火线，火药燃烧产生气体，借助气体后喷的反作用力，箭飞向前方烧杀敌人）反击，西夏军队死伤惨重，消耗了大量的人力、物力。

韩琦和范仲淹还重用大将狄青。狄青出身低微，原来只是京城禁军里的一个普通士兵，但他武艺高强，勇猛善战，被提拔为军官。后来北宋和西夏爆发战争后，狄青被调到边境的陕西保安军。

有一次，西夏军进攻保安军，由于以前多次被西夏军打败，宋军一听西夏军又来了，都非常害怕。守将卢守勤也愁眉不展，不知该如何是好。狄青见状，主动请缨，要求担任先锋，出击西夏军。

卢守勤见狄青愿意当先锋，非常高兴，就立即拨给他一队人马。狄青披头散发，脸上戴了一个青面獠牙的铜面具，只露出两只眼睛。他手持一杆长枪，骑着一匹高头大马，大喝一声，杀入了敌阵，东挑西刺，西夏兵一下子就死了好几个人。宋军见军官这样奋不顾身，无不奋勇拼杀。西夏军多次大败宋军，根本不把宋军放在眼里，没想到今天碰到了这样厉害的对手。再看狄青这副打扮，早已吓得魂飞魄散了。经狄青和宋军一阵勇猛冲杀，西夏军溃不成军，纷纷逃跑。狄青带领宋军乘胜追击，打了一个大胜仗。

捷报传到朝廷，宋仁宗十分高兴，升了卢守勤的官，连升了狄青四级。宋仁宗还想召见狄青。后来因为西夏兵又进犯渭州，调狄青去抵抗，才不得不取消召见，只好叫人给狄青画了肖像，送到皇宫里去。

以后几年里，西夏兵不断在边境各地进行骚扰，烧杀抢掠，无恶不作。在4年的时间里，狄青前后参加了大小25次战斗，受了8次箭伤，但从来没有打过一次败仗。一次在攻打安远时，狄青身负重伤，但听到西夏的援军赶到，立刻翻身上马，率军冲锋陷阵。在宋夏战争中，狄青立下了赫赫战功。西夏兵士一听到狄青的名字，就吓得慌忙逃走。

在北宋和西夏发生战争之前，双方的贸易形式主要有三种：贡使贸易、榷场贸易和民间走私贸易。贡使贸易就是西夏派使者出使北宋，向北宋皇帝进贡，而北宋则给西夏大量的赏赐作为回报；榷场贸易就是北宋在宋夏边境设立榷场（即官办的贸易场所），双方进行贸易。北宋在保安军、镇戎军等地设立榷场；民间走私贸易就是两朝人民在未经官方许可的情况下进行的走私活动。

北宋和西夏爆发战争后，北宋政府停止了贡使贸易和榷场贸易，对西夏进行经济封锁，仅靠民间走私远远不能满足西夏的需要。元昊只好率军攻打宋朝，四处抢掠，结果引起了北宋更强烈的抵抗。

连年的战争，使西夏人民困苦不堪，怨声载道，编唱《十不如歌》等反战歌曲。再加上西夏和辽争夺辽境内的党项部落，导致两朝关系紧张。为了避免两线作战，1042年六月，元昊派人前往东京议和，宋仁宗正求之不得。双方经过一年多的谈判，于庆历四年（1044年）达成协议，史称“庆历和议”。这次和议后，虽然又发生了几次战争，但仍以和平为主，北宋和西夏获得了近半个世纪的和平，有利于双方经济文化的发展和交往。

·市舶司·

公元971年，宋首先在广州设立市舶司，后来先后在杭州、泉州、明州等地设置市舶司、市舶务或市舶场。其主要职能是检查出入海港的船舶，登记、发给公据公凭及引目，征收商税，管理外商，收买官府专卖物资等。由于两宋海上对外贸易的发达，市舶收入在财政收入中占的比重越来越大，至南宋绍兴三十二年（1162年），仅广州、泉州两市舶司的收入就占到了当时财政总收入的20%。

公元987～1328年

世界大事记：

法国卡佩王朝时期。

范仲淹推行新政

⊙范仲淹像

范仲淹在边境整顿军纪的同时，还注意减轻边境百姓的负担，使北宋的防守力量明显得到加强。范仲淹不但是个军事家，而且还是政治家、文学家。他是苏州吴县人，父亲在他很小的时候就死去了，因为家里贫穷，母亲不得不带着他改嫁了人家。范仲淹在十分艰苦的环境中成长，他在一座庙里居住、读书，穷得连三餐饭都吃不上，每天只得熬点薄粥充饥，但是他仍旧苦学不辍，苦读了五六年，终于成为一个学识渊博的人。

范仲淹最初在朝廷当谏官，因为看到宰相吕夷简滥用职权，谋求私利，就向仁宗大胆揭发。这件事触犯了吕夷简，吕夷简怀恨在心，诬陷范仲淹结交朋党，挑拨君臣关系。宋仁宗听信了吕夷简的话，贬谪范仲淹去了南方。直到西夏战争发生以后，才把他调到陕西去防守边境。

范仲淹在宋夏战争中屡立战功，宋仁宗觉得他确实是个难得的人才。这时候，宋王朝因为内政腐败，加上在跟辽朝和西夏战争中军费和赔款支出浩大，财政极为紧张。宋仁宗就把范仲淹从陕西调回京城，任命他为副宰相。

⊙岳阳楼

范仲淹回到京城后，宋仁宗马上召见了他，要他提出治国的方案。范仲淹知道朝廷弊病太多，不可能一下子都改掉，准备一步一步来。但是，禁不住宋仁宗一再催促，就提出了十条改革措施。

正在改革兴头上的宋仁宗，看了范仲淹的方案，立刻批准在全国推行。历史上把这次改革称为“庆历新政”（“庆历”是宋仁宗的年号）。

范仲淹的新政刚一推行，就捅了马蜂窝。一些皇亲国戚、权贵大臣、贪官污吏，见自己的利益受到威胁，纷纷闹了起来，散布谣言，攻击新政。那些原来就对范仲淹不满的大臣，天天在宋仁宗面前说坏话，又说起范仲淹与一些人结党营私，滥用职权。

宋仁宗看到有那么多的人反对新政，就动摇起来。范仲淹被逼得无法在京城立足，便主动要求回到陕西防守边境，宋仁宗就把他打发走了。范仲淹刚走，宋仁宗就下令废止新政。

范仲淹因改革政治一事，受了很大打击，但是他并不因为个人的遭遇感到懊恼。一年之后，他的一位在岳州（治所在今湖南岳阳）做官的老朋友滕宗谅（字子京），重新修建当地的名胜岳阳楼，请范仲淹写篇纪念文章。范仲淹挥

1041～1048年

中国大事记：
宋仁宗庆历年间，毕昇发明活字印刷术。

笔写下了《岳阳楼记》。在这篇著名的文章里，范仲淹指出，一个有远大政治抱负的人，他的思想感情应该是“先天下之忧而忧，后天下之乐而乐”（意思是“担忧在天下人之前，享乐在天下人之后”）。这两句名言一直被后人传诵，而岳阳楼也因范仲淹的文章而名扬四海。

欧阳修改革文风

范仲淹遭遇排挤后，支持新政的大臣富弼，被诬陷是范仲淹的同党，丢了官职；韩琦替范仲淹、富弼辩护，也受到牵连。当时，虽然有些人同情范仲淹，但是碍于形势，不敢出头说话。只有谏官欧阳修大胆给宋仁宗上书说：“自古以来，坏人陷害好人，总是说好人是朋党，诬蔑他们专权。范仲淹是难得的人才，为什么要罢免他？如果听信坏人的话，把他们罢官，只能使亲者痛，仇者快！”

欧阳修是著名的文学家，庐陵（今江西永丰）人。他4岁的时候，父亲就病死了，母亲带着他到随州（今湖北随县）投奔他的叔父。欧阳修的母亲一心想让儿子读书成人，可是家里穷，买不起纸笔。她就用屋前池塘边上生长的荻草秆儿在泥地上划字，教欧阳修认字。幼小的欧阳修在母亲的教育下，很早就爱上了书本。

后来，欧阳修读了韩愈的散文，觉得韩愈的文笔流畅，说理透彻，跟流行的文章完全不同。他就认真研究琢磨，学习韩愈的文风。长大以后，他到东京参加进士会考，连考三场，都得了头名。

欧阳修20多岁的时候，已经在文坛上很有声誉了。虽然他的官职不高，但是十分关心朝政，正直敢谏。

这一次，欧阳修支持范仲淹新政，又出来替范仲淹等人说话，让朝廷一些权贵大为气恼。他们捕风捉影，把一些罪名安在欧阳修身上，最后又把欧阳修贬谪到滁州（今安徽滁州市）。

滁州四面环山，风景优美。欧阳修到滁州后，除了处理政事之外，常常游览于山水之间，怡情悦性。当地有个和尚在滁州琅琊山上造了一座亭子供游人休息。欧阳修登山游览之时，常常在这座亭上喝酒作文。他自称“醉翁”，便给亭子起了个名字叫醉翁亭。他写的散文《醉翁亭记》，成为人们传诵的杰作。

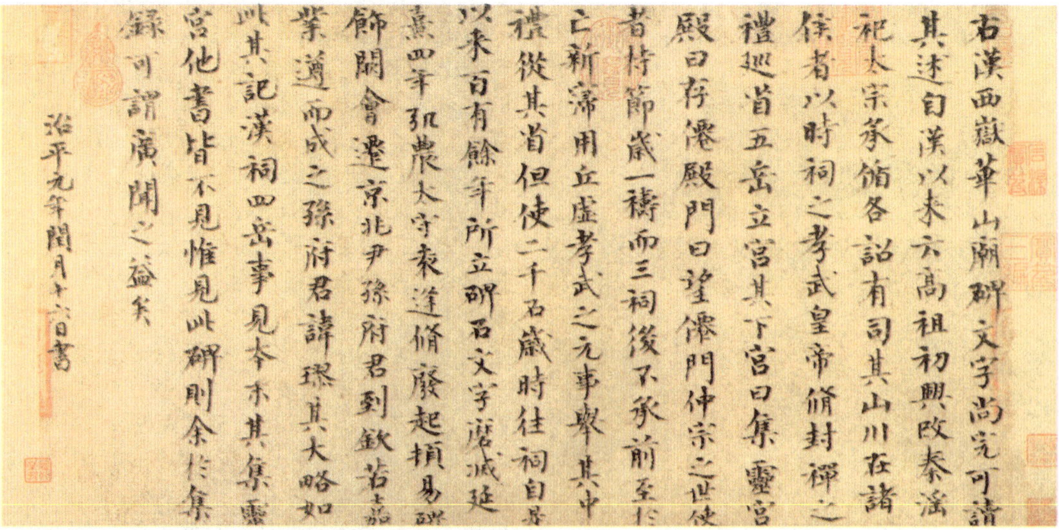

⊙集古录跋尾　北宋　欧阳修

1016年

世界大事记：
克努特大帝占英格兰，建“北海大帝国”。

·新古文运动·

北宋文坛受变法思潮影响，也兴起了革新之风。欧阳修、王安石、曾巩、苏洵、苏轼、苏辙，与唐代韩愈、柳宗元一起合称“唐宋八大家”。欧阳修亦主张“文道合一”，提出散文要与社会现实结合的观点，提倡创新精神。王安石也主张文章的实用性；曾巩的作品严密周详，语言简练含蓄，多为书信、杂记的形式；三苏父子之文更是雄健奔放，名冠一时。新古文运动极大地冲击了晚唐以来文坛上的陈腐华靡之风，使散文内容充实，意境开阔，开创了散文创作的新阶段。

欧阳修做了十多年地方官，由于宋仁宗赞赏他的文才，才把他调回京城，在翰林院供职。

欧阳修积极提倡改革文风，在担任翰林学士以后，更把这种想法付诸实施。有一年，京城举行进士考试，朝廷派他担任主考官。他认为这正是选拔人才、改革文风的大好时机，在阅卷的时候，凡是发现华而不实的文章，他一概不录取。从此以后，考场的文风就发生了变化，大家都学着写内容充实和文风朴素的文章了。

欧阳修在大力改革文风的同时，还十分注意发现和提拔人才。许多原来没什么名气的人才，经过他的赏识和提拔推荐，一个个都成了名家。最出名的有曾巩、王安石、苏洵和他的儿子苏轼、苏辙。在文学史上，人们把欧阳修等六人和唐代的韩愈、柳宗元合称为“唐宋八大家”。

铁面包拯

随着范仲淹新政的失败，北宋的朝政越来越腐败不堪。特别是在京城开封府，权贵大臣贪得无厌，社会风气十分污浊。一些皇亲国戚更是肆无忌惮，眼里没有国法。后来，开封府来了个新任知府包拯，改变了这种状况。

包拯是庐州合肥人，早年在天长县（今安徽天长）做县令。有一次，县里出了一个案子。有个农民夜里把耕牛拴在牛棚里，早上起来，发现牛躺倒在地上，嘴里淌着血，掰开牛嘴一看，原来有人割了牛的舌头。这个农民又气又心痛，来到县衙门告状，请求包拯为他追查割牛舌的人。

这个无头案该如何去查呢？包拯想了一会儿，就跟告状的农民说：“你先不要声张，回去把你家的牛宰了。”

农民本来舍不得宰耕牛，而且按当时的法律，耕牛是不能私自屠宰的。但是，一来割掉了舌头的牛也活不了多久；二来县官叫他宰牛，也就不会追究法律责任了。

那农民回家后，便把耕牛杀掉了。第二天，天长县衙门里就有人来告发那农民私宰耕牛。

包拯把事由问了一遍，立刻沉下脸，大声说：“好大胆的家伙，你把人家的牛割了舌头，反倒来告人家私宰耕牛？”

⊙官员幞头、朝服　北宋

告状的人一听就呆了，马上趴在地上连连磕头，老老实实供认是他干的。原来，割牛舌的人跟那个农民有冤仇，所以先割了牛舌，等牛主人宰牛后再来告发。

1069年

中国大事记：

宋神宗任命王安石为参知政事，开始实行变法。

⊙ **包公像**

在今河南开封包公祠内。包拯是宋朝有名的廉吏，秉公执法、刚正不阿，被人们称为“包青天”，千百年来一直为后人所景仰。

从那以后，包拯审案的名声就传开了。包拯做了几任地方官，每到一个地方，都取消一些苛捐杂税，清理一些陈年冤案。后来，他被调到京城做谏官，也提出不少好的建议。宋仁宗见开封的秩序混乱，就把包拯调任开封府知府。

开封府是皇亲国戚、豪门权贵集中的地方。从前，不管哪个人当这差使，都免不了跟权贵勾通关节，接受贿赂。包拯上任以后，决心好好整顿一下这种腐败的风气。

按照宋朝的规矩，要到衙门告状的人，先得托人写状子，还得通过衙门小吏把状子传递给知府。一些讼师恶棍，就趁机敲诈勒索。包拯废掉了这条规矩，老百姓要诉冤告状，就可以直接到府衙门前击鼓。鼓声一响，府衙门就大开正门，让百姓上堂控告。这样一来，衙门的小吏就做不了手脚了。

一些权贵听说包拯执法严明，都吓得不敢为非作歹了。有个权贵打算送点礼物给包拯，通通关节。旁人提醒他：别白费心了，谁不知道包拯廉洁奉公啊！

宋仁宗很器重包拯，把他提升为枢密副使。他做了大官，家里的生活照样十分朴素，与普通百姓没有区别。

由于包拯一生做官清正廉洁，不但生前得到人们赞扬，而且在他死后，人们也把他当作清官的典型，尊称他为“包公”。民间流传着许多包公铁面无私、打击权贵的故事，还编成包公办案的戏曲和小说。

王安石变法

宋仁宗在位40年，虽然朝中有像范仲淹、包拯等一些正直的大臣，但是并没有真正使他们发挥作用，因而国家越来越衰弱。宋仁宗没有儿子，死后由一个皇族子弟做他的继承人，这就是宋英宗。英宗只在位四年，就得病死了。太子赵顼即位，这就是宋神宗。

宋神宗即位的时候年仅20岁，想有一番作为。他看到国家衰弱的景象，有心改革一番，可是他周围的人，都是仁宗时期的老臣，就连富弼这样支持过新政的人，也变得暮气沉沉了。宋神宗想，要改革这种现状，一定得找个得力的助手。

宋神宗即位之前，身边有个叫韩维的官员，常常在神宗面前谈一些好的见解。神宗称赞他，他说：“这些意见都是我朋友王安石说的。”从那时起，宋神宗就对王安石有了一个好印象。现在他想找助手，便想到了王安石。于是下了一道命令，把正在江宁做官的王安石调到京城来。

⊙ **王安石像**

王安石是宋朝著名的文学家和政治家，抚州临川（今江西抚州西）人。他年轻时，文章就写得很出色了，得到了欧阳修的赞赏。

王安石在地方做了20年的官，名声越来越大。后来，宋仁宗调他到京城做管理财政的官。

1024～1039年

世界大事记：
德意志法兰克尼亚王朝创始者康拉德二世在位。

他一到京城，就向仁宗上了一份近一万字的奏章，提出他对改革财政的主张。宋仁宗刚刚废除范仲淹的新政，一听到要改革就头疼，便把王安石的奏章束之高阁。王安石知道朝廷没有改革的决心，自己又跟一些官员合不来，就趁母亲去世的时机，辞职回家了。

这一次，他接到宋神宗召见的命令，又听说神宗正在物色人才，就高高兴兴地进京来了。

王安石一到京城，宋神宗就单独召见他。神宗一见面就问他说：“你看要治理国家，该从哪儿入手？”

王安石从容地回答说：“先从改革旧的法度，建立新的法度开始。”

1069年，宋神宗把王安石提为副宰相。经过宋神宗批准，又起用了一批年轻的官员，并且设立了一个专门制定新法的机构。至此，王安石抓住了变法的权力。这样一来，他就放开手脚进行改革了。

王安石的变法巩固了宋王朝的统治，增加了国家收入，但也触犯了大地主的利益，遭到了来自朝廷内外各种势力的反对。

宋神宗见反对的人不少，就动摇起来。

王安石眼看新法实行不下去，便上书辞职。宋神宗也只好让王安石暂时离开东京，去江宁府休养。

第二年，宋神宗又把王安石召回京城当宰相。谁知几个月后，天空出现了彗星。这本来只是一种正常的自然现象，但是在当时的人看来这是不吉利的预兆。宋神宗又慌了，要大臣对朝政提意见。一些保守派便趁机对新法攻击诬蔑。王安石竭力为新法辩护，让宋神宗不要相信这种迷信的说法，但宋神宗还是犹豫不定。

后来王安石无法继续贯彻自己的主张，便于1076年春天，再一次辞去宰相的职位，回江宁府去了。

·西昆体·

北宋初社会安定繁荣，宋太宗、宋真宗都奖掖文士，君臣时常唱和，蔚成风气。宋真宗景德二年到大中祥符元年（1005~1008年），杨亿、刘筠、钱惟演等馆阁之臣相互唱和，共得诗250首。杨亿取传统中昆仑山之丘，群玉之山、西山母之所居为策府之意，编集成《西昆酬唱集》，后人遂称之为西昆体。西昆体诗歌内容多为吟咏前代帝王和宫廷故事。西昆体作者群标榜学习李商隐，但主要拾取了李诗典雅精丽、委婉深密的艺术技巧，而缺乏充实的生活感受。西昆体诗歌在宋初诗坛影响很大，欧阳修《六一诗话》说“杨、刘风采，耸动天下”，“时人争效之，诗体一变”。

沈括出使

自从宋真宗以后，宋朝每年给辽朝送大量银绢，以此来维持与辽朝边境的稳定局面，但是辽朝欺负宋朝软弱，想进一步侵占宋朝土地。1075年，辽朝派大臣萧禧到东京，要求重新划定边界。

宋神宗派大臣跟萧禧谈判。在谈判的几天之中，双方争论不休，没有任何结果。萧禧一口咬定说黄嵬山（在今山西原平西南）一带三十里地方应该属于辽朝。宋神宗派去谈判的大臣对那里的地理不了解，明知萧禧提出的要求没有道理，也没法反驳他。宋神宗就另派沈括去和萧禧谈判。

沈括是杭州钱塘人，原是支持王安石新法的官员。沈括不但办事认真细致，而且对地理也十分精通。他先到枢密院，从档案资料中查清楚了过去议定边界的文件，证明那块土地应该是属于宋朝的，随后向宋神宗做了报告。宋神宗听了很高兴。后来沈括画成地图送给萧禧，

1071年

中国大事记：
王韶开拓熙河。

⊙ 梦溪园内沈括纪念馆
这是镇江梦溪园内的沈括纪念馆。

萧禧才没有话说。

宋神宗又派沈括到上京（辽朝的京城，在今内蒙古自治区巴林左旗南）出使。沈括首先收集了许多地理资料，并且叫随从的官员把资料背熟。到了上京，辽朝派宰相杨益戒跟沈括谈判边界。对于辽方提出的问题，沈括和官员们都对答如流，有凭有据。

辽朝官员见无法说服沈括，又怕闹僵了，对他们也没有好处，只好放弃了他们的无理要求。

沈括带着随员从辽朝回来的路上，每经过一个地方，便把那里的大山河流、险要关口，画成地图，还调查了当地的风俗人情。回到东京以后，他把这些资料整理起来献给宋神宗。宋神宗赞扬沈括办事得力，拜他为翰林学士。

沈括十分重视地形勘察，为宋朝边境减少摩擦做出了重要的贡献。有一次，宋神宗派他到定州（今河南定县）去巡视。他假借打猎的名义，花了20多天的时间，详细考察了定州边境的地形，还用木屑和融化的蜡捏制成一个立体模型。回到定州后，沈括让木工用木板根据他制成的模型，雕刻出木制的模型，献给宋神宗。

宋神宗对沈括画的地图和制作的地图模型很感兴趣。第二年，就叫沈括做全国地图的编制工作。12年后，沈括终于完成了当时最准确的一本全国地图——《天下郡国图》。

沈括不但在地理研究上成就突出，而且是个研究兴趣非常广泛的科学家。他曾经为了确定北极星的位置，一连三个月在夜里用浑天仪观察，终于计算出北极星的确切位置。

沈括晚年时，在润州（今江苏镇江）的梦溪园闲居。在那里，他把一生研究的成果都记载下来，写成了一本著作《梦溪笔谈》。在那本书里，除了记载他自己研究的成果以外，还记录了当时劳动人民的许多创造发明。

毕昇发明活字

毕昇是一位普普通通的印刷工人，而且在印刷作坊一干就是20年。他每天的工作不是刻版、排版，就是一页一页地印刷书稿。他吃苦耐劳，不怕脏，不怕累，但眼睁睁地看着自己辛辛苦苦刻出的版面用一次就丢弃，觉得太可惜了。他总是思考这么一个问题：怎样才能重复使用这些版块呢？要是那样效率该有多高啊！

可当毕昇与伙计们谈起这事时，别人总打趣他：“毕兄，你就省点脑子吧。这雕版印刷是老祖宗传下来的，都印了几百年，从来也没有人改进它。师傅也没说要改进，你操哪门子心？”

毕昇不同意伙计们的看法。他认为，雕版印刷也是人发明的，既然是人发明的就应该能够改进。经过总结历代雕版印刷的丰富实践经验，结合自己试验的结果，他终于在宋仁宗庆历年间制成了胶泥活字，并且进行了排版印刷，完成了印刷史上一次重大革命。

他的活字印刷试制成功后，同作坊的伙计们都来问询。毕昇也不保守自己的技术，当众给他们演示。他一边演示，一边讲解，毫无保留地把自己的发明介绍给伙计们。看着毕昇发明的活字印刷技术使印刷效率比以前提高了几十倍，伙计们禁不住啧啧赞叹。一位小伙计说：

1027年

世界大事记：

德意志国王康拉德二世加冕为神圣罗马帝国皇帝。

⊙毕昇雕像

“《大藏经》有5000卷之多，需要雕刻13万块木版，放在一起整间屋子都装不下，这得花多少年的心血呀！如果用毕兄的办法，几个月就能完成。毕兄，你是怎么想出这么巧妙的办法的？”

毕昇的回答出人意料：“是我的两个儿子教我的！”大家一下子愣住了：“你儿子，那怎么可能呢？他们还是只会玩泥巴、‘过家家’的孩子呀！”毕昇认真地说：“你说得没错！就靠这玩泥巴、‘过家家’。”他接着说：“去年清明前，我带着妻儿回老家祭祖。有一天，俩儿子玩‘过家家’，用泥做成了锅、桌、碗、盆、瓢、椅等，随心所欲地摆弄。我见他们的这些家什做得挺好，忽然想到，如果用泥巴刻成单字泥块，然后将其烧干，再顺次排列在一起，不就可以排成文章了吗。你看，这不是儿子教我的？”

师兄弟们听了，哈哈大笑。“但是‘过家家’谁家孩子都玩过，大家都看过，为什么偏偏只有你发明了活字印刷呢？”一位小伙计问道。这时，师傅走过来说：“这是因为你们当中属他最用心。他一直在琢磨提高印刷效率的新方法了，冰冻三尺，非一日之寒！”师兄弟们茅塞顿开。

其实，毕昇发明活字印刷术并没有那么简单。他从儿子那里得到启发后，开始用泥捏成小的方块。这倒是很容易，但如何在上面刻字呢？最初，毕昇在刚捏好后刻字，可是泥太软，字刻上去深浅不一，笔画粗细不匀，根本不能用。于是，他先把捏好的泥块拿出去晒干，然后再刻字。这次，字倒是能刻得很工整、得体，但是不能刻得太深，否则泥块极容易碎掉。刚捏好时不能刻，晒干了又刻不深，到底怎么样才行呢？

毕昇蹲在那里苦苦思索。妻子走过来，见到他那副样子觉得好笑，说：“你真是童心未泯呀，又玩起这些东西，整个人弄得灰头土脸的。”毕昇毫不在乎，他正在想如何才能克服刚才的问题。不经意间，他看见旁边儿子们已经捏好的小泥人衣服上的褶皱是那么流畅优美，就问：“你们怎么把这些褶皱刻上去的，刻得这么深，泥人又不碎？”孩子们回答：“这还不简单，你等到小泥人半湿不干的时候刻，怎么刻都行。”

听了孩子们的话，毕昇眼前一亮。他赶紧照着去做，果然是那么回事。他兴冲冲地一连刻了几百个字块。可最后晒干的时候，却发现它们上边布满了小裂纹，这显然不能用于印刷。经过反复试验，毕发现，如果用黏性很好的胶泥刻字就能解决这个问题。于是，他在泥块半湿不干的时候刻好字，不再拿到太阳底下去晒，而是在背阴的地方晾干。然后，他再把这些字块拿到微火上去烤，待字块干透变硬，就可以

·《梦溪笔谈》·

北宋沈括撰。26卷，并有《补笔谈》3卷，《续笔谈》1卷。沈括博学洽闻，晚年居住润州（今江苏镇江）著成此书，以其居地梦溪地名作为书的名字。全书共分故事、辩证、乐律、象数、人事、官政、机智、艺文、书画、技艺、器用、神奇、异事、谬误、讥谑、杂志、药议17目，约609条。内容涉及天文、数学、物理、化学、生物、地理、医学、地质、气象、工程技术、文学、史事、音乐和美术等，记述了中国古代许多科技成就，如毕昇发明活字印刷等，也包括沈括自己的一些科学创见。

1085年

中国大事记：

宋神宗病死，高太后秉政，起用司马光，推翻熙宁新法。

用来排版印刷了。

活字印刷术的发明和使用，不仅大大推动了中国印刷业的发展，而且对世界文明的发展也产生了巨大的影响。从13世纪开始，活字印刷术由中国传入朝鲜、日本等地，后来又经“丝绸之路”传入波斯和阿拉伯，再传入埃及和欧洲。大约在1450年，德国人古登堡受活字印刷的启发，发明了铅、锡、锑的合金活字印刷。活字印刷术的传入，为欧洲的文艺复兴和近代科学的兴起提供了重要的物质条件。

光照千古的苏颂

苏颂（1020～1101年），字子容，泉州（今福建一带）人，后迁居润州丹阳（今江苏镇江一带），是我国宋代著名的药学家和天文学家。

苏颂自幼聪颖过人，5岁就能背诵经书和诗文。10岁随父入京，学习勤奋刻苦。宋庆历二年（1042年），22岁的苏颂与王安石同榜中进士。

苏颂开始被授予汉阳军（今湖北武汉市汉阳）判官职，没有去赴任，后来改补宿州（今安徽宿州）观察推官，之后又调江宁任知县。苏颂在任内为官清廉，合理征收赋税，积弊为之一清。

宋仁宗皇祐三年（1051年），苏颂出任南京留守推官等职。他办事谨慎周密，很受当时任南京留守欧阳修的赏识。

宋仁宗皇祐五年（1053年），苏颂调到京城开封，任职馆阁校勘和集贤校理，负责编定书籍。在这段大约9年的时间里，苏颂不仅博览了各种藏书，而且还每天背诵二千言。他对诸子百家、阴阳五行、天文历法、山经本草和训诂文字，无所不通，成为一位学识渊博的学者。

宋神宗熙宁三年（1070年），苏颂主持礼部贡举。王安石要越级提拔秀州判官李定到朝中任太守中允，神宗让苏颂起草诏令，苏颂认

⊙ **苏颂的水运仪象台**

1092年，苏颂建造了第一台机械时钟，目的是为了给皇家占星算命提供数据。一台巨大的水车，上面装有每一刻钟就注满水的戽斗，由水车来带动35.65尺高的所谓“水运仪象台”。机轮转动五层平台上的木人，从塔楼的正面清晰可见。木人每隔一刻钟击鼓报时，每个时辰鸣钟报时。水运仪象台是一座底为正方形、下宽上窄的木结构建筑，台高约12米，底宽约7米，共分为三隔。上隔是一个露天的平台，放置浑仪和圭表，用以观天。中隔是一间没有窗户的“密室”，里面放置浑象。每一昼夜转动一圈，真实地显示了星辰的起落等天象的变化。下隔设有向南打开的大门，门里装置有五层木阁，木阁的后面是一套机械传动装置。第一层木阁负责全台的标准报时；第二层木阁负责报告十二个时辰的时初、时正名称，相当于现代时钟的时针表盘；第三层木阁专刻报的时间，共有96个司辰木人，其中有24个木人报时初、时正，其余木人报刻；第四层木阁报告晚上的时刻；第五层木阁装置有38个木人，报告昏、晓、日出以及几更几筹等详细情况。五层木阁里的木人，靠着一套复杂的机械装置“昼夜轮机”带动，能够准确地报时。

1042～1066年

世界大事记：
英国国王忏悔者爱德华在位。

为不合任官体制，断然拒绝，结果被罢免了知制诰的职务，外放婺州为官。元丰四年（1081年），苏颂受命搜集整理邦交资料，历时2年，写成《华戎鲁卫信录》250卷。

元丰八年（1085年），宋哲宗即位，十一月，诏命苏颂制作水运浑仪，费时6年制成。绍圣年间（1094～1096年），苏颂又与韩廉全撰写《新仪象法要》3卷。在这十几年的时间里，苏颂被擢升为刑部尚书和尚书左丞，后来官至宰相。元祐八年（1093年）苏颂辞去官职，绍圣四年（1097年）又被起用，封太子少师。徽宗建中靖国元年（1101年）五月夏至后一日，苏颂在丹阳家中病逝。次年葬于丹徒王洲山，赠司空，后追封魏国公。

苏颂一生政绩卓著，但是他的科学成就更为突出。他在药物学和天文学以及机械制造学方面取得了杰出的成就，被英国科技史家李约瑟称赞为“中国古代和中世纪最伟大的博物学家和科学家之一”。

在药物学方面。苏颂与张禹锡、林亿等编辑、校正出版了《备急千金方》《神农本草》《灵枢》《素问》《针灸甲乙经》等8部医书，对医药知识的整理和保存贡献巨大。嘉祐二年（1057年），苏颂还独立编著了《本草图经》21卷，集历代药物学著作和中国药物普查之大成。《本草图经》共记载了300多种药用植物和70多种药用动物及其副产品，分类细致，图文并茂。

在天文学和机械制造学方面，苏颂复制了水运浑仪，并创制了一座大型综合性的水运仪象台。仪象台以水力为动力，集天象观察、演示和报时三种功能于一身。活动屋顶、每昼夜自转一周的“浑象”和擒纵器分别成为现代天文台的圆顶、转仪钟和现代钟表的起源。苏颂又写了《新仪象台法要》3卷，以图文并茂的方式，详细地介绍了水运仪象台的设计及使用方法，并绘制了我国现存最早最完备的机械设计图。苏颂创制的水运仪象台和撰写的《新仪象台法要》，反映了我国古代天文仪器制作的最高水平。

苏颂创制的水运仪象台，是11世纪末我国杰出的天文仪器，也是当时世界上最先进的天文钟。

司马光写《资治通鉴》

王安石虽然罢了相，宋神宗还是把他定下的新法推行了将近十年。1085年，宋神宗病死，年仅10岁的太子赵煦即位，这就是宋哲宗。哲宗年幼，他祖母高太后临朝听政。高太后一向反对新法。她临朝后，便把反对新法最激烈的司马光召到东京担任宰相。

⊙司马光像

司马光在当时的大臣中，名望最高。他的名声，从他幼小的时候就已经传开了。他7岁那年，就开始专心读书。不论是酷暑，还是严寒，他总捧着书不放，有时候连吃饭喝水都忘了。

他不但用功读书，而且很机灵。有一次，他和小伙伴们在后院子里玩耍。院子里有一口大水缸，有个小孩爬到缸沿上，一不小心，掉进缸里。缸大水深，眼看孩子快要没顶了。别的孩子们一见出了事，吓得一面哭喊，一面往外跑，找大人来救。司马光不慌不忙，从地上搬起一块大石头，使尽力气朝水缸砸去。缸被砸破了，水从缸里流了出来，被淹在水里的小

1094年

中国大事记：

宋哲宗亲政，重新召用变法派，贬逐守旧派。

·程门立雪·

北宋时期，福建将东县有个叫杨时的进士，他特别喜好钻研学问，到处寻师访友，曾就学于洛阳著名学者程颢门下。程颢死前，将杨时推荐到其弟程颐门下，在洛阳伊川所建的伊川书院中求学。杨时那时已40多岁，学问也相当高，但他仍谦虚谨慎，不骄不躁，尊师敬友，深得程颐的喜爱，被程颐视为得意门生，得其真传。一天，杨时同一起学习的游酢向程颐请求学问，却不巧赶上老师正在屋中打盹儿。杨时便劝告游酢不要惊醒老师，于是两人静立门口，等老师醒来。一会儿，天飘起鹅毛大雪，越下越急，杨时和游酢却还立在雪中，游酢实在冻得受不了，几次想叫醒程颐，都被杨时阻拦住了。直到程颐一觉醒来，才赫然发现门外的两个雪人！从此，程颐深受感动，更加尽心尽力教杨时，杨时不负众望，终于学到了老师的全部学问。之后，杨时回到南方传播程氏理学，且形成独家学派，世称“龟山先生”。

后人便用“程门立雪”这个典故来赞扬那些求学师门，诚心专志，尊师重道的学子。

孩也脱险了。这件偶然的事情，让幼小的司马光出了名。

宋神宗在位的时候，司马光担任翰林学士。司马光和王安石本来是交往密切的好朋友，后来王安石主张改革，司马光不赞同，两个人就谈不到一块儿了。

王安石做了宰相以后，提出的一件件改革措施，司马光全都反对。

原来，司马光很喜欢研究历史，他认为治理国家的人，一定要通晓从古以来的历史，从历史中吸取兴盛、衰亡的经验教训。他又觉得，从上古到五代，历史书实在繁杂无序，做皇帝的人没有那么多精力去看。于是，他很早就动手编写一本从战国到五代的史书。宋英宗在位之时，他把一部分稿子献给朝廷。宋英宗觉得这是本对巩固王朝很有好处的书，十分赞赏这项工作，就专门为他设立了一个编写机构，叫他继续编下去。

宋神宗即位以后，司马光又把编好的一部分稿子献给宋神宗。宋神宗不欣赏司马光的政治主张，但是对司马光编书却十分支持。他把自己年轻时收藏的2400卷书都送给了司马光，让他好好完成这部著作，还亲自为这本书起了个书名，叫《资治通鉴》（“资治”就是能帮助皇帝治天下的意思）。

司马光一共花了19年时间，才完成了这部著作。这部书按历史年代编写，从战国时期公元前403年到五代时期公元959年，记载了1362年的历史。

高太后临朝听政后，把司马光召回朝廷。这时的司马光已经是又老又病了，但是他反对王安石新法的思想却毫不放松。他一当上宰相，第一件大事就是把新法的思想废除掉。王安石听到废除新法的消息，十分生气，不久就郁郁不乐地死了。而司马光的病也越来越重，在同年九月也死了。

文豪苏轼

王安石变法时，苏轼站在保守的旧党一边，两次上书反对变法。为此，他被排挤出京，先后做过杭州通判，密州、徐州、湖州的知州。不久，他又因“乌台诗案”被捕下狱，释放后被贬为黄州团练副使。

司马光为相后，把所有的新法都废除了。这时，苏轼好不容易回到京城，做了翰林学士。可他在现实生活中又体验到新法也有可取之处，

1054年

世界大事记：
基督教会分裂为东部“正教”（东正教）和西部“公教”（天主教）。

便主张保留某些新政，司马光不听他的意见，他就气愤地说了些风凉话。结果，保守派把他看作与王安石是一派。于是他又被排挤出京，到杭州、颍州、扬州等地做知州。后来，新党再度上台，苏轼又被一贬再贬。

苏轼的政治态度虽然保守，但他在做地方官吏期间，还是一个有建树的好官员。他在徐州时，黄河洪水泛滥，他率领军民筑堤抢险，保全了一城的生命财产；他在杭州时，疏浚西湖，兴修水利，用挖掘出来的湖底淤泥，筑成长堤，这就是有名的“苏堤”。

苏轼的一生在政治上虽然很不得志，但在文学上却获得了丰硕的成果。他的散文波澜迭出，很有感染力；他的诗清新豪迈，独具艺术风格；他在词的领域，突破音律形式的束缚，一扫当时绮艳柔靡的词风，开创了豪放词派。

谪居黄州时，苏轼曾来到黄州附近的赤壁，面对着滚滚东去的大江，慷慨激昂地高声吟唱《念奴娇·赤壁怀古》：

大江东去，浪淘尽，千古风流人物。故垒西边，人道是，三国周郎赤壁。乱石穿空，惊涛拍岸，卷起千堆雪。江山如画，一时多少豪杰！

遥想公瑾当年，小乔初嫁了。雄姿英发，羽扇纶巾，谈笑间，樯橹灰飞烟灭。故国神游，多情应笑我，早生华发。人生如梦，一樽还酹江月。

一年后，苏轼的好友潘大临看到这首词，立即叫了起来：“好词！好词！多么豪放的气魄！”

古耕道的评论更是精辟。他将苏轼这首词与当时最流行的柳永的《雨铃霖》相比较说：“柳词配由十七八岁的女孩儿，手执红牙檀板，唱那凄凄婉婉的‘杨柳岸，晓风残月’。而苏词须得请那关西大汉，手执铁板铜琶，高唱‘大江东去’。”

另外，苏轼还是著名的书法家和画家。他尤其擅长行书、楷书，还喜欢画竹石。可以说，他是个“全能”的文学艺术家。因此，他得到后人由衷的敬仰与爱戴。

⊙ 西园雅集图　明　陈洪绶

《西园雅集记》载宋代苏东坡、秦少游、黄鲁直、蔡天启、李端叔、王晋卿、苏子由、米元章、刘巨济、王仲至等文人作诗论画、谈禅论道的文会故事。此图描绘了这一文会故事的部分内容，图中人物神态悠闲、恬静怡然。

1102年

中国大事记：
宋徽宗任蔡京为相，立元祐党人碑。

《清明上河图》

《清明上河图》是北宋风俗画的代表作品之一。作者张择端，字正道，山东诸城人，擅长宫室界画，尤其长于舟车、市肆、桥梁、街衢、城郭。他是一个有极强的写实技巧，并善于处理复杂的生活场景的画家。《清明上河图》是他的代表作。

《清明上河图》描绘的是汴京城郊一带的种种活动，从商业、交通、漕运、建筑等几个具有代表性的角度再现了12世纪我国都市社会的生活面貌，构成了一件内容极为丰富、完整的艺术品，为后人研究宋代绘画和考据宋代社会提供了具有综合性价值的形象化资料。

在5米多长的画卷里，张择端采用散点透视的构图法，将繁杂的景物纳入统一而富于变化的画面中。全图分为三个部分：

第一部分是汴京郊野的风光：疏林薄雾中，掩映着低矮的草舍瓦屋、小桥流水、老树、扁舟，阡陌纵横，田亩井然，依稀可见农夫在田间耕作。两个脚夫赶着5匹驮炭的毛驴向城市走去。一片柳林里，枝头刚刚泛出嫩绿，使人感到虽是春寒料峭，却已大地回春。路上一顶轿子，内坐一位妇人。轿顶装饰着杨柳杂花，轿后跟随着骑马的、挑担的，从京归来。环境和人物的描写，为全画展开了序幕。

第二部分是繁忙的汴河码头：汴河是北宋国家漕运枢纽，商业交通要道，从画中可以看到人烟稠密，粮船云集。人们有在茶馆休息的，有在看相算命的，有在饭铺进餐的。还有“王家纸马店”，是卖扫墓祭品的。河里船只往来，首尾相接，或纤夫牵拉，或船夫摇橹，有的满载货物，逆流而上；有的靠岸停泊，正紧张地卸货。

横跨汴河上的是一座规模宏大的木质拱桥，它结构精巧，形式优美，宛如飞虹，故名虹桥。一只大船正待过桥，船夫们有用竹竿撑的，有用长竿勾住桥梁的，有用麻绳挽住船的，还有几个人忙着放下桅杆，以便船只通过。邻船的人也在指指点点地像在大声吆喝着什么。船里船外都在为此船过桥而忙碌着。桥上的人则伸头探脑地为过船的紧张情景捏了一把汗。这里是名闻遐迩的虹桥码头区，车水马龙，熙熙攘攘，名副其实一个水陆交通的会合点。

第三部分是热闹的市区街道：以高大的城楼为中心，两边的屋宇鳞次栉比，有茶坊、酒肆、

⊙ **清明上河图（局部）　北宋**

这是一幅巨幅风俗画，描绘的是北宋都城汴京（今河南开封）汴河及其两岸的风光。作品生动地记录了中国12世纪城市生活的面貌，这在我国乃至世界绘画史上都是独一无二的，堪称中国绘画的骄傲。

1044～1287年

世界大事记：
蒲甘王朝时期。

脚店、肉铺、庙宇、公廨，等等。商店中有绫罗绸缎、珠宝香料、香火纸马等，此外还有医药门诊、大车修理、看相算命、修面整容等各行各业。大的商店门口还扎着“彩楼欢门”，招揽生意。街市行人，摩肩接踵，川流不息，有做生意的商贾，有看街景的士绅，有骑马的官吏，有叫卖的小贩，有乘坐轿子的大家眷属，有身负背篓的行脚僧人，有问路的外乡游客，有听说书的街巷小儿，有在酒楼中狂饮的豪门子弟，有城边行乞的残疾老人等。男女老幼、士农工商、三教九流，无所不备。交通运载工具有轿子、骆驼、牛马车、人力车、太平车、平头车等，形形色色，样样俱全，绘声绘色地展现在人们的眼前。

整幅画的结构宛如一首乐曲，以轻柔开始，起伏跌宕推向高潮，最后在热烈的气氛中结束。《清明上河图》的出现是北宋人物画长期发展的结果，画家对纷繁复杂的社会活动作了集中的、生动的概括。虽都是寻常的、平凡的琐事，但因为全画的主题色泽鲜明、含义丰富，所以被广泛地予以展开，使得活跃的古代城市生活得到艺术再现。

花石纲

高太后临朝八年后死去，宋哲宗亲临朝政。年轻的宋哲宗对他祖母重用保守派很不满意，亲自执政后，他就重新起用变法派。但是后来的变法派不像王安石那样真心实意改革朝政，一批投机分子打着变法的幌子，趁机为自己牟利。宋哲宗死后，他的弟弟宋徽宗赵佶即位后，朝政便更加混乱不堪了。

宋徽宗是个风流皇帝，不懂得如何治国，对书画珍宝却很感兴趣。他身边有个心腹宦官童贯，想方设法迎合他的心意，替他搜罗书画珍宝供他赏玩。有一次，童贯到苏州一带去搜集书画珍宝，有个不得志的官员蔡京想讨好童贯，每天陪着童贯游乐。童贯得到蔡京的好处，便捎话给宋徽宗，说他物色到一个少有的人才。

蔡京到东京后，又四处活动，拉帮结伙。有个官员对宋徽宗说：“推行新法是件大事，朝臣中无人能帮助办好这件事。如果陛下要继承神宗的遗志，只有起用蔡京。”那个官员还献给宋徽宗一幅图。图表上列了大批朝臣名字，写在右面的是保守派，写在左边的是变法派。右边的名字都是当朝大臣，而左边的名单只有两个名字，其中一个就是蔡京。宋徽宗看后很高兴，马上决定让蔡京当宰相。

蔡京上台后，就打起变法的幌子，把一些正直的官员，不论是保守的或是赞成变法的，一律称作奸党。他还怂恿宋徽宗在端礼门前立一块党人碑，碑上把司马光、文彦博、苏轼、苏辙等120人称做元祐（元祐是宋哲宗前期的年号）奸党，已经死了的，革去官衔；活着的，一律免职流放。这样一来，很多正直的官员就被排挤出朝廷，而蔡京的同伙却步步高升了。至于王安石制定的新法，到蔡京手里完全是另

·漕运四河·

北宋东京开封府有汴渠、黄河、惠民、广济（五丈）四水（或以金水河为四河之一，不含黄河），流贯城内，以通各地漕运，合称漕运四渠。

上述漕运四渠经宋初疏浚和开凿后，形成了以东京开封府为中心的水运交通网。宋史记载，汴都“有惠民、金水、五丈、汴水等四渠，派引脉分，成会天邑，舳舻相接，赡给公私，所以无匮乏”。但金水河的主要作用是供给广济河的水源，兼及运输京西木材入都城，并无正式漕运之利。其他三渠则为东京经济命脉所系，连同漕引陕西诸州物资的黄河，历史上又合称漕运四河。

1114年

中国大事记：
女真部完颜阿骨打起兵反辽。

⊙五色鹦鹉图　宋　赵佶

一副模样，把本来可以减轻百姓劳役负担的免役法，变成了盘剥百姓的手段。

蔡京、童贯为了讨好宋徽宗，派了一个二流子朱勔，在苏州办了一个“应奉局”，搜罗奇花异石。朱勔手下养了一批差官，专门办理这件事。听说哪个老百姓家有块石头或者花木比较精巧别致，差官就带领兵士闯进那家，用黄封条一贴，这就属于进贡皇帝的东西了。并且百姓还得认真保管，如果有半点损坏，就要被戴上“大不敬”的罪名，轻的罚款，重的抓进监牢。

朱勔把搜刮来的花石，用船只大批大批地运送到东京。运送的船只不够，就截下运粮的商船，强行倒掉船上的货物，装运花石。这大批船只又要征用大量民。于是船只在江河里穿梭似的来往，民们为运送花石而日夜奔忙。这种运送花石的队伍就叫“花石纲”。

花石纲到了东京，宋徽宗一见，果然高兴，给朱勔加官晋爵。花石纲越来越多，朱勔的官也越做越大。一些达官贵人，都去讨朱勔的好，以致人们把朱勔主持的苏杭应奉局称作“东南小朝廷”，可见朱勔的权力是何等之大了。

宋江、方腊起义

宋徽宗宣和年间，政治腐败，民不聊生，爆发了多次农民起义，其中以宋江和方腊的起义最为声势浩大。

梁山位于今山东省西南部梁山县、郓城县境内，由梁山、青龙山、凤凰山、龟山四主峰和虎头峰、雪山峰、郝山峰、小黄山等七支脉组成，占地3.5平方千米，主峰海拔197.9米。唐朝末年以后，黄河多次决口，到北宋末年时，梁山下形成了水域八百里的大湖泊，湖中有许多天然小岛，港汊交错，芦苇纵横，形势险要。当时许多破产的农民、渔民以及一些被通缉的逃犯都藏匿在这里，以打鱼为生。

政和元年（1111年），宋徽宗为了解决财政困难，设立“西城括田所”。“西城括田所”将梁山泊收为“公有”，规定凡入湖捕鱼、采藕、割蒲，按船只大小征收重税。农民和渔民交不起沉重的赋税，被迫铤而走险，凭借梁山泊易守难攻的地理条件，抗租抗税，狙杀官兵。

宣和元年（1119年），以宋江等36人为首的起义军占据梁山泊率众起义。据史料记载，宋江起义军的36名头领，具体是宋江、晁盖、吴用、卢俊义、史进、柴进、阮小二、阮小五、阮小七、李逵、刘唐、张青、燕青、孙立、张顺、张横、呼延灼、李俊、花荣、关胜、秦明、雷横、戴宗、索超、杨志、杨雄、董平、解珍、解宝、朱仝、穆横、石秀、徐宁、李英、花和尚和武松，起义军约万人左右。不久宋江率领起义军离开梁山泊，攻打河朔（泛指今黄河下游南北一带）、京东东路（治所在青州，今山东省益都），转战于山东、河北、河南、江苏之间，攻陷了十余座城池，杀死贪官污吏，开仓放粮，日益壮大，宋军闻风丧胆。宋徽宗曾招安起义军，但被宋江拒绝。宋将曾孝蕴率军征讨，宋江避敌锋锐，率军南下沂州（今山东省临沂），攻克淮阳军（今

1066年

世界大事记：
诺曼征服，威廉加冕为英国国王。

⊙北海名石　北宋
这就是不远千里从江南运到京师的花石遗物。金灭北宋之后，许多花石被掠往中都（今北京城西南隅），装点都城。

江苏省睢宁）。宣和三年（1121年）二月，宋江率领起义军由沭阳（今江苏沭阳）乘船到海州（今江苏连云港），海州知州张叔夜派上千敢死队埋伏在海州城郊，然后派少数兵力向起义军挑战，引诱起义军弃船登陆。起义军登陆后，陷入重重包围，张叔夜又派兵烧了起义军的船只。起义军陷入重围，损失惨重，退路又断。在走投无路的情况下，宋江只好率众投降，接受招安。后来宋江等人又充当了宋朝的马前卒，参与镇压了方腊起义。

宋徽宗为了供自己享乐，令朱勔在苏州设立的"苏杭应奉局"，扰民尤甚。睦州青溪县（今浙江淳安）及其附近地区盛产竹、木、漆、茶等经济作物，应奉局每年从这里掠夺走成千上万斤的漆和其他大量的竹木花石。人民的生活陷入绝境，怨声载道。

青溪人方腊，雇工出身，他利用当地秘密流行的摩尼教来组织群众。摩尼教源于波斯，该教的教义是"光明一定能战胜黑暗"，所以该教又被称为明教。宣和二年（1120年），方腊率领教徒起义，以"杀朱勔"为口号，起义军迅速发展，所向披靡，三个月内就攻克了包括杭州在内的6州60多县，队伍扩大到近百万人，他自称"圣公"，建年号"永乐"，在杭州建立政权，设置官吏将帅。这时有人建议方腊乘胜占领金陵（今南京），那样东南的郡县很快就会全部归附，但被方腊拒绝。起义军失去了一个进一步发展的大好机会。

北宋朝廷知道方腊起义的消息后，立即派童贯率领西北的精锐宋军15万南下，镇压起义。同时，宋徽宗又"下诏罪己"，宣布撤销"苏杭应奉局"，停运花石纲，把朱勔撤职，来迷惑人民。

童贯带领的宋军渡江后，直指杭州。各地的地主武装也纷纷出来配合宋军进攻。方腊亲自指挥作战。但兵器与人员数量均处劣势，作战失利后，方腊只好放弃杭州，撤回青溪。宋军紧追不舍。起义军退守山谷深处的帮源洞，对宋军进行了顽强的抵抗。但这时起义军粮食耗尽，军械缺乏，战斗力逐渐丧失。后来在叛徒的带领下，宋军攻入洞中，方腊不幸被俘，后押到东京就义，起义失败。

方腊起义失败后，宋徽宗立即恢复了"苏杭应奉局"，加紧搜刮奇花异石，宫殿、园林等大型工程照样进行。

⊙三打祝家庄　清　年画
此为清代后期苏州年画，图中人物形象鲜明，把梁山泊好汉与祝家庄地主豪强激战的场面生动地描绘了出来，足见水浒故事在民间流传之广。

1115年

中国大事记：

完颜阿骨打称帝，是为金太祖。

阿骨打建金

女真族是我国古代东北的少数民族。女真人附属于契丹人建立的辽朝，其中居住在南部编入契丹户籍的称为熟女真，居住在北部不编入户籍的称为生女真。生女真有几十个部落，其中以完颜部最为强大，他们过着半渔猎半农耕的生活。

契丹人经常对女真人进行勒索剥削，辽统治者每年都向女真人索取大量贡品，如北珠、貂、桦、名马良犬。为了打猎，辽皇帝经常派使者到女真部落强行索取猎鹰“海东青”，女真人几乎抓尽了境内的海东青进贡给辽，但仍然不能满足辽朝皇帝的贪欲。索贡的辽朝使臣“银牌天使”到达女真部落后大肆搜刮勒索，奸污妇女，在榷场强买强卖女真人的物品，还经常无缘无故地殴打女真人，称之为“打女真”。他们的所作所为激起女真人的无比愤怒。

辽天庆二年（1112年）二月，辽天祚帝耶律延禧来到春州（在今吉林省）巡游，兴致勃勃地在混同江（今松花江）钓鱼。依照辽朝礼制，四周各女真部落的酋长都要来拜见辽朝皇帝，辽天祚帝举办宴会招待。那天，天祚帝喝得高兴，命令各位酋长挨个跳舞助兴。各位酋长敢怒不敢言，只好照办。但轮到完颜部酋长完颜阿骨打时，被他严词拒绝。天祚帝见阿骨打居然敢当着众人的面顶撞他，很不高兴，声色俱厉地命令他跳。其他酋长怕他得罪天祚帝，招致杀身之祸，也在一旁劝他。可是无论别人怎么说，阿骨打软硬不吃，就是不跳，结果宴会不欢而散。

⊙金副元帅印

散席之后，辽天祚帝跟大臣萧奉先说：“阿骨打这小子这样跋扈，简直是无法无天。应该趁早杀了他，免得后患无穷。”

萧奉先觉得阿骨打没有大过失，杀了他怕引起其他酋长的不满，导致女真部落离心，就劝说：“他是个粗人，不懂规矩，不必跟他计较。就算他有什么野心，也不过是一个小小部落的酋长，成不了气候。”辽天祚帝觉得萧奉先说得有道理，就饶了完颜阿骨打一命。

阿骨打回到部落后，发誓要灭辽，并开始为反辽做积极准备。他修建城寨，制造兵器，派人不断收集辽的情报。为加强军事力量，阿骨打建立了猛安谋克制度，猛安在女真语中是军事酋长的意思，谋克是氏族长的意思。规定300户为一谋克，10谋克为一猛安，管理女真士兵及其家属，这使得部落更加军事化。

辽天祚帝得知阿骨打正在积极备战，一面派使者到阿骨打那里去责问，一面调集大军进驻宁江州（今吉林扶余东小城子）进行防守。

辽天庆四年（1114年）九月，完颜阿骨打召集女真各部精兵2500人，在来流水南岸（今黑龙江拉林河南岸），举行历史上著名的来流水誓师。在大会上，阿骨打历数契丹罪状，号召女真各部同心协力攻打契丹，并说“凡是立下军功的，奴婢可以变成平民，平民可以授与官职，有官职的可以提升。但如果违背誓言，就要处死在梃杖之下，连家属也不能赦免”。阿骨打说完，各酋长一一宣誓。誓师大会结束后，女真人斗志昂扬，趁辽大军还没有结集，决定先发制人，进攻混同江东的宁江州。

宁江州是辽控制女真的前哨重地，阿骨打率军进入宁江州的地界后，与辽军相遇。阿骨打率领女真军奋勇拼杀，并亲自射死辽大将耶律谢十，辽军大败，纷纷逃跑。互相践踏，死者达十分之七。来到宁江州城下后，阿骨打下令填平护城河，准备攻城。守城的辽军吓得连忙从东门逃走，结果被女真军包围，全军覆没。宁江州之战，女真军缴获了大量的马匹辎重，是女真族在反辽斗争中取得的第一个重大胜利，

1086年

世界大事记：
英国汇编《末日审判书》。

极大地鼓舞了女真人的士气，增强了女真人推翻辽的信心。

辽天祚帝听说宁江州失守后，立即派10万大军进攻阿骨打。两军对峙于出河店（今黑龙江肇源西南）。当时忽然刮起大风，沙尘满天，女真军乘机发起进攻，辽军大败而逃。

1115年正月初一，完颜阿骨打改名完颜旻，自称皇帝，国号金，年号收国，定都会宁府（黑龙江省阿城区南），完颜阿骨打就是金太祖。阿骨打在解释为什么定国号为金时曾说过："'契丹'是镔铁的意思，表示坚固，但镔铁也有损坏的时候，只有金才能长久不坏！"

金军灭辽

1115年正月初五，阿骨打率军进攻辽控制女真各部的重要据点黄龙府（今吉林农安）。辽天祚帝立即派大将耶律讹里朵率骑兵20万、步兵7万，前往黄龙府附近的达鲁古城（今吉林扶余西北土城子）戍守。阿骨打决定先击败耶律讹里朵再进攻黄龙府，于是挥师达鲁古城，抢占了城外的高地。

阿骨打登高观察辽军的阵势，发现辽军虽然人数众多，但阵型混乱，于是将金军分成三队，进攻辽军。阿骨打命令完颜宗雄率右军出击，辽军稍稍退却。然后，金军左翼绕到辽军阵后，阿骨打亲率金军主力进攻辽军的中军主力。经过9次的反复冲杀，辽军的阵势终于崩溃。完颜宗雄趁机进攻辽军右翼，辽军大败，退入达鲁古城。第二天，辽军突围北逃。金军追到阿娄冈，将辽的步兵全部歼灭。随后，金军占领了黄龙府。

辽天祚帝听到辽军惨败、黄龙府陷落的消息，大为震惊，决定趁阿骨打羽翼未丰之时，将其歼灭。他率领契丹和汉族联军70万，兵分两路夹击阿骨打。这时，辽军大将耶律章奴逃到辽上京（今内蒙古巴林左旗东南），拥立燕王耶律淳为帝。辽天祚帝气急败坏，急忙下令撤军，前去平叛。阿骨打得到消息后，立即率领2万精锐骑兵追击，终于在护步答岗（今黑龙江五常西）追上辽军。当时辽军没有防备，阿骨打全力进攻辽天祚帝所在的中军，经过反复冲杀，辽军全线崩溃，大败而逃，死者的尸体绵延百里。辽天祚帝吓得骑马一昼夜狂奔500里。护步答岗一战，辽军主力丧失殆尽。

这时辽境内各族人民，特别是渤海人和汉人，不堪忍受契丹贵族的压迫，纷纷起义。渤海人高永昌占据了包括辽的东京（今辽宁辽阳）在内的辽东半岛50多座城，自称大渤海国皇帝。趁辽东局势混乱，阿骨打派军杀死高永昌，占领了辽东半岛，辽统治下的女真全部投降金朝。

辽天祚帝派使者前去议和，结果被阿骨打严词拒绝，并指名道姓要辽天祚帝耶律延禧投降。

辽光禄卿马植投降宋朝，被宋徽宗召见。北宋的君臣得知辽军屡战屡败，认为辽即将灭亡，收复幽云十六州的时机已到。马植向宋徽宗提出了联合金夹击辽的建议，宋徽宗非常高兴，派他从山东半岛渡过渤海，出使金，商讨联合事宜。完颜阿骨打非常高兴，欣然答应。

·西辽国·

辽末，辽皇族耶律大石眼见天祚帝回天乏术，便领200骑兵连夜逃走，并自立为王。金灭辽后，随即南下，而辽西北各部落实力并未受损。大石以恢复故国相号召，得精兵万余人，又组织了一支军事力量。1130年，他决意西征，成功地说服了回鹘国王，得以借道西去，摆脱了金军的追击。大石率军击败10万西域诸国联军，行至起儿漫（今乌兹别克斯坦克尔米涅）称帝，号天皇帝，仍用辽国号，史称西辽，又称哈喇契丹（黑契丹）。西辽历五帝，1218年为蒙古所灭。

1120年

中国大事记：
宋两浙、江东爆发方腊起义。

⊙辽代叠胜金牌

双方商定，宋金联合出兵灭辽，以长城为界，金进攻辽的中京（内蒙古宁城），宋进攻辽的南京（今北京），双方均不得与辽讲和。灭辽之后，宋将过去给辽的岁币转送给金。因为两朝使者从渤海往来，所以被称为“海上之盟”。

海上之盟签订后，金如约进攻辽的中京，后又攻克辽的西京（今山西大同），占领了辽长城以北的所有领土。正当宋朝结集大军准备进攻辽南京时，突然爆发了方腊起义，宋徽宗只好命令大军前去镇压，错过了约定的日期。

镇压方腊起义后，童贯率10万宋军进攻辽南京。这时，辽已经处于风雨飘摇之中了。辽军屡战屡败，辽天祚帝逃往夹山（今内蒙古土默特左旗西北），燕王耶律淳自立为帝，向童贯求和，希望辽能做北宋防御金的屏障。童贯认为此时辽军已经不堪一击，南京唾手可得，对辽的提议置之不理，下令进攻南京。结果宋军被打得大败，狼狈逃回境内。不久耶律淳病死，童贯觉得有机可乘，率20万大军再次进攻南京，被辽军阻击在卢沟河以南，再次惨败。

童贯为了掩盖两次攻打南京失败的罪责，暗中派人到金军大营，乞求阿骨打进攻南京。不久，金军占领南京。

金军占领南京后，宋朝开始向金提出燕云地区的接管问题，但金以宋未能如约攻辽为借口拒绝归还。经过交涉，宋答应除了原来每年给金的岁币50万外，再加100万贯，作为南京的代税钱。金将南京地区的人口、财物掠夺一空后撤走，宋只得到了几座空城，改名为燕山府。

1125年，金军在应州（今山西应县）抓住了准备逃往西夏的辽天祚帝。辽灭亡。

李纲抗金

1125年冬，金太宗派宗望率军南侵，进逼北宋都城汴京。宋徽宗赵佶一听，直吓得魂飞魄散，急忙写下了“传位东宫”的诏书宣布退位，自己当了“太上皇”，并且，连夜带着亲兵逃出了京城。太子赵桓即位，这就是宋钦宗。他在宫中也六神无主，宰相白时中、杨邦彦乘机劝他弃城逃往襄阳。兵部侍郎李纲听说后，立刻求见宋钦宗。

李纲在殿上责问宋钦宗，说：“太上皇把固守京城的千斤重担托付给陛下，现在金兵还没到，陛下就把京城抛弃了，将来怎么向太上皇交代，怎么向全国的百姓交代？”

宋钦宗哑口无言。白时中却怒气冲冲地说：“金兵来势汹汹，锐不可当，京城哪里能守得住？”

李纲怒视白时中，反问道：“天下的城池，

⊙李纲像

还有比京城更坚固的吗？如果京城守不住，那么天下就没有守得住的城了。况且宗庙社稷、百官万民都在这里，丢开不顾，还去守卫什么？

1095年

世界大事记：
克勒芒宗教会议。

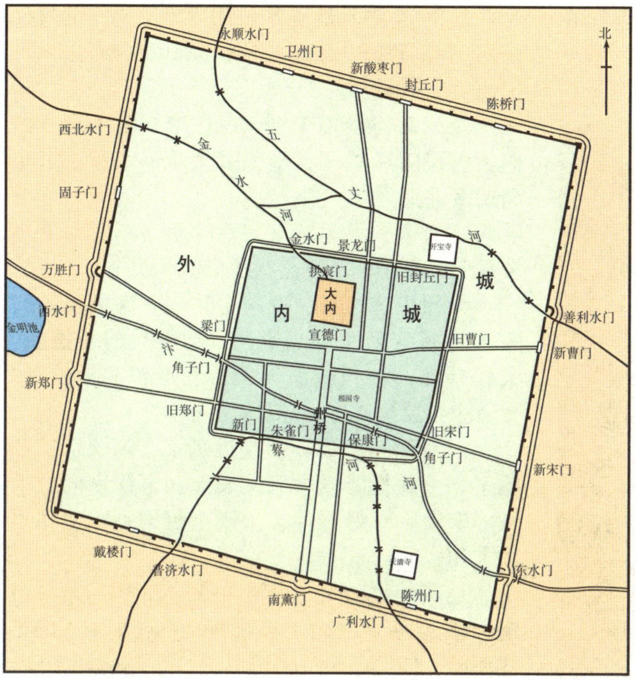

⊙北宋东京示意图

如果我们鼓励将士，安慰民心，就一定能守住京城！”李纲的一片忠心打动了宋钦宗，他马上让李纲负责守京城。

李纲随即去城楼上调兵遣将，布置好守城的人马准备迎击金兵。

几天后，宗望率领10万铁骑，来到汴京城下。这一天，天刚亮，金兵就疯狂地攻城了。他们沿着汴河出动了几十只火船，企图顺流而下，烧掉城楼。李纲早有准备，在汴河里布置了一排排的木桩，又从蔡京府中搬来了大量的假山石，垒塞在门道间，使金兵的火船无法前进。这时，布置在城下的2000多名敢死队员一齐上前，手执长竿铙钩，牢牢地钩住那些火船，使它们进退不得，不久那些火船便化为灰烬。

宗望一计不成又生一计，把他的王牌铁骑搬了出来。他们身穿铁甲，头戴兜鍪，全身只露出两个眼睛，刀箭不入，十分凶悍。但因为是骑兵，在城下施展不开，只能坐在大船里顺流而来。李纲便把城下的兵撤到城头上，也不放箭，只是让那些船只驶近水门前。紧接着一声令下，巨大的石块如暴雨般向下投掷。任凭你的兜鍪怎样坚韧，百十斤重的石块落在头上，也只有脑浆迸裂，一命呜呼。船只也被砸碎，跌入汴河的铁甲兵，上不了岸，只有活活被淹死。

宋军将士斗志高昂，他们个个奋勇杀敌。李纲脱去官服，亲自擂鼓激励将士，打退了金兵一次又一次的进攻。

金兵统帅宗望孤军深入，千里奔袭宋朝都城，原打算速战速决，却不料汴京的防守那样坚固、严密。不仅城池久攻不下，而且损兵折将，伤亡惨重，只好派人议和。

靖康之辱

在金将宗望被迫退兵的时候，种师道向宋钦宗建议，趁金兵渡黄河之际，发动一次袭击，把金兵消灭掉。宋钦宗不但不同意这个好主意，反而把种师道撤了职。

金兵退走以后，宋钦宗和一批大臣以为从此可以安稳度日了，哪料到东路的宗望虽然退了兵，西路的宗翰率领的金兵却不肯罢休，仍然加紧攻打太原。宋钦宗派大将种师中带兵前去援救，半路上被金兵包围，种师中兵败牺牲。投降派的一些大臣正嫌李纲在京城碍事，就撺掇宋钦宗把李纲派到河北指挥作战。

李纲明知道自己遭到排挤，但是要他上前线抗金，他也不推辞。

李纲到了河阳，招兵买马，准备抗金。但是朝廷却命令他解散招来的新兵，立刻前往太原。李纲调兵遣将，分三路进兵，但是，那里

1127年

中国大事记：

康王赵构于南京应天府即位，是为宋高宗，建立南宋。

的将领都受朝廷的直接指挥，根本不听李纲的命令。由于三路人马没统一领导，结果打了一个大败仗。

◉听琴图　宋徽宗

宋徽宗是一位才子，却不是一个好皇帝。

李纲名义上是统帅，却没有实际指挥权，只好向朝廷提出辞职。宋钦宗撤了李纲的职，把他贬谪到南方去了。

金朝君臣最怕李纲，现在李纲罢了官，他们就再没有顾忌了。金太宗又命令宗翰、宗望向东京进犯。

这时候，太原城被宗翰的西路军围困了八个月后，终于陷落在金兵手里。

太原失守之后，两路金兵同时南下。各路宋军将领听到东京吃紧，主动带兵前来援救。宋钦宗和一些投降派大臣忙着准备割地求和，竟命令各路援军退回原地。

面对两路金兵不断逼近东京，宋钦宗被吓昏了。一些投降派大臣又成天劝宋钦宗向金求和。宋钦宗只好派他弟弟康王赵构到宗望那里去求和。

赵构经过磁州（今河北磁县），州官宗泽对赵构说："金朝要殿下去议和，不过是骗人的把戏而已。他们已经兵临城下，是求和的态度吗？"

磁州的百姓也拦住赵构的马，不让他去金营求和。赵构也害怕被金朝扣留，就留在了相州（今河南安阳）。

没过多久，两路金军已经赶到东京城下，既而猛烈攻城。城里只剩下 3 万禁卫军，不久就差不多逃跑了一大半。各路将领因为朝廷下过命令，也不来援救东京。这时候，宋钦宗已是叫天天不应、叫地地不灵了。

眼看末日来到，没有办法，宋钦宗痛哭了一场，亲自带着几个大臣去金营送降书。宗翰勒令钦宗把河东、河北土地全部割让给金朝，并且向金朝献金一千万锭，银二千万锭，绢帛一千万匹。宋钦宗一一答应，金将才把他放回了城。

宋钦宗派了 24 名官吏帮金兵在皇亲国戚、各级官吏、和尚道士等人家里彻底查抄，前后抄了 20 多天，除了搜去大量金银财宝之外，还把珍贵的古玩文物、全国州府地图档案等也抢劫一空。

1127 年四月，金军俘虏了宋徽宗、宋钦宗

1105～1125年

世界大事记：
神圣罗马帝国皇帝亨利五世在位。

·瘦金体·

瘦金体是宋徽宗（赵佶，1082～1135年）创造的书法字体，亦称“瘦金书”或“瘦筋体”，也有“鹤体”的雅称，是楷书的一种。宋徽宗早年学薛稷、黄庭坚，参以褚遂良诸家，出以挺瘦秀润，融会贯通，变化二薛（薛稷、薛曜），形成自己的风格，号“瘦金体”。其特点是瘦直挺拔，横画收笔带钩，竖划收笔带点，撇如匕首，捺如切刀，竖钩细长；有些连笔字像游丝行空，已近行书。其用笔源于褚、薛，写得更瘦劲；结体笔势取黄庭坚大字楷书，舒展劲挺。现代美术字体中的“仿宋体”即模仿瘦金体神韵而创。

两个皇帝和皇族、官吏两三千人，满载着掠夺去的财物，回到北方，这便是历史上的“靖康之辱”。从赵匡胤称帝开始的北宋王朝统治了167年，至此宣告灭亡。

宗泽卫京

北宋灭亡以后，当初留在相州的康王赵构逃到了南京（今河南商丘）。1127年五月，赵构在南京即位，这就是宋高宗。这个偏安的宋王朝，后来在临安（今浙江杭州）定都，历史上称为南宋。

宋高宗即位以后，迫于舆论的压力，不得不把李纲召回朝廷，担任宰相。而实际上他信任的却是亲信黄潜善和汪伯彦。

李纲担任宰相后，提出许多抗金的主张，还极力在宋高宗面前推荐宗泽。

宗泽是一位坚决抗金的将领。金兵第二次攻打东京的时候，宗泽领兵抗击金兵，一连打了13次胜仗。有一次，他率领的宋军被金军包围，金军的兵力比宋军多十倍。宗泽对将士们说：“今天进也是死，退也是死，我们一定要从死里杀出一条生路来。”将士们受到他的激励，以一当百，英勇冲杀，果然打退了金军。

宋高宗对宗泽的勇敢早有耳闻，这次听了李纲的推荐，就派宗泽去开封府做知府。

这时候，金兵虽然已经从开封撤出，但是开封城经过两次大战，城墙已经全部损坏了。金兵又经常在北面活动，开封城里人心惶惶，秩序混乱。

宗泽在军民中很有威望。他一到开封，就杀了几个抢劫犯，开封的秩序便渐渐安定了下来。

宗泽到了开封之后，积极联络各地民众组织起来的义军。河北各地义军听到宗泽的威名，都自愿接受他的指挥。这样一来，开封城的外围防御巩固了，城里人心安定，存粮充足，物价稳定，重新恢复了大战前的局面。

但是，就在宗泽准备北上恢复中原时，宋高宗和黄潜善、汪伯彦却嫌南京不安全，做好了继续南逃的准备。李纲因反对南逃，被宋高

⊙宗泽墓

1131年

中国大事记：
南宋吴玠军于和尚原大败金完颜宗弼军。

宗撤了职。

不久，金兵又分路大举进攻。金太宗派大将兀术（又叫宗弼）向开封进攻，宗泽事先派部将分别驻守洛阳和郑州。兀术带兵接近开封的时候，宗泽派出几千精兵，绕到金兵后方，把其退路截断，又和伏兵前后夹击，把兀术打得狼狈逃窜。

金军将士对宗泽害怕又钦佩，提到宗泽，都称他为宗爷爷。宗泽依靠河北义军，积蓄兵马，认为完全有力量收复中原，便接连向高宗上了二十几道奏章，请他回开封。然而却如同石沉大海，没有回音。

这时候，宗泽已经是70岁的年迈老人了，他见朝廷没有收复中原的想法，一气之下，背上发毒疮病倒了。部下一些将领去问候他，宗泽已经病得很重，他睁开眼睛激动地说："我因为不能报国仇，心里忧愤，才得了这个病。只要你们努力杀敌，我就死而无憾了。"

将领们听了，个个感动得流下了泪水。宗泽临死之前，用足了全身的力气，呼喊："过河！过河！过河！"然后才闭上眼睛。开封军民听到宗泽去世的消息，没有一个不伤心流泪的。

宗泽去世后，宋朝派杜充接替宗泽的职位。杜充是个昏庸无能的人，他一到开封，就把宗泽的一切防守措施都废除了。没多久，中原地区又全部落在金军手里。

韩世忠阻击金兵

金兵在南下的路上，不断遭到百姓组织的义军的袭击。金将兀术到了明州海边，想到长江沿岸还留着宋军的大批人马，便带领金兵抢掠了一阵，然后向北方退兵。

1130年三月，兀术带了15万金兵，北撤到镇江附近，遇到宋军大将韩世忠的拦击。

⊙金山今景

金山位于今江苏镇江市西北长江南岸。宋将韩世忠与金军战于长江，其夫人梁红玉在金山妙高台擂鼓助威。

兀术到了江边，得知韩世忠不放他们过江，就派个使者到宋营下战书，要求跟宋军决战。韩世忠马上答应下来，还跟兀术定下了决战的日期。那时候，金兵有10万人，而韩世忠手下宋军只有8000人，双方兵力相差悬殊。韩世忠明白，只有依靠士气才能打赢这一仗。他跟夫人梁红玉商量对策。梁红玉是个很有见识、又会武艺的女将，她支持丈夫的计划，并且要求一起参加战斗。

决战的时刻到了。双方在江边摆开阵势，展开了一场大战。韩世忠披挂上阵，他的夫人梁红玉身穿戎装，亲自在江心的一艘战船上擂鼓助威。将士们见主帅夫人上阵助战，士气高涨，纷纷向金兵冲杀过去。金兵虽然人马多，但是，一来军纪涣散，二来长途行军，疲惫不堪，哪里敌得过韩世忠手下精兵的袭击。一场战斗下来，金兵死伤无数，连兀术的女婿龙虎大王也当了俘虏。

兀术又派使者去宋营，情愿把从江南抢来的财物全还给宋军，只求让他们过江，韩世忠坚决不答应。

兀术过不去江，只好带着金兵乘船退到黄天荡（今江苏南京市东北）。哪里知道黄天荡是

1138～1254年

世界大事记：
德意志霍亨施陶芬王朝。

一条死港，船驶进那里，找不到出路。

后来，兀术命令金兵开凿一条五十里长的水道，指挥金兵沿水道逃到建康。没想到，半路上又遇到岳飞的堵击，无奈之下，又退回到黄天荡。

金兵在黄天荡被宋军整整围困了 48 天，金军将士叫苦连天。这时候，江北的金军派兵接应。兀术想用小船渡江，韩世忠早有准备，他在大船上备好了大批带着铁索的挠钩，等金兵的船只开始渡江，便让大船上的宋兵用长钩把小船钩住，再用铁索用力一拉。小船翻了，金兵连人带船一起沉在江心里。

过了几天，金兵趁江面上风平浪静，偷偷登上小船，分批渡江。韩世忠想用大船追上去攻击，但是因为没有风，大船行驶慢，赶不上小船。正在急的时候，金兵又向宋军的大船射来火箭，射中了宋船的风帆。风帆起了火，整个船只都烧了起来，船上的宋军纷纷落水。韩世忠只好放弃船只，乘小船退回镇江。

兀术摆脱了韩世忠的阻击后，带兵到建康抢掠了一阵，准备撤回北方，到了静安镇（今江苏江宁西北）时，又遭到了岳飞军队的袭击，被杀得溃不成军，狼狈逃窜。岳飞把金兵赶走了，继而收复了建康。

·抗金八字军·

金军南下时，烧杀淫掠，无恶不作，激起了北方人民的强烈反抗。北方人民纷纷拿起武器，抵抗入侵的金军。其中最著名的就是王彦领导的八字军。

王彦（1090~1139年），字子才，上党（今山西长治市）人，抗金名将。王彦原为河北招抚司都统制，建炎元年（1127年）他率岳飞等11员将领和8000人渡过黄河，击败金军，收复卫州、新乡等失地。后来遭到了金军的重兵围攻，王彦突围到共城县西山（今河南辉县一带），收集余部700人，以太行山为根据地，继续抗金，发展到10余万人。他领导的抗金武装，因人人脸上刺有“赤心报国，誓杀金贼”，所以被称为“八字军”。八字军联络河北的其他义军共同抗金，声势浩大，屡败金军，使金人在河北的统治始终不能稳定，同时也极大地牵制了金军的南下。

王彦所率的八字军后被改编为南宋部队。因受到投降派的排挤，王彦忧愤而死。

激战和尚原

宋军富平之战失败后，秦凤路经略使吴玠与其弟吴璘奉张浚之命，收集几千散兵退保大散关东面的和尚原，以御金军。

和尚原是从渭水流域越秦岭进入汉中地区的重要关隘之一，当属川陕首要门户，位于宝鸡西南 20 千米，其地势之险要与大散关不相上下，是由陕入川的第一条天堑，与仙人关分扼蜀之险要。吴玠在此固守，使金军入川而后顺江东下取宋遇到最大障碍。

金将完颜宗弼（兀术）一心想打开通往汉中的门户，以建不世奇功，于是决定攻打和尚原，消灭吴玠的宋军。1131 年五月，金完颜没立率部自凤翔（辖境相当今陕西宝鸡、岐山、凤翔、麟游、扶风等地）攻和尚原正面，又遣部将乌鲁、折合自阶州（今甘肃武都东南）、成（今甘肃成县）迂回到和尚原背面，企图前后夹击以夺取和尚原。乌鲁、折合二将先期到达原北；三日后，没立军也抵原前的箭筈关（今陕西甘阳南），开始攻关。宋军处境十分危急。

吴玠的军事才能与“中兴四大名将”相比不遑多让，他审时度势，沉着冷静，命诸将列成阵势，利用和尚原的有利地势，据险固守。他遣兵以“车轮战”轮番出击金军，消耗金军的有生力量。乌鲁、折合历尽艰险，绕到原后，

1138年

中国大事记：
金颁行女真小字。

⊙大散关
大散关在今陕西宝鸡西南。吴玠曾在此抗金兵以保卫四川。陆游诗句“楼船夜雪瓜州渡，铁马秋风大散关”，更是让人顿生万丈豪情。

还未休整，就遭到吴玠军的迎头冲击。他俩集中兵力把宋军逼退，正追赶间冷不防从退军阵后杀出一拨生力军，对他们猛冲猛砍；当他们再集结兵力追赶时，宋军又退回去了。如此来回几次，金军进不敢进，追不敢追，生怕陷入重围；退又劳而无功，无法向主帅兀术交代，两路金军始终不能会合。

原前的金军主力也是一筹莫展，宋军坚守不出，金军攻城却因城池险峻，宋军又同仇敌忾，士气高昂，久攻而不下，金军损失惨重。完颜没立想用灭辽灭（北）宋战争中赖以为重的骑兵，但和尚原如此凶险，路多窄，怪石壁立，骑兵威力施展不开。金军开始士气低落，无心恋战；吴玠看到金军悲观厌战情绪露在脸上，便亲引精锐士卒从营中杀出，直扑金军。疲惫又战备松弛的金兵怎经受得住这番冲击？一溃不可收。退到黄牛一带的金军，立足未稳，又遭遇大风雨，战意全无，只思北返。兀术还希望攻下箭筈关以作为与和尚原宋军对峙交战的基地，但吴玠部将杨政击碎了他这一美梦，金军无奈只得退兵。

金军初战和尚原的惨败令金朝野震动，金朝诸军事将领商议定要擒获吴玠，金元帅左都监兀术（完颜宗弼）决定亲攻川蜀。十月，兀术率军 10 万，架设浮桥，跨过渭水，从宝鸡结起连珠营，垒石为城，与坚守秦岭要隘的吴玠军夹涧对峙。宋军有人慑于兀术 10 万精兵的浩大声势，主张弃城逃走，认为以几千人抵 10 万军无异于以卵击石。但吴玠说：“兵不在多，而在出奇制胜，我军一撤，四川屏障丧失，金人势必长驱入川，我朝就更危险了。”

吴玠以精兵强弩阻击金军，兀术军冲锋时，宋军立马箭如雨下，金军被击退，攻势缓了下来。吴玠又与秦岭义军相配合，又派杨政、郭浩率一部军迂回到金军侧后并截断其粮道。一切就绪后，吴玠下令对金军发起总攻，金军粮道被切，军心动摇，再遭宋军前后夹击，苦战三日后大败。吴玠乘胜追击，在神岔一地再次设伏，大破金军，金军终于一溃千里，被俘万余，兀术中箭逃走。

岳家军大败兀术

收复建康的岳飞，是南宋的抗金名将。

岳飞是相州汤阴（今河南汤阴）人，从小刻苦读书，尤其爱读兵法，他还力大过人，十几岁的时候就能拉开三百斤的大弓。后来，他听说同乡老人周同武艺高强，就拜周同为师，学得一手百发百中的好箭法。

后来，岳飞从了军。金兵南下的时候，他在东京当一个小军官。有一次，他带领一百多名骑兵，在黄河边练兵，忽然对面来了大股金兵。兵士们都吓得不知所措，岳飞却不慌不忙地说：“敌人虽然多，但他们不知道我们有多少兵力。

⊙岳飞像

1345年

世界大事记：
法国建成巴黎圣母院，为早期哥特式建筑代表。

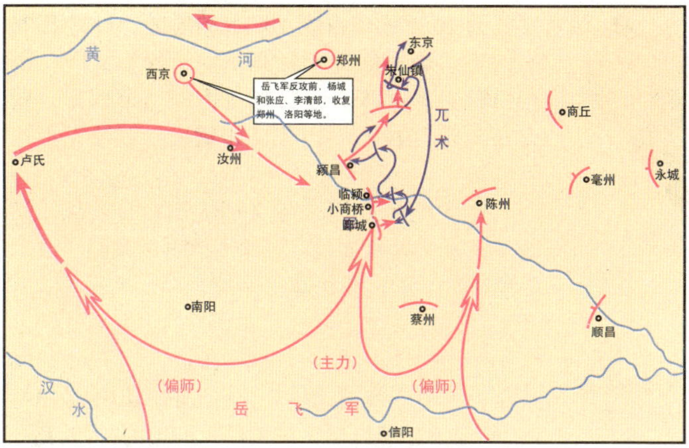

⊙岳飞反攻中原之战要图

我们可以趁他们没准备的时候击败他们。”说着，就带头冲向敌阵，斩了金军一名将领。兵士们受到岳飞的鼓舞，也冲杀上去，果然把金军杀得落花流水。

从这以后，岳飞的勇敢便出了名。过了几年，他在宗泽部下当了将领。

岳飞跟宗泽一样，把抗金作为自己的职责。宗泽死后，岳飞的队伍仍旧坚持在建康附近战斗。这回趁兀术北撤的时候，他跟韩世忠配合，打得兀术一败涂地。

岳飞率领将士多次打败了金军，屡立战功。到他32岁的时候，已经从一个普通将领升为节度使，跟当时的名将韩世忠、刘光世、张浚并驾齐驱了。

就在这个时期，他写了一首传诵千古的词《满江红》，抒发了他抗金的壮志豪情。

岳家军军纪严明。一次，有个士兵擅自用百姓的一束麻来缚柴草，被岳飞发现，当即就按军法处置了。岳家军行军经过村子，夜里都在路旁露宿，老百姓请他们进屋，没有人肯进去。岳家军中有一个口号，叫作：“冻死不拆屋，饿死不掳掠。”

岳飞在作战之前，总是先把领将们召集起来，一起商量作战方案，然后才出战。所以打起仗来，每战必胜。金军将士见到岳家军，没有一个不害怕的，他们中间流传着一句话：“撼山易，撼岳家军难。”

1140年十月，金朝又撕毁和约，发动全国精锐部队，以兀术为统帅，分四路南下大举进攻。

岳飞一面派部将王贵、牛皋、杨再兴等分路出兵，一面派人到河北跟义军首领梁兴联络，要他率领义军在河东、河北向金军后方包抄。岳飞在郾城坐镇指挥。

过了几天，几路人马纷纷告捷，先后收复了颍昌（今河南许昌东）、陈州（今河南淮阳）和郑州。

岳家军节节胜利，一直打到距离东京只有四十五里的朱仙镇。河北的义军得知岳家军打到朱仙镇的消息，都欢欣鼓舞，渡过黄河来同岳家军会合。老百姓用牛车拉着粮食慰劳岳家军，有的还顶着香盆来欢迎，个个兴奋不已。

岳飞眼看形势大好，胜利在望，也止不住内心的兴奋。他鼓励部下说：“大家共同努力杀敌吧。等我们直捣黄龙府的时候，再跟各路弟兄痛饮庆功酒！”

钟相杨幺起义

1130年，金兵攻占了潭州，抢掠了一阵走了。随后，被金兵打败的宋朝团使孔彦舟，又带着一批残兵败将在那里趁火打劫，催粮逼租。当地百姓没有了生路，便在钟相带领下，举行了起义。

钟相是鼎州武陵（今湖南常德）人，他用宗教的形式在农民中宣传，自称“天大圣”，能够解救人民疾苦。

当孔彦舟的做法激起民愤时，钟相就宣布起义。他自称楚王，建立政权。

1141年

中国大事记：
宋金议和，史称绍兴和议。

⊙船形砚滴　南宋
青瓷船形砚滴是龙泉窑的特色产品。此砚滴依照木船造型，船舱、船艄和卷棚一应俱全，具水乡特色。舱内还塑有一对窃窃私语的俊男俏女，更是趣味横生。

南宋朝廷得知消息，十分恐慌，任命孔彦舟担任捉杀使，镇压起义军。孔彦舟派出一批奸细，假扮成贫民，混进钟相起义军队伍，随后对起义军发起攻击，里应外合，打败了起义军。钟相和他的儿子钟子昂被捕，惨遭杀害。

钟相被害后，起义军推举杨幺为首领，继续和官军作战。起义军在杨幺领导下，在洞庭湖沿岸建立营寨，队伍越来越壮大。

南宋朝廷又派程昌寓担任镇抚使，镇压起义军。程昌寓到了鼎州，不惜血本制造了大批车船，每船装载一千水兵，由人踏车就可以使船进退。程昌寓指挥水军使用车船攻打起义水寨，水寨滩头水浅，车船开进港汊便搁在浅滩里动弹不得了。起义军见时机已到，发起攻击，官军兵士丢了车船就逃，车船全都落在了起义军手里。

杨幺起义军在洞庭湖建立了根据地，队伍发展到20万人，占领了广大的地区。1133年农历四月，杨幺立钟相的儿子钟子仪为太子，杨幺自称大圣天王。起义军每占领一个地方，就宣布免除百姓的一切劳役和赋税，百姓无不欢欣鼓舞。

南宋朝廷把杨幺起义军看作心腹大患，又派王瓔带兵6万进攻。王瓔不敢再用大船，改用小船进攻。起义军用车船迎战官军，车船高的有几丈，来往自如。他们又在船身前后左右都装上了拍竿，拍竿上缚着一块块大石。官军的小船刚一接近，他们就摇动拍竿，将大石甩出把敌船打沉。车船上还能发出一种用硬木削尖的"木老鸦"，和弓箭一起发射，打得官军叫苦不迭。

到了1135年，也就是起义的第六个年头，宋高宗派宰相张浚亲自督战，又从抗金前线把岳飞的军队抽调回来参战。这时起义军将领有人动摇叛变，杨幺大寨最终被官军攻破，杨幺被俘牺牲，坚持六年的起义失败了。

·五大名窑·

宋时的制瓷业发展到一个新阶段，烧制技术、产量、质量以及瓷窑的数量和规模都大大超过前代，大小瓷窑遍布全国，出现了定、汝、官、哥、钧五大名窑。宋代瓷器加彩已较盛行，并掌握了窑变、裂冶技术，南北各瓷窑产品均各具特色，成为畅销国内外的商品。

"莫须有"罪名

绍兴和议之后，兀术派使者给秦桧送去密信说："你天天向我们求和，但是岳飞不死，我们就不放心。一定得想法子把他杀掉。"秦桧接到密信，就对岳飞下了毒手。

秦桧先唆使他的同党、监察御史万俟卨给朝廷上奏章，攻击岳飞骄傲自满，捏造了岳飞在金兵进攻淮西的时候拥兵观望、放弃阵地等许多"罪名"。万俟卨开了第一炮以后，又有一批秦桧同党接连上奏章对岳飞进行攻击。

岳飞知道秦桧要陷害他，就主动要求辞去了枢密副使的职务。

然而，事情并没有到此结束。岳飞原来是大将张浚的部下，后来岳飞立了大功，受到张浚的妒忌。秦桧知道张浚对岳飞不满，就与张

11世纪

世界大事记：
资本主义萌芽最早在意大利北部城市出现。

⊙ 岳王庙内之岳飞墓

浚勾结起来，唆使岳家军的部将王贵、王俊，诬告另一个部将张宪想发动兵变、攻占襄阳，帮助岳飞夺回兵权，还诬告岳飞的儿子岳云曾经给张宪写信，秘密策划这件事。

岳飞、岳云两人被逮捕到大理寺的时候，张宪已被拷打得遍体鳞伤。岳飞见了，心里难过又气愤。

万俟卨开始审问岳飞，他拿出王贵、王俊的诬告状，放在岳飞面前，吆喝着说："朝廷并没有亏待你们三人，可你们为什么要谋反？"

岳飞说："我没有对不起大宋之处，你们掌管国法的人，可不能诬陷忠良啊！"

秦桧又派御史中丞何铸去审问岳飞，岳飞一句话也不说，他扯开上衣，露出脊梁让何铸看，只见岳飞背上刺着"尽忠报国"四个大字。何铸看后，大为震动，不敢再审，就把岳飞押回监狱。随后，他又看了一些卷案，觉得岳飞谋反的证据不足，只好向秦桧照实回报。

秦桧认为何铸同情岳飞，不再让他审问，仍叫万俟卨罗织罪名。万俟卨一口咬定岳飞曾经给张宪写信，部署夺军谋反的计划。他们没有物证，就诬说原信已经被烧毁了。

这个案件一拖就是两个月，审讯毫无结果。朝廷官员都知道岳飞冤枉，有些官员上奏章替岳飞申冤，结果却遭到秦桧陷害。

老将韩世忠气愤地亲自去找秦桧，责问他凭什么说岳飞谋反、证据是什么。秦桧吞吞吐吐地说："岳飞给张宪写信，虽然没有证据，但是这件事莫须有（就是'也许有'的意思）。"

韩世忠愤怒地说："'莫须有'三个字，怎能叫天下人心服！"

1142年一月的一个夜里，这位年仅39岁的抗金英雄被害牺牲。岳云、张宪也同时被害。

岳飞被害以后，临安狱卒隗顺偷偷地把他的遗骨埋葬起来。直到宋高宗死后，岳飞的冤案才得到平反昭雪。人们把岳飞的遗骨改葬在西湖边的栖霞岭上，后来又在岳飞墓的东面修建了岳飞庙。

李清照词香满袖

李清照（1084 ~ 1155年）是北、南宋之交的词作大家，她的词作于委婉细腻中一洗以往词作妩媚不实的气氛，给词坛带来清高的意趣、淡远的情怀、空灵的意境。

18岁时李清照和赵明诚结婚，婚后生活十分美满。夫妻对古董、金石、字画都有着浓厚的兴趣，往往为了一张名画或青铜器，不惜典衣而购之。但不久后，党争兴起，为了自己的飞黄腾达，她的公公赵挺之置儿女亲家不顾，将李清照的父亲列为党人，李清照上书赵挺之无效，遂有"炙手可热心可寒"之讥。不久，赵家失势，家人一度入狱。经历这番变故后，李清照夫妇回到青州，筑"归来堂"，以诗酒度日。后来赵明诚曾到各地为官，生活颇为优裕。

李清照前期的词比较清新淡雅，富于生活情趣。如下面这两首《如梦令》就是写早年生活的一些片段：

常记溪亭日暮，沉醉不知归路。兴尽晚回舟，

1149年

中国大事记：
金海陵王完颜亮刺杀金熙宗，即帝位。

⊙ 千秋绝艳图之李清照像　明　佚名
李清照词风婉约，她善于把强烈的感情融在艺术形象里，造成一种情景交融的艺术境界；形式上善用白描手法，自辟途径，语言清丽，富有音乐美。论词强调协律，崇尚典雅、情致，提出词“别是一家”之说。

误入藕花深处。争渡、争渡，惊起一滩鸥鹭。

昨夜雨疏风骤，浓睡不消残酒。试问卷帘人，却道海棠依旧。知否、知否？应是绿肥红瘦。

这两首词都采用白描手法，前一首写自己酒后在荷花中划船归来的情景，真实可信而又自有一种人生境界在其中。而后一首词则通过生活中的一个场景，写出词人对春光难留的淡淡伤感，但又不觉沉重。李清照前期的词，写得简洁流畅，展示了婉约清新的词风。当然，这是和她前期比较稳定的生活分不开的。这段时间里，赵明诚外出为官，他们小别之时，常用词来表达自己的感情。每次赵明诚外出，李清照总有佳词寄赠，其中最为著名的是《醉花阴》一首：

薄雾浓云愁永昼，瑞脑销金兽。佳节又重阳，玉枕纱橱，半夜凉初透。

东篱把酒黄昏后，有暗香盈袖。莫道不销魂，帘卷西风，人比黄花瘦。

相传赵明诚看了这首词之后，心中大为佩服，可是又不甘示弱。于是把自己关在屋里三天三夜，写了50首《醉花阴》，并将李清照的那首放在其中给朋友陆德夫评阅。陆德夫反复审读之后，说“只三句绝佳”。再问，正是李清照的“莫道不销魂，帘卷西风，人比黄花瘦”。

靖康之变后，李清照与丈夫为逃避战乱来到江南，不久赵明诚就因病故去，这年李清照才46岁。李清照为了不落入金人手中，带着大批古董文物跟着赵构等人一路南下，辗转于杭州、越州（今绍兴）、金华一带。一路上或遗失或被抢，多年苦心经营所得基本上散失殆尽。而在这途中，有关李清照的流言甚多。有人说她曾以金银贿赂金人，又有人说她不顾病危而改嫁等，而这都是当时一些小人的无耻谰言。

·豪放派·

豪放派词人的代表人物有苏轼、陆游、辛弃疾等。他们将词的题材从狭隘的个人情感中摆脱出来，走向社会，走向自然，豪迈奔放。苏轼的词境界宏阔，视野高远，气势恢宏，感情奔放，被时人奉为一代词宗。

《念奴娇·赤壁怀古》是苏轼的代表作。南宋陆游，高唱抗战建功的宏愿，抒发壮志难酬的愤懑，也表现孤芳自赏的情调，名作如《诉衷情》《钗头凤》等颇具感染力。辛弃疾以抗战思想和战斗精神为主旋律，词风慷慨激昂，豪雄悲郁，《破阵子》（醉里挑灯看剑）、《永遇乐》（千古江山）等作品意境开阔，令人振奋。

12～13世纪

世界大事记：
“香槟集市”在法国出现，为当时欧洲规模最大的国际性贸易市场。

南归后，李清照的词风有了明显改变，山河的残破、命运的多舛、人心的险恶，都给词人带来精神上的痛苦。她开始表达对腐朽统治者的不满，在作品中鞭挞那些不思进取的官僚，当然，也有对故土深沉的思念，词风充满凄凉低沉之音。如《菩萨蛮》《蝶恋花》，流露出她对失陷的北方大地的无限眷恋，而《声声慢》则表达了她在孤独生活中的深深忧愁：寻寻觅觅，冷冷清清，凄凄惨惨戚戚。乍暖还寒时候，最难将息。三杯两盏淡酒，怎敌他晚来风急！雁过也，正伤心，却是旧时相识！满地黄花堆积，憔悴损，如今有谁堪摘！守着窗儿，独自怎生得黑？梧桐更兼细雨，到黄昏，点点滴滴。这次第，怎一个愁字了得！

这首词深沉悲怆，在语言运用上，充分利用双声叠字等艺术手法。这种对叠字独具匠心的运用，造成了极具感染力的艺术效果，被后人称为“公孙大娘舞剑手”。

卢沟桥

卢沟桥位于北京城西南面的永定河上，这是一座因为桥上的石狮子而闻名于世的古桥，也是我国北方最大、保存较好、建筑技术精湛的一座古桥。

桥往往因为所在的河而得名，卢沟桥即是如此。卢沟桥所跨越的永定河，发源于山西，途经北京、天津，注入海河，流入渤海。由于河水汹涌，经常改变河道，被人们称为无定河。清朝康熙年间，人们疏浚河道，砌筑了河堤，才改名为永定河。因为途经黄土高原，河水中的含沙量仅次于黄河，色黑，因此也被人们称为是卢沟河，“卢”是黑的意思，卢沟河也就是黑水河。

卢沟桥始建于金朝，当时卢沟桥是华北平原和蒙古高原的交通要道上的一个重要渡口。最初，只有船渡，然后又先后修筑了浮桥和木桥。后来加上经济发展及军事的需要，金世宗时，修建了卢沟桥。历时3年方才建成，被朝廷命名为广利桥，但是因为它常卧在卢沟河上，人们习惯上仍称它为卢沟桥。此桥也正以这个名字被世人熟知。

卢沟桥两侧的石柱上都雕刻有石狮，这些狮子有大有小，有雌有雄，神态也各不相同：或昂首向天，或低头看桥，或两相对视，或回头顾盼，或抚弄绣球，或嬉戏幼狮，个个神情兼备，栩栩如生。慕名到卢沟桥来的人，一个

卢沟桥今景
虽然经历了数百年风雨的侵蚀，今日的卢沟桥依然坚实牢固，只是永定河中的水量日渐减少，缺水相伴的卢沟桥便少了点长虹卧波的韵味，显得孤单而寂寞。

1164年

中国大事记：
隆兴和议，宋金重订和约。

主要愿望就是欣赏这些狮子。有句谚语叫“卢沟桥的狮子——数不清”，人们用它来形容那些说不清楚的事物。狮子的数目也的确没有定数，曾有人统计，桥上的狮子共有485尊，但是又有人重新统计后说狮子共有502尊。之所以会数不清楚，一方面是因为一般的游人在数的过程中，会不自觉地专注于欣赏这些形态生动的狮子，而忘记了计算数目；另一方面也是因为，有些小狮子或爬在大狮子的背上，或搂在大狮子的颈上，或伏在大狮子的身后，或躲在大狮子的胸前，有的仅露出眼睛，有的仅伸出一张嘴，所以给准确统计造成很大困难。不过这种数不清楚更为到卢沟桥游览的人们增加了一番妙趣。在数与忘之间，更感受到雕刻艺术的精湛。

在元朝时，卢沟桥就已经扬名到欧洲。马可·波罗对卢沟桥极为推崇，在他的游记里，他称卢沟桥为“世界上最好的、独一无二的桥”。颐和园里的十七孔桥也是仿照卢沟桥建造的。卢沟桥建筑的精美使它也成为文人吟咏、作画的题材。金代诗人元好问、宋代文学家范成大等，都曾用诗句赞美卢沟桥。明代画家王绂所画的《卢沟晓月图》一直受到人们的赞赏。清朝的许多达官贵人、名人贤士，都曾到卢沟桥游览。乾隆皇帝亲自前往卢沟桥观览，并题写了“卢沟晓月”的石碑。这块石碑至今仍立在卢沟桥东头的御碑亭内。

卢沟桥是南来北往的人们的必经之地，两侧桥头多旅舍驿馆，行人清晨起来，天色初曙，尚见疏星晓月，岸边柳树的倒影，掩映着水中的桥影，在来去的人们心中引起无限的感慨，所以“卢沟晓月”成为一大名胜，被乾隆皇帝列为“燕京八景”之一。

现在，卢沟桥已经成为著名游览景点，人们又开始览水，希望重现“卢沟晓月”的美景。

海陵王完颜亮

完颜亮（1122 ~ 1161年），字元功，女真名迪古乃，汉名亮，是金太祖完颜阿骨打长子完颜宗干的次子，母亲出身渤海望族。他自幼聪明好学，接受了良好的教育，汉化很深，能吟诗作画，喜欢结交一些留在金的汉族文人名士。长大后，完颜亮文武双全，志大才高，能言善辩，喜怒不形于色，善于揣摩人的心思。

⊙金代骑马武士砖像

一次，金熙宗和他谈到金太祖完颜阿骨打创业的艰难时，完颜亮感动得痛哭流涕，骗取了金熙宗的信任，开始提拔重用他。不久，完颜亮任右丞相。

完颜亮掌握大权后，开始结交一些野心勃勃的阴谋家和贵族名流，并大力扶植自己的势力，将自己的心腹萧裕提拔为兵部侍郎。为了随时掌握宫廷里的情况，他还极力巴结金熙宗的裴满皇后。完颜亮的一系列行动引起了金熙宗的不满和猜疑。有一次，完颜亮过生日，金熙宗赐给他很多礼物，派亲信大兴国送去，裴满皇后也赐了礼物。熙宗知道后，非常生气，就将裴满皇后的礼物追回，并杖责大兴国。完颜亮知道后，惶惶不可终日，决定发动政变。

完颜亮的父亲是金太祖完颜阿骨打的长子，他是太祖孙子，所以早就对金熙宗以太祖嫡孙身份即位心怀不满。金熙宗后期，整天酗酒，

1139～1185年

世界大事记：
葡萄牙国王阿方索一世在位。

动不动就杀害贵族、大臣，弄得人人自危。完颜亮与贵族、大臣商量，阴谋发动政变，杀死金熙宗，众人一致同意。皇统九年（1149年），完颜亮与左丞相秉德、驸马唐括辩等闯入皇宫，将金熙宗乱刀砍死。随即完颜亮即皇帝位，改元天德。

完颜亮即位后，严厉镇压反抗的贵族和大臣，先后杀死女真贵族70余人，将金太宗子孙完全杀绝。同时，为了扩大政权的基础，巩固统治，他起用了大批的渤海、契丹、汉族人才。

当时金的首都在会宁府（今黑龙江省阿城南），地处偏远，物资运输和公文传递非常不方便，政令很不畅通。天德三年（1151年），完颜亮下令迁都燕京（今北京），改称中都，并于1153年正式迁都。同时为了防止女真旧贵族叛乱，把他们全部迁到中都和山东，并将会宁府的宫殿、庙宇、贵族宅邸全部夷为平地，种上庄稼。

迁都中都后，完颜亮就开始积极谋划进攻南宋，统一天下。北宋的词人柳永写过一首《望海潮》，形容江南风光、杭州景色、钱塘繁华。完颜亮见到这首词后，反复吟诵，当读到“有三秋桂子，十里荷花”一句时，不禁拍案叫好。于是他一面下令抓紧南侵的准备，再次向南迁都到汴京（今河南开封）；一面派人去刺探南宋虚实，让人画下杭州的风景，还让画工把他自己骑马的像画到杭州吴山顶上。他在画上题诗：万里车书一混同，江南岂有别疆封？提兵百万西湖上，立马吴山第一峰。

绍兴和议后，宋、金以淮河和大散关为界。完颜亮派使者出使南宋，向宋高宗索要淮河以南长江以北的地区，企图挑起事端，寻找攻宋的借口。南宋的大臣听说完颜亮要进攻宋朝，都劝宋高宗早做准备，却被宋高宗斥责为造谣生事。有一回，金派使臣施宜生出使临安（今浙江杭州）。宋高宗叫大臣张焘负责接待。施宜生原来是宋朝的官员，张焘想从施宜生那里探听消息。但是旁边有金的随从，施宜生不好明说，只好暗示说：“今天北风可刮得厉害啊！”说完又拿起桌子上的笔说：“笔来，笔来！”“笔”和“必”同音，“必来”就是一定来的意思。

张焘看到暗示后，急忙把金兵要南下攻宋的消息告诉宋高宗，但宋高宗却骂他杞人忧天。

南宋绍兴三十一年（1161年）九月，完颜亮杀死了很多反对他进攻南宋的大臣后，调集全国60万兵力，分五路进攻南宋。出发前，完颜亮狂妄地对将领们说：“从前梁王（指金兀术）进攻宋朝，费了多少时间，没取得胜利。我这次出征，最多一百天，最少一个月，一定能灭亡南宋。”

金兵南下后，势如破竹，很快打到长江北岸。但渡江时却在采石（今安徽当涂北）被宋将虞允文击败，后来又在瓜州（今江苏扬州南）再次被击败。气急败坏的完颜亮下令三日内渡江，否则全部处死。当晚兵部尚书完颜元宜发动兵变，杀死完颜亮，随后率军北撤。

·女真文字·

和契丹文一样，女真文也分大小字。女真人初用契丹文字，阿骨打建金后，将任务交给了完颜希尹和叶鲁，他们参考汉字、契丹字创造了能记录女真语的新字，于天辅三年（1119年）颁行，史称女真大字。金熙宗天眷元年（1138年）又颁布了一套笔画更为简省的新字，称女真小字。现存有关女真字的材料有文献、金石、墨迹三类：文献主要有明朝四夷馆编的《女真译语》，有女真字、汉文注音及译义；金石至今发现八处碑刻、摩崖；墨迹也十分珍稀。但迄今所发现的资料仅见一种女真文，它究竟是大字还是小字，学者意见不一。

1189年

中国大事记：
金世宗死，皇太孙即位，是为金章宗。

书生退敌

绍兴和议之后，宋金双方有二十年没有发生战争。宋高宗和一批投降派对于这个偏安的局面非常满意，他们在临安修筑起豪华的宫殿府第，过起纸醉金迷的生活来。

在这段时间里，金朝统治集团内部动荡。贵族完颜亮杀死了金熙宗，自立为帝，历史上称海陵王。完颜亮把金朝的京都从上京迁到燕京，他野心勃勃，一心想消灭南宋。

1161年九月，完颜亮做好了一切准备，发动60万大军，组成32支部队，全部出动，向南宋发起进攻。

完颜亮的大军逼近淮河北岸，防守江北的主帅刘锜生病了，不能带兵打仗，他派副帅王权到淮西寿春防守。王权是个贪生怕死的家伙，还没见到金兵的人影，早已闻风逃奔，一直逃过长江，直到采石矶才停下来。

宋高宗听到王权兵败，就将王权撤了职，另派李显忠代替王权的职务，并且派宰相叶义问亲自去视察江淮防务。

叶义问也是个胆小鬼，他自己不敢上前线，派一个叫虞允文的中书舍人（文官名）去慰劳采石矶的宋军将士。

虞允文到了采石矶，王权已经被撤职，接替他职务的李显忠却还没到。对岸的金兵正在准备渡江，宋军却还没有主将，到处人心惶惶，秩序混乱。

虞允文看到队伍这样涣散，非常吃惊，他觉得等李显忠来已经来不及了，就立刻把宋军将士召集起来，对他们说："我是奉朝廷的命令到这里来劳军的。你们只要为朝廷立功，我一定报告朝廷，论功行赏。"

大伙儿见虞允文出来做主，都来了精神。他们说："我们恨透了金人，谁都抵抗。现在既然有您做主，我们愿意拼命作战。"

虞允文是个书生，从来没有指挥过打仗，但是爱宋的责任心使他鼓起勇气。他立刻命令步兵、骑兵都整好队伍，排好阵势。

宋军刚刚布置停当，金兵就已经开始渡江了。完颜亮亲自指挥金军进攻。几百艘大船迎着江风，满载着金兵向南岸驶来。不久，金兵便开始陆续登岸。

虞允文命令部将时俊率领步兵出击。时俊挥舞着双刀，带头冲入敌阵。士兵们士气高涨，奋勇冲杀。金兵进军以来，从来没有遭到过这样顽强的抵抗，还没有适应这样的敌手，就很快败下阵来。

完颜亮在采石矶渡江没有成功，就带着剩下的人马到扬州去，准备从那里渡江。

宋军在采石矶大胜之后，主将李显忠才带兵到达，李显忠了解了虞允文指挥作战的情况，非常钦佩。虞允文对李显忠说："敌人在采石矶失败之后，一定会到扬州去渡江。镇江那边没准备，情况很危急。我打算到那边去看看。"

镇江的守将是老将刘锜。那时候，刘锜已

⊙ **采石矶**
在今安徽省马鞍山市。绍兴三十一年（1161年），南宋名臣虞允文在此指挥水军，打败金主完颜亮的南下大军。

1152～1190年

世界大事记：
神圣罗马帝国皇帝腓特烈一世（红胡子）在位。

经病得不能起床了。

虞允文安慰了他一阵，就来到军营，命令水军在江边训练。在他的布置下，宋军制造了一批车船，在江边的金山周围来回巡逻，快得像飞一样。北岸的金兵看了十分吃惊，赶快报告完颜亮。完颜亮不仅不信，还把报告的人打了一顿板子。

金军将士无法容忍完颜亮的残酷统治，还没等完颜亮发出渡江命令，当天夜里就拥进完颜亮的大营，杀死了他。完颜亮一死，金兵就撤退了。

完颜亮带兵攻打南宋的时候，金朝内部也起了内讧。一些不满完颜亮统治的大臣，另外拥戴完颜雍为皇帝，这就是金世宗。采石矶大战后，金世宗为了稳定内部局势，派人到南宋议和，宋金战争又暂时停了下来。

陆游绝唱

宋孝宗刚即位之时，决心改变屈辱求和的政策，想做一番恢复中原的事业。于是，他任用很有名望的老将张浚做枢密使。

张浚请朝廷发布诏书出兵北伐，号召中原人民奋起抗战，配合宋军收复失地。当时陆游在枢密院做编修官，张浚就派陆游起草这份诏书。

陆游是南宋著名的诗人，浙江山阴人。幼年时的陆游经历了北宋灭亡的国恨家仇，也看到、听到了很多江南军民抗击金兵的可歌可泣的事迹。因此，在他幼小的心灵里，便滋长了对宋朝的深厚感情。

少年时代的陆游，就能写一手出色的文章。29 岁那年，他参加了两浙地区的考试，中了第一名。

陆游热情支持北伐，可是担任统帅的张浚缺少指挥才能。宋军出兵没有多久，就在符离(今安徽宿州北)被金兵打败，全线溃退。

北伐失败后，那些一贯主张求和的大臣又在宋孝宗面前说风凉话，并对张浚大肆攻击，还说张浚用兵是陆游怂恿的。不久，张浚被排挤出朝廷，陆游也罢官回到山阴老家了。

宋孝宗面对金兵的威胁，抗金的决心动摇了。第二年，又跟金朝订立了屈辱的和约，从那以后，再也不提北伐的事了。

陆游祠

过了将近十年，负责川陕一带军事的将领王炎听到陆游的名声，请他到汉中做幕僚。汉中接近抗金的前线，陆游认为到那里去，也许有机会参加抗金战斗，为收复失地贡献一分力量，便很高兴地接受了这个任命。

不久，王炎被调走，陆游也被调到成都，在安抚使范成大部下当参议官。范成大与陆游是老朋友，虽说

1190年

中国大事记：
西夏骨勒茂才纂《番汉合时掌中珠》成书。

·江湖诗人·

江湖诗人，即南宋中后期一些诗人。南宋中叶后杭州书商陈起陆续刻了许多同时诗人的集子，合称为《江湖集》，“江湖诗人”由此得名。所谓江湖诗人，大都是一些落第文士，由于功名上不得意，只得流传江湖，靠献诗卖艺来维持生活。他们的作品很杂，大致分为两类：生活接触面狭窄，不关心政治，希望在文艺上有所成就，以赢得时人赏识；生活面较广，关心政治，爱好高谈阔论以博时名。戴复古、刘克庄为后一类诗人的代表。

是上下级关系，却并不讲究官场礼节。陆游的抗金志愿得不到实现，心里非常郁闷，便常常喝酒写诗来抒发自己的思想感情。但是，一般官场上的人看不惯他，说他不讲礼法，思想颓废。陆游听了，就索性给自己起了个别号，叫“放翁”。后来人们就称他为陆放翁。

这样一过又是二三十年，陆游长期过着闲居的生活，他把满腔的热情寄托在自己的诗歌创作上。

他一生辛勤创作，一共写下了9000多首诗。他的创作，在我国历代诗人中，是非常丰富的一个。

1210年，这位86岁的伟大诗人卧病在床。临终的时候，他还念念不忘恢复中原。他把儿孙们叫到床边，写下他的最后一首诗，也就是感人肺腑的《示儿》：

死去原知万事空，但悲不见九州同。
王师北定中原日，家祭无忘告乃翁。

“英雄之词”

辛弃疾（1140～1207年）以“壮岁旌旗拥万夫”的豪语抒写了英雄之词，为后人留下了许多雄浑豪放的词作。

辛弃疾出生于济南历城，家世不显，父亲曾为金的县令，但未忘国耻，使辛弃疾从小受到影响。辛弃疾22岁时，散尽家财，聚众2000余人，参加到反金战争中。他们投靠到义军耿京部下，但却发生了僧人义端弃信北逃的事件，耿京大怒，在辛弃疾的要求下，耿京给他3天期限处理此事，辛弃疾遂率军北上，杀死了义端这个反复小人。不久义军内部又出现了叛徒，张安国伙同邵进杀死耿京，投降金人。辛弃疾得知此事后，亲率50精兵，夜袭济州，将张安国连夜押回建康，斩首示众。这传奇一般的经历在文学史上是绝无仅有的。

后来辛弃疾率众南归，担任了一系列地方官。在任职期间，他潜心分析了抗金以来历年的得失，写成《美芹十论》，进奏朝廷，虽然得到了孝宗的看重，但因为内部的种种掣肘，他的理想并不能顺利实现。辛弃疾一生反对和议，盼望早日恢复中原，但未能为南宋小朝廷所接受，他被一步步地排挤出统治中心，直至被免职。从42岁到68岁的漫长岁月，词人主要在江西上饶一带的农村中度过。他一面笑傲山水，旷达自适，为自己离开官场而庆幸，但另一面，闲居退隐并不能消释他心中的无限愤慨。寄身田园，他并没有忘怀故国的分裂，他在同友人的往来赠答诗歌中，总是以坚持抗金相互激励。

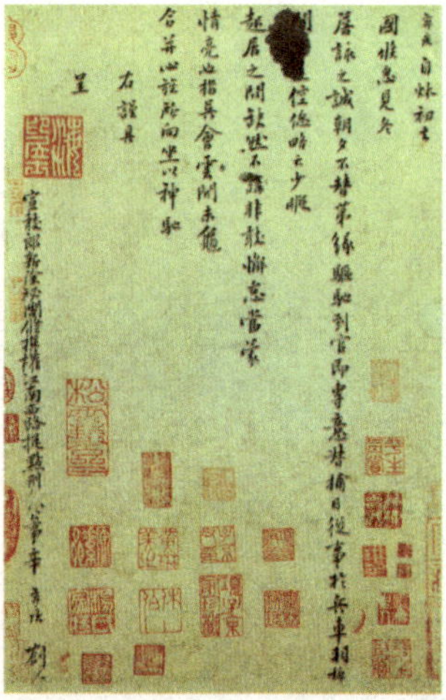

⊙去国帖　南宋　辛弃疾
去国帖是辛弃疾仅见的墨迹珍品，书写时36岁，那一年他因为捕茶寇有功而得以高升。

辛弃疾是两宋词人中词作最

1154～1399年

世界大事记：
英格兰金雀花王朝时期。

多的作家，有600多首。“器大者声必闳，志高者意必远”，真正将词从花间樽前拉回现实生活中的，是辛弃疾。辛词中有着广泛的社会内容，有山河破碎、南北分裂的现实，奋发昂扬的爱宋热情；有壮志难酬的无限愤慨，也有对主降苟安、昏暗朝政的无情批判；由于曾在上饶闲居过一段时间，其词中还出现了文人笔下少有的农村生活和田园风光。辛弃疾在苏轼的基础上进一步扩大了词的题材范围，他几乎达到了无事、无意不可入词的地步。

辛词向来被人称为“英雄之词”，和婉约词的柔婉细腻完全不同，辛词以气魄宏伟、形象飞动见长，辛弃疾常常将大河、高楼、奔雷、巨浪等奇伟壮观的形象写入词中，从而使词的境界阔大，声势逼人。强烈的抗金思想和战斗精神是辛词的基本思想内容，辛词往往熔写景、叙事、抒怀为一炉，采用多种表现手法，增强了词的表现力和感染力。尤其值得一提的是辛词的语言也是个性化的，和它的思想内容相适应，雄深雅健，舒卷自如。在辛词中，写得最为深沉感慨、沉郁苍凉的还是抒发壮志难酬的词，以《破阵子·为陈同甫赋壮词以寄之》《永遇乐·京口北固亭怀古》《菩萨蛮·书江西造口壁》等最为著名。其中《永遇乐·京口北固亭怀古》连用5个典故，借古人抒写自己的忧愤，表现出对英雄的向往和对战斗的渴望，被后人评为辛词第一。

辛弃疾致力于抗金词的写作，得到了志同道合的词友如陈亮、韩元吉、刘过等人的响应唱和，在南宋词坛上形成了一个抗金词派。

白石道人

姜夔（1155～1209年），号白石道人，和辛弃疾、吴文英在南宋词坛上鼎分三家，各逞风流。姜夔是江西人，父亲以进士入仕，转任多处，他也随之奔走于各任所之间。姜夔壮年后，受知于当时名流杨万里、范成大等，并与他们结下了深厚的友谊。

姜夔去苏州拜访范成大，作《暗香》《疏影》二词，范成大读后大喜，当即将小红赠给他，姜夔在过吴江垂虹桥作诗道：“自作新词韵最娇，小红低唱我吹箫。曲终过尽松陵路，回首烟波十四桥。”由此可见姜夔的风流豪爽。

姜夔对诗文、音乐和书法都有相当深厚的造诣，但真正让他在文坛上名垂千古的是他的词。姜夔用健笔写柔情，情深韵胜。他的词大致有纪游、送别、怀归、伤乱、感遇、咏物六类，在这些作品中，或流露对时事的感慨，或慨叹自己身世的飘零和对意中人的思念。他善于用清丽淡雅的词句构成一种清幽的意境来寄托落寞孤寂的心情，用暗喻、联想等手法赋予所咏对象以种种动人情态，将咏物和抒情完美地结合在一起。如《玲珑四犯》中用“叠鼓夜寒，垂

⊙ **小红低唱图　清　任颐**

姜夔对垂虹桥最是偏爱，有一次，他在那里与挚友范成大告别，与小红坐船远去，留下诗作一首：“自作新词韵最娇，小红低唱我吹箫。曲终过尽松陵路，回首烟波十四桥。”此图表现的正是在松荫掩映下，一叶轻舟上，小红低唱，姜夔吹箫的情景。

1194年

中国大事记：
赵扩在吴太后支持下即位，是为宋宁宗。

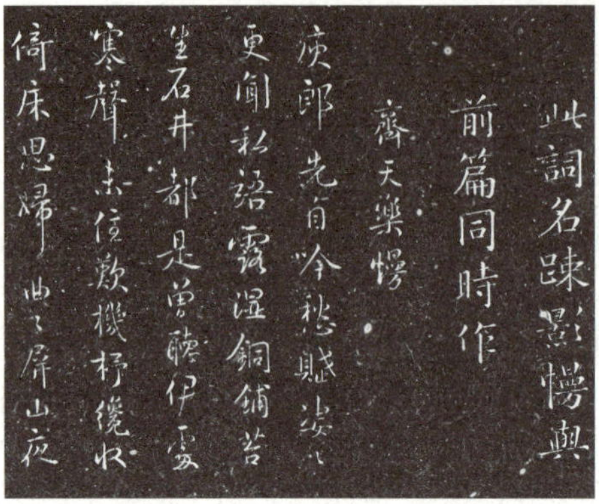

⊙ 齐天乐慢帖　南宋　姜夔

灯春浅”“酒醒明月下，梦逐潮声去”这样深幽峭寒的景物来烘托自己“天涯羁旅”的凄凉况味。由于深谙音律，姜夔能够自度曲律，创作新调，因此在词作的语言上多用单行散句，特别讲究声律，纠正了婉约派词人平熟软媚的作风，给词一种清新挺拔的风格，从而把婉约词推到了一个新的高度。

历来论姜词者多举其《暗香》《疏影》二词。其实，姜词中胜于此者不少，如这首《扬州慢》：

淮左名都，竹西佳处，解鞍少驻初程。过春风十里，尽荠麦青青。自胡马窥江去后，废池乔木，犹厌言兵。渐黄昏，清角吹寒，都在空城。

杜郎俊赏，算而今重到须惊。纵豆蔻词工，青楼梦好，难赋深情。二十四桥仍在，波心荡，冷月无声。

细品词味，不免觉得有词人自己淡淡的影子徘徊其中。

姜夔的许多词都附有小序，如《扬州慢》：

淳熙丙申至日，予过维扬。夜雪初霁，荠麦弥望。入其城，则四顾萧条，寒水自碧。暮色渐起，戍角悲吟。予怀怆然，感慨今昔，因而自度此曲。千岩老人以为有黍离之悲也。

这段文字短小精致，别有一种隽永的艺术魅力，不但介绍了写作的时间、地点、背景、缘由，概括了全词的旨意，还点出了前辈萧藻德（千岩老人）的评语，既具有珍贵的文学史料价值，同时也是一篇精美的小散文。对姜夔的词来说，许多小序就是词的有机组成部分，它们或交代词的写作背景，或论述词的音韵格律，或描摹当时的景物环境，都显得别出心裁。

“界画大师”李嵩

中国古代的绘画中，有一种以建筑物为主体的作品。作画时要用界尺，因而这样的画被称为“界画”。在宋代，界画的主要代表人物是李嵩。李嵩生于1082年，浙江杭州钱塘人。他年轻的时候做过木工，后来成了画院画家李从训的养子。在绘画方面，他得到李从训的亲自指导，擅长人物、道释，尤其精于界画。子承父业，他是光宗、宁宗、理宗三朝的画院待诏。

李嵩具有多方面的才能，他的界画如《夜湖图》《水殿招凉图》，山水画如《观潮图》《西湖图》《仙山瑶池图》，人物画如《骷髅图》《观灯图》，花鸟画如《柳塘聚禽图》《花篮图》等，都显示出他卓越的绘画技巧。

⊙ 花篮图　南宋　李嵩

图中花篮精致，以藤编成，其内牡丹、萱花等花卉争奇斗艳，几欲撑破花篮。本画工笔重彩，笔法严谨，构图上，下端以平底花篮托之，顿显沉稳，其上花卉呈弓形分布，势如花山，不失为花卉画中的珍品。

绘画上李嵩富有创造精神。他所画的《观

1167年

世界大事记：
伦巴德同盟组成。

⊙**货郎图　南宋　李嵩　绢本**

此图描绘乡间货郎走街串巷做生意的风俗生活。画中货郎挑着装满百货的担子，被一群孩子欢呼雀跃地拦住。一位怀抱婴儿、正在哺乳的农妇前来挑选东西。作品人物以白描勾勒，色彩清雅，刻画生动，物品虽然复杂繁多，却勾勒仔细。货郎饱经风霜的面容与孩童的顽皮可爱形成强烈的对比，显示出画家高超的人物画技艺。

潮图》，构图上不取“全景”，没有描绘当时宫中人们倾宫观潮的盛况，仅以宫苑一角入画，是典型的南宋山水风格。画面表现的应是八月十五中秋之夜，明月当空，清光如水，透过高阁的脊檐栏杆，但见潮峰奔涌而至，如“玉城雪峰，际天而来”。在月色的处理上也可以体会到作者的用心，作者不以重暗的调子来表现月光倾泻，而以宫苑内部异乎寻常的静寂表体现月夜的静谧。对于浪涛的描绘，尤为精彩，作者将细节的真实和诗意的虚旷相融合，以简明流畅的笔法和醇润的墨色，辅以透明的淡色来勾勒、渲染、烘托出汹涌波涛。

中国人爱花由来已久。到了宋代，赏花、插花更成为生活中的赏心乐事。民间如此，宫廷也是这样。李嵩画的《花篮图》，描绘了在精致、典雅的藤篮里，一朵朵盛放的、鲜丽而缤纷的鲜花。大红的山茶稳坐居中，艳冠群芳；清雅的绿萼梅、闺秀般的瑞香，斜倚着身子相随于旁；白净的水仙、娇俏的白色丁香则好奇地趴伏在篮缘。这盆春意盎然的“花篮”，主从分明，色彩鲜丽，枝繁叶茂，整体外形圆满丰盛，是宋代宫廷流行“篮花”中杰出的佳作。《花篮图》是一幅写实性很强的花鸟画精品。

李嵩还是一位表现下层社会生活的风俗画家，曾作《服田图》12段，描绘水稻从种植到收获的过程。《货郎图》则是李篙传世的重要作品。他以货郎为题材，创作过很多幅《货郎图》，描绘了农妇携带儿童兴致勃勃地围观货郎担的情景。人物布置疏密相间，将货郎刚刚到乡下，而引起人们兴趣的一刹那生动地表现了出来，具有浓厚的生活情趣。细致的线描，准确而传神地勾出朴实的形象。李嵩把劳动人民的生活作为审美对象来描绘，这在中国古代美术发展史上有着重要的意义。

庆元党禁

南宋的宋高宗老了以后，就把皇位让给了自己的养子赵昚，自己当了太上皇。赵昚是宋太祖的七世孙，而宋高宗则是宋太宗的后代。为什么宋高宗要把皇位传给宋太祖的子孙呢？

相传北宋灭亡后，宋朝人议论纷纷，都说金太祖完颜阿骨打长得像宋太祖赵匡胤，是赵匡胤转世。金军灭北宋是宋太祖要夺回被弟弟宋太宗占据的江山。一时间谣言四起，再加上宋高宗没有儿子，所以就把赵昚收为养子，并把皇位传给了他。就这样，宋朝的江山又回到了宋太祖一系。

赵昚即位后，就是宋孝宗。宋孝宗很想有一番作为，想要报仇雪恨，收复沦陷的国土。他把秦桧的党羽赶出朝廷，启用主战派张浚等人，向金发动了战争，结果惨遭失败。宋、金双方签订了“隆兴和议”，和议内容规定金朝皇帝和南宋皇帝是叔侄关系。62岁的宋孝宗不愿向比自己小的金章宗称侄，就把皇位让给了儿

1195年

中国大事记：
宰相赵汝愚等被贬斥，韩侂胄掌权，开始实行庆元党禁。

⊙宋孝宗像

子赵惇，自己当上了太上皇。赵惇就是宋光宗。

宋孝宗常年居住在皇宫里，政事由他的儿媳妇李皇后主持。李皇后飞扬跋扈，猜疑成性，宋孝宗很讨厌她，经常训斥她。李皇后怀恨在心，就极力挑拨宋光宗和宋孝宗的关系。宋光宗和他父亲宋孝宗的关系非常不好，像仇人一样。

绍熙五年（1194年），宋孝宗病死。但宋光宗既不去吊孝，也不主持葬礼，这是非常大逆不道的行为，大臣们对他非常不满。

宗室赵汝愚和外戚韩侂胄联合起来，在取得了宋高宗的皇后，也就是现在的太皇太后吴氏的支持后，逼迫宋光宗退位，立宋光宗的儿子赵扩为帝，赵扩就是宋宁宗，年号庆元。

当太皇太后宣布让赵扩即位时，他连说："儿臣做不得，儿臣做不得。"太皇太后命令太监宫女们说："把皇袍拿来，我亲自给他穿上。"赵扩又急忙拉住韩侂胄的手臂求助，又绕着大殿的柱子奔跑躲避。太皇太后喝令他站住，并流着泪说大宋王朝延续到今天的不易，韩侂胄等人也在一旁百般劝说。他见太皇太后的决定已经不可改变，才勉强穿上皇袍，向太皇太后下跪，嘴里还喃喃自语："使不得，使不得。"经韩侂胄拖拉扯拽，他才走出内宫，登上龙椅即位。

宋宁宗即位后，韩侂胄认为自己拥立有功，想邀功请赏。但赵汝愚说："我是宗室，你是外戚，都不能居功自傲。"韩侂胄怀恨在心。由此，宗室赵汝愚和外戚韩侂胄形成了两派，开始了激烈的党争。

当时朱熹、张拭、吕祖谦和陆九渊等著名理学家聚徒讲学，所以理学的影响很大。赵汝愚担任宰相，推荐当时的大儒朱熹给皇帝讲书。朱熹认为韩侂胄是外戚小人，应当疏远。朱熹利用给皇帝讲书的机会来干预朝政，因而引起了一些官员的敌视和反对，如郑丙、陈贾、林栗等人就十分敌视理学，先后奏请禁止理学。韩侂胄推荐自己的党羽担任谏官，控制了言路。因为赵汝愚是宗室，于是韩侂胄便编造了赵汝愚要自立为帝的谣言，宋宁宗又惊又怒，罢免了赵汝愚。凡是上书要求赵汝愚留任的大臣，一概被韩侂胄视为赵汝愚的同党，给予无情的打击，都被罢官，赶出朝廷。朱熹也受到连累，被赶出了朝廷。凡是投靠韩侂胄的，都被封为高官。从此，韩侂胄权倾天下。

当时理学的势力很大，在韩侂胄和赵汝愚的斗争中，理学人士一直站在赵汝愚这一边。韩侂胄掌权后，决定报复理学人士。庆元二年（1196年），韩侂胄宣布理学为"伪学"，查禁、焚毁理学的书籍，科举考试中不允许出现关于理学的内容。庆元三年（1197年），韩侂胄把赵汝愚、朱熹等直接、间接反对过他的和同情理学的人统统定为"逆党"，列出了一份包括赵汝愚、朱熹、彭龟年、吕祖谦等59人的名单，名为"伪学逆党籍"，将他们或罢官，或流放，或监禁，与他们有关系的人，不准当官，不准参加科举考试。这就是历史上著名"庆元党禁"。

庆元二年，南宋朝廷搜寻到了一批违禁的书籍，其中包括七先生的《奥论发枢百炼真隐》，江民表的《心性说》，李元纲的《文字》，刘子翚的《十论》，潘浩然的《子性理书》，当即全部焚毁。庆元四年，国子监又查获到一批"主张伪学，欺惑天下"的书籍，于是下令将印版收缴、焚毁，印书人下狱。

1192～1333年

世界大事记：
日本镰仓幕府时期。

理学大家朱熹

朱熹19岁登第，赐同进士出身。22岁授泉州同安县主簿。24岁求师于李侗，树立了儒家思想的坚定信念。南宋绍兴三十二年（1162年），孝宗即位，朱熹上书陈事，第二年得孝宗召见。朱熹面奏三札，不被皇帝采纳，后因主张抗金，与主和派首领、宰相洪适意见不和辞职而归，差监南岳庙。屡次上谏被拒后，朱熹致力于授徒讲学，潜心学术，形成了完整的理学体系。15年后，他又先后任南康军、直秘阁修撰。在任上他勤勉为民，深得百姓爱戴。后被推荐为焕章阁待制兼侍讲，给宁宗皇帝讲授《大学》。可是没多久，就因激烈党争而被罢免，从此绝意于官场。

庆元三年（1197年），朱熹被定为“伪学之首”，史称“庆元党禁”，还被编造了十大罪状。两年后，朱熹病逝。9年后，宁宗皇帝诏赠他“遗表恩泽”，并赠谥号为“文”，追赠中大夫，还特赠学士等头衔。20年后，理宗亲题“考亭书院”，赠朱熹为太师，追封信国公，从祀孔庙。

朱熹是一位伟大的思想家、哲学家、教育家，他平生致力于著书立说、创办书院、讲学传道，是中国继孔孟之后的一代宗师。

朱熹对后世影响最大的是他的学术思想。在哲学思想上，他从二程关于理、气关系的学说、集理学之大成，发展成为一个完整的客观唯心主义的理学体系，世称朱程学派，又称闽学、考亭学派。他认为“理在先，气在后”，但其宇宙形成说却能接受古代科学成果，主张阴阳二气的演化论等。在人性论上，朱熹学说的核心是“存天理而灭人欲”，他把封建伦常、忠孝仁义抽象为先天至高的“天理”，要求人们摒除私欲、摒除物质世界的一切诱惑，通过真心诚意、克己复礼，使人性纯化而归复“天理”。其社会历史观又主张恢复三代之治，愿“周孔之道常在”。他的理学被后世帝王改造为统治思想的基础，在明、清两代被奉为儒学正宗的地位，把他与孔子相提并论。清康熙帝把他的牌位抬入孔庙，列为十哲之次。他的哲学观点影响中国封建社会末期长达600多年之久。

朱熹的学术著作很多，在哲学、经学、经济、政治、史学、文学、佛学、乐律、道学、伦理、逻辑，乃至自然科学中许多科学都有专门的论述和涉及，如《四书集注》《太极图说解》《通书解说》《周易读本》《楚辞集注》等，后人辑有《朱子大全》《朱子集语象》等。他所著之书被元、明、清三朝定为开科取士的必读之书，他的《四书集注》及朱子学的经学注释在元仁宗时就成为钦定的教科书和科举考试的标准。明初所修的《四书大全》《五经大全》《性理大全》，朱熹的著作是主要内容。

朱熹也是颇具文学修养的理学家，但是他对前人多有抨击，尤其是对唐宋古文家，这在一定程度上阻碍了文学的发展。

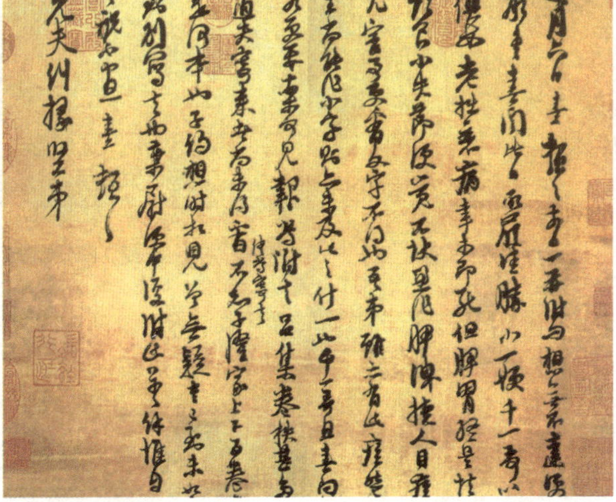

⊙朱熹行书墨迹

1206年

中国大事记：
蒙古各部推举铁木真为大汗，称“成吉思汗”。

开禧北伐

韩侂胄在与赵汝愚的斗争中获胜，独掌朝政大权。韩侂胄是北宋大将韩琦的曾孙，武将出身，他一心想收复宋朝被金占领的领土。南宋在金的探子，不断将金衰落的情报传到韩侂胄的耳朵里。为了得到确认，他派邓友龙出使金。到了金后，一天晚上，一个神秘人偷偷潜入邓友龙的住所，向他诉说了金现在所面临的困境：“金现在连年灾荒，赤地千里，米价暴涨，而且漠北的蒙古经常越过长城，不断骚扰金，搞得它疲惫不堪。金无力抵抗，只好在边境修筑壕沟堡垒，穷于应付。另外，汉人和契丹人不断起义，金内外交困。现在正是伐金、收复失地的大好时机啊！如果大宋能出师北伐，一定能势如破竹，一雪靖康之耻！”邓友龙回去后向韩侂胄禀报，韩侂胄听了心驰神往，决定立即着手进行伐金的准备。

嘉泰二年（1202年），为了会聚朝野的力量，韩侂胄下令将赵汝愚等名列伪学逆党籍名单的人官复原职。

嘉泰三年（1203年），韩侂胄命宋军大造战船。1204年，下令整顿军队，训练士卒，在镇江给抗金名将韩世忠建庙，并追封岳飞为鄂王，彻底为岳飞平了反。1205年，设置澉、浦水军。在中线，又增置了襄阳骑兵。

嘉泰四年（1204年），韩侂胄命令总领湖广、江西、京西财赋的大臣吴猎，征召义士入伍，提拔孟宗政等良将分守各个要塞。在要地荆州，宋军广积粮草，增加守兵，修筑水匮，以支援襄阳。

在西线，韩侂胄将抗金名将吴璘之孙、吴挺之子吴曦派往四川，出任兴州驻扎御前诸军的都统制，任命抗金名将吴璘之子吴琚为四川茶马，大量购买吐蕃的良马，训练骑兵。

在东线，命参知政事张岩镇守淮东、同知枢密院事程松镇守淮西，起用抗战派元老辛弃疾为浙东安抚使。

⊙宋理宗像

开禧二年（1206年），为了振奋全民的抗金士气，韩侂胄削去秦桧的王爵——申王，还把他的谥号由“忠献”改为“缪丑”，沉重打击了主和派。全国上下北伐呼声日益高涨。

当时的一些有识之士，包括主战派辛弃疾等人看到南宋国力不足，都反对仓促发动战争，但一心想雪靖康耻的韩侂胄根本听不进去。

金得知南宋准备北伐的消息后，命仆散揆为左副元帅、完颜匡为右副元帅，率兵把守各个要地。

开禧元年（1505年），韩侂胄拿出国库中的万两黄金作为军费，下令各路宋军做好战斗准备。同时，韩侂胄还任命亲信苏师旦、邓友龙、程松负责具体军事指挥，命令吴曦出兵四川、皇甫斌出兵邓、唐，殿前副都指挥使郭倪率兵渡过淮河，进攻金。

开禧二年（1506年）四月，南宋不宣而战。殿前副都指挥使、镇江诸军都统制郭倪为了抢占先机，派部将镇江统制使陈孝庆、毕再遇（毕再遇之父毕进是岳飞部将）率兵收复泗州（今江苏盱眙）和虹县（今安徽泗县），江州（今江西九江）统制许进收复新息县（今河南息县东），光州地方的抗金义军忠义军孙成率部收复褒信县（今河南新蔡南），形势一片大好。在进攻泗州时，毕再遇献计佯攻西城，自己率军进攻东城，陈孝庆同意。毕再遇率少量军队出其不意地登上城墙，杀敌数百，金军溃散，开城逃走。

1192年

世界大事记：
条顿骑士团成立。

毕再遇随即率军和陈孝庆合攻西城。毕再遇四处树立大旗，高呼："大宋毕将军在此，快快投降！"金军见宋军势大，只好开城投降。郭倪封毕再遇为节度使，毕再遇坚辞不受。攻克泗州，是宋军取得的第一个胜利，大大鼓舞了宋军的士气。五月，宋光宗正式下诏伐金。

北伐战争一开始，南宋各路军队纷纷主动出击，收复了大片失地。东路，郭倪派田俊迈率步骑2万进攻宿州，郭倬、李汝翼合兵一处，随后支援。建康统制使李爽进攻寿州（今安徽凤台）；西路，吴曦率兵进攻盐州（今甘肃陇西西）。但宋军多年没有打仗，士卒缺乏训练，将领也没有必胜的信心。在金军的反击下，纷纷败退。只有毕再遇在灵璧一带取胜，但也于事无补。金军直抵长江北岸，但也无力再战。

开禧三年（1207年），韩侂胄被主和派史弥远杀害。在史弥远的主持下，南宋又一次接受了屈辱的和议，开禧北伐宣告失败。

一代天骄成吉思汗

南宋北伐屡屡失败的同时，金朝也因内部腐败而渐渐走向衰落。这时，北方的蒙古族却日渐强盛起来。

铁木真，出生于蒙古孛儿只斤氏族。曾祖合不勒统一了蒙古尼伦各部。后来，叔祖忽图剌和父亲也速该也相继做了尼伦部的首领。

也速该英勇善战。在成吉思汗出生的那一天，也速该征讨塔塔儿部凯旋。为了纪念出征的武功，他给这刚出生的儿子取名铁木真。"铁木真"蒙古语的意思是"精钢"。铁木真在28岁时被拥戴为"汗"，成为尼伦部落的首领。从此，铁木真大展宏图的时代开始了。

铁木真首先对部落的组织形式进行了改造，采取了一些措施来巩固自己的权力和地位，然后便开始了统一蒙古各部的战争。

⊙成吉思汗陵，位于今内蒙古自治区伊克昭盟境内。

⊙成吉思汗像

此后，铁木真抓住战机，帮助金朝平定了害死他父亲的塔塔儿部的叛乱，既报了家仇，又被金封为招讨官。随后又与克列部首领脱里王汗配合，先后打败了乃蛮人、乞剌人和以札木合为首的11个部落的联合进攻。这样一来，铁木真的势力就更加强大了。

铁木真与克列部脱里王汗联合打了几次胜仗后，希望通过联姻进一步密切联系，但王汗在狂妄自大的儿子桑昆的挑拨下，不仅借故推托联姻，反而阴谋设酒宴来加害铁木真。铁木真一方面积极备战，另一方面派使者谴责脱里王汗的不义行为，并乘克列部没有戒备，发动进攻，彻底打败了势力强大的克列部。

接着，铁木真征服了蒙古西部的乃蛮部。一年以后，擒获劲敌札木合，并处死了他。到了1205年，经过20年的征伐，铁木真统一了蒙古各部。1206年，铁木真在斡难河畔举行大会。会上，各部落首领共推铁木真为全蒙古的大汗，

1227年

中国大事记：
蒙古灭西夏。

即皇位，上尊号“成吉思汗”。

随着国力的强大，成吉思汗逐渐产生了称霸世界的雄心。1211年到1215年，成吉思汗发动对金的战争，迫使金迁都汴梁（今开封），占领了金河东的广阔土地。

1219年，成吉思汗亲率大军征讨中亚大国花剌子模国，占领花剌子模国后，蒙军前锋越过印度河，西进至底格里斯河下游，又进入东欧，侵占了俄罗斯的东南部。后来由于不适应气候，只好班师回朝。

1226年，成吉思汗出兵征讨西夏，占领了西夏大片领土。第二年，由于长年劳累，成吉思汗一病不起。

成吉思汗死后，他的儿子窝阔台接替他做了大汗。窝阔台按照成吉思汗的遗嘱，向南宋借路，而后包围了金朝都城开封。1233年，蒙古军攻下开封，金哀宗逃到蔡州（今河南汝南）。蒙古又联合南宋对蔡州进行围攻。

金哀宗在重兵包围之下，派使者向宋理宗求和，说：“如果金朝被灭，下一步就轮到宋了；要是我们联合起来，对金、宋都有好处。”

宋理宗没有理睬他，金哀宗走投无路，便自杀了。1234年，金朝在蒙、宋两军夹攻之下灭亡。

贾似道卖宋求荣

蒙古、南宋联合灭了金朝以后，南宋出兵想收复开封、河南一带土地。窝阔台借口南宋破坏协议，向南宋发起进攻。从这以后，蒙宋双方不断发生战争。

到窝阔台的侄儿蒙哥即位后，派他弟弟忽必烈和大将兀良合台进军云南，占领了西南地区。1258年，蒙哥分三路进兵攻打南宋。他自己亲率主力进攻合州（今四川合川），忽必烈攻打鄂州（今湖北武昌），另一路由兀良合台率领，从云南向北攻打潭州（今湖南长沙），三路的进军路线，都直指临安。

警报一个接一个送到临安，南宋朝廷震动了。宋理宗命令各路宋军援救被忽必烈围困的鄂州；又任命贾似道担任右丞相兼枢密使，去汉阳督战。

新任丞相贾似道，原本是个不学无术的二流子，靠着他的姐姐是宋理宗的宠妃，才步步高升起来。

这一回，宋理宗派他上汉阳前线督战，他只好硬着头皮去了。

忽必烈攻城越来越猛。贾似道眼看形势紧张，就瞒着朝廷，偷偷地派了一个亲信到蒙古大营去求和，表示只要蒙古退兵，宋朝就愿意称臣，进贡银绢。正巧这时候，忽必烈接到他妻子从北方派人送来的密信，说蒙古一些贵族正准备立他弟弟阿里不哥做大汗。忽必烈见汗位要被弟弟占了，就答应了贾似道的请求，订下了秘密协定，赶着回去争夺汗位去了。

贾似道回到临安，瞒着私自订立和约的事，还抓了一些蒙古兵俘虏，吹嘘各路宋军大获全胜，不但打跑了鄂州的蒙古兵，还把长江一带

·《洗冤集录》·

《洗冤集录》，世界最早的一部较完整的法医学专书。南宋宋慈著，全书5卷。1247年成书，颁行全国。作者博采治狱之书以及官府历年所公布的条例和格目加以订正、补充。吸取民间医药知识与官府刑狱检验经验，将全书分为验尸、四季尸体变化、自缢、溺死、杀伤、服毒以及其他伤死等53项。该书成为办案官吏检验的指南，是世界上第一部系统的法医学专著。该书曾被译成荷兰、英、法、德等国文字。以此为蓝本的《无冤录》（元代王与著）也被译成朝鲜文和日文，对法医学的发展有重大贡献。

12世纪

世界大事记：
哥特式美术发源于法国，后来遍及全欧，以尖拱建筑为主要特征。

◎ 西湖游舫图
这幅13～14世纪的绘画作品向我们展示了宋元时期杭州西湖那美丽动人的风光。柳永《望海潮》曰：“东南形胜，三吴都会，钱塘自古繁华。烟柳画桥，风帘翠幕，参差十万人家……市列珠玑，户盈罗绮竞豪奢。”此图可以说是当时杭州的真实写照。

的蒙古兵也全部肃清了。

宋理宗听信了贾似道的谎言，认为贾似道立了大功，特意下了一道诏书，赞赏贾似道指挥有方，给他加官晋爵。

贾似道靠欺骗过日子，居然做了几十年的宰相。宋理宗死后，太子赵禥即位，这就是宋度宗。宋度宗封贾似道为太师，拜魏国公，地位只比皇上低一点。

忽必烈打败了阿里不哥，稳定了内部以后，在1271年称帝，改国号元，他就是元世祖。

元世祖借口南宋不履行和约，派大将刘整、阿术出兵进攻襄阳，把襄阳城整整围了五年。贾似道把前线来的消息一一封锁起来，不让宋度宗知道。有个官员向宋度宗上奏章告急，奏章落在贾似道手里，那个官员马上被革职了。

最终，襄阳还是被元兵攻破了。消息传来，南宋朝廷大为震惊。这个时候，贾似道再想瞒也瞒不住了，就把责任推给襄阳守将，免了守将的职了事。

元世祖见南宋这样腐败，便决定一鼓作气消灭南宋。他派左丞相伯颜率领元兵20万，分兵两路，一路从西面攻鄂州，另一路从东面攻扬州。

这时，宋度宗病死了，贾似道拥立4岁的幼儿赵㬎做皇帝。伯颜攻下鄂州后，沿江东下，直指临安。贾似道一面带领7万宋军驻守芜湖，一面派使臣到元营求和。伯颜拒绝议和，命令元军在长江两岸同时发起进攻，宋军全线溃败，贾似道逃回扬州。到了这个时候，南宋灭亡的局势已经无法挽回了。

襄阳守卫战

1260年，忽必烈当上蒙古大汗后，开始积极谋划进攻南宋。1267年，忽必烈接受南宋降将刘整的建议，准备先进攻南宋的门户襄阳、樊城（今湖北襄樊），然后再派大军顺流而下，攻取临安，一举灭宋。

襄阳、樊城地处南阳盆地的南端，汉江从两城中间流过，汇入长江。宋军在汉水中树立木桩，用铁索连接，上面架设浮桥，两城可以相互救援。襄阳地处险要，西临关陕，东达江淮，连接荆豫，地理位置十分重要，是长江中游的重要屏障，是南宋的咽喉、门户。长期以来，南宋一直大力经营襄阳，储备了大量的粮草、军械，驻扎了大量的军队。

至元五年（1268年）九月，忽必烈派都元帅阿术、刘整率军进围襄阳、樊城，派枢密副使史天泽掌管军务。蒙古军针对襄樊的设防和

1275年

中国大事记：
意大利旅行家马可·波罗到中国，留居十多年后返回威尼斯，撰《马可·波罗游记》。

·襄阳重镇·

现在湖北襄樊就是由古时的襄阳、樊城两城组成。襄樊地处南阳盆地南端，居汉水上流，三面环水，一面傍山，是控制南北交通的要地。自古襄樊就有“七省通衢”“南船北马”之称。

它是中国最悠久的文化地区之一，远在60万年前，人类已在此繁衍生息。樊城因周宣王封仲山甫（樊穆仲）于此而得名，襄阳以地处襄水（今南渠）之阳而得名。樊城始于西周，襄阳筑城于汉初。自东汉献帝初平元年（公元190年）荆州牧刘表徙治襄阳始，襄阳历来为府、道、州、路、县治所。

蒙古人在攻打南宋之时就认识到，只有拿下襄阳才能打倒南宋，所以举大兵来攻打襄阳。这就是历史上著名的襄阳大战，发生在13世纪宋末元初。这场战役使蒙古迅速灭亡了南宋，建立了版图辽阔的元朝。

宋军善于守城、水战的情况，采取了筑堡连城、长期围困、围城打援、待机破城的战法。

蒙古军先在鹿门山（今襄樊东南）、白河口（今襄樊东北）筑堡，切断了宋军南北之间的联系；后来又在汉水中筑实心台（今东敌台）和立栅栏，以断宋军的水上通道；又在万山（今襄樊西）以筑城阻止宋军东来救援；在灌子滩（今襄樊南）立栅栏阻止宋军西来救援；自万山到百丈山（今湖北襄樊南）筑起长围，并筑岘首山、虎头山等城，屯兵10万围城，形成了对襄樊的严密包围圈。

当时南宋丞相贾似道把持朝政，昏庸腐败，因曾与忽必烈签订割地称臣的密约，所以不派得力将领赴援，并严密封锁消息。襄阳守将吕文焕曾多次组织突围，企图摆脱困境，但均以失败告终。襄阳与外界的联系完全断绝。

至元六年（1269年）三月，南宋京湖都统张世杰率军救援襄樊，但在赤滩圃（今襄樊东南汉水中）被蒙古军击败。七月，南宋沿江制置副使夏贵率水军5万，战船3000艘，乘秋雨水涨，向襄阳输送粮草，但也在新堡（今湖北襄樊南）遭遇蒙古军伏兵，遭到水陆夹击，大败。七年二月，吕文焕为摆脱困境，再次率步骑1.5万人，战船百艘，突袭万山堡，但被蒙古万户张弘范击败。吕文焕只好率军死守。

三月，蒙古军为加强水上作战能力，在万山西训练水军7万人，制造战船5000艘。九月，南宋殿前副都指挥使范文虎率宋军乘战船2000艘来救，在灌子滩被蒙古军击败，范文虎乘小舟逃遁。至元八年（1271年）四月，范文虎率军带大批钱粮再次救援襄阳，与蒙古军大战于湍滩（今湖北宜城东南），又被击败。六月，范文虎率军10万、战舰千余艘，第三次救援襄阳，前进到鹿门时，遭蒙古军水陆夹攻大败，损失战船近百艘，范文虎逃走，总管朱日新、郑皋被俘。七月，吕文焕派来兴国率军攻百丈山，被蒙古万户阿剌罕军击败，突围再次失败。襄阳危在旦夕，连连告急。十一月，忽必烈登基称帝，国号元，忽必烈就是元世祖。

至元九年（1272年）三月，阿术、刘整率军向樊城发起猛攻，攻破外城，斩杀守军2000

⊙元代名铳
铳上有“射穿百札，声动九天”“神飞”等铭文，这种火器在攻城时更显其威力。

1206～1526年 | **世界大事记：** 印度德里苏丹国时期。

人，俘虏将领16人。宋军退入内城坚守，元军将其重重包围。当时襄阳城内盐、布等生活物资奇缺。南宋京湖制置安抚使李庭芝派人至襄阳西北清泥河上游均州（今湖北丹江口市），制造轻舟百艘，招募勇士3000人，由都统张顺、张贵率领，乘五月汉水暴涨，装载盐、布等物资救援襄阳。二十四日深夜，宋军经过激战，终于突破重围，进入襄阳，张顺战死。后来张贵率军潜出襄阳，接应来援的宋军，但因叛徒泄密和范文虎失约，在龙尾洲遭元军伏击，陷入重围，全军覆没。此后，两城外援断绝，仅靠汉水上的浮桥联系。

至元十年（1273年），元军对樊城发起总攻。首先元军乘船来到汉水中，拔掉木桩，斩断铁索，烧毁浮桥，击沉宋军的战船，两城的联系被切断。接着元军集中兵力，用威力大、射程远的大炮，猛轰樊城，昼夜不停，终于破城而入。樊城守将牛富率军坚持巷战，全部殉城，樊城陷落。此时，襄阳陷入内无粮草，外无援兵的困境。元军在加紧攻城的同时，又展开攻心战，元朝平章政事阿里海牙亲自喊话招降，吕文焕见突围无望，只好开城投降。

文天祥抗元

元兵乘胜南下，眼看就要打到临安了。四岁的皇帝赵㬎自然无法处理朝政，他祖母谢太后和大臣们一商量，赶紧下诏书，要各地将领带兵到临安救驾。诏书发到各地，响应的人寥寥无几，只有赣州的州官文天祥和郢州（今湖北钟祥）守将张世杰两人立刻起兵救援。

文天祥是我国历史上著名的抗元英雄，吉州庐陵（今江西吉安）人。他自幼爱读历史上忠臣烈士的传记，立志要为国建功。20岁那年，他到临安参加进士考试，在试卷里表明他的救宋主张，很受主考官的赏识，中了状元。他到江西去担任赣州的州官时，南宋正值快要灭亡的危急时刻。

文天祥接到朝廷诏书，立刻招募了3万人马，排除种种干扰，领兵到了临安。右丞相陈宜中派他到平江（今江苏苏州）防守。这时候，元朝统帅伯颜已经渡过长江，三路进兵攻取临安。其中一路从建康出发，越过平江，直取独松关（今浙江余杭）。陈宜中得到消息，马上命令文天祥退守独松关。文天祥刚离开平江，独松关已经被元军占领，想再回平江，平江也在这时陷落了。

谢太后和陈宜中惊慌失措，赶紧派了一名官员带着国玺和求降表到伯颜大营求和。伯颜却指定要南宋丞相亲自去谈判。

陈宜中害怕被扣留，不敢到元营去，偷偷地逃往了南方；张世杰不愿投降，一气之下，带兵出海去了。

谢太后无可奈何，只好宣布文天祥接替陈宜中做右丞相，让他到伯颜大营去谈判投降事宜。

⊙文天祥像

文天祥答应到元营去，但是他心里却另有打算。他带着大臣吴坚、贾余庆等到了元营，根本不提求和的事，反而义正词严地责问伯颜说：“你们究竟是想跟我朝友好呢，还是想存心消灭我朝？”

伯颜说：“我们皇上（指元世祖）的意思很清楚，没有消灭宋朝的打算。”

文天祥说：“既然是这样，那么请你们立刻把军队撤回。如果你们硬要消灭我朝，南方军民一定会跟你们打到底，那样对你们也不会有好处的。”

伯颜把脸一沉，用威胁的口气说：“你们再

1279年

中国大事记：
元军攻破厓山，宋帝溺死，宋亡。

⊙文天祥《沁园春》诗意图

不老实投降，就饶不了你们。”

文天祥也气愤地说："我是堂堂南宋宰相。现在朝廷危急，我已经准备拼死报答朝廷，哪怕刀山火海，我也毫不畏惧。”

文天祥的气势把伯颜的威胁顶了回去，周围的元将个个都惊呆了。之后，伯颜让别的使者先回临安去跟谢太后商量，却把文天祥扣留了下来。

随同文天祥到元营的吴坚、贾余庆回到临安，把文天祥拒绝投降的事向谢太后奏报了一番。谢太后一心想投降，便改任贾余庆做右丞相，到元营去求降。伯颜接受降表后，把文天祥请进营帐，告诉他宋朝廷已另外派人来投降。文天祥气得痛骂了贾余庆一顿，但是投降的事已无法挽回了。

1276年，伯颜带兵进入了临安，谢太后和赵㬎出宫投降。元军把赵㬎当作俘虏押往大都（今北京市），文天祥也被一同押走。一路上，他一直在考虑怎样逃脱。路过镇江时，他和几个随从人员商量好，趁元军没防备之机，逃出了元营。

后来，扬州的宋军主帅李庭芝听信谣言，以为文天祥已经投降，便悬赏缉拿他。不得已，文天祥等人晓行夜宿，历尽千难万险，从海口乘船到了温州。在那里，他听说张世杰和陈宜中在福州拥立新皇帝即位，就决定去福州。

张世杰死守厓山

在临安被元兵占领、小皇帝赵㬎被俘虏去大都以后，南宋皇族和大臣陆秀夫护送赵㬎的两个哥哥——9岁的赵昰和6岁的赵昺逃到福州。陆秀夫派人找到张世杰、陈宜中，把他们请到福州。三个大臣一商量，便拥立赵昰即位，继续反抗元朝。

文天祥得到消息，感到有了兴国的希望，马上也赶到福州，在新的朝廷里担任枢密使。

这个时候，元军南下攻打福州，宋军节节败退。陈宜中眼看兴国没有希望，就独自乘船逃到海外去了。张世杰和陆秀夫等人保护赵昰逃到海船上，往广东转移。年幼的赵昰在途中受了惊吓，得病死了。

张世杰和陆秀夫又在海上拥立赵昺即位，把水军转移到厓山（在今广东新会南）坚守。

元世祖担心，如果不迅速扑灭南方的小朝廷，会有更多的宋人响应。就派张弘范为元帅，李恒为副帅，带领2万精兵，分水陆两路南下。

张弘范先派兵攻打驻守在潮州的文天祥。

1215年

世界大事记：
英王约翰（无地王）签署《大宪章》。

·行中书省·

元朝统一中国后，疆域辽阔，为对国家实施有效治理，实行行省制度。元世祖忽必烈在中央设中书省，统辖大都附近河北、山东、山西、内蒙古等地，其余各地除西藏归宣政院统辖外，均置行中书省，简称行省或省，作为地方最高行政机构。

行省掌管境内的钱粮、兵甲、屯种、漕运及其他军国重事，统领路、府、州、县。全国共设10个行省，即岭北、辽阳、河南江北、陕西、四川、甘肃、云南、浙江、江西、湖广。中国疆域轮廓大致形成。元代行省制度的确立，是中国行政制度的一大变革。

明灭元后，改行省为承宣布政使司，但习惯上仍称行省，一般简称省。省作为地方一级行政区的名称，一直沿用到现代。

不久，文天祥便因兵少势孤，兵败被俘了。

张弘范知道张世杰平日很敬佩文天祥，就要文天祥写信给张世杰招降。文天祥接过笔，毫不犹豫地写下了两句诗：

人生自古谁无死，
留取丹心照汗青！

兵士把他写的诗句拿给张弘范，张弘范眼看劝降毫无希望，就带兵猛烈攻打。

厓山地处我国南面海湾里，背山面海，地势十分险要。张世杰在海上把1000多条战船一字排开，用绳索连接起来，船的四周还筑起城楼，决心跟元兵决一死战。

张弘范先用火攻，失败后，就用船队封锁海口，断绝了张世杰通往陆地的交通。宋兵忍饥挨饿，誓死抵抗，双方相持不下。

这时候，元军副统帅李恒也从广州赶到厓山跟张弘范会师。张弘范增加了兵力，重新组织力量进攻。他把元军分为四路，围攻宋军。张世杰知道大势已去，急忙把精兵集中在中军，又派人驾驶小船去接，准备组织突围。

赵昺的坐船，由陆秀夫保护着。他对张世杰派出来接赵昺的小船，弄不清是真是假，担心小皇帝落在元军手中，就拒绝了使者的要求。他对赵昺说："大宋到了这步田地，陛下也只好以身殉国了。"说着，就背着赵昺跳进了大海，淹没在滚滚波涛里了。

张世杰没有接到赵昺，便指挥战船，趁着夜色朦胧，突围撤退到海陵山。这时候，海岸又刮起了飓风，把张世杰的船打沉了，这位誓死抵抗的宋将落水牺牲。

1279年二月，元朝统一了中国，南宋宣告灭亡。

蒙古帝国西征

蒙古帝国建立后，以成吉思汗为首的蒙古贵族不断发动掠夺战争，用兵的主要方向是南下与西征，南下攻击的主要目标是金朝和南宋，西征则是征服中亚东欧各国。

1219年，为了剿灭乃蛮部的残余势力，征服西域强国花剌子模，成吉思汗带着四个儿子术赤、察合台、窝阔台、拖雷，以及大将速不台、哲别等开始了西征。蒙古20万大军长驱直入，在额尔齐思河流域分进合击，先后攻占布哈拉、花剌子模新都撒马尔罕、讹答剌与毡的城。花剌子模国王摩诃末西逃，成吉思汗令速不台、哲别等穷追不舍。后来，摩诃末病死在里海的一个小岛上，摩诃末的儿子札阑丁在呼罗珊一带继续抵抗。为了剿灭札阑丁，1221年，成吉思汗大军渡过阿姆河，占领塔里寒城。他以塔里寒城为根据地，派出两路大军，分别进攻呼罗珊、

成吉思汗的陵寝为何在“马背”上？

⊙元太祖成吉思汗像

元太祖成吉思汗（116～1227年），孛儿只斤氏，名铁木真，蒙古乞颜部人，金太和六年（1206年），铁木真于斡难河畔，召开忽里台大会，建蒙古国都大汗位，加号成吉思。即位之二十一年，攻西夏，次年灭西夏。病死于六盘山。元世祖至元二年（1265年）上庙号太祖。成吉思汗说：人生最大的快乐，莫过于征服自己的敌人，对他们实行追击，抢夺他们的财物，看到他们的家人哭泣，强骑他们的骏马，占有他们的妻子和儿女。毛泽东道：一代天骄，成吉思汗，只识弯弓射大雕。蒙哥马利将军说：我学过成吉思汗，他强调机动性。

公元13世纪，成吉思汗率领蒙古铁骑横扫亚欧大陆，威震四海，人们称他是“一代天骄”。现存的成吉思汗陵园在伊金霍洛旗，是一个衣冠冢，号称“八白室”。八白室顾名思义是由八间白色的建筑构成的，建筑雄伟，具有浓厚的蒙古民族风格。“八白室”原来是八座白色的毡帐，是后来的蒙古人为了祭祀成吉思汗而为他建立了一座马背上的陵园。毡帐里供奉着成吉思汗的遗像，象征着墓地。这样的陵园既便于迁移，也便于祭祀，很符合游牧民族到处迁徙的特点。“八白室”迁移多处，最后迁到鄂尔多斯高原的伊金霍洛旗，里面有他的衣服、家谱。但成吉思汗死后的遗骨究竟葬于何处，到现在为止还不能完全确定，这也成为一个千古之谜。

成吉思汗的一生充满传奇色彩。关于他去世的经过，以蒙古国官方史书《蒙古秘史》（也称《元朝秘史》）的记载为最早。据记载，在出征西夏前一年，成吉思汗在一次打猎时，从马背上摔下受伤，并发起高烧。当时进攻西夏的计划已定，成吉思汗本来要和平解决，但西夏将领阿沙出言不逊使成吉思汗大怒，于是抱病出征。虽然灭亡了西夏，而成吉思汗因为病重最终也死在军营里。

成吉思汗死在西夏灵州的军中，可是陵墓为什么安放在鄂尔多斯草原上呢？有一种说法认为是为了满足他生前的愿望。七百多年前，成吉思汗率军西征路过鄂尔多斯草原，看见这里水草美丽，鸟鸣鹿奔，不禁心旷神怡，连马鞭不小心掉落都没有发觉，他的部下把鞭子捡起想要交给成吉思汗，然而成吉思汗却说：“这里是强大王朝存在的地方，树木花草茂盛的地方，把马鞭就放在这儿吧！不管走到什么地方，就按照马鞭放的方向，死后就把我葬在这里。”不幸的是，成吉思汗却死在即将攻克西夏都城的紧要关头，为了不动摇军心，使西夏早日投降，他留下遗嘱“秘不发丧”的命令，由少数亲信将灵柩秘密运到传说中被成吉思汗所赞美过的地方安葬。

为了不使外界知道他的死讯，亲信们在长途中“遇人尽杀之”。到了地点后把灵柩深埋，并将墓穴填平，把草仍然覆盖在上面，恢复原来的样子，还让群马在墓地上任意践踏，等第二年青草长起，与茫茫大草原再看不出什么区别才将军队全部撤走。他们为了让亲族想在祭奠他时找到埋葬地，就牵来一只驼羔，当着母骆驼的面将驼羔杀死并将血洒在墓地。骆驼有辨识自己血亲的天性，每逢祭祀时，人们把那只

⊙**成吉思汗陵**

图为今天重新修建的“成吉思汗陵”，位于内蒙古鄂尔多斯市金霍洛旗境内，陵内存有成吉思汗的遗帐和遗物。这里虽不是成吉思汗的真正下葬地，人们却可以于此窥见这位伟人极不平凡的一生。

母骆驼牵来，它徘徊哀鸣的地方就是陵墓的所在地。

成吉思汗的陵寝在“马背”上的原因还有一种说法认为，主要是因为古代蒙古族特殊的葬制造成的。

《黑鞑事略》一书中记载蒙古人“其墓无冢，以马践蹂，使如平地”的习俗，讲的就是蒙古族实行土葬，但在地面上不留坟冢、碑记一类的标志物。元末人叶子奇的《草木子》一书也同样描写了蒙古贵族实行秘密潜埋的葬制习俗。他们死后一律被送到漠北墓区深埋，埋毕用万马踏平，待草长之后再解严。

还有一种说法认为成吉思汗选择秘密藏身的方式可能还有保密的目的。成吉思汗的一生是在马背上度过的，他生前率领蒙古铁骑横扫亚欧大陆，威震四海。但也使不少民族遭到了灭顶之灾，不少人对他可说是十分仇恨。成吉思汗清楚地知道除了政治上或民族仇视的因素，还有不少人会为了盗取王者墓中的宝藏而使他的墓葬遭到野蛮毁坏。成吉思汗不愿意自己身后也遭此厄运，所以他选择了秘密藏身的方式，不希望成吉思汗的陵墓被找到并被挖掘。

因此，由于墓地上无任何标志，从此也就无法辨认灵柩真正所在的地点了。数百年来，一直不断有人寻找成吉思汗的陵寝，但都没有成功。有人认为成吉思汗墓地在今蒙古国境内，也有学者坚持成吉思汗的陵寝在中国内蒙古，还有一种说法认为成吉思汗葬在一处深水湖底，或一条大河的河底。中国新疆博物馆的考古学者还宣称他们在新疆北部阿勒泰山脉所在的青和县三道海附近，发现了一座人工改造的大山，很可能是成吉思汗的葬身陵墓。但这些都缺少足够的令人信服的证据。

成吉思汗的陵墓在何处，已成为难以揭开的千古之谜。

1286年

中国大事记：

《农桑辑要》颁行，为中国现存最古的官修农书。

⊙蒙古军作战图　伊朗　志费尼

乌尔根奇。拖雷率兵进攻呼罗珊，相继攻陷尼沙布尔、也里城；察合台与窝阔台攻陷乌尔根奇。两路大军完成任务后，都回到塔里寒城与成吉思汗会师。然后，各路大军在成吉思汗的率领下，继续追击札阑丁，在印度河击败其余众。札阑丁孤身一人逃跑，花剌子模灭亡。1223年，蒙古大军在西追札阑丁的同时，还深入罗斯，在迦勒迦河与钦察和罗斯的联军展开决战，大败敌军，罗斯诸王公几乎全部被杀。1225年，成吉思汗凯旋东归，将本土及新征服所得的西域土地分封给四个儿子，后来发展为四大汗国。

1227年，成吉思汗去世，成吉思汗的第三子窝阔台继任大汗。1234年，太宗窝阔台集结诸王大臣召开会议，商讨西征大事。窝阔台派兵分别攻打波斯（今伊朗）和钦察、不里阿耳等部，基本上征服了波斯全境。1235年，由于进攻钦察的军队受阻，窝阔台派遣其兄术赤之次子拔都，率50万大军增援。西征军一路势如破竹，很快就彻底消灭了花剌子模，杀死札阑丁。1237年底，拔都又率大军继续西进，大举进攻罗斯，相继攻陷莫斯科、基辅诸城。1240年，拔都分兵数路继续向欧洲腹地挺进，大举进攻孛烈儿（今波兰）、马扎尔（今匈牙利）。1241年，北路蒙军在波兰西南部的利格尼兹，大破波兰与日耳曼的联军；中路蒙古军主力由拔都亲自率领，进击匈牙利，大获全胜，其前锋直指意大利的威尼斯。全欧震惊，西方各国惶惶不可终日。1241年底，窝阔台驾崩的消息传到军中，拔都率军从巴尔干撤回到伏尔加河流域，以撒莱为都城，在伏尔加河畔建立了钦察汗国。

1251年，蒙哥即大汗位。1253年，蒙哥派弟弟旭烈兀率军发起了第三次西征。这次西征的目标是消灭西南亚地区的木剌夷国（今里海南岸的伊朗北部）。10月，旭烈兀率兵侵入伊朗西部，进抵两河流域。1256年，旭烈兀统帅蒙古大军渡过阿姆河，6月到达木剌夷境内。1257年，蒙军荡平木剌夷之地，并挥师继续西进，直指黑衣大食首都巴格达。1257年冬，旭烈兀三路大军围攻巴格达，第二年初，三军合围，攻陷报达（今巴格达），消灭了有500年历史的黑衣大食。此后旭烈兀又率兵攻占大马士革，其前锋部队曾渡海到达富浪（今地中海东

·探马赤军·

探马赤军是元朝建立前后组建的攻城略地的先头精锐部队。蒙古国时期，从下层部落中挑选士兵，组成精锐部队，在野战和攻打城堡时充当先锋，战事结束后驻扎镇戍于被征服地区，称为探马赤军。元代，始终保持探马赤军的建制。

“探马赤”意为“探马官”。对“探马”一词，学界考释甚多。有的认为此即汉语“探马”，指先锋；有的认为“探马赤”来自突厥语“达摩支”（泛称达官）；也有人认为来自契丹语“挞马”（扈从官）；还有的人认为来自蒙古语语根Tama，意为“收集”。

1222年

世界大事记：
《金玺诏书》颁布。

部的塞浦路斯岛）。

由于蒙古军队被埃及军队打败，旭烈兀才被迫停止西进，留居帖必力思，建立了伊利汗国。

成吉思汗和他的继承者以剽悍的武功征服了欧亚地区，以蒙古高原为中心，建立起由钦察汗国、察合台汗国、窝阔台汗国、伊利汗国组成的横跨欧亚大陆的庞大帝国，形成世界历史上前所未有的大帝国。

元世祖治国

⊙元世祖忽必烈像

元世祖孛儿只斤·忽必烈是成吉思汗的孙子，拖雷的第四个儿子，元宪宗蒙哥的弟弟。忽必烈从小就聪明好学，蒙古人擅长骑马打仗，而忽必烈不但弓马娴熟、能征善战，还热衷于学习汉文化，喜欢结交汉族儒士，这在蒙古王公贵族中是很少见的。1251年，长兄蒙哥即大汗位后，就派他管理大漠以南的汉人地区。

当时，由于多年的战乱，漠南的汉人地区土地荒芜，人烟稀少。针对这种情况，忽必烈大胆任用原来宋、金的官员，采用汉族的统治制度来进行管理，得到了一大批汉人地主的拥护和支持。忽必烈采取了招抚流亡的人民，开垦荒地，存储粮食，整顿财政等一系列的措施。当时的蒙古，法制非常不健全，蒙古军队经常滥杀无辜。忽必烈非常痛恨这种行为，下令禁止滥杀无辜，违令者斩首。从此，蒙古军队再也不敢像以前那样胡作非为了。一次，邢州（今河北省邢台市）有两名官员求见忽必烈，向他提出建议说："邢州原来有1万多户百姓，后来百姓纷纷逃亡，只剩下5700多户了。您应该选派廉洁的官员前去治理。"忽必烈采纳了他们的建议，任命脱兀脱和张耕为邢州安抚使，刘肃为商榷使，前往邢州治理。在很短的时间里，邢州的人口就增加了十倍，又繁荣起来。1252年，忽必烈采纳了谋士姚枢的建议，严厉打击为害一方的地方军阀，处死横征暴敛的贪官污吏，百姓无不拍手称快。

为了更好地管理漠南汉人地区，忽必烈把自己的王府迁到了桓州（今内蒙古自治区黑城子），在那里开设幕府，打出"尊儒揽士"的旗号，招揽了汉人儒生60多人，使他们成为自己的智囊。忽必烈的政策维护了当地汉人大地主的利益，得到了他们的拥护。在忽必烈的精心治理下，漠南汉地很快成为蒙古人统治下的最发达的地区，为以后灭亡南宋奠定了物质基础。

1258年，忽必烈随蒙哥进攻南宋。蒙哥在钓鱼城被飞石砸死。留守国都和林（在今蒙古国境内）的蒙哥的弟弟阿里不哥听到消息后，

⊙浴马图　元　赵子昂

蒙古族靠马上功夫一统天下，此图即描绘了河边浴马的情景。

1287年

中国大事记：
发行至元通行宝钞。

·黄道婆·

黄道婆，又称黄婆，生卒年及姓名无从查考，松江乌泥泾镇（今属上海）人，元朝女纺织技术家。出身贫苦，少年受封建家庭压迫，年轻时流落崖州（今海南岛），从黎族人那里学习先进棉纺织技术。约1295年，她回到家乡，传授推广这种技术，改进纺织工具，对棉纺织业发展做出了很大贡献。

自立为大汗。忽必烈急忙率军北返。1260年，忽必烈在开平（今内蒙古自治区多伦）即汗位，建元中统。经过四年的战争，忽必烈击败阿里不哥，成为蒙古唯一的大汗。1271年，忽必烈称皇帝，国号元，定都大都（今北京），忽必烈就是元世祖。1279年，南宋灭亡，元朝统一全国，结束了自唐朝末年以来长达300年的分裂割据局面。

为了维护统一、巩固自己的皇位，元世祖忽必烈废除了蒙古传统的分土立国的方法，在中央设立中书省管理全国的行政，设立枢密院管理全国的军事，设立御史台监督官员，加强了中央集权。在地方则设立行中书省（简称行省）、行枢密院和行御史台。他还改革了军事制度，将军政和民政分开，把成立的26队亲兵牢牢控制在自己手里，独掌军权，还在全国派驻军队，对地方进行了有效的控制。

忽必烈在用人上能慧眼识英才，唯才是举。安童是“开国四杰”之首的木华黎的孙子，但他不愿意倚仗祖辈的荫庇，而是胸怀大志，勤奋学习。忽必烈战胜阿里不哥后，抓住了阿里不哥的部下千余人。忽必烈故意问安童说：“我想把他们全部处死，你认为怎么样？”安童说：“他们也是各为其主，跟随阿里不哥也是身不由己。现在大汗刚刚登上汗位，如果要是因为泄私愤而杀了他们，那又怎么能让天下人诚心归附呢？”忽必烈没想到一个16岁的少年竟然说出这样有见识的话来，惊讶地说：“你小小年纪竟然知道这样的大道理，你说的和我想的一样啊！”从此，忽必烈对安童刮目相看。安童18岁的时候，忽必烈看他为人稳重、处世练达、办事果断，就决定破格提拔他为丞相。安童知道后就连忙推辞说：“我年纪小，资格浅，恐怕难以服众。还请皇上另请高明。”忽必烈主意已定说：“我已经决定了。”于是提拔安童为中书右丞相。安童少年得志，招来不少人的嫉妒，一些大臣联合起来想剥夺安童的大权。但忽必烈非常信任安童，处处维护他。安童一直身居要职，为元朝效力达31年，为元朝初年国家的稳定和繁荣做出了巨大的贡献。1294年，忽必烈去世，庙号世祖，共在位35年。

天文学家郭守敬

元世祖忽必烈非常重视吸收汉族的人才，刘秉忠便是他重用的汉族大臣之一，将国号定为元就是刘秉忠的主张，刘秉忠还向忽必烈推荐了著名科学家郭守敬。

郭守敬出生在河北邢台的一个学者家庭里，他的祖父郭荣学识渊博，对数学和水利都有深入的研究。祖父常常带着小孙子东看看西摸摸，教他数学，教他技术。郭守敬认真读书，刻苦钻研，进步很快。十五六岁时，他曾经看到一幅从石刻上拓印的莲花漏图（古代一种计时器），没用多少时间，他就弄清了它的制造方法和原理。

◎简仪　元

1223～1226年

世界大事记：
法国卡佩王朝国王路易八世在位。

⊙元代观星台和石圭，位于今河南登封。

忽必烈统一全国以后，下令修改历法，郭守敬和王恂受命主持这项工作。由于原有的天文观测仪器已经陈旧不堪，难以精确地观测天象，郭守敬便决定把创制天文仪器的工作放在首位。他说："历法的根本在于测验，而测验是否精确，首先要有精密的仪器。"于是，他自己动手创制和改造天文仪器。在三年之中，郭守敬制成了简仪、圭表、仰仪等10多种天文仪器。

首先，郭守敬大胆地改革了圭表。圭表是我国古代发明的一种测量日影的工具，根据日影变化以决定春分、秋分、夏至和冬至等二十四节气。

郭守敬又创制了简仪。简仪是一种用来测量日月星座位置的天文仪器，它是郭守敬由西汉落下闳发明的浑仪改造而来的。郭守敬大刀阔斧地把浑仪几个妨碍视线的活动圆环去掉，又拆除原来作为固定支架的圆环，改用柱子托住，这样既简单，又实用，故称简仪。简仪制成于1276年，比欧洲发明同样类型的仪器要早300多年。

郭守敬不仅是一个天文学家，又是一个水利专家，他在水利方面所做的最大贡献是开凿了从大都到通州的通惠河。

有一年，成宗皇帝召郭守敬到上都，商议开凿铁幡竿河渠的事。郭守敬认为这个地方降雨量大，年年有山洪暴发，要开凿河渠，非得有六七十步宽不可。但是，执管的官员嫌水利工程费用太大，不接受郭守敬的建议，在施工的时候，将郭守敬提出的宽度缩减了三分之一。结果，第二年大雨一来，山洪凶猛下泻，淹没了许多人、畜、房子，差一点把皇帝的行宫也冲毁。成宗皇帝后悔莫及地说："郭太史(郭守敬)真是神人，当初实在不该不听他的话呀！"

郭守敬在历法方面也有卓越的成就。他修成《授时历》，计算出一年为365.2425天，这和地球绕太阳的周期只差26秒，与现在世界上公用的阳历相同。

郭守敬一生坚持不懈地进行科学实践，直到86岁高龄还在进行研究。

马可·波罗来中国

马可·波罗的父亲尼古拉·波罗和叔父玛飞·波罗是威尼斯的商人，兄弟俩常常到国外去做生意。

有一次，忽必烈的使者从布哈拉经过，见到这两个欧洲商人，感到很新奇，便邀请他们一起来到上都（今内蒙古自治区多伦县西北）。忽必烈听到来了两个欧洲客人，十分高兴，把他们召进行宫，问这问那，特别热情。

忽必烈从他们那儿听说了一些欧洲的情况，

⊙马可·波罗像

1293年

中国大事记：
开通惠河，海运漕粮可直达大都。

⊙大元进贡宝货碑　元
此碑记载了当时各国进贡元朝宝货的史实。其中有玛瑙、玻璃、安息香、珊瑚、金银器等各种物品。

要他们回欧洲给罗马教皇捎个信，请教皇派人来传教。两人就告别了忽必烈，离开了中国。他们在路上走了三年多，才回到威尼斯。那时候，尼古拉的妻子已经死去，留下了已经15岁的孩子马可·波罗。

马可·波罗听父亲和叔父说起中国的繁荣景象，羡慕得不得了，央求父亲带他一块儿去中国。尼古拉觉得让孩子一个人留在家里不放心，就决定带他同走。

尼古拉兄弟拜见了教皇，随后带着马可·波罗到中国来。路上又花了三年多时间，在1275年到了中国。那时候，忽必烈已经即位称帝，听说尼古拉兄弟来了，便派人到很远的地方迎接，一直把他们接到上都。

尼古拉兄弟带着马可·波罗进宫拜见元世祖。元世祖一看尼古拉身边站着一位少年，诧异地问这是谁，尼古拉回答说："这是我的孩子，也是陛下的仆人。"

元世祖看着英俊的马可·波罗，连声说："你来得太好了。"当天晚上，元世祖特地在皇宫里举行宴会，欢迎他们。后来，又把他们留在朝廷里办事。

马可·波罗聪明伶俐，很快学会了蒙古语和汉语。元世祖见他进步这样快，十分赏识他。没有多久，就派他到云南去办事。马可·波罗出门，每到一处，都留心观察风俗人情。回到大都，就详细向元世祖汇报，元世祖高兴地夸奖马可·波罗能干。

马可·波罗在中国整整住了17年，被元世祖派到许多地方视察，还经常出使到国外。

日子一久，三个欧洲人开始思念起家乡来，三番五次向元世祖请求回国。但是元世祖宠爱马可·波罗，舍不得让他们回去。到了后来，元世祖见他们思乡心切，只好答应。

马可·波罗回国后，向人们讲述了东方和中国的情况。有一个名叫鲁思梯谦的作家，把马可·波罗讲述的事记录下来，编成一本叫作《马可·波罗游记》（又名《东方闻见录》）的书。在这本游记里，马可·波罗把中国的著名城市都做了详细的介绍，称颂中国的富庶和文明。这本书一出版，便激起了欧洲人对中国文明的向往。

从那以后，中国和欧洲人、阿拉伯人之间的来往更加密切。阿拉伯的天文学、数学、医学知识开始传到中国来；中国古代的三大发明——指南针、印刷术、火药，也传到了欧洲（中国的另一个大发明造纸术，传到欧洲要更早一些）。

关汉卿与《窦娥冤》

元朝初期，元世祖采取了许多促进生产发展的措施，使社会经济出现了繁荣的景象。但是，最大的受益者，是那些蒙古的王公贵族和地主官僚，而处于社会底层的平民百姓，在残酷的阶级压迫和民族压迫下，依然过着悲惨的日子。

元世祖死后，他的孙子铁穆耳即位，即元成宗。元成宗在位期间，官吏、贵族贪赃枉法的情况日益严重，冤案繁出，民不聊生。正是在这样的社会背景下，诞生了一个伟大的杂剧作家关汉卿。

1226年

世界大事记：
条顿骑士团入侵普鲁士。

关汉卿是一个刚正不阿、不向权贵屈服的人。在元代那个黑暗的社会里，像关汉卿这样具有正义感的汉族中下层读书人，根本受不到重用。关汉卿也就索性不服务于统治阶级，成为一位“不屑仕进”的有骨气的知识分子。

关汉卿钟爱戏曲艺术，他把毕生的精力用在这一事业上。随着年龄的增长和许多严酷现实的磨炼，关汉卿对当时的黑暗社会有了清醒而深刻的认识。他把自己所看到或听到的民间悲惨遭遇，编写成杂剧，猛烈地抨击了官府的黑暗统治和社会不公平现象。

尤其值得称道的是，关汉卿晚年的代表作品《窦娥冤》。

《窦娥冤》的全名是《感天动地窦娥冤》，主要情节说的是：

当时楚州（今江苏淮安一带）地方，有一个贫苦的女子，名叫窦娥。她3岁就失去了母亲。7岁时，她父亲窦天章为还清借债和筹集进京赶考的盘缠，欠了蔡婆婆几十两银子，便将女儿窦娥卖给蔡家做童养媳。窦娥到蔡家没两年，丈夫又生病死了，家里只剩下老少寡妇俩相依为命。

一天，蔡婆婆出外索债，赛卢医谋财害命，想将她勒死。张驴儿父子搭救了蔡婆婆。

原来张驴儿是个流氓、地痞，他看见蔡家婆媳无依无靠，就趁机要挟，逼迫蔡婆婆嫁给了张老头。张驴儿见窦娥年轻美貌，欲娶她为妻。窦娥秉性刚强，坚决拒绝，还痛骂了张驴儿一顿。

张驴儿怀恨在心，企图用毒药害死蔡婆婆，以便强娶窦娥，不料，却把自己贪嘴的父亲给毒死了。张驴儿嫁祸于人，把毒死他父亲的罪名栽到了窦娥的身上，告到了楚州衙门。

◎杂剧图　元

此图为山西省洪洞县广胜下寺水神庙壁画，再现了元泰定元年（1324年）四月忠都秀作场演北曲杂剧的情况。壁画上部有一帐幔，上写“大行散乐忠都秀在此作场”，下部绘幅壮士持剑斗蛟的画面。演员排列成两行，后排乐工立于作场人身后，大鼓置于上场门处，一未上场的角色搴帘探望。前排演员居中者为主唱角色正末，在整个舞台中占据突出地位。这种伴奏演出形式形成了中国戏曲600年来的传统规则。

·杂剧·

杂剧是历代歌舞艺术、讲唱技艺长期发展而成的新的戏曲形式。始于两宋，盛于元朝。它是在宋杂剧、金院本和诸宫调的基础上逐步形成的。杂剧把歌曲、宾白、舞蹈结合在一起，成为一种综合艺术。元杂剧共600多种，现存200多种，杂剧作家200人左右。前期著名作家有关汉卿、王实甫、白朴、马致远、康进之、高文秀等，活动中心在大都，主要作品有关汉卿的《窦娥冤》、王实甫的《西厢记》、马致远的《汉宫秋》、白朴的《墙头马上》等。后期作家有郑光祖、乔吉、宫天挺、秦简夫等，活动中心在杭州，主要作品有郑光祖的《倩女离魂》等。关汉卿、马致远、郑光祖、白朴被誉为“元曲四大家”。

1303年

中国大事记：
《大元大一统志》编成。

楚州的知府是一个见钱眼开的官吏，背地里被张驴儿买通了，就在公堂上百般地拷打窦娥，逼窦娥招供。窦娥虽受尽了折磨，痛得死去活来，却始终不肯承认。

这个贪官知道窦娥非常孝敬婆婆，就把蔡婆婆抓来，当着窦娥的面严刑拷打。窦娥想到婆婆年老体弱，受不了这种重刑，只好含冤招了供。

在赴刑场的路上，窦娥满腹冤屈，无处去申诉，于是她喊出了“衙门自古向南开，就中无个不冤哉”的强烈抗议。临刑时，她指着天发了三桩誓愿：血溅丈二白练、六月飞雪、楚州三年大旱。她的三桩誓愿震动了天地，件件应验了。

后来，窦娥的父亲窦天章在京城做了大官，窦娥的冤案得到了昭雪，杀人凶手张驴儿被判处死罪，贪官知府也得到了惩处。

窦娥不向黑暗势力低头，坚贞不屈的顽强斗志，代表了当时人民的精神面貌，反映了在封建统治下，无数含冤受苦的百姓伸冤报仇的强烈愿望。

关汉卿的杂剧创作丰富了中国古代文学的宝库。他的杂剧以思想性和艺术性的完美统一，得到了国内外广大人民的喜爱和推崇。

皇位纷争

从元朝中期开始，出现了激烈的皇位之争。而皇位之争的主要原因是蒙古的“忽里台选汗”制度。“忽里台”指的是蒙古宗室诸王大会，具有推举蒙古大汗、决定战争的权力。蒙古的历代大汗，包括忽必烈都是由忽里台大会推举当上大汗的。

元世祖忽必烈早年立真金为太子，但是真金早死。忽必烈又把象征皇储身份的印玺“皇太子宝”赐予真金的儿子、正在漠北掌管北方防务的铁穆耳。

⊙元成宗像

1294年忽必烈病死，铁穆耳从漠北赶到元上都。按照蒙古的惯例，忽里台大会要在元上都召开。在大会上，一部分王公贵族和朝廷重臣伯颜、玉昔帖木儿主张拥立铁穆耳为大汗，而另一部分王公贵族和大臣则主张拥立铁穆耳的哥哥、晋王甘麻剌为大汗。伯颜凭着自己立下灭宋的大功，声色俱厉，强烈要求诸王服从忽必烈的遗命。玉昔帖木儿则亲自劝说甘麻剌，让他放弃争夺汗位。经过他们的软硬兼施和威逼利诱，忽里台大会终于决定推举铁穆耳为大汗，铁穆耳就是元成宗。从元成宗即位可以看出，从草原部落流传下来的忽里台选汗的传统，在元朝建立后，对皇位的继承人依然有着决定性影响。皇帝生前制定的皇位继承人如果没有经过忽里台大会的承认和推举，是不能继承皇位的。

元成宗即位后，立独子德寿为皇太子，但德寿不久病死。1307年，元成宗病死，死前没有预定谁是皇位继承人。皇后卜鲁罕和中书左丞相阿忽台主张拥立元成宗的堂弟阿难答，而中书右丞相哈喇哈孙主张从元成宗的两个侄子海山和爱育黎拔力八达中选一个为帝。

元成宗死后没几天，阿难答就赶到元大都和阿忽台密谋，准备先让皇后卜鲁罕临朝听政，然后自己再登基。哈喇哈孙一面急忙派人去召海山和爱育黎拔力八达回京，一面封闭官府仓库、收缴百官符印，还称病不署文书，采用拖延的办法，成功地阻止了皇后卜鲁罕临朝听政。阿难答想派人杀他，但一时也不敢下手。

1237年

世界大事记：
条顿骑士团与宝剑骑士团合并。

⊙元代漕运示意图

爱育黎拔力八达看完使者送来的密信后，急忙与老师儒生李孟商议。李孟立即和他赶往大都，与哈喇哈孙商议。抵达大都后，爱育黎拔力八达和哈喇哈孙联合起来，发动宫廷政变，杀死阿难答，囚禁阿忽台。爱育黎拔力八达本来想自己即位，但远在漠北的哥哥海山手握重兵，只好自称监国，派使者迎接海山。几个月后海山来到上都，召开忽里台大会。会上蒙古诸王一致推举海山为皇帝，就是元武宗。为报答弟弟夺取皇位的功劳，海山立爱育黎拔力八达为皇太子（元朝的皇储不论什么身份一律称皇太子，没有皇太弟、皇太孙之称），与他约定兄终弟及。

几年后，元武宗病死，爱育黎拔力八达即位，就是元仁宗。本来海山和爱育黎拔力八达约好，要爱育黎拔力八达立海山的长子和世瑓为皇太子。但元仁宗却改立自己的儿子硕德八剌为皇太子，封和世瑓为周王，并让他去云南居住。和世瑓走到陕西时，联合元武宗的旧臣发动兵变，东渡黄河，史称“关陕之变”。元仁宗迅速调集兵力围剿，叛乱失败，和世瑓逃到察合台汗国。

元仁宗死后，硕德八剌即位，就是元英宗。权臣铁木迭儿死后，元英宗趁机对他的余党进行清算。铁木迭儿的余党铁失等人惶惶不可终日。他们勾结觊觎皇位的甘麻剌之子也孙铁木儿，阴谋发动政变，企图另立新君来摆脱困境。1323年，元英宗从元上都返回元大都，途中在南坡驻营。铁失等人率军闯入行帐，杀死元英宗，史称“南坡之变”。随后，也孙铁木儿即位，就是泰定帝。泰定帝为了掩盖自己的篡位阴谋，将铁失等人全部处死。

1328年，泰定帝去世。大臣们在上都拥立皇太子阿速吉八登基，而元武宗的旧臣则拥立元武宗的次子图帖睦尔为帝，爆发了大规模的内战，史称“天历之变”。最后图帖睦尔获胜，就是元文宗。他把皇位让给自己的哥哥和世瑓，和世瑓就是元明宗。不久，和世瑓暴死，元文宗复位。元文宗的儿子早死，只好立元明宗的次子为帝，就是元宁宗。但元宁宗即位不到一个月就病死了，大臣们只好立元明宗的长子妥懽帖睦尔为帝，就是元顺帝。元顺帝是元朝最后一个皇帝。

《西厢记》

《西厢记》全名《崔莺莺待月西厢记》，其作者是元代著名杂剧家王实甫。王实甫名德信，大都（今北京市）人，生平事迹难以实考，约卒于元代中后期。他一生创作了14种剧本，《西厢记》大约写于元贞、大德年间（1295～1307年）。时人贾仲明给他写的悼词称：“新杂剧，旧传奇，《西厢记》，天下夺魁。”

《西厢记》的素材来自唐代诗人元稹根据

1323年

中国大事记：
元英宗自上都还，驻南坡，为铁失等所杀，是为南坡之变。

自己的亲身经历写成的传奇《莺莺传》：元稹从小家境贫寒，当他成人后，因为文名远扬而过上轻裘肥马的生活。他生性风流，用情不专，早年和表妹崔氏相恋，并已成夫妻之实，后来为了在仕途上更上一层楼，他狠心抛弃表妹，娶了裴尚书的女儿。若干年后，两人都各自成家，但元稹仍要求崔氏以外兄身份相见，遭到了崔氏的拒绝。《莺莺传》就是元稹这一段情感经历的真实写照，也是《西厢记》的创作源头。

金章宗时期的董解元，在说唱文学作品的基础上，将这个爱情故事改编成了5万字左右的演唱词，名为《弦索西厢记》。在董西厢中，才子佳人大团圆，而不是张生对崔莺莺的始乱终弃。作者理直气壮地宣告："自古佳人，合配才子。"

王实甫就是在这样丰富的艺术积累上加工再创作了《西厢记》，从根本上改变了《莺莺传》的主题思想，把男女主人公塑造成对爱情坚贞不渝，敢于冲破封建礼教束缚的新形象，在父母之命、媒妁之言、门当户对的禁锢下，作者直接喊出了"但愿有情人终成眷属"。

《西厢记》在故事情节上和董西厢基本上差不多，人物都有鲜明的个性。王实甫恰到好处地掌握着分寸，使笔下的人物具体生动，而不仅仅是概念的化身。如张生对爱情热烈痴情，却不轻薄下流；作品一方面写他思念莺莺时的惆怅和忧郁，同时又写他得到莺莺信简时手舞足蹈的喜剧性动作，使得这个形象真实可信；而崔莺莺多情执着，反抗老夫人也十分坚定，但在爱情的道路上她却小心翼翼地试探着。

作为戏剧艺术，《西厢记》巧妙地设置了一系列的"悬念"，高潮迭起，引人入胜。老夫人赖婚，是第一个大的"悬念"，即"赖婚"之后张生和莺莺会采取什么行动？他们采取的行动是"酬简"，进而私订终身，这是对"赖婚"的解答，又是引起下一段故事发生的新悬念。此后的"哭宴"又是一个悬念：老夫人赖婚之后，张生去向何方？这只能在全剧结束时才能得到解答。这些悬念都设置在全剧的主干部位，使得剧本层次分明，结构紧凑。

元杂剧一般以本色语言为主，《西厢记》却在杂剧本色语言之外，又适当地掺入了不少典雅、富丽的书卷气。《西厢记》善于吸取前代名作佳句，再加以深化加工、点染而成妙语，或者描写风景，或者描绘人物，或者抒发感情，都显得恰到好处。在《西厢记》剧本中，没有无缘无故的景物描写，也没有脱离景物的情感抒发，剧中经常运用衬托的手法来写人物的心情。最著名的如"送别"一折：

青山隔送行，疏林不作美，淡烟暮霭相遮蔽。夕阳古道无人语，禾黍秋听马嘶。

青山，疏林，淡烟，夕阳，在这对即将离别的情人眼里，都涂上了浓厚的主观感情色彩，显得凄艳、悲怆。这种景情的结合，又是在借鉴前人诗文的基础之上的，这种大胆的兼收并蓄，使得《西厢记》的语言更为清新典雅、精工富丽。

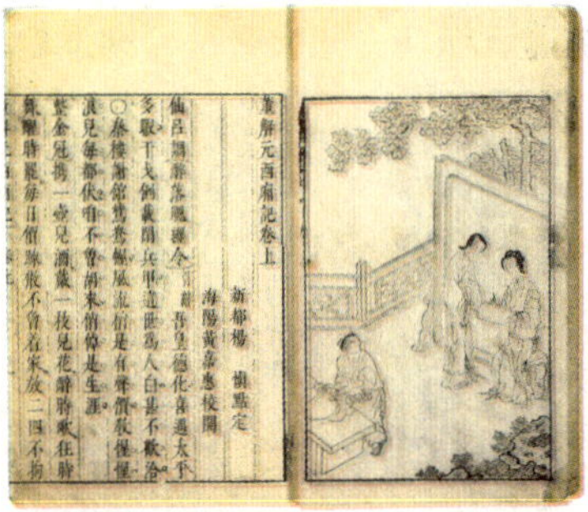

◎《西厢记》书影

◎《弦索西厢记》（金董解元著）插图

《西厢记》是我国古典戏剧的现实主义杰作，对后来《牡丹亭》《红楼梦》等以爱情为题材的小说、戏剧的创作产生了深远的影响。

1300年

世界大事记：
奥斯曼一世创建奥斯曼帝国。

国事家事两不忘

关汉卿、白朴、马致远和郑光祖的创作代表了元代不同时期、不同流派的杂剧创作成就。元代周德清的《中原音韵》最早提到这四人的姓名，直到明代何良俊的《四友斋丛说》中才正式出现“四大家”的说法。

白朴，字仁甫，一字太素，号兰谷，生于金哀宗正大三年（1226年），卒年不详。祖籍隩州（今山西河曲），后徙居真定（今河北正定），晚年寓居金陵（今江苏南京）。他出身官僚士大夫家庭，幼年时期正遇上金朝覆亡，饱经战乱，在金朝大诗人元好问的扶持下才幸免于难。白朴青壮年时期开始创作杂剧，一生创作颇丰，但完整流传下来的只有两部：《梧桐雨》和《墙头马上》。

《梧桐雨》取材于白居易的《长恨歌》，描写唐明皇李隆基和杨玉环之间的故事。从白朴在剧本中的反复感喟中可以读出，作者是想通过李隆基和杨玉环之间的爱情来抒发一种对美好事物失去之后无法复得的寂寞和哀伤，一种从极盛到零落的失落，一种人事盛衰无法预料和掌握的幻灭感。

《墙头马上》是元代四大爱情剧之一，它的素材来自白居易《井底引银瓶》一诗，写的是裴尚书之子裴少俊和洛阳总管李世杰的女儿李千金之间的爱情故事。虽然这也是一个典型的才子佳人式的故事，但故事中的李千金和以前戏剧里的女主人公有所不同。她身为贵族女子，可是对爱情的追求却显得大胆而泼辣，对裴尚书的指责她毫不示弱，不但有力地回击，而且还无情地奚落他，李千金一连串大胆的举止一扫此前大家闺秀端庄、淑雅的形象。

白朴在戏剧方面的功底十分深厚，能熟练而准确地把握不同类型戏剧的表现手法，他写的这两部戏剧其风格有着明显的不同，《梧桐雨》以浓厚的抒情韵味见长，而《墙头马上》则以生动活泼的戏剧冲突取胜。

马致远，元朝大都人，生平事迹不详。他的杂剧有15种，代表作有《汉宫秋》《青衫泪》《陈抟高卧》《任风（同疯）子》等。因为他的作品中有很大一部分是神仙戏，所以当时人称“万花丛里马神仙”。

《汉宫秋》是元杂剧中优秀的历史剧之一，艺术地再现了汉代王昭君的故事，马致远把昭君自愿出塞的史实作了一番较大改动。该剧写的是汉元帝时期国势衰弱，奸臣毛延寿因求贿不成，将王昭君画成丑女，事发后叛逃匈奴，

·荆刘拜杀·

荆刘拜杀，指元末明初流行的四部传奇作品：《荆钗记》《白兔记》《拜月亭》《杀狗记》，合称为“四大传奇”。王骥德《曲律》曾云：“古戏如‘荆、刘、拜、杀’等，传之凡二三百年，至今不衰。”王国维的《宋元戏曲史》也指出：“元之南戏，以‘荆刘拜杀’并称，得《琵琶》而五。”《荆钗记》，柯丹丘所作，描写了书生王十朋和钱玉莲夫妇历经种种波折终于团圆的故事。《白兔记》，则描述了刘知远发迹，其妻李三娘则身受家庭磨难，最后因其子猎兔而一家团圆的故事，曲词朴素直切，李三娘的曲词尤其凄苦动人。《拜月亭》相传为元人施惠作，根据关汉卿的同名杂剧改编，主要人物有蒋士隆、王瑞兰、王镇、王夫人、蒋瑞莲等，将复杂的历史事变背景和人物遭际结合起来，故事情节复杂跌宕。《杀狗记》，则是一出家庭伦理剧，重申了“亲睦为本”“孝友为先”“妻贤夫祸少”等伦理信条，但艺术上较为粗糙。

1345年

中国大事记：
元朝修成《辽史》《金史》《宋史》。

◎《梧桐雨》插图

◎《倩女离魂》插图

◎《汉宫秋》插图二张

以昭君为由挑起汉和匈奴之间的战争。面对匈奴的攻势，朝廷上下束手无策，只得将昭君献出。昭君行至边境，投江自杀。匈奴主大为后悔，杀了毛延寿，与汉和好如初。《汉宫秋》对史实的改造，有着深刻的历史原因，如果将这些和当时金、宋两朝灭亡的史实联系起来，就能清楚地看到马致远的良苦用心。

马致远的散曲为元代之冠，明代贾仲明称他为“曲状元”，现存120多首，代表作有套曲［双调夜行船］《秋思》，被誉为“万中无一”，小令［天净沙］“枯藤老树昏鸦”也是咏景名篇，周德清赞其为“秋思之祖”，王国维评为“寥寥数语，深得唐人绝句妙境”。

郑光祖，字德辉，平阳襄陵（今山西临汾附近）人，生卒年不详。曾任杭州路吏，《录鬼簿》成书（1330年）之前即已在杭州病故，火葬于西湖灵芝寺。他“为人方直”，不善与官场人物相交往。郑光祖是元曲四大家之一，所作杂剧在当时“名闻天下，声振闺阁”。据文学戏剧界的学者考证，郑光祖一生写过18种杂剧，现存《倩女离魂》等8种。从保存下来的剧目中，我们可以看出，他的剧目主要两个主题，一个是青年男女的爱情故事，另一个是历史题材故事。他写剧本，大多是满足于艺术的需要，而不是服务于政治。以描写青年男女爱情故事为主题的剧本中，《倩女离魂》是他的代表作。

《倩女离魂》根据唐人陈玄传奇《离魂记》改编而成，描写了王文举和张倩女的爱情故事，两人指腹为婚，但张家嫌王文举功名未成，不许他们成亲。王文举上京应试后，张倩女相思成疾，以致灵魂离体，追随王文举而去。王文举得官回来后，张倩女灵魂也回到了躯体，两人欢喜成亲。作者运用浪漫主义手法，成功地塑造了一个追求爱情和幸福的女子形象。

在语言上，《倩女离魂》曲词优美婉转，每折都有出色的辞藻，郑光祖特别注意化用诗词名句，并且以经营诗境的手法来营造戏剧的意境，文笔优美而又不空洞。郑光祖一生从事杂剧的创作，把他的全部天才献于这一民间艺术，在当时的艺术界享有很高的声誉。除了杂剧外，他还写过一些曲词，清新流畅、婉转妩媚，在文学艺术上有很高的价值。

红巾军起义

元朝从成宗以后，又传了九个皇帝，皇室斗争日趋激烈，政治也越来越腐败，人民生活在水深火热之中。最后一个皇帝元顺帝（又叫元惠宗）妥懽帖睦尔即位后，荒淫残暴，百姓没有了活路，纷纷起来造反。

河北有个叫韩山童的农民，聚集了不少受

1336～1573年

世界大事记：
日本室町幕府统治时期。

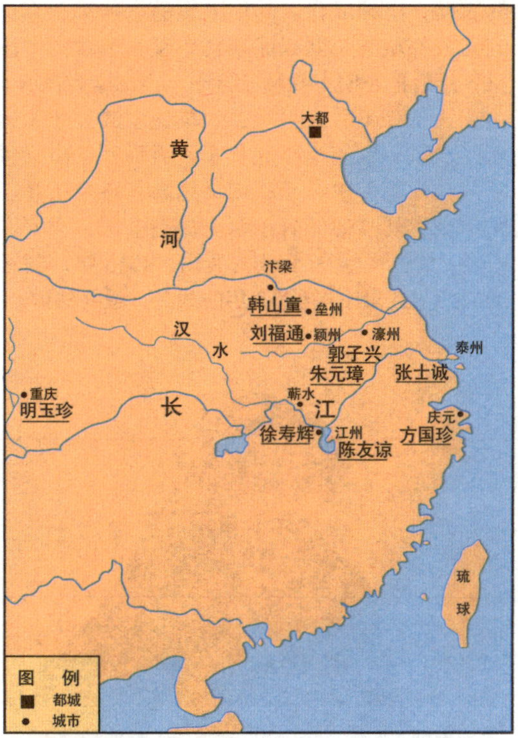

⊙元末农民起义示意图

苦受难的百姓，烧香拜佛，后来慢慢发展成了白莲会（一种秘密宗教组织）。

韩山童对他们说，佛祖见天下大乱，将要派弥勒佛下凡，拯救百姓。

正巧这时黄河在白茅堤决口，两岸百姓遭受了严重的水灾。1351年，元王朝征发了汴梁（今河南开封）、大名等地民工15万和兵士2万人，到黄陵冈开挖河道，疏通河水。

韩山童决定利用这个机会起事。他先派几百个会徒去做挑河民工，在工地上传播一支民谣："石人一只眼，挑动黄河天下反。"

民工们不懂这首歌谣是什么意思，开河开到了黄陵冈，有几个民工，忽然挖出一座石人来。大家好奇地聚拢来一瞧，只见石人脸上正是一只眼，都禁不住呆住了。这件新鲜事很快地在十几万民工中传开，大家心里想，民谣说的真的应验了，既然石人出来了，天下造反的日子自然也来到了。

不用说，这个石人是韩山童事先派人偷偷地埋在那里的。

百姓被鼓动起来了。韩山童便挑选了一个日子，聚集起一批会徒，杀了一匹白马、一头黑牛，祭告天地。大家都推举韩山童做领袖，号称"明王"，并约定日子，在颍州颍上（今安徽阜阳、颍上）起义，起义军用红巾裹头作为标记。

然而正在歃血立誓的时候，有人走漏了消息。官府派兵士抓走了韩山童，押到县衙门杀了。韩山童的妻子带着他儿子韩林儿，逃脱了官府追捕，到武安（今河北武安）躲了起来。

韩山童的伙伴刘福通逃出包围，把约定起义的农民召集起来，攻占了颍州等地。在黄陵冈开河的民工得到消息，也杀死了河官，纷纷投奔刘福通。起义兵士头上裹着红巾，历史上称作"红巾军"。不到十天的工夫，红巾军已经发展到十多万人。

刘福通的红巾军陆续攻下了一些城池。江淮一带的农民早就受到白莲会的影响，也纷纷响应刘福通起义。

·元代三大农书·

元朝统一以后，农业得到恢复和发展，出现了三部著名的农业方面的书籍：《农桑辑要》《农书》和《农桑衣食撮要》。《农桑辑要》是中国现存最早的由国家组织编写的农书。这本书记载了许多珍贵的资料和经验，专门用来指导黄河中下游地区的农业生产。王祯编写的《农书》也是一部大型综合性农书。书中的308幅农器图，是现存最早最全的农具图谱。这本书被称为中国最早的图文并茂的农书。鲁明善编写的《农桑衣食撮要》，以月份为顺序，记述全年各个时节的农业活动，也是一部比较优秀的农学著作。

1355年

中国大事记：

刘福通迎韩山童之子韩林儿为帝，国号宋，改元龙凤，韩林儿号小明王。

1354年，元顺帝派丞相脱脱，动用了西域、西番的兵力，号称百万，围攻占领高邮的张士诚起义军。起义军正处在危急存亡之时，元王朝突然发生内乱，脱脱被撤掉官爵。元军失去了统帅，不战自乱，全军崩溃。

第二年二月，刘福通把韩山童的儿子韩林儿接到亳州（今安徽亳州）正式称帝，国号宋，称韩林儿为小明王。

韩林儿、刘福通在亳州建立政权以后，分兵三路，出师北伐。其中毛贵的东路军一直打到元大都城下。刘福通亲自率领大军攻占了汴梁，然后把小明王韩林儿接来，定汴梁为都城。

元王朝不甘心失败，纠集地主武装加紧镇压红巾军，致使三路北伐军先后失利，汴梁重新落在元军手里。元王朝又用高官厚禄招降了张士诚。刘福通保着小明王逃到安丰（今安徽寿县）后，受到张士诚的袭击，1363年，刘福通战死。红巾军经过12年的战斗，最终失败。

和尚皇帝

在刘福通带领红巾军征战的同时，据守在濠州的郭子兴领导的红巾军，也在日益壮大。濠州虽处在元军的包围中，但义军将士们英勇不屈，众志成城，使元军无计可施。

一天，在凛冽的寒风中，匆匆赶来了一位衣衫褴褛的年轻和尚。城卫怀疑他是元军的奸细，一面将他捆在拴马桩上，一面派人去通报元帅郭子兴。郭元帅闻讯赶到城门，只见绳索紧缚的和尚，相貌奇伟、气度非凡，心里不禁暗暗叫绝。此人便是后来的大明开国皇帝朱元璋。

朱元璋祖籍江苏沛县，本名朱重八。当时布衣百姓一般都不取正式名字，只用行辈或父母年龄合计数作为称呼。

朱元璋小时候一有空就跑到皇觉寺去玩耍，这寺内的长老见他聪明伶俐，讨人喜欢，便抽空教他识文认字。朱元璋天赋过人，过目不忘，天长日久，便也粗晓些古今文字了。

⊙ **郭子兴像**

朱元璋就是在郭子兴的军中崭露头角的。

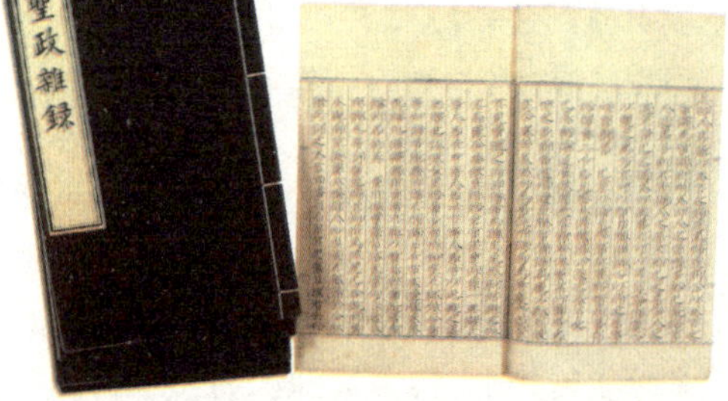

⊙ **《圣政杂录》书影**

这是一部记述明太祖朱元璋事迹的史书。

朱元璋17岁那年，淮北发生旱灾、蝗灾和瘟疫，他的父母、长兄在不到半个月的时间里相继死去，乡里人烟稀少，非常凄凉。朱元璋走投无路，只好剃发进了皇觉寺，当了一个小行童，整天扫地上香，敲钟击鼓，还经常受到那些老和尚的训斥。为了混口饭吃，朱元璋只好忍气吞声。

后来，灾情越来越严重，靠收租米度日的皇觉寺再也维持不下去了。主持只好把寺里的和尚一个个打发出去云游化斋，自谋生路。进

1337～1453年

世界大事记：
英法百年战争。

寺刚刚五十天的朱元璋也只得背上小包袱，一手拿木鱼，一手托瓦钵，穿城越村，加入了云游僧人的队伍。

云游中，朱元璋目睹了混乱不堪的世事，对当时的社会有了深刻的认识，人生经验也大大丰富，他决定广泛交游，等待出人头地的时机。三年后，他回到了皇觉寺，不久，接到了已在郭子兴部队当了军官的穷伙伴汤和的来信，邀他前去投军。于是他连夜奔往濠州城。

朱元璋加入郭子兴的起义军后，打仗非常勇敢，无论遇到什么样的强敌，他总是奋不顾身，冲在前面。加上他又识得一些文字，就格外受到郭子兴的器重，打仗时，总让朱元璋伴随左右。没多久，他就成为军中的重要将领。郭氏夫妇看到朱元璋人才出众，对郭子兴的事业很有帮助，就把21岁的养女嫁给了朱元璋。

1355年三月，郭子兴死去，朱元璋取得了这支起义军的领导权。他率领着这支部队，采纳老儒朱升“高筑墙，广积粮，缓称王”（即积极扩充兵力，加固城防，发展生产，储备粮食，不图虚名，暂不称王）的建议，转战南北，最终夺得了天下，做了皇帝。

鄱阳湖大战

当朱元璋向南方发展势力的时候，遇到了一个强敌名叫陈友谅。陈友谅占据江西、湖南和湖北一带，地广兵多，自立为王，国号汉。1360年，他率领强大的水军，从采石矶沿江东下，进攻应天府，想一举吞并朱元璋占领的地盘。

朱元璋赶忙召集部下商量对策。大家七嘴八舌，议论纷纷，只有新来的谋士刘基待在一旁，一声不吭。

朱元璋犹豫不决，散会后，把刘基单独留下来，问他有什么主意。刘基说：“敌人远道而来，我们以逸待劳，还怕不能取胜？您只需用一点伏兵，抓住汉军的弱点痛击，就可以打败陈友谅了。”

朱元璋听了刘基的话，非常高兴。

朱元璋有个部将叫康茂才，跟陈友谅是老相识。朱元璋把康茂才找来，和他定下了引陈友谅上钩的计策。

康茂才回到家里，按照朱元璋的吩咐写了封信，连夜叫老仆去采石矶求见陈友谅。陈友谅见了这封信，并不怀疑，问老仆说：“康公现在在什么地方？”

老仆回答说：“现在他带了一支人马，在江东桥驻守，专等大王去。”

陈友谅连忙又问：“江东桥是什么样子？”

老仆说：“是座木桥。”

常遇春像
在鄱阳湖之战中，常遇春功勋卓著。

陈友谅在老仆走后，立刻下令全体水军出发，由他亲自带领，直驶江东桥。没想到到了约定地点，竟没见木桥，只有石桥。

一霎间，战鼓齐鸣，朱元璋安排在岸上的伏兵一起杀出，水港里的水军也加入战斗。

陈友谅遭到突然袭击，几万大军一下子溃败下来，被杀死的和落水淹死的不计其数。

此后，朱元璋的声势越来越大。陈友谅不甘心，3年之后，他造了大批战船，带领60万大军，向洪都进攻（今江西南昌）。

朱元璋亲自带领20万大军援救洪都，陈友谅这才撤去包围，把水军全部撤到鄱阳湖。朱

1368年

中国大事记：
朱元璋在应天府即帝位，国号明，是为明太祖。

元璋把鄱阳湖出口封锁起来，决定跟陈友谅在湖里决战。

陈友谅的水军有大批战船，又高又大；朱元璋的水军，却尽是一些小船，实力比陈友谅差得多。双方打了三天的仗,朱元璋的军队失败了。

朱元璋采纳了部将的建议，采用火攻。他命令用七条小船，装载着火药，每条船尾带着一条轻快的小船。傍晚时分,空中刮起了东北风，朱元璋派了一支敢死队驾驶这七条小船，乘风点火，直冲陈友谅大船。风急火烈，一下子就把汉军大船全部烧起来。陈友谅在突围的时候，被朱军的乱箭射死。

第二年，朱元璋又消灭了张士诚的割据势力。接着，朱元璋任命徐达为征虏大将军，常遇春为副将军，率领25万大军北伐。两个月后，徐达的军队占领了山东。

1368年正月，朱元璋在应天即位称帝，国号明，他就是明太祖。

这一年八月，明军攻下大都，元顺帝逃往上都。统治中国97年的元王朝终于被推翻了。

胡惟庸之案

明太祖即位后，总不放心那些帮助他开国的功臣。他设立一个叫“锦衣卫”的特务机构，专门监视大臣的活动，谁被发现有什么嫌疑，就有被打进牢狱甚至杀头的危险。

1380年，有人告发丞相胡惟庸谋反，明太祖立刻把胡惟庸满门抄斩，还下令查他的同党。这一追查，竟株连3万余人。明太祖发了狠心，把那些有胡党嫌疑的人全杀了。

学士宋濂，在明朝开国初期受过明太祖重用,后来又当过太子的老师。宋濂为人谨慎小心，但是明太祖对他也不放心。有一次，宋濂在家里请了几个朋友喝酒，第二天上朝，明太祖问他昨天喝酒的事，宋濂一一照实回答。明太祖笑着说：“你没欺骗我。”原来，宋濂家那天请客的时候，明太祖早已偷偷派人去监视了。后来明太祖称赞宋濂说：“宋濂跟随我19年，从没说过一句谎言，也没说过别人一句坏话，真是个贤人啊！”宋濂68岁时告老还乡，明太祖还送他一块锦缎，说：“留着它，32年后，做件百岁衣吧！”

⊙锦衣卫木印

胡惟庸案件发生后，宋濂的孙子宋慎被揭发是胡党，于是宋濂也受到株连。明太祖派锦衣卫把宋濂从金华老家抓到京城，要处死他。

马皇后知道这件事后，劝明太祖说：“老百姓家为孩子请个老师，尚且恭恭敬敬，何况是皇帝家的老师呢。再说，宋先生在乡下居住，他怎么会知道孙子的事呢？”

明太祖正在气头上，不肯饶恕宋濂。当天，马皇后陪明太祖吃饭，她呆呆地坐在桌边，不喝酒，也不吃肉。明太祖感到奇怪，问她是不是身体不舒服。马皇后难过地说：“宋先生就要死了，我心里难受，在为宋先生祈福呢。”

马皇后和太祖是患难夫妻，明太祖平时对她也比较尊重，听她这一说，也有点感动，才下令赦免宋濂死罪，改成充军茂州（今四川茂县）。70多岁的宋濂，禁不起这场折腾，没到茂州就死去了。

·锦衣卫·

朱元璋建明朝后，设立了特务机构——锦衣卫。锦衣卫的“诏狱”，有不经法司而进行刑讯、判罪和行刑的权力。锦衣卫官员经常利用特权任意逮人、草菅人命，造成了人人自危的恐怖气氛。锦衣卫与政府各部门没有隶属关系，所以明朝历代帝王都将其作为爪牙，用来监视臣民。

14世纪

世界大事记：
黑死病（鼠疫）流行欧洲，死亡约2400万人。

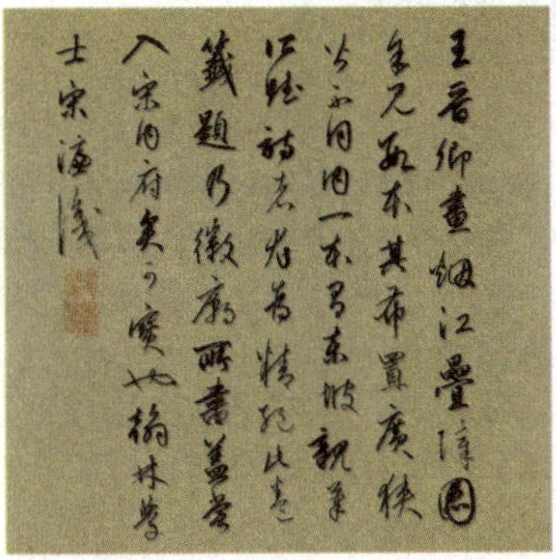

宋濂草书
宋濂不仅是个大学士，还是一名杰出的书法家，他的字行笔流畅、气势不凡，自成一派。

过了十年，又有人告发李善长明知胡惟庸谋反不检举揭发，犯了大逆不道的罪。李善长是第一号开国功臣，又是明太祖的亲家，明太祖大封功臣的时候，曾经赐给李善长两道免死铁券。可是明太祖一翻脸，把已经77岁的李善长和他的全家七十几口全部处死。接着，再一次追查胡党，又处死了1万多人。

事情并没到此结束。

过了三年，锦衣卫又告发大将蓝玉谋反。明太祖杀了蓝玉，追查同谋，又杀了文武官员1万多人。

这两件大案下来，几乎把朝廷功臣杀个精光，明太祖的专制和残暴在历史上也就出了名。

燕王进南京

明太祖杀了一些位高权重的大臣，把他的24个儿子分封到各地为王。明太祖认为这样做，可以巩固他建立的明王朝的统治，却不料后来引起了一场大乱。

明太祖60多岁的时候，太子朱标死了，朱标的儿子朱允炆被立为皇太孙。各地的藩王大都是朱允炆的叔父，眼看皇位的继承权落到侄儿的手里，心里不服气。特别是明太祖的第四个儿子——燕王朱棣，他多次立过战功，对朱允炆更瞧不起了。

朱允炆的东宫里，有个官员叫黄子澄，是朱允炆的伴读老师。有一次，黄子澄见朱允炆一个人坐在东角门口，心事重重，便问太孙为什么发愁。朱允炆说："现在几个叔父手里都有兵权，将来如何管得了他们。"

黄子澄跟朱允炆讲了一个西汉平定七国之乱的故事，来安慰他。朱允炆听后，心总算放宽了一点。

1398年，明太祖死了，皇太孙朱允炆继承皇位，这就是明惠帝，历史上又叫建文帝（建文是年号）。当时京城里就听到谣传，说几位藩王正在互相串通，准备谋反。建文帝听了这个消息害怕起来，忙让黄子澄想办法。

明成祖像

黄子澄找建文帝的另一个亲信大臣齐泰一起商量。齐泰认为诸王之中，燕王兵力最强、野心最大，应该首先把燕王的权力削除掉。黄子澄不赞成这个做法，他认为燕王已有准备，先从他下手，容易引发突变。于是，两人商量好先向燕王周围的藩王下手。建文帝便依计而行。

燕王早就暗中练兵，准备谋反。为了麻痹建文帝，他假装得了精神病，成天胡言乱语。齐泰、黄子澄不相信燕王有病，他们一面派人

1399年

中国大事记：

燕王朱棣发动靖难之役，后来攻占南京，即位称帝，是为明成祖。

·《大明律》·

洪武七年（1374年），明政府颁行《大明律》。朱元璋称帝前，即令人修订法律，1374年制成《大明律》。《大明律》是以《唐律》为蓝本，共12篇606条，克服了元朝法例条律冗繁的弊病。经过1397年的进一步修订，《大明律》成为中国封建社会较为完备的法典。与前代相比，在量刑上大抵罪轻者更为减轻，罪重者更为加重。前者主要是指地主阶级内部的诉讼，后者主要指对谋反、大逆等阶级镇压的严厉措施。不准"奸党""交结近侍官员""上言大臣德政"等，反映了明朝初年来朱元璋防止臣下揽权、交结党援的集权思想。

到北平把燕王的家属抓起来，一面又秘密命令北平都指挥使张信去捕燕王，还约定燕王府的一些官员做内应。不料张信是站在燕王一边的，反而向燕王告了密。

燕王是个精明人，知道建文帝毕竟是法定的皇帝，公开反叛，对自己不利，就说要帮助建文帝除掉奸臣黄子澄、齐泰，起兵反叛。历史上把这场内战叫"靖难之变"(靖难是平定内乱的意思)。

这场内战，差不多打了4年。到了1402年，燕军在淮北遇到朝廷派出的南军的抵抗，战斗进行得十分激烈。有些燕军将领主张暂时撤兵，燕王却坚持打到底。不久，燕军截断南军运粮的通道，发起突然袭击，南军一下子垮了。燕军势如破竹，进兵到应天城下。

过了几天，守卫京城的大将李景隆打开城门投降。燕王带兵进城，只见皇宫火光冲天。燕王派兵把大火扑灭时，已经烧死了不少人。他查问建文帝的下落，有人报告说，燕兵进城之前，建文帝下令放火烧宫，建文帝和皇后都跳到大火里自焚了。

随后，燕王朱棣即了位，这就是明成祖。1421年，明成祖迁都北京。从那时起，北京一直是明朝的京城。

修建北京城

1402年，燕王朱棣攻入南京，即位称帝，年号永乐，就是明成祖。

在朱棣攻入南京时，建文帝在皇宫奉天殿自焚而死（一说逃亡出家）。明成祖即位后重建了被烧毁的奉天殿，并住在里面。没过多久，明成祖就觉得很不自在，父亲朱元璋和侄子朱允炆的鬼魂以及众多被他杀死的建文帝的大臣的冤魂似乎一直萦绕在大殿里，让明成祖寝食难安，经常做噩梦。他觉得夺了侄子的皇位，又逼死了侄子，死后没脸去见葬在南京明孝陵的父亲。

忽然，明成祖想起朱元璋晚年就有迁都北平（今北京）的想法，所以开始考虑迁都，想离开这个地方。明成祖长期生活在北平，对那里感情很深，视其为"龙兴之地"。另外，迁都北平还有抵御北元的考虑。

当年徐达、常遇春率军明军北伐，元顺帝带着太子、妃子逃到蒙古草原，仍以元为国号，史称北元。他们拥有较强的军事实力，不甘心失败，经常派兵骚扰明朝的北部边疆，企图恢复统治。南京地处江南，离北部边境太遥远，不利于皇帝指挥作战。

但是，当明成祖说出要迁都的想法后，立即遭到了很多大臣的反对。因为这些大臣家在南方，不愿意迁都。朱棣很生气，杀死了言辞最激烈的大臣萧仪。这么一来，反对迁都的大臣都不再敢指责明成祖了，转而攻击那些拥护迁都的大臣。双方争辩非常激烈，明成祖让他

1402年

世界大事记：
帖木儿击败奥斯曼土耳其。

们跪在午门外辩论。后来户部尚书夏原吉看到这种情况，为稳定局面，主动将责任承担下来，才缓和了矛盾，迁都的议论才逐渐平息下来。

明成祖刚刚夺取皇位，担心人心不稳，所以没有立即迁都，而是采取了逐步逐项解决迁都问题的方式。他深知，迁都是一件关乎国家兴亡的大事,必须审慎行事。于是他开始分阶段、有步骤地进行。

首先,提高北京的地位。永乐元年(1403年),礼部尚书李至刚建议将北平升为陪都，明成祖非常高兴，将北平改名为北京，称行在。这就是北京名称的来源，同时将北平府改为顺天府。在北京设置了留守行后军都督府、北京行部、北京国子监等机构。

其次，提高北京的经济地位。北京虽然地理位置重要，而且曾是元朝的大都，但北方的经济却远不及江南。因此明成祖下令在北京附近进行大规模的移民屯田，5年之内减免赋税。很多士兵退伍后被安排到北京周围的乡村种田。靖难之役后，全国出现大量无家可归的难民。他下令把难民组织起来，到北京周围去种田。他甚至下令释放囚徒，安置在北京周边地区去种田。他还实行了一些优惠政策，比如向这些移民免费提供耕牛、农具和种子等。同时又把大批工匠迁往北京，也给这些工匠以更多的优惠政策，比如免税免粮，赈济优厚等。并将江南的富户迁到北京，这就使北京形成了繁荣的工商业。为了解决北京的粮食问题，明成祖下令疏通运河，将江南的粮食运往北京。经过多年的苦心经营，北京逐渐发达繁华起来，初步具备了大都市的规模，可以和南京相媲美了，以至于当时的人民都说，天下万物虽然不产于北京，但都聚集在北京。

永乐十五年(1417年)，明成祖派大臣宋礼等到四川、湖广、江西、浙江、山西等地采购木材石料。次年征调23万工匠，100万民工和大量士兵开始大规模营建北京城。明北京城是在元大都的基础上，参考首都南京城池、宫殿规制而建造的，分宫城(即紫禁城)、皇城、内城和外城三部分。宫城是皇帝和后妃们居住的地方，城墙高约10米，四隅建有角楼，外绕护城河。皇城在宫城的外面，周长6里，城墙高约8米,内外砖砌,外围护城河,有六门。内城(又称京城或大城)在皇城的外面，周长45里，城墙高约12米，有九个城门。皇城里有太庙、社稷坛和中央官署衙门。内城和外城是居民区和商业区。北京城周长45里，中轴线南起永定门，往北经过正阳门、紫禁城、景山、钟楼、鼓楼，全长大约7.8千米。城中主要干道多是南北走向，小巷多东西向。永乐十八年(1420年)，北京城

⊙皇都积胜图(局部)

《皇都积胜图》绘于明朝中晚期，重现了北京城的繁华面貌，包括正阳门、棋盘街、大明门、承天门、皇宫等范围。图中所见是承天门内外的商业活动，摆摊的小贩成行成市，热闹非凡。

1405年

中国大事记：
明成祖命宦官郑和与王景弘等出使南洋各地，郑和下西洋自此始。

·内阁·

内阁是明朝废止丞相后设立的中央官署。洪武十五年（1382年），为解决废除丞相后政务繁忙之弊，明太祖朱元璋定置华盖殿、谨身殿、武英殿、文渊阁、东阁大学士，备皇帝顾问，时称“殿阁大学士”，为内阁前身。殿阁大学士品阶较低，且不能参与政务，仅是皇帝的秘书班子。明成祖时，正式启用内阁名号，并准许阁臣参与机务，参加讨论国家机密，但不置僚属，不得专制百官。从明仁宗开始，阁臣权力渐重。明中叶以后，阁臣又取得“票拟”大权，已经影响皇帝决策了。内阁则成为事实上的全国行政中枢机构，虽无宰相之名，实有宰相之权。

建设工程完工。北京不仅是中国历史上城市建筑的典范，而且也是当时世界上最雄伟壮丽的城市。永乐十九年（1421年）正月，明成祖正式迁都北京。

明成祖迁都北京后，改北京为京师，改北京行在六部为六部。南京降为陪都，称“留都”或“南都”，但仍然保留六部和“南教坊司”，称为南京六部。南京六部的官员多为闲职或老臣。

郑和下西洋

明成祖夺得皇位后，有一件事总使他心里不安稳，那就是皇宫大火扑灭之后，没有找到建文帝的尸体。为了把这件事查个水落石出，他派出心腹大臣，去各地秘访建文帝的下落，但是这件事不好公开宣布，就借口说是求神问仙。

后来，明成祖又想，建文帝会不会跑到海外去呢？于是，他就决定派一支队伍，出使国外。他想到跟随他多年的宦官郑和，是最合适的人选。

郑和小时候就从父亲那里听说过外国的一些情况。后来，他进宫里当了太监。明成祖见他聪明能干，很信任他，还给他起了郑和这个名字。

1405年六月，明成祖正式派郑和为使者，带一支船队出使“西洋”。那时候，人们叫的“西洋”，指的是我国南海以西的海和沿海各地。郑和带的船队，一共有2.7万多人，除了兵士和水手外，还有技术人员、翻译、医生等。他们驾驶62艘大船，从苏州刘家河（今江苏太仓浏河）出发，经过福建沿海，浩浩荡荡，扬帆南下。

郑和第一次出海，到了占城（在今越南南方）、爪哇、旧港（在今印度尼西亚苏门答腊岛东南岸）、苏门答腊、满剌加、古里、锡兰（今斯里兰卡）等国家。他每到一个国家，先把明成祖的信递交国王，并且把带去的礼物送给他们。许多国家见郑和带了那么大的船队，而且态度友好，都热情地接待他。

⊙ 郑和七下西洋路线示意图

1348～1353年

世界大事记：
意大利作家薄伽丘创作《十日谈》，为欧洲文学史上第一部现实主义作品。

郑和这一次出使，一直到第三年九月才回来。西洋各国国王见郑和回国，也都派了使者带着礼物跟着他一起回访。各国的使者见了明成祖，送上大批珍贵的礼物。明成祖见郑和把出使的任务完成得很出色，高兴得合不拢嘴。

后来，明成祖觉得没有必要再去寻找建文帝了，但是出使海外的事，既能提高中国的威望，又能促进与各国的贸易往来，有很多好处。所以从那以后，明成祖一次又一次派郑和带领船队下西洋。从1405年到1433年的将近30年里，郑和出海7次，先后一共到过印度洋沿岸30多个国家。

郑和第六次出使回国的同一年，明成祖得病死了。当他第七次出使回来后，大臣们认为郑和出使花费太大，便把出外航行的事业搁置了下来。

《三国演义》

《三国演义》是中国文学史上第一部长篇历史演义小说，全称《三国志通俗演义》，作者罗贯中是以晋朝陈寿的《三国志》为史实基础的。

关于罗贯中的生平，见于记载的很少，只能大致推测他的生卒年在1310～1385年之间。传说他很有政治抱负，曾入张士诚幕，朱元璋统一天下后，转而从事小说创作。他具有多方面的创作才能，曾写过乐府隐语和戏曲，但以小说成就为主，现存署名罗贯中的作品有《三国志通俗演义》《隋唐志传》《残唐五代史演义传》和《三遂平妖传》等。

《三国演义》的内容十分庞杂，时间和空间的跨度极大，涉及的人物也很多。作者以刘蜀政权为中心，抓住三国斗争的主线，井然有序地展开故事情节，描写了公元184年到280年间近一个世纪的历史故事，始于黄巾起义，止于西晋统一，形成了一个庞大有机的故事整体。全书集中描绘了东汉末年、三国时期各封建统治集团之间的军事、政治、外交等方面的斗争，揭示了当时社会的黑暗和腐朽，谴责了统治阶级的残暴和丑恶，反映了生活在灾难和痛苦中的人民迫切希望和平统一的愿望。

三国时期人才辈出，在政治、军事、经济、外交等方面或明或暗的斗争中，不同的人物表现了各自非凡的才能。《三国演义》刻画了许多不同特点的英雄人物，而他们都不是孤立的。如董卓、曹操和刘备；孔明、周瑜和司马懿；张飞、关羽和吕布等。这些不同的人物，或为一方霸主，或为沙场猛将，或为大帐谋士。

就董卓、曹操和刘备来说，董卓完全是邪恶和残暴的代名词，他烧杀掳掠，奸淫妇女，所犯罪行，真可谓擢发难数。曹操在书中是一个奸雄，他有智有谋，为官不避豪强，国难当头挺身而出，献计献策。在献刀杀董卓的故事中，充分

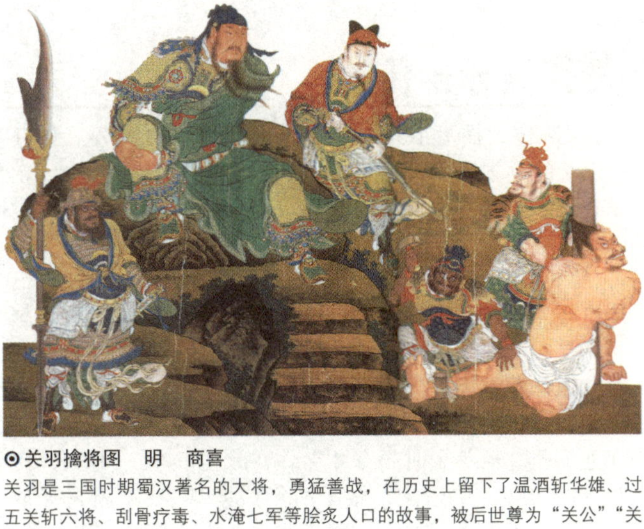

⊙**关羽擒将图　明　商喜**
关羽是三国时期蜀汉著名的大将，勇猛善战，在历史上留下了温酒斩华雄、过五关斩六将、刮骨疗毒、水淹七军等脍炙人口的故事，被后世尊为“关公”“关夫子”“武圣”。此图描绘的就是关羽“水淹七军，生擒庞德”的故事，图中关羽红脸长髯、威风凛凛，关平、周仓分立左右，阶下被缚者为庞德。

1407年

中国大事记：
《永乐大典》成书。

显示了他的英勇和机智。尤其是当董卓、吕布识破他的意图后，他还能镇定自若，借机脱身而去。但同时曹操又是多疑的，只因一句无头无尾的话，便杀死吕伯奢一家。刘备是作者全力打造的“明主”形象，他宽仁待民，对将士以诚心和义气为重。为了成就大业，他能够做到与民秋毫无犯，甚至在关键时刻，他也能够与民众共进退，如在当阳撤退时，他不肯抛弃百姓先行。他知人善任，对诸葛亮、关羽、张飞、赵子龙的态度，可以说感人肺腑。当然，像他双手抛子、白帝城托孤等情节也是他权谋的一种表现。

在《三国演义》中，塑造得最为出色的形象无疑是诸葛亮，他几乎就是超人智慧和绝世才能的化身。他隐居隆中时，对天下局势了如指掌，初见刘备即提出据蜀、联吴、抗魏的战略。在后来大大小小的战役中，他总能够出奇制胜。尤其在火烧赤壁这段故事中，三方的主要首脑都粉墨登场，各自扮演着自己的角色，他的草船借箭、祈禳东风、华容布阵，无一不是出人意料的大手笔。刘备去世后，蜀国国力大减，他安居平五路、七擒孟获、六出祁山，一手撑起艰难的局面。那种排除万难的才能、坚忍不拔的毅力和“鞠躬尽瘁，死而后已”的精神结合在一起，成了封建时代“贤相”的典型。

读《三国演义》需要注意的是它“尊刘贬曹”的思想，从对董、曹、刘三人事迹和结局的描写就能看出这种取向，书中的这种思想并不是罗贯中所独创的，它最迟起于宋代，此后不断得到加强。这一方面是历史学方面的原因，一方面是受惯了欺凌和剥削的中下层民众对“明君”盼望的结果。

《三国演义》中还有一个重要问题就是它所宣扬的“义气”。小说第一回就极力写刘、关、张三人的桃园结义，不求同年同月同日生，但求同年同月同日死。这个盟誓决定了他们三人名为君臣、实同骨肉的关系。这种义气是小私有道德观念的反映，表现了他们在遇到困难时互相支援、见义勇为的积极品德。但另一方面，这种义气也有局限性，如关羽遇害后，刘备把个人的义气置于国家利益之上，不顾诸葛亮、赵子龙等的劝告，举兵伐吴誓死为关羽复仇，结果损兵折将，蜀国国力从此日衰。

《三国演义》是中国长篇章回历史小说的开山之作，其艺术结构既宏伟壮阔，又不失严密和精巧，同时在照顾历史事实的基础上，又适应了艺术情节的连贯。

《水浒传》

《水浒传》描写了北宋末年以宋江为首的农民起义的英雄故事。关于《水浒传》的作者，历来存在着争议。目前学术界比较倾向于认同是施耐庵编著，后经过罗贯中的加工。施耐庵，名耳，后更名为子安，字耐庵，元末明初人，具体生卒年不详，大约和《三国演义》的作者罗贯中同时代而年纪稍长，据《兴化县续志》记载，他是罗贯中的老师。关于他的祖籍也说法不一：一说是浙江钱塘（今浙江杭州），一说是江苏苏州。他年少时颇有才名，在元至顺辛未年（1331 年）中进士，做了两年钱塘县令，后来因为不容于当朝权贵而辞官回乡，安心著书立说。据说他曾经参加过张士诚的农民起义军，做过幕僚，未为可信。

水浒的故事在民间流传甚广，主要作品有龚开的《宋江三十六人赞》，以及元杂剧中的《双献头》《李逵负荆》等。《水浒传》就是在民间传说、话本和戏曲的基础上写成的，是中国四大古典名著之一。该书通过宋江起义这一历史故事，真实地描绘了当时政治腐败、奸臣当道、民不聊生的社会全貌，反映了“官逼民反”的社会现实，以极大的热情歌颂了梁山英雄的大起义，深刻地揭露了人民与统治阶级间不可调和的矛盾。《水浒传》全书可分前后两大部分。前 70 回为前半部分，写各路英雄纷纷上梁山大聚义，打官军，聚义堂排座次。《水浒传》里的

1410年

世界大事记：
波兰、立陶宛与条顿骑士团进行格伦瓦尔德战役。

⊙施耐庵故居

施氏宗祠最早为施公后裔施文灿等将施公故居改建而成，前后穿堂三进。1938年被日本侵略军烧毁，1981年修复，1992年扩建，现已具一定规模，内部陈列着《水浒》研究和《施耐庵家谱》等重要资料。

英雄走上造反的道路，各有不同的原因；但是在逼上梁山这一点上，许多人是共同的。如阮氏三雄的造反是由于他们不满官府的压榨，参加劫“生辰纲”的行动，上了梁山；解珍、解宝是由于受地主的掠夺起而反抗的；鲁智深曾是个军官，他好打不平，结果也被逼上山落草；武松出身贫民，为报杀兄之仇，屡遭陷害，终于造反；林冲原是东京80万禁军教头，是个有地位的人，他奉公守法，安分守己，但最终也被逼上梁山。71回以后为后半部分。后半部分由5个小部分组成，即征辽、平田虎、平王庆、平方腊及结局。其中平田虎、平王庆两部分是后来加的，今天有的百回本征辽之后紧接平方腊，没有这两部分。后半部分中，梁山大军受朝廷招安，成为官军，南北征战，英雄们或死或伤，渐渐离散，很少有人善终。

“忠义”是梁山好汉行事的基本道德准则，甚至梁山义军的武装反抗，攻城略地，也被解释为“忠”的表现。但也就是这种“忠”的力量，最终把梁山大军引到了投降朝廷的灭亡道路。在征讨方腊后，108将只剩下27人回朝，而宋江却仍以所谓的“忠义”自诩。所以他会把最后一杯毒酒留给李逵，将梁山事业断送得干干净净。

《水浒传》的故事内容富有传奇性，情节跌宕起伏，变幻莫测，一波未平，一波又起。作品塑造了许多性格鲜明的英雄形象，有人说《水浒传》中的人物不是看出来的，而是“听”出来的。许多人物的语言极有个性，如宋江慷慨却又谨小慎微，武松刚毅而略带几分强悍，李逵的粗豪，鲁智深的豪爽等，都是由他们的语言表现出来的。

《水浒传》人物众多而身份、经历又各异，因而表现出各自不同的个性。林冲的刚烈正直，鲁智深的疾恶如仇、暴烈如火，武松的勇武豪爽，李逵的纯朴天真、戆直鲁莽，无不栩栩如生。这些英雄人物的个性虽然比较单纯，却并非简单粗糙。比如鲁智深性格是暴烈的，却常在关键时刻显出机智。又如李逵，作者常常从反面着笔，通过似乎是“奸猾”的言行来刻画他的纯朴。作者常常能够把人物的传奇性和富有生

·英雄传奇小说·

以《水浒传》为代表的这一类小说，通常被人们称为英雄传奇小说，以便和以《三国志演义》为代表的历史演义小说区别开来。英雄传奇小说和历史演义小说的共同点在于主要人物和题材都有一定的历史根据；两者的区别则在于，前者一般是从宋元小说话本中的“说公案”之类的题材发展而来，而后者是由“讲史”话本演化而成的；前者以塑造英雄人物为重点，后者则着眼于全面地描写历史的兴亡更替；前者的故事虚多于实，甚至主要出于虚构，后者比较注重依傍史实。在明代的英雄传奇小说中，继《水浒传》之后，较有名的还有《杨家府演义》《大宋中兴通俗演义》等。

1449年

中国大事记：
瓦剌也先犯大同，英宗率军亲征，在土木堡被瓦剌军所破，英宗被俘，史称土木之变。

活气息的细节结合得很好，使他们的形象显得有血有肉。

小说中许多不重要的人物以及反面人物，虽然着墨不多，却写得相当精彩。像高俅发迹的一段，他未得志时对权势人物十足的温顺乖巧、善于逢迎；一旦得志，公报私仇、欺凌下属，又是逞足了威风，凶蛮无比。这种略带漫画味的描绘有着很强的真实感。

《水浒传》十分重视情节的生动曲折，总是在情节的展开中通过人物的行动来刻画人物的性格。这些情节又通常包含着激烈的矛盾冲突，包含着惊险紧张的场面，包含着跌宕起伏的变化，富有传奇色彩。这种非凡人物与非凡故事的结合，使得整部小说充满了紧张感。

《水浒传》的语言也独具风格。施耐庵创造性地继承和发展了“说话”的语言艺术，以北方口语、山东一带口语为基础，形成了明快、洗练、表现力非常强的《水浒传》语言。状人叙事时，多用白描，不用长段抒写，寥寥几笔就神情毕肖。同时，《水浒传》的语言开始从《三国演义》的类型化写法摆脱出来，走向初步个性化写法，这标志着传统的写实方法在古代小说创作上的重大发展。

《水浒传》是中国小说史上第一部成熟的白话长篇小说，标志着我国白话长篇章回小说进入成熟的大发展时期。由它所开创的英雄传奇小说，不但启发了《金瓶梅》《水浒后传》《三侠五义》等小说，而且时至今日，依然是艺术家取法的宝库，并对中华民族的精神气质产生了深远的影响。

土木之变

有一年，皇宫要招收一批太监。蔚州（今河北蔚县）地方的一个二流子，名叫王振，年轻的时候读过一点书，参加几次科举考试都名落孙山，便在县里当了教官。后来因为犯罪该判充军，听说皇宫招太监，就自愿进了宫，从而充了罪罚。宫里识字的太监不多，王振粗通文字，所以大家都叫他王先生。后来，明宣宗派他教太子朱祁镇读书。朱祁镇年幼贪玩，王振就想出各种各样法子让他玩得高兴。

明宣宗一死，刚满9岁的太子朱祁镇继承皇位，这就是明英宗。王振当上了司礼监，帮助明英宗批阅奏章。明英宗年少好玩，根本不问国事，王振趁机掌握了朝廷军政大权。朝廷大员谁敢顶撞王振，不是被撤职，就是被充军发配。一些王公贵戚都讨王振的好，称呼他“翁父”。王振的权力可以说是顶了天了。

这个时候，我国北方的蒙古族瓦剌部已经强大起来。1449年，瓦剌首领也先派3000名使者到北京进贡马匹，要求赏金。王振发现也先谎报人数，而且还将进贡的马匹减少了，于是就削减了赏金。也先又为他的儿子向明朝求婚，也被王振拒绝。这一来，也先被激怒了，他率领瓦剌骑兵进攻大同。守大同的明将出兵抵抗，被瓦剌军打得溃不成军。

边境的官员向朝廷告急，明英宗召集大臣商量对策。大同离王振家乡蔚州不远，王振在蔚州有大批田产，他怕家产受损失，竭力主张英宗带兵亲征。兵部尚书（兵部尚书和侍郎是

⊙土木堡遗址

正统十四年（1449年）七月，瓦剌大举攻明。明英宗在宦官王振的怂恿下，率50万大军亲征土木堡。结果王振死于乱军之中，明英宗被俘。

1453年

世界大事记：
奥斯曼土耳其军队攻占君士坦丁堡，拜占庭帝国灭亡。

·司礼监·

司礼监，官署名。明置，明朝内廷管理宦官与宫内事务的“十二监”之一，有提督、掌印、秉笔、随堂等太监。提督太监掌督理皇城内一切礼仪，刑名及管理当差、听事各役。明朝初年，太监识字被严格禁止，但明宣宗设置了太监学堂，鼓励太监识字，于是凡皇帝口述命令，例由秉笔太监用朱笔记录，再交内阁撰拟诏谕并由六部校对颁发，其实是为了让司礼监的太监牵制内阁的权力。但自明武宗时宦官刘瑾专权以后，司礼监遂专掌机密，批阅章奏，实权在内阁首辅之上。

军事部门的正副长官）邝埜和侍郎于谦认为朝廷准备不够充分，不能亲征。明英宗是个没主见的人，王振怎么说，他就怎么听，不管大臣劝谏，就冒冒失失决定亲征。

明英宗叫他弟弟郕王朱祁钰和于谦留守北京，自己跟王振、邝埜等官员100多人，带领50万大军从北京出发，浩浩荡荡向大同开去。

过了几天，明军的前锋在大同城边被瓦剌军打得全军覆没，各路明军也纷纷溃退下来。明军退到土木堡（在今河北怀来东）时，太阳刚刚下山，有人劝英宗趁天没黑，再赶一阵，进了怀来城（今河北怀来）再休息，即使瓦剌军来了，也可以坚守。可是王振却想着落在后面装运他家财产的几千辆车子，硬要大军在土木堡停下来。土木堡名称叫作堡，其实没有什么城堡可守。不久，明军就遭到了瓦剌军兵的伏击。明军毫无斗志，丢盔弃甲，狂奔乱逃。瓦剌军紧紧追赶，被杀和被乱兵踩死的明军，不计其数，邝埜在混乱中被杀死，祸国殃民的奸贼王振也被禁军将领樊忠一铁锤砸死。明英宗做了俘虏。历史上把这次事件称作“土木之变”。

经过这一场战斗，不仅50万明军损失了一多半，明王朝大伤元气，而且北京也受到瓦剌军的威胁。

于谦守京城

英宗帝被俘的消息传到北京后，满朝文武大臣乱作一团，没有一个人能拿出好主意。翰林侍讲官徐珵主张走为上策，向南撤退。此时，朝中你一言，我一语，吵吵嚷嚷，毫无结果。正在关键时刻，兵部侍郎于谦挺身而出，他说：“京都是国家的根本，如果朝廷一撤出，大明就完了，大家难道忘了南宋的教训吗？”

于谦的主张得到许多大臣的赞同。皇太后和朱祁钰眼看到在这关键时刻，能站出一位力挽狂澜的忠臣，当然满心欢喜，立即委以于谦兵部尚书的重任，让他负责指挥军民守卫京城。

这个时候，由于朝中观点不同，事实上已分成主战和主和两派，加上英宗不能回朝主政，长此下去不是办法。于谦等人为了拯救明朝，向皇太后提出请求，立郕王朱祁钰为皇帝。太后再三考虑后，表示赞成。九月，朱祁钰即位，

⊙ 于谦像

号代宗皇帝，改年号为景泰，尊英宗为“太上皇”。

景泰元年九月，代宗即位不久，瓦剌军进逼宣府城下。于谦面对敌我兵力悬殊的态势，

1457年

中国大事记：
宦官曹吉祥及其党羽石亨等乘景帝病危，迎太上皇英宗复位，史称夺门之变。

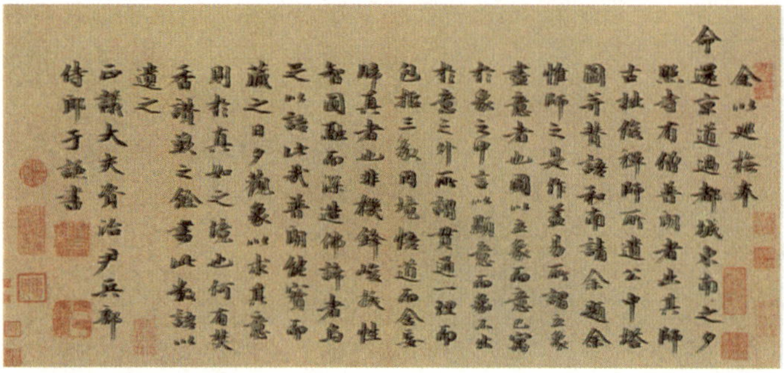
◎ 于谦《题公中塔图赞》

一面抓防卫，一面抓备战，大力征募新兵，调运粮草，赶制兵器，不到一个月，就征集了20万人马，做好一切迎敌的准备。

十月，也先挟持着被俘的皇帝朱祁镇攻破紫荆关，兵逼北京城。于谦主张先打掉也先的嚣张气焰，鼓舞士气。他调集了20万军队，做好迎战准备，并做了周密布置：都督王通、副都御史杨善率部守城，其余将士分别驻扎在九个城门外，列阵待敌。

明军副总兵高礼首先在彰义门外告捷，歼敌数百，夺回民众千人。也先眼看明军有于谦等将领指挥，硬攻不能取胜，便变换手法，以送还朱祁镇为名，准备诱杀于谦等人，但被于谦识破了。

也先见此计不成，便采取强攻。于谦不在正面与也先拼杀，他派骑兵佯攻，把瓦剌军引入伏击圈内，便用埋伏好的火炮轰击，瓦剌军伤亡惨重，也先的弟弟勃罗也在炮火中丧生。

瓦剌军围攻京都，屡遭挫败，进攻居庸关又遭守将罗通的抵抗。也先怕归路被明军切断，忙带着朱祁镇向良乡（北京房山东）后撤。明军乘胜追击，大获全胜。也先带着残兵败将逃回塞外。

北京之战，瓦剌军受到重挫，引起内部不和。也先见留着朱祁镇也没有多大作用，就把他送回了北京。从此，瓦剌军再也不敢进犯明朝了。

夺门之变

也先俘虏明英宗后，以为奇货可居，可以要挟明朝。不料，于谦等人拥立明英宗的弟弟朱祁钰为帝，就是明代宗，年号景泰，遥尊明英宗为太上皇。也先的如意算盘落空了，明英宗变得毫无价值了。也先在北京大败后，与明朝讲和，想放他回去，但明代宗却和南宋的宋高宗一样，怕哥哥回来抢了自己的皇位，所以对这件事毫不热心。无论孙太后和英宗的钱皇后怎么说、大臣怎么讲，他一概不听。如果把他逼急了，他就恶狠狠地说：“我本来就不想当皇帝，是当时你们硬让我当的！”众人拿他没办法。最后，还是于谦劝他把明英宗接回来。明代宗最信任的就是于谦，无论于谦说什么，他都答应，这次也不例外，不过也是老大不情愿。

右都御史杨善出使瓦剌议和，代宗所给敕书只有议和的内容，压根不提接明英宗回来，

◎ 明英宗像

也不给金银玉帛等礼物。杨善无可奈何，只好变卖了自己的家产，再凭他的三寸不烂之舌，把明英宗接了回来。明英宗终于结束了他一年的囚徒生活，回到了北京。

在迎接明英宗的仪式上，明代宗又和大臣

1455～1485年

世界大事记：
英国“玫瑰战争”。

产生了分歧。明代宗主张仪式从简，大臣们不同意。后来还是明英宗写信表示愿意从简才算了事。兄弟两人在紫禁城东门见面后,互跪行礼，仿照唐朝安史之乱后唐玄宗、唐肃宗禅让之礼，也举行了禅让。随后，明英宗被送入南宫（今北京南池子缎库胡同，是皇子们读书的地方）。明英宗表示想见一见母后和妻儿，但明代宗不同意。从此明英宗开始了长达7年的软禁生活。7年间,明英宗从未踏出南宫半步。名为太上皇，实为囚徒。明代宗派心腹大臣保护南宫，名为保护，实为监视。

本来明代宗即位之初，立明英宗的长子朱见深为太子。但后来他开始谋划废掉太子，改立自己的独子朱见济为太子。明代宗派太监贿赂大臣，并不断给他们加官晋爵。于是大臣们纷纷上表，要求换太子。明代宗非常高兴，就改立朱见济为太子，将朱见深改封为沂王。不久朱见济病死，但明代宗也不肯立朱见深为太子。明代宗本来身体就不好，再加上丧子之痛，健康每况愈下。

一些明英宗时期的旧臣、失意的官员和太监，如石亨、王骥、徐有贞、曹吉祥等见此情景，为了升官发财，阴谋拥立明英宗复位。他们先后与孙太后和明英宗取得了联系，得到了他们的支持，明英宗许诺，一旦复位，重赏功臣。

这时传来了瓦剌又骚扰边境的战报，于是石亨以保护京城安全为名，调集1000名士兵进入内城，向南宫进发，准备救出明英宗。这时突然乌云密布，伸手不见五指，众人非常害怕，以为遭到了天谴。徐有贞大声劝大家不要害怕，认为事已至此，没有退路了。众人只好继续前进，顺利地进入了皇城，直奔南宫。石亨威胁看守打开宫门,将明英宗扶上轿子，向皇宫进发。这时乌云突然散去，月明星稀，众人以为是天意，顿时大振,抬着明英宗直奔皇宫。来到东华门时，侍卫问：“什么人？”明英宗大声说：“我是太上皇，快开门！”侍卫大吃一惊，不敢不开门。

众人簇拥着明英宗来到皇帝举行朝会的奉先殿,将明英宗扶上了龙椅。这时已是天色微亮，大臣们在午门外准备朝见。徐有贞命亲兵敲响景阳钟，大臣们走入奉先殿。当看到龙椅上坐着的是明英宗时，大臣们顿时惊呆了。这时徐有贞大喊：“太上皇复位了，你们还不下拜？”大臣们只好下跪，山呼万岁，英宗就这样又重新取得了皇位。史称“夺门之变”或“南宫复辟”。

明代宗被明英宗废为郕王，不久，病死在西宫。明英宗把他葬在了北京西山，而不是埋葬明朝历代皇帝的北京昌平的十三陵，而且他的庙号是代宗，意思就是代替哥哥做了一回皇帝。

明英宗复位后，改年号为天顺，对那些在复位中帮他的功臣大加封赏。石亨被封为晋国公，徐有贞升为兵部尚书，曹吉祥升为为司礼监太监。他们还为自己的子侄和亲信邀功请赏，一时间受封的人达3000多人！于谦等忠臣被杀害或排挤。明朝的政治日益腐败，国势逐渐衰落。

·二十四衙门·

二十四衙门是明代宫廷内负责皇帝及其家族私人生活的宦官机构。明朝宦官设置始于明初。洪武三十年（1397年）设有十二监二司七局。各监设太监、少监、监丞等。成祖迁都北京后，正式形成二十四衙门，包括十二监四司八局。十二监为司礼监、内官监、御用监、司设监、御马监、神宫监、尚膳监、尚宝监、印绶监、直殿监、尚衣监、都知监。四司为惜薪司、钟鼓司、宝钞司、混堂司。八局为兵仗局、银作局、浣衣局、巾帽局、针工局、内织染局、酒醋面局、司苑局。二十四衙门各设掌印太监统领本衙之事。

二十四衙门中，以司礼监最为显要，其在明代历史上因为可以代替皇帝誊写“朱批”而出尽风头。

1505年

中国大事记：

明孝宗死，太子朱厚照即位，是为明武宗。

荒唐天子明武宗

明武宗朱厚照，是明孝宗的独生子，生母是张皇后，自幼就被视为掌上明珠，2岁被立为皇太子。他是明朝唯一一个以嫡长子即位的皇帝。

朱厚照小的时候非常聪明好学，老师教他的东西很快就能学会。但他身边的以刘谨为首的8个太监，整天给他一些新奇的玩具，组织各种各样的演出和体育活动。渐渐地，朱厚照荒废了学业。

明孝宗死后，15岁的朱厚照即位，就是明武宗，年号正德。当上皇帝的朱厚照，不仅没有收敛自己的玩乐行为，反而更加离谱了。明武宗下令在宫中建造了许多店铺，让太监、宫女们扮成老板、百姓，自己扮成富商，前去购买商品，还煞有介事地讨价还价，从中取乐。

大臣们看到这种情况，非常着急。他们联合起来，不顾性命地上书要求处死明武宗身边的8个太监。明武宗刚即位不久，还没有见过这种阵势，顿时没了主意，只好按大臣们的要求办。这时狡猾的刘谨在明武宗面前痛哭流涕，求他原谅，明武宗立刻心软了。

⊙明武宗朱厚照像

⊙青花鱼藻纹碗　明

第二天上朝，明武宗罢免了领头上书的两位大臣。这样一来，大臣们谁也不敢在提罢免8个太监的事了。刘谨的权力越来越大，人称“立皇帝”（站着的皇帝）。其他的几个太监仗着皇帝的势力，在宫外飞扬跋扈，老百姓把他们称为“八虎”。刘谨等人给明武宗建了一座豹房，让他在里面胡作非为。后来刘谨被大臣杨一清设计处死。

明武宗结婚很早，但一直没有子女，这成了他的一大遗憾。为了弥补遗憾，从正德四年开始，明武宗大收义子，一生共收了100多人为义子。正德七年九月，他一次就收义子127人，并赐姓朱。在众多的义子中，影响最大的就是钱宁、江彬和许泰三人。卫士江彬由于奋不顾身地力斗老虎，救了明武宗一命，获得了明武宗的信任，被收为义子。江彬原来是一名大将，在他的蛊惑下，明武宗亲自操练兵马，希望能像明太祖、明成祖那样建功立业。

明武宗有时出游时从外国使节中选几个人做侍从，模仿他们的举止习惯。当时明朝的海上贸易很发达，北京有很多外国人。明武宗还

1492年

世界大事记：
航海家哥伦布首次横渡大西洋发现美洲大陆，开辟了从欧洲横渡大西洋到美洲的新航线。

曾亲自接见葡萄牙使者，学葡萄牙语。

后来明武宗在宫里玩腻了，就离开北京，开始巡游天下。从正德十二年（1517年）开始，明武宗先后到过昌平、密云、居庸关、宣府、阳和（今山西高阳县）、大同、太原、榆林、淮安、南京等地。在北部边境，明武宗封自己为“总督军务威武大将军总兵官”和“镇国公”，改名为朱寿，希望能亲自上阵领兵打仗。正德十二年十月，蒙古小王子率军侵扰明朝，将总兵王勋包围在应州。明武宗闻讯后非常高兴，决定亲自率军前往救援，同小王子大战一场。小王子得知明武宗到应州后，派主力全力进攻，明武宗也不甘示弱，亲自部署大将进行抵御。战斗十分激烈，双方杀得难分难解。明军一度被蒙古军分割包围。武宗见状，亲自率领军前往援救，甚至还亲手杀敌数人，才使明军转危为安。双方大小百余战，在此期间明武宗与士兵同吃同住，极大地鼓舞了明军士气。最后，小王子感觉难以取胜，率军撤走，明军获胜，史称“应州大捷”，但明武宗居然加封自己为太师。这次大捷以后，蒙古很长时间内不敢侵犯明朝。应州大捷成为明武宗一生中最光彩的时刻。

明武宗的胡作非为，让远在南昌的宁王朱宸濠觉得有机可乘，于是起兵谋反，企图夺取皇位。明武宗决定以御驾亲征为名，南下游玩。走到半路，明武宗获悉宁王已经被王守仁俘虏，叛乱平定。为了继续南下，他秘而不宣，派人让王守仁释放宁王，好让自己亲自抓住宁王。这个荒唐的提议当然被王守仁拒绝了。明武宗到达南京后，举行收俘礼，然后下令班师回朝。途中在淮安清江浦捕鱼时，明武宗因船翻落水，被救后受了风寒再加上惊吓，得了一场大病。正德十六年（1521年），武宗病死于“豹房”，结束了他酗酒好色、游玩无度的荒唐一生，时年31岁。

大儒王阳明

王阳明（1472～1529年），名守仁，字伯安，浙江余姚人，晚年隐居在绍兴阳明洞，所以世称阳明先生，是明代著名的哲学家、教育家、军事家。

王阳明出生于一个官僚家庭，父亲王华曾任礼部左侍郎。王阳明小时候直到5岁还不会说话，大家都以为他是个哑巴，他父亲四处求医才把他的病治好。过了几年，王阳明的父亲给他请了个老师，王阳明读书非常刻苦，有神童之称。王阳明听到后，非常骄傲，从此不怎么用心读书了，迷恋起了下象棋。一次，到了吃饭的时候，他还在下象棋，母亲非常生气，认为玩物丧志，就拿起象棋扔到了河里。王阳明趴在河边，一边大哭，一边随机作了一首诗：“象棋终日乐悠悠，苦被严亲一旦丢。兵卒坠河皆不救，将军溺水一齐休。马行千里随波去，象如山川逐浪流。炮声一响震天地，忽然惊起卧龙愁。”从此以后，王阳明开始发奋读书。

11岁那年，王阳明和父亲去一座寺庙里拜访一位老和尚，夜里就住在那里。到了晚上，父亲和老和尚在屋中吟诗作对，王阳明饶有兴趣地听着。当他看到窗外的天宇中悬挂的一轮

⊙官吏常服　明
明代官吏常服，多戴纱帽、幞头，身穿盘领窄袖大袍。所谓“盘领”，即一种加有圆形沿口的高领。这种袍服是明代男子的主要服式，不仅臣宦可用，士庶也可穿着，只是颜色有所区别。平民百姓所穿的盘领衣必须避开玄色、紫色、绿色、柳黄、姜黄及明黄等颜色。

1508年

中国大事记：
明武宗置内行厂，由刘瑾领其事。

明月和远处重重的山川时，忽然想到一个问题："到底是月亮大呢，还是山大？"随口吟了一首诗："山近月远觉月小，便道此山大于月。若人有眼大于天，还见山小月更阔。"老和尚和他父亲听了，都非常吃惊，觉得这个孩子将来必定是个大学问家。

1499年，王阳明考中了进士，先后任刑部、兵部主事。南京科道戴铣、薄彦徽等因上书谏言得罪了把持朝廷大权的太监刘谨，被下狱。王阳明上书为他们鸣不平，结果被刘谨打了50大板，贬为贵州龙场（今贵州修文县）驿丞。途中，刘谨派杀手暗杀他，王阳明在杭州写了一首"绝命诗"又把衣服扔在了江边，让人以为他投江自尽，才逃过了一劫。

在龙场驿丞任上，王阳明捕获了一名江洋大盗。这个大盗杀人越货，无恶不作。受审时，他说："我知道我罪大恶极，罪不可恕，要杀要剐，悉听尊便。只是不要和我谈什么仁义道德，我从来不谈这个，甚至连想都不想。"王阳明一听，说："好吧。天气这么热，在审你之前我们还是把外套脱了吧。"强盗同意了。王阳明说："还是热得不行。我们再把内衣脱了吧。"两人又把内衣脱了。王阳明说："还是热啊！把裤子也脱了吧。"于是两人又把裤子脱了。这时两人身上只剩下内裤了。王阳明说："干脆！我们把内裤也脱了，这样更彻底！"强盗大惊失色，连忙说："这可千万不行啊！"王阳明笑着说："怎么？你也有羞耻感？羞耻感就是仁义道德的一种啊。"强盗对王阳明心服口服，把自己的罪行一一交代。

后来刘谨倒台后，王阳明才被调任江西庐陵知县。

当时的皇帝是明武宗。明武宗不理朝政，四处游玩。江西南昌的宁王朱宸濠想效仿明成祖起兵造反，夺取皇位。1519年，朱宸濠率领6万叛军正式造反，杀江西巡抚孙燧，乘船顺江东下，很快占领了九江。各地的官员怕得要死，纷纷逃跑。当叛军路过安庆时，安庆知府命令士兵登上城头，破口大骂。朱宸濠大怒，立刻挥军围攻安庆，双方激战了很多天。

这时候，已经升为都御史，主持江西南部军务的王阳明向朱宸濠发出檄文，号召人民共讨叛王朱宸濠。当时有人主张赶快去救援安庆，但王阳明却说："叛贼造反必定是倾巢而出。他的老巢一定非常空虚，我们来个围魏救赵。"他率领军队进攻南昌。南昌的叛军没想到王阳明会率军前来偷袭，大惊失色，没怎么抵抗就投降了。宁王一听老巢失守，立刻率军回来与王阳明决战。宁王的战船在江上布下方阵，王阳明指挥军队从四面八方发起进攻。霎时间，宁王的船队燃起熊熊大火，连他的座船也没有幸免。叛军大败溃逃，宁王被俘。

王阳明总结了宋明以来的思想哲学体系，提出"致良知"和"知行合一"，被称为"心学大师"。他的思想主张冲破封建禁锢，追求思想和个性解放。王阳明广收门徒，宣传他的思想主张，史称"阳明学派"，著作有《王文成公全书》。

·李贽·

李贽（1527~1602年），明代思想家、文学家、史学家，字宏甫，号卓吾，又号温陵居士，福建泉州晋江人。26岁时乡试中举，官至云南姚安府知府，54岁时辞官，晚年专事于著书讲学。因其思想异端，且对封建的假道学、程朱理学的抨击引起了当权者的不满，被以"敢倡乱道，惑世诬民"的罪名逮捕，卒于狱中。他倡导"童心说"，反对孔孟之道，即反对以孔子的是非观为是非标准。此外，他的思想中还有民主性的因素，认为"尧舜与途人一，圣人与凡人一"。其思想对晚明社会和文学创作具有重大影响。他的著作主要有《焚书》《续焚书》《藏书》《续藏书》等。

1497～1498年

世界大事记：
葡萄牙航海家瓦斯科·达·伽马绕行好望角抵印度，开辟了欧洲到印度的航路。

江南第一风流才子

唐寅出生在一个商人家庭。他的父亲虽善于经商，但认为商人地位卑微，经商不如读书做官好。他一心让儿子求学当官，以改换门庭。儿时的唐寅异常聪明伶俐，父亲经常欣慰地说："我的儿子将来会成名的。"但唐寅自小贪玩，有的时候还跑到屠场去看屠夫杀猪。他的这种浪荡行为在士大夫子弟中是少见的。父亲见状，对他愈来愈不抱希望。

⊙王蜀宫妓图　明　唐寅　绢本

此图取材于五代前蜀后主王衍的宫廷生活，描绘宫中四位宫妓的形象。图中人物均盛装打扮，在设色上妍丽明洁，富有变幻和节奏感，如画面正中一正一背两女子，一着淡黄衣衫，一穿花青大袖，色彩对比强烈，产生了醒目的艺术效果。同时，作者采用"三白"法，即以白粉烘染人物额、鼻、颊，突出了宫妓们弱不禁风的情态。全图线条如春蚕吐丝，精秀细劲，流转自然，是唐寅仕女画的代表作之一。

16岁那年，唐寅参加秀才考试，考取了童科中第一，成为府学生员。这在当时可是光宗耀祖的事，他因此受到全城人的赞誉。唐寅少年得志，雄姿英发，家里又富有，过着读书、游玩、吟诗作画的生活。人有旦夕祸福，1497年，唐家发生了惨痛的巨变。唐寅的父母、妻儿先后弃世，他悲痛万分。第二年，他的妹妹出嫁。这本来是一件喜事，谁知不久又传来妹妹在婆家自杀的消息。在一年的时间里，唐家家破人亡，只剩下唐寅兄弟二人。重大的打击使年仅20余岁的唐寅愁出了白发。

亲人的离世使唐寅的精神上受到极大的刺激。他一度意志消沉，终日与友人饮酒消愁。后来在好友祝允明的劝慰下，唐寅才又重新振作精神，继续埋头读书。1498年，唐寅参加应天府乡试，28岁的他高中第一名（解元）。唐寅撰写的文章受到《昭明文选》影响，辞藻优雅，意气风发，被主考官一眼看中。据说，梁储在阅到唐寅的试卷时，情不自禁地赞叹说："这个人真是才华横溢呀！解元准是他了。"

这次夺魁使唐寅心中不胜快慰，并一度踌躇满志起来。谁料乐极生悲。与唐寅同路进京赶考的是江阴巨富之子徐经，二人来京后继续住在一起。徐经认为能否步入仕途，学问固然重要，但更重要的是赢得权贵的赏识。因此，他整天奔走于豪门显贵之间。这些人中有同乡的吏部尚书倪岳、礼部侍郎程敏政和大文豪李东阳等。不仅如此，徐经和唐寅还经常骑着高头大马，招摇过市。这引起了许多人的妒恨和非议。

1519年

中国大事记：
宁王反于南昌，王守仁发兵征讨，平定宁王之乱。

那年京城会试的命题者和主考官是程敏政和李东阳。两人的试题出得十分冷僻，很多应试者答不上来。其中只有两张试卷，不仅答题贴切，且文辞优雅。程敏政高兴得脱口而出："此二人一定是唐寅和徐经。"这句话被在场的人听见，并传了出来。唐寅和徐经曾多次拜访程敏政，已经使许多人产生怀疑。程敏政在考场中这样说，使平时嫉恨他的人抓到把柄。有人上奏孝宗皇帝，弹劾程敏政受贿把试题泄露给唐寅和徐经。此后，又有多人纷纷奏报皇上，说程敏政受贿泄题事件在考生中反响很大，许多人对朝廷有怨言。

皇帝信以为真，立即下旨将程敏政、唐寅和徐经押入大理寺狱，派专人审理。李东阳复阅试卷时发现，被程敏政称赞的卷子并不是唐寅和徐经的。徐经入狱后经不起拷打，招认曾买通程敏政的亲随，窃取试题泄露给唐寅。唐寅见徐经已招供，无话可说。后经刑部、吏部会审，徐经翻供，说当时屈打成招。皇帝下旨，释放程敏政、唐寅、徐经等人。

尽管有皇帝的命令，但唐寅出狱时还要缴"赎徒"的钱。唐寅的生命之舟从应天府乡试第一的浪尖，一下子坠入无底深渊，前后不到半年光景，一荣一辱，真可谓天上地下。经历此劫，唐寅断绝了仕进之心。他出狱后，被发往浙江任小吏。这时的唐寅生活困苦不堪，友人劝他去浙江任职。但是他认为"士可杀不可辱"，坚决不去。

1500年，唐寅坐船到达镇江。他登金山、焦山，遥望金陵，回首往事，百感交集。之后，他又从镇江到扬州，游览了西湖、平山堂等名胜。然后，唐寅坐船沿长江经过芜湖、九江，到达庐山。唐寅游遍名川大山，胸中充满了千山万壑的景象，这使得他的诗画具有吴地诗画家所没有的雄浑、刚健之气。同时，他把浑厚的胸臆转化为潇洒的画风。唐寅的诗文无师自通，其实全部出于内心的真实感受，毫无雕琢之意。

为了生计，走出困境的唐寅开始了卖画生涯。当时，沈周和周臣都是苏州的名画家。唐寅潜心向他们学习，画艺突飞猛进，兼二者所长，以致青出于蓝而胜于蓝。唐寅对以丹青自娱、卖画为生颇为自得，自己刻了一枚"江南第一风流才子"的印章。

杨一清除内患

土木之变以后，明王朝开始走向衰落。明英宗以后的几代皇帝，都是昏庸腐败的家伙。

1505年，明武宗朱厚照即位。他身旁有八个宦官，经常陪伴他骑马、打猎，为首的叫刘瑾。

·国子监·

国子监是中国封建时代的教育管理机关和最高学府，也是朝廷掌管国学政令的最高官署。晋称国子学，北齐称国子寺。隋、唐、宋、元、明、清时称国子监。清末改革学制，自光绪三十二年（1906年）起设学部，国子监并入学部。

国子监的教学科目是：礼、乐、律、射、御、书、数等。当时谋求仕途发达的文人学士们最大的荣耀莫过于毕业于国子监、殿试时考取进士金榜题名并刻名于孔庙，从而光宗耀祖，在家乡刻立牌坊，还可飞黄腾达，在朝中做官。当时国子监不但有中国学生，还有外国留学生。明初，国子监先后改称北平郡学、国子学，后固定使用了国子监的名称。由于在南京的国子监称为南监，所以北京的国子监又称北监。

14～16世纪

世界大事记：
欧洲文艺复兴时期。

⊙**货郎图　明　计盛**
明中后期，商品经济高度发展，分工日益细化，社会职业越来越多社会生活也随着发生了巨大的变化，日益丰富多彩。货郎就是为了满足人们交换和物质需要而产生的一种职业。

明武宗贪图玩乐，刘瑾就迎合他的心意，得到武宗的宠信。这八个宦官依仗皇帝的势，在外面无恶不作。人们把他们合称为“八虎”。

1510年，安化王以反对刘瑾为名，发兵反叛。明武宗派杨一清指挥宁夏、延绥一带的军士，起兵讨伐安化王，又派宦官张永做监军。

杨一清本是陕西一带的军事统帅，因为他为人正直，不与刘瑾同流合污，被刘瑾诬陷迫害，后来经大臣们在皇上面前说情，才被释放回乡。这回明武宗为了平定藩王叛乱，才又重新任用他。

杨一清到宁夏时，叛乱已经被杨一清原来的部将平定，杨一清、张永把俘获的安化王押解去北京。杨一清早就有心把刘瑾除掉，他打听到张永原是“八虎”之一，刘瑾得势以后，张永和刘瑾产生分歧，就决心拉拢张永。

回京的路上，杨一清找张永密谈，说：“这次靠您的力量，平定了叛乱，这是值得高兴的事。但是铲除一个藩王容易，要解决内患可就难了。”

张永不解地说：“您说的内患是什么？”

杨一清靠近张永，用右手指在左掌心里写了一个“瑾”字。

张永看后，皱起眉头说：“这个人每天在皇上身边，耳目众多，要铲除他可不容易啊！”

杨一清说：“您也是皇上亲信。这次胜利回京，皇上一定会召见您。趁这个机会您把安化王谋反的起因向皇上奏明，皇上一定会把刘瑾杀了。如果大事成功，您就能名扬后世啦！”

张永犹豫了一下，说：“万一失败，怎么办？”

杨一清说：“如果皇上不信，您可以痛哭流涕，表明忠心，大事可成。不过这件事一定要快动手，晚了怕泄露机密。”

张永一到北京就按杨一清的计策，当夜在明武宗面前揭发刘瑾谋反。明武宗命令张永带领禁军把刘瑾捉拿起来。刘瑾毫无防备，正躺在家里睡觉，禁军把他逮住后，打进大牢。

明武宗派禁军抄了刘瑾的家，抄出黄金二十四万锭，银元宝五百万锭，珠玉宝器不计其数；还抄出了龙袍玉带，盔甲武器。明武宗龙颜大怒，立即下令处死了刘瑾。

1521～1524年

中国大事记：
大礼议之争，群臣力争，下狱者100多人。

杨继盛冒死劾严嵩

明武宗死后，朱厚熜即位，这就是明世宗。明世宗刚即位的时候，在政治上采取了一些改良措施。但是到了后来，他迷信上了道教，在宫内设坛求仙，渐渐对朝政也不大关心了。大学士严嵩，因为善于起草祭神的文书，迎合世宗的道教信仰，逐步取得了内阁首辅（相当于宰相）的地位。

严嵩并没有什么才能，他只知道拍马奉承，讨得世宗的欢心。他当上首辅后，和他儿子严世蕃一起，结党营私，贪赃枉法，为非作歹。

这时候，北面鞑靼部（蒙古族的一支）统一了蒙古各部，逐渐强大起来，成为明朝很大的威胁。严嵩不但不加强战备，反而贪污军饷，鞑靼首领俺答好几次打进内地，明军都没有力量抵抗。1550年，俺答带兵长驱直入，一直打到北京城郊，掳掠了大批人口、牲畜、财物，满载而归。过了一年，严嵩的同党、大将军仇鸾又勾结俺答，准备议和。这件事引起了一些正直大臣的愤慨，特别是兵部员外郎杨继盛，更是义愤填膺。

⊙青花云鹤八仙图葫芦瓶　明

世宗尊崇道教，迷恋丹术，用以盛装仙丹的葫芦瓶风行一时。此件葫芦瓶四面绘有八仙图。

杨继盛为人正直，看不下严嵩、仇鸾一伙丧权辱国的行为，就向明世宗上奏章，反对议和，希望朝廷发奋图强，训练士兵，抵抗鞑靼。明世宗看了奏章，也有点动心，但是禁不起仇鸾一伙撺掇，反而把杨继盛降了职。

杨继盛被贬谪后不久，明朝和鞑靼便议和了，但是没多长时间，俺答就破坏和议，进攻明朝边境。仇鸾密谋暴露，吓得发病死了。到了这时，明世宗才想到杨继盛的意见是对的，便把他调回京城。严嵩还想拉拢杨继盛，哪知道杨继盛对严嵩深恶痛绝，他回到京城刚一个月，就给明世宗上奏章弹劾严嵩，揭发严嵩十大罪状，条条都有真凭实据。

⊙杨继盛像

这道奏章击中严嵩的要害，严嵩气急败坏，在明世宗面前反咬一口，诬陷杨继盛。明世宗大怒，把杨继盛关进大牢。后来严嵩撺掇明世宗把杨继盛杀害了。

严嵩掌权期间，作恶多端，引起正直大臣们的强烈不满。御史邹应龙经过周密考虑，决定先从弹劾严嵩的儿子严世蕃下手。严世蕃依仗他父亲权势，干尽坏事。明世宗看了邹应龙弹劾严世蕃的奏章后，果然下令把严世蕃办罪，充军到雷州，并勒令严嵩退休。

严世蕃和他的同党还没到雷州，就偷偷溜回老家，收容了一批江洋大盗，还勾结倭寇，准备逃到日本去。这件事又被另一个御史林润揭发。

昏庸的明世宗看了这份奏章，也大为震惊，立即下令把严世蕃和他的同党处死，把严嵩革职为民。明朝最大的奸臣到此便彻底倒台了。

15世纪后期

世界大事记：
意大利形成威尼斯画派，以后提香成为领袖。

海瑞罢官

严嵩掌权时，不仅他的自家亲戚，就连他手下的同党，也都是依仗权势作威作福之辈。上至朝廷大臣，下至地方官吏，谁敢不让着他们几分！

可是在浙江淳安县里，有一个小小的县官，却能够秉公办事，对严嵩的同党也不讲情面。他的名字叫海瑞。

海瑞是广东琼山人。他从小失去父亲，靠母亲抚养长大，生活十分贫苦。他20多岁中了举人后，被调到浙江淳安做知县。海瑞到了淳安，认真审理过去留下来的积案，不管什么疑难案件，到了海瑞手里，都一件件调查得水落石出，从不冤枉一个好人。当地百姓都称他是“海青天”。

海瑞的顶头上司浙江总督胡宗宪，是严嵩的同党，他到处敲诈勒索，谁敢不顺他心，他就让谁倒霉。

有一次，京里派御史鄢懋卿到派江视察。鄢懋卿是严嵩的干儿子，敲诈勒索的手段更阴险。他每到一个地方，地方官吏要是不“孝敬”他一笔大钱，他是决不会放过的。各地官吏听到鄢懋卿要来视察的消息，都一筹莫展。可鄢懋卿却装出一副奉公守法的样子，他通知各地，说他向来喜欢简单朴素，不爱奉迎。

明世宗朱厚熜像

海瑞听说鄢懋卿要到淳安来，就给鄢懋卿送了一封信，信里说：“我们接到通知，要我们招待从简。可是据我们得知，您每到一个地方都是花天酒地，大摆筵席。这就叫我们不好办啦！要按通知办事，怕怠慢了您；要是像别地方一样大肆铺张，又怕违背您的意思。请问该怎么办才好？”

鄢懋卿看到这封揭他老底的信，气得咬牙切齿。但是他早听说海瑞是个铁面无私的硬汉，心里有点害怕，就临时改变主意，绕过淳安，到别处去了。

·八股文·

八股文也称“时文”“时艺”“制艺”“制义”“八比文”“回书文”。它是明朝考试制度所规定的一种特殊的文体。它以四书（即《大学》《中庸》《论语》《孟子》）、五经（即《诗经》《尚书》《礼记》《易经》《春秋》）中的文句命题，解释要以朱熹的注释为依据。它专讲形式，没有内容，文章的每个段落，死守在固定的格式里面，连字数都有一定的限制，人们只是按照题目的字义敷衍成文。文章的格式必须包括规定的破题、承题、起讲、入手、起股、中股、后股和束股八个部分。历史上，把这种文章叫作“八股文”。

海瑞墓，位于今海口市。

1563年

中国大事记：
巡抚谭纶率戚继光、俞大猷、刘显三将大破倭寇，收复兴化，浙、闽倭寇渐平。

通过这件事，鄢懋卿对海瑞怀恨在心。后来，他在明世宗面前狠狠告了海瑞一状，海瑞被撤了淳安知县的职务。

严嵩倒台后，鄢懋卿也被充军到外地，海瑞恢复了官职，后来又被调到京城做官。

那时候，明世宗已经有二十多年没有上朝了，他整天躲在宫里跟一些道士们鬼混，一些朝臣谁也不敢说话。海瑞虽然官职不大，却大胆写一道奏章向明世宗劝谏。他把明王朝的昏庸腐败现象痛痛快快地揭露出来。

海瑞这道奏章在朝廷引起了一场轰动，更触怒了明世宗。明世宗看了奏章后，又气又恨，下令把海瑞抓了起来，交给锦衣卫严刑拷打。直到明世宗死了，海瑞才被释放。

戚继光抗倭

明世宗在位期间，有一些日本的海盗经常到我国东南沿海一带骚扰。他们和中国的土豪、奸商勾结起来，到处抢掠财物，杀害百姓，闹得沿海一带不得安宁。历史上把这类海盗叫作倭寇。

后来，朝廷派熟悉沿海防务的老将俞大猷去平乱。俞大猷一到浙江，就打了几个胜仗。可是不久，浙江总督张经被严嵩的同党赵文华陷害，俞大猷也被牵连坐了牢。沿海的防务没人指挥，倭寇又猖獗起来。朝廷把山东的将领戚继光调到浙江，这个局面才得到扭转。

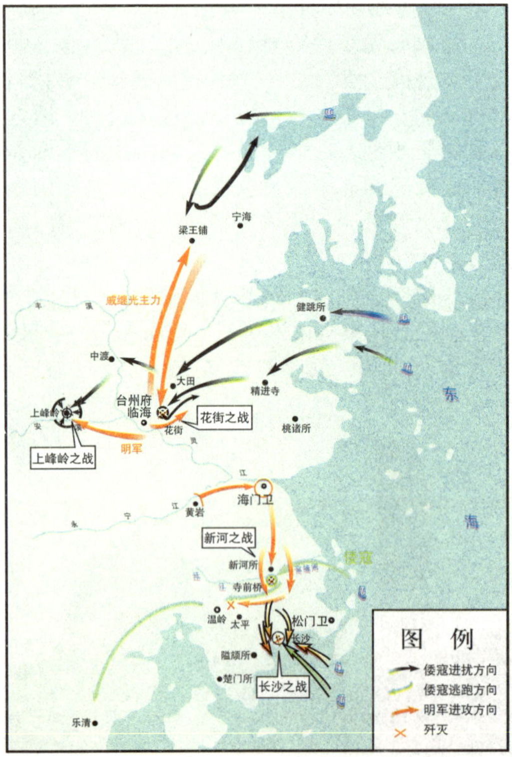

⊙台州大捷示意图

戚继光，字元敬，山东蓬莱人。戚继光的六世祖戚详原是朱元璋部将，东征西讨近30年，最后在云南战死。明太祖追念戚详的功绩，授他的儿子戚斌为明威将军，世袭登州卫（今山东蓬莱）指挥佥事。

1544年，戚继光的父亲戚景通病死，17岁的戚继光承袭了登州卫指挥佥事，从此开始了他的军职生涯。两年后，戚继光分工管理屯田事务。这时，卫所的军丁大多逃亡，屯田遭到破坏，海防受到很大影响。戚继光了解了这些情形，进行清理整顿，很快收到成效。

戚继光调到浙江抗倭前线后，发现军队缺乏训练，临阵畏缩，根本不能打仗。于是提出创立兵营、选兵、练兵等具体办法。一年后，倭寇进犯舟山，他奉命进剿，大获全胜。

戚继光在上级官员的支持下，到义乌招募了4000名年轻力壮的农民和壮士。接着，他对招募的士兵进行严格训练，效法岳家军，终于建立起一支战斗力极强的劲旅"戚家军"。

1561年四月，倭寇聚集了1万多人，驾数百艘战船，又一次大举侵扰浙东的台州和温州，骚扰了大片地区，声势震动了整个东南。戚家军迅速出击，先在龙山和雁门岭打败倭寇，接着驰援台州，在台州外上风岭设伏。戚家军士

1506～1626年

世界大事记：
罗马建成圣彼得大教堂，为世界最大的天主教堂。

兵每人执松枝一束，隐蔽住身体，使倭寇以为是丛林，等倭寇过去一半，立刻发起进攻。士兵一跃而起，居高临下，猛烈冲锋，全歼了这股倭寇。台州的战斗历时一个多月，共斩杀倭寇1400多人，烧死溺死4000多人。戚继光因功升为都指挥使。

这时，福建沿海倭患严重，福建巡抚向朝廷一再告急。戚继光奉命到福建抗倭，仅仅3个月，就荡平了横屿、牛田、林墩三个倭寇巢穴。戚继光升任都督同知、总兵官，镇守福建全省及浙江金华、温州二府。

不久，倭寇又聚集了2万多人，陆续在福德泉州、漳州、兴化等地登陆。戚家军分成数支，和倭寇展开激战，在一个月内就打了12次胜仗，杀死倭寇3000多人。公元1563年十一月，2万多倭寇围攻仙游。仙游军民昼夜在城上死守，情势十分危急。戚继光调各路明军，切断仙游倭寇与福建其他各处倭寇的联系，对围攻仙游的倭寇发起总攻，一举把这批倭寇消灭了。仙游大捷是以戚家军为主力的明军继平海卫之战后的又一重大胜利，共歼灭倭寇2000多人。

接着，戚继光又在同安、漳浦两地指挥戚家军大败倭寇，使福建境内倭患平定下来。1565年以后，广东总兵俞大猷官复原职，戚继光任职副总兵配合抗击倭寇。经过戚继光、俞大猷等抗倭将领的共同努力，以及沿海军民的浴血奋战，到1566年时，横行几十年的倭患，终于得到基本解决。

吴承恩著书

吴承恩出生于一个小商人家庭。他的父亲吴锐乐观豁达，奉行知足常乐的哲学。但他不希望儿子同自己一样碌碌无为，因此为儿子取名承恩，字汝忠。这个名字意味着父亲希望他将来能够做大官，上承皇恩，下泽黎民，做一个流芳百世的忠臣。

吴承恩小时候确实没有辜负父亲的希望。他天资聪慧，勤奋好学，一般的文章都能过目成诵。他两三岁时就能够读诗，6岁时入私塾读书。有了老师的专门教导，吴承恩学业进步得很快。少年时，他就因才学而名冠乡里。人们都对他刮目相看，相信他日后肯定能做大官。但随着年龄的增长，吴承恩的兴趣发生了转移。他越来越觉得“四书五经”过于枯燥乏味，稗官野史却蛮有情趣。

他特别喜欢捕捉新鲜事物，更喜欢读神仙鬼怪、狐妖猴精之类的书籍，而且在读书时还做了许多笔记和摘录。吴承恩最钟爱的小说野史是《百怪录》和《酉阳杂俎》。书中五光十色的神话世界，使他潜移默化地养成了搜奇猎怪的嗜好，这为他日后创作《西游记》奠定了基础。

少年时的吴承恩听淮河水神及僧伽大圣等神话故事非常着迷，有时连续几天都沉浸在离奇的故事情节中。随着时光的流逝，吴承恩步入了青年时代，但他对神话故事的兴趣有增无减，并且养成了狂放不羁、轻世傲物的个性。对此，他的父亲十分恼火，多次劝说儿子重新步入“正道”，吴承恩却毫不动心。商人的社会

·《西游记》·

吴承恩创作的长篇神魔小说《西游记》是以唐代高僧玄奘赴印度取经的故事为蓝本，综合《大唐西域记》《大唐慈恩寺三藏法师传》等作品的相关内容，经过整理、加工最终完成的。小说借唐僧师徒在取经路上经历的艰难险阻，折射出人间现实社会的种种罪恶，同时创造出孙悟空、猪八戒等不朽的艺术形象。全书结构严谨，繁而不乱，语言生动活泼，富有生活气息，借助神话人物的言行，抒发了作者对现实的不满和改变现实的愿望。

1571年

中国大事记：
明朝封俺答汗为顺义王，开互市。

⊙《西游记》图册　清

《西游记》问世后，各种表现唐僧师徒取经故事的艺术题材相继涌现，该图册的文字说明由清代康熙时期的四大书法家之一——陈奕禧书写，图文并茂，使故事情节得到更好的体现和延伸。上图描绘了孙悟空脱困五行山，拜唐僧为师的情景。

地位本来就低，又加之父亲的生意每况愈下和这位大才子的“不务正业”，吴家逐渐招来连绵不绝的嘲笑。以前被人交口称赞的日子一去不复返了，吴承恩父亲感到希望越来越渺茫。

吴承恩 20 岁时，尽管他与父亲关系不和，但父亲还是给他张罗了一门亲事。不久，吴承恩与同乡的一位叶姓姑娘结婚，二人婚后的感情非常好。吴承恩虽然狂放不羁，但品行端正，始终忠于自己的妻室。也许是由于妻子的劝诫和勉励的缘故，他重新拾起了“四书五经”。几年之后，吴承恩在府学岁考和科考中获得了优异的成绩，并取得了科举生员的资格。这着实让吴家人高兴了一阵子。吴承恩自己也觉得很光彩，一度还踌躇满志起来。时隔不久，他与朋友结伴去南京参加乡试。遗憾的是，平时写诗作文的才华远不如他的同伴都考取了进士，他这位誉满乡里的大才子竟名落孙山。

他这次落第，对父亲的精神影响很大。翌年春天，他的父亲吴锐怀着巨大的遗憾去世了。接受初次失败的教训，吴承恩在家人的鼓励下，在此后 3 年的时间里专心致志地在八股文上下了一番苦功。然而，在 1534 年秋的考试中他仍然没有考中。吴承恩羞恨交加，并于这年冬天病倒了。生病期间，他有时感到万念俱灰，真想一死了之。但是，看着床前的妻子、母亲和未成年的孩子，他又恢复了生活的勇气。

但父亲的去世，两次科举考试的失利，对吴承恩的打击太沉重了。在他看来，不能考取举人，不仅无法改善生活状况，而且愧对父母，有负先人。可是，他又不认为没能考取功名是因为自己没本事，而是命运不济，他认为“功名富贵都由天命决定，不是人力所能左右的”。正当吴承恩失意无奈之际，生活上的困顿又给他带来了巨大压力，这种压力并不小于科考的失利。因为父亲过世了，他需要应付全家人的开支，但他却没有顶门立户的能力，也缺乏养家糊口的手段。因此，全家人的生活只能依靠他每月从学府里领回的 6 斗米。

科场上的失意、生活上的困顿，使吴承恩对封建科举制度和黑暗社会现实有了更为深刻的认识。他愈来愈倾向于用志怪小说来表达内心的不满。在与残酷的现实生活作斗争的过程中，吴承恩怀着满腔热情，蘸着自己的血泪，写下了不朽的《西游记》。

《金瓶梅》

《金瓶梅》是中国第一部文人独立创作的小说，大约写作于明代万历年间，其作者向来众说纷纭，书上署名为“兰陵笑笑生”。兰陵即今天的山东枣庄市，笑笑生是笔名，作者的真实姓名尚无从考证。

《金瓶梅》是中国第一部家庭生活题材的长

1509～1564年

世界大事记：
宗教改革家、加尔文教派创立者加尔文在世。

篇小说，有“第一才子书”之称，清代被列为禁书。世传的版本有两个系统：《金瓶梅词话》和《金瓶梅》。《金瓶梅》是《金瓶梅词话》的改编本。书中除西门庆外，还着重写了潘金莲、李瓶儿和春梅，《金瓶梅》的书名，就是从这三个人名字中各取一字联缀而成的。

此书以北宋末年为背景，但所描绘的社会面貌、所表现的思想倾向，却有鲜明的晚明时代特征。作品以《水浒传》中西门庆、潘金莲的故事为引子，描写了恶霸、官僚、豪商西门庆罪恶的一生。小说以市井百姓作为描写的重点，通过对日常琐事的描写来反映社会，开创了“人情小说”的先河。

小说主人公西门庆是一个暴发户式的富商，他通过钱权交易疯狂地扩大自己在贸易和官场上的地盘，在男女之欲方面追逐永无休止的满足。他那种肆滥宣泄的生命力和最终的纵欲身亡，暗示了他所代表的社会力量在当时难以得到健康的成长。小说以前所未有的写实力量，描绘出那一时代活生生的社会状态，以及人性在当时社会状态中的复杂折射。

在揭示政治腐败、社会黑暗方面，《金瓶梅》不但广泛而且深刻。西门庆毒死武大，娶了潘金莲，逍遥法外；苗员外惨遭杀害，主犯苗青却因此成了富豪；宋蕙莲被害死后，她父亲想给女儿报仇，结果却被迫害至死……这种无辜者受尽煎熬、绝无希望的情节在小说中比比皆是。

《金瓶梅》大量描写了人性的普遍弱点和丑恶，尤其是被金钱扭曲和异化的人性。在这部100回的长篇小说中，除了“曾御史”之外，几乎没有一个通常意义上的正面人物，人人都在钩心斗角，相互迫害。西门庆家中妻妾成群，众妻妾乃至奴婢之间的争宠夺利，无所不用其极，甚至连生命都成了赌注，李瓶儿和她的儿子就成了这种争斗的牺牲品。西门庆在占有各色女子时，一面寻欢作乐，一面商谈着银钱的多少，两性关系在这里成为赤裸裸的金钱交易。

《金瓶梅》对人物的处理不再简单而平面化，小说中的人物已经摆脱了“好”或“坏”的简单划分。这些人往往以“恶”居多，有时也有人性“善”的一面。如来旺的妻子宋蕙莲，俏丽轻浮而浅薄无耻，她勾搭上了西门庆，便一心想摆脱丈夫。但当来旺被西门庆暗算后，她却悲愤异常，尽管西门庆百般劝诱，她再也不肯就范，最终自杀。她的自杀，既是对黑暗社会的彻底绝望和最后抗争，也是她人性中本真的东西还存留未泯的反映。

《金瓶梅》在反映生活和小说创作手法方面有许多成功的地方，作者对于他所描绘的世态人情，都持一种冷眼旁观的态度。这些描述，在作者笔下巨细无遗、毫发毕现，总给人一种极端冷静的感觉和嘲讽的味道。当然它的糟粕和消极影响也是显而易见的，其中受后人批评最多的，就是小说中存在大量的性行为描写。

⊙《金瓶梅》故事图　清

此是清初人依据《金瓶梅》第六十三回所绘的图画。画面中央艺人正在表演，右下方的伴奏乐队有胡琴、三弦、笙、笛、云锣等乐器，两旁是饮酒看戏的宾客，左上方是掀帘看戏的女眷。

1572年

中国大事记：
明穆宗死，太子朱翊钧即位，是为明神宗。

这种描写几乎完全未从美感上考虑，所以显得格外不堪，使小说的艺术价值受到一定的削弱。不过也应该考虑到小说中的这种描写，也是当时社会风气的产物。

总之，《金瓶梅》以其对社会现实冷静而深刻的揭露、对人性弱点清醒而深入的描绘，以其在凡庸的日常生活中表现人性困境的视角，以其塑造生动而复杂的人物形象的艺术力量，把注重传奇性的中国古典小说引入到注重写实性的新境界，在小说发展史上具有一定的地位。

挑灯闲看《牡丹亭》

汤显祖（1550 ~ 1616年），字义仍，号若士，江西临川人。21岁中举，因不肯阿附权贵，会试屡次不第。至内阁首辅张居正去世才考中进士，后升至南京礼部祠祭司主事。万历年间，江南水旱相继，汤显祖目睹民间的惨状，上《论辅臣科臣疏》，揭露赈灾官员的贪贿之行，辞意严峻，震动朝野，被贬为广东徐闻县典史。后来虽然又任知县之职，但他渐渐失去了从政的热情，49岁辞官还乡，晚年主要从事戏剧创作。

汤显祖创作最早的戏剧是《紫箫记》，后来改编为《紫钗记》。其他剧作《牡丹亭》《邯郸记》《南柯记》等，都是晚年辞官以后创作的，这四部剧作就是文学史上著名的“玉茗堂四梦”也称“临川四梦”。

“临川四梦，得意处唯在牡丹”，在这四部剧作中，《牡丹亭》是汤显祖最满意的一部作品。故事取材于话本小说《杜丽娘暮色还魂记》，南宋时太守杜宝的女儿杜丽娘私自游园，在梦中与素不相识的书生柳梦梅幽会，醒来后幽怀难遣，抑郁而死，埋葬在官衙的后花园。柳梦梅上京赴试时路过此地，在花园内拾得杜丽娘临终前的自画像。他观画思人，终于和杜丽娘的阴魂相会。在杜丽娘的指点下，柳梦梅挖墓开棺，杜丽娘起死回生，两人结为夫妇。后来柳梦梅考中状元，杜宝却拒不承认两人的婚事，最终由皇帝出面解决，才大团圆结局。

◎《牡丹亭》插图

《牡丹亭》自其问世之日起就轰动了文坛，时人评价说：“汤义仍《牡丹亭梦》一出，家传户诵，几令《西厢》减价。”

《牡丹亭》在当时引起了相当大的反响，据说娄江女子俞二娘读《牡丹亭》后，哀叹自己的不幸身世，竟含恨而死；杭州女艺人商小玲演此剧时想到自己的遭遇，悲恸难禁，死在了舞台上。

《牡丹亭》在艺术上的最大特色是它的浪漫主义色彩，主要表现是在“梦而死”“死而生”的幻想情节。杜丽娘所追求的爱情在当时的现实环境里几乎是不可能实现的；可是在梦想、魂游的境界里，她终于摆脱了礼教的种种束缚，改变了一个大家闺秀的软弱性格，实现了梦寐以求的美好愿望。例如在《惊梦》里，杜丽娘在梦里和柳梦梅相见，“真个是千般爱惜，万种温存”。又如在《冥判》里，杜丽娘还敢于向阎王殿上的判官诉说她感梦而亡的全部经过，得到判官的允许去寻找梦里的情人。作者用这些富有奇情异彩的艺术创造突出了现实和理想的矛盾，也表现了青年妇女对自由幸福生活的强烈追求。剧作多采用抒情诗的手法来抒写人物内心的情感，《惊梦》《寻梦》《闹殇》《冥誓》

16世纪20年代

世界大事记：
德意志农民战争发生。

⊙杜丽娘戏画瓷瓶　清

等出更多地像抒情诗，而不太像剧本。

《牡丹亭》塑造了封建社会中为了真情而冲破封建礼教的束缚，大胆地走向人性解放的青年女子杜丽娘的形象，并以此折射出了吃人的封建礼教对人性的摧残和压抑。杜丽娘从小得到父母的疼爱，而疼爱的方式却是竭力把她塑造成一个绝对符合礼教规范的淑女。杜宝夫妇以自己的“爱”给予女儿以最大的压迫。杜丽娘的老师陈最良“自幼习儒”，穷酸潦倒；更可怜的是除了几句经书，他根本就不知道人生是什么；但他也不是“坏人”，他只是拿社会教导他的东西教导杜丽娘，这同样给杜丽娘以深重的压迫。作品深刻地揭示了杜丽娘所面临的对手不是某些单个人物，而是由这些人物所代表着的整个正统意识和正统社会势力。她所做的只是徒然的抗争，她在现实中的结局只能是含恨而死。显然，如果作品只是到此结束，也有相当的艺术魅力和现实意义，但作者的目的并不止于此。他通过积极的浪漫主义手法，让杜丽娘复活。这种复活，不是简单生命的复原，而是爱情意识的觉醒和胜利，也是新思想对旧思想的觉醒和胜利。作者所追求的并非情节的离奇，而是要通过离奇的情节来表现人们追求自由与幸福的意志无论如何也不能被彻底抹杀，它终究要得到一种实现。

《牡丹亭》所热情肯定和歌颂的，就是杜丽娘那种为之生、为之死、出生入死、起死回生的天下之“至情”。将爱情强调渲染到这样的程度，也就是“爱情至上”。在明代，这是《牡丹亭》提供的具有时代色彩的新的思想，也是剧本的进步意义所在。要知道，那是一个虚伪残酷的理学统治的时代，是人的合理的生活、正常的欲望和感情遭到限制、压抑和扼杀的时代。汤显祖肯定和歌颂“情”，是为了否定和批判“理”。《牡丹亭》反封建的进步意义，主要并不是表现在要求婚姻自主上，而是表现在对于青年男女间正常的合理的爱情的肯定和对于摧残扼杀这种美好事物的封建礼教的否定上。正由于此，《牡丹亭》写的虽然是一个富家小姐生死离合的爱情故事，但它表达了广大被压迫妇女的强烈愿望，符合人民的要求，因而一出现就受到热烈的欢迎，得到强烈的反响。

“三言二拍”

“三言二拍”是明代拟话本小说的代表，其中，三言指的是冯梦龙辑撰的三个短篇小说集《喻世明言》《警世通言》和《醒世恒言》的合称，二拍指的是凌濛初的两个短篇小说集《初刻拍案惊奇》《二刻拍案惊奇》的合称。

冯梦龙（1574 ~ 1646年），字犹龙，长洲人。出身书香门第，和兄弟冯梦桂、冯梦熊被称为“吴下三冯”。然科举不得志，57岁时才选为贡生，做过几年知县。清兵渡江后，曾参与抗清活动，南明政权覆亡不久就忧愤而死。

冯梦龙一生主要从事通俗文学的研究、整理与创作，最重要的成就，是编著“三言”。《喻世明言》《警世通言》《醒世恒言》各40篇，共计120篇，因书名都有一个“言”字，所以统称为“三言”。

《喻世明言》原名《古今小说》，书中所收话本多数为宋、元旧作，少数为明人拟作。如《史弘肇龙虎君臣会》《宋四公大闹禁魂张》等是宋、元旧作，《蒋兴哥重会珍珠衫》《沈小霞相会出师表》等是明人拟作。还有一些作品可能是明人改编宋、元旧作而成的，如《新桥市韩五卖春情》《闹阴司司马貌断狱》等。这些小说中，

1573年

中国大事记：

张居正请行“考成法”，以整顿吏治。

⊙《金玉奴棒打薄情郎》年画

这个故事出自冯梦龙的《喻世明言》，主要内容是：团头金老大将女儿玉奴嫁与穷秀才莫稽，后莫稽中举得官，嫌弃玉奴门第贱卑，在上任途中将金玉奴推坠江中，玉奴幸遇淮西转运使许德厚相救，并被许公认为义女，后许公以嫁女之名，将玉奴配与莫稽，莫稽欢喜异常，洞房之夜，玉奴棒打薄情郎，在许公调解下，最终夫妻和好。年画所表现的就是莫稽推妻坠江一节。

以描写市井民众的作品最引人注目，比如《宋四公大闹禁魂张》写的是东京开当铺的张富爱财如命，欺凌一个乞讨为生的穷苦人，引起宋四公的不平，夜间宋四公即去偷取张富的财宝，终致张富破产自杀。

《警世通言》收作品40篇，其中宋、元旧作占了将近一半，如《陈可常端阳仙化》《崔待诏生死冤家》等，但它们多少都经过冯梦龙的整理、加工。其中《老门生三世报恩》《宋小官团圆破毡笠》《玉堂春落难逢夫》《唐解元一笑姻缘》《赵春儿重旺曹家庄》《杜十娘怒沉百宝箱》《王娇鸾百年长恨》等篇，大概是冯梦龙作的。爱情描写在《警世通言》中占有相当大的比例，比如，《小夫人金钱赠年少》与《白娘子永镇雷峰塔》都是通过爱情悲剧表现妇女不顾礼教，对于自由幸福的大胆追求。

《醒世恒言》的纂辑时间晚于《喻世明言》与《警世通言》，其中所收的宋、元旧作也比前“二言”少一些，只占1/6左右。可以确定为宋、元旧作的有《小水湾天狐贻书》《勘皮靴单证二郎神》《闹樊楼多情周胜仙》《金海陵纵欲亡身》《郑节使立功神臂弓》《十五贯戏言成巧祸》等篇，冯梦龙纂辑宋、元旧作时做了一些整理加工。《大树坡义虎送亲》《陈多寿生死夫妻》《佛印师四调琴娘》《赫大卿遗恨鸳鸯绦》《白玉娘忍苦成夫》《张廷秀逃生救父》《隋炀帝逸游召谴》《吴衙内邻舟赴约》《卢太学诗酒傲王侯》《李公穷邸遇侠客》《黄秀才徼灵玉马坠》等篇，可能就是冯梦龙的手笔。在《醒世恒言》的明人拟作中，关于爱情、婚姻、家庭的描写占有突出的位置，比如《钱秀才错占凤凰俦》《乔太守乱点鸳鸯谱》等篇，借闹剧方式，嘲弄了扼杀青年男女幸福爱情的封建婚姻制度。

在艺术方面，“三言”中的优秀作品，故事完整，情节曲折，细节丰富，运用了多种表现手段来刻画人物性格，富有世俗生活气息。

和冯梦龙一样为中国通俗小说事业做出了巨大贡献的还有一位，他就是凌濛初（1580～1644年），字玄房，浙江乌程人。18

·拟话本·

话本即“说话艺人”的底本。宋元以来的说话艺术深受世人的喜爱，话本的大量刊行，逐渐引起文人注意，他们由对话本的编辑、加工，转而变为模拟话本进行创作，这就是拟话本。与传统的话本娱乐说唱的功能不同，拟话本主要是由文人创作，供世人案头阅读的作品，因此在语言、情节以及思想等各个方面，都与传统的话本小说有很大的不同。明代拟话本的主要代表就是“三言二拍”，即冯梦龙的《喻世明言》《警世通言》《醒世恒言》与凌濛初的《初刻拍案惊奇》《二刻拍案惊奇》等，“三言二拍”代表了明代白话短篇小说创作的最高成就。

1526～1858年

世界大事记：
印度莫卧儿王朝时期。

岁补廪膳生，但此后科场不利，只得转向著述，55岁任上海县丞，后因功擢徐州判官。作品主要有《初刻拍案惊奇》和《二刻拍案惊奇》，“二拍”即是取两部书中的“拍”字而得名。

《初刻拍案惊奇》共40卷40篇。《二刻拍案惊奇》是因前书印行后受到普遍欢迎，应书商之请续作，只有39卷。“二拍”完全是作者据野史笔记、文言小说和当时社会传闻创作的，它对传统观念的冲击与反抗及表现的市民社会意识，要比“三言”更为强烈。诸如“官与贼人不争多”（《二刻》卷二十）、“何必儒林胜绿林”（《初刻》卷八），这样的评语，都表现了作者对社会统治力量的认识。

⊙明本《喻世明言》插图

爱情与婚姻也是“二拍”中最重要的主题，对传统道德观的冲击更为直接，它肯定“情”对于人生的至高价值，更多地把“情”与“欲”即性爱联系在一起，并且对女性的情欲多作肯定的描述。如《闻人生野战翠浮庵》写女尼静观爱上闻人生，便假扮和尚出走，在夜航船上主动招惹闻人生，最后得成美满婚姻。《通闺闼坚心灯火》一篇更具代表性。罗惜惜与张幼谦自幼相爱，私订终身之盟，后惜惜被父母许嫁他人，她誓死反抗，每日与幼谦私会。青年女子为追求幸福而对封建礼教所做的大胆抗争，在这里被描述得极具悲壮意味。

“二拍”在描写爱情与婚姻故事时，常常对妇女的权利作出肯定。《满少卿饥附饱飏》中作者明白地指出，男子续弦再娶、宿娼养妓，世人不以为意，而女子再嫁，或稍有外情，便万口訾议，这是不公平的。作者在两性关系上的平等意识表现得相当明确。“二拍”格外值得注意的是其中反映出的凌濛初的小说观，他反对小说的传奇性，他的理想是写一种“无奇之奇”，如《韩秀才趁乱聘娇妻》《恶船家计赚假尸银》《懵教官爱女不受报》等篇，都没有神奇鬼怪或大奸大恶之类，也没有过于巧合的事件。这就是凌濛初“无奇”观念的初衷。小说摆脱传奇性，这是艺术上的重要进步，因为这样小说就更贴近人们的日常生活，更有利于深入开掘人性内涵。后世《儒林外史》《红楼梦》等优秀作品，就沿袭了这一发展方向，而且获得更大的成功。

李时珍论药

明世宗在位期间，贪图享乐，但又担心死掉的那一天，享乐的日子就此结束。于是，他便挖空心思想得到长生不老的药剂。他下令让各地官吏推荐名医。正在楚王府里做医生的李时珍，便被推荐到朝廷做太医。

李时珍，字东壁，湖北蕲州（今湖北蕲春县）人，世代行医。他的祖父是悬壶济世的郎中，留下不少民间秘方（含偏方单方），他的父亲李言闻，对医学也很有研究。

李时珍自幼聪慧，读了不少《四书》《五经》之类的文章，14岁时中秀才。在17岁后，参加武昌府试，屡试不中。父亲还是要他继续努力，但他早已无心求取功名了。从此，李时珍跟随父亲左右抄写药方或上山采草药。

1545年，蕲州一带洪水泛滥成灾，灾后瘟疫流行，人民贫困，无钱求医。李时珍有志学医，又体恤民众疾苦，借此机遇临床实践，治好了许多病人。由于勤奋钻研，37岁的李时珍已成为荆楚一带的名医，“千里求药于门”者，络绎不绝。

有一次，楚王的儿子得了一种抽风的病，久治不愈。楚王慕名派人请李时珍为他儿子诊

1578年

中国大事记：
诏令清丈天下田亩，限三年完成。

⊙ **黑漆描金龙药柜　明**

此柜为盛药用具，黑漆地，正面及两侧饰描金双龙纹，背面及柜里饰描金花蝶纹。其双开门内有八方旋转式药屉 80 个，每屉盛药一种；两侧各有长屉 10 个，每屉分 3 格放药。每个药屉上用金泥为药鉴，墨书药名，全柜能放药 140 种，柜下有大屉 3 个，以供放置取药工具及方剂之用。柜子的背后有金泥书写的“大明万历年制”款，为宫廷御药房所用。

病。李时珍看了病人的气色，又按了按脉，知道这孩子的病是由肠胃引起的。他开了调理肠胃的药方，楚王的儿子吃过药后，病就全好了。楚王非常高兴，挽留他在府中任“奉祠正”兼楚王私人医生，李时珍同意了。他知道楚王一向与郝、顾两个富绅交往密切，而这两家藏书很多，借此机会可以弄到《神农百草经》《征类本草》等历代药典研究，既可以丰富自己的医学知识，又可以为今后撰著《本草纲目》打下基础。

不久，明世宗下令让全国名医集中到太医院，楚王只好遵旨推荐李时珍赴京都太医院任职。李时珍也借此机会，更好地与名医切磋交流医术，同时，阅读了许多民间看不到的善本医学经籍。在此期间，他儿次提议编撰《本草》一书，但都被拒绝。李时珍只在太医院待了一年，就告病归乡了。

回乡后，他边行医，边查阅前贤著述、药典、典故、传奇等。此外他踏遍青山，尝尽百草，足迹遍及河南、河北、江西、安徽、江苏等省，又攀登了天柱峰、茅山、武当山，采集标本，求教于药农、果农，亦冒险品尝了仙果（榔梅），熟食鼓子花（旋花）。

李时珍花了将进 30 年的时间，写成了著名的医药著作《本草纲目》一书。在这本书里，一共记录了 1892 种药，收集了 1 万多个药方，详尽地讲述了各种药材的产地、形态、栽培、采集等，还说明了炮制方法，分析性能和功用，是一本不可多得的医药经典。

朱载堉发明十二平均律

明代朱载堉创制的平均律是中国乃至世界音乐科学的重大成就。十二平均律被西方誉为“中国的第五大发明”。

朱载堉（1536 ~ 1611 年），字伯勤，号山阳酒狂仙客，又号狂生，谥端清，史称“端清世子”。

朱载堉出身明王朝皇族，是明太祖朱元璋的九世孙。其父朱厚烷为郑恭王。朱载堉小时悟性就很高，在他父亲及老师何瑭的熏陶下，十分喜爱音乐，并广泛学习了诗文、音律和数学等。11 岁的时候，朱载堉被立为世子。

明嘉靖二十九年（1550 年），因皇族之间的权力纷争，其父朱厚烷被诬陷削爵，禁锢于安徽凤阳。朱载堉愤然离开王宫，在附近山上筑了一间简陋土屋，独居 10 多年，潜心从事学术方面的研究。嘉靖三十九年（1560 年），朱载堉写出了我国第一部研究古代乐器的著作《瑟谱》。

隆庆元年（1567 年），其父平反昭雪，恢复爵位，朱载堉也恢复了世子身份，但他没有去追求享乐的生活，仍然一心一意地研究学术。万历九年（1581 年），朱载堉 46 岁时，完成了十二平均律的理论计算，登上了乐律学的最高峰。

万历十九年（1591 年），其父病逝，朱载堉承袭爵位。为了专心学术，他 7 次上疏，请求让位。在第 6 次上疏后，朱载堉毅然离开王宫，

1543年

世界大事记：

波兰天文学家哥白尼的《天体运行论》出版，建立日心体系，掀开天文学和自然科学史的新一页。

⊙明画《入跸图》

此画描绘的是明代一个骑马鼓吹乐队正在表演的场景。

搬到城东北的九峰山，开始过隐居生活，被老百姓称为“布衣王爷”。70岁的时候，朱载堉完成了凝聚了他毕生心血的科学巨著《乐律全书》。

万历三十九年（1611年），朱载堉积劳成疾，长眠在九峰山下，享年76年。

朱载堉一生著述丰富，共30多部，涉及领域很广，包括乐律、数学、物理、天文历法、计量、音乐和舞蹈等学科。

朱载堉在科学领域内的贡献是多方面的。在天文历法方面，他写了历学著作《律历融通》，还在总结前人经验的基础上编著了《律法新说》，包括《黄钟历法》《黄钟历议》和《圣寿万年历》等。他还精确计算出了回归年长度值，精确度几乎与现在国际通用值相同。专家利用高科技测量手段对朱载堉关于1554年和1581年这两年的计算结果进行验证发现，朱载堉计算的1554年的长度值与我们今天计算的仅差17秒，1581年差21秒。在物理学方面他发明了累黍定尺法，精确地计算出北京的地理位置与地磁偏角。在算学方面，他首次运用珠算进行开方，研究出了数列等式，解决了不同进位制的小数换算。

朱载堉最杰出的成就还是发明十二平均律。

律学，也称音律学或乐律学，是研究发声体发音高低比率的规律和法则的一门学问，属于声学的一个分支。

在朱载堉发明十二平均律之前，人们一直使用的是三分损益律，因为这种律不平均，“算术不精”，无法还原返宫。为了弥补这一缺陷，朱载堉创立了新法，精确规定了八度的比例，并把八度分为12个相等的半音，即：“置一尺为实，以密率除之凡十二遍。”密率即为十二平均律的公比数，为2的12次方根，数值为1.059463。

十二平均律的优点是能够旋宫转调，特别是在琴键乐器中，可以根据需要任意使用所有的键，因此被广泛应用于世界各国的键盘乐器之上，包括钢琴；朱载堉也因为这个发明被誉为“钢琴理论的鼻祖”。十二平均律被西方普遍认为是“标准调音”“标准的西方音律”。

朱载堉发明十二平均律之后，大胆地进行了音乐实践，他精心制作出了世界上第一架定音乐器——弦准，制作了36支铜制律管。在乐器制造的过程中，他把音乐和舞蹈分成了两个学科，首次提出“舞学”一词，并为舞学制定了大纲，奠定了理论基础。朱载堉用他的聪明才智和持之以恒的努力，在广泛的科学领域里取得了多项世界第一：第一个创立了十二平均律；第一个制造出定音乐器；第一个用珠算进行开方；第一个创立“舞学”。难怪英国的皇家科学顾问李约瑟博士称朱载堉是“东方文艺复兴式的圣人”。

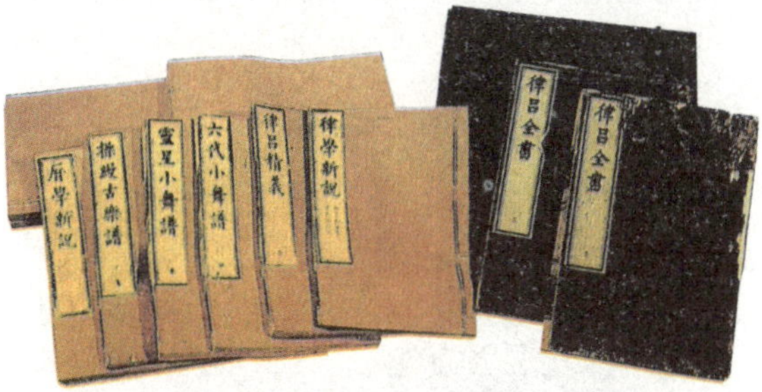

⊙《乐律全书》书影

《乐律全书》中详论了“十二平均律”理论。该书中还记录了当时的民间歌曲和舞蹈，并提出了关于歌唱和乐器演奏艺术的见解。

1581年

中国大事记：

张居正进行赋役制度改革，全面推行“一条鞭法”。

张居正改革赋役

明世宗千方百计寻找长生不老的药方，不但没有得到，反而误服了有毒的“金丹”，命丧九泉。明世宗死后，他的儿子朱载垕即位，这就是明穆宗。

明穆宗在位期间，大学士张居正才华出众，得到穆宗的信任。1572年，穆宗死去，太子朱翊钧继承皇位，这就是明神宗。张居正等三个大臣奉穆宗遗命辅政。

明神宗即位后，张居正成了首辅。他根据穆宗的嘱托，像老师教学生一样，辅导年仅10岁的明神宗。他自编了一本图文并茂的历史故事书，叫作《帝鉴图说》，每天讲给神宗听。

神宗把张居正当作严师看待，既尊敬，又惧怕。再加上太后和宦官冯保支持张居正，朝中大事几乎全部由他做主了。

那个时候，沿海的倭寇已经肃清了，但北方的鞑靼族还不时入侵内地，对明王朝构成威胁。张居正把抗倭名将戚继光调到北方去镇守蓟州（在今河北北部），戚继光从山海关到居庸关的长城上修筑了3000多座堡垒，以防鞑靼的进攻。戚家军号令严明，武器精良，多次打败鞑靼的进攻。鞑靼首领俺答见使用武力不行，便表示愿意和好，要求通商。张居正奏明朝廷，封俺答为顺义王。以后的二三十年中，明朝和鞑靼之间没有发生战争，北方各族人民的生活也安定下来。

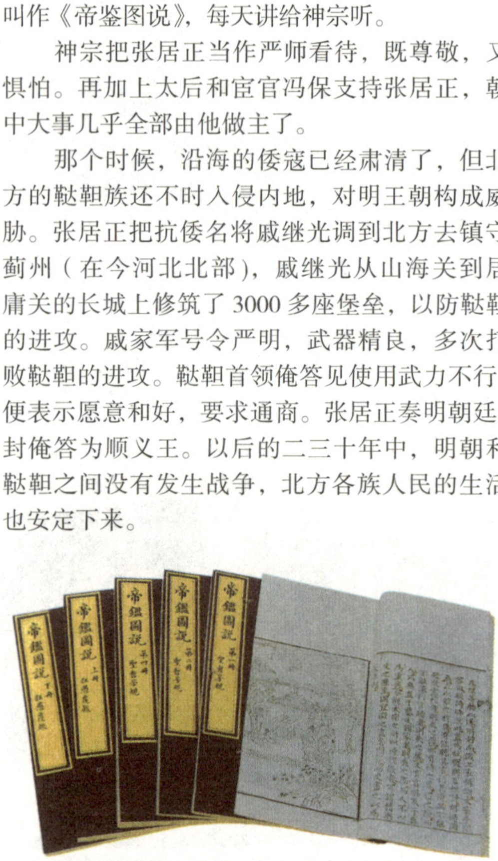

⊙张居正为皇帝编著的《帝鉴图说》

⊙明神宗朱翊钧像

当初，由于朝政腐败，大地主兼并土地，巧取豪夺，地主豪绅越来越富，国库却越来越穷。张居正下令清查土地，结果查出了一批被皇亲国戚、豪强地主隐瞒的土地，这一来，使一些豪强地主受到了抑制，增加了国家的收入。

丈量土地后，张居正又把当时名目繁多的赋税和劳役合并起来，折合成银两来征收，称为“一条鞭法”。经过这种税收改革，一些官吏就不能营私舞弊了。

经过10年的努力，张居正的改革措施起到明显的效果，使十分腐败的明朝政治有了转机，国家的粮仓存粮也足够支用十年的。但是这些改革触犯了一些豪门贵族的利益，他们表面不得不服从，背地里却对张居正恨之入骨。

由于张居正的权力太集中了，明神宗长大后，却反而闲得没事干。这时候，就有一批亲近的太监在内宫用各种办法给他取乐。

后来，由张居正做主，把那些引诱神宗胡闹的太监全部赶出宫去，太后还让张居正代神宗起草了罪己诏（皇帝责备自己的诏书）。这件事发生后，使明神宗对张居正从惧怕发展到怀恨了。

1582年，张居正病死，明神宗亲自执政。那些对张居正不满的大臣纷纷攻击张居正执政时专横跋扈。第二年，明神宗把张居正的官爵全部撤掉；还派人查抄了张居正的家。张居正的改革措施也遭到极大的破坏，刚刚有一点转机的明朝政治又昏暗了。

1555年

世界大事记：
《奥格斯堡宗教和约》签订。

明末三案

明朝末年，宦官专权，党争不断，发生了“梃击、红丸、移宫”三大著名的案件，后世合称为“三案”。

明神宗朱翊钧有两个儿子。长子朱常洛为王恭妃所生，次子朱常洵为郑贵妃所生。朱翊钧宠爱郑贵妃，想立朱常洵为太子。但明朝立太子的原则是“有嫡立嫡，无嫡立长”的嫡长子继承制。嫡子必须是皇后所生，现在皇后无子，当然应该立长子为太子。因此，大臣们一致主张立朱常洛为太子，明神宗和大臣相持不下。明神宗一怒之下，开始对国家大事采取不闻不问的态度，不上早朝，不批奏折，不任命官员。他爱财如命，派宦官搜刮民脂民膏，每天喝得烂醉如泥，醉生梦死。就这样，明神宗与大臣们僵持了15年，历史上称之为“争国本”。

最后，明神宗无可奈何，只好立长子朱常洛为太子，封朱常洵为福王。按照惯例，藩王要到自己的封地去，但朱常洵却一直滞留北京。他贼心不死，仍然觊觎太子之位。后来相继发生的“梃击”“红丸”“移宫”三案，就是“争国本”的继续。

万历四十三年（1615年）五月，一名疯疯癫癫的男子手持木棒，突然出现在太子朱常洛居住的慈庆宫前，打倒守门太监，闯入宫中，直奔太子寝殿，太监们拼死将他捉住，送交皇城保卫部门。后经审问得知，这个疯汉名叫张差，家住蓟州井儿峪，是郑贵妃手下的太监庞保、刘成将他引到慈庆宫门前的，告诉他“打死小爷（指朱常洛），有吃有穿”。

事情传开后，很多大臣都怀疑是郑贵妃和他的哥哥郑国泰阴谋策划此事，目的是想让张差伤害太子，好让福王朱常洵当上太子。

事情闹到了这个地步，明神宗只好召见大臣，拉着太子朱常洛的手对他们说道：“太子很孝顺，我很喜欢他。你们散布流言，离间我们父子关系！”他回头对朱常洛说道：“你有什么话要对他们说？”太子朱常洛对大臣们说道：“张差是个疯子，应该赶快把他处死。我和父亲的关系很好，外面的议论实在是不应该。”大臣们一听，都无话可说了。“梃击”案也就不了了之。

明神宗死后，太子朱常洛即位，就是明光宗。郑贵妃害怕报复，连忙想法讨好朱常洛。朱常洛特别宠爱李选侍，郑贵妃就拉拢李选侍。她提出立李选侍为皇后，李选侍则以封她为皇太后作为报答。郑贵妃又挑选了8个美女送给明光宗。明光宗沉溺女色，身体很快就垮了下来。他吃了宦官崔文升的泻药，一天要拉三四十次，人很快就奄奄一息了。鸿胪寺丞李可灼自称有仙丹，是一种红色的丸子，明光宗急忙叫太监召李可灼进宫。明光宗吃了一颗，病情有了缓解，下午又吃了一颗，到了第二天早晨就死了。

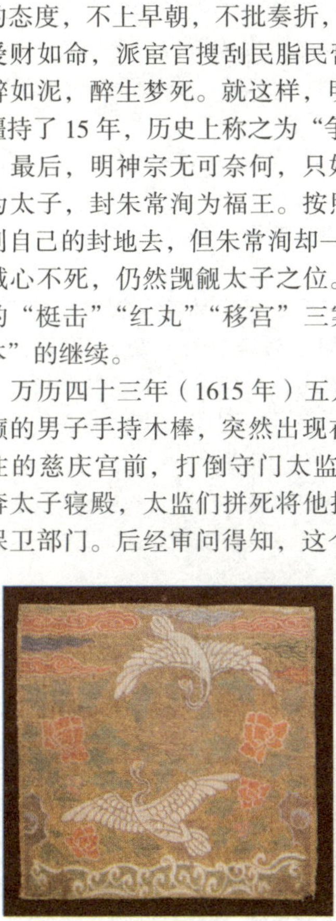

⊙ 织锦一品文官仙鹤补子

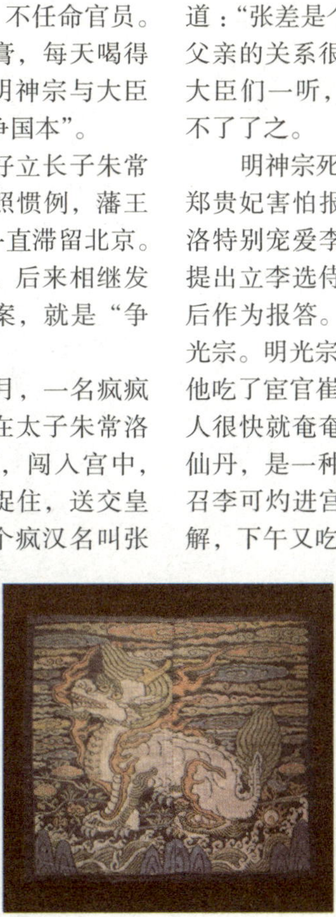

⊙ 织锦都御史獬豸补子

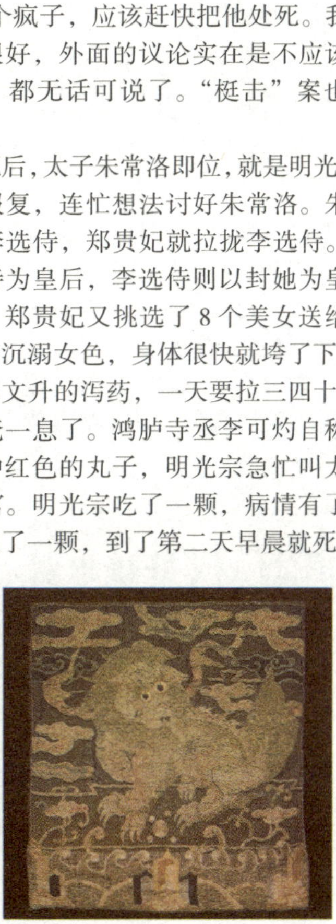

⊙ 刺绣二品武官补子

1587年

中国大事记：
海瑞死于南京右都御史任上，人民为之罢市致哀。

·景泰蓝·

景泰蓝是在明朝时兴起而逐渐发展起来的，主要是由北京宫廷作坊御前监创制。只因景泰年间烧制的最多最好，并以蓝色为主色调，所以名为“景泰蓝”。景泰蓝工艺制作复杂，纹饰多为缠枝勾莲纹。景泰蓝以蓝为主色调，配以红、黄、绿、白等色，并以金丝为轮廓，整个看上去，“朱碧相辉，镂金错彩”，充满“富贵气”。

早在古埃及时就已有珐琅工艺，后传至古罗马和拜占庭（东罗马)，后又传到西亚，在明初传入中国，得到发展。明初以宣德时制作的实物为最早，景泰年间制造的最精彩，品种、纹样、釉色都有所增加，技术也有所提高，是中国珐琅工艺的鼎盛时期。至嘉靖、万历年间，景泰蓝出现衰落倾向。

明光宗只做了一个月的皇帝。大臣们非常愤怒，指责郑贵妃的心腹崔文升和李可灼是导致明光宗暴死的元凶。最后两人都被处死，但红丸案也没有进一步追查。

乾清宫是皇后居住的正宫。明光宗朱常洛病重时就住在乾清宫，李选侍也住在那里。朱常洛临终前，召见大臣，封李选侍为贵妃，李选侍唆使明光宗的长子朱由校向明光宗请求封她为皇后，但明光宗没有答应。大臣们对李选侍的做法非常不满。

明光宗死后，李选侍把朱由校带在身边，仍住在乾清宫不走。大臣们要求见太子，李选侍让太监们挡在门前不让见。兵部右给事中杨涟挺厉声斥责道：“你们这些奴才想造反吗？”太监们这才让开。李选侍把朱由校藏在自己房里，还是不让他出来。东宫伴读王安哄李选侍说：“太子出去一下就回来。”大臣们把朱由校带到宫门口，李选侍又反悔了，叫太监把朱由校带回来。太监们拉住朱由校的衣服不放，杨涟上前将太监斥退才把太子带走，准备第二天登基。

大臣们对李选侍的做法非常愤怒，纷纷上书，强烈要求她搬出乾清宫。李选侍仗着是自己把朱由校从小带大的，想让朱由校压制大臣，继续住在乾清宫。

第二天，大臣们一致要求朱由校下诏，令李选侍搬出乾清宫。李选侍无可奈何，只得搬到宫女养老的哕鸾宫居住，移宫案到此才宣告结束。

在明末三案中，东林党人的主张和立场符合公论，但却被后来的齐、楚、浙三党翻案，借三案大肆攻击东林党人，太监魏忠贤也对东林党人进行了疯狂的打击。不停的党争和内斗将明朝推向了灭亡的边缘。

权奸魏忠贤

魏忠贤（1568 ~ 1627年），北直隶肃宁（今河北肃宁）人，出身贫寒。早年是远近闻名的市井无赖，吃喝嫖赌，无恶不作。曾娶妻冯氏，并生一女。一次，魏忠贤和一群赌徒赌博，输了很多钱，跑到酒店里躲了起来。赌徒们不肯善罢甘休，把他从酒店里拖出来，当街一顿痛打，差点丢了小命。魏忠贤是个非常要面子的人，觉得没脸在家乡待下去了，心一横，决定去宫里当太监。

魏忠贤自行阉割，改名李进忠，抛下妻女，来到京城，通过关系，来到宫里当起了太监。李进忠巴结太监魏朝，取得了他的信任，魏朝便把他推荐给大太监王安。王安让他去做后宫王才人的办膳太监。王才人是明神宗朱翊钧的儿子朱常洛的妃子，皇长孙朱由校的生母。李进忠虽然是无赖，但他办事勤快又听话。年幼的朱由校贪玩不喜欢读书，很喜欢目不识丁却有一身武艺的李进忠，李进忠则千方百计地讨

1556年

世界大事记：
阿格里科拉出版《论金属》，讨论采矿和冶金问题。

朱由校的欢心。

万历四十八年（1573年），明神宗一命呜呼，太子朱常洛登基，就是明光宗。但不到一个月，明光宗就病死了，皇太孙朱由校登基，年号天启，就是明熹宗。一人得道，鸡犬升天，李进忠也飞黄腾达起来，成为宫中最有权势的太监——司礼监秉笔太监（替皇帝起草诏书）。后来他又掌握了明朝最大的特务机关——东厂。

李进忠把自己的名字改为魏忠贤，勾结朱由校的乳母客氏。两人狗仗人势，狼狈为奸，飞扬跋扈，大肆打压异己，从此开始了明朝历史上的魏忠贤专权乱政的局面。

客氏本是定兴（今河北定兴）农民侯二的妻子，当初宫中为即将出生的皇长孙朱由校寻找奶妈，客氏被选中。万历皇帝不喜欢太子朱常洛，所以朱由校的处境非常艰难，他的生母王才人又为朱常洛宠妾李选侍凌辱至死。因此，朱由校从小孤苦无依，缺少父母之爱，每天只能依偎在客氏的怀里，客氏把朱由校当成心肝宝贝，两人的感情十分深厚。每天吃饭睡觉，要是没有客氏在旁边，朱由校就吃不下，睡不着。所以，朱由校一登上皇位，就决定好好报答客氏，封她为“奉圣夫人”。客氏在宫中每天浓妆艳抹，来往乘坐小轿，犹如皇后，横行后宫。

明熹宗朱由校从不认真处理政务，每天只知道做木工活。他每天拿着斧和锯，砍木头，锯板子，盖好了房子又拆，拆了又盖，成天忙得不可开交，有时候还把做好的家具让太监拿到宫外去卖。大臣们见这位小皇帝不务正业，免不了要出来干预，搞得这位小皇帝心烦意乱。魏忠贤瞅准了这个机会，便投其所好，给明熹宗找了许多活干，还专门趁他专心做木匠活的时候，上前让他披阅奏折。明熹宗非常不耐烦，挥挥手说：“知道了！知道了！你决定吧！”就这样大权就落到魏忠贤手中，被无耻之徒谄媚为“九千岁”。

⊙金盖托白玉碗　明

魏忠贤在皇帝面前这么受宠，一些趋炎附势的小人，许多文臣武将、地方官员都纷纷投靠了魏忠贤，认他当干爹，比如“五虎”“五彪”“十孩儿”“四十孙”等。各地官吏纷纷为他设立生祠。祠堂是人死后才修的，而魏忠贤还活着就有了祠堂受人供奉。生祠里立着一座魏忠贤的塑像，烟雾缭绕，官吏们都行礼叩拜。当然这个“干爹”当然也不亏待他的干儿子们，于是“五虎”“五彪”等人都当上了朝廷和地方的高级官员，形成了以魏忠贤为首的一个“阉党”，完全把持了朝政。

魏忠贤担心天下有人反对他，就派出许多东厂特务到全国各地刺探消息，如果有谁说了对他不敬的话、干了反对他的事，就立刻逮捕关在东厂里严刑拷打，甚至处死。东厂俨然就是人间地狱。

魏忠贤的胡作非为引起了东林党官员的强烈不满，他们纷纷联合起来弹劾魏忠贤。魏忠贤大肆报复，大规模迫害镇压东林党人，诬陷东林党的左光斗、杨涟、周起元、周顺昌、缪昌期等人贪污受贿，大肆搜捕东林党人，东林党几乎被阉党势力消灭。

1627年，崇祯帝朱由检登基以后，下令将魏忠贤流放凤阳，魏忠贤在途中畏罪自杀，客氏被乱棍打死，阉党势力被一扫而空。

东林党议

东林党是晚明时期以江南士大夫为主的政治集团。

明神宗即位的前十年，由张居正主政，明朝一度出现中兴的迹象。张居正死后，明神宗亲政。他疯狂地报复张居正，没收了张家的家产，废除了张居正的全部改革措施，罢免了张居正提拔重用的贤臣良将。刚开始，明神宗还比较勤政，但没过多久，他就躲进后宫不理政事，

1588年

中国大事记：
努尔哈赤统一建州。

·三法司·

明初沿袭元制，置六部，以刑部掌法律、刑狱之事；置御史台，掌监督、弹劾官吏，参与审理重大案件；置大理寺，掌复审大案，平反冤案。洪武十五年（1382年），改御史台为都察院。后令刑部、都察院、大理寺共同理刑审狱。以刑部受理刑名，都察院纠察，大理寺驳正。初审时，以刑部、都察院为主；复审时，以大理寺为主。明太祖设三法司会审制，名为审慎断案，避免冤狱，实为互相制约，防止专权。清朝沿置。光绪三十二年（1906年），将大理寺改为大理院。

使国家的中枢机构处于瘫痪状态。

万历中期以后，吏治腐败，贪污受贿成风。朝廷的大臣们鉴于张居正的教训，为了保住官位，对国家大事、人民疾苦漠不关心，反而拉帮结派，打击异己，互相争权夺利。

顾宪成，字叔时，别号泾阳，南直隶无锡县（今江苏无锡）人，万历八年（1580年）进士，后任吏部郎中。他为人正直，关心朝政，刚直不阿，被明神宗革职。回乡后，在常州知府欧阳东凤和无锡知县林宰的帮助下，修复了家乡的宋朝学者杨时创建的东林书院。顾宪成和因遭权贵而被罢官的友人高攀龙、钱一本、叶茂才、薛敷教、安希范、刘元珍及他的弟弟顾允成等人，在书院中讲学，人称“东林八君”。他们的讲学每年一大会，每月一小会，四书、五经、通鉴、性理陈说无所不谈。同时他们又议论朝政，评点人物，参与政治，反对空谈，他们的言论被称为清议。东林书院逐渐成为对在朝官员的声誉、行动有重大影响的政治舆论中心，使其名声大振。当时一些士大夫、退休的官僚、朝廷的部分官员也遥相呼应，形成一股强大的政治势力，被他们的政敌称为东林党。

东林党的主要政敌是齐、楚、浙三党。齐、楚、浙三党分别以山东莱芜人亓诗教、湖北黄冈人官应震、浙江慈溪人姚宗文，另外还有以南直隶（今江苏）昆山人顾天峻和宣城人汤宾尹为首的昆党和宣党。他们大部分是按籍贯组合，以浙党为核心，追随权臣，勾结宦官，攻击东林党人。而东林党人的籍贯分布得比较广泛，甚至包括政敌省份的人。东林党人从出身名门望族，到一般的地主官僚都有，他们主要是一群政治主张相同、忧时救世、代表中下层人民利益的全国性政治力量。

东林党议深入明朝后期的政治斗争，涉及很多事件、人物，主要有京察、封疆和三案之争。在当时明与后金的战争中，党议的双方在明朝的战略战术、将领选拔等方面也展开了激烈的政争。

东林党人认为吏治是关系到国计民生和社会安定的大事，他们要求皇帝亲政，内阁首辅和大臣做出表率，但没有得到重视。于是他们便利用一年一度的京察作为反对政敌的机会。

首先，东林党人要控制负责京察的职位，比如吏部尚书、都察院都御史、吏部考功司郎中、河南道监察御史等，查看官员是否受到处罚和处罚是否得当是双方在京察斗争中的主要内容。

◎ 东林党的根据地——东林书院旧迹

1561～1626年

世界大事记：
英国唯物主义哲学家、实验自然科学创始人培根在世，他以实验和归纳法为欧洲近代哲学和自然科学发展开辟新途径。

东林党人严于律己、刚直不阿，与依附皇帝权贵的齐、楚、浙等党进行了激烈的斗争，双方互有胜负。明神宗去世后，由于东林党曾支持太子朱常洛，以及萨尔浒之战明军大败，再加上齐、楚、浙党内讧，使得东林党人执掌朝政，他们罢免了一些贪官污吏，吏治大为好转，赢得了社会各阶层的支持，增强了自身的政治实力。在三案中，东林党人据理力争，维护了正常的封建统治秩序，扩大了自己的势力。

但随着后来魏忠贤的专权和齐、楚、浙等党的投靠，形成了权势熏天的“阉党”。他们疯狂地向东林党人进攻。面对巨大的威胁，东林党人没有坐以待毙，而是奋起反击。东林党人杨涟上书弹劾魏忠贤，一时群臣响应。但由于魏忠贤控制着明熹宗，结果东林党人杨涟、左光斗、高攀龙等人先后被罢免，不久魏忠贤又大肆搜捕东林党人，很多人惨死狱中。东林书院也被拆毁。

当时发生了很多支持东林党人的民变。天启六年（1626年），苏州万余市民在雨中集会，声援东林党人，史称“开读之变”，开读之变后，民变首领颜佩韦等五人慷慨就义。

天启七年（1627年），明熹宗死，明思宗朱由检上台，他逼死了魏忠贤，将阉党势力一扫而空，为受迫害的东林党人平反昭雪。

明思宗朱由检虽然铲除了魏忠贤的阉党势力，使政局为之一新。但他刚愎自用，冤杀了东林党支持的大臣袁崇焕，最终又走上了重用宦官，抛弃东林党的老路。东林党与阉党的斗争，一直延续到南明时期。

左光斗入狱

明神宗后期，有个名叫顾宪成的官员，因为直言敢谏，得罪了明神宗，被免了职。他回到无锡（今江苏无锡）老家后，约了几个志同道合的朋友在东门外东林书院讲学。讲学期间，免不了议论国家政事，还批评一些当政的大臣。一些被批评的官僚权贵因此对顾宪成恨之入骨，把支持东林书院的人称作“东林党人”。

明熹宗刚即位的时候，一些支持东林党的大臣掌握了朝政大权，其中要数杨涟和左光斗最有名望。

有一次，朝廷派左光斗到京城附近视察，并负责那里的科举考试。

一天，左光斗在官署里喝了几盅酒，见外面下起大雪，忽然起了游兴，便带着几个随从，骑着马到郊外去踏雪。他们走到一座环境幽静的古寺，左光斗决定到里面去休息一下。

他们进了古寺，看见左边走廊边的小房间里，有个书生正伏在桌上打瞌睡，桌上还放着几卷文稿。左光斗拿起桌上的文稿细细看了起来。那文稿不但字迹清秀，而且文辞精彩，左光斗看了禁不住暗暗赞赏。他打发随从到和尚那里去打听一下，才知道那书生名叫史可法，是新到京城来应考的。左光斗暗暗地记住了这个名字。

考试那天，堂上的小吏高唱着考生的名字。当小吏唱到史可法的名字时，坐在厅堂上的左光斗注意看那个捧着试卷上来的考生，果真是那天寺里见到的书生。左光斗接过试卷后，当场把史可法评为第一名。

从那以后，左光斗和史可法便建立了亲密的师生关系。

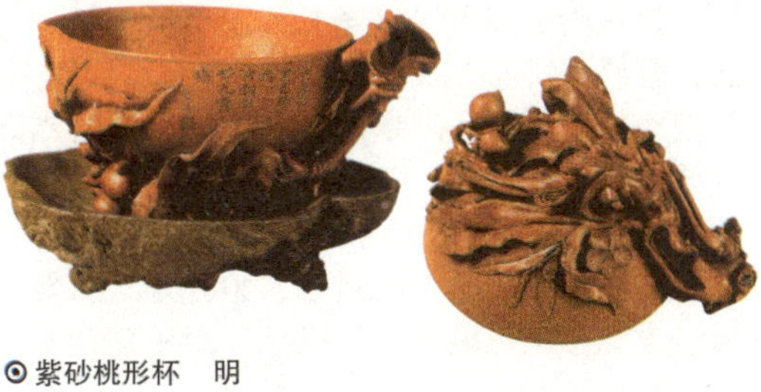

⊙紫砂桃形杯　明
紫砂器是江苏宜兴的特产。用紫砂壶泡茶不失原味，不易变质，内壁无异味，能耐温度急剧变化，烹煮、冲泡沸水皆不会炸裂，传热慢而不烫手，受到当时达官贵人、文人雅士的欢迎。

1594年

中国大事记：
顾宪成被责革职，遂回无锡修东林书院讲学，讽议朝政评论人物，东林党议始于此。

当时，明熹宗非常宠信宦官魏忠贤，让魏忠贤掌握特务机构东厂。杨涟对魏忠贤一伙的胡作非为气愤不过，上了一份奏章，揭发魏忠贤24条罪状，左光斗也大力支持他。这一来可捅了娄子。1625年，魏忠贤和他的阉党勾结起来攻击杨涟、左光斗是东林党，罗织罪名，把他们打进大牢。

左光斗入狱以后，史可法不顾自己的危险，拿了50两银子去向狱卒苦苦哀求，只求见老师一面。狱卒终于被史可法感动了，他让史可法换上一件破烂的短衣，装成捡粪人的样子，混进了牢监。

史可法找到关押左光斗的房间，只见坐在角落里的左光斗，遍体鳞伤，脸已经被打得认不清楚，左腿腐烂得露出骨头来。史可法见了，一阵心酸，抱住左光斗的腿，跪在地上，不断地抽泣。

左光斗被伤痛折磨得睁不开眼睛，但是他从哭泣声里听出了是史可法。他举起手，用尽力气拨开眼皮，用愤怒的眼光看着史可法，骂道："蠢材！这是什么地方，你来干什么！国家的事糟到这个地步。我已经完了，你还不顾死活地来这里，万一被他们发现，将来的事由谁干？"

史可法不敢说话，只好忍住悲痛，从牢里出来了。

过了几天，左光斗和杨涟等被魏忠贤杀害。史可法又买通了狱卒，把左光斗的尸体埋葬了。

努尔哈赤建后金

当明王朝政治越来越腐败的时候，在我国东北地区的女真族的一支——建州女真不断扩大势力，渐渐强大起来，它的首领是爱新觉罗·努尔哈赤。

努尔哈赤出身建州女真的贵族家庭。祖父觉昌安和父亲塔克世都被明朝封为建州左卫的官员，努尔哈赤从小就学习骑马射箭，练得一身好武艺。

努尔哈赤25岁那年，建州女真部有个土伦城的城主尼堪外兰，引来明军攻打古勒寨城主阿台。阿台的妻子是觉昌安的孙女，觉昌安便带着塔克世到古勒寨去，途中碰上明军攻打古勒寨，觉昌安和塔克世都死在混战中。

努尔哈赤痛哭了一场，葬了他的祖父、父亲，但是想到自己的力量太弱，不敢得罪明军，就把怨恨全集中在尼堪外兰身上。努尔哈赤满腔悲愤地回到家里，找出了他父亲留下的盔甲，分发给他手下的兵士，向土伦城进攻。尼堪外兰根本不是努尔哈赤的对手，狼狈逃走。努尔哈赤攻克了土伦城后，趁机又征服了建州女真的一些部落。

努尔哈赤灭了尼堪外兰，声名远扬。过了几年，他统一了建州女真。这样一来，引起女真族其他部落的恐慌。当时女真族有三部，除了建州女真之外，还有海西女真和"野人"女真。海西女真中数叶赫部实力最强。1593年，叶赫部联合了女真、蒙古九个部落，合兵3万，分三路向努尔哈赤进攻。

⊙努尔哈赤像

努尔哈赤听到九部联军来攻，便在联军来路上埋伏了精兵；在路旁山岭边，安放了滚木石块。九部联军一到古勒山下，建州兵就派出一百骑兵挑战。叶赫部一个头目冲过来，马被

1556～1605年

世界大事记：
印度莫卧儿王朝君主阿克巴在位。

⊙ **八旗大纛**
八旗大纛是八旗军队的八面军旗。1601年努尔哈赤创建黄、白、红、蓝四旗军队，每旗军队各以本旗色布绣一云龙为本旗徽。1615年，增建镶四旗，旗帜均镶边。

木桩绊倒，建州兵上去把他杀了，另一头目当时被吓昏过去。这样一来，九部联军没有了统一指挥，四散逃窜，努尔哈赤乘胜追击，打败了叶赫部。又过了几年，努尔哈赤统一了女真族各部。

努尔哈赤统一了女真后，把女真人编为八个旗。旗既是一个行政单位，又是军事组织。为了麻痹明朝，努尔哈赤继续向明朝朝贡称臣，明朝廷认为努尔哈赤态度恭顺，便封他为“龙虎将军”。

1616年，努尔哈赤认为时机成熟，就在八旗贵族拥护下，在赫图阿拉（今辽宁新宾附近）即位称汗，国号大金。历史上为了跟过去的金朝区别，把它称为“后金”。

萨尔浒之战

1618年，努尔哈赤召集八旗首领和将士誓师，宣布跟明朝结下七件冤仇，叫作“七大恨”。第一条就是明朝无故杀死了他的祖父和父亲。为了报仇雪恨，他决定起兵征伐明朝。

第二天，努尔哈赤亲自率领2万人马攻打抚顺。他先写信给抚顺明军守将李永芳，劝他投降。李永芳见后金军来势凶猛，无法抵抗，就投降了。后金军俘获人口、牲畜30万。明朝的辽东巡抚派兵救援抚顺，也被后金军在半路上打垮了。

明神宗得知消息后，派杨镐为辽东经略，讨伐后金。杨镐经过一番紧张的调兵遣将，聚集了10万人马。1619年，杨镐分兵四路，由四个总兵官率领，进攻赫图阿拉。杨镐坐镇沈阳，指挥全局。

经过侦察，努尔哈赤得知山海关总兵杜松率领的中路左翼是明军主力，他们正从抚顺出发，打了过来。努尔哈赤决定集中兵力，先对付杜松。

杜松是一位身经百战的名将。从抚顺出发时，天正下着大雪，杜松立功心切，不管气候恶劣，急急忙忙冒雪行军。他先攻占了萨尔浒（今

⊙ 萨尔浒大战的遗物——明代铁炮

1600年

中国大事记：
耶稣会教士利玛窦到达北京，明神宗允许在京师建教堂传教。

辽宁抚顺东）山口；接着，把一半兵力留在萨尔浒扎营，自己带了另一部精兵攻打后金的界藩城（今新宾西北）。

努尔哈赤得知杜松分散了兵力，心里暗暗高兴，便集中八旗的兵力，一口气打下萨尔浒明军大营，把杜松后路截断了。接着，努尔哈赤又急行军援救界藩。正在进攻界藩的明军，听到后路被抄，军心动摇。驻守在界藩的后金军居高临下从山上往下攻，把杜松军杀得七零八落。杜松中箭身亡，一路人马先覆灭了。

北路的马林从开原（今辽宁开原）出兵，刚刚到离萨尔浒还有40里的地方，努尔哈赤率领的八旗兵便从界藩马不停蹄地攻来。马林败下阵来，没命地逃奔，才回到开原，第二路明军又被打散了。坐镇沈阳的杨镐，接到两路人马覆灭的消息，连忙派快马传令另外两路明军立刻停止进军。

中路右翼的辽东总兵李如柏胆小谨慎，行动也特别迟缓，他一接到杨镐的命令，急忙撤退。剩下的是南路军刘铤。杨镐发出停止进军命令的时候，刘铤军已经深入到后金军阵地，各路明军失败的情况，他一点也不知道。努尔哈赤派出一支穿着明军衣甲的后金兵打着明军旗帜，装扮成杜军前来接应。刘铤毫不怀疑，带着人马进入了后金军的包围圈。后金军里应外合，四面夹击，明军阵势大乱。刘铤虽然勇敢，但毕竟寡不敌众，战死在乱军中。

这场战争从开始到结束，只有5天的时间，杨镐率领的10万明军损失过半，文武将官死了300多人。这就是历史上著名的“萨尔浒之战”。

萨尔浒之战后，明朝元气大伤。两年后，努尔哈赤又率领八旗大军，接连攻占了辽东重要据点沈阳和辽阳。1625年三月，努尔哈赤把后金都城迁到沈阳，把沈阳称为盛京。从那以后，后金就对明朝的统治构成了威胁。

徐光启研究西学

面对后金的威胁，翰林院官员徐光启一连上了三道奏章，认为要挽救国家危局，只有精选人才，训练新兵，才有希望。明神宗听说徐光启精通军事，就批准他到通州训练士兵。

徐光启出生在上海。长大以后，因为参加科举考试，路过南京，听说那儿来了个叫利玛窦的欧洲传教士经常讲些西方的科学知识，于是经人介绍，徐光启结识了利玛窦。

利玛窦传播科学知识的目的，是为了方便传教。同时，他觉得要扩大传教，一定要得到中国皇帝的支持才行得通。到了北京后，利玛窦通过宦官马堂的门路，送给明神宗《圣经》、圣母图，还有几只新式的自鸣钟。

明神宗接见利玛窦时，请利玛窦讲一下西洋的风俗人情。听后，明神宗很感兴趣，赏给利玛窦一些财物，让他留在京城传教。有了皇帝的支持，利玛窦就很容易跟朝廷的官员们接触了。

几年后，徐光启考取了进士，也到了北京，在翰林院供职。他认为学习西方的科学，对国家富强有好处，就决心拜利玛窦为师，向他学习天文、数学、测量、武器制造等各方面的科学知识。后来，徐光启翻译了大量的外国科学著作。

这一次，徐光启提出练兵的主张，得到明神宗的批准，他满怀希望，想尽快把新兵练好，加强国防。哪料到朝廷各个部门都腐败透顶，练兵衙门成立了一个月，徐光启要人没人，要

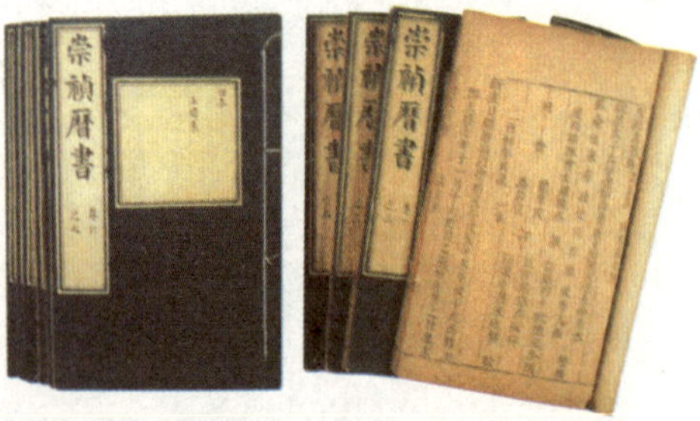

⊙明崇祯刻本《崇祯历书》
徐光启晚年专心规划，督率编译并亲加校改而成。

1564～1616年

世界大事记：

英国戏剧家莎士比亚在世，著有《哈姆雷特》《李尔王》《罗密欧与朱丽叶》等。

·《农政全书》·

《农政全书》是一部集中国古代农业科学技术之大成的著作。明代徐光启撰。全书共60卷，60万字。成书于1633年以前，于1639年刊行。它是一部农业百科全书，辑录古代与当时农业文献229种，加以评注，以介绍中国古代有关农业生产的理论和科学方法，同时介绍了欧洲的水利技术。是中国农学史上最早传播西方近代科学知识的书籍，至今仍有参考价值。

钱没钱，闲得无事可做。后来，领到了一点军饷，可是到了通州，检阅了一下招来的7000多新兵，大多是老弱残兵，能够勉强充数的只有2000来人，他大失所望，只好请求辞职。

1620年，明神宗死去，他的儿子明光宗朱常洛又接着病死，神宗的孙子朱由校继承皇位，这就是明熹宗。徐光启又重返京城，他看到后金的威胁越来越严重，便竭力主张要多造一些西洋大炮。为了这件事，他跟兵部尚书发生了矛盾。不久，就被排挤出朝廷。

徐光启回到上海时，已经是60多岁的老人了。他从前就对研究农业科学很有兴趣，回到家乡后，亲自参加劳动，在自己的田里做了一些试验。后来，他把他平日的研究成果，写成了一部著作，叫作《农政全书》。书中详细记载了我国的农具、土壤、水利、施肥、选种、嫁接等农业技术，可以称得上是我国古代的一部农业百科全书。

袁崇焕大战宁远

萨尔浒大战之后，明王朝派老将熊廷弼出关指挥辽东军事。熊廷弼是个很有指挥才能的将领，可是担任广宁（今辽宁北镇）巡抚的王化贞却怕熊廷弼影响他的地位，百般阻挠熊廷弼的指挥。1622年，努尔哈赤向广宁进攻，王化贞带头出逃。熊廷弼面对混乱的局事，只好保护一些百姓退到山海关内。

广宁失守后，明王朝不问事由，便把熊廷弼和王化贞一起打进大牢。

熊廷弼一死，派谁去抵抗后金军呢？

这时，详细研究了关内外形势的主事（官名）袁崇焕向兵部尚书孙承宗说："只要给我人马军饷，我能负责守住辽东。"

那些被后金的攻势吓破了胆的朝廷大臣听说袁崇焕自告奋勇，都赞成让袁崇焕去试一试。明熹宗给了他二十万饷银，要他负责督率关外的明军。

袁崇焕到了关外，在宁远筑起三丈二尺高、二丈宽的城墙，装备了各种火器、火炮。孙承宗还派了几支人马分别驻守在宁远附近的锦州、

⊙ 宁远城遗址

1626年，努尔哈赤亲率13万大军，号称20万，围攻明关外要塞宁远城（今辽宁省兴城市），遇到明将袁崇焕抗击，久攻不下，背发痈疽而死。

1615年

中国大事记：
努尔哈赤正式建立八旗制度。

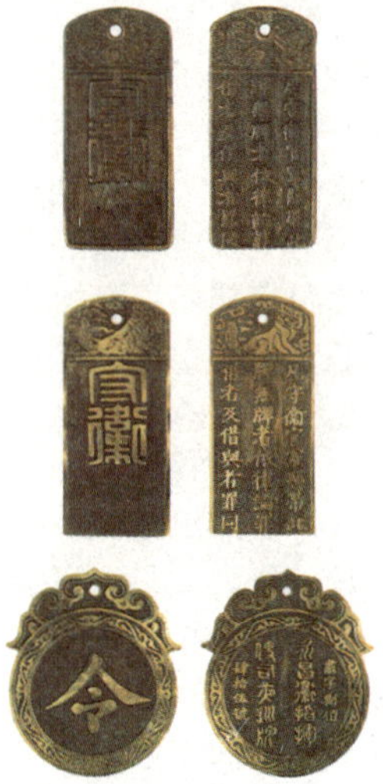

⊙明朝长城卫兵信牌 长城的防卫非常严谨，凡守卫长城的士兵均需要腰悬信牌，这是他们出入的凭证。无牌或把信牌借给他人均属违法，需依法论罪。

松山等地方，与宁远互相支援。

袁崇焕号令严明，辽东的危急局面很快就扭转过来。

正当孙承宗、袁崇焕守卫辽东有了进展之时，却遭到魏忠贤的猜忌。

魏忠贤先是排挤孙承宗离了职，又派了他的同党高第指挥辽东军事。高第是个庸碌无能之辈，他一到山海关，就召集将领开会，说后金军太厉害，关外防守不了，让各路明军全部撤进山海关内。

袁崇焕坚决反对撤兵，高第见说不服袁崇焕，只好答应袁崇焕带领一部分明军在宁远留守，但却要关外其他地区的明军，限期撤退到关内。

努尔哈赤看到明军撤退时的狼狈相，认为明朝容易对付。1626年，他亲自率领13万人马，渡过辽河，向宁远进攻。

努尔哈赤带领后金军气势汹汹地到了宁远城下，冒着明军的箭石、炮火，猛烈攻城。明军虽然英勇抵抗，但是后金兵倒下一批，又上来一批，情况十分危急，袁崇焕下令动用早就准备好的大炮，向后金军轰击。炮声响处，只见一团火焰，后金兵士被炸得血肉横飞，纷纷后撤。

第二天，努尔哈赤亲自督战，集中优势兵力攻城。袁崇焕登上城楼望台，沉着应战。等到后金军冲到逼近城墙的地方，他便命令炮手瞄准后金军密集的地方发炮。这样一来，后金军伤亡就更大了。正在后面督战的努尔哈赤也受了重伤，不得不下令全军撤退。

袁崇焕见后金军退兵，就乘胜杀出城去，一直追了三十里，才得胜回城。

努尔哈赤受了重伤，回到沈阳后，伤势越来越重，没过几天，就咽了气。他的第八个儿子皇太极接替了他，做了后金大汗。

皇太极用反间计

努尔哈赤死后的第二年，皇太极亲自率领人马，攻打明军。后金军分兵三路南下，先包围了锦州城。袁崇焕料定皇太极的目标是宁远，决定自己镇守宁远，派部将带领4000骑兵援救锦州。果然，援兵还没出发，皇太极已经派兵来攻打宁远。袁崇焕亲自到城头上督战，用大炮猛轰后金军；城外的明军援军也配合战斗内外夹击，把后金军打跑了。

皇太极把人马调到锦州，但是锦州的明军守得很严密，皇太极只好退兵。

袁崇焕虽然打了胜仗，可是魏忠贤阉党却把功劳记在自己的名下，还责怪袁崇焕没有亲自救锦州是失职。袁崇焕知道魏忠贤有心跟他过不去，就辞了职。

⊙清太宗皇太极像

1558～1583年

世界大事记：
俄国发动立窝尼亚战争。

1627年，明熹宗死去，他的弟弟朱由检即位，这就是明思宗，也叫崇祯帝（崇祯是年号）。

崇祯帝早就知道魏忠贤作恶多端，他一即位，就宣布了魏忠贤的罪状，把魏忠贤充军发配到凤阳。魏忠贤在充军的路上自杀了。

崇祯帝又把袁崇焕召回朝廷，提拔他为兵部尚书，负责指挥整个河北、辽东的军事。

袁崇焕重新回到宁远，选拔将才，整顿队伍，士气大振。有一次，东江总兵毛文龙作战不力，虚报军功。袁崇焕使用崇祯赐给他的尚方剑，把毛文龙杀了。

皇太极打了败仗，当然不肯善罢甘休，他知道宁远、锦州防守严密，决定改变进兵路线。1629年10月，皇太极率领几十万后金军，从龙井关、大安口（今河北遵化北）绕到河北，直扑明朝京城北京。

这一着出乎袁崇焕的意料。袁崇焕得到情报，赶忙带着明军赶了两天两夜到了北京，没顾上休息，就和后金军展开激烈的战斗。

后金军退走后，崇祯帝亲自召见袁崇焕，慰劳了一番。但是一些魏忠贤的余党却到处散布谣言，说这次后金兵绕道进京，是由袁崇焕引进来的。

崇祯帝是个疑心极重的人，听了谣言，也有些怀疑起来。正在这时，有一个被金兵俘虏去的太监从金营逃了回来，向崇祯帝报告，说袁崇焕和皇太极订下了密约，要出卖北京。

⊙ 调兵信牌
木质，长20.3厘米，宽31.2厘米，厚2.6厘米。为皇太极统一东北各部时使用的调兵信牌，牌中间汉字为“宽温仁圣皇帝信牌”。

崇祯帝把袁崇焕召进宫，拉长了脸责问说：“袁崇焕，你为什么要擅自杀死大将毛文龙？为什么金兵到了北京，你的援兵还迟迟不来？”

袁崇焕一时不知如何回答才好。他正想答辩，崇祯帝已经喝令锦衣卫把他捆绑起来，押进大牢。

崇祯帝拒绝大臣的劝告，到了第二年，下令把袁崇焕杀了。

皇太极用反间计除掉了对手袁崇焕，高兴得无法形容。到了1635年，皇太极把女真改称满洲；又过了一年，皇太极在盛京（今辽宁沈阳）称帝，改国号叫清。皇太极就是清太宗。

徐霞客探险

当明王朝闹得污浊不堪之时，在江阴一带有个青年，不满朝政腐败，不愿应科举考试、谋求仕途，却立志游历祖国的名山大川，探索自然的奥秘。他就是我国历史上杰出的地理学家——徐霞客。

徐霞客原名叫徐弘祖，别号霞客。他从小爱读历史、地理一类书籍、图册。十几岁时，他决心到名山大川去游历考察一番。此时他的父亲刚刚死去，一想到母亲年纪老了，家里没人照顾，便没敢提这件事。但是，他的心事还是被母亲觉察到了。当母亲了解到他有这样的愿望，就跟他说：“男儿志在四方，哪能为了我留在家里，做篱笆下的小鸡、马圈里的小马呢！”

母亲为他准备了行装，还给他缝制了一顶远游冠。有了母亲的热情支持，徐霞客就在他22岁那年，开始离家外出游历。他先后游历了太湖、洞庭湖、天台山、雁荡山、泰山、武夷山和北方的五台山、恒山等名山。每次游历回家，他就跟亲友谈起各地的奇风异俗和游历中的惊险情景，他母亲总是听得津津有味。

徐霞客50岁那年，开始了一次路程漫长

1633年

中国大事记：
高迎祥、李自成、张献忠等起义军渡黄河南下，进入豫西。

⊙深水桥　明
此桥位于今江苏省江阴市南阳岐村，相传徐霞客每次出游都乘船经过此桥。

的游行。他花了整整四年的时间，游历了湖南、广西、贵州、云南四省，一直到我国边境腾冲。

有一次，他在湖南茶陵听说当地有个麻叶洞，当地人说洞里有神龙或者精怪，没有法术的人，都不敢进洞。徐霞客不信神怪，他出高价雇当地人当向导，进洞考察。正要进洞的时候，向导问他是什么人，徐霞客告诉他自己是个普通的读书人。向导听后吓得直往后退，说："我以为你是什么法师，才敢跟你一起进洞，原来你是个读书人，我才不冒这个险呢。"

徐霞客也不勉强他，带着自己的仆人举起火把进了山洞。村里的百姓听到有人进洞，都拥到洞口来看热闹。徐霞客在洞里考察了很久，直到火把快燃尽才出来。围在洞口的百姓看他们安全出洞，都十分惊奇，说："我们等了这么久，以为你们被妖精吃了呢。"

徐霞客在西南漫游的时候，除了随身带一个仆人外，还有一个名叫静闻的和尚和他们作伴。有一次，他们在湘江乘船的时候，遇到了强盗，行李财物被抢劫一空，静闻和尚也受了伤，在半路上死去。到最后，连他随身的仆人也离开他逃走了。但是这些挫折丝毫都没有动摇他探索自然奥妙的决心。

徐霞客在旅途中，每天晚上休息之前，把当天见到的、听到的都详细记录下来。1641年，徐霞客去世后，留下了大量日记，这实际上是他的地理考察记录。经过他的实地考察，纠正了一些过去地理书上记载的错误，发现了过去没人记载过的地理现象。

后来，人们把他的日记编成一本《徐霞客游记》。这部书不但是我国古代地理学上的宝贵文献，还是一部优秀的文学著作。

·昆腔·

嘉靖年间（1522～1566年），以昆山人魏良辅为首的一批音乐家、戏曲家，积数十年的努力，对昆山腔进行了改革，主要集中在唱曲和音乐伴奏两个方面。他们并用弦索、箫管、鼓板三类乐器，形成了一个完整的管弦乐伴奏乐队。昆山腔经过改革之后，音乐更加优美丰富，曲调细腻婉转，更能表达剧中人物的感情，由此使昆曲压倒南戏各腔。

闯王李自成

崇祯帝即位的第二年，陕西闹了一场大饥荒，老百姓没粮吃，连草根树皮也吃光了。在这种情况下，一些地方官吏还照样催租逼税。于是，陕西各地爆发了农民起义。

这年冬天，明王朝从甘肃调了一支军队开赴北京。这支军队走到金县（今陕西榆林）时，由于兵士们领不到军饷，闹到了县衙门。带兵的将官出来弹压，有个年轻兵士引头，把将官和县官杀了。这个兵士就是李自成。

李自成是陕西米脂人，出生在一个农民家庭里，少年时就喜欢骑马射箭，练得一身好武艺。

这一次，李自成在金县杀了朝廷命官，带着几十个兵士一起投奔王左佳领导的农民军。不久，王左佳禁不住高官厚禄的诱惑，投降了

1562～1598年

世界大事记：

法国发生胡格诺战争。

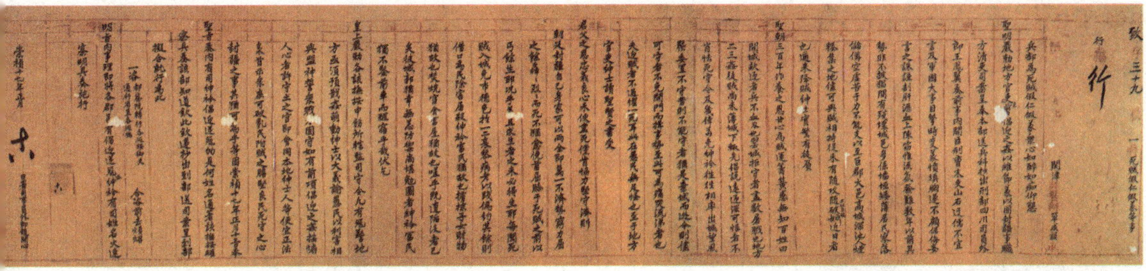

⊙ 兵部报告李自成活动情况行稿　明

这是崇祯十七年（1644 年）明朝兵部向各地下属机构发布的行稿。在行稿中，明政府不得不承认李自成的军队受到农民“如醉如痴”的欢迎，许多地方官员也“开城款迎”。行稿要求各地主迅速报告“倡迎逆贼”的官员的情况。1644 年春，李自成在西安称帝，建立大顺政权，准备率领军队向北京进攻，行稿就是在这种形势下发布的。两个月后，李自成率领军队攻取北京，明朝灭亡。

朝廷，李自成不得不另找队伍。后来，他打听到高迎祥领导一支队伍起义，自称“闯王”，就去投奔了高迎祥。高迎祥见李自成带兵来投奔，十分高兴，立刻叫他担任一个队的将官，大家把他叫作“闯将”。

为了对付官军围剿，高迎祥把十三家起义军的大小头领约到荥阳开会，商量对敌办法。李自成认为起义军应该分成几路，分头出击，打破敌人的围剿。大家听了，都觉得李自成说得有道理。经过商量后，十三家起义军分成了六路。有的拖住敌军，有的流动作战。高迎祥、李自成和另一支由张献忠领导的起义军向东杀出了包围圈。

⊙ 永昌通宝

明崇祯十七年（1644 年），张献忠在成都称帝，建国号“大西”，改元曰“大顺”，设立政府机构，并设铸钱局，铸“大顺通宝”通行于市。同年，李自成在西安称帝，建国号曰“大顺”，建元曰“永昌”，改六部为政府，设局铸造钱币名曰“永昌通宝”。中国历代开国时都要铸造本朝货币，确认自己的地位，李自成、张献忠也是如此。

崇祯帝和地方大臣都把高迎祥的队伍看成眼中钉，千方百计地要消灭他们。有一次，高迎祥带兵向西安进攻。陕西巡抚孙传庭在盩厔（今陕西周至）的山谷里埋下了伏兵，高迎祥没有防备，被捕牺牲，李自成带领余部杀了出来。将士们失去了主帅，心情十分沉痛。大伙认为闯将李自成是高迎祥最信任的将领，加上他有勇有谋，就拥戴他做了闯王。从那以后，李闯王的名声就在远近传开了。

李闯王的威名越高，越使明王朝害怕和仇恨。崇祯帝命令总督洪承畴、巡抚孙传庭专门围剿李自成，李自成的处境一天比一天困难起来。在这个困难的时刻，李自成手下的将领出现叛变，这使李自成处于极其危险的境地。

1638 年，李自成从甘肃转移到陕西，准备打出潼关去。洪承畴、孙传庭事先探听到起义军的动向，便在潼关附近的崇山峻岭中，布置了三道埋伏线，然后故意让开通向潼关的大路，诱使李自成进入他们的包围圈。李自成中了敌人的计。起义军经过几天几夜的搏斗，几万名战士在战斗中阵亡，队伍被打散了。

李自成和他的部将刘宗敏等 17 个人冲出重重包围，翻山越岭，排除了千难万险，才到了陕西东南的商洛山区，隐蔽起来。

李自成出家之谜

⊙李自成画像

明末农民起义军领袖李自成，万历二十八年(1600年)出生于陕西延安府米脂县李继迁寨，字鸿基。他有勇有谋，大仁大义。天启六年，李自成到银川当驿卒，苦练骑射，成为一名英勇善战的士兵。

崇祯三年(1630年)，农民起义风起云涌。李自成打听到"闯王"高迎祥在米脂领导一支队伍起义，就决心投奔他，高迎祥对李自成来投奔他自然感到非常高兴，让他当了一个队的将官，大家开始叫李自成为闯将。

崇祯十七年(1644年)，李自成在西安建立大顺政权，年号永昌。同年，李自成领导农民起义军攻占北京，几十万大军所向披靡，战无不胜，终于推翻了摇摇欲坠的明王朝。后来因为没有提防镇守山海关的明将吴三桂，李自成手下的将领也有人叛变，致使清军顺利入关，李自成迫于无奈，只好领兵退出北京城，途经河南、陕西、湖北等地，最后不知所终。于是，李自成北京败退后到底流落于何处，成了一桩历史悬案。三百多年来，一直扑朔迷离，众说纷纭。

关于李自成的归宿，归纳起来，有以下几种说法：一、死于通城九宫山；二、死于黔阳罗公山；三、死于辰州九官山；四、死于通山九宫山；五、死于石门夹山；六、死于广西峡山。在这几种说法中有两种说法影响较大，即湖北通山县九宫山遇害和湖南石门夹山为僧两说。

言李自成兵败后逃到夹山石门为僧，老死在夹山灵泉寺这一说法流传极广。湖南省的石门县古称"澧阳"，又称"澧州"。据清乾隆年间的《澧州志林》所收澧州何璘的《李自成传》一文中称，李自成兵败后，一个人逃到了石门的夹山寺当了和尚，法名是"奉天玉和尚"。夹山寺位于石门县东15千米的三板桥，是一座唐代古刹。据文献记载，何璘曾经到夹山考察，见到一位服侍过奉天玉和尚的、口音像陕西人的70岁的老和尚，他告诉何璘奉天玉和尚是顺治初年来寺的，并取出奉天玉和尚的画像。这张画像"肖似史书所记李自成的模样"。1981年，在石门夹山还发现了传系李自成所作的《梅花百韵》木刻版，又从奉天玉和尚墓葬中发现了骨灰和砖刻《塔铭》，墓葬中，其弟子野拂所撰写的碑文以及有关的文物与何璘文中所说相印证，据考察，"野拂"就是李自成的亲侄儿李过，由此可证，被野拂精心侍奉的奉天玉和尚就是李自成。在夹山还发现了"永昌通宝"铜币，以及刻有"永昌元年"字样的竹制扇骨和铜制熏炉等。此外，李自成率领的大顺兵余部盘踞澧阳六七年，竟然没有另外推选一名统一指挥首领，也可以佐证李自成在夹山为僧。

持夹山说的另一依据是，李自成去当和尚，是为情势所迫，是为了联明抗清。当时，李自成率领的大顺军的主要敌人，已不是明朝统治者，而是清朝统治者。联合其他力量抗清已成为当务之急，而当时可以联合抗清的，只有湖南何腾蛟拥立的唐王朱聿键部，但与何腾蛟谈判，部队必须交给他指挥，而何腾蛟是唐王的臣子，李自成则是皇帝，这在情理上是难以接受的。况且，李自成逼死了崇祯皇帝，他是清王朝、南明王朝统治者心目中的大患。于是，李自成只好用缓兵之计，采取假死、隐居为僧的做法，一方面，让李过与何腾蛟联合，可以打消南明王朝对这支大军的敌意，共同抗清；另一方面，使清王朝以为，大敌已除，放松警惕，一旦时机成熟，李自成可东山再起。另外还有不少带有传奇色彩的故事，都可以成为李自成“禅隐之说”的佐证。

然而，另一种比较普遍的说法认为“禅隐之说”纯粹属于子虚乌有，李自成最后葬身于湖北省东南部的通山县九宫山，九宫山以西数十里外的牛迹岭，是他的墓地。最早记载李自成死于九宫山的是清朝靖远大将军阿齐格的奏报以及南明兵部尚书何腾蛟给唐王的奏报。奏报上说，李自成身受重伤，带着仅剩的亲信约20人，逃入九宫山中，被村民围困，无法脱逃，自杀身亡。还有的记载说，清顺治二年五月初二，李自成东征途中转战到江南，与清军大战一场，士气大损，后逃到湖北，躲在山上的一个黄土洞里，但没想到反而落入了别人的圈套，被程九伯的手下包围，最后战死。如今九宫山闯王陵墓的马镫遗物形制特殊，还刻有永昌年号，可以确认为闯王遗留下来的。

此外，史料中还有一些“蛛丝马迹”，可以证明李自成的确死于通山县九宫山。如《湖北巡按马兆奎揭贴》和《荆州总兵郑四维揭贴》等材料中，明确指出“闯逆已除”。更有说服力的是，在公布李自成的死讯后，史料中再也没有出现李自成活动的记载，而在《明史·堵胤锡传》中，李过称李自成为“先帝”，也很能说明李自成已经过世了。

李闯王究竟终于何地，以及因何而死，各种记载和传说扑朔迷离，至今尚无定论，悬案依然未决。

⊙李自成陵墓

1644年

中国大事记：
李自成率大顺军攻占北京，明崇祯帝自缢，明亡。

崇祯帝自缢

明思宗朱由检(1611 ~ 1644年),年号崇祯，明光宗第五子，明熹宗的弟弟。天启二年（1622年）被封为信王。

明熹宗朱由校登基时，年少无知的朱由检问道："哥哥，你当的是个什么官啊？我能当吗？"问这个问题在当时可是死罪，吓得旁边的太监们急忙劝说："殿下千万不要乱讲话！"明熹宗听了以后一愣，随即大笑，说："可以，可以,我当几年就让给你做！"没想到一语成谶。

明熹宗朱由校虽然不是一个好皇帝，但却是一个好哥哥。他派了几位进士出身的翰林院官员做朱由检的老师，在他们的悉心调教下，朱由检进步很快，他精通书法、诗文，还善于弹琴，文化修养比他哥哥强得多。虽然朱由检的生母很早就去世了，但一直在李选侍（光宗有2个李选侍，此为东李，封庄妃）的抚养下健康地成长。李选侍人品端正，受她的影响，朱由检从小就养成了刚毅性格和良好的生活习惯。天启二年（1622年），朱由检被封为信王。后来明熹宗又替他完婚，聘周奎之女为王妃

天启七年（1627年），明熹宗病入膏肓，奄奄一息。明熹宗没有儿子，而兄弟7人中活着的也只剩下五弟朱由检一人，兄终弟及，明熹宗死后，由朱由检继承皇位。

朱由检入宫以后，犹如进入了狼窝虎穴之中。他不敢吃宫里的食物，不敢喝宫里的水，袖子里藏着从信王府带来的大饼。晚上，朱由检战战兢兢地手持宝剑，坐在龙椅上，一刻也不敢闭眼，生怕魏忠贤派人谋害他。宫中的太监宫女都是魏忠贤和客氏的心腹，就是远方两个小太监交头接耳，也让朱由检心惊肉跳，以为他们在商量对付他的阴谋诡计。

在天启皇帝死后的第三天，朱由检正式即皇帝位，改元崇祯。当时，魏忠贤根本没有把朱由检放在眼里，认为他只不过是和明熹宗一样可以被自己玩弄于股掌之间的年轻人而已。

崇祯帝虽然对魏忠贤和客氏恨之入骨，但他深深地知道现在还不是除掉他们的时候。他一面像哥哥朱由校一样，继续优待魏忠贤和客氏，一面将信王府中的宦官和宫女带到宫中，以保证自己的安全。大臣们也都不知道皇帝打什么算盘，都持观望态度。

等到时机成熟后，崇祯帝首先免去了魏忠贤的亲信崔呈秀的兵部尚书一职。大臣们终于明白了皇帝的意图。于是揭发和弹劾魏忠贤的奏折一个接一个地递到了崇祯帝的手中，魏忠贤被迫辞去了官职。崇祯帝派他到凤阳去守皇陵。魏忠贤离京的时候，财物装了40多辆大车，有1000名侍卫护送，耀武扬威地出城而去。崇祯帝得知后，非常生气，立刻又下了一道圣旨，命锦衣卫将魏忠贤缉拿回京。魏忠贤知道回京后一定没有什么好结果，就在阜城县（今河北阜城）南关的旅舍中上吊自尽了。崇祯帝又下令铲除了魏忠贤的党羽，将客氏乱棍打死。百姓大臣无不拍手称快。

但由于崇祯帝的前几任皇帝，如万历、天启等无一不是昏君，给他留下了一个无法收拾的烂摊子，虽然崇祯本人非常勤政，但由于他性格多疑、刚愎自用、喜怒无常，明朝没能在他手里中兴。在崇祯统治的17年里，他一共任用过50位内阁大学士，吏部尚书13人，户部尚书8人，兵部尚书17人，刑部尚书16人，工部尚书13人，都察院左都御史132人。他还冤杀了大将袁崇焕，导致明军的辽东防线全面崩溃。

崇祯元年（1628年），陕西爆发了严重的旱灾，颗粒无收，人民被迫铤而走险，纷纷起义。崇祯又裁汰驿站的驿卒，导致他们也加入了起义军的行列。以李自成、张献忠为首的农民起义军不断发展壮大。

崇祯十七年（1644年），李自成的起义军包围了北京城。城外的炮声隐隐可闻，不久太监曹化淳开城投降。崇祯帝想召集大臣商议，他

15世纪末～19世纪上半叶

世界大事记：

西欧新兴资产阶级和新贵族用暴力褫夺农民土地，称为圈地运动。

亲自拿起钟杵，敲响景阳钟，但等了许久，大臣们一个都没来。万念俱灰的崇祯帝见大势已去，回到内宫逼死了周皇后，随后又用剑砍伤了长平公主，崇祯帝对她说："为什么你要生在帝王家？"接着又砍死昭仁公主。万念俱灰的崇祯帝来到煤山（今景山）上，在寿皇亭旁的槐树上自缢而死。

崇祯帝死后，南明弘光政权为他定庙号为"思宗"，谥"烈皇帝"，后改庙号为"毅宗"，隆武政权又改庙号为"威宗"。清朝入关后，为他发丧，谥号"端皇帝"，庙号"怀宗"。顺治十六年（1659年）去庙号，改谥"庄烈愍皇帝"。

冲冠一怒为红颜

1644年，李自成在西安建立了政权，国号大顺。不久，李自成亲自率领100万起义军渡过黄河，兵分两路进攻北京。两路大军势如破竹，到了这年三月，就在北京城下会师了。北京城外驻守的明军最精锐的三大营全部投降。

起义军猛攻北京城。

第二天晚上，崇祯帝登上煤山（在皇宫的后面，今北京景山），在寿皇亭边的一棵槐树下上吊自杀了。统治中国277年的明王朝，就此灭亡。

大顺政权一面出榜安民，一面惩治明王朝的皇亲国戚、贪官污吏。李自成派刘宗敏和李过，勒令那些权贵、官僚交出平时从百姓身上搜刮来的赃款，充当起义军的军饷。

有个叫吴襄的大官僚，也被刘宗敏抄了家产。有人告诉李自成说，吴襄的儿子吴三桂是明朝的山海关总兵，手下还有几十万大军。如果招降了吴三桂，就可以解除大顺政权的一个威胁。

·明代长城·

明长城是在秦万里长城的基础上重新修筑的，其工程比秦始皇造长城更为浩大。为了防备蒙古骑兵的袭扰，从明初开始，明朝用了200多年时间，完成了西起嘉峪关、东至山海关全长一万二千七百多里的长城修筑。现在的万里长城就是明代修筑的。明代沿长城分段设立了九镇，各镇屯驻重兵进行防守，并在长城地形险要之处修建了不少关隘，其中山海关号称"天下第一关"。

⊙ 陈圆圆像

吴三桂原来是明朝派到关外抗清的，驻扎在宁远一带防守。吴三桂收到吴襄的劝降信，便打算到北京去看看情况再说。

吴三桂带兵到了滦州，遇到一些从北京逃出来的人，找来一问，听说他父亲吴襄被抓，家产被抄，顿时心生恨意。后来，又听说他最宠爱的歌姬陈圆圆也被起义军抓走，不禁勃然大怒，立刻下令全军退回山海关。

李自成得知吴三桂拒绝投降，亲自带领20多万大军，向山海关进攻。吴三桂听到这消息，惊慌失措。他马上给清朝写了一封求救信。

清朝辅政的亲王多尔衮接到信，觉得机会来了，马上回信同意帮助吴三桂。接着，他亲自带着十几万清兵，马不停蹄地向山海关挺进。

李自成军从南面开到山海关边，与吴三桂

1645年

中国大事记：

清军破扬州，明督师史可法不屈遇害。

⊙明崇祯山海关镇炮

的军队展开激战。李自成骑着马登上西山指挥作战。吴三桂带兵一出城，就被起义军的左右两翼合围包抄。明兵东窜西突，无法冲出重围；起义军个个奋勇，喊杀声震天动地。

这时候，多尔衮看准时机，命令埋伏在阵后的几万清兵一起杀出，向起义军发动突然袭击。起义军没有防备，也弄不清是哪儿来的敌人，心里一慌张，阵势乱了起来。

李自成在西山上发现清兵已经进关，想稳住阵脚，已经来不及了，只好传令撤兵。多尔衮和吴三桂的队伍里外夹击，起义军惨败。李自成带领将士边战边退，吴三桂仗着清兵的势力，在后面紧紧追赶。起义军退到北京时，兵力已经大大削弱了。

李自成回北京后，在皇宫大殿里举行了即位典礼，接受官员的朝见。第二天一清早就率领起义军，匆匆离开北京，向西安撤退。

1644年十月，多尔衮把顺治帝从沈阳接到北京，把北京作为清朝国都。从那时起，清王朝就开始统治中国了。

第二年，清军兵分两路攻打西安。一路由阿济格和吴三桂、尚可喜率领；一路由多铎和孔有德率领。李自成被迫放弃西安，向襄阳转移。几个月后，农民军在湖北通山县遭到当地地主武装袭击，李自成战败。

李自成退出北京后，张献忠在四川称帝，国号大西。到了1647年，清军进兵四川，张献忠在川北西充的凤凰山的一场战斗中，中箭身亡。至此，明朝末年的两支主要起义军都失败了。

史可法死守扬州

崇祯帝在煤山（今景山）自杀的消息传到明朝陪都南京，南京的大臣们惊慌失措。他们立福王朱由崧做了皇帝，这就是弘光帝，历史上把这个南京政权叫作南明。

弘光帝朱由崧是个荒唐透顶的人，凤阳总督马士英等人利用弘光帝的昏庸，操纵了南明政权。

南明政权的兵部尚书史可法，本来不赞成让朱由崧做皇帝，为了避免引起内乱，才勉强同意，并主动要求到前方去统率军队。

那时候，长江北岸有四支明军，叫作四镇。四镇的将领都是骄横跋扈的人，他们互相争夺地盘，放纵兵士杀害百姓。史可法到了扬州，亲自去找那些将领，劝他们不要自相残杀，又把他们安排在扬州周围驻守，自己坐镇扬州指挥。由于史可法在南方将士中威信高，那些将领不得不听从他的号令，大家称他为史督师。

不久，多铎带领清军，大举南下，史可法指挥四镇将领抵抗，打了几次胜仗。可是南明政权内部却起了内讧：驻守武昌的明军将领左良玉和马士英争权夺势，起兵进攻南京。马士英急忙将江北四镇军队撤回，对付左良玉，

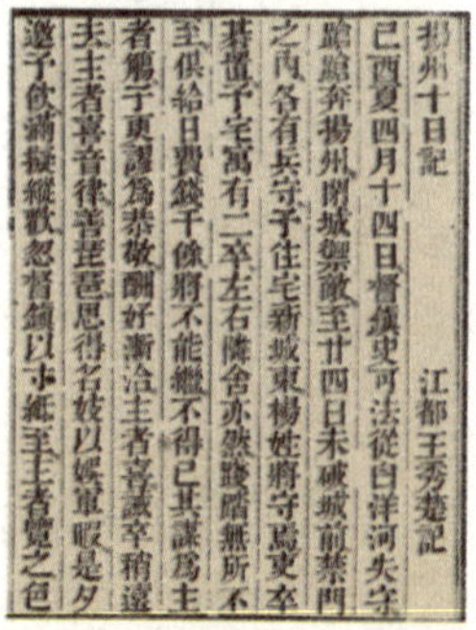

揚州十日記　江都王秀楚記
己酉夏四月十四日督鎮史可法從白洋河失守
踉蹌奔揚州閉城禦敵至廿四日未破城前禁門
之內各有兵守予住宅新城東楊姓將守焉吏卒
棊置予宅寓有二卒左右鄰舍亦然踐踏無所不
至供給日費錢千餘將不能繼不得已其謀爲主
者觴予更謂爲恭敬酬好漸洽主者喜諳卒稍遠
夫主者喜音律善琵琶思得名妓以娛軍暇是夕
邀予飲滿擬縱歡忽督鎮以寸紙至主者覽之色

⊙《扬州十日记》内页　清

1588年

世界大事记：
西班牙无敌舰队远征英国失败。

江苏扬州史可法祠

还以弘光帝的名义要史可法带兵保卫南京。

史可法明知道在清军压境的情况下，不该离开。但是为了平息内争，不得不带兵回南京，刚过长江，便得知左良玉兵败的消息。他急忙撤回江北，此时清兵已经逼近扬州。

多铎带领清军到了扬州城下，先派人到城里劝史可法投降，一连派了5个人，都遭到拒绝。多铎恼羞成怒，下令把扬州城紧紧围困起来。

扬州万分危急，城里一些胆小的将领害怕了。第二天，就有一个总兵和一个监军带着本部人马，出城向清军投降。这一来，城里的守卫力量就更薄弱了。史可法召集全城官员，勉励他们同心协力，抵抗清兵，并且分派了守城的任务。将士们见史可法坚定沉着，都很感动，表示一定要和督师一起，誓死抵抗。

多铎命令清兵不间断地轮番攻城。扬州军民奋勇作战，把清兵的进攻一次次打退，清兵死了一批，又上来一批，形势越来越紧急。多铎下了狠心，命令清兵用大炮攻城。他探听到西门是由史可法亲自防守，就下令炮手专向西北角轰击。史可法眼看城已经守不住了，拔出佩刀就要自杀。随从的将领上前抱住史可法，把他手里的刀夺了下来。史可法还不愿走，部将们连拉带劝地把他保护出了小东门。这时候，有一批清兵冲过来，看见史可法穿着明朝官员的装束，就吆喝着问他是谁。史可法怕连累别人，就高声说："我就是史督师，你们快杀我吧！"

1645年四月，扬州城陷落。多铎因为攻城的清军遭到很大伤亡，心里恼恨，不仅杀了史可法，还灭绝人性地下令屠杀扬州百姓，大屠杀延续了十天。历史上把这件惨案称为"扬州十日"。

扬州失守几天后，清军攻破了南京。南明政权的官员降的降、逃的逃，弘光政权也被消灭了。

夏完淳怒斥洪承畴

弘光政权瓦解后，东南沿海一带还活跃着抗清力量。1645年六月，黄道周、郑子龙在福州拥立唐王朱聿键即位，称为隆武帝。另一部分官员张国维、张煌言在绍兴拥戴鲁王朱以海监国，于是有两个南明政权同时出现。

为了对付抗清力量，清朝廷派了在松山战役中投降清朝的洪承畴总督军事，到江南去招抚明军。

这时候，松江（在今上海市）有一批读书人也在酝酿抗清事宜，领头的是夏允彝和陈子龙。夏允彝有个年仅15岁的儿子叫夏完淳，是陈子龙的学生。夏完淳自小就读了很多书，才华出众，在他父亲、老师的影响下，也参加了抗清斗争。

夏允彝、夏完淳父子像

1646年

中国大事记：
郑芝龙降清，其子郑成功不从，在海上起兵抗清。

⊙**清朝男性服饰形象**
清军入主中原以后，推行民族同化政策，当时有“留头不留发，留发不留头”之说。

靠几个读书人去抗击清军是不行的。夏允彝有个学生吴志葵，在吴淞做总兵，手下还有一些兵士。他们去说服吴志葵一起抗清，吴志葵同意了，但不久就被清军打败。

清军围攻松江的时候，夏允彝父子和陈子龙冲出清兵包围，到乡下隐蔽起来。清兵到处搜捕他们，还想引诱夏允彝出来自首。夏允彝不愿落在清兵手里，便投河自杀了。他留下遗嘱，让夏完淳继承他的抗清遗志。

父亲的牺牲使夏完淳悲痛万分，更激起了他对清朝的仇恨。

过了一年，陈子龙秘密策动清朝的松江提督吴胜兆反清，这次兵变又失败了，吴胜兆被杀害，陈子龙也被捕自杀。

后来，夏完淳因为叛徒告密，也被捕了，清军派重兵把他押到南京。

夏完淳在监狱里被关押了80天。他给亲友写了许多可歌可泣的诗篇和书信，死亡的威胁并没有吓倒他，他感到伤心的是没有实现收复中原的壮志。

对夏完淳的审讯开始了，主持审讯的正是招抚江南的洪承畴。洪承畴得知夏完淳是江南出名的“神童”，就想用软化的手段使夏完淳归服。

洪承畴装出一副温和的神态说：“我看你小小年纪，未必会起兵造反，一定是受人指使。只要你肯归顺大清，我保你做官。”

夏完淳装作不知道上面坐的是洪承畴，厉声说：“我听说我朝有个洪亨九（洪承畴的字）先生，是豪杰，当年松山一战，他以身殉国，震惊中外。我钦佩他的忠烈，我年纪虽然小，但是杀身报国，怎么能落在他的后面！”

这番话把洪承畴说得哭笑不得，满头是汗。旁边的兵士真的以为夏完淳不认识洪承畴，提醒说：“别胡说，上面坐的就是洪大人。”

夏完淳“呸”了一声说：“天下人谁不知道洪先生为国牺牲这件事。崇祯帝曾经亲自设祭，满朝官员都为他痛哭哀悼。你们这些叛徒，怎敢冒充先烈，污辱忠魂！”说完，他指着洪承畴骂个不停。洪承畴被骂得面无血色，不敢再审问下去，慌忙叫兵士把夏完淳拉出去。

1647年九月，这位年仅17岁的少年英雄在南京西市被害。他的朋友把他的尸体运回松江，葬在他父亲的墓旁。

隆武覆灭

崇祯自缢以后，各地的明朝官员纷纷拥立明朝的藩王为帝。先后出现了弘光、鲁王监国、隆武、绍武、永历几个政权，存在了20多年，统称南明。

1644年六月，明朝宗室、崇祯帝的从兄、福王朱由崧在江南明朝官员的拥戴下，在南京登基称帝，年号“弘光”。弘光政权控制着富庶的淮河以南的广大土地，拥有百万军队，有史可法、左良玉等杰出将领，势力相当雄厚。

但弘光帝却无意抗清，整日吃喝玩乐，沉湎于酒色之中，不理朝政，重用阉党余孽马士英、阮大铖等人。马士英等奸臣把持朝政、结党营私，大肆打击迫害反对过马、阮的东林党人，把兵部尚书史可法排挤出南京，让他到扬州去督师。他们还克扣军饷，增加赋税，甚至公开卖官，贿赂公行，政治腐败到了极点。当时人称：“职方贱如狗，都督满街走，相公只爱钱，皇帝但吃酒！”

16世纪

世界大事记：
早期世界市场开始出现。

弘光帝幻想与清朝和谈，派使团北上，送给清朝白银10万两、黄金千两、缎绸万匹，并许诺和谈成功后，每年送岁币10万。但被清朝一口拒绝，留下南明的礼物，将他们赶了回去。但当时清朝的首要任务是镇压李自成的大顺军，暂时没有力量进攻南明，所以弘光政权才得以苟延残喘。

1645年，清军攻破潼关，大顺军败局已定，清朝立即挥师南下进攻弘光政权。不料这时候弘光政权起了内讧，镇守武昌的大将左良玉以“清君侧”为名，讨伐马士英，率80万大军顺江东下，进攻南京。弘光帝和马士英急忙将江北的明军调回进行防御，削弱了明军在江北防御清军的力量。不久左良玉病死，其子左梦庚率部降清。

1645年四月，清军渡过淮河，江北重镇扬州失去屏障，清军长驱直入包围扬州。史可法写血书向弘光帝和江北其他将领求援，但没有得到答复。清将多铎致书史可法，要他投降，但被史可法严词拒绝。清军用大炮轰城，扬州陷落，史可法不屈而死。清军在扬州烧杀掳掠，扬州居民几乎全被屠杀，城中尸骨如山，血流成河，繁华的扬州变成了一片废墟，成了人间地狱，史称“扬州十日”。

清军占领扬州后，趁大雾渡过长江，攻占南京。弘光帝逃到芜湖，后来被俘，押到北京处死，其官员多数降清。

弘光政权覆灭后，张煌言等人拥立鲁王朱以海在绍兴称监国，同时郑芝龙等人在福州拥立唐王朱聿键为帝，年号隆武。鲁王政权和唐王朱聿键的隆武政权为了争所谓正统，自相残杀，水火不容。

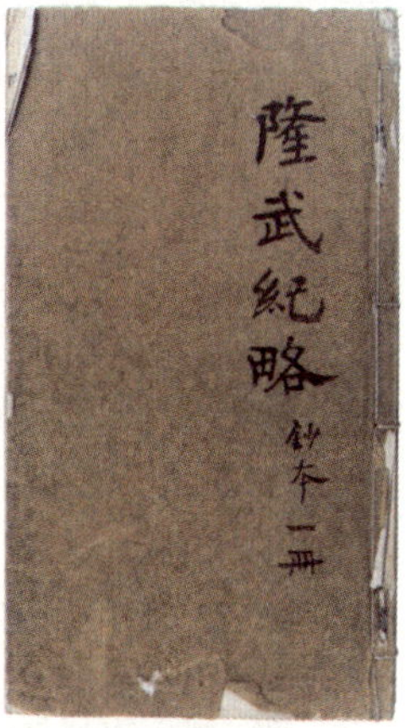

⊙《隆武纪略》书影
此书记载了南明隆武政权从建立到灭亡的全过程。

鲁王政权利用钱塘江天险屡次击败清军的进攻，阻挡了清军的南下。但他只满足偏安一隅，根本不想北上抗清，收复失地。1646年，清军趁天旱水浅，强渡钱塘江，明军一触即溃，鲁王乘船逃亡海上，时人称之为“海上天子”。鲁王派人向隆武帝求援，信中称隆武帝为“皇伯叔”，而没有称“陛下”。隆武帝龙颜震怒，喝令侍卫把鲁王的信使杀了，还振振有词地说：“现在最忧虑的事，不是清军而是鲁王。”

隆武帝生活简朴，喜欢读书，一心想恢复明朝，还一度想御驾亲征。他杀了前来招降的清朝使者，整顿吏治，严惩贪污，重用金声、杨廷麟、何腾蛟等抗清将领。

但掌握军政大权的郑芝龙却暗中降清。郑芝龙原来是个大海盗，后来被招安。清军消灭鲁王政权后，挥师南下，进攻福建门户仙霞关。

·复社·

复社，即明末文社，也是明末清初江南地区部分士大夫的政治集团，其主要领导者有张溥、张采等。复社是继东林党人之后的又一个进步社团，兴起于明崇祯年间，是由张溥、孙淳等联合几社、闻社、南社、匡社等结成，清初被取缔。他们以复兴古学为号召，主张“兴复古学，将使异日者务为有用”，因此名之曰“复社”。

这是一个带有浓厚政治色彩的社团，“从之游者几万余人”，影响十分广泛深远。因其在政治上继承了东林党，继续反对阉党的腐败政治，故时人称之为小东林。复社的举动也引起原阉党及其他派别人物如马士英、阮大铖等人的仇恨。南明弘光时期，掌权的阮大铖、马士英等人对复社成员大肆打击，迫使侯朝宗、黄宗羲等人逃亡，复社也从此一蹶不振。1652年被取缔。

1650年

中国大事记：
多尔衮卒，顺治帝福临亲政。

郑芝龙为了保存实力，将仙霞关的守军撤回，带领军队撤回老家安平。隆武帝无可奈何，只好逃亡。

在清军乘胜追击的情况下，隆武帝舍不得丢掉几十车心爱的书籍，前进的速度很慢，结果很快被清军追上。当隆武帝的人马到达闽赣边境时，本来可以迅速进入还在南明控制之下的江西省，隆武帝却下令停下来打开行李晾晒龙袍，以便穿戴整齐地接受臣民的觐见。

这时清军追了上来，隆武帝和大臣周之藩慌忙躲入关帝庙。清兵在庙前厉声呼喝："朱聿键出来。"忽然，周之藩手持钢刀跳出庙门，高声说道："我就是隆武帝！"挥刀杀向清兵，结果被清兵乱箭射死。清兵进庙搜查，只见后门洞开，庙内空无一人。原来朱聿键已从后门逃入汀州城。后城破被俘，朱聿键在福州绝食而死。

孝子黄宗羲

黄宗羲出生在浙江余姚县通德乡黄竹浦（今浙江余姚市的明伟乡）。他的父亲黄尊素是万历年间的进士，他期望儿子同自己一样考科举入仕途，因此对他要求很严格。黄宗羲从小聪明好学，不负父望，14岁就在家乡通过考试，补为浙江仁和县（今属杭州市）博士弟子。同年，黄尊素奉调入京，担任山东监察御史，黄宗羲随父进京读书。

当时，明朝的朝政把持在以宦官魏忠贤为首的一伙奸佞小人手中，他们疯狂地迫害正直的官员。黄尊素旗帜鲜明地站在"东林党"一边，主张剪除阉宦，澄清吏治。1626年2月，阉党罗织罪名逮捕了黄尊素等官员。后来，他们又指使其爪牙用极其残酷的手段将他们害死在公堂或牢狱。黄尊素于当年6月1日被害，当时黄宗羲17岁。

黄尊素被害的凶讯很快传到余姚，黄宗羲全家悲愤万分。他的祖父黄曰中愤然写下"你忘了杀你父亲的仇人吗"，以此激励孙儿为父亲鸣冤报仇。黄宗羲去宽慰母亲，母亲对他说："你要宽慰我，就不要忘了你父亲的遗志呀！"黄宗羲痛定思痛，决心效法越王勾践，立志向阉党报仇。

1628年正月，黄宗羲写好了为父亲申冤的奏章，身藏铁锥，赴京为父鸣冤。当他到达北京时，崇祯帝已镇压了阉党集团，但阉党余孽尚存，黄宗羲为此余恨未消。他上书皇帝，请求诛杀参与陷害其父的许显纯、崔应元等人。同年5月，刑部会审许显纯等人。许显纯以自己皇亲国戚的身份，要求减刑。黄宗羲驳斥道："显纯与阉党勾结，许多忠良都死在他的手里，这应当与谋逆同罪。"结果，刑部宣判了许、崔两人的死刑。黄宗羲当庭痛打崔应元，拔下其胡须祭祀先父亡灵。然后，他还亲手打死了直接杀害父亲的牢头叶咨、颜文仲。审判结束后，黄宗羲等死难诸家子弟在诏狱中门祭祀忠魂，哭声传入宫廷。崇祯帝叹息说："忠臣孤子，让我顿生恻隐之心！"

黄宗羲入京申冤，传遍了朝野，也轰动了京城。姚江黄孝子之名震天下。

1628年秋，黄宗羲护父亲的灵柩南归，办

·《明夷待访录》·

《明夷待访录》成书于1663年。全书由《原君》《原法》等21篇论文组成。《原君》批判了君主"以我之大私为天下之大公"，实乃"为天下之大害"。该文指出，臣子的责任在于"为天下，非为君也；为万民，非为一姓也"。《原法》批评封建国家的法律是"一家之法，而非天下之法"。黄宗羲在文中主张君主开明立宪制，扩大社会对当政者的监督权利，具有近代民主政治的思想。这些政治主张对近代有一定的思想启蒙作用。

理丧事。之后，他来到郡城绍兴，跟随名儒刘宗周继续学习经史。此后两年的时间里，黄宗羲四处交游，奔走于南京、苏州、杭州、绍兴、宁波等地，结识了江南许多名士，如张溥、陈子龙、万寿祺、沈寿民、何乔远、万泰等。

他于1630年经周镳介绍加入复社，多次参加复社的集会活动。同时，黄宗羲在南京参加了科举考试，结果落第。此后，他重温父亲“学者不可不通史事”的遗训，更加发愤研读历史著作。他每天天不亮就起床，开始读史书，一直到晚上掌灯的时候才停止。两年之内，他读了大量历史著作。黄宗羲还广泛阅读了诸子百家的著作，以及天文、音乐、地理、数学、历法、佛教、道教等方面的书籍。随着知识和阅历的增加，他越来越感到科举禁锢人的头脑，于是开始思考变革的问题。

黄宗羲在钻研学问的同时，还积极参与声讨阉党余孽阮大铖之流的政治斗争。阮大铖在崇祯初年被列入“逆案”，避祸于安徽怀宁老家，但他贼心不死，图谋复出。明朝灭亡前夕，他暗中招纳亡命之徒，收买复社人士，大有死灰复燃之势。1638年，黄宗羲带头签名，发布了著名的《留都防乱公揭》，大胆揭露了阮大铖“勾结阉党，残害忠良”的险恶用心，一举将他逐出南京。这期间，黄宗羲结识了梅朗中、方以智等人。

1642年，黄宗羲与周延祚同赴北京应考，未能及第。有人想推荐黄宗羲为中书舍人，他坚辞不就。黄宗羲看到京城形势紧张，不久整装南归。清军南下之时，黄宗羲召集家乡勇士数百人组成“世忠营”，坚持反清战斗达数年之久。失败后，他返回乡里，清廷屡次征诏，皆不就。

1663年4月，黄宗羲到涪溪设馆讲学。其间，他结识了吴之振、吴自牧父子，并与之共同选编《宋诗抄》。同时，他遍读吴氏藏书，收集了大量资料。他认真总结明亡的历史教训，为后人留下了许多对经世治国有益的著作。

博古通今王夫之

王夫之出生于明朝末年一个没落的地主阶层知识分子家庭。1644年，王夫之25岁时，清军南下占领湖南，他在湖南衡山揭竿而起，抗击清军。失败后，王夫之投奔南明永历政权，因弹劾权奸，反遭迫害，后经农民军领袖营救，才得以辗转逃回湖南。为躲避清朝政府的缉拿，他隐姓埋名，逃亡于湘南各地，饱尝颠沛流离之苦。

当军事抗争毫无意义之时，王夫之转入文化思想领域，去从事另一种形式的斗争。他把自己的亡国之思和对时局政治的思考寄托于学术领域，勤恳著述40年，内容涉及哲学、政治、经济、历史、文学、教育、军事、伦理、自然科学等诸方面，建立了超越前人、博大精深的思想体系。他深入研究《周易》，探讨改革社会的方法，先后撰成《周易稗疏》和《周易考异》两部著作，为终生精研《周易》打下了坚实的基础。他还撰写了堪称民族宣言的政论著作《黄书》。

王夫之对中国朴素唯物主义认识论的发展有着独到的贡献。他继承和发扬了古代朴素唯物主义的优良传统，吸取当时新兴“质测之学”的成果，以“六经责我开生面，七尺从天乞活埋”的创新和求实精神，对社会现实进行了高度的哲学概括，在前人成果的基础上把唯物主义发展到时代条件所允许的高度。他从哲学上和政治危害上全面清算了宋明理学唯心主义，以科学的方法剖析了宋明理学的理论根源，并以其在批判中建立的“别开生面”的朴素唯物辩证法体系，为统治中国思想界数百年的宋明理学乃至整个古典哲学做了总结和终结。

王夫之还以唯物主义一元论为依据，从探究人的本质出发，研究人类社会的起源、发展、规律及动力等一系列重要问题，从而建立起其

1655年

中国大事记：

清世祖顺治帝于内十三衙门立铁牌，严禁太监干政。

·《日知录》·

《日知录》，明末清初顾炎武撰，全书共32卷，为顾氏30多年读书笔记的汇录，包括重要的历史考据成果。全书不分门目，论及经义、政事、经济、世风、礼制、科举、艺文、名义、古事真妄、史法、注书、杂事、交通、兵制、边疆、外国、天象、术数、地理、杂考等多个方面。

独特的历史观。他在考察社会历史发展过程及其规律的基础上，提出理势合一论。他把历史发展的现实过程称作“势”，认为历史发展过程就是一种客观必然趋势，而发展趋势中所包含的不可改变、不可抗拒的必然性，他称之为“理”。

王夫之一生著述甚丰，除了《读四书大全说》《四书训义》《尚书引义》和《时记章句》等哲学论著外，还撰成《春秋家说》《春秋世论》《续春秋左氏传博议》等早期史论，反映了17世纪我国学术变迁的新动向；并以《诗广传》一书另辟学术门径，试图跳出中世纪诗学的狭隘眼界。

62岁以后，王夫之在衡阳石船山麓筑草堂定居，他不顾年迈体衰，贫病交加，撰写了《周易内传》《周易内传发例》《庄子通》《庄子解》《相宗洛索》《张子正蒙注》《宋论》《读通鉴论》《俟解》《搔首问》《噩梦》《四书笺解》《楚辞通释》及《诗话》《夕堂永日绪论》诸书，可谓著作宏富。

清康熙三十一年（1692年），王夫之逝世于石船山下的草堂内，时年74岁。他的墓碑上写着“明朝遗民王夫之之墓”。

郑成功收复台湾

隆武帝在福州建立政权后，他手下的大臣黄道周一心想帮助隆武帝出师北伐，抗清复明。但是掌握兵权的郑芝龙贪图富贵，抛弃了隆武帝，向清朝投降，隆武政权也就瓦解了。

郑芝龙有个儿子叫郑成功，是个22岁的青年将领。郑芝龙投降清朝的时候，郑成功苦苦劝阻不成，气愤之下，就单独跑到南澳岛，招募了几千人马，坚决抗清。

郑成功是个将才，在他的努力下，队伍渐渐强大起来，在厦门建立了一支水师。他跟抗清将领张煌言联合起来，乘海船率领17万水军，开进长江，向南京进攻，一直打到南京城下。清军见硬拼不行，就用假投降的手段欺骗他。郑成功中了清军的计，最后打了败仗，又退回厦门。

郑成功回到厦门时，清军已经占领福建大部分地方，他们采用封锁的办法，断绝了郑军的供应，打算困死郑成功。郑成功在那里招兵筹饷，都遇到困难，就决定到台湾发展。

台湾自古以来就是我国的领土。明朝末年，欧洲的荷兰人趁明王朝腐败无能，霸占了台湾。

郑成功少年时期曾经跟随他父亲到过台湾，亲眼看到台湾人民遭受的苦难。这一回，他决心赶走侵略军，就下令让他的将士修造船只，积蓄粮草，准备渡海。

正巧这时，在荷兰军队里当过翻译的何廷斌，赶到厦门见郑成功说，台湾人民受侵略军欺侮压迫，早就想反抗了，只要大军一到，一定能够把荷兰人赶走。何廷斌还送给郑成功一张台湾地图，把荷兰侵略军的军事布置都告诉了郑成功。郑成功有了这个可靠的情报，信心就更足了。

1661年三月，郑成功亲率2.5万名将士，乘坐几百艘战船，浩浩荡荡从金门出发。他们冒着风浪，越过台湾海峡，在澎湖休整几天，便直取台湾。

荷兰侵略军听说郑军攻打台湾，十分惊慌。他们把队伍集中在台湾（在今台湾东平地区）和赤嵌（在今台南地区）两座城堡里，还在港口沉了好多破船，想阻挡郑成功的船队登岸。

1611～1632年

世界大事记：
瑞典国王古斯塔夫二世实行军事改革。

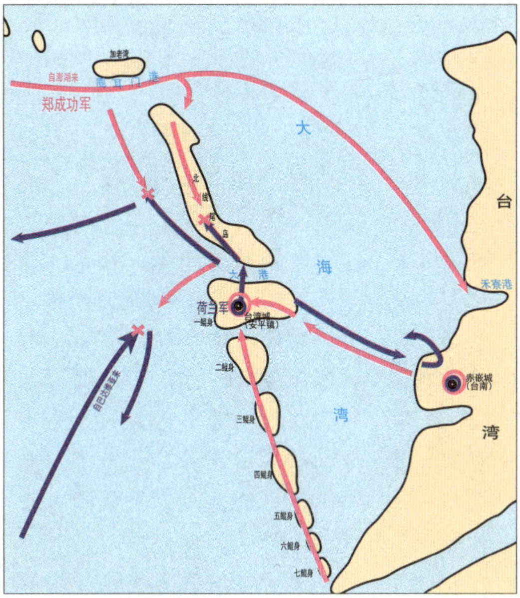

⊙郑成功收复台湾要图

何廷斌为郑成功领航，利用海水涨潮的机会，驶进了鹿耳门，登上台湾岛。

侵略军调动一艘最大的军舰“赫克托”号，气势汹汹地开了过来，阻止郑军的船只继续登岸。郑成功沉着镇定，指挥他的60多艘战船把“赫克托”号围住，随即一声令下，60多只战船一齐开炮，把“赫克托”号击沉了。还有3艘荷兰船见势不妙，吓得掉头就跑。

随后，郑成功派兵猛攻赤嵌。赤嵌的敌军拼死顽抗，一时攻不下来。有个当地人为郑军出主意说，赤嵌城的水都是从城外高地流下来的，只要把水源切断，敌人就会不战自乱。郑成功采用这个办法，没出三天，赤嵌的荷兰人乖乖地投降了。

盘踞台湾城的侵略军企图顽抗，等待援兵。郑成功采取长期围困的办法逼他们投降。在围困八个月之后，郑成功下令向台湾城发起猛攻。荷兰侵略军走投无路，只得扯起白旗投降了。

1662年初，侵略军头目被迫到郑成功大营，在投降书上签了字，灰溜溜地离开了台湾。郑成功从荷兰侵略者手里收复了我国的宝岛台湾，成为我国历史上了不起的民族英雄。

李定国转战西南

隆武、鲁王两个南明政权先后灭亡后，驻守在两广的明朝官员瞿式耜等在肇庆拥立桂王朱由榔即位，年号永历，这就是永历帝。

1649年，瞿式耜在桂林城被清兵攻陷后就义。在桂王政权面临覆灭之时，李定国领导的大西农民军，担负起抗清的重任。

李定国本是张献忠手下四名勇将之一，又是他的义子，排行老二，老大是孙可望。张献忠牺牲后，孙可望、李定国率领剩下的五六万起义军，南下贵州、云南。他们派人告知永历帝，愿意和他们联合抗清。永历帝见形势危急，只好依靠大西军，封孙可望为秦王。

孙可望是个有野心的家伙，他把永历帝控制在手里，在贵阳作威作福，根本不想抗清的事；李定国却一心抗清，他在云南用了一年的时间，训练了一支3万人的精锐部队，还找了一批驯象的人，组成一支象队。在做好了充分的准备之后，李定国便向清军发起了攻击。

他们从云南、贵州一直打到湖南，连战连胜，收复了几座重镇，接着，又兵分三路进攻桂林。

李定国攻进桂林，一面派兵继续肃清残敌，一面安抚百姓，把逃到山里的南明官员接回城里。有一天，李定国摆了酒宴，请来南明

⊙《吴三桂擒桂王由榔论》

郑成功暴死之谜

⊙郑成功像

郑成功（1624～1662年），本名森，又名福松，字明俨，号大木，明末清初福建南安人。郑成功甚为明隆武帝器重，授总统使、招讨大将军，赐姓朱，号成功，人称“国姓爷”。明永历十五年（顺治十八年，1661年），率军2.5万渡海到台湾鹿耳门，围赤嵌城，败荷兰殖民军，收复台湾全岛。不久，即暴卒。

郑成功是我国著名的民族英雄。明清之际，台湾被荷兰殖民者占领。永历十五年（1661年），郑成功率领将士数万人，从厦门出发，经过澎湖，在台湾鹿耳门的禾寮港登陆，对荷兰总督所在地赤嵌城进行了围攻。八个月的激烈战斗后，荷兰总督终于投降，台湾回归祖国的怀抱。之后，郑成功在台湾建立了行政机构，推行屯田，极大地促进了台湾社会经济的发展。可以说，郑成功对祖国统一所做出的贡献是彪炳千古的。

然而就在郑成功收复台湾仅仅五个月之后即1662年6月23日，正当郑成功想要在台湾进一步有所作为的时候，他却忽然死去，年仅38岁，留给后人无限的惋惜。由于关于郑成功的死因没有确切的史料，也就给后人留下了深深的疑惑，以致众说纷纭。

同时代人对郑成功死亡情况的记载都比较简单。不过几乎所有的史籍都记载郑成功是病死的，一般是说他“偶伤寒”“感冒风寒”。同时代人李光地在《榕村语录续集》中还提到“马信荐一医生以为中暑，投以凉剂，是晚而殂”。

正是由于过于简单的记载，导致了后世人的种种猜测。于是有人说郑成功是由于“狂怒而闷窒致死”，有的说是“身染肝郁病症，内伤外感，又缺药物，终致死亡”，还有人说郑成功得肝病、肺结核病、恶性疟疾、流感等，外国学者乔治·菲力浦甚至认为郑成功是得了“骤发癫狂”的疯狂病。看来郑成功最后得病是可以肯定的。

也有人在心理上和精神上寻找郑成功死亡的原因。当时郑成功的儿子郑经与乳母通奸生子，郑成功下令将其处死，郑经惊恐之下竟然想要和清军妥协，这使性格刚强且崇尚礼教的郑成功在精神上受到了极大的刺激。除这个外，由于清政府的海禁给粮食接济造成了重大问题，吕宋华侨受到西班牙殖民者的残酷迫害，永历皇帝蒙难、祖坟被掘、自己的父亲等十余人被处死在北京，等等，如此多的事情任哪一件都足以造成对郑成功的打击。继而一次急性感冒作为直接原因夺去了身体处于疲惫虚弱状态的郑成功的命。

诸多说法中，最骇人听闻，但是也最广为流传的说法是郑成功乃为人毒死。

夏琳的《闽海纪要》中说，郑成功当时的病并不严重，病中“尚坐胡床谈论，人莫知其病”，汪日升的《台湾外纪》也有类似的记载，说在他死的当天，他还“登台观望”，然后回书室，拿出《太祖祖训》，边阅边饮酒。如此谁会相信他是病死的？因而，林其泉指出，根据郑成功临终前的异常情况以及当时郑氏集团内部的矛盾，可以推断郑成功是被人用毒药毒死的。林其泉进一步分析了郑成功被人害死的

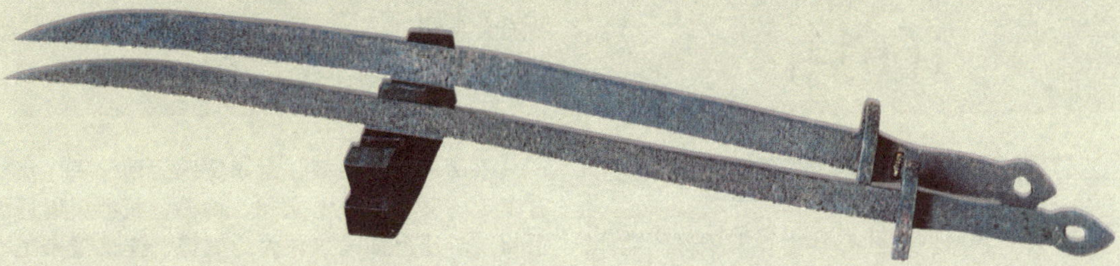

郑成功军用过的大刀

理由。

当时郑氏集团内部暗藏着很多危险因素。郑成功的儿子郑经生活失检，对郑成功十分畏惧；兄弟侄子辈中的郑泰长期掌管郑军的财政大权，拥资数百万，虽得郑成功的信任，但是却心怀叵测。郑泰一心想让郑成功在困难和打击下自败，结果不仅没有如愿以偿，台湾反倒在郑成功的努力下形势大好，这当然使郑泰感到不安。如此他孤注一掷，毒杀郑成功就是有可能的了。此外，郑成功平时纪律严明，赏罚分明，性情又十分暴烈，使包括他的长辈亲族在内的很多人被处以极刑。这自然引起了一些人的不满和恐惧。人心惶惶下，最容易引起解体和离心，“其下常惧株”，“人多思叛”。结果不少人在清政府的高官厚禄下叛逃，另一部分很可能会铤而走险，支持和参与阴谋篡权，甚至谋划杀害。

根据史料记载，历史上暗杀郑成功的活动不止一次。据说，清王朝曾多次收买郑军内部的人来实施暗杀。有一次收买了郑成功的厨师，计划在食物中投放孔雀胆来毒杀郑成功，后来此事虽然没有造成严重的后果，但是足见反对势力对郑成功的谋杀阴谋是存在的。

另一个疑点是马信的死。马信是清朝的降将，后来投靠郑成功任都督并得到了郑成功的信任，他在郑成功死后神秘死亡。郑成功去世的当天，马信曾经“荐一医生以为中暑，投以凉剂”，当天晚上郑成功就死了。人们分析认为，马信很可能直接参与了谋杀郑成功的行动，至少了解一部分内情。谋杀的主谋者收买了马信，事后又来个杀人灭口，以防止其泄密。

从郑成功临死前的状况看，也完全可推断他为中毒而死。汪日升的《台湾外纪》说他“以两手攀面而逝”，夏琳的《闽海纪要》说他“顿足拊膺，大呼而殂”，吴伟业《鹿樵纪闻》说郑成功死时“面目皆抓破”；沈云《台湾郑氏始末》说他“啮指而卒”，等等。所有这些记载，都可以看作是毒性发作时的症状。《闽海纪要》还记载说郑成功临终前都督洪秉诚调药以进，被郑成功扔到了地上，然后“顿足抚膺，大呼而殂”。为什么会有这样的举动？可能郑成功当时发现了有人在毒害他，只是为时已晚。

郑成功的死在当时也引起了人们的怀疑，大家都认为这是一起谋杀，主谋就是郑泰。如前文所说，郑泰早就居心叵测，有篡权之心，很可能还与清政府有勾结，他很可能就是谋杀郑成功的凶手。可惜郑成功的继承人郑经在逮捕郑泰后，发现郑泰有大量银款放在日本，于是就将注意力集中到银款上，并且他原本就对父亲的死存有侥幸，当然不愿意进一步追查。因此，郑成功的死因也就没有得到认真的追究，当然几百年后，就更疑雾重重了。

郑成功被毒死一说，毕竟只是在蛛丝马迹中的一种猜测，并没有直接的文献记载加以证明。要破解这位民族英雄的死因之谜，还需要我们更进一步的努力。

1661年

中国大事记：
郑成功率军驱逐荷兰侵略者，收复台湾。

·绿营·

绿营是由明朝降军和招募的汉族士兵组成的各省地方军。以绿旗为标志，以营为基本建制单位，所以称之为“绿营”。绿营和八旗兵一样，是国家的正规军，称经制兵。

绿营兵分标、协、营、汛等级。总兵所属称标兵，副将所属称协兵，参将、游击等所属称营兵，千总、把总所属称汛兵。绿营兵约有60多万，分布在全国各地。绿营平时担负繁重的地方杂役，如维持地方治安、镇压反抗，守护城池、官衙、仓库，解送饷银、钱粮、人犯，防护河道、护运漕粮等。战时奉调出征，为八旗兵打先锋、当后勤，在平定三藩之乱时发挥了重要作用。但绿营兵的待遇远不如八旗兵，装备也很落后，处处受到压制。

绿营本是募兵制，但承平日久，父终子继，逐渐转化为世兵制。后来，绿营军纪废弛，战斗力下降，以至于镇压太平天国时不得不依靠湘军等乡勇。

官员，他对官员们说：“现在的局势，就像南宋末年一样。大家不是敬佩文天祥、陆秀夫、张世杰诸公吗？他们的精忠浩气，固然是名留青史，但是我们尽忠国家，毕竟不希望有那样的结局啊。”大家听了，都深深佩服李定国的豪迈气概。

永历帝得到捷报，封李定国为西宁王。接着李定国又带兵攻下永州、衡阳、长沙，逼近岳州。清廷得知消息，大为震惊，连忙派亲王尼堪带领10万清军反攻长沙。李定国得到消息，知道清军来势很猛，就主动撤出长沙，在退到衡阳的途中设下伏兵。尼堪率兵追击时，中了明军的埋伏，当场被砍死了。

李定国的胜利，引起秦王孙可望的妒忌，孙可望假意邀请李定国来商量国事，想借机暗害李定国；李定国看出了他的诡计，只好带兵离开湖南，回到云南。

孙可望野心勃勃，想逼迫永历帝让位。他知道要达到目的，首先要除掉李定国，就亲自率领14万兵马进攻云南。哪里想到，他手下的将士们恨透了他的分裂活动，在双方交战的时候，纷纷倒戈，孙军一下就瓦解了。孙可望走投无路，就逃到长沙，投降了清军。

南明政权经过孙可望叛乱，力量削弱了。1658年，清兵由降将吴三桂、洪承畴等率领，分三路向云南、贵州进攻。李定国分三路阻击，都失败了，不得已，退回昆明。永历帝和他的几个亲信官员惊慌失措，逃往缅甸去了。

永历帝逃往缅甸后，李定国继续在云南边境上征集人马，打击清军。他接连13次派人去接永历帝回国，永历帝都不敢回来。

1661年十二月，吴三桂亲自带领10万清兵开进缅甸，逼迫缅甸交出了永历帝，并将其处死。这样，南明政权才彻底灭亡。

李定国艰苦抗清十多年，没有实现他的愿望，终于忧愤而死。临死的时候，他对他的儿子和部将说：“宁可死在荒野，也不能投降啊！”

《桃花扇》

与洪昇的《长生殿》并称为清代戏曲“双璧”的《桃花扇》，直接以南明政权的覆灭为背景，具有鲜明的时代感。作者孔尚任（1648～1718年）字聘之，山东曲阜人，孔子64代孙。康熙二十二年，康熙亲自到曲阜祭孔，孔尚任被选为御前讲经人员，撰写典籍讲义，在康熙面前讲《大学》，康熙破格将他由监生提升为国子监博士。康熙二十四年初，孔尚任进京，正式走

1640年

世界大事记：
英国资产阶级革命开始。

上仕途，后迁至户部员外郎，因故罢官。

关于《桃花扇》的创作，据孔尚任自己说，隐居石门时就已开始创作，经十余年苦心经营，三易其稿始成。剧本的宗旨，作者说是“借离合之情，写兴亡之感”，同时要通过说明“三百年之基业，隳于何人，败于何事，消于何年，歇于何地”，为后人提供历史借鉴，“惩创人心，为末世之一救”。剧中以复社名士侯方域与秦淮名妓李香君的爱情故事为主线，利用真人真事和大量文献资料，形象而深刻地揭示了明末腐朽、动乱的社会现实，谴责了南明王朝昏王当政，官吏争权夺利，置国家危亡于不顾的腐朽政治，总结了历史教训，抒发了兴亡之感。

在《凡例》中，孔尚任曾提出剧情要有“起伏转折”，又要“独辟境界”，出人意料而不落窠臼，还要做到“脉络联贯”，紧凑而不可“东拽西牵”。这些重要的戏剧理论观点，在《桃花扇》中得到较好的实现。全剧40出，以桃花扇这一具有象征意义的道具串联侯、李悲欢离合的爱情线索，又以这一线索串联南明政权各派各系以及社会中各色人物的活动与矛盾斗争，纷繁错综、起伏转折而有条不紊、不蔓不枝。明末复社名士侯方域与秦淮名妓李香君相恋，侯方域题诗宫扇赠予香君。阉党阮大铖趁机请人代送妆奁及酒席之资以拉拢侯方域，但被香君严词拒绝。阮大铖怀恨在心，设法迫害，侯方域被逼投奔扬州督师史可法。阮大铖为巴结淮阳督抚田仰，向马士英献计买香君赠予田仰为妾。香君不从，以头撞桌，昏厥于地，血溅桃花扇。杨文骢信手提笔就斑斑血痕勾勒出几枝桃花，此即“桃花扇”。香君乃托人携桃花扇致方域，以明心迹。后来清军南下，陷南京，方域与香君同避难于霞山，二人在白云庵相遇，取出桃花扇叙旧，共约出家。

在《桃花扇》里，作者有意避免对“情”作单独的描写，男女主人公的悲欢离合，始终卷入在南明政治的旋涡和南明政权从初建到覆亡的过程中。在戏剧结构上，孔尚任以巨大的艺术才能和独创性，通过象征男女主人公爱情命运的一把扇子，把一部包含了南明兴亡史的戏剧情节贯串在一起。从赠扇定情始，侯方域与李香君的爱情就被置于明末的政治旋涡之中。侯、李被迫分离后，结构上展开了由他们联系着的两条线索：侯方域四处奔波这条线索，写南明草创及四镇内讧等重大事件和矛盾；李香君备受欺凌这条线索，写弘光帝和马、阮之流倒行逆施、宴游偷安。这两条线索交互映衬，“争斗则朝宗分其忧，宴游则香君罹其苦。一生一旦，为全本纲领，而南朝之治乱系焉”。最后，作者摆脱了传统戏曲大团圆的俗套，以侯、李入道的爱情悲剧来衬托国破家亡的严酷现实。

《桃花扇》在许多方面均富有艺术创造性，从人物形象的塑造来说，女主角李香君给人的印象颇为深刻。作品中把李香君放在政治斗争的旋涡中来刻画，反映了一定的时代特点，她的聪慧、勇毅的个性，显得颇有光彩。《寄扇》

⊙彩绘本《桃花扇》插图　清

1696年

中国大事记：
清军于昭莫多大败准噶尔军，史称昭莫多之战。

一出，香君坚不下楼，在对政治派别的选择和对情人的忠贞中，包含了对美满人生的憧憬。

在《桃花扇》中，作者较多地注意到人物类型的多样化和人物性格的多面性。如阮大铖本是著名戏曲家，剧中既写了他的阴险奸滑，也写了他富于才情的一面。再如杨文骢，他能诗善画，风流自赏，政治上没有原则，却颇有人情味，在侯、李遭到马、阮严重迫害时，出力帮助他们。象征李香君高洁品格的扇上桃花，就是他在香君洒下的血痕上点染而成的。由于他的存在，剧情显得分外活跃灵动。

《桃花扇》的悲剧性的结局，有力地打破了古代戏剧习见的大团圆程式，给读者或观众留下了更大的思考余地。总之，《桃花扇》是古典历史剧的典范，它和《长生殿》一起，标志着我国戏剧文学的最高水平。

康熙帝削藩

南明最后一个政权灭亡的同年，顺治帝病死，他的儿子玄烨即位，这就是清圣祖，历史上称为康熙帝。

康熙帝即位时，年仅8岁。顺治帝遗诏，由四个满族大臣帮助他处理国事，叫作辅政大臣。四个辅政大臣中，掌握兵权的叫鳌拜，他欺负康熙帝年幼，独断专行。

康熙帝满14岁的时候，亲自执政。这个时候，另一个辅政大臣苏克萨哈和鳌拜发生了争执。鳌拜便勾结同党诬告苏克萨哈犯了大罪，奏请康熙帝处死苏克萨哈，康熙帝不肯批准。鳌拜在朝堂上卷起袖子，伸出拳头，跟康熙帝争了起来。康熙帝想到鳌拜势力太大，只好忍耐，由他把苏克萨哈杀了。

从那以后，康熙帝决心除掉鳌拜。他派人物色一批健壮有力的十几岁的贵族子弟担任侍卫。康熙帝把他们留在身边，天天练摔跤。

鳌拜进宫时，常常看到这些少年吵吵嚷嚷地在御花园里摔跤，只当是孩子们闹着玩，并不在意。

有一天，鳌拜接到康熙帝召见的命令，要他单独进宫商量国事。鳌拜像平常一样大模大样地进宫去。刚跨进内宫的门槛，忽然一群少年拥了上来，将他围住，有的拧胳膊，有的拉大腿，一下子就把他打翻在地。任凭他大喊大叫，也没有人搭救他。

把鳌拜抓进大牢后，康熙帝马上让大臣调查鳌拜的罪行。大臣们认为，鳌拜独断专行，擅杀无辜，罪恶累累，应该处死。康熙帝从宽处理，革了鳌拜的官爵。

康熙帝除掉鳌拜，朝廷里一些骄横的大臣知道了这个年轻皇帝的厉害，就不敢在他面前放肆了。

康熙帝亲自执政后，大力整顿朝政，使新建立的清王朝渐渐强盛起来。但是，南方的三个藩王却成了康熙帝的一块心病。

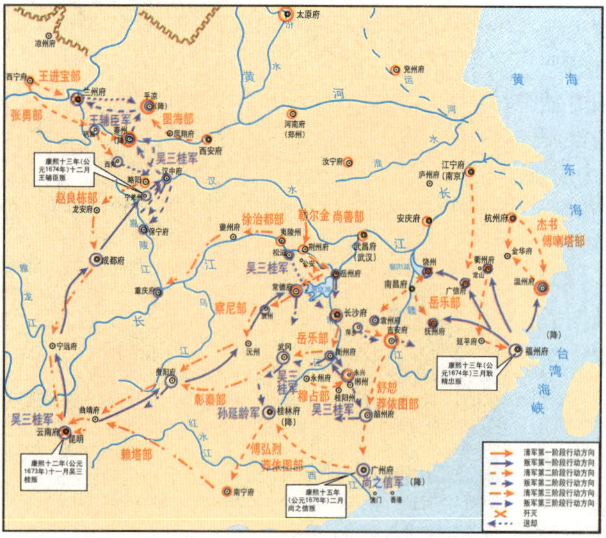

⊙ 平定三藩叛乱示意图

1660年

世界大事记：
英国斯图亚特王朝复辟。

这三个藩王是投降清朝的明军将领，一个是引清兵入关的吴三桂，一个是尚可喜，一个是耿仲明。因为他们帮助清朝消灭南明，镇压农民军有功，清廷便封吴三桂为平西王，驻防云南、贵州；尚可喜为平南王，驻防广东；耿仲明为靖南王，驻防福建，合起来叫作“三藩”。三藩之中，数吴三桂势力最大。

康熙帝知道要统一政令，三藩是很大的障碍，一定要找机会削弱他们的势力。他找来大臣们商议撤藩，可大臣们怕撤藩会引起反叛，都有顾虑。

康熙帝果断地说：“吴三桂早有野心。撤藩，他要反；不撤，他迟早也要反。不如先发制人。”接着，就下诏撤藩。诏令一下，吴三桂果然暴跳如雷。他自以为是清朝开国老臣，现在年纪轻轻的皇帝居然撤他的权，便决定造反。

吴三桂在西南一带势力强大，一开始，叛军打得很顺利，一直打到湖南。他又派人跟广东的尚之信（尚可喜的儿子）和福建的耿精忠联系，约他们一起反叛。这两个藩王有吴三桂撑腰，也反了。历史上把这件事称作“三藩之乱”。

康熙帝并没有被他们吓倒，一面调兵遣将，集中兵力讨伐吴三桂；一面稳住尚之信、耿精忠，停止撤销他们的藩王称号。尚之信、耿精忠一看形势对吴三桂不利，又投降了。

吴三桂开始打了一阵子后，力量渐渐削弱，处境十分孤立。经过八年战争之后，他自己知道无力回天，连悔带恨，生了一场大病死了。

清军平定了叛乱势力，统一了南方。正当朝廷庆贺平定叛乱告捷的时候，从我国东北边境传来沙皇俄国侵犯边境的消息。

·“京察”和“大计”·

“京察”和“大计”是中国明清两代对文武官吏定期进行考绩的制度。京察在中央官员中进行，六年一次；大计随地方官员朝觐进行，三年一次。四品官以上由本人自陈，由皇帝裁定；五品以下具册奏请。京察大计特别卓异的，不次提升；不合格的，按贪、酷、无为、不谨、年老、有疾、浮躁、才弱八法，分别予以革职、冠带闲住、致仕、改调等处置。清代考察则发展为“四格八法”之制。四格是才、守、政、年四项标准，才分长平短，守分廉平贪，政分勤平怠，年分青中老，综合四格决定官员的加级、升职、留任、降调。

雅克萨的胜利

明朝末年，明、清双方都忙着打仗，北方边境的防务就无人顾及了。沙皇俄国趁机向我国黑龙江地区进犯。其在我国掠夺财物，杀害人民。直到清朝稳定了局势，才派兵打击沙俄侵略军，收复了被俄国占领的黑龙江北岸的雅克萨（在今黑龙江呼玛西北，漠河以东的黑龙江北岸）。

后来，康熙帝为了平定三藩，把大批兵力调到西南去。有个俄国逃犯带了 84 名匪徒逃窜到我国雅克萨，在那里筑起堡垒，到处抢掠。他们把抢来的貂皮献给沙皇。沙皇不仅赦免了逃犯的罪，还任命为首的歹徒做雅克萨长官，想永远霸占我国土地。

康熙帝平定了三藩之乱后，听到东北边境遭到侵犯，便亲自来到盛京，派将军彭春、郎谈借打猎为名到边境侦察。

康熙帝做好进攻的准备之后，派人送信

⊙ 神威无敌大将军炮　清
此炮造于康熙十五年（1676 年），御赐名为“神威无敌大将军”。该炮曾参加雅克萨之战，并发挥了巨大威力。

1729年

中国大事记：
因征讨准噶尔，设军需房，后改为军机房、军机处。

给雅克萨的俄军头目，命令他立刻退出雅克萨。沙俄军不但不肯退出，反而向雅克萨增兵，跟清朝对抗。于是，康熙帝发布了进军的命令。

1685 年，康熙帝派彭春为都统，率领水、陆两军 1.5 万人，浩浩荡荡开到雅克萨，把雅克萨城围了起来。

雅克萨城堡十分牢固。彭春观察了地形之后，一面在城南筑起土山，让兵士站在土山上往城里放弩箭；一面在城北隐蔽地方放好了火炮，乘城北敌人不备，突然开起炮来。炮弹在城头呼啸着飞向城里，敌人的城楼被炮弹击中，熊熊燃烧了起来。

天色放亮后，清军又在城下堆起柴草，准备放火烧城。俄军头目吓坏了，慌忙在城头上扯起白旗投降。

按照康熙帝的事前吩咐，彭春全部释放了投降的俄军，勒令他们撤回本土。俄军头目托尔布津犹如丧家之犬，带着残兵败将跑了。

俄军撤走后，彭春命令兵士拆毁雅克萨城堡，让百姓回来耕种。随后，带着军队回到瑷珲城。

但是，失败的俄军头目并没有死心，他们听说清军撤走了，就又带兵溜回雅克萨，把城堡修筑得更加坚固。

消息传到北京，康熙帝决定把侵略军彻底消灭。第二年夏天，黑龙江将军萨布素向雅克萨进军。清军将士想到从他们手里放走的敌人又来了，恨不得马上消灭他们。这一次，清军的炮火更加猛烈。守城头目托尔布津也中弹死了；剩下的一批侵略军不得不躲到地窖里，但是没多久，病的病，死的死，最后只剩下了 150 个人。

沙俄政府慌忙派使者赶到北京，要求谈判。

1689 年，清政府派出代表索额图，与沙俄政府代表戈洛文在尼布楚举行和谈，签订了《尼布楚条约》。条约划分了两国边界，肯定了黑龙江和乌苏里江流域的广大地区都是中国领土。

三征噶尔丹

在《尼布楚条约》签订后的第二年，沙俄政府不甘心失败，又唆使准噶尔的首领噶尔丹向漠北蒙古进攻。

⊙北征督运图　清

那时，蒙古族分为漠南蒙古、漠北蒙古和漠西蒙古三个部分。除了漠南蒙古已归属清朝外，其他两部也都向清朝臣服了。准噶尔部是漠西蒙古的一支，本来在伊犁一带过着游牧生活。

自从噶尔丹统治准噶尔部以后，他先兼并了漠西蒙古的其他部落，又向东进攻漠北蒙古。漠北蒙古人逃到漠南，请求清朝政府保护。康熙帝派使者到噶尔丹那里，叫他把侵占的地方还给漠北蒙古。噶尔丹依仗沙俄撑腰，不但不肯退兵，还大举进犯漠南。

康熙帝决定亲征噶尔丹。1690 年，康熙帝兵分两路：左路由抚远

17世纪

世界大事记：
法国建凡尔赛宫，为欧洲最大王宫。

大将军福全率领，从古北口出兵；右路由安北大将军常宁率领，从喜峰口出兵，康熙帝亲自带兵在后面坐镇。

右路清军先与噶尔丹军遭遇，败下阵来。噶尔丹的军队长驱直入，一直打到离北京只有700里的乌兰布通（今内蒙古昭乌达盟克什克腾旗）。噶尔丹得意扬扬，还派使者向清军索要他们的仇人。

康熙帝命令福全出击。清军用火炮火枪猛烈轰击敌阵，步兵骑兵一起冲杀过去。福全又派兵绕到山后夹击，把叛军杀得七零八落，纷纷丢寨逃走。

噶尔丹回到漠北，表面向清朝政府表示屈服，实际上却重新招兵买马，还暗地里派人到漠南煽动叛乱。

1696年，康熙帝第二次亲征，兵分三路出击：黑龙江将军萨布素从东路进兵；大将军费扬古率陕西、甘肃军兵，从西路出兵，截击噶尔丹的后路；康熙帝亲率中路军，从独石口出兵。三路大军约定日期同时进攻。

康熙帝的中路军到了科图，遇到了敌军前锋，但东西两路还没有到达。这时候，有人传言沙俄要出兵帮助噶尔丹。随行的一些大臣害怕起来，劝康熙帝退兵。

康熙帝气愤地说："我这次出征，还没有见到叛贼就退兵，怎么向天下人交代？再说，我中路一退，叛军全力对付西路，西路不是更危险了吗？"

康熙帝决心已定，继续进兵克鲁伦河，并且派使者去见噶尔丹，告诉他康熙帝亲征的消息。噶尔丹在山头望见清军黄旗飘扬，军容整齐，便连夜拔营逃走了。康熙帝一面派兵追击，一面派快马通知西路军大将费扬古，让他们在半路上截击。

噶尔丹带兵奔走了五天五夜，到了昭莫多（在今蒙古人民共和国乌兰巴托东南），正好与费扬古军相遇。

费扬古在树林茂密的地方设下埋伏，然后派先锋把叛军引到预先埋伏的地方，叛军一到，便前后夹击。叛军死的死，降的降。最后，噶尔丹只带了几十名骑兵逃走了。

经过两次大战，噶尔丹叛乱集团土崩瓦解。但是噶尔丹不听康熙帝的劝告，继续顽抗。隔了一年，康熙帝又带兵渡过黄河亲征。

这时候，噶尔丹原来的根据地伊犁，已被他侄儿策妄阿那布坦占领；他的左右亲信听说清军来到，纷纷投降。噶尔丹走投无路，就服毒自杀了。

从那以后，清政府重新控制了阿尔泰山以东的漠北蒙古，分封了当地蒙古贵族称号和官职。随后，又在乌里雅苏台设立将军，统辖漠北蒙古。

·广东十三行·

广东十三行（又称广州十三行）是清朝闭关锁国时设立于广东的专办对外贸易的洋行，实际是一个拥有商业特权的官商团体，创始于康熙二十五年（1686年）。"十三行"之名是沿袭明代的旧称，实际行数变化不定，开始是十三家，最多达几十家，其中以同文行、广利行、怡和行、义成行最为著名。

被招入十三行的洋行商人利用亲近政府之便垄断对外贸易，规定所有外国进口货物均由其承销，内地出口货物亦由其代购，并负责拟定进出口货物的价格。同时，他们又受清政府委托行使一定的外交权，负责向外商征收进口货税，并代政府经办一切同外商的交涉事宜，如代为传达政令、送交外交公文、转递外商的意见和禀帖等。这种公行，带有官商的性质，是一种封建性的对外贸易的垄断机构。第一次鸦片战争后，十三行的贸易特权被取消，后在外国经济侵略中加速衰落。

1735年

中国大事记：

清世宗雍正帝去世，子弘历继位，是为清高宗，改元乾隆。

雍正帝即位

康熙帝一共有35个儿子，成年且受册封的只有20人。为了争夺储位，他们分为三个集团，一是皇太子集团；二是皇四子集团；三是皇八子集团。三派钩心斗角、明争暗斗，

太子胤礽，排行老二，康熙十三年（1674年）生，生母为皇后赫舍里氏。皇后赫舍里氏难产而死，康熙帝十分伤心，次年胤礽被册封为皇太子。康熙帝对胤礽格外疼爱，亲自教他读书识字，每次外出围猎都把他带在身边。康熙十七年（1678年），皇太子出痘，当时正值三藩之乱，但康熙帝亲自照顾太子，竟连续12天没有批阅奏折。

但皇太子的表现太让康熙帝失望了。康熙二十九年（1690年），康熙帝亲征噶尔丹，途中得病，召见皇太子。谁知皇太子对康熙帝漠不关心，令康熙帝深感寒心。皇太子的舅舅大学士索额图，与皇太子密谋，想夺权篡位。康熙帝知道后，盛怒之下将索额图处死，以此警告皇太子。但皇太子并未因此而收敛，反而更加嚣张。康熙四十七年（1708年），康熙帝到木兰围场围猎，途中皇十八子生病，皇太子竟毫不关心弟弟的病情，甚至在夜间向康熙帝的御帐里窥探。康熙帝深感自己的皇位和生命受到威胁，说："说不定哪一天我就会被毒死，或者被谋杀，真是要日夜警惕啊。"九月十六日，围猎还没有结束，康熙帝召集诸王、大臣，历数太子罪状，宣布废太子之位，声泪俱下，最后昏倒在地。太子的亲信被处死，康熙十分难过，连续七天七夜不吃不睡。皇长子受命看管废太子，回京后康熙帝命令皇四子胤禛（就是后来的雍正帝），一同负责看管。胤禛当时还是个贝勒，次年被封为雍亲王。

康熙帝以为废掉太子就可以缓和诸皇子之间的矛盾，但是令他万万没有想到的是，诸皇子争夺储位的斗争反而更加激烈。太子之位成为诸皇子角逐的目标，

皇八子为人干练，有德有才，交际很广。从小由皇长子的母亲惠妃抚养长大，与皇长子关系很好。皇长子找人诅咒胤礽发疯，甚至直接向康熙帝建议立皇八子为太子，如果康熙帝想处死废太子他愿意负责处置。康熙帝勃然大怒，将皇长子关押起来，把皇八子革爵关押，附和皇八子的大臣或被革职或被处死。

康熙帝看到废皇太子后诸皇子争夺储位斗争更加激烈，为了根绝储位之争，在康熙四十八年（1709年），重新立胤礽为皇太子，释放了皇八子并恢复了他的爵位。诸皇子都明白，既然皇太子能被废掉一次，也可能再次被废掉。所以皇太子党与皇八子党之间的斗争更加激烈。

当大臣们把目光注视在皇太子和皇八子身上时，皇四子胤禛悄然崛起。胤禛很有心计，为人谨慎、做事不露声色。他对皇太子党和皇八子党既不依附，也不反对。他还经常在康熙帝面前讲太子的好话，对康熙帝也非常孝顺。

⊙康熙帝读书像

1682～1725年

世界大事记：
俄国沙皇彼得一世在位。

康熙帝生病时，他服侍康熙帝吃药治疗。在处理兄弟关系方面。他的原则是“不结党”“不结怨”。康熙帝交给他办的事，他都尽心尽力地办好，令康熙帝非常满意，也赢得了很多大臣的好感。

康熙五十一年（1712年），无可奈何的康熙帝决定再次废掉依旧嚣张的皇太子，幽禁在咸安宫，对其党羽严厉惩罚。这时势力上升最快的是皇四子的同母弟皇十四子胤禵。康熙五十七年（1718年），皇十四子被封为抚远大将军，主持西北军务。康熙帝很喜欢他，当时被公认为太子人选。

康熙六十一年（1722年）十一月，康熙帝突然生病。次日，康熙帝病逝。康熙帝死后，皇四子胤禛的舅舅科隆多宣布遗诏，皇位继承人不是胤禵而是胤禛。众人议论纷纷，认为皇四子胤禛与科隆多串通一气，毒杀了康熙帝，篡改遗诏。

其实这是不可信的。满文为清朝的国文，宫廷的书写制度是满汉两种文字并用，绝不会只用汉文；而汉字当时用的是繁体字，“于”写作“於”，“于”字根本无法改成“於”字；按照惯例，皇子应称皇第几子，如皇十四子，绝不会只写“十四子”。遗诏应为“皇位传于皇四子”，因此汉文也无法篡改。由此可见，雍正帝篡改遗诏之说，就不攻自破了。

文字狱

清朝统治者对明朝留下来的文人采取两种手段：对于服从统治的文人，采取招抚的办法；对于不服统治的，采取严厉的镇压。就在康熙帝即位的第二年，有官员告发，浙江湖州有个叫庄廷珑的文人，私自招集文人编辑《明史》，里面有攻击清朝统治者的语句。这时候，庄廷珑已死去。朝廷下令，开庄廷珑棺材戮尸，把他的儿子和写序言的、卖书的、刻字的、印刷的以及当地官吏，处死的处死，充军的充军。这个案查下去，一共株连了70多人。

由于这类案件完全是因写文章引起的，所以就叫作“文字狱”。

康熙帝死后，他的第四个儿子胤禛即位，这就是清世宗，又称为雍正帝。在雍正帝的统治下，文字狱更多更严重了。其中最出名的是吕留良事件。

吕留良也是一个著名学者。明朝灭亡以后，他参加了反清斗争。失败后，就在家里收学生教书。有人推荐他做官，他坚决拒绝了。官员劝他不听，也没用，后来他索性跑到寺院里，剃发当了和尚。吕留良当了和尚以后，就躲在寺院里著书立说，书里有反对清朝统治的内容。后来，吕留良死了，他的书也没有流传开去。

⊙康熙帝便装写字像

有个叫曾静的湖南人，偶然见到吕留良的文章，对吕留良的学问十分敬佩，就派学生张熙从湖南跑到吕留良的老家浙江，打听他遗留下来的文稿。

张熙到浙江后，不但打听到了文稿的下落，还找到了吕留良的两个学生。张熙跟他们一谈，很说得拢。他向曾静汇报后，曾静就约两人见

1771年

中国大事记：

土尔扈特部在首领渥巴锡的率领下，长途跋涉，从沙俄返回祖国。

了面，四个人议论起清朝统治，都十分愤慨。大家就秘密商量推翻清王朝的办法。

他们知道，光靠几个读书人成不了大事。后来，曾静打听到担任陕甘总督的汉族大臣岳钟琪握有重兵。他想，要是能劝说岳钟琪反清，就大有成功的希望。曾静写了一封信，派张熙去找岳钟琪。岳钟琪接见了张熙，拆开来信，一看是劝说他反清的，大吃一惊，随后就上报了朝廷。

雍正帝接到报告后，气急败坏，立刻下命令把这帮书生解送到北京，严刑审问。

最后，案子又牵连到吕留良家。吕留良已经死了，雍正便命人把吕留良的坟刨了，棺材劈了，还觉得不够解恨，又把吕留良的后代和他的两个学生满门抄斩。另外还把不少敬佩吕留良的读书人株连进去，罚到边远地区充军。

除了这样真是由反对朝廷的活动引起的案子之外，有不少文字狱，完全是牵强附会，或是挑剔文字过错惹出的大祸。有一次，翰林官徐骏在奏章里，把“陛下”的“陛”字错写成“狴”字，雍正帝见了，马上把徐骏革职。后来派人一查，在徐骏的诗集里找出了两句诗：“清风不识字，何事乱翻书”，便挑剔说这“清风”指的就是清朝。这样一来，徐骏犯了诽谤朝廷的罪，把性命也丢掉了。

乾隆帝禁书修书

清王朝经过康熙、雍正两朝的经营，经济发展很快。到雍正帝儿子清高宗弘历（也叫乾隆帝）在位的时候，已经可以称得上国富民强了。清朝初期的文治武功（也就是文化和武力的统治），在这个时期都达到了鼎盛。

1757 年，原来已归服清朝廷的准噶尔贵族阿睦尔撒纳发动叛乱。乾隆帝派兵两路进攻，平定了叛乱。

乾隆帝跟他祖父、父亲一样，不仅注意武功，还十分重视文治。他一面继续招收文人学者做官；一面又大兴文字狱，镇压有反清嫌疑的文人。乾隆时期文字狱之多，大大超过了康熙、雍正两朝。

但是，乾隆帝明白，光靠文字狱来实行文化统治去不了根，还有成千上万的书籍贮藏在民间。如果里面有不利于他们统治的内容，那就无可奈何了。

后来，他想出一个一举两得的办法，就是集中全国的藏书，来编辑一部规模空前巨大的丛书。这样做，一来可以进一步笼络大批知识分子，显示皇帝重视文化；二来借这个机会正好可以把民间藏书统统审查一下。

⊙《四库全书》书影

⊙乾隆皇帝朝服像

1773 年，乾隆帝正式下令开设四库全书馆。派了一些皇亲国戚和大学士担任总管，那些皇亲国戚大多是挂名监督的。真正担任编纂官的都是当时一些有名的学者，像戴震、姚鼐、纪昀等人。要编纂的那套丛书名称就叫《四库全书》。

1689～1755年

世界大事记：
法国启蒙思想家孟德斯鸠在世，他反对君主专制，主张君主立宪政体，提出“三权分立”。

·《康熙字典》·

《康熙字典》是张玉书、陈廷敬等30多位著名学者奉康熙旨意编撰的一部具有深远影响的汉字辞书。该书的编撰工作始于康熙四十九年（1710年），成书于康熙五十五年（1716年），历时6年。《康熙字典》采用部首分类法，按笔画排列单字，共立214个部首，全书分12集，以十二地支标识，每集又分上、中、下三卷，共收字47035个。所收之字，注明音节和不同的意义。释义时，举出古籍中的例证，附释词语，从而兼有词典的作用。书末附录生僻字及不可施用之别字，以便检索。道光时，王引之等奉敕考证，订正失误2500多条，撰成《字典考证》。

要编这样一套规模巨大的丛书，先得收集大量的书籍。乾隆帝下命令，叫各省官员收集、收购各种图书，并且定出了奖励办法，私人进献图书越多，奖励越大。这道命令一下，各地图书便源源不绝送到北京。两年之中，就聚集了二万多种，再加上宫廷里收藏的大量图书，数量就很可观了。

书收集得差不多了，乾隆帝就下令四库全书馆的编纂官员对图书进行认真检查。凡是有“违碍”（对清统治者不利）字句的，一律毁掉。经查发现在明朝后期的大臣奏章里，提到清皇族的上代，不那么尊重，乾隆帝认为这是很不体面的，就下令把这类图书一概烧毁。据不完全统计，在编《四库全书》的同时，被查禁烧毁的图书也有3000多种。

后来，这部规模巨大的《四库全书》终于编出来了。编纂者们对大批图书进行编辑、校勘、抄写，足足花了十年工夫，到1782年正式完成。这套丛书共收图书3503种，79337卷。不论乾隆帝当初的动机怎样，这部书对后代人研究我国古代丰富的文化遗产，毕竟是一项重大而珍贵的贡献。

《聊斋志异》

《聊斋志异》是中国最著名的文言短篇小说集，是清代著名小说家蒲松龄的代表作品。蒲松龄（1640～1715年）生于书香门第，他的父亲20岁时没能考中秀才，便放弃了举业而去经商。虽然经商曾使家道一度富裕，但到蒲松龄出生时，家道已经衰落。在他降生前，他父亲曾梦见一个清瘦的老者，把一帖膏药贴在自己胸膛上。于是父亲给他起名蒲松龄，希望他能够和南山的不老松一样长寿。蒲松龄在19岁时以府、县、道三个第一考中了秀才，他满以为功名已经唾手可得，但命运之神却和他开了一辈子的玩笑：三年一次的乡试，成了他一生都迈不过去的坎。直到72岁的时候，他才得到一个岁贡的功名。

《聊斋志异》是一本凝聚了蒲松龄一生辛酸与痛苦的“孤愤之书”，全书共有近500个故事，大部分是故事完整、人物形象鲜明的短篇小说，小部分是篇幅短小、具有素描和特写性质的笔记。内容多是幽冥幻域之境，鬼狐花妖之事，曲折地反映了明末清初广阔的社会生活，提出了许多重要的社会问题。

蒲松龄故居
蒲松龄故居位于山东省淄川县蒲家庄，图为故居北院的正房内景，是蒲松龄诞生之地，也是他后来的书房“聊斋”。

书中蒲松龄以饱含激情的巨笔，为封建社会的读书人谱写了一曲壮志

1776年

中国大事记：
大金川索诺木出降，大小金川之役结束。

⊙《聊斋志异·购菊盈门》插图
这幅插图描绘的是《黄英》一篇，故事的主要内容是：顺天马子才生性爱菊，后在购菊途中偶遇陶氏兄妹，遂邀至家，分屋以居。陶氏二人拣马生所弃残枝艺菊，菊开之日，购菊者盈门，马生不解其故。后马生妻卒，遂聘陶氏之妹黄英，经种种变故，方知陶氏兄妹为菊花之灵。

难伸的悲歌。《王子安》中的王子安，由于盼望中举而神经错乱，受到狐狸的戏弄；《杨大洪》中的读书人，在吃饭时知道自己榜上无名，于是“嗒然自丧，噎食入鬲，遂成病块，噎阻甚苦”；《素秋》中的俞士忱“一击不中，冥然遂死”。这一个个科举考试制度下的悲剧形象，凝聚着作者自己一生怀才不遇的苦闷情怀。

在一些作品中，蒲松龄激烈地批判了科举考试中“陋劣幸进，英雄失志”的不公正现象，揭露了官场的恶劣和考官的庸聩无能。这部分作品具有鲜明的时代气息和丰富的现实意义，在全书占有特殊的地位。《贾奉雉》中的贾奉雉“才名冠一时”，但总也考不取，一次他遇到一个仙人告诉他，如果想考取的话，就必须学习那些狗屁不通的文章。起初他不屑于这样做，于是再次落榜。当下一次考试到来时，他想起了仙人的话，于是把自己最拙劣的句子连缀成文，结果居然高中。借此故事蒲松龄强烈地批判了考官昏庸给读书人带来的科场悲剧。

现实世界中的郁郁不得志，使得蒲松龄把自己的理想都寄托在了看似荒诞不经的鬼狐花妖身上，他建造了一个瑰丽奇特、异彩纷呈的精神家园。在他笔下，天地万物都获得了生命，花妖鬼魅都像人一样有着丰富的情感。而且与尘世的人相比，他们能置封建社会的传统礼法于不顾，大胆地追求自己的爱情和幸福，丝毫没有世俗婚姻中门当户对的观念和嫌贫爱富的庸俗想法。他们对于恋爱对象的选择，或是出于对男子才能胆识的崇敬，或是由于志趣相投、爱好相近，决不会因为对方是落魄潦倒的书生或揭不开锅的小市民而嫌弃对方。《香玉》中的白牡丹爱上胶州的黄生，当她被迁往别的地方，立即就枯萎而死。而在黄生日夜凭吊的真挚感召下，她又起死回生。后来黄生魂魄所寄的牡丹花被道士砍死后，她也憔悴而死。这种可以为情而生、为情而死的伟大爱情，已经超越了时空的限制。

《聊斋志异》能获得如此高的成就，主要源于作者高超的艺术创造力，把真实的人情和幻想的场景、奇异的情节巧妙地结合起来，从中折射出人间的理想光彩。《聊斋志异》既结合了志怪和传奇两类文言小说的传统，又吸收了白话小说的某些长处，形成了独特的叙事风格。作者能以丰富的想象力建构离奇的情节，同时又善于在这种离奇的情节中进行细致的、富有生活真实感的描绘，塑造生动活泼、人情味浓厚的艺术形象，使人沉浸于小说所虚构的恍惚迷离的场景与气氛中。小说的叙事语言是一种简洁而优雅的文言，而小说中人物的对话虽亦以文言为主，但较为浅显，有时还巧妙地融入白话成分，既不破坏总体的语言风格，又在一定程度上克服了通常文言小说的对话难以摹写

1740～1786年

世界大事记：
普鲁士国王腓特烈二世在位。

人物神情的毛病，创造性地继承了六朝志怪小说和唐传奇的优秀传统。全书构思奇特，刻画细腻，语言简洁，把文言小说推向了不可企及的高度，既深刻而广泛地反映社会现实，又塑造出鲜活的人物，留给世人一个瑰奇幻丽的艺术世界。

曹雪芹写《红楼梦》

乾隆帝连年用兵，又六次巡游江南，搞得国库日渐空虚。再加上官吏贪污浪费成风，弄得国势渐渐衰弱。

就在这期间，京城流传着一本小说，名叫《红楼梦》。这本书的作者就是曹雪芹。

曹雪芹原来是一个贵族家庭的子弟。他的曾祖曹玺曾经是康熙帝跟前的红人，后来被派到南方当江宁织造。江宁是南方比较富裕的地方，织造是专替皇族办服装的，是个来钱的差使。曹玺死后，曹雪芹的祖父曹寅、父亲曹頫袭位，一家三代前后做了六七十年织造官，这样一来，家产越积越多，成了一个豪门。

雍正帝即位后，因为皇室内部的矛盾，牵连到曹家，曹頫不但被革了职，家也被查抄了。那时候，曹雪芹是个10岁的孩子，已经懂事，家庭遭到这样大的灾难，给他幼小的心灵打击很大。

父亲丢了官，在江宁立不了足，只好回到北京老家。同时，生活越来越贫困，家庭的灾难又接连不断地发生，到后来，父亲曹頫也死了。生活愈加困顿的曹雪芹只好搬到北京西郊，在几间简陋的屋子里读书。有时候，粮食不够吃，只好喝点薄粥充饥。

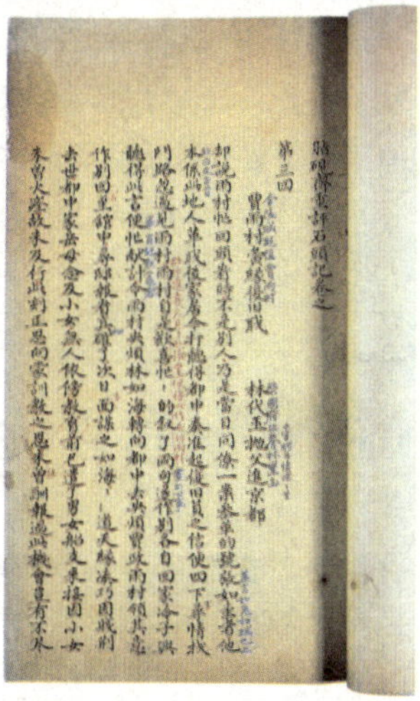

⊙《脂砚斋重评石头记》书影

曹雪芹住在郊外，接触了一些穷苦百姓，再想起小时候家里的豪华生活，免不了生出许多感触。后来，他便根据自己的亲身体验写出了一部反映当时社会生活的小说——《红楼梦》。

曹雪芹在《红楼梦》里，写了一个贵族大家庭——贾家从兴盛到衰落的故事。在那个贵族家庭里，多数是一些挥霍享乐、放债收租的

⊙大观园全景图　清

1782年

中国大事记：
第一部《四库全书》修成。

寄生虫。有些人表面上道貌岸然，内心肮脏刻薄。小说里的主人公、贾家的公子贾宝玉和他的表妹林黛玉是一对嫌恶贵族习气、反对封建礼教的青年。在那个环境里，他们想摆脱旧礼教的束缚，但不能成功。结果林黛玉受尽歧视，生病死去；贾宝玉也离家出走。而那个贵族大家庭，在享尽荣华富贵之后，也像腐朽的大厦一样倒塌了。

曹雪芹用充满同情的笔调描写了这一对青年男女和一些受压迫凌辱的婢女，又满怀气愤地揭露了封建统治阶级的腐朽和罪恶。

曹雪芹在北京西郊，花了十年时间写这部小说，辛劳和困苦把他折磨得衰弱不堪。当他写完八十回的时候，他的一个心爱的孩子得病夭折。曹雪芹经受不住这个打击，终于扔下了他没有完成的著作，离开了人世。

曹雪芹死后，他的小说稿本经过朋友们传抄，渐渐流传开来。读了这本小说的人，又是赞赏，又是感动。但是对这样杰出的著作没有全部完成，总觉得是一件憾事。后来，有一个叫高鹗的文学家，又续写了四十回，使《红楼梦》成了一部结构完整的小说。

小说《红楼梦》经过一再传抄、翻印，越传越广。直到现代，大家仍公认它是我国古代最杰出的长篇小说。人们不但欣赏它的高超的艺术成就，而且还从那里了解到我国封建社会没落时的历史和社会状况。

大贪官和珅

乾隆帝做了60年皇帝，在文治武功方面很有作为，觉得意得志满，骄傲起来。他越来越喜欢听颂扬的话。于是，就有个人用讨好奉承的手段取得他的宠信，掌握了大权，这个人就是和珅。

有一次，乾隆帝要外出巡视，叫侍从官员准备仪仗。官员一下子找不到仪仗用的黄盖，乾隆帝十分生气，问："这是谁干的好事？"

官员们听到皇帝责问，吓得说不出话来。有个青年校尉在一旁镇定地说："管事的人不能推卸责任。"

乾隆帝侧过脸一看，是个眉目清秀的校尉，乾隆帝心里高兴，忘了追问黄盖的事，问他叫什么名字。那青年校尉回答说叫和珅。乾隆帝又问他一些其他问题，和珅也对答如流。

乾隆帝十分欣赏和珅，马上宣布让他总管仪仗，以后又让他当御前侍卫。和珅是个非常伶俐的人，乾隆帝要做的事，他件件都办得称乾隆帝的心；乾隆帝爱听好话，和珅就尽说顺耳的。日子一久，乾隆帝就把和珅当作亲信，和珅从此步步高升。十年之间，他从一个侍卫提升到了大学士。后来，乾隆帝还把他女儿和孝公主嫁给和珅的儿子。和珅跟皇帝攀上了亲家，权势就更加显赫了。

⊙乾隆帝宫中行乐图　清　郎世宁

17世纪

世界大事记：
欧洲近代货币（纸币）在英国产生。

和珅掌了大权，别的大事他没心思管，只对搜刮财富感兴趣。他不但接受贿赂，还公开勒索；不但暗中贪污，还明里抢夺。地方官员献给皇帝的贡品，都要经过和珅的手。和珅先挑最精致稀罕的东西留给自己，挑剩下来的再送到宫里去。由于乾隆帝不查问，别人也不敢告发，他的贪心就越来越大了。

和珅利用他的地位权力，千方百计搜刮财富，一些朝臣和地方官员，摸透了他的脾气，就使劲搜刮珍贵的物品去讨好他。大官压小吏，小吏又向百姓压榨，百姓的日子自然也就不好过了。

乾隆帝在做了60年皇帝后，传位给太子颙琰，这就是清仁宗，又称为嘉庆帝。

嘉庆帝早知道和贪赃枉法的情况。过了三年，等乾隆帝一死，嘉庆帝马上把和珅逮捕起来，赐他自杀；并且派官员查抄他的家产。

和珅的富有，本来是出了名的，但是抄家的结果，还是让所有的人大吃一惊。一张长长的抄家清单上，记载的金银财宝、稀奇古董，多得数不清，粗粗估算一下，大约值白银八亿两之多，抵得上朝廷十年的收入。后来，那些查抄出来的大批财宝，都让嘉庆帝派人运到宫里去了。于是，民间就有人编了两句顺口溜：和珅跌倒，嘉庆吃饱。

质朴率真郑板桥

郑板桥祖居苏州，后来迁居兴化。他生于1693年的农历十月，当时的时令为“小雪”。按照当地的风俗，“小雪”是“雪婆婆生日”，郑板桥与雪婆婆同时降临人间，这令全家人都很高兴。他的父亲为他取名为燮，字克柔。后来，他的居所附近有一座木板桥，意境不错，他自号为板桥。

郑板桥出生时家境已没落，全家人仅靠祖上遗产和少量地租维持生活。后来，他的父亲取得廪生的资格，每月可以向官府领取一些粮米，家里的生活才得以改善。但好景不长，没过几年，板桥的生母汪氏病故，他靠乳母费氏照料。费氏原来是郑家的仆人，为人勤劳、仁厚、善良、慈爱。当时正在闹饥荒，郑家的粮食不够吃，根本雇不起仆人了，但费氏舍不得郑板桥，每天回自己家吃饭，然后到郑家看护他。

后来，郑板桥的父亲续娶郝氏。郝氏无子，对待板桥就像对待自己的亲生儿子一样。郑板桥后来回忆这段往事时说：“每当想起后母不辞劳苦地操持家务，无微不至地照顾我饮食起居的时候，我都会感动得泪流满面。”郑板桥的父亲学问、人品都很好，经常教儿子读书写字，以及为人处世的道理。郑板桥的外祖父汪翊文也非常博学多才，但隐居多年，一直没有出来

⊙**华峰三祝图　清　郑燮　纸本**
画中竹叶纷披，巨石突兀，浓淡相宜，相映成趣。笔触流畅劲逸，意趣横生处，更以款诗点题：“写来三祝仍三竹，画出华封是两峰。总是人情真爱戴，大家罗拜主人翁。”

1793年

中国大事记：
乾隆帝在热河行宫接见英国马嘎尔尼使团。

·指 画·

指画，也叫指头画、指墨，是用手指头画的中国画。指画的创始人是清代的高其佩。在高其佩之前，唐代张文通也曾用手指头修改画中局部，但没有系统地用手指头画出完整的国画。高其佩早年也用传统的毛笔画过画，但久久未能创造自家的风格，在他发明了指画后才独创一格，成为指画的开山鼻祖。高其佩的指画题材包罗万象，山水、人物、花卉、虫鸟，有的气势磅礴，有的刻划细微，有很高的成就。

做官。他对外孙的生活、学习非常关心，经常指导他读书、作文、绘画，所以郑板桥说：“我的文学天分从外祖父那里继承的多一些。”

郑板桥9岁入私塾读书。他学习非常刻苦，成绩优异，能够出口成章。有一次，私塾先生带着他和同学们去郊游。师生一道漫步在青山绿水之间，欣赏着大自然的景色，无不心旷神怡。忽然，一阵哭声传来。他们循声望去，见不远处的河边围了一群人。原来，有个小女孩过桥的时候，不慎跌入水中，淹死了。私塾先生听了人们的描述，连连摇头叹息，他一边走，一边吟道：“二八女多娇，风吹落小桥。三魄随浪转，七魂泛波涛。”同学们听了都说好，唯独郑板桥觉得不是很好。

他走到先生面前，说：“先生的这首诗有的词语欠妥，值得推敲。”先生听罢此言，面露难堪之色，但还是说：“噢？不妨大胆直言。”郑板桥认真地说道：“先生不认识那个女孩子，怎么知道她刚好16岁呢？魂魄是看不见摸不着的，你又怎么知道它们‘随浪转’‘泛波涛’？我看不如改成‘谁家女多娇，何故落小桥？青丝随浪转，粉面泛波涛’。”先生一听，手拈胡须赞叹道：“有理，有理，青出于蓝而胜于蓝啊！”

郑板桥为人质朴率真，对看不惯的事物敢于直言，甚至怒斥，因而同学们的家长都告诫子弟不要和他来往。他自尊心很强，从不逢迎任何人。学习上，他坚持“精通”“广博”相结合，尤其重视“精通”。郑板桥经、史、子、集无不涉猎，重点章节都要反复诵读。他最推崇《史记》，认为该书中的《项羽本纪》描写巨鹿之战、鸿门之宴、垓下之围的几段最为精彩。对于杜甫、白居易、陆游等人的诗，他也特别爱读。郑板桥在学习上注重学以致用，认为这样才能做到深入理解、融会贯通。

1712年春，郑板桥师从陆震，学习填词。陆震悉心地指导他先学习婉约派柳永、秦观的词，再学习豪放派苏轼、辛弃疾的词，令其体会二者的妙处和区别。陆震认为词与诗不同，以跌宕起伏为变格，以婉转清丽为正格，练习时需要反复斟酌。郑板桥的词兼取二者的长处。

郑板桥22岁那年与徐氏女结婚。为了养家糊口，他被迫到扬州设立私塾，授徒讲学。因没有功名，他不被人看重，学生亦很少，经常入不敷出。

迫于生计，他开始作画卖画。当时的扬州是南北漕运的咽喉之地，大批富商巨贾云集，故而异常繁荣，这为文人墨客施展才华提供了条件。郑板桥初到扬州时，边教书边作画卖画，之后就专一作画卖画。他的书画作品对后世影响深远。

民族英雄林则徐

在乾隆、嘉庆在位期间，清朝的国力开始由强盛走向衰弱。与此同时，英、美、法等国正逐渐完成工业革命，资本主义需要广阔的商品市场和原料产地，英国首先将目光投向了中国。

由于中国是自给自足的自然经济，英国只得借助鸦片贸易来扭转巨大的贸易逆差。到了道光年间，吸食鸦片已成为危及中华民族存亡的祸患。面对这种局面，以林则徐为代表的官

17世纪

世界大事记：
风景画在荷兰首先成熟。

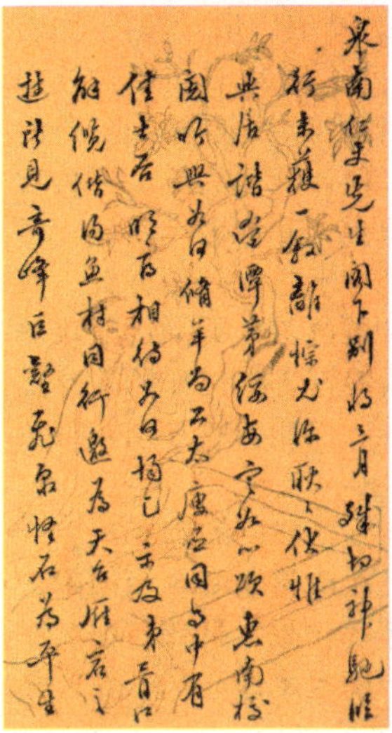

⊙林则徐书法

员大声疾呼彻底消灭烟毒。道光帝也感到吸食鸦片的危害，决定派林则徐赴广东禁烟。

林则徐是福建侯官（福州）人，他的父亲林宾日是个以教书为业的秀才。林则徐27岁那年被选为翰林院庶吉士。在京时期，他与南方出身的清流派小京官结成文学团体“宣南诗社”，社友中有陶澍、黄爵滋、龚自珍等人。他们之间常常议论时局，讨论治世的学问，这自然为林则徐日后出任封疆大吏，建立斐然政绩打下了良好的基础。

这一次，道光帝任命林则徐为钦差大臣，节制广东水师，到广州海口查办鸦片走私案件。林则徐不敢怠慢，水陆兼程，赶赴广州。他会同两广总督邓廷桢，在钦差行辕传见十三行洋商。原来清朝只允许广州一口十三行官商与洋人贸易，而这些官商常暗中走私鸦片，中饱私囊。林则徐一到，便严厉地审问他们。

英国驻华商务监督义律一向认为中国官吏是雷声大、雨点小，准备采取拖延手段。而林则徐严正表示：“鸦片一日不杜绝，我便一日不回朝廷。”并下令对负隅顽抗的英国鸦片商人采取一些制裁手段。义律黔驴技穷，无可奈何，只得下令让英国鸦片贩子向中国政府缴烟。

林则徐定在虎门外的龙穴岛销烟。后来担心节外生枝，销烟地点又改到沙角。

销烟这天，林则徐、邓廷桢等人亲临虎门视察，只见销烟池池水沸腾，烟雾弥漫，顷刻间鸦片化为渣沫黑烟。

为了对林则徐的虎门销烟实施报复，更为了打开中国的市场，英国从本土和印度调派了远征军，向中国进攻。1840年6月，英舰到达珠江口，因林则徐防范严密，英军无隙可乘，便北上攻陷浙江定海，又直逼天津大沽口。以穆彰阿为首的投降派攻击林则徐，将英军来犯的原因全都推在林则徐身上。不久，林则徐便被革职，充军到新疆伊犁。1842年，英国封锁瓜州，攻陷镇江，兵舰直驶南京下关。这时候，昏庸无能的清政府与英国侵略者签订中国近代史上第一个不平等条约——《南京条约》，中国从此开始沦为半殖民地半封建社会。

1845年10月，林则徐获赦复职。此后，他又担任了陕甘总督、云贵总督的官职。

1850年，洪秀全组织反清运动，道光帝得知后，慌忙召林则徐入京，但这时的林则徐已重病在身，无法受命了。第二年，洪秀全起义爆发了。

鸦片战争

当英、美、法、日等列强进行如火如荼的资本主义革命时，清政府正闭关锁国，自以为“天朝上国”，不思改革，使中国在世界上落伍了。英国通过鸦片贸易从中国攫取了大量白银，同时使我国军民身衰体弱，统治阶级有识之士纷纷要求禁销鸦片。

1839年，湖广总督，钦差大臣林则徐奉命于1月底到达广州，他一方面整顿海防，允许人民群众持刀杀敌；一方面宣布收缴鸦片。3月，英国鸦片贩子被迫交出烟土237万余斤。6月3日，林则徐下令把这些鸦片在虎门海滩当众销毁，以示中国政府禁烟的决心。

英国政府以此为借口向中国发动了战争，1840年1月，以懿律和义律为正副全权代表，懿律为侵华英军总司令，出兵中国。5月，英国舰船40余艘、士兵4000多名先后到达澳门附

1839年

中国大事记：
林则徐在虎门海滩销毁收缴的鸦片。

⊙**广东海岸图　清**

近海面，鸦片战争爆发。懿律率英军进犯广州海口，看到广州军民早已严密布防，遂转攻厦门，又被邓廷桢率军击退。6月，英军北上攻占定海作为军事据点，8月，英舰抵达天津大沽口外。道光帝慑于英军武力，又为投降派的劝说所动摇，遂改变态度，罢免了林则徐，改派直隶总督琦善为钦差大臣去天津和英军谈判。而此时英军因夏秋换季，疾疫流行，遂放弃定海，于8月中旬南返，双方议定在广州谈判。琦善到广州后，一反林则徐所为，命令撤除海防水勇，镇压抗英群众，一心议和。1840年12月，琦善与义律在广州开始谈判，英军趁中方严防撤除，又因谈判海防松懈无备之际，于1841年1月7日发动突袭，攻陷了虎门附近的沙角、大角两炮台，并单方面宣布签订《穿鼻草约》，1月26日，英军攻占了香港。

道光帝得知琦善开门揖盗，丢失两炮台后，下令捉拿琦善，并向英国宣战，派侍卫内大臣奕山为靖逆将军，调兵万余赴粤抗英。英军先发制人，出动海陆军攻虎门，广州提督关天培亲率清兵迎击，清军刀矛不敌英军坚枪利炮，关天培中弹牺牲。2月26日，英军攻占虎门、猎德、海珠等炮台，溯珠江直逼广州。4月，奕山率大军抵广州，5月24日英军进攻广州，一路占领城西南的商馆，一路由城西北登陆，包抄城北高地，不久攻占城东北各炮台，并炮击广州城。奕山执行“防民甚于防寇”的方针，对英军侵略消极抵抗，在英军迅猛攻势下，他与英人签订《广州和约》并征得道光帝批准，以缴600万元换得英军撤出广州地区。

与清政府妥协投降态度相反，广州三元里人民在广州北郊牛栏冈附近同窜入这里的千余英军勇作战，打死打伤英军数十人，并把四方炮台围得水泄不通，在广州知府的调停下，英军才得以解围。

英政府并不满意懿律和义律在中国获得的权益，改派璞鼎查为全权代表来华，扩大侵略战争。1841年8月21日，璞鼎查率37艘舰队、陆军2500人离香港北上，攻破厦门，占据鼓浪屿；10月1日，再次攻陷定海，清定海总兵葛云飞英勇殉国。10日，英军攻占镇海(今属宁波)，钦差大臣、两江总督裕谦战死，英军旋即占领宁波城。道光帝闻讯大惊，忙派吏部尚书、大学士奕经调兵赴

⊙**广州海战图　清**

这幅英国凹版图画中，一艘中国战船因被英国战舰“奈米西斯”号开炮击中而烧毁。此战发生于1841年1月，地点在珠江三角洲亚森湾，在两个小时的作战中，11艘中国战船被击沉，500名船员阵亡，而英军只有几人受伤。“奈米西斯”号是英国的第一艘铁甲战舰。在这样的战舰面前，中国海军的木船不堪一击。

1768～1774年

世界大事记：
第五次俄土战争。

浙以收复失地。1842年3月，奕经在准备不充分的情况下全面反击，清军数战不利，撤回原地。

战败消息传到京师，朝野上下震动，道光帝无奈，只得派盛京将军耆英和老朽伊里布赴浙向英军请和。璞鼎查不理会耆英的乞和，继续深入，1842年5月18日，英军攻取浙江平湖乍浦镇，6月16日攻吴淞口，吴淞炮台守将陈化成壮烈牺牲，宝山、上海沦陷。英军溯长江西上，于7月21日陷镇江，8月，英舰陆续到达南京下关江面。清政府已无心再战，遂接受英方停战的条件，29日，中英双方在英军舰“汉华丽”号上，耆英伊里布与璞鼎查签订了中国近代史上第一个不平等条约《南京条约》，鸦片战争以清政府的惨败而告终。

鸦片战争严重侵害了中国的主权，标志着中国开始陷入半殖民地半封建社会，拉开了中国近代史的序幕，昭示了落后就要挨打的深刻道理。

太平天国

英国人用鸦片掠夺中国，又用炮舰保护了罪恶的鸦片贸易。《南京条约》签订后，外国货如潮水般涌入中国，清政府也为支付战争赔款，加重了对人民的剥削，广东首当其冲。不久，太平天国起义在两广地区爆发了。领导起义的首领是洪秀全。

洪秀全出生在广东省花县的一个中农家庭里。他7岁时，到村中私塾读书，由于天性好学、聪明过人，到了18岁，他在史学和文学方面的造诣已经远近闻名了。后来，他父母相继死去。服孝期满后，他来到府城广州赶考，结果名落孙山。1843年，他重整旗鼓又赴广州考秀才，结果仍然落榜。

洪秀全在广州应试期间，曾得到一本基督教的宣传品《劝世良言》，他无意中翻阅之后，觉得书的内容十分新奇，便认真研读起来。

1843年7月，洪秀全约了老同学冯云山和族弟洪仁玕，来到官禄布村外一条叫石角潭的小河，跳进水中，洗净全身，这是依照基督教行“洗礼”仪式。此后，三人结为一个秘密的团体——拜上帝会。洪秀全称自己是上帝的次子，耶稣是上帝的长子，他相信这种舶来的新教将会吸引许多信众。

洪秀全建立拜上帝会后做的第一件事，就

·《天朝田亩制度》·

《天朝田亩制度》是太平天国前期的纲领性文件。它是一个以解决土地问题为中心的比较完整的社会改革方案，它的主要内容是：关于土地纲领提出了废除封建土地所有制，按人口平均分配土地的原则和办法。关于理想社会蓝图，太平军的组织系统移植在社会上，制定了“兵民合一”的社会组织和守土乡官制度。规定五家为伍，设伍长;五伍为两，设两司马；四两为卒，设卒长；五卒为旅，设旅帅；五旅为师，设师帅；五师为军，设军帅。军帅以上设监军、总制，称守土官。每一户为一个生产单位，规定每户必须种桑织布，养五只母鸡，两头母猪。各家有婚娶、生育、吉喜等事，由两司马按一定标准从国库开支。每家设一人为伍卒，有警则首领统带为兵，杀敌捕贼；无事则首领督带务农。

这个纲领继承和发展了中国历代农民在革命斗争中提出过的“均贫富”“等贵贱”的思想，表现了农民群众对封建土地制度大胆否定的革命精神，但是，它所规定的分配土地和“通天下皆一式”的经济生活方案，是一种绝对平均主义思想，实际上是不可能实现的。

1840年

中国大事记：
鸦片战争爆发。清廷命琦善为钦差大臣，赴广州与英谈判，林则徐被革职。

⊙太平军号衣图

是砸毁了家里的孔、孟牌位，然后便和冯云山赴广西紫荆山区传教。洪秀全等到组织基本建立后回到广东，开始了两年多的著述活动。他写了《原道救世歌》《原道醒世训》《原道觉世训》。在这些书里，他阐发了农民的平等和平均思想，第一次提到社会上的两大对立面：正义与邪恶。

与此同时，冯云山在紫荆山区烧炭工人中发展会员，很快会员就发展到数千人，初步形成了以洪秀全、冯云山、杨秀清、肖朝贵、石达开、韦昌辉等人为首的领导核心。

1850年正月，清宣宗旻宁病死，咸丰皇帝即位，历史上称为清文宗。当年7月，洪秀全下令各地会友在10月4日前到桂平县金田村集合，并计划在洪秀全38岁生日那天举行武装起义。

拜上帝会在各地的会员接到命令后，向金田聚集。很快，人数就超过了2万。一天，洪秀全、冯云山正在花洲山人胡以晃家中密谋起义，官府得知这一消息，派兵包围了那里。杨秀清等人听说后立即派兵救援，并全歼了官兵。这就是太平天国史上著名的“迎主之战”。

1851年1月11日，太平军按原定计划举行隆重仪式，正式宣布起义。由此，太平军拉开了纵横18省、坚持14年的农民运动的序幕。

翼王大渡河败亡

太平军起义后，势如破竹，把清军打得抱头鼠窜，革命形势一片大好。可是没几年，太平军发生了内讧，石达开奉命从湖北前线赶回天京。石达开到了天京后，洪秀全封他为圣神电通军主将，实际上是接替杨秀清的位置，总理天国军政大事。但遭遇了杨秀清逼封万岁之后的洪秀全，对石达开心存戒心，又封了自己的兄弟洪仁达和洪仁发为安、福二王，以牵制和削弱石达开的势力。

不久，石达开愤而出走，还带走了十几万的太平军。他先在江西、福建等地转战，后来率领队伍开向湘桂川一带活动。此后，军心开始涣散，渐渐陷入困境。先是卫辉应、张志公、鲁子宏等人叛变投敌，部分人因思念亲人和条件艰苦也离开队伍。后来，吉庆元、

⊙洪天贵福被擒图

幼天王（1849~1864年），本名洪天贵，洪秀全长子。1861年洪秀全在其名下加一“福”字，为其即位后用。同治三年（1864年）6月1日洪秀全病逝后，幼主随即即位，称幼天王。幼天王玉玺名下横刻“真主”二字，清方误称为“福瑱”。幼主后随陈得才、赖文光等辗转江西玉山之际，在石城杨家牌为清军所袭，被俘。一个月后，在南昌殉难。中国封建历史上最后一个农民政权至此彻底瓦解。

1789年

世界大事记：
7月14日，法国大革命开始。

朱衣点等人因看不惯石达开的消沉和元宰张遂谋的专横，率部归于洪秀全的统率之下。

1863 年，石达开的部队在大渡河南岸的紫打地（今石棉县安顺场）被清军及当地的反动土司围困，陷入绝境。石达开知道突围的可能性微乎其微，便以太平天国圣神电通军主将翼王的身份，给松林地区的总领王千户写了一封信。信中阐明了自己战斗到底的立场，同时希望王总领以大局为重，认清形势，早日退兵让路。

此后，他又亲赴清营谈判，请求四川总督骆秉章奏请太后，赦免士兵，愿意务农的就放他们回家，愿意当兵的就编入军队。骆秉章不仅拒绝了石达开的请求，还背信弃义地于当晚下令以火箭为号，袭击了石达开的队伍。一夜之间，2000 多名起义军官兵遭到血洗，侥幸逃出的寥寥无几。

石达开被捕后被押往成都。他对审讯他的骆秉章说道：“成则为王，败则为寇。今生是你杀我，怎么会知道来生不是我杀你呢？”不久，他被凌迟处死。石达开从行刑开始到停止呼吸，昂然屹立，神情镇定，没有一点畏缩的表现，不发一声痛苦的呻吟，连清兵都不得不感叹道：“真奇男子啊！”此时，石达开年仅 33 岁。

石达开之死，预示了太平天国离覆灭不远了。

“中兴”名臣曾国藩

曾国藩祖辈以务农为主，生活较为宽裕。曾国藩自幼勤奋好学，“日以读书为业”。28 岁考中进士，从此踏上仕途，并成为军机大臣穆彰阿的得意门生。10 多年间，他先后任翰林院庶吉士，累迁侍读、侍讲学士、文渊阁直阁事、内阁学士、稽查中书科事务、礼部侍郎及署兵部、工部、刑部、吏部侍郎等职，可谓官运亨通。

曾国藩是清王朝由盛世转为没落、衰败的过渡、动荡时期的重要人物，他在当时的政治、军事、文化、经济等各个方面都产生了极大的影响，正是由于曾国藩等人的力挽狂澜，才一度出现“同治中兴”的局面。曾国藩毕生追求立德、立功、立言，是儒学文化最典型的实践者，他克己、修身、齐家、治国、平天下，实现了书生报国的愿望。

太平天国起义爆发后，曾国藩在湘潭集结组建陆军 13 营、水师 10 营，加上勤杂人员共 1.7 万余人的湘军，担负起剿灭太平天国的重任。曾国藩历尽千辛万苦，几度出生入死，后勾结列强，终于在同治三年（1864 年）攻破天京，镇压了中国历史上规模最大的农民起义。因此，他被封为一等毅勇侯，成为清代文人封武侯的第一人，加太子太傅、兵部尚书衔，又历任两江总督、直隶总督，取得军政大权。由一介书生而成为一个统领群伦的“中兴”名臣。

⊙ 曾国藩像

曾国藩等人的崛起，打破了清王朝只重用满人、防范汉人的传统，彻底改变了清朝的权力格局，对晚清政治、军事的发展产生了巨大而深远的影响。

1870 年，天津教案爆发，曾国藩奉旨查办。但是在办理此案的过程中，曾国藩处理国人，取媚洋人，被天下人所唾骂。

曾国藩还是洋务运动的最早发起者之一，在镇压农民起义的过程中，他重视使用西洋枪炮洋船。他提出“师夷智以造炮制船”，先后设立安庆军械所、江南机器制造局，仿制洋枪洋炮。虽然洋务运动没有能挽救大清王朝的灭亡，但

1851年

中国大事记：
太平天国起义。

·湘军·

由于承平日久，清朝的国家常备军八旗兵和绿营兵军纪废弛，战斗力很弱，在与太平军的交战中一败涂地。清政府只好下诏各地编练团练，同太平军对抗。

湖南湘乡人曾国藩以其家乡的练勇为基础，招募农民为士兵，当地的儒生为军官，编练成一支军队，称为湘军。湘军将领都是曾国藩的同乡、同学或亲友。而士兵全部由军官自行招募。士兵只服从于军官，全军将领只服从曾国藩一人。湘军营制有步兵营制、马队营制和水师营制三种，都以营为基本单位。步兵每营分4哨，每哨分8队，每队为10人，再加上帮办、医生等，全营共有505人；以军为作战单位，设统领一人，人数从两三千到三五万不等。马队每营分5哨，每哨分5棚，每棚12人，加上军官每营319人。湘水师每营设营官1名，每船设哨官（管驾）1名，每营长龙船8艘，舢板22艘，全营有500多人。

是却推进了中国的近代化进程。

“不为圣贤，便为禽兽；莫问收获，但问耕耘。”这是曾国藩撰写的一副对联，通过这副对联可以看出曾国藩的理学修养是极为深刻的。曾国藩的文章也极为出色，还是桐城派的领袖。

曾国藩继承桐城派方苞、姚鼐而自立风格，创立了晚清古文的“湘乡派”。他论古文，讲求声调铿锵，以包蕴不尽为能事；所为古文，深宏骏迈，能运以汉赋气象，故有一种雄奇瑰玮的意境，能一振桐城派枯淡之弊，为后世所称。曾氏宗法桐城，但有所变化、发展，又选编了一部《经史百家杂钞》以作为文的典范，非桐城所可囿，世称为“湘乡派”。清末及民初严复、林纾，以致谭嗣同、梁启超等均受他文风影响。所著有《求阙斋文集》《诗集》《读书录》《日记》《奏议》《家书》《家调》及《经史百家杂钞》《十八家诗钞》等。不下百数十卷，名曰《曾文正公全集》,传于世。另著有《为学之道》《五箴》等著作。

曾国藩的个人修养也达到了很高的境界，他勤于求教，不耻下问，博览群书，才华横溢。他常用“勤”“俭”“谦”三个字来教育子女，用一个“诚”字教育弟子。在交友方面，曾国藩也有独到见解，他认为交友要“推诚守正，委曲含宏，而无私意猜疑之弊”，“凡事不可占人半点便宜，不可轻取人财”，“要集思广益，兼听而不失聪”。

火烧圆明园

圆明园包括圆明、长春、绮春（万春）三园，占地约350公顷，是清朝皇帝在150多年间陆续建造的一座皇家宫苑群。圆明园最初是康熙帝赐给皇四子胤禛（即后来的雍正帝）的花园。雍正帝即位后，开始大规模扩建圆明园，并在园南增建了正大光明殿和勤政殿以及内阁、六部、军机处诸值房，在这里处理政务。雍正、乾隆、嘉庆、道光、咸丰五位皇帝，都曾长年居住在圆明园优游享乐，举行朝会，处理政事，它与紫禁城同为当时的全国政治中心，被特称为“御园”。

圆明园主要兴建于康熙末年和雍正年间。到雍正末年，园林风景群已占地3000亩。乾隆年间又在园内进行增建和改建。主要园林风景群，有著名的“圆明园四十景”，即正大光明、勤政亲贤、九州清晏、镂月开云、天然图画、碧桐书院、慈云普护、上下天光、杏花春馆、坦坦荡荡、茹古涵今、长春仙馆、万方安和、武陵春色、山高水长、月地云居、鸿慈永

1814年

世界大事记：
维也纳会议召开。

⊙圆明园九州清晏图　清

祜、汇芳书院、日天琳宇、澹泊宁静、映水兰香、水木明瑟、濂溪乐处、多稼如云、鱼跃鸢飞、北远山村、西峰秀色、四宜书屋、方壶胜境、澡身浴德、平湖秋月、蓬岛瑶台、接秀山房、别有洞天、夹境鸣琴、涵虚朗鉴、廓然大公、坐石临流、曲院风荷、洞天深处，以及紫碧山房、藻园、若帆之阁、文源阁等。当时悬挂匾额的主要园林建筑多达600座，为古今中外皇家园林之冠。

长春园始建于乾隆十年（1745年），1751年正式设置管园总领时，园中路和西路的各主要景群已基本建成，如澹怀堂、含经堂、玉玲珑馆、思永斋、海岳开襟、得全阁、流香渚、法慧寺、宝相寺、爱山楼、转湘帆、丛芳榭等。后来又相继建成茜园和小有天园。乾隆三十一年至三十七年又建成了该园东部景观，如映清斋、如园、鉴园、狮子林和西洋楼景区。长春园占地1000亩，悬挂匾额的园林建筑为200座。

绮春园始建于康熙末年，乾隆三十五年（1770年）正式归入御园，定名绮春园，成为清帝园居的主要园林之一。至此，圆明三园处于全盛时期。嘉庆帝曾写“绮春园三十景”诗，后又陆续新成20多景。当时比较著名的园林景群有敷春堂、清夏斋、涵秋馆、生冬室、春泽斋、凤麟洲、蔚藻堂、中和堂、竹林院、喜雨山房、烟雨楼、含晖楼、澄心堂、畅和堂、湛清轩、招凉榭、凌虚亭等30处。悬挂匾额的园林建筑有百余座。1860年被毁后，在同治年间试图重修时，改称万春园。

圆明园是中国园林建筑史上一个精美绝伦的杰作，它将古今、南北、中西建筑之美和谐地集于一体，被诗化为“人间天上诸景备，移天缩地入君怀”。圆明园盛名还传至欧洲，被誉为“万园之园”。法国大文豪雨果曾评价说：“你只管去想象那是一座令人心神往的、如同月宫的城堡一样的建筑，夏宫（指圆明园）就是这样的一座建筑。人们常常这样说：希腊有帕特农神殿，埃及有金字塔、罗马有斗兽场，东方有夏宫。这是一个令人叹为观止的无与伦比的杰作。”

咸丰十年（1860年）7月，英法侵略军逼近北京，咸丰帝仓皇从圆明园逃往避暑山庄。10月6日，英法侵略军直扑北京城西北郊的圆明园。守护圆明园的大臣、侍卫以身殉国。侵略军的军官和士兵，从四面八方涌进圆明园，肆意抢劫。他们为了抢夺财宝，互相殴打，甚至械斗。因为园内珍宝太多，他们一时简直不知道抢什么才好，有的搬走景泰蓝瓷瓶，有的去拿镶嵌珠玉的挂钟，有的大口袋里装满了各种金银珠宝，有的半身缠着织锦绸缎，有的脖子上挂着翡翠项圈。一个英国军官抢了一个金佛像，价值数万英镑。一个法国军官抢劫了价值60万法郎的财物。法军总司令孟托邦的儿子抢的财宝装满了好几辆马车。一个名叫赫利思的英国军官，抢了2座金佛塔，发了大财，享用终身，得了个“中国詹姆”的绰号。随后法国士兵手抡木棍，将不能带走的东西全部捣碎。10月18日、19日，三四千名侵略军在园内到处纵火，大火烧了三天三夜，全园化为一片火海，烟雾笼罩，火光冲天。相距20多里的北京城上空日光黯淡，好像日食一样。这座举世无双的园林杰作、中外罕见的艺术宝藏，就这样被付之一炬。

圆明园被毁后，慈禧太后曾重修了一部分。1900年，八国联军入侵北京，慈禧和光绪帝逃

1860年

中国大事记：
英法联军攻陷北京，恭亲王与英、法、俄分别签订《北京条约》。

往西安，北京秩序大乱，八旗士兵、土匪地痞趁火打劫，圆明园内残存和修复的约百座建筑物，都被拆抢一空，圆明园的建筑和古树名木遭到彻底毁灭。

慈禧夺权

1856 年，第二次鸦片战争爆发了，英、法分别以“亚罗”号和马神甫事件为借口，组成联军对中国发动侵略战争，意在扩大对中国的侵略权益。1860 年，英、法联军攻入北京，火烧圆明园。咸丰帝令恭亲王担任议和大臣，与英、法等国谈判，屈辱地签订了《北京条约》。

咸丰在位的十年，内忧外患不断：先是太平军起义，然后是捻军大乱淮泗；而英、法等国又乘机要挟，大动干戈；沙俄更是狮子大开口，一下子就割去了东北 100 多万平方千米的土地，甚至连帝国的发祥地也不放过。这真是爱新觉罗宗室的奇耻大辱啊！

在这种内忧外患的交迫下，咸丰帝身染重病，一病不起。

1861 年七月，咸丰皇帝在多次昏厥之后，知道自己将要去世，便考虑托孤一事。他知道懿贵妃（就是慈禧）是权力欲极强的女人，而皇后钮祜禄氏（后来的慈安）没有主见。为了防止出现女后专权的局面，他把辅政的重责交给协办大学士、尚书肃顺和怡亲王载垣、郑亲王端华等八大臣。在他看来，八大臣联手足可以对付懿贵妃，即便是恭亲王站在懿贵妃一边也不怕。

但是，由于咸丰留下了“御赏”“同道堂”两枚印章，便埋下了后宫垂帘听政的祸根。

原来“御赏”是咸丰帝赐皇后钮祜禄氏的私章，“同道堂”是咸丰帝赐给独子载淳的私章。

⊙ 慈禧皇太后之宝玺及玺文　清

这两枚私章成为皇权的象征，咸丰皇帝的意思已十分明确，那就是说，用这两枚印章来制约八大臣。

不久，八大臣上了一个极有利于懿贵妃的章疏：尊皇后钮祜禄氏为慈安皇太后；尊懿贵妃叶赫那拉氏为慈禧皇太后。

慈禧做了皇太后之后，权力欲望急剧膨胀，为举行政变紧锣密鼓地做着准备。

不久，慈禧与恭亲王趁到热河避暑山庄为咸丰帝吊丧之机，逮捕了肃顺。肃顺被抓的同一天，七大臣也在紫禁城被捕。

至此，咸丰皇帝任命的八位襄赞政务大臣，五个被革职，充军发配到新疆。载垣、端华被赐自尽，肃顺处斩。

辛酉政变标志着叶赫那拉氏爬上了统治中国的最高宝座，这一年，她刚刚 27 岁。

中法战争

同英国一样，法国一直觊觎着中国的西南地区，多方探寻前往云南的通道。19 世纪 70 年代，法国发现越南北部的红河可以直航中国云南。为了侵略中国，占领越南北部地区便成为法国的一个作战目标。1873 年，法军侵占河内等地，越南国王请求驻扎在越南保胜（今越南老街）一带的中国黑旗军协同抗法。年底，黑旗军将领刘永福率部在河内近郊重创法军，击毙

1808～1826年

世界大事记：
西班牙美洲独立战争。

其将领安邺，迫使法军退出河内。1882年，法军入侵越南北圻地区，占领河内、南定等地。应越南国王请求，刘永福又一次率黑旗军于次年5月在河内近郊再创法军，击毙法军司令李威利。1883年12月，法军进攻驻扎在北圻地区的中国军队，正式挑起中法战争。

虽然在战前，清政府一直采取求和妥协的态度，但迫于舆论和民情，还是做了战争的准备，而且清政府也改变了对黑旗军的态度，进行鼓励嘉奖，同时，越南人民也积极支持中国军队的抗法斗争。

1883年9月，法国任命孤拔为越南北部法军总司令。12月，孤拔率军6000余人，从河内出发，向驻有清军和黑旗军的山西城发起进攻。双方激战了3天，清军和黑旗军终抵挡不住败退，法军占领山西城。1884年3月，法军1.2万人攻克由清军驻防的北圻战略要地北宁，不久即控制了整个红河三角洲地区。

清政府虽然在边境加强了兵力，调整了布防，但却一直想与法国妥协求和。1884年4月17日，中法在天津签订《中法会议简明条款》，清政府承认法国对越南的“保护权”，同意在中越边界开埠通商，并将全部驻越清军撤回境内。

《中法会议简明条款》签订后，法军下一步的战略目标就是把战火燃到中国境内。不久，

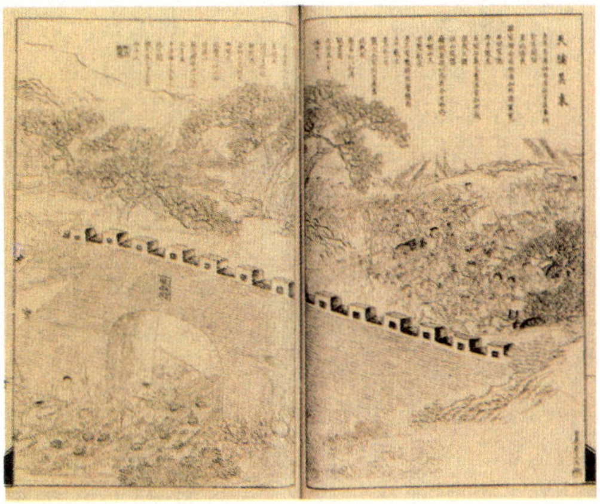

⊙**镇南关大捷图**
点石斋画报，光绪末年上海东亚社石印本。

法军制造了“观音桥事变”，以此为借口开始了对中国本土的进攻。5月下旬，孤拔率领法国舰队强行驶进福建水师基地马尾军港。6月中旬，法国军舰又进犯台湾基隆，但被督办台湾军务刘铭传击退。

在法军驶入马尾港时，新任会办福建军务的张佩纶曾提出拦阻法船入口、“塞河先发”的建议，但没被清政府采纳。清政府在对外战争中不积极备战，而是指望英、美等国能出面调停。7月3日，法国驻福州领事向闽浙总督何璟发出最后通牒，限福建海军限时撤出马尾，不等答复，法舰发动突然袭击，大炮水雷同时轰击军港内的中国兵轮。福建海军仓促应战，9艘舰艇被法军击沉，伤亡700余人。其后，法舰又炮击马尾福州船政局。26日，清政府被迫正式对法国宣战。

清政府对法宣战后，确定了东南沿海防御、北圻陆路反攻的战略方针。西路清军在云南总督岑毓英指挥下，于8月下旬抵宣光附近，与黑旗军一起包围了宣光法军。东红清军在广西巡抚潘鼎新指挥下，越过谅山、谷松，屯扎于船头、郎甲一带。法军则决定在西线取守势、在东线取攻势。10月上旬，法军攻占台湾基隆，但却在淡水被清守军击退。10月下旬，法军宣布封锁台湾海峡。为打破法军封锁，南洋水师奉命出动分舰队开赴台湾海峡，孤拔亲率7舰北上

·总理衙门·

鸦片战争以前，清朝的对外事务分别由礼部和理藩院管理。经过两次鸦片战争，清朝被迫割地、赔款、开口通商，涉外事务骤增，须设专门机构办理对外事务。第一次鸦片战争后，清政府设立“五口通商大臣”，管理通商事宜，并相继由两广总督兼任。第二次鸦片战争后，因开口通商遍布沿海并深入内陆，交涉事务更加繁重，设立一个统筹“夷务”的正式外交机构迫在眉睫，这样，总理衙门便应运而生。

1861年

中国大事记：
慈禧太后发动政变，慈禧、慈安两太后垂帘听政，史称辛酉政变。

拦截。1885年2月底3月初，追击援台分舰队的法舰侵入浙江镇海海域，被镇海守军击退。

在越南北圻陆路战场，由于清军指挥失误，未能趁法军待援之机发起进攻，收复失地，致使法军得到增援，东线攻势得到加强。清军在法军面前一再退却。1885年正月，法军占领镇南关（今友谊关），把战火烧到中国境内。2月上旬，清军在临洮大败法军，使西线战局得以扭转。与此同时，帮办广西关外军务冯子材受命指挥东线清军。冯子材到任后，协同众将，团结诸军，在镇南关前修筑长墙作为防御工事，把法军攻势阻扼在长墙之外。3月23日，法军2000余人分三路向镇南关猛攻。冯子材率众将奋勇拼杀，终于遏制了敌军的攻势。24日，冯子材身先士卒，冲出关外，全军将士奋勇杀敌，击毙敌军近千名，取得了镇南关大捷，清军乘胜收复了谅山。

清军镇南关大捷的消息传至巴黎，导致了茹费理内阁垮台，于是法国加紧了与清政府的外交谈判。此时，清政府也不想再战，决定乘胜求和。1885年4月上旬，中法签订停战协定，前线清军奉命克期停战撤回。6月上旬，中法两国签订《中法新约》，满足了法国在战前提出的侵略要求。

甲午战争

明治维新后，日本开始大力发展资本主义，建立近代化国家。明治天皇具有极强的对外扩张欲望，极力鼓吹军国主义，并将侵略矛头首先指向其近邻朝鲜和中国。1874年日本侵略中国的台湾，虽未得逞，但却尝到了甜头，特别是中法战争造成的中国“不败而败”的结局，更加刺激了日本侵略中国的野心，于是日本伺机对中国发动大规模战争。

1894年4月，朝鲜南部农民起义军占领全罗南道首府全州，朝鲜政府请求清政府派兵协助镇压。日本以清军入朝为借口，大批调遣日军赴朝，迅速抢占从仁川至汉城一带的战略要地，同时设立战时大本营，作为指挥侵略战争的最高机构。

8月上旬，卫汝贵、马玉昆、左宝贵和丰升阿等四部援朝清军万余人先后抵达平壤。8月中旬，日本大本营除已派第5师余部赴朝外，又增遣第3师参战，两师合编为第1集团军。同时，日方决定组建第2集团军，待机进攻中国的辽东半岛。

9月15日，日军分三路进攻平壤，清军分路抗拒，左宝贵中炮牺牲，玄武门失守。叶志

·海军衙门·

1885年，清政府认为马尾海战失败是因为“水师不如人”，于是宣布“以大治水师为主”，成立了总理海军事务衙门，简称海军衙门。海军衙门是清政府管理全国海军的机构，相当于现在的海军司令部。海军衙门统一了海军指挥权，总管海军、海防事宜。醇亲王奕譞、北洋大臣李鸿章为会办，正红旗汉军都统善庆、兵部右侍郎曾纪泽为帮办，实权掌握在李鸿章手中。

李鸿章利用海军衙门整顿海防的名义，大力采购外国军舰，并将南洋水师和福建水师中较好的船调拨到北洋水师。光绪十四年（1888年）建成北洋水师。海军经费原定每年400万两，因慈禧太后挪用海军经费大修颐和园，所以在光绪十四年（1888年）以后，就没有添置新舰。光绪十七年（1891年）以后又停止购买军火。

甲午战争中北洋水师全军覆没，海军衙门也于1895年三月裁撤。

1890年

世界大事记：
美国海军理论家马汉的《海权对历史的影响，1660～1783》出版，提出海权论学说。

⊙李鸿章与伊藤博文等人会面图　清

超指挥无方，见北门不守，即下令撤军，弃平壤逃走，渡过鸭绿江退入国境，日军轻易地占领了全部朝鲜。

日军在平壤得手后，遂寻机在海上消灭清政府的北洋舰队。9月17日，北洋舰队在完成护航任务后正准备由大东沟口外返航，遭到了以中将伊东祐亨为司令的日军联合舰队的拦截，随即爆发了著名的黄海海战。战斗历时5个多小时，北洋舰队沉毁5舰，伤4舰，日本联合舰队伤5舰。日军在第一阶段作战中，适时调整作战计划，海陆同时出击。北洋舰队虽然受到重创，但实力还是相当强大，但李鸿章却令北洋舰队躲在威海港中，不许出战，使日本联合舰队达到了控制黄海制海权的目的，造成以后中国海军被动挨打的局面。

平壤之战和黄海海战后，由于对日军主攻方向判断失误，清廷集重兵于鸭绿江一线和奉天、辽阳之间。同时，为保卫北京，又在各省抽调兵力，驻守山海关至秦皇岛之间，以及天津、大沽、通州等地。这种部署使地处渤海门户正面的辽东半岛兵力不足，防御极其空虚。

日军第1集团军在九连城上游的安平河口突破成功，继而攻克虎山。其他各部清军闻虎山失陷，不战而逃。26日，日军未遇抵抗即占领九连城和安东（今辽宁丹东），清军鸭绿江防线崩溃。与此同时，日军第2集团军开始在旅顺后路的花园口登陆，意在夺取旅顺口和大连湾。11月6日，日军攻占金州（今属大连）。7日，日军分三路向大连湾进攻，大连湾守军不战而逃，日军占领大连湾。18日，日军前锋进犯旅顺口附近的土城子，除徐邦道率部奋勇抗击外，旅顺各守将毫无斗志，对徐邦道不加援助。22日，日军陷旅顺口，并血洗全城。

日军攻占旅顺后，以陆军第2集团军为基础组建“山东作战军”，又令联合舰队协同山东作战军作战，并以陆军第1集团军在辽东战场进行佯攻，继续吸引清军主力。清廷对日军主攻方向又一次判断失误，以重兵驻守奉天、辽阳及天津至山海关一线，北洋舰队则根据李鸿章“水陆相依”的防御方针，躲藏在威海卫港内，不出战。

1895年1月20日，日“山东作战军”在荣成龙须岛登陆，占领荣成。30日，南帮炮台在日军的合围下陷落，遂即北帮炮台也为日军占领。此后，日军水陆配合，攻击刘公岛和港内的北洋舰队。北洋舰队提督丁汝昌、总兵刘步蟾等先后自杀殉国。17日，威海卫海军基地陷落，北洋舰队覆灭。

2月28日，日军从海城分路出击，3月4日进攻牛庄（今辽宁海城西北），牛庄为清军后方根本，守军却极少，守军奋勇苦战，死伤被俘3000多人，牛庄失陷。7日，日军攻克营口。9日，清军在田庄台大败。至此，日军占领了辽东、辽南地区。

早在日军占领辽东半岛后，清廷便开始通过外交途径向日本请和，威海卫失陷后，清廷求和之心更切。在美国安排下，李鸿章以头等全权大臣的身份，在美国顾问科士达陪同下赴日议和。1895年4月17日，李鸿章在中日《马关条约》上签字，甲午战争结束。

1885年

中国大事记：

清军取得谅山大捷，此后李鸿章和法国公使巴德诺在天津签订《中法新约》，中法战争结束。

黄海海战

1894年8月1日，中日两国宣战，战争在海陆两战场全面展开。日本陆军在朝鲜半岛节节北进，同时日本海军联合舰队也向北推进到朝鲜半岛仁川至大同一带驻泊，企图切断中国至朝鲜的海上运输线，寻机同中国海军主力决战，歼灭北洋海军，夺取黄海和渤海制海权，为实施其在中国渤海海湾登陆并进行陆上战略总决战的计划创造条件。

9月16日，中国北洋海军提督丁汝昌奉命率舰队主力18艘舰只，护送运输船载陆军4000人至鸭绿江口大东沟登陆，增援平壤。17日上午登陆完毕后，舰队准备返航。11时左右，由海洋岛向东北方向搜索的日本联合舰队在大东沟海域发现北洋海军，列舰准备实施攻击，北洋水师立即启舰迎战。丁汝昌发出命令：姊妹舰结成对舰，构成基本战斗单元，全舰队一律以舰首对敌；各舰随同旗舰运动。北洋水师10艘主战军舰排成雁行阵迎敌，铁甲舰“定远”和“镇远”居中，左翼依次为巡洋舰“靖远”“致远”“广甲”和“济远”，右翼依次为巡洋舰“来远”“经远”“超勇”和“扬威”。在列阵过程中，由于各舰航速不一，北洋舰队的迎战队形实际成为“定远”和“镇远”突前的不规则横队。日联合舰队12艘军舰则以纵队迎战：第一游击队4舰依次居前，本队6舰依次居后，“西京丸”和“赤诚”2舰列于本队后尾非战斗的左侧。当双方舰队驶距6.4海里时，日联合舰队第一游击队稍向左转，准备攻击北洋水师右翼。

12时50分，双方舰队相距约3.2海里时，北洋水师首先发炮，战斗开始。日第一游击队向北洋舰队右翼实施猛烈攻击，“超勇”和“扬威”二舰中弹起火，先后沉没。交战初始，北洋舰队旗舰“定远”飞桥被震塌，正在飞桥上指挥舰队作战的丁汝昌摔伤，右翼总兵兼“定远”管带刘步蟾代替指挥。不久，“定远”舰信号设备被日舰炮火破坏，全舰队失去统一的战场指挥，诸舰各自为战。日联合舰队采用机动战术，第一游击队和本队分别向左后方、右后方转向，对北洋水师实施分割包抄。北洋水师雁阵被切断，陷入腹背受敌的不利境地，顿时混乱。激战中，北洋水师“致远”舰多处中弹，弹药用尽，舰身受伤倾斜，管带邓世昌见日先锋舰“吉野”横冲直撞，断然下令开足马力，驶向“吉野”，准备用舰首冲角撞击之，与之同归于尽。但不幸被鱼雷击中，船体破裂后下沉，邓世昌等250名官兵壮烈殉国。

日舰“比睿”“赤诚”此时却遭北洋水师“来远”“经远”重创，“赤城”舰长坂元八郎太当场毙命，“西京丸”也受重伤退出战斗。逃过“致远”撞击的日舰“吉野”号更为猖狂，又击中北洋水师“经远”号，“经远”管带林永升、大副陈策阵亡，不久“经远”再次中弹，最终沉没，250余名官兵罹难。15时30分，受到日舰围攻的“定远”和“镇远”二舰仍坚

⊙“济远”号主炮　清

1899年

世界大事记：

美国国务卿照会列强，提出在中国实行“门户开放”政策。

持奋战，重创敌旗舰“松岛”，打死打伤炮台指挥官海军大尉志摩清直以下百余人。“靖远”“来远”经过抢修，重新投入战斗，“靖远”大副刘冠雄见“定远”号旗杆断裂，不能升旗指挥，遂建议管带叶祖代悬信旗集队，统一指挥各舰。此时，日旗舰“杉岛”已瘫痪，“吉野”也丧失再战能力，17 时 40 分，日联合舰队司令伊东祐亨中将鉴于各舰伤亡惨重，再战乏力，怕遭北洋水师鱼雷艇袭击，而北洋水师又重新集结，于是下令收队，从东南撤出战场。北洋水师稍事追击，也下令收队，返回旅顺军港。历时 5 个多小时的黄海海战至此结束。

戊戌变法

1895 ～ 1898 年，在中国发生了一场颇有声势的资产阶级维新变法运动。到了 1898 年，百日维新成为这次运动的高潮。这是一场由资产阶级改良主义者领导的改革。然而，这一场改革触动了封建顽固派守旧势力的利益。因此，百日维新一开始，围绕顽固派和维新派的斗争便展开了。

慈禧太后首先逼迫光绪皇帝下令将翁同龢革职。翁同龢是光绪皇帝的亲信大臣，在帝党和维新派之间起着桥梁的作用，将他革职，就大大削弱了变法维新的力量。接着，慈禧太后逼迫光绪任命荣禄为直隶总督兼北洋通商大臣，统率北洋三军，这实际上是把北京控制在她的手里。慈禧太后又用光绪帝的名义，宣布在 1898 年 10 月 19 日去天津检阅军队，准备到时发动政变，逼迫光绪帝退位。

⊙ 光绪帝朝服像

·公车上书·

1895年4月《马关条约》签订以后，举国上下掀起了反侵略、反投降的斗争。当时在北京应试的各省举人举行集会，公推康有为起草上皇帝万言书，签名的举人有1.3万多人。5月到都察院呈递。这就是著名的“公车上书”。

康有为在上书中痛呈：割让辽东和台湾是列强瓜分中国的信号，亡国大祸即将临头，因此，拒和、迁都、练兵、变法是当前的正确对策，而变法以立国自强最为急务。公车上书是一次爱国知识分子的请愿活动，在社会上产生了巨大影响，标志着知识分子改良主义运动在中国的开始。

在这危急的时刻，光绪帝便与维新派的主要人物反复商量，认为唯一能想到的办法，就是依靠袁世凯的军事力量。

袁世凯早年曾在天津小站督练新建的陆军，当时做荣禄的部下，是北洋三军中的重要将领，他的军队就驻扎在天津附近。当光绪帝皇位难保之时，谭嗣同挺身而出，表示愿意冒险去找袁世凯，说服他出兵帮忙。

当天深夜，谭嗣同独自到了袁世凯的寓所，

1894年

中国大事记：
中日甲午战争爆发。

拿出光绪帝的密诏，并将维新派的全部计划也和盘托出，要袁世凯扶持光绪皇帝诛杀荣禄，消灭后党。

谭嗣同慷慨激昂地说："今天只有你能救皇上。如果你愿意，就请全力救护；如果你贪图富贵，就请到颐和园告密，你可以升官发财！"

袁世凯正颜厉色地说："你把我袁某看成什么人了！皇上是我们共事的圣主，救驾的责任，你有，我也有！"

第二天，光绪帝召见了袁世凯，要他保护新政。退朝之后，袁世凯匆匆赶回了天津。一到天津，他就去向荣禄告密。荣禄得报后，连夜乘专车进京，赶往颐和园去向慈禧太后报告。袁世凯从这一叛变行动开始，便飞黄腾达起来，他用维新派的鲜血，染红了自己的顶戴。

第二天凌晨，慈禧太后就带着大批人马，气急败坏地从颐和园赶到紫禁城，下令把光绪帝囚禁在中南海的瀛台。对外则宣布光绪帝生病，不能亲理政务，由慈禧太后"临朝听政"。同时，下令大肆搜捕维新派和倾向维新派的官员。百日维新期间推行的新政，除了京师大学堂等少数几项措施以外，全部被废除了。这一年，正是甲子纪年的戊戌年，所以，通常把这场政变称为"戊戌政变"。

维新派领袖人物康有为得知消息后，从天津搭乘英国轮船逃往香港。梁启超当天得到日本使馆的保护，化装逃往日本。

1898年9月28日，慈禧太后下令杀死谭嗣同、康广仁、刘光第、林旭、杨锐、杨深秀六人，他们被称为"戊戌六君子"。

至此，清朝资产阶级改良主义运动彻底失败了。

慈禧太后西逃

戊戌变法失败后，清朝政府更加腐败了。1900年，英、美、俄、德、法、意、日、奥八国联军入侵中国，并向北京进犯。7月19日夜里，炮声急促起来，慈禧不敢入睡，坐在养心殿听取军情报告。忽然，载漪慌慌张张地跑了进来，喊道："老佛爷，洋鬼子打进来了！"接着，军机大臣荣禄也惊慌失措地报告沙俄哥萨克骑兵已经攻入天坛。

慈禧慌忙召集王室亲贵和军机大臣，紧急商议撤离京师避难事宜。

7月21日凌晨，慈禧与光绪皇帝等皇室人员，换便衣乘马车仓皇逃离京城。当时东直门、齐化门已被洋人攻下，慈禧一行从神武门出宫，经景山西街，出地安门西街向西跑。当队伍到

·《辛丑条约》·

光绪二十七年（1901年）七月，庆亲王和李鸿章代表清朝政府，同英、俄、美、法、日、德、意、奥、西、比、荷共11国代表，在北京签订了《辛丑条约》。条约的主要内容有：清政府赔款白银4.5亿两，以关税、盐税和常关税作担保，分39年还清，本息共计9.8亿两，另有各省赔款2000多万两；在北京东交民巷设立使馆界，不准中国人居住，允许各国驻兵保护；拆除大沽炮台和北京至大沽沿途的各炮台，允许帝国主义国家派兵驻扎北京到山海关铁路沿线重要地区；永远禁止中国人民成立或加入任何反帝组织，违者处死，各省官吏必须保护外国人的安全，否则该官员即行革职，永不叙用；总理衙门改为外务部，位于六部之首；清政府分派大臣到德、日两国"谢罪"。《辛丑条约》是空前严重的丧权辱国的条约，它是帝国主义强加给中国人民的沉重枷锁，对中国近代社会的发展产生了至为严重的影响，标志着中国完全沦为半殖民地半封建社会。

1899～1917年

世界大事记：
德国考古学家发掘巴比伦城遗址，发现“空中花园”等建筑遗迹和大量文物。

⊙向北京进犯的八国联军

德胜门时，难民涌来。慈禧的哥哥桂祥率八旗护军横冲直撞一阵，才开出一条道来。

队伍在上午像潮水一般到达颐和园，两宫人员纷纷下车进入仁寿殿休息了一会儿。随后，慈禧下令马上出发。由皇室成员和1000多护驾人员组成的队伍，马不停蹄地一路向西急行。

慈禧一行，历尽了颠沛之苦。沿途只能夜宿土炕，既无被褥，又无更换的衣服，更谈不上御膳享用，仅以小米稀粥充饥。

一直到了西安后，安全和供应才有了保障。这时候，慈禧又开始摆起太后的架子了。同时，为了能早日“体面”地回京，她命令庆亲王回京会同直隶总督李鸿章与各国交涉议和。

虽然国家已经面临亡国的危险，但慈禧仍然要求地方官员供应她奢侈的贪欲。为了满足慈禧一行在西安浩繁的开支，各省京饷纷纷解到，漕粮也改道由汉口经汉水、丹江运往陕西。据档案文献统计，截止到光绪二十七年二月初，解往西安的饷银就高达500万两、粮食100万石。

就御膳而言，仍分荤局、素局、饭局、茶局、点心局等，每局设管事太监一人，厨师数人至十余人不等，统一由总管大臣继禄管理。每天选菜谱百余种，以致每天要花掉银子200两。

为了讨好列强，慈禧不断发布上谕：这次中国变乱，事出意外，以致得罪友邦，并不是朝廷的意思；对于那些挑起祸乱的人，清朝政府一定全力肃清，决不姑息。这些话完全表明她要丢卒保帅，不惜一切代价讨好列强。

慈禧为尽量满足列强的心愿，还以光绪的名义下罪己诏，奴颜十足地说：“量中华之物力，结与国之欢心。”

1901年8月15日，《辛丑条约》签订，中国赔款白银四亿五千万两，这笔费用相当于清政府十二年的收入总和。《辛丑条约》的签订，标志着中国完全沦为半殖民地半封建社会。

“议和”告成，慈禧一行便于同年8月24日踏上返京的路。这次归返京城与逃出京城的情形可大不一样了。从西安起程时，百姓“伏地屏息”“各设彩灯”欢送，数万人马按照京城銮仪卫之制列队行进，慈禧乘坐八人抬大轿，轿前有御前大臣及侍卫，后面是3000多辆官车，装着慈禧及王公大臣的行装及土特产，浩浩荡荡如同打胜仗般凯旋。

同年11月28日，慈禧、光绪帝等人回到了北京，京城地方官动用了大量财力和人力，将御道装饰一新。但入城的气氛叫人感到压抑，沿途大街上除了乱哄哄的八国联军官兵围观外，跪迎慈禧回銮的官员百姓没有几个。经历浩劫的京城已经再也打不起精神，来迎接这个祸国殃民的国贼了。

末代皇帝

光绪在位34年，最终抑郁而死。他“驾崩”两个时辰后，醇亲王载沣被宣入中南海，跪在西太后的帏帐前。

慈禧开口说：“载沣，你得了两个儿子，这是值得喜庆的事。光绪晏驾，我又在病重之中。现国家有难，朝廷不可一日无君，我决定立你的长子溥仪为嗣，继承皇位，赐你为监国摄政王！”向来懦弱的载沣，听了这番话，如五雷轰

1898年

中国大事记：

光绪帝颁“明定国是”诏书，戊戌变法开始。八月初六（9月21日），慈禧幽禁光绪帝于瀛台，百日维新失败。

⊙幼年溥仪旧照

顶。他手足无措，不知该怎么办才好，只是反复念叨说：“溥仪仅仅3岁，溥仪仅仅3岁……”慈禧马上劝慰说：“这是神意，也是在列祖列宗牌位前卜卦请准了的！明天，你将溥仪带进宫，举行登基仪式。”

西太后的决定传到醇王府，醇王府立即炸锅了。溥仪的祖母不等念完谕旨就昏了过去。刚苏醒过来，便一把夺过溥仪，紧紧抱在怀里，一把鼻涕一把泪地说：“你们把自家的孩子（指光绪）弄死了，却又来要咱的孙子，这回咱是万万不能答应的！”

对于西太后的歹毒，她是领教过的，所以她止不住地哭闹着，不忍心让孙子再落入西太后的魔掌。

后来，府中的人不得不把她扶走。这时候接皇帝的内监要抱溥仪走，但3岁的溥仪见到这些男不男、女不女的生人，拼命地挣扎，他一点也不管“谕旨不可违”的说教，连哭带打不让太监来抱。于是，太监们一商量，决定由载沣抱着“皇帝”，带着乳母一起去中南海。

1908年10月，一群太监将溥仪带入皇宫，第二天，西太后便一命呜呼了。又过了一个多月，也就是12月2日，举行了隆重的皇帝登基大典。

登基大典开始时，不满三周岁的溥仪，坐在皇帝的龙床宝座上，竟哇哇地大哭起来。他父亲载沣侧身坐在龙床上，双手扶着他，叫他不要再哭闹。

根本还不懂事的溥仪，见那些文武百官不断地磕头，高呼：“万岁、万岁、万万岁”，加之山崩地裂般的锣声、鼓声、钟声，更加害怕，哭声也更大了。

载沣觉得在这样的盛典上，皇帝却哭闹不止，太不像话，心中一急，不由脱口而出，叫道：“就快完了！就快完了！马上回老家了！一完就回老家了！”

话一出口，文武官员们不由得窃窃私语起来：“怎么说是‘快完了’呢？说要‘回老家’是什么意思呢？”回满洲老家？不就是结束270年的满族统治吗？

载沣这一番话，竟得到了应验。到了1911年，溥仪当皇帝不到三年，辛亥革命就爆发了，在重重压力下，隆裕皇太后不得不替溥仪宣布退位，大清帝国就此宣告灭亡了。

⊙监国摄政王宝玺及玺文

1900年

世界大事记：
瑞典政府设立诺贝尔基金委员会。

武昌起义

辛亥武昌起义前夕，中国社会各种矛盾空前激化。人民群众自发的反抗斗争此起彼伏，和资产阶级革命党人连续不断的武装起义相呼应。1911年9月14日，在同盟会中部总会推动下，文学社和共进会消除门户之见，联合反清，建立了统一的起义领导机关。9月24日，两个革命团体召开第二次联席会议，决议在10月6日（农历八月十五日）发动起义，蒋翊武为临时总司令。

革命党人的活动引起了湖北当局的注意，其采取了一定措施，如实行全城戒严，进行大搜查，收缴士兵子弹，使枪弹分离等。革命党人见清军已有准备，再加上同盟会重要领导人黄兴、宋教仁、谭人凤等人迟迟未到武汉，所以起义不得不延期。

10月9日，孙武等配制炸弹时，不慎爆炸，俄国巡捕闻声赶来，搜去了革命党人名册、起义文告、旗帜、印信等物，并转交总督署，湖广总督立即下令关闭四城，搜捕革命党人。

面对这场突变，蒋翊武、刘复基、彭楚藩、杨宏胜等人召开紧急会议，决定立即发动起义。蒋翊武以临时总司令的名义起草命令，派人送往各标、营革命党人手中，约定当晚12时，以南湖炮队的炮声为号，发动起义。

但是，湖广总督已于事先听到风声，派军警查抄了武昌的各个革命机关，逮捕了刘复基、彭楚藩、杨宏胜等人，蒋翊武逃离武汉。湖广总督下令杀掉刘、彭、杨3人，按查获的名册搜捕革命党人。由于起义的命令未及时送到南湖炮队，10月9日晚起义的计划落空。

在群龙无首的情况下，新军中的革命党人自行联络，决定以枪声为号，在第二天晚上按原计划发难。10月10日晚，新军工程第八营的革命党人打响了起义的第一枪，夺取了中和门附近的楚望台军械库以及库内的枪支弹药，他们还陆续集合了200多人，推举左队队官吴兆麟为临时总指挥。

⊙同盟会会员证章

枪声一响，城内城外的革命党人、各标营的革命党人及其部众、炮兵营、工程队以及测绘学堂的学兵都相继起义，迅速向楚望台集中。这时，起义人数已达到近3000人，吴兆麟、熊秉坤、蔡济民等决定趁夜向总督署及紧靠督署的第八镇司令部发起进攻。

晚上10点30分，起义军分三路进攻督署后院、第八镇司令部和督署翼侧、前门。同时，已入城的炮八标占领发射阵地后，开始对督署轰炸。第一次进攻曾一度受挫，后来又有一部分起义士兵前来参战，加上炮队完全进入蛇山阵地，局势才开始好转。

晚12点后发动的第二次进攻异常激烈。起义军突破防线，逼近督署附近。三路义军互相配合，在炮兵火力支援下，一举冲入督署，将大堂点燃。督署和司令部守军见大势已去，降的降，散的散。10月11日黎明，武昌城内各官署、城门均为起义军所控制。10月11日上午，处于观望状态的清兵陆续向楚望台集中，听从革命党人指挥。

十八星旗插上武昌城头，武昌起义取得胜利。

接着，汉阳、汉口的革命党人也闻风而动，先后光复，武汉三镇均处于革命党人的控制之下。随即革命党人发表宣言，改国号为中华民国，还成立中华民国军政府湖北都督府，号召各省起义响应。在湖北的影响下，全国有13个省陆续宣布独立。

1912年1月1日，中华民国临时政府成立，1912年2月12日，清帝退位，清王朝被推翻。